2018

（总第36期 NO.36）

四川统计年鉴

SICHUAN STATISTICAL YEARBOOK

四川省统计局
国家统计局四川调查总队 编

Statistical Bureau of Sichuan
NBS Survey Office in Sichuan

中国统计出版社
China Statistics Press

图书在版编目（CIP）数据

四川统计年鉴. 2018 ：汉英对照 / 四川省统计局，国家统计局四川调查总队编.
——北京：中国统计出版社，2018.8
ISBN 978-7-5037-8538-2

Ⅰ. ①四…
Ⅱ. ①四…②国…
Ⅲ. ①统计资料－四川省－2018－年鉴－汉、英
Ⅳ. ①C832.71-54

中国版本图书馆CIP数据核字（2018）第154947号

四川统计年鉴-2018
SICHUAN STATISTICAL YEARBOOK 2018

作　　者 / 四川省统计局　国家统计局四川调查总队
责任编辑 / 钟　钰
执行编辑 / 宋　兰
出版发行 / 中国统计出版社
地　　址 / 北京市丰台区西三环南路甲 6 号
邮政编码 / 100073
电　　话 / 邮购（010）63376909　书店（010）68783171
网　　址 / http:// www. zgtjcbs. com
印　　刷 / 成都博瑞数码科技有限公司
开　　本 / 890mm×1240mm　1/16
字　　数 / 1224千字
印　　张 / 38.25
版　　别 / 2018年10月第1版
版　　次 / 2018年10月第1次印刷
定　　价 / 380.00 元　Price:380.00(RMB)

本书附同版本 CD—ROM 一张，光盘内容以书面文字为准。
如有印装错误，由四川省统计局《四川省情》杂志社负责调换。
地址：成都市二环路西一段 108 号　邮编：610041　电话：(028) 87041393　87042736

《四川统计年鉴－2018》编委会

《四川统计年鉴－2018》编辑部

SICHUAN STATISTICAL YEARBOOK-2018

Editorial Board and Staff

编者说明

一、《四川统计年鉴－2018》是一部全面反映四川省经济和社会发展情况的综合性统计资料年刊。本年鉴收录了全省和各市（州）、县（市、区）2017年经济和社会发展各方面的大量统计数据，以及历史重要年份和近年来的全省主要统计数据。

二、本年鉴正文内容分为22个篇章，即：1.综合；2.国民经济核算；3.人口；4.就业和工资；5.固定资产投资；6.能源；7.资源和环境；8.财政和物价；9.人民生活和社会保障；10.城市发展；11.民族自治地方概况；12.县(市、区)概况；13.农业；14.工业；15.建筑业；16.交通运输、邮电和通讯；17.国内贸易；18.对外经济贸易和旅游；19.金融和保险；20.教育、科技和专利；21.文化、体育和卫生；22.其他社会活动。为帮助读者理解和使用统计数据，部分统计表下作了简要注释，并在各篇末附有主要统计指标解释。

三、与《四川统计年鉴－2017》比较，在本年鉴第一章“综合”中增加了改革开放40年国民经济和社会发展主要指标的总量、速度、比例和构成资料；在第十三章“农业”中，根据四川省第三次全国农业普查结果对2007年以来的农林牧渔业总产值及增加值的全省合计数进行了修订，但暂未对各市(州)、各县(市、区)的数据进行修订。

四、本年鉴中，涉及的部门统计资料均由省级相关部门提供。

五、本年鉴对过去发表的统计资料重新进行了核实，凡与本年鉴数据有出入的，以本年鉴为准。

六、本年鉴中所使用的度量衡单位均采用国际统一标准计量单位。

七、本年鉴中部分数据合计数或相对数由于单位取舍不同而产生的计算误差，均未做机械调整。

八、本年鉴表中的符号使用说明：“空格”表示该项统计指标数据不足本表最小单位数、数据不详或无该项数据；“#”表示其中的主要项。

Preface

Ⅰ. *Sichuan Statistical Yearbook 2018* is an annual statistics publication to reflect various aspects of Sichuan's economic and social development, which covers very comprehensive data series in 2017 and some selected data series in historically important years and the most recent years at provincial level, local levels of prefecture and level of county.

Ⅱ. The text of this Yearbook contains the following 22 parts: 1. General Survey, 2. National Accounts, 3. Population, 4. Employment and Wage, 5. Investment in Fixed Assets, 6. Energy, 7. Resources and Environment, 8. Local Government Finance and Price, 9. People's Livelihood and Social Welfare, 10. Urban Development, 11. Survey of Minority Nationality Autonomous Areas, 12. Survey of County (City, District), 13. Agriculture, 14. Industry, 15. Construction, 16. Transportation, Post and Telecommunications Services, 17. Domestic Trade, 18. Foreign Trade and Economic Cooperation and International Tourism, 19. Banking and Insurance, 20. Education, Science, Technology and Patents, 21. Culture, Sports and Public Health, 22. Other Social Activities. Explanatory Notes on Main Statistical Indicators is attached to the end of each chapter to help the readers to understand and use the statistical data in this book.

Ⅲ. Compared with *Sichuan Statistical Yearbook 2017*, the Yearbook adds data on the aggregate, speed, proportion and composition of the main indicators of national economic and social development in the 40 years of reform and opening-up in Chapter 1 "General Survey"; revises the total output value and added value of agriculture, forestry, animal husbandry and fishery in the whole province from 2007 according to the results of the third national agricultural census in Sichuan Province, but does not revise the data of prefectures and counties at present in Chapter 13 "Agriculture".

Ⅳ. In this yearbook, the relevant department statistics are provided by relevant departments at the provincial level.

Ⅴ. The statistics data published in the past is re-verified in this book. Any discrepancy between the data of this book, it prevails.

Ⅵ. The units of measurement used in this book are international standard measurement units.

Ⅶ. Statistical discrepancies on totals and relative figures due to rounding are not adjusted in the yearbook.

Ⅷ. Notations used in this book: "(blank)" indicates that the statistical indicator data is insufficient to the minimum number of units in this table, the data is unknown or there is no such data, "#" indicates the major items of the total.

目 录
CONTENTS

一、综合
chapter 1 GENERAL SURVEY

二、国民经济核算
chapter 2 NATIONAL ACCOUNTS

三、人口
chapter 3 POPULATION

四、就业和工资

chapter 4 EMPLOYMENT AND WAGE

五、固定资产投资
chapter 5 INVESTMENT IN FIXED ASSETS

六、能源
chapter 6 ENERGY

七、资源和环境
chapter 7 RESOURCES AND ENVIRONMENT

八、财政和物价
chapter 8 LOCAL GOVERNMENT FINANCE AND PRICE

十、城市发展
chapter 10 URBAN DEVELOPMENT

十一、民族自治地方概况
chapter 11 SURVEY OF MINORITY NATIONALITY AUTONOMOUS AREAS

十二、县（市、区）概况
chapter 12 SURVEY OF COUNTY(CITY,DISTRICT)

十三、农业
chapter 13 AGRICULTURE

十四、工业
chapter 14 INDUSTRY

十五、建筑业
chapter 15 CONSTRUCTION

十六、交通运输、邮电和通讯
chapter 16 TRANSPORTATION, POST AND TELECOMMUNICATIONS SERVICES

十七、国内贸易
chapter 17 DOMESTIC TRADE

二十、教育、科技和专利
chapter 20 EDUCATION, SCIENCE, TECHNOLOGY AND PATENTS

二十一、文化、体育和卫生
chapter 21 CULTURE, SPORTS AND PUBLIC HEALTH

二十二、其他社会活动
chapter 22 OTHER SOCIAL ACTIVITIES

年末常住人口

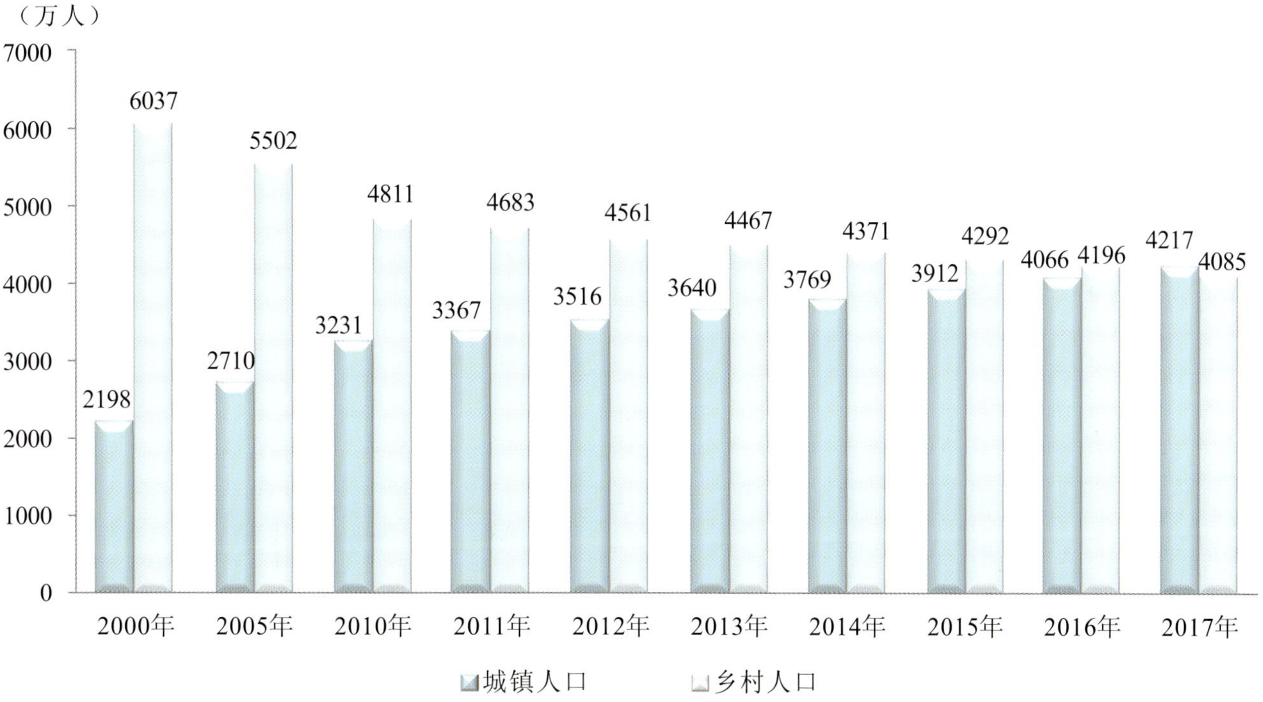
（万人）
7000
6000
5000
4000
3000
2000
1000
0
2198
6037
2710
5502
3231
4811
3367
4683
3516
4561
3640
4467
3769
4371
3912
4292
4066
4196
4217
4085
2000年
2005年
2010年
2011年
2012年
2013年
2014年
2015年
2016年
2017年
城镇人口
乡村人口

就业人员

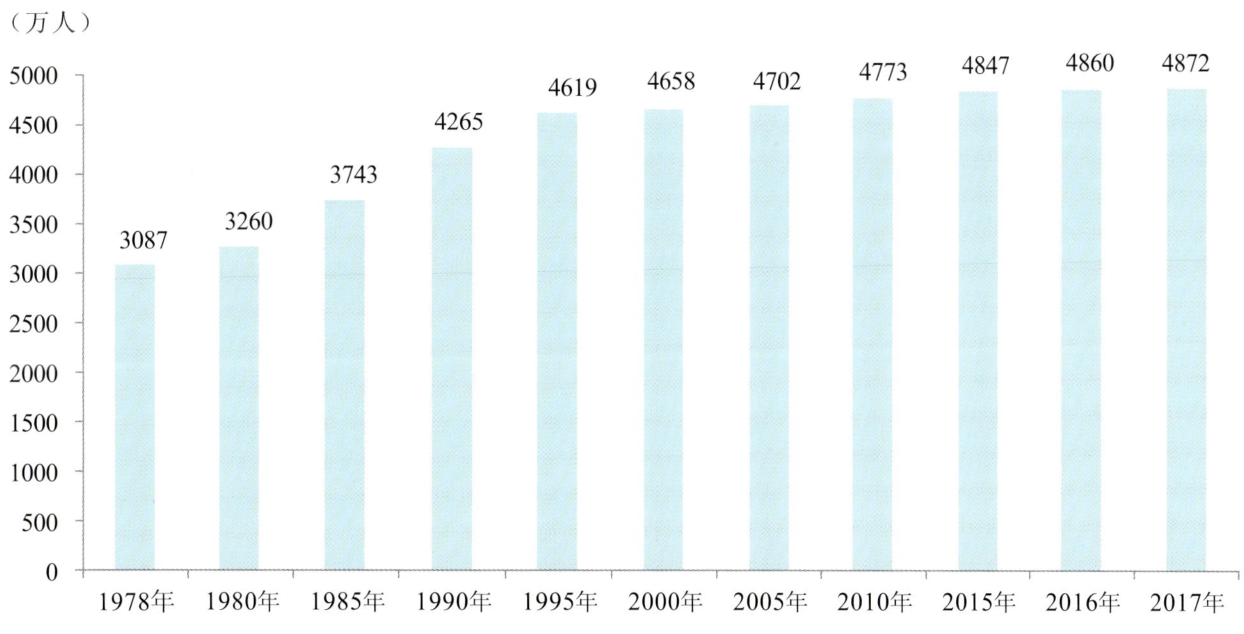
（万人）
5000
4500
4000
3500
3000
2500
2000
1500
1000
500
0
3087
3260
3743
4265
4619
4658
4702
4773
4847
4860
4872
1978年
1980年
1985年
1990年
1995年
2000年
2005年
2010年
2015年
2016年
2017年

三次产业就业人员构成

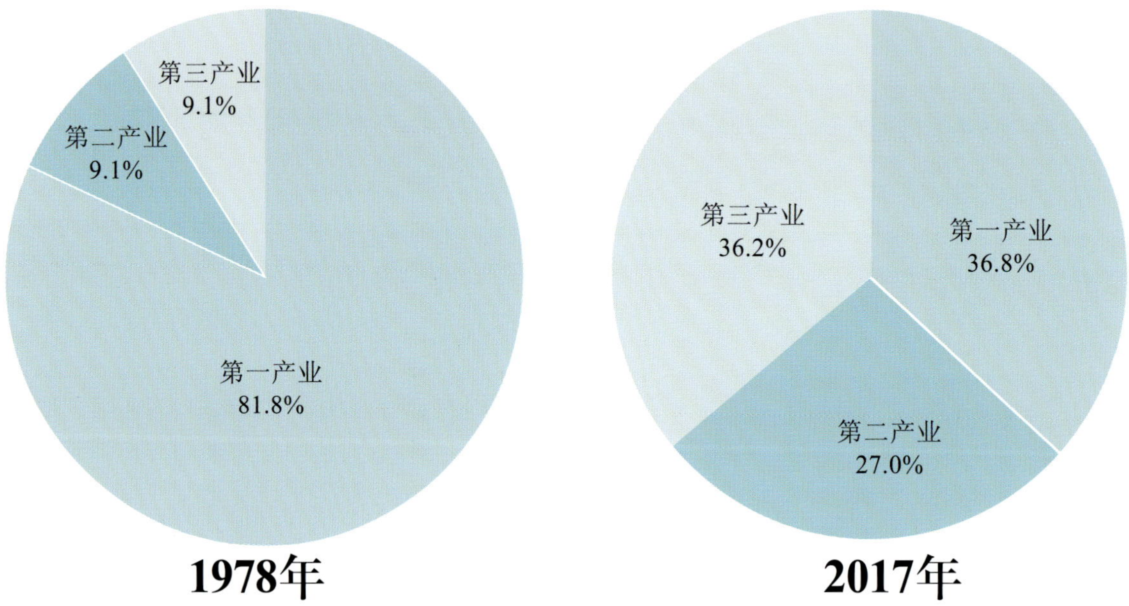

地区生产总值和增长速度

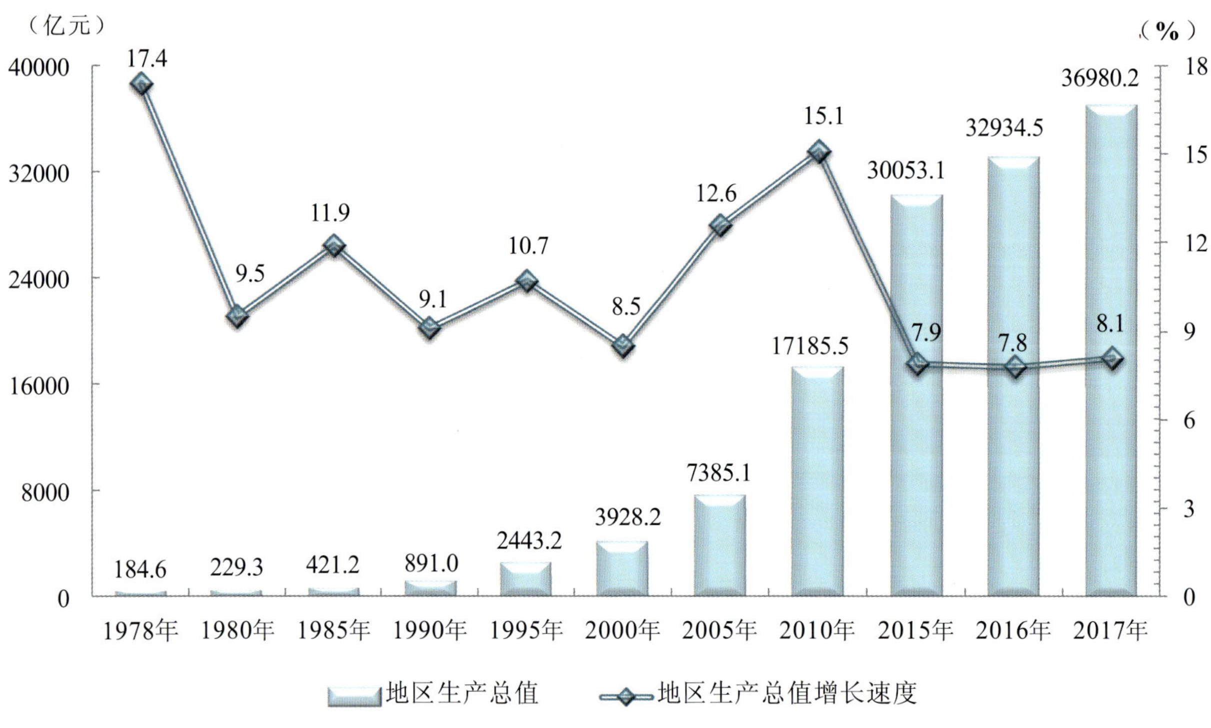

地区生产总值构成

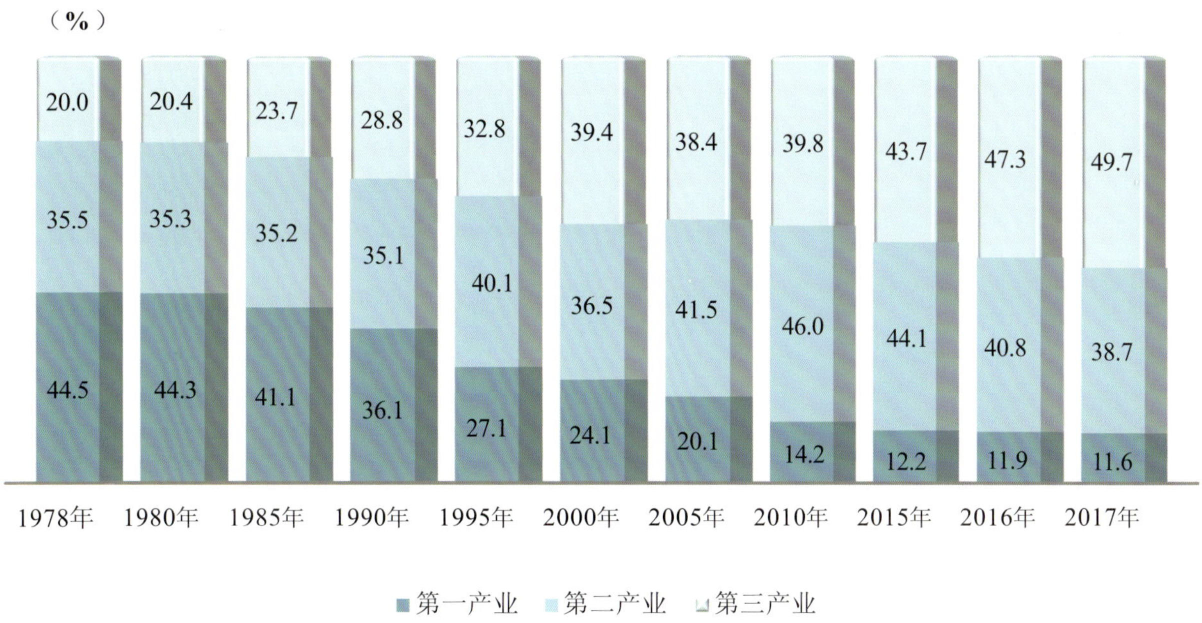

人均地区生产总值

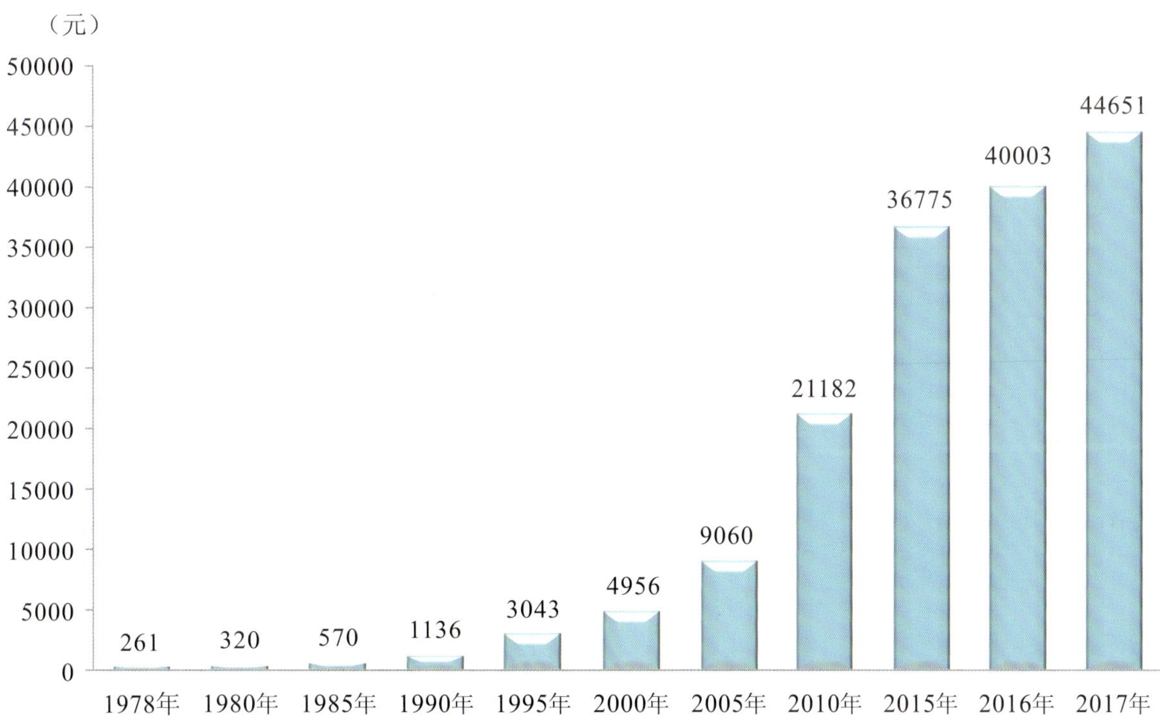

农林牧渔业总产值

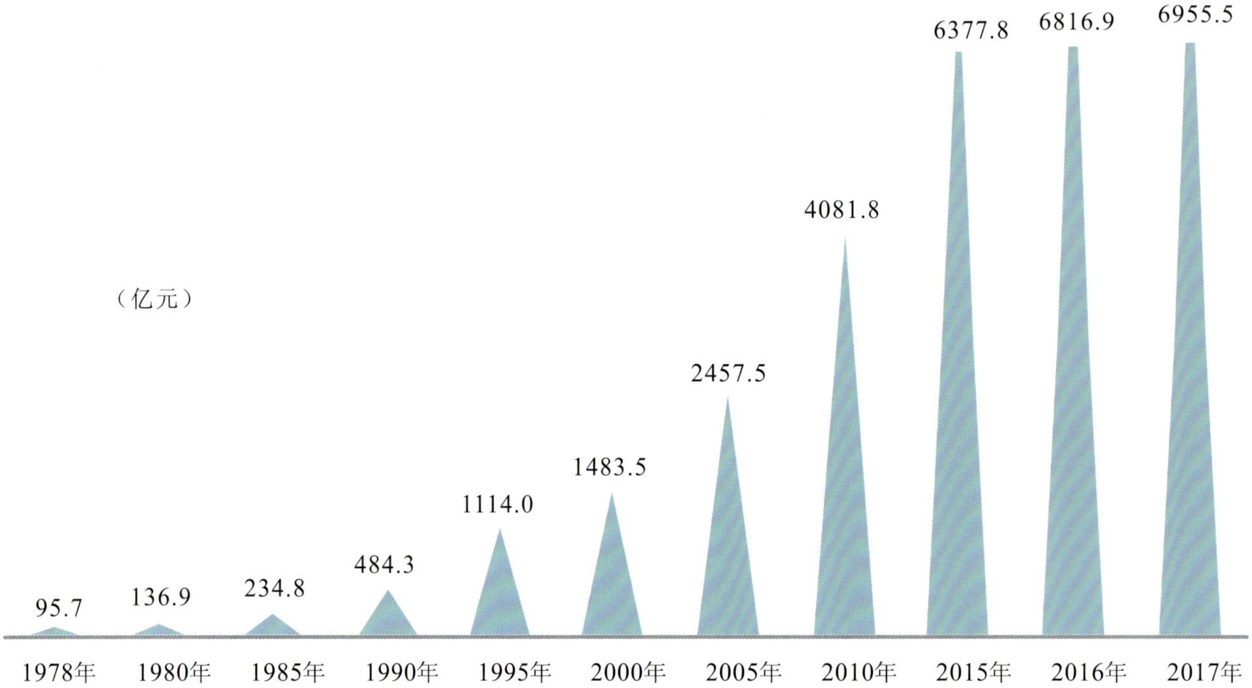

粮食作物和油料作物播种面积

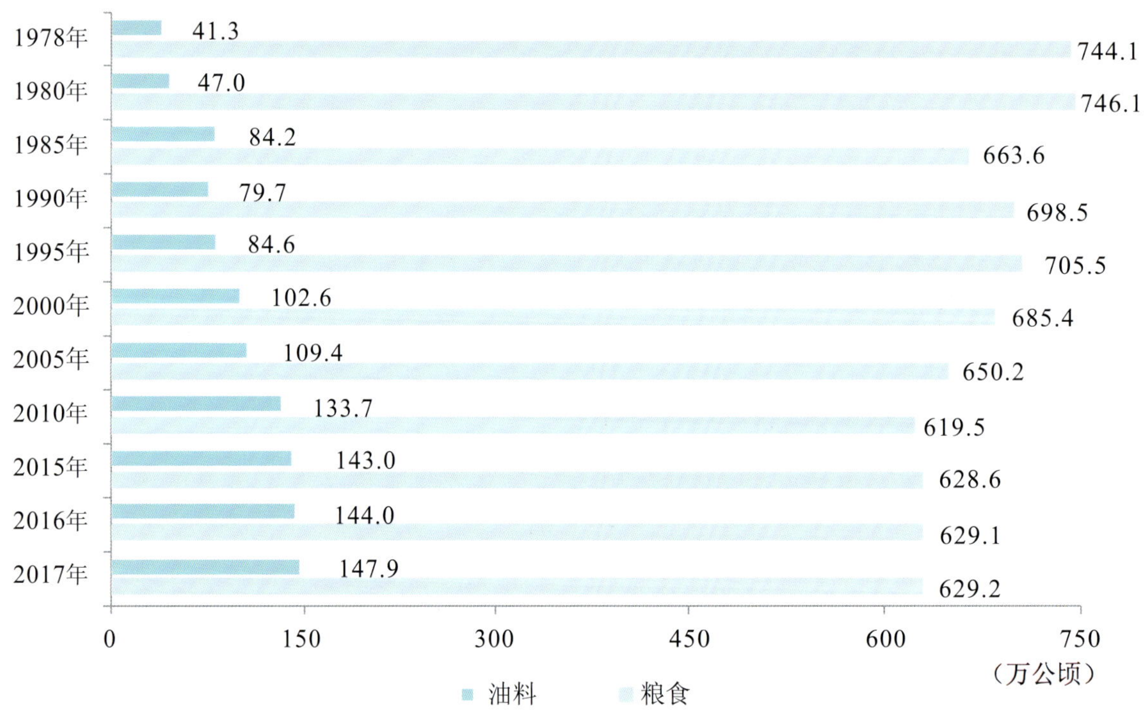

粮食产量和油料产量

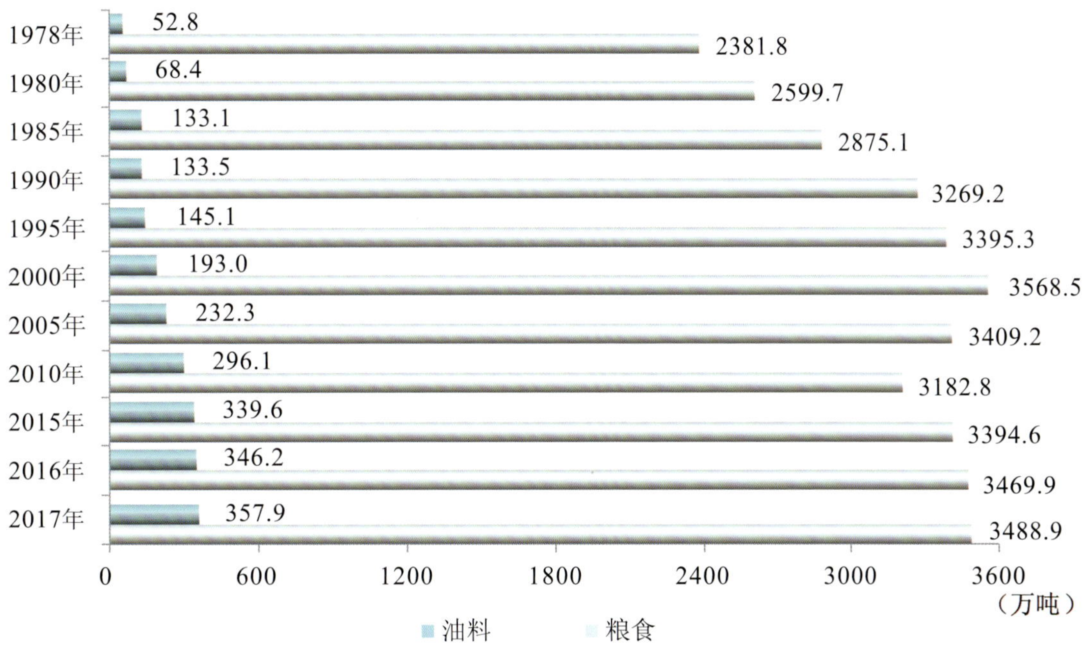

肉类总产量

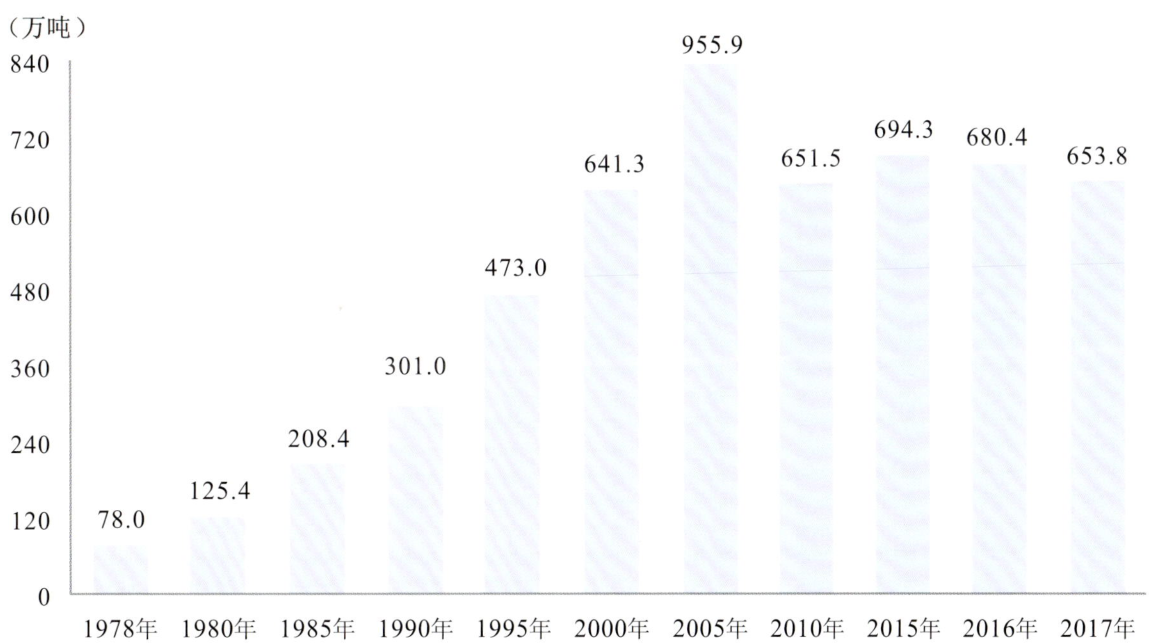

化肥施用量

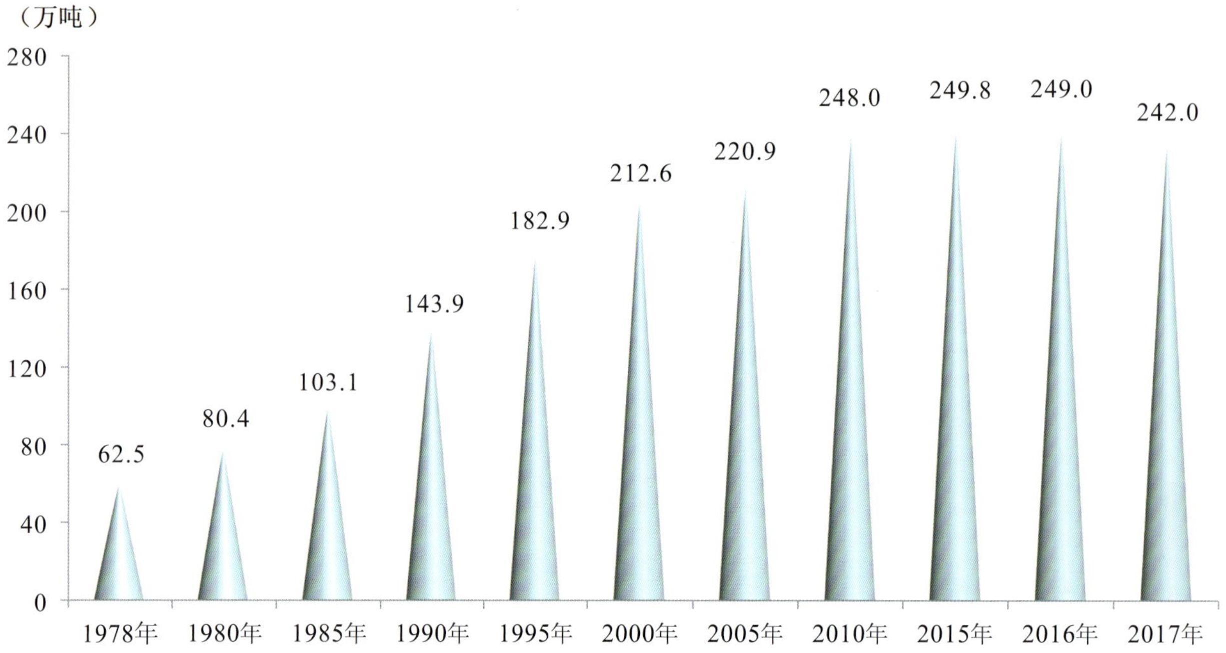
（万吨）
280
240
200
160
120
80
40
0
62.5
80.4
103.1
143.9
182.9
212.6
220.9
248.0
249.8
249.0
242.0
1978年
1980年
1985年
1990年
1995年
2000年
2005年
2010年
2015年
2016年
2017年

农村用电量

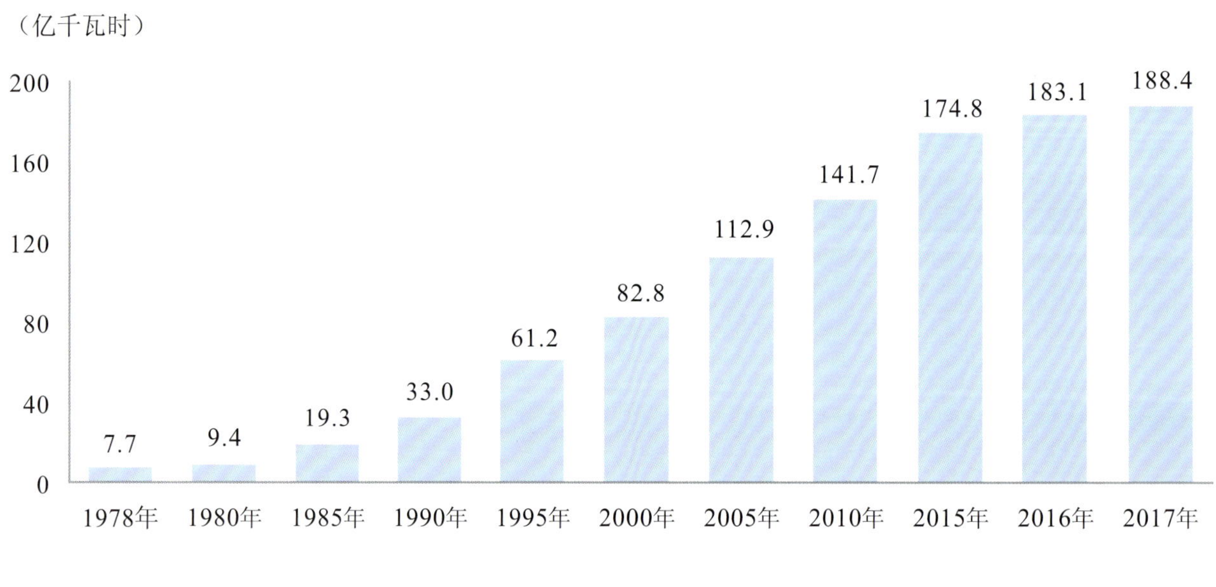
（亿千瓦时）
200
160
120
80
40
0
7.7
9.4
19.3
33.0
61.2
82.8
112.9
141.7
174.8
183.1
188.4
1978年
1980年
1985年
1990年
1995年
2000年
2005年
2010年
2015年
2016年
2017年

工业增加值

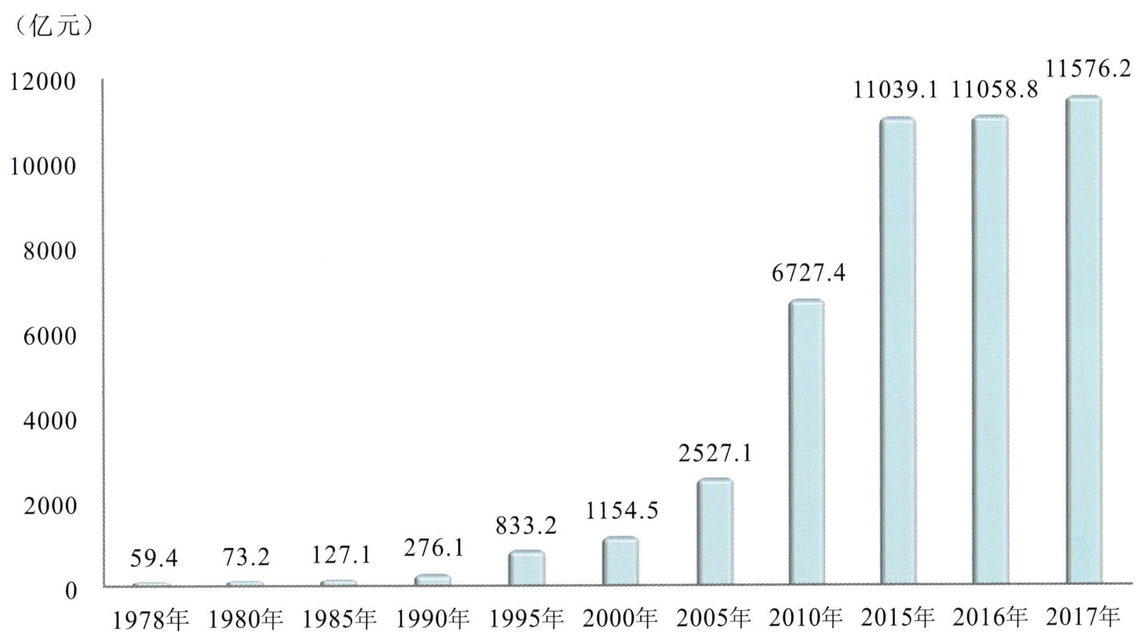

规模以上工业企业利润总额

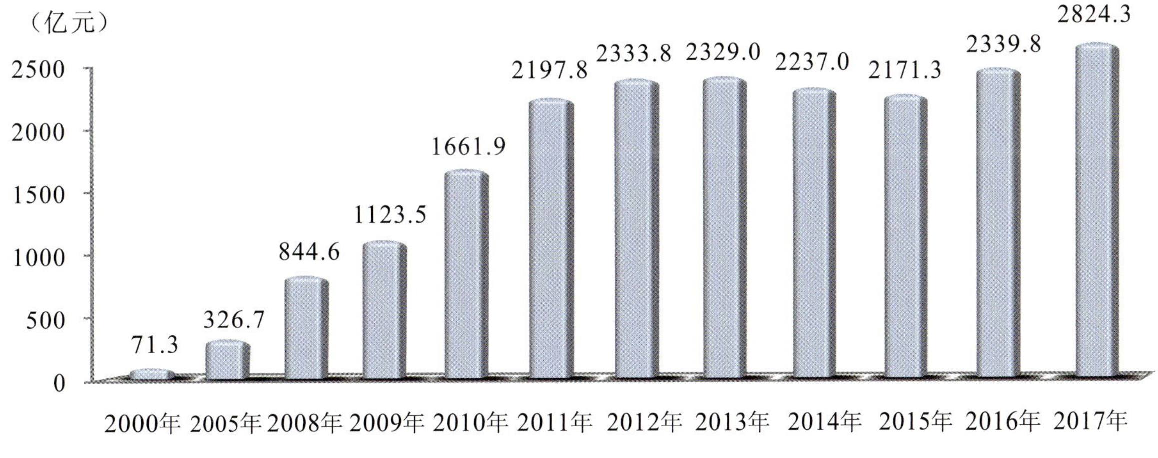

发电量

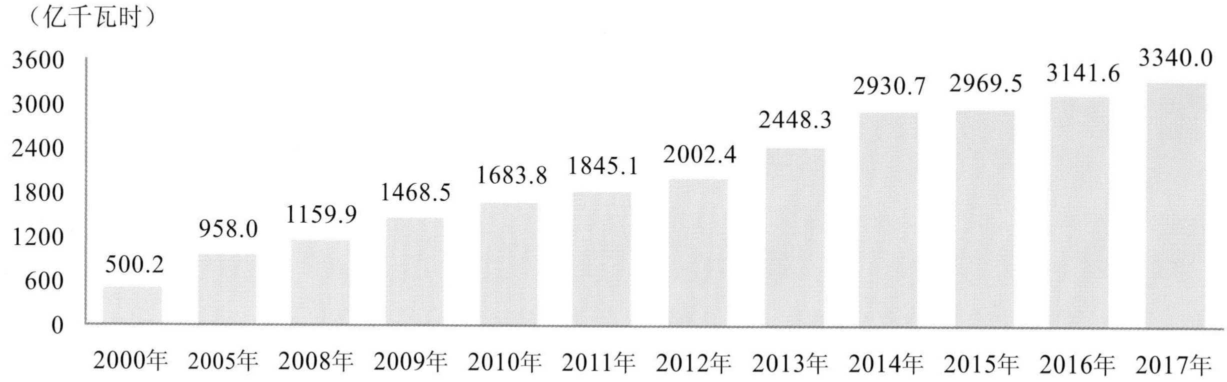

白酒产量

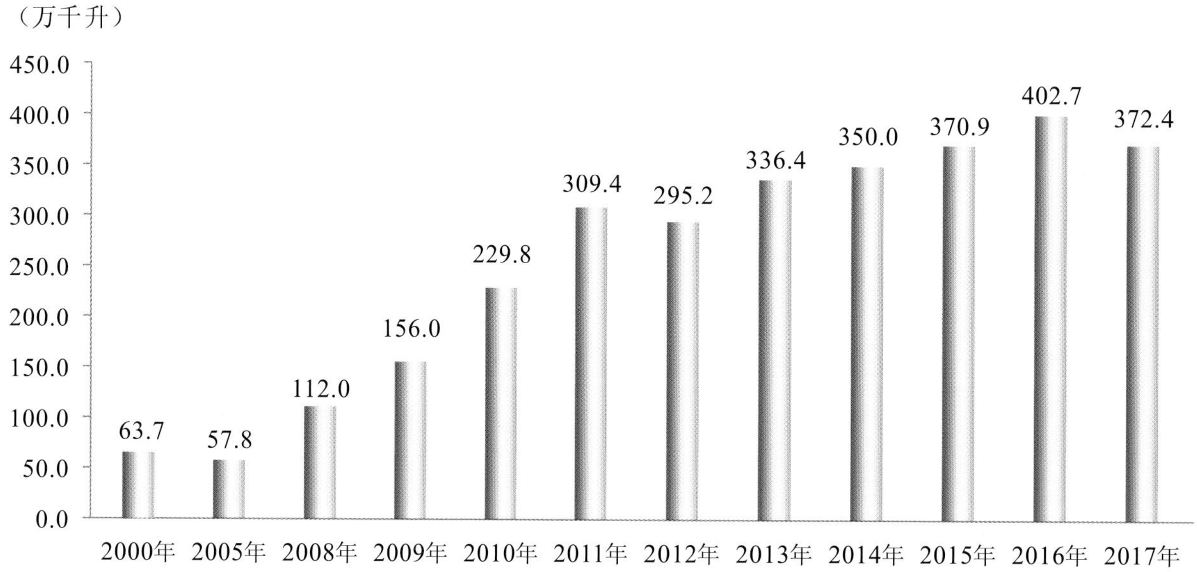

汽车产量

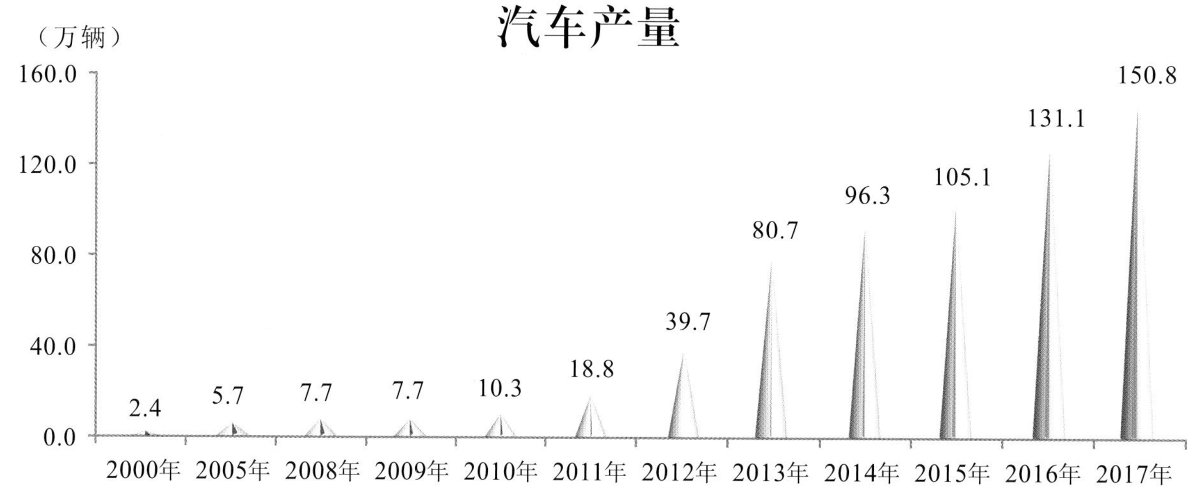

全社会固定资产投资

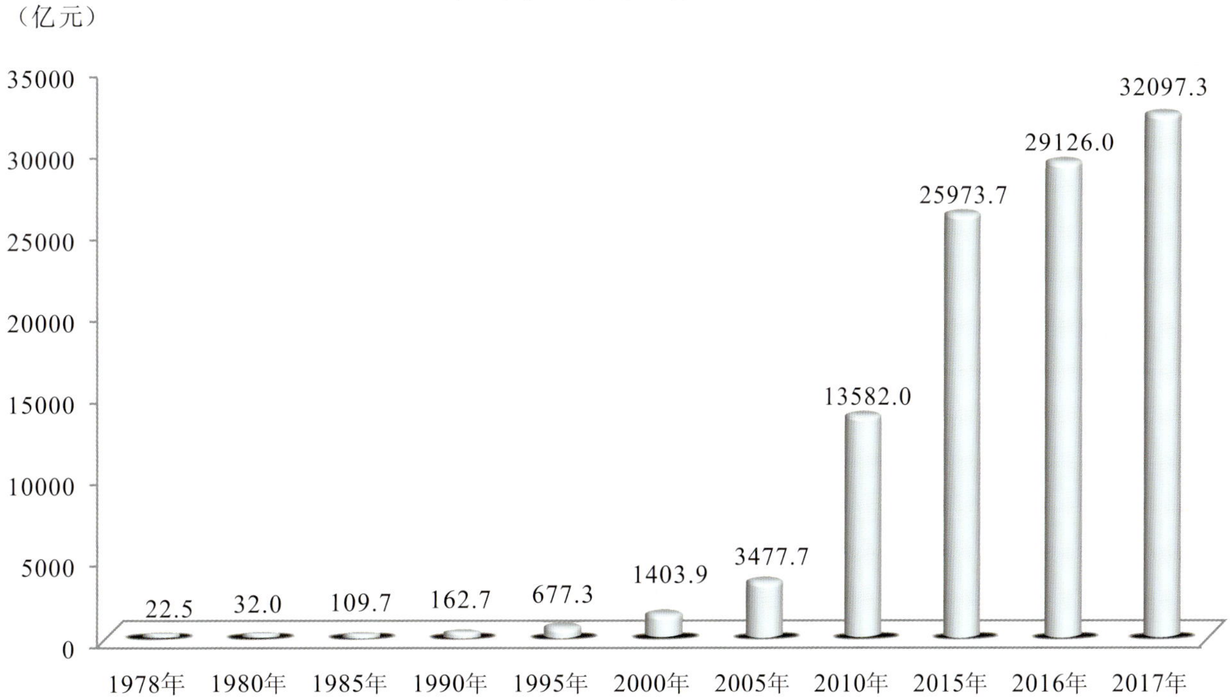

全社会固定资产投资构成

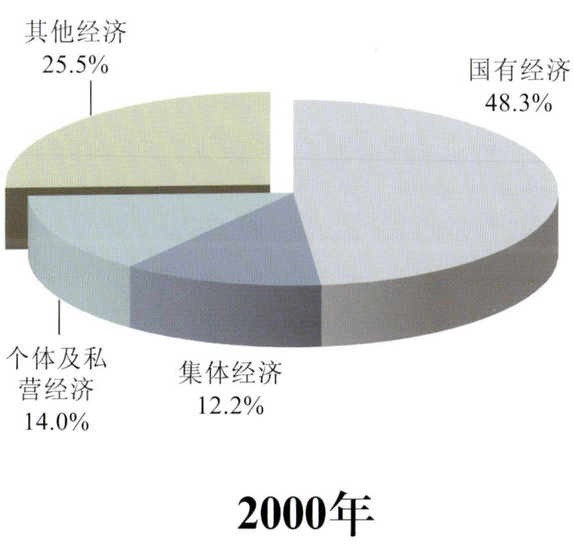

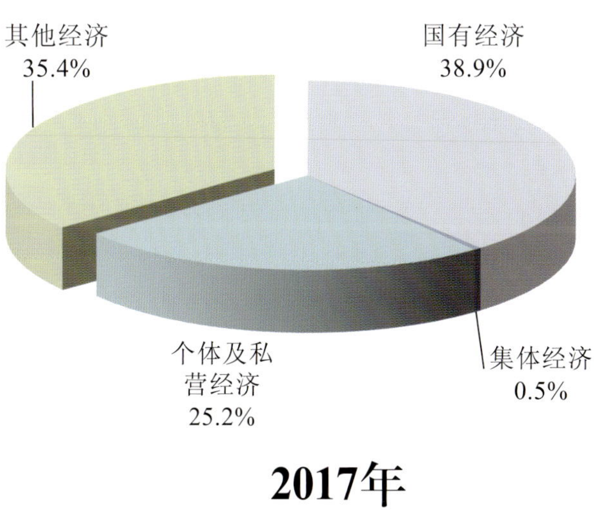

房地产开发投资

能源生产量和消费量

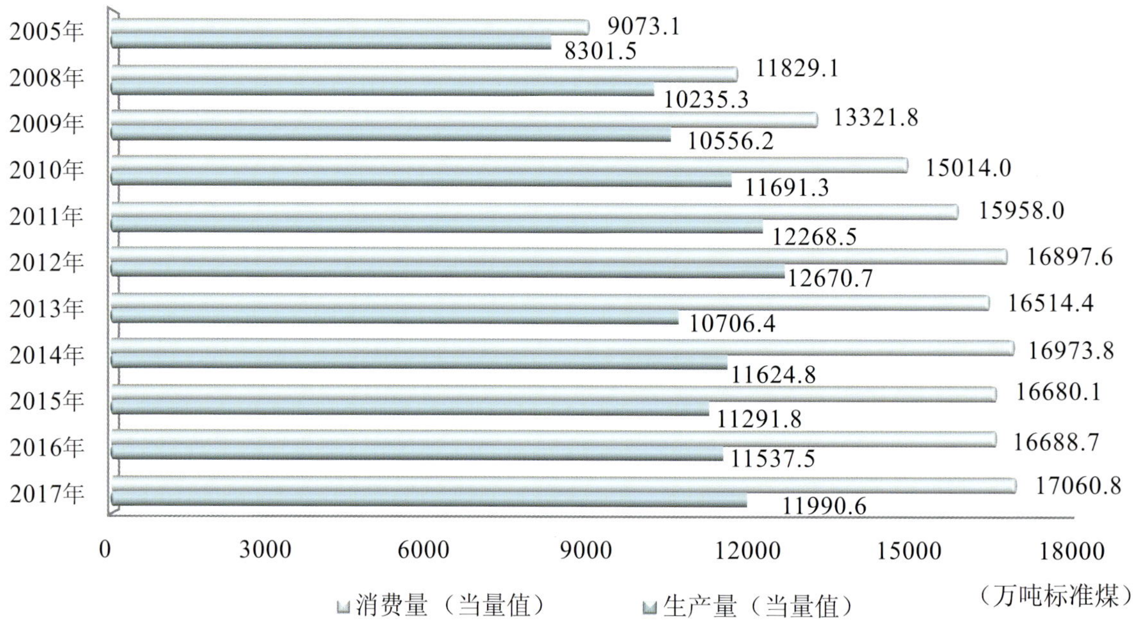

社会消费品零售总额

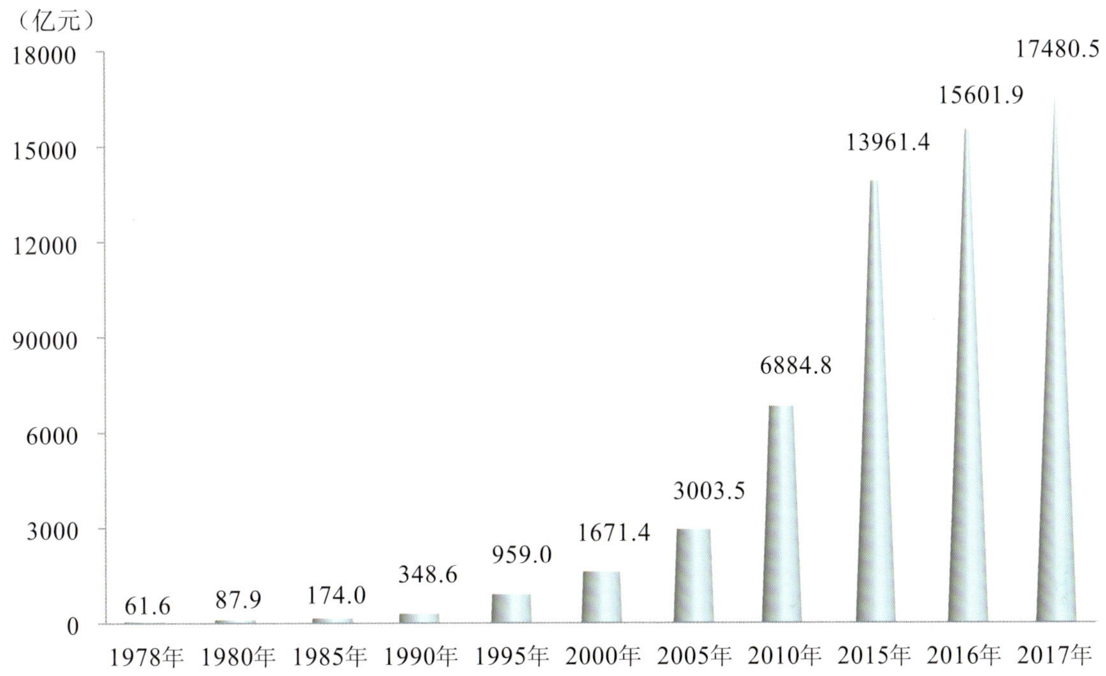

进口额和出口额

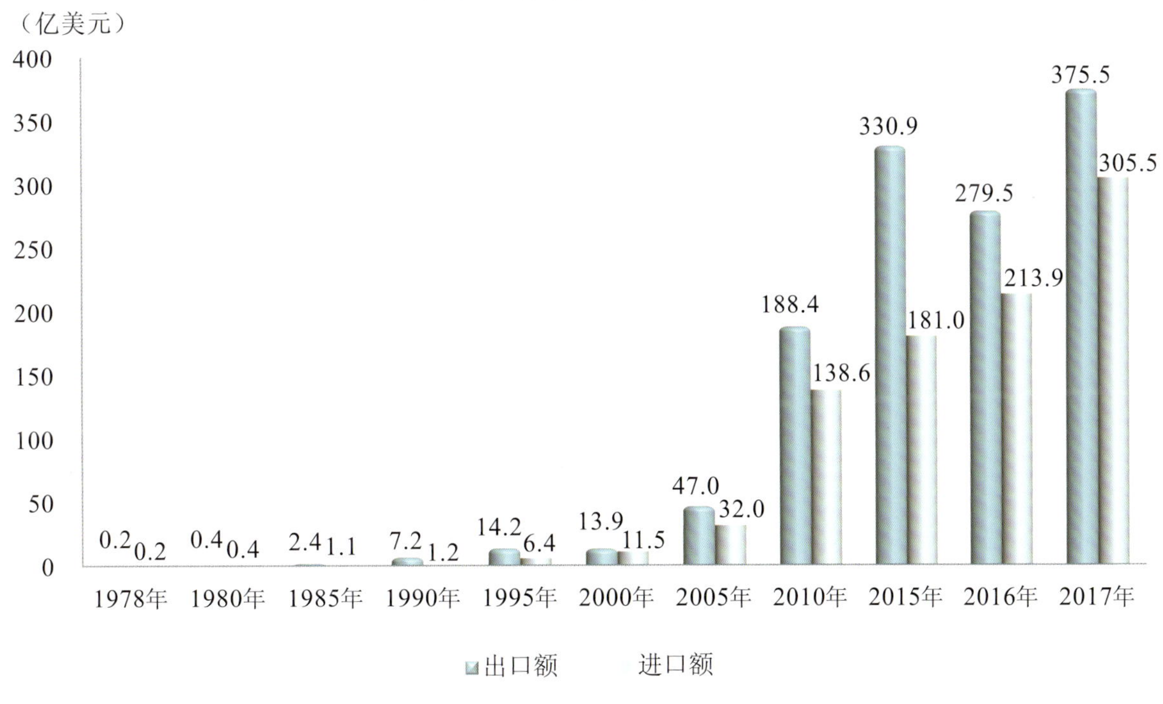

地方一般公共预算收入和支出

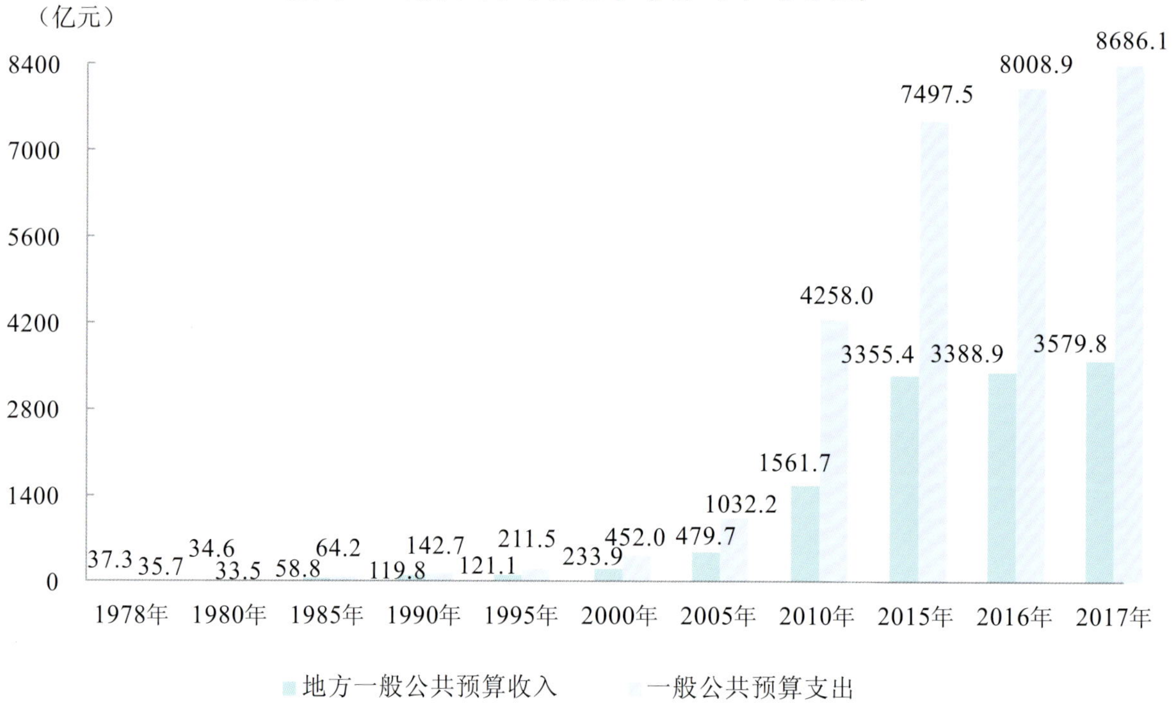

年末金融机构本外币各项存贷款余额

城镇居民人均可支配收入构成

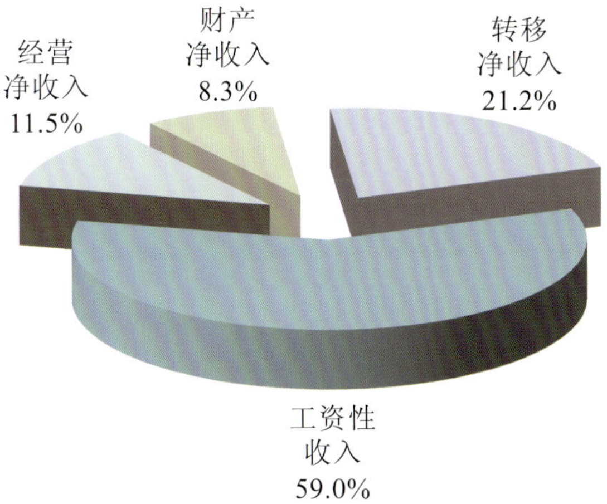

2013年

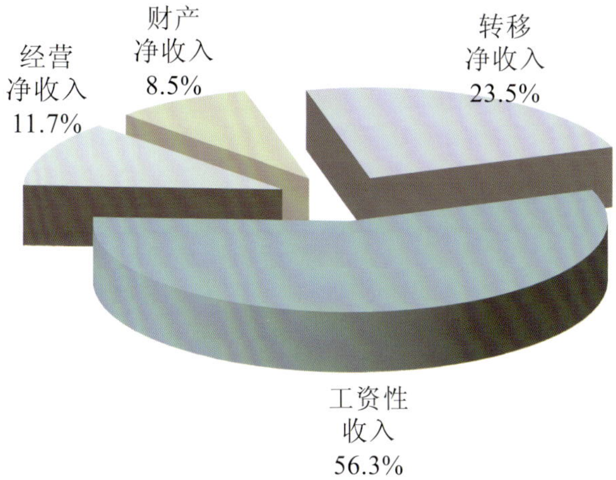

2017年

农村居民人均可支配收入构成

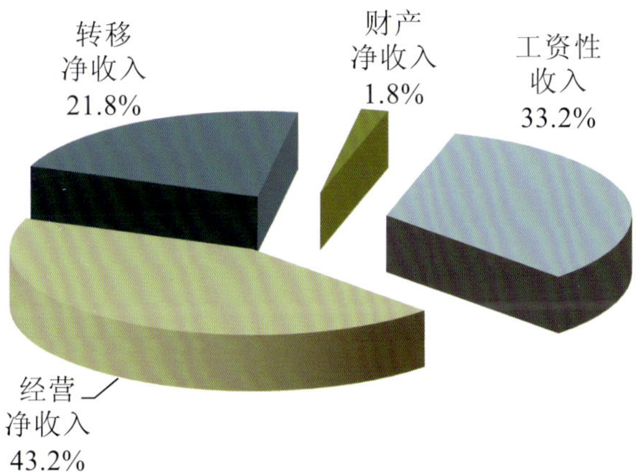

2013年

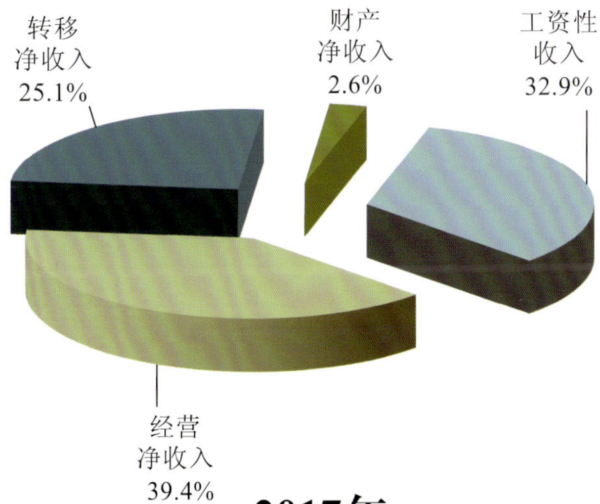

2017年

居民消费价格涨跌情况

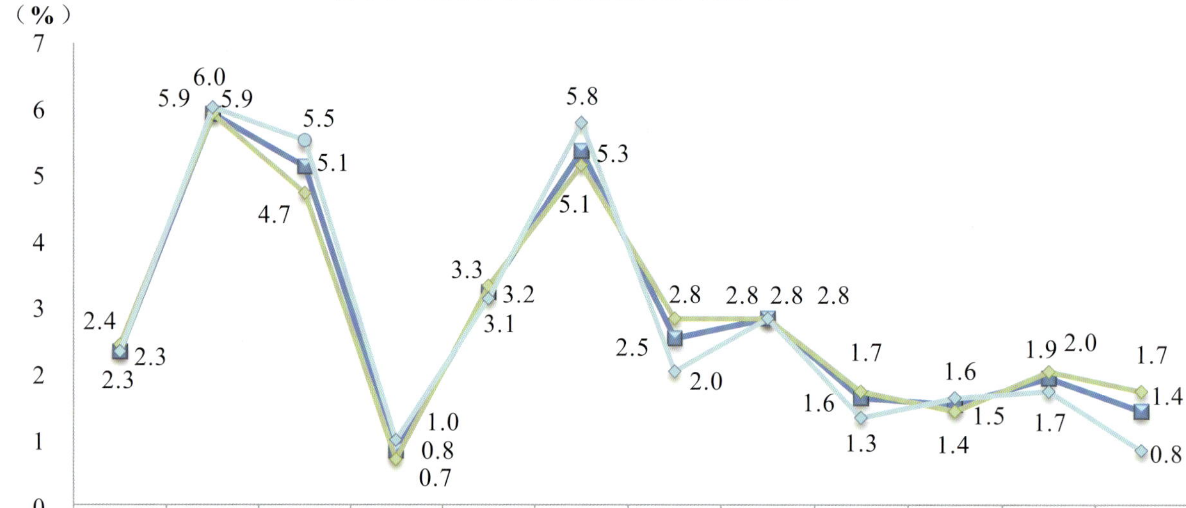

	2006年	2007年	2008年	2009年	2010年	2011年	2012年	2013年	2014年	2015年	2016年	2017年
全省	2.3	5.9	5.1	0.8	3.2	5.3	2.5	2.8	1.6	1.5	1.9	1.4
城市	2.4	5.9	4.7	0.7	3.3	5.1	2.8	2.8	1.7	1.4	2.0	1.7
农村	2.3	6.0	5.5	1.0	3.1	5.8	2.0	2.8	1.3	1.6	1.7	0.8

工业生产者出厂价格涨跌情况

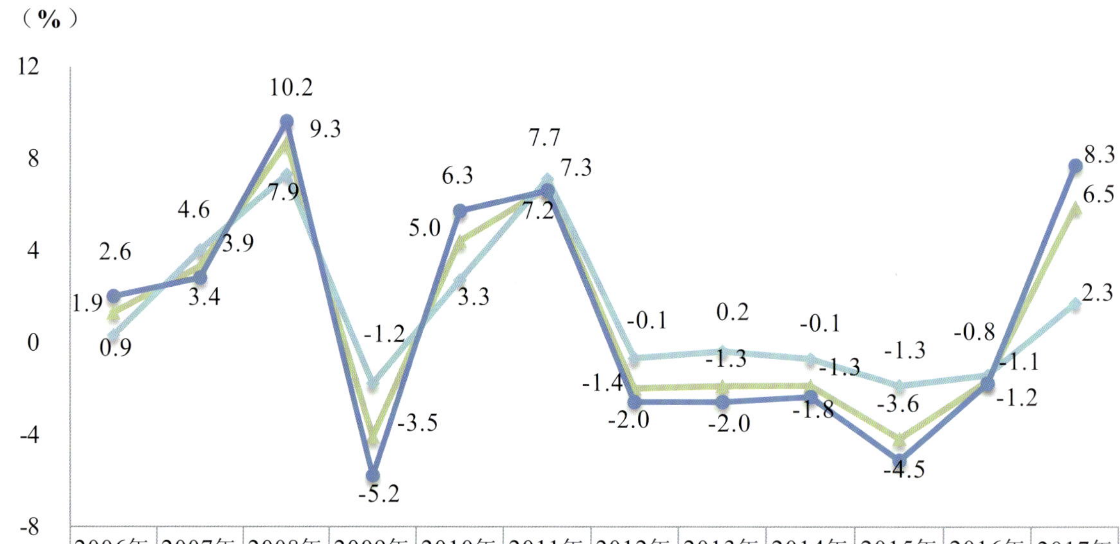

	2006年	2007年	2008年	2009年	2010年	2011年	2012年	2013年	2014年	2015年	2016年	2017年
全部	1.9	3.9	9.3	-3.5	5.0	7.3	-1.4	-1.3	-1.3	-3.6	-1.1	6.5
轻工业	0.9	4.6	7.9	-1.2	3.3	7.7	-0.1	0.2	-0.1	-1.3	-0.8	2.3
重工业	2.6	3.4	10.2	-5.2	6.3	7.2	-2.0	-2.0	-1.8	-4.5	-1.2	8.3

旅客周转量和货物周转量

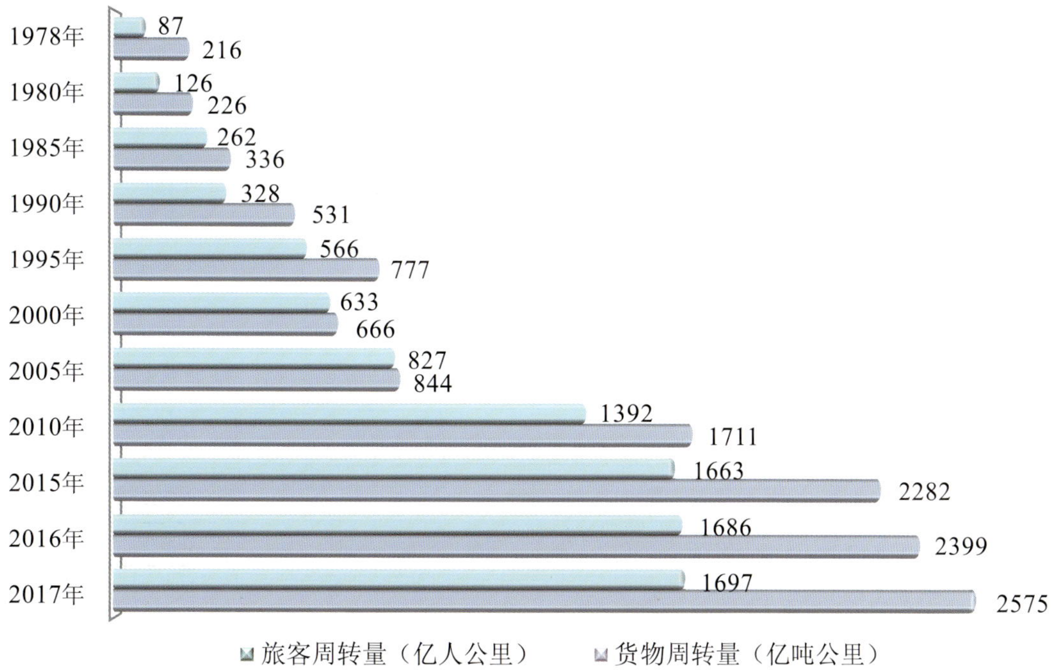

广播覆盖率和电视覆盖率

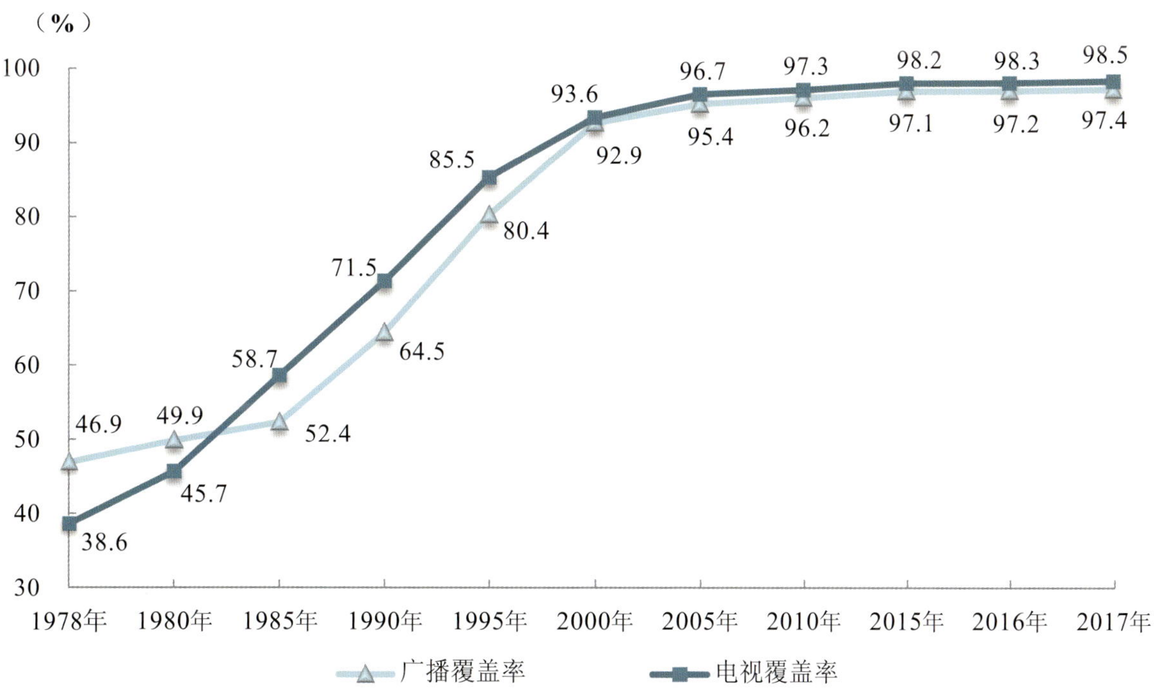

各类学校在校学生数

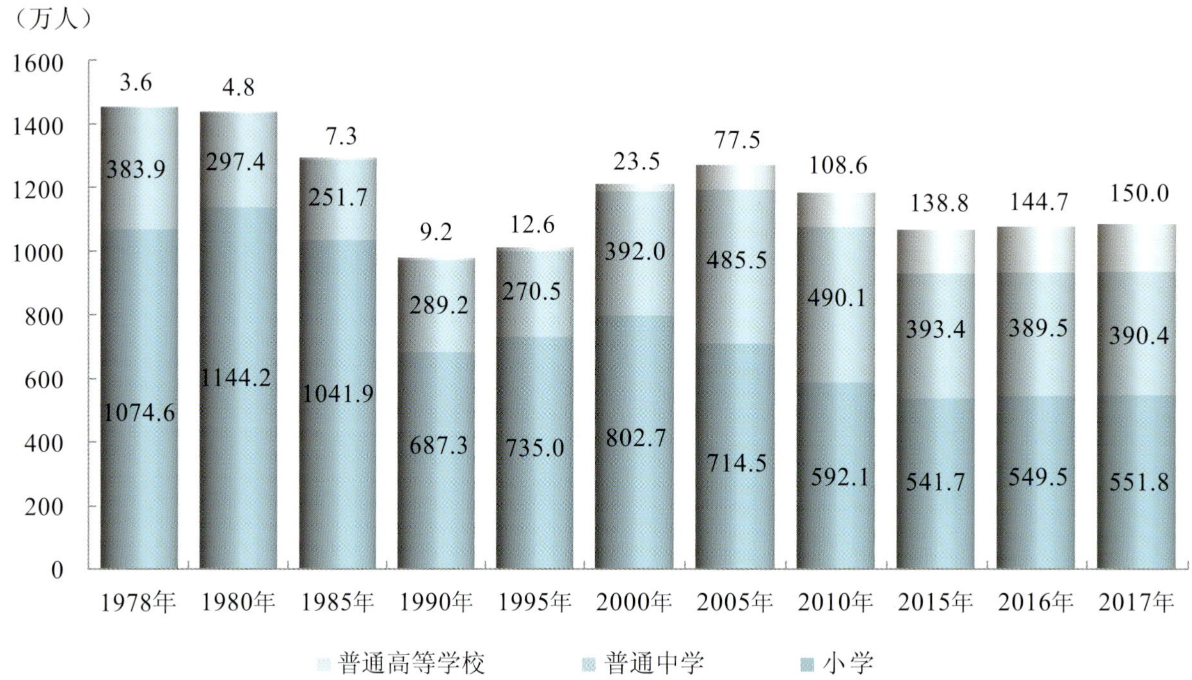

卫生机构床位数

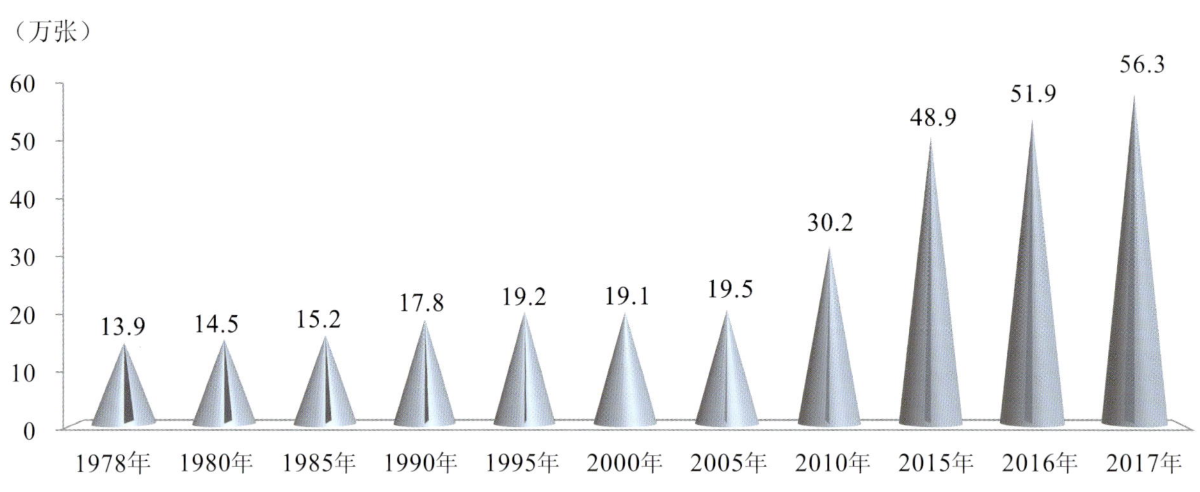

01

GENERAL SURVEY

综 合

四川统计年鉴

SICHUAN STATISTICAL YEARBOOK

1-1 各市(州)行政区划及辖区面积(2017年底)
Administrative Divisions and Area by Region (End of 2017)

单位：个、平方公里 (unit, sq.km)

市(州)	Region	县(市、区) Counties,Cities at County Level and Districts under City Administration					乡、镇、街道办事处 Township,Towns and Street Committees					辖区面积 Administrative Area
		合计 Total	市辖区 Districts under City Administration	县级市 Cities at County Level	县 Coun-ties	自治县 Autono-mous Counties	合计 Total	乡 Town-ship	#民族乡 Ethnic Community Township	镇 Towns	街道办事处 Street Com-mittees	
全　省	**Sichuan**	**183**	**53**	**17**	**109**	**4**	**4610**	**2064**	**98**	**2196**	**350**	**486052**
成都市	Chengdu	20	11	5	4		375	52		206	117	14335
自贡市	Zigong	6	4		2		108	21		75	12	4381
攀枝花市	Panzhihua	5	3		2		60	23	13	21	16	7401
泸州市	Luzhou	7	3		4		144	12	8	110	22	12236
德阳市	Deyang	6	2	3	1		129	20		99	10	5910
绵阳市	Mianyang	9	3	1	4	1	292	97	15	172	23	20248
广元市	Guangyuan	7	3		4		239	127	2	103	9	16311
遂宁市	Suining	5	2		3		130	38		74	18	5323
内江市	Neijiang	5	2	1	2		121	4		103	14	5385
乐山市	Leshan	11	4	1	4	2	218	109	2	102	7	12723
南充市	Nanchong	9	3	1	5		424	213	1	180	31	12477
眉山市	Meishan	6	2		4		131	41		85	5	7140
宜宾市	Yibin	10	2		8		185	49	13	123	13	13266
广安市	Guangan	6	2	1	3		182	79		91	12	6341
达州市	Dazhou	7	2	1	4		315	144	4	163	8	16582
雅安市	Yaan	8	2		6		143	90	18	47	6	15046
巴中市	Bazhong	5	2		3		200	79		108	13	12293
资阳市	Ziyang	3	1		2		120	47		69	4	5744
阿坝藏族羌族自治州	Aba	13		1	12		219	160	2	59		83016
甘孜藏族自治州	Ganzi	18		1	17		325	255	7	68	2	149599
凉山彝族自治州	Liangshan	17		1	15	1	550	404	13	138	8	60294

注：行政区划情况由四川省民政厅提供。
a) Data of administrative division are provided by Sichuan Provincial Civil Affairs Department.

1-2 各市(州)基层群众自治组织情况(2017年底)
Basic Statistics on Grass Roots Organizations by Region(End of 2017)

单位：个 (unit)

市(州)	Region	社区居委会 Community (Neighborhood Committee)	居民小组 Residents Unit	村民委员会 Villagers Committee	村民小组 Villagers Group
全　省	**Sichuan**	**7410**	**61636**	**45683**	**333136**
成都市	Chengdu	1677	22379	2662	32728
自贡市	Zigong	299	3267	1128	13161
攀枝花市	Panzhihua	132	1437	349	2244
泸州市	Luzhou	282	1946	1342	13036
德阳市	Deyang	357	3462	1417	16036
绵阳市	Mianyang	554	3786	3247	23874
广元市	Guangyuan	335	1517	2401	14635
遂宁市	Suining	315	1952	1901	13672
内江市	Neijiang	346	2802	1609	17452
乐山市	Leshan	264	2298	1984	16674
南充市	Nanchong	572	3952	5257	33867
眉山市	Meishan	308	1575	1056	5744
宜宾市	Yibin	345	2898	2821	22755
广安市	Guangan	264	1762	2740	22455
达州市	Dazhou	476	1938	2745	14110
雅安市	Yaan	72	476	1015	6812
巴中市	Bazhong	423	1659	2243	13126
资阳市	Ziyang	151	1262	1988	21314
阿坝藏族羌族自治州	Aba	58	143	1354	4037
甘孜藏族自治州	Ganzi	58	145	2679	5789
凉山彝族自治州	Liangshan	122	980	3745	19615

1-3 各市(州)行政区划一览表(2017年底)
Administrative Division Schedule by Region (End of 2017)

市(州) Region	县、市、区 Counties, Cities at County Level and Districts under City Administration
成都市	锦江区、青羊区、金牛区、武侯区、成华区、龙泉驿区、青白江区、新都区、温江区、双流区、郫都区、都江堰市、彭州市、邛崃市、崇州市、简阳市、金堂县、大邑县、蒲江县、新津县
Chengdu	Jinjiang, Qingyang, Jinniu, Wuhou, Chenghua, Longquanyi, Qingbaijiang, Xindu, Wenjiang, Shuangliu, Pidu, Dujiangyan, Pengzhou, Qionglai, Chongzhou, Jianyang, Jintang, Dayi, Pujiang, Xinjin
自贡市	自流井区、贡井区、大安区、沿滩区、荣县、富顺县
Zigong	Ziliujing, Gongjing, Daan, Yantan, Rongxian, Fushun
攀枝花市	东区、西区、仁和区、米易县、盐边县
Panzhihua	Dongqu, Xiqu, Renhe, Miyi, Yanbian
泸州市	江阳区、龙马潭区、纳溪区、泸县、合江县、叙永县、古蔺县
Luzhou	Jiangyang, Longmatan, Naxi, Luxian, Hejiang, Xuyong, Gulin
德阳市	旌阳区、罗江区、广汉市、什邡市、绵竹市、中江县
Deyang	Jinyang, Luojiang, Guanghan, Shifang, Mianzhu, Zhongjiang
绵阳市	涪城区、游仙区、安州区、江油市、梓潼县、平武县、北川羌族自治县、三台县、盐亭县
Mianyang	Fucheng, Youxian, Anzhou, Jiangyou, Zitong, Pingwu, Beichuan, Santai, Yanting
广元市	利州区、昭化区、朝天区、剑阁县、旺苍县、青川县、苍溪县
Guangyuan	Lizhou, zhaohua, Chaotian, Jiange, Wangcang, Qingchuan, Cangxi
遂宁市	船山区、安居区、蓬溪县、射洪县、大英县
Suining	Chuanshan, Anju, Pengxi, Shehong, Daying
内江市	市中区、东兴区、隆昌市、资中县、威远县
Neijiang	Downtown, Dongxing, Longchang, Zizhong, Weiyuan
乐山市	市中区、五通桥区、沙湾区、金口河区、峨眉山市、犍为县、井研县、夹江县、沐川县、峨边彝族自治县、马边彝族自治县
Leshan	Downtown, Wutongqiao, Shawan, Jinkouhe, Emeishan, Qianwei, Jingyan, Jiajiang, Muchuan, Ebian, Mabian
南充市	顺庆区、高坪区、嘉陵区、阆中市、南部县、西充县、营山县、仪陇县、蓬安县
Nanchong	Shunqing, Gaoping, Jialing, Langzhong, Nanbu, Xichong, Yingshan, Yilong, Pengan
眉山市	东坡区、彭山区、仁寿县、洪雅县、丹棱县、青神县
Meishan	Dongpo, Pengshan, Renshou, Hongya, Danling, Qingshen
宜宾市	翠屏区、南溪区、宜宾县、江安县、长宁县、高县、筠连县、珙县、兴文县、屏山县
Yibin	Cuiping, Yibinxian, Nanxi, Jiangan, Changning, Gaoxian, Junlian, Gongxian, Xingwen, Pingshan
广安市	广安区、前锋区、华蓥市、岳池县、武胜县、邻水县
Guangan	Guanganqu, Qianfeng, Huaying, Yuechi, Wusheng, Linshui
达州市	通川区、达川区、万源市、宣汉县、开江县、大竹县、渠县
Dazhou	Tongchuan, Dachuan, Wanyuan, Xuanhan, Kaijiang, Dazhu, Quxian
雅安市	雨城区、名山区、荥经县、汉源县、石棉县、天全县、芦山县、宝兴县
Yaan	Yucheng, Mingshan, Yingjing, Hanyuan, Shimian, Tianquan, Lushan, Baoxing
巴中市	巴州区、恩阳区、平昌县、通江县、南江县
Bazhong	Bazhou, Enyang, Pingchang, Tongjiang, Nanjiang
资阳市	雁江区、安岳县、乐至县
Ziyang	Yanjiang, Anyue, Lezhi
阿坝藏族羌族自治州	马尔康市、汶川县、理县、茂县、松潘县、九寨沟县、金川县、小金县、黑水县、壤塘县、阿坝县、若尔盖县、红原县
Aba	Maerkang, Wenchuan, Lixian, Maoxian, Songpan, Jiuzhaigou, Jinchuan, Xiaojin, Heishui,Rangtang, Abaxian, Ruoergai, Hongyuan
甘孜藏族自治州	康定市、泸定县、丹巴县、九龙县、雅江县、道孚县、炉霍县、甘孜县、新龙县、德格县、白玉县、石渠县、色达县、理塘县、巴塘县、乡城县、稻城县、得荣县
Ganzi	Kangding, Luding, Danba, Jiulong, Yajiang, Daofu, Luhuo, Ganzixian, Xinlong, Dege, Baiyu, Shiqu, Seda, Litang, Batang, Xiangcheng, Daocheng, Derong
凉山彝族自治州	西昌市、木里藏族自治县、盐源县、德昌县、会理县、会东县、宁南县、普格县、布拖县、金阳县、昭觉县、喜德县、冕宁县、越西县、甘洛县、美姑县、雷波县
Liangshan	Xichang, Muli, Yanyuan, Dechang, Huili, Huidong, Ningnan, Puge, Butuo, Jinyang, Zhaojue, Xide,Mianning, Yuexi, Ganluo, Meigu, Leibo

1-4 改革开放40年国民经济和社会发展主要指标

指　标		Item	
人口		**Population**	
年末户籍人口	(万人)	Total Registered Population (year-end)	(10 000 persons)
#男性	(万人)	Male	(10 000 persons)
女性	(万人)	Female	(10 000 persons)
#城镇	(万人)	Urban	(10 000 persons)
乡村	(万人)	Rural	(10 000 persons)
就业		**Employment**	
就业人员数	(万人)	Employment	(10 000 persons)
#第一产业	(万人)	Primary Industry	(10 000 persons)
第二产业	(万人)	Secondary Industry	(10 000 persons)
第三产业	(万人)	Tertiary Industry	(10 000 persons)
#非私营单位就业人员	(万人)	Staff and Workers of Non-private Units	(10 000 persons)
#国有经济单位职工	(万人)	State-owned Units	(10 000 persons)
城镇集体经济单位职工	(万人)	Urban Collective-owned Units	(10 000 persons)
国民经济核算		**National Accounting**	
地区生产总值	(亿元)	Gross Regional Product	(100 million yuan)
第一产业	(亿元)	Primary Industy	(100 million yuan)
第二产业	(亿元)	Secondary Industy	(100 million yuan)
第三产业	(亿元)	Tertiary Industy	(100 million yuan)
人均地区生产总值	(元)	Per Capita Gross Regional Product	(yuan)
支出法地区生产总值	(亿元)	Gross Regional Product by Expenditure Approach	(100 million yuan)
最终消费	(亿元)	Final Consumption Expenditure	(100 million yuan)
居民消费	(亿元)	Household Consumption Expenditure	(100 million yuan)
政府消费	(亿元)	Government Consumption Expenditure	(100 million yuan)
资本形成总额	(亿元)	Gross Capital Formation	(100 million yuan)
固定资本形成	(亿元)	Gross Fixed Capital Formation	(100 million yuan)
存货增加	(亿元)	Changes in Inventories	(100 million yuan)
人民生活		**People's Livelihood**	
居民人均消费水平	(元)	Per Capita Consumption of Residents	(yuan)
农村居民	(元)	Urban Residents	(yuan)
城镇居民	(元)	Rural Residents	(yuan)
城镇居民人均可支配收入	(元)	Per Capita Disposable Income of Urban Residents	(yuan)
城镇居民人均消费支出	(元)	Per Capita Living Expenditures for Consumption of Urban Residents	(yuan)
#食品烟酒	(元)	Food, Tobacco and Liquor	(yuan)

Principal Aggregate Indicators on National Economy and Social Development in 40 Years of Reform and Opening-up

总量指标 Aggregate Data							指数(%)Indices (2017年为以下各年) (2017 as Percentage of)			平均增长速度(%) Average Annual Growth Rate	
1978	1990	2000	2010	2015	2016	2017	1978	2000	2016	1979~2017	2001~2017
7071.9	7892.5	8407.5	9001.3	9102.0	9137.0	9113.4	128.9	108.4	99.7	0.7	0.5
3621.5	4088.1	4358.9	4640.4	4680.1	4696.2	4677.8	129.2	107.3	99.6	0.7	0.4
3450.4	3804.4	4048.6	4360.9	4421.9	4440.8	4435.6	128.6	109.6	99.9	0.6	0.5
784.2	1101.7	1565.0	2355.2	2785.2	2997.5	3116.3	397.4	199.1	104.0	3.6	4.1
6287.7	6790.8	6842.5	6646.1	6316.8	6139.5	5997.1	95.4	87.6	97.7	-0.1	-0.8
3087.02	4265.20	4658.40	4772.53	4847.01	4860.00	4872.00	157.8	104.6	100.2	1.2	0.3
2524.21	3108.89	2643.35	2083.20	1870.91	1827.40	1792.90	71.0	67.8	98.1	-0.9	-2.3
279.50	578.08	871.12	1188.82	1289.31	1302.50	1315.40	470.6	151.0	101.0	4.1	2.5
283.31	578.23	1143.93	1500.51	1686.79	1730.10	1763.70	622.5	154.2	101.9	4.8	2.6
457.92	644.21	515.45	570.58	795.47	787.53	792.21	173.0	153.7	100.6	1.4	2.6
364.80	496.90	371.68	335.77	344.08	343.36	343.29	94.1	92.4	100.0	-0.2	-0.5
93.12	145.75	69.73	33.69	26.25	26.33	23.20	24.9	33.3	88.1	-3.5	-6.3
184.61	890.95	3928.20	17185.48	30053.10	32934.54	36980.22	4483.3	627.3	108.1	10.2	11.4
82.20	321.41	945.58	2443.20	3677.30	3929.33	4262.35	639.8	202.0	103.8	4.9	4.2
65.55	312.64	1433.11	7902.18	13248.08	13448.92	14328.12	9215.9	963.6	107.5	12.3	14.3
36.86	256.90	1549.51	6840.10	13127.72	15556.29	18389.75	7949.8	608.1	109.8	11.9	11.2
261	1136	4956	21182	36775	40003	44651	3865.3	604.3	107.5	9.8	11.2
184.61	890.95	3928.20	17185.48	30053.10	32934.54	36980.22	4483.3	627.3	108.1	10.2	11.4
136.56	652.05	2545.13	8609.53	15774.96	17237.92	19365.69	3134.5	509.1	108.8	9.2	10.0
114.13	553.97	2021.66	6638.53	12073.44	13183.40	14841.19	2786.2	476.1	109.3	8.9	9.6
22.43	98.08	523.47	1971.00	3701.52	4054.52	4524.50	4905.9	625.7	107.2	10.5	11.4
47.49	238.68	1521.43	9219.92	14806.21	16165.27	18021.18	9301.3	775.3	106.7	12.3	12.8
44.96	191.31	1400.69	8911.05	14415.31	15800.46	17689.34	9724.9	822.9	107.1	12.5	13.2
2.53	47.37	120.74	308.87	390.90	364.81	331.84	3606.9	202.7	88.5	9.6	4.2
161	706	2550	8182	14774	16013	17920	2471.8	473.9	111.9	8.6	9.6
135	564	1614	4748	10039	11094	12856	2075.3	526.6	115.9	8.1	10.3
373	1583	5315	13457	20114	21246	22983	1374.0	296.3	108.2	6.9	6.6
338	1490	5894	15461	26205	28335	30727	9084.1	521.3	108.4	12.3	10.2
314	1281	4856	12105	19277	20660	21991	6999.0	452.9	106.4	11.5	9.3
186	690	2014	4780	6783	7118	7329	3941.6	363.8	103.0	9.9	7.9

1-4 续表1

指　　标		Item	
城镇居民恩格尔系数	(%)	Engle Coefficient of Urban Households	(%)
农村居民人均可支配收入	(元)	Annual per Capita Disposible Income of Rural Residents	(yuan)
农村居民人均生活消费支出	(元)	Expenditure for Consumption of Rural Residents	(yuan)
#食品烟酒	(元)	Food, Tobacco and Liquor	(yuan)
农村居民恩格尔系数	(%)	Engle Coefficient of Rural Households	(%)
全部单位就业人员工资总额	(亿元)	Total Wages of Staff and Workers in all Units	(100 million yuan)
#国有经济单位	(亿元)	State-owned Units	(100 million yuan)
城镇集体经济单位	(亿元)	Urban Collective-owned Units	(100 million yuan)
全部单位就业人员平均货币工资	(元)	Average Money Wages of Staff and Workers in all Units	(yuan)
#国有经济单位	(元)	State-owned Units	(yuan)
城镇集体经济单位	(元)	Urban Collective-owned Units	(yuan)
财政		**Government Finance**	
地方一般公共预算收入	(亿元)	Local General Public Budget Revenue	(100 million yuan)
一般公共预算支出	(亿元)	General Public Budget Expenditure	(100 million yuan)
能源		**Energy**	
一次能源生产量	(万吨标准煤)	Primary Energy Output	(10 000 tons SCE)
能源消费总量	(万吨标准煤)	Total Energy Consumption	(10 000 tons SCE)
固定资产投资		**Investment in Fixed Assets**	
全社会固定资产投资总额	(亿元)	Total Investment in Fixed Assets	(100 million yuan)
国有经济	(亿元)	State-owned Units	(100 million yuan)
集体经济	(亿元)	Collective-owned Units	(100 million yuan)
个体及私营经济	(亿元)	Individuals and Private Units	(100 million yuan)
其他经济	(亿元)	Others	(100 million yuan)
房地产完成投资额	(亿元)	Compeleted Investment Of Real Estate	(100 million yuan)
农业		**Agriculture**	
农林牧渔业总产值	(亿元)	Gross Output Value of Farming, Forestry, Animal Husbandry and Fishery	(100 million yuan)
#农业	(亿元)	Farming	(100 million yuan)
牧业	(亿元)	Animal Husbandry	(100 million yuan)
粮食产量	(万吨)	Grain Yield	(10 000 tons)
油料产量	(万吨)	Oil Bearing Crops Yield	(10 000 tons)
肉猪出栏头数	(万头)	Number of Slaughtered Fatterned Hogs	(10 000 heads)
猪年末头数	(万头)	Number of Hogs (year-end)	(10 000 heads)
牛年末头数	(万头)	Number of Cattle (year-end)	(10 000 heads)

continued

总量指标 Aggregate Data							指数(%)Indices (2017年为以下各年) (2017 as Percentage of)			平均增长速度(%) Average Annual Growth Rate	
1978	1990	2000	2010	2015	2016	2017	1978	2000	2016	1979~2017	2001~2017
59.2	53.8	41.5	39.5	35.2	34.5	33.3	−25.9 个百分点	−8.2 个百分点	−1.2 个百分点	−0.7 个百分点	−0.5 个百分点
127	558	1904	5399	10247	11203	12227	9619.9	642.3	109.1	12.4	11.6
120	509	1490	3987	9251	10192	11397	9473.8	765.1	111.8	12.4	12.7
89	326	813	1881	3618	3887	4235	4785.3	520.7	109.0	10.4	10.2
73.6	64.0	54.6	47.2	39.1	38.1	37.2	-36.4 个百分点	-17.4 个百分点	-0.9 个百分点	-0.9 个百分点	-1.0 个百分点
26.32	129.48	436.95	2540.91	6168.65	6612.38	7186.52	27304.8	1644.7	108.7	15.5	17.9
21.95	107.17	338.72	1226.64	2261.29	2458.23	2722.32	12403.4	803.7	110.7	13.2	13.0
4.37	22.04	40.52	78.54	125.49	134.01	122.37	2799.3	302.0	91.3	8.9	6.7
590	2011	8323	26127	50466	54425	58671	9944.2	704.9	107.8	12.5	12.2
622	2177	8909	36729	66551	72980	80321	12913.3	901.6	110.1	13.3	13.8
475	1490	5749	23411	48924	52180	55115	11603.2	958.7	105.6	13.0	14.2
37.31	119.82	233.86	1561.67	3355.44	3388.85	3579.78	9594.7	1530.7	105.6	12.4	17.4
35.72	142.71	452.00	4257.98	7497.51	8008.89	8686.10	24317.2	1921.7	108.5	15.1	19.0
2552	4352	6279	14018	16996	17872	18613	729.4	296.4	104.2	5.2	6.6
2552	4419	6518	15980	19888	20362	20874	818.0	320.3	102.5	5.5	7.1
22.48	162.66	1403.85	13581.96	25973.74	29126.03	32097.25	142781.4	2286.4	110.2	20.5	20.2
22.48	114.54	678.15	5771.01	10325.07	11096.37	12471.91	55480.0	1839.1	112.4	17.6	18.7
	17.05	170.91	167.45	210.99	155.46	148.14		86.7	95.3		-0.8
	31.07	196.34	2296.90	6136.67	7198.61	8097.69		4124.3	112.5		24.5
		358.45	5346.60	9301.01	10675.59	11379.51		3174.6	106.6		22.6
		195.97	2194.63	4813.03	5282.64	5149.89		2627.9	97.5		21.2
95.70	484.31	1483.52	4081.81	6377.84	6816.92	6955.55	655.5	212.3	103.8	4.9	4.5
73.90	301.46	785.37	2059.33	3315.51	3701.64	4004.20	365.4	180.0	105.2	3.4	3.5
18.20	157.04	611.76	1658.00	2414.15	2405.54	2199.72	1578.2	225.8	101.2	7.3	4.9
2381.80	3269.20	3568.50	3182.84	3394.60	3469.93	3488.90	146.5	97.8	100.5	1.0	-0.1
52.80	133.50	193.00	296.08	339.63	346.18	357.89	677.8	185.4	103.4	5.0	3.7
1614.00	4507.00	6594.37	7174.95	7236.54	6907.82	6579.10	407.6	99.8	95.2	3.7	0.0
3243.00	4842.00	5229.23	4917.49	4288.39	4078.80	4376.64	135.0	83.7	107.3	0.8	-1.0
745.00	876.00	1046.66	934.70	857.80	831.18	853.19	114.5	81.5	102.6	0.3	-1.2

1-4 续表2

指　标		Item	
肉类总产量	(万吨)	Output of Meat	(10 000 tons)
#猪肉	(万吨)	Output of Pork	(10 000 tons)
农作物总播种面积	(万公顷)	Total Sown Areas	(10 000 hectares)
#粮食	(万公顷)	Sown Areas of Grain Crops	(10 000 hectares)
农村用电量	(亿千瓦时)	Electricity Consumed in Rural Areas	(100 million kwh)
化肥施用量	(万吨)	Consumption of Chemical Fertilizers	(10 000 tons)
#氮肥	(万吨)	Nitrogen	(10 000 tons)
造林面积	(万公顷)	Afforested Hilly Area	(10 000 hectares)
规模以上工业企业		**Industrial Enterprises above Designated Size**	
主要财务指标		Principal Financial Indicators	
资产总计	(亿元)	Total Assets	(100 million yuan)
负债合计	(亿元)	Total Liability	(100 million yuan)
所有者权益合计	(亿元)	Owners' Equities	(100 million yuan)
主营业务收入	(亿元)	Revenue from Principal Business	(100 million yuan)
主营业务成本	(亿元)	Cost of Principal Business	(100 million yuan)
利润总额	(亿元)	Total Profits	(100 million yuan)
全部从业人员年平均人数	(万人)	Annual Average Employed Persons	(10 000 persons)
主要产品产量		Output of Major Products	
布	(亿米)	Cloth	(100 million m)
机制纸及纸板	(万吨)	Machine-made Paper and Paperboards	(10 000 tons)
原盐	(万吨)	Salt	(10 000 tons)
卷烟	(亿支)	Cigarette	(100 million pieces)
白酒(商品量)	(万千升)	Liquor	(10 000 kiloliter)
天然气	(亿立方米)	Natural Gas	(100 million cu.m)
发电量	(亿千瓦小时)	Electricity	(100 million kwh)
#水电	(亿千瓦小时)	Hydropower	(100 million kwh)
生铁	(万吨)	Pig Iron	(10 000 tons)
粗钢	(万吨)	Crude Steel	(10 000 tons)
成品钢材	(万吨)	Steel Products	(10 000 tons)
水泥	(万吨)	Cement	(10 000 tons)
农用氮、磷、钾化肥(折纯)	(万吨)	Chemical Fertilizer	(10 000 tons)
#氮肥	(万吨)	Nitrogen	(10 000 tons)
化学农药	(万吨)	Chemical Pesticide	(10 000 tons)
硫酸	(万吨)	Sulfuric Acid	(10 000 tons)

注:2000年及以前卷烟产量的计量单位为万箱。

continued

总量指标 Aggregate Data							指数(%)Indices (2017年为以下各年) (2017 as Percentage of)			平均增长速度(%) Average Annual Growth Rate	
1978	1990	2000	2010	2015	2016	2017	1978	2000	2016	1979~ 2017	2001~ 2017
78.00	301.00	641.25	651.53	694.33	680.36	653.82	838.2	102.0	96.1	5.6	0.1
76.00	292.30	478.59	492.25	512.42	492.32	472.23	621.4	98.7	95.9	4.8	-0.1
885.91	905.00	960.91	915.87	945.11	949.38	957.51	108.1	99.6	100.9	0.2	0.0
744.10	698.50	685.40	619.51	628.61	629.13	629.20	84.6	91.8	100.0	-0.4	-0.5
7.70	33.00	82.80	141.70	174.81	183.10	188.44	2447.3	227.6	102.9	8.5	5.0
62.50	143.90	212.60	248.00	249.83	249.00	241.95	387.1	113.8	97.2	3.5	0.8
46.40	101.40	123.00	129.60	124.73	121.90	117.04	252.2	95.2	96.0	2.4	-0.3
20.05	26.50	48.91	38.22	31.82	56.85	65.84	328.4	134.6	115.8	3.1	1.8
		4586.11	22564.76	40401.38	41514.58	43253.61		943.1	104.2		14.1
		2955.77	13889.83	24238.90	24234.79	25120.16		849.9	103.7		13.4
		1630.26	8571.93	16075.60	17167.51	18033.84		1106.2	105.0		15.2
		2073.17	23062.82	38645.91	41529.25	41631.26		2008.1	100.2		19.3
		1613.98	19003.96	32514.83	34935.31	34660.03		2147.5	99.2		19.8
		71.32	1661.85	2171.26	2339.82	2824.26		3960.0	120.7		24.2
		208.00	351.67	354.47	335.48	318.97		153.4	95.1		2.5
	5.13	6.03	14.90	18.50	18.91	16.40		272.0	86.7		6.1
	59.48	71.52	342.86	189.80	210.58	237.10		331.5	112.6		7.3
	228.74	215.48	763.18	325.00	337.45	581.70		270.0	172.4		6.0
	106.59	128.65	914.24	945.80	668.16	734.10		570.6	109.9		10.8
		63.68	229.80	370.90	402.67	372.40		584.8	92.5		10.9
60.79	66.21	88.60	234.16	266.21	296.91	356.39	586.3	402.2	120.0	4.6	8.5
139.30	268.89	500.24	1683.82	2969.54	3141.62	3339.96	2397.7	667.7	106.3	8.5	11.8
54.78	151.36	315.11	1103.37	2508.44	2721.83	2909.89	5312.0	923.5	106.9	10.7	14.0
	338.32	555.61	1593.81	1747.40	1733.20	1899.70		341.9	109.6		7.5
	372.49	602.35	1580.99	2110.40	2007.74	2026.30		336.4	100.9		7.4
	247.37	541.34	1976.55	2702.50	2837.21	2491.20		460.2	87.8		9.4
	1351.90	766.42	13227.55	14040.60	14584.18	13810.00		1801.9	94.7		18.5
	154.97	263.51	510.12	497.10	508.55	414.90		157.5	81.6		2.7
	123.96	199.06	414.76	307.90	285.70	248.70		124.9	87.0		1.3
	0.25	3.21	12.81	17.80	17.81	14.30		445.5	80.3		9.2
	91.12	194.07	388.22	642.50	645.52	631.90		325.6	97.9		7.2

a) In 2000 and before, cigarette production was measured in 10000 boxes.

1-4 续表3

指　标		Item	
纯碱	(万吨)	Soda Ash	(10 000 tons)
烧碱	(万吨)	Caustic Soda	(10 000 tons)
贸易		**Trade**	
社会消费品零售总额	(亿元)	Total Retail Sales of Consumer Goods	(100 million yuan)
进出口总额	(万美元)	Total Import and Export	(USD 10 000)
出口总额	(万美元)	Total Export	(USD 10 000)
进口总额	(万美元)	Total Import	(USD 10 000)
外商直接投资	(万美元)	Foreign Direct Investment	(USD 10 000)
旅游		**Tourism**	
入境游客人数	(万人次)	Number of Overseas Visitor Arrivals	(10 000 person-times)
国际旅游外汇收入	(亿美元)	Foreign Exchange Earnings from International Tourism	(USD 100 million)
国内旅游人数	(万人次)	Number of Domestic Visitors	(10 000 person-times)
国内旅游收入	(亿元)	Earnings from Domestic Tourism	(100 million yuan)
交通运输		**Transport**	
铁路营业里程	(公里)	Railway Mileage	(km)
公路里程	(公里)	Road Mileage	(km)
#高速公路	(公里)	Expressway	(km)
民用汽车拥有量	(万辆)	Possession of Civil Motor Vehicles	(10 000 units)
旅客周转量	(亿人公里)	Total Passenger-kilometers	(100 million passenger-km)
货物周转量	(亿吨公里)	Total Freight Ton-kilometers	(100 million ton-km)
文化、教育和卫生		**Culture,Education and Health**	
图书出版总印数	(万册)	Total Printed Copies of Published Books	(10 000 copies)
杂志出版总印数	(万册)	Total Printed Copies of Published Magazines	(10 000 copies)
报纸出版总印数	(万份)	Total Printed Copies of Published Newspapers	(10 000 copies)
专任教师数		Full-time Teachers	
普通高等学校	(万人)	Regular Institutions of Higher Education	(10 000 persons)
普通中学	(万人)	Regular Secondary Schools	(10 000 persons)
小学	(万人)	Primary Schools	(10 000 persons)
在校学生数		Number of Students Enrollment	
普通高等学校	(万人)	Regular Institutions of Higher Education	(10 000 persons)
普通中学	(万人)	Regular Secondary Schools	(10 000 persons)
小学	(万人)	Primary Schools	(10 000 persons)
医院数	(个)	Number of Hospitals	(unit)
医院床位数	(万张)	Number of Beds in Hospitals	(10 000 units)

注：2000年及以前农村居民人均可支配收入为农村居民人均纯收入统计口径。

continued

总量指标 Aggregate Data							指数(%)Indices (2017年为以下各年) (2017 as Percentage of)			平均增长速度(%) Average Annual Growth Rate	
1978	1990	2000	2010	2015	2016	2017	1978	2000	2016	1979~2017	2001~2017
	31.10	52.51	169.78	106.90	120.56	124.20		236.5	103.0		5.2
	23.11	31.41	106.93	97.30	99.07	92.70		295.1	93.6		6.6
61.60	348.60	1671.43	6884.84	13961.40	15601.87	17480.53	28377.5	1045.8	112.0	15.6	14.8
4067	84105	254517	3270396	5118856	4934941	6810677	167461.9	2675.9	138.0	21.0	21.3
1905	71635	139435	1884064	3309290	2795498	3755394	197133.5	2693.3	134.3	21.5	21.4
2162	12470	115082	1386332	1809566	2139443	3055283	141317.4	2654.9	142.8	20.4	21.3
	1553	43694	602517	999607	797687	810135		1854.1	101.6		18.7
0.25	19.39	46.20	104.93	273.20	308.79	336.17	134468.0	727.6	108.9	20.3	12.4
	1.73	1.22	3.54	11.81	12.46	14.47		1187.0	116.1		15.7
	2330	5401	27141	58501	63025	66924		1239.1	106.2		16.0
	14.00	248.00	1862.03	6137.60	7600.52	8825.39		3558.6	116.1		23.4
2813	2877	2333	3549	4442	4623	4832	171.8	207.1	104.5	1.4	4.4
62814	71916	90875	266082	315582	324138	329950	525.3	363.1	101.8	4.3	7.9
		1000	2683	6020	6523	6821		682.1	104.6		12.0
	31.3	76.5	355.0	768.5	882.4	991.8		1296.5	112.4		16.3
87	328	633	1392	1663	1686	1697	1957.9	267.9	100.7	7.9	6.0
216	531	666	1711	2282	2399	2575	1193.3	386.4	107.3	6.6	8.3
24993	21152	27315	19493	24805	24264	29195	116.8	106.9	120.3	0.4	0.4
562	3257	4950	10593	5655	5045	5129	912.6	103.6	101.7	5.8	0.2
51889	94657	133590	170176	162781	162153	141828	273.3	106.2	87.5	2.6	0.4
0.90	1.61	1.84	6.50	8.44	8.58	8.39	927.9	455.8	97.8	5.9	9.3
16.75	17.62	21.70	28.50	29.32	29.47	29.88	178.3	137.7	101.4	1.5	1.9
34.27	32.11	33.16	30.57	30.81	31.44	32.50	94.9	98.0	103.4	-0.1	-0.1
3.57	9.19	23.55	108.62	138.79	144.66	149.97	4199.1	636.9	103.7	10.1	11.5
383.88	289.20	391.98	490.09	393.44	389.54	390.43	101.7	99.6	100.2	0.0	0.0
1074.59	687.33	802.65	592.11	541.74	549.52	551.84	51.4	68.8	100.4	-1.7	-2.2
603	824	1128	1260	1942	2067	2219	368.0	196.7	107.4	3.4	4.1
6.22	10.11	11.11	18.55	34.58	37.57	41.19	662.3	370.8	109.6	5.0	8.0

a) In 2000 and before, annual per capita disposible income of rural residents was the statistical caliber of per capita net income of rural residents.

1-5 改革开放40年国民经济和社会发展比例和效益指标

指　　标		Item	
人口与就业		**Population and Employment**	
出生率	(‰)	Birth Rate	(‰)
死亡率	(‰)	Death Rate	(‰)
自然增长率	(‰)	Natural Growth Rate	(‰)
城镇登记失业率	(%)	Unemployment Rate in Urban Areas	(%)
国民经济核算		**National Accounting**	
人均地区生产总值	(元)	Per Capita GNP	(yuan)
人民生活		**People's Livelihood**	
城乡收入比(农村居民收入为1)		Urban-rural Income Ratio (Rural Residents' income is 1)	
财政		**Government Finance**	
地方一般公共预算收入与地区生产总值之比	(%)	Ratio of Local General Public Budget Revenue to Regional GDP	(%)
一般公共预算支出与地区生产总值之比	(%)	Ratio of General Public Budget Expenditure to Regional GDP	(%)
能源		**Energy**	
能源生产弹性系数		Elasticity Ratio of Energy Production	
电力生产弹性系数		Elasticity Ratio of Electricity Production	
能源消费弹性系数		Elasticity Ratio of Energy Consumption	
电力消费弹性系数		Elasticity Ratio of Electricity Consumption	
单位地区生产总值能耗（吨标准煤/万元）		Energy Consumption per Unit of GDP (ton of SCE/ 10 000 yuan)	
固定资产投资		**Investment in Fixed Assets**	
全社会固定资产投资与地区生产总值之比	(%)	Proportion of Investment in Fixed Assets to GDP	(%)
全社会房屋建筑面积竣工率	(%)	Rate of Total Floor Space of Buildings Completed in Construction	(%)
农业		**Agriculture**	
每公顷播种面积农产品产量		Agricultural Output per Hectare Sown Area	
粮食	(公斤)	Grain	(kg)
油料	(公斤)	Oil Bearing Crops	(kg)

注：人均指标均按年平均常住人口计算。

Indicators on Proportions and Efficiency in National Economy and Social Development in 40 Years of Reform and Opening-up

1978	1990	2000	2005	2010	2015	2016	2017
15.1	19.1	12.1	9.7	8.9	10.3	10.5	11.3
7.0	7.7	7.0	6.8	6.6	6.9	7.0	7.0
8.1	11.4	5.1	2.9	2.3	3.4	3.5	4.2
10.9	3.7	4.0	4.6	4.1	4.1	4.2	4.0
261	1136	4956	9060	21182	36775	40003	44651
2.66	2.67	3.10	2.99	2.86	2.56	2.53	2.51
20.2	13.4	6.0	6.5	9.1	11.2	10.3	9.7
19.3	16.0	11.5	14.0	24.8	24.9	24.3	23.5
				0.50	0.34	0.66	0.51
				1.00	0.62	0.56	0.73
				0.64	0.01	0.31	0.31
				0.91	-0.26	0.56	0.61
				0.929	0.695	0.623	0.591
12.2	70.9	35.7	47.1	79.0	86.4	88.4	86.8
				32.9	18.1	21.5	23.7
3201	4680	5206	5244	5138	5400	5515	5545
1278	1675	1881	2125	2214	2374	2403	2420

a) The per capita data is calculated by average permanent resident population.

1-5 续表1

指　　标		Item	
规模以上工业企业		**Industrial Enterprises above Designated Size**	
资产负债率	(%)	Ratio of Debts to Assets	(%)
成本费用利润率	(%)	Ratio of Profits to Total Industial Costs	(%)
流动资产周转次数	(次/年)	Turnover of Current Assets	(times/year)
国内贸易		**Domestic Trade**	
人均社会消费品零售总额	(元)	Per Capita Retail Sales of Consumer Goods	(yuan)
金融		**Finance**	
金融机构存款与地区生产总值之比	(%)	Bank Deposits as Percentage of GDP	(%)
金融机构贷款与地区生产总值之比	(%)	Bank Loans as Percentage of GDP	(%)
教育		**Education**	
学校每一专任教师负担学生数		Student-Teacher (full-time) Ratio	
普通高等学校	(人)	Regular Institutions of Higher Education	(person)
普通中学	(人)	Regular Secondary Schools	(person)
小学学校	(人)	Primary Schools	(person)
每万人口在校大学生数	(人)	Number of University Students per 10000 Persons	(person)
文化		**Culture**	
每百万人有公共图书馆	(个)	Number of Public Libraries per Million Persons	(unit)
每百万人有文化馆、文化站	(个)	Number of Cultural Centers and Stations per Million Persons	(unit)
人均年出版报纸	(份)	Annual Number of Newspaper Published per Capita	(copy)
人均年出版图书、杂志	(册)	Annual Number of Books and Magazines Published per Capita	(copy)
卫生		**Health**	
每万人口医院数	(个)	Number of Hospitals per 10000 Persons	(unit)
每万人口医院床位数	(张)	Number of Beds in Hospitals per 10000 Persons	(unit)
城市市政建设		**Municipal Construction**	
供水普及率	(%)	Water Supply Penetration Rate	(%)
燃气普及率	(%)	Gas Coverage Rate	(%)
人均公园绿地面积	(平方米)	Per Capita Public Green Areas	(sq.m)

continued

1978	1990	2000	2005	2010	2015	2016	2017
				61.9	60.3	58.4	58.1
				6.9	5.8	6.0	7.3
				2.5	2.6	2.5	2.3
87	444	2109	3685	8486	17084	18950	21107
34.2	55.5	114.9	134.1	176.3	196.9	199.3	193.6
39.8	72.3	103.2	91.3	111.3	126.5	130.0	130.1
3.9	5.7	12.8	17.3	16.7	16.4	16.9	17.9
22.9	16.4	18.1	18.8	17.2	13.4	13.2	13.1
31.4	21.4	24.2	23.3	19.4	17.6	17.5	17.0
5.1	11.7	29.7	95.1	133.9	169.8	175.7	181.1
0.8	1.4	1.6	1.7	2.0	2.5	2.5	2.5
2.6	65.3	48.4	57.6	57.3	58.6	58.1	57.8
7.3	12.1	16.9	19.1	21.0	19.9	19.7	17.1
3.6	3.1	4.1	3.8	3.7	3.7	3.6	4.1
0.09	0.11	0.14	0.14	0.16	0.24	0.25	0.27
8.79	12.89	14.01	15.60	22.86	42.31	45.63	49.74
				90.8	93.1	93.1	94.9
				84.4	92.5	91.8	91.2
				10.2	12.0	12.5	12.5

1-6 改革开放40年国民经济和社会发展结构指标
Structural Indicators on National Economy and Social Development in 40 Years of Reform and Opening-up

单位：%　　　(%)

指　标	Item	1978	1990	2000	2010	2015	2016	2017
户籍人口结构	**Structure of Registered Population**							
城镇人口	Urban Population	11.1	14.0	18.6	26.2	30.6	32.8	34.2
乡村人口	Rural Population	88.9	86.0	81.4	73.8	69.4	67.2	65.8
就业人员结构	**Employment Structure**							
第一产业	Primary Industy	81.8	72.9	56.7	43.7	38.6	37.6	36.8
第二产业	Secondary Industy	9.1	13.5	18.7	24.9	26.6	26.8	27.0
第三产业	Tertiary Industy	9.1	13.6	24.6	31.4	34.8	35.6	36.2
地区生产总值结构	**GDP Structure**							
第一产业	Primary Industry	44.5	36.1	24.1	14.2	12.2	11.9	11.6
第二产业	Secondary Industry	35.5	35.1	36.5	46.0	44.1	40.8	38.7
第三产业	Tertiary Industry	20.0	28.8	39.4	39.8	43.7	47.3	49.7
全社会固定资产投资结构	**Structure of Total Investment in Fixed Assets**							
国有经济	State-owned Economy	100.0	70.4	48.3	42.5	39.8	38.1	38.9
集体经济	Collective-owned Economy		10.5	12.2	1.2	0.8	0.5	0.5
个体及私营经济	Individual and Private Economy		19.1	14.0	16.9	23.6	24.7	25.2
其他经济	Others			25.5	39.4	35.8	36.7	35.4
进出口总额构成	Composition of Total Import and Export							
出口	Export	46.8	85.2	54.8	57.6	64.6	56.6	55.1
进口	Import	53.2	14.8	45.2	42.4	35.4	43.4	44.9
农林牧渔业总产值构成	**Composition of Gross Output Value of Farming, Forestry, Animal Husbandry and Fishery**							
#农业	Farming	77.2	62.2	52.9	50.5	52.0	54.3	57.6
林业	Forestry	3.3	3.8	3.3	3.9	4.7	4.8	5.0
牧业	Animal Husbandry	19.0	32.4	41.2	40.6	37.9	35.3	31.6
渔业	Fishery	0.4	1.5	2.5	3.2	3.3	3.2	3.4
旅客周转量构成	**Composition of Passenger-Kilometers**							
铁路	Railways	57.0	34.7	21.3	15.9	16.3	17.9	18.7
公路	Highways	39.2	59.5	64.3	57.6	40.4	35.5	30.7
水运	Waterways	1.0	0.5	0.5	0.2	0.2	0.1	0.1
民用航空	Civil Aviation	2.7	5.3	13.9	26.3	43.1	46.5	50.5
货物周转量构成	**Composition of Freight Ton-kilometers**							
铁路	Railways	84.8	71.5	63.5	37.6	26.6	24.9	24.4
公路	Highways	10.7	25.8	34.4	57.6	64.9	65.3	65.1
水运	Waterways	4.5	2.5	1.8	4.4	8.0	9.3	9.9
民用航空	Civil Aviation	0.0	0.1	0.3	0.5	0.5	0.5	0.5

主要统计指标解释

行政区划 指国家对行政区域的划分。根据有关法规规定，我国的行政区域划分如下：(1)全国分为省、自治区、直辖市；(2)省、自治区分为自治州、县、自治县、市；(3)自治州分为县、自治县、市；(4)县、自治县分为乡、民族乡、镇；(5)直辖市和较大的市分为区、县；(6)国家在必要时设立的特别行政区。

平均增长速度 平均增长速度表明社会经济现象在一个较长的时期内逐期平均增长变化的程度，它不能根据各个环比增长速度直接求得，但与平均发展速度之间存在着一定的数量关系：平均增长速度＝平均发展速度－1。

平均发展速度是一种根据环比发展速度计算的序时平均数，由于各时期对比的基础不同，所以计算平均发展速度不能采用一般的序时平均数的计算方法，计算方法分为水平法和累计法。水平法，又称几何平均法，即将环比发展速度按连乘法用几何平均数公式计算。累计法，也称方程法，根据一段时期内各年发展水平总和与基期水平的关系，列出方程式计算平均发展速度。水平法着重考虑最后一年所达到的发展水平；累计法着重考虑整个时期累计发展水平的总量。

本《年鉴》内所列的增长速度，均用“水平法”计算。从某年到某年平均增长速度的年份，均不包括基期年在内。如2005年以来的平均增长速度是以2005年为基期计算的，则写为2006－2016年平均增长速度，其余类推。

国民经济行业分类 自2012年定期报表开始使用新的《国民经济行业分类》（GB/T4754－2011）。该分类是由国家统计局组织修订，国家质量监督检验检疫总局和中国国家标准化管理委员会于2011年4月29日发布。这次修订是在2002年分类标准的基础上，参照联合国《全部经济活动的国际标准产业分类》（ISIC/Rev.4）进行的。修订后的《国民经济行业分类》（GB/T4754－2012）共有门类20个，大类96个，中类432个，小类1094个。

企业(单位)登记注册类型 是以在工商行政管理机关登记注册的各类企业为划分对象，以工商行政管理部门对企业登记注册的类型为依据，将企业登记注册类型分为内资企业、港澳台商投资企业和外商投资企业三大类。内资企业包括国有企业、集体企业、股份合作企业、联营企业、有限责任公司、股份有限公司、私营企业和其他企业；港澳台商投资企业和外商投资企业分别包括合资经营企业、合作经营企业、独资经营企业和股份有限公司等。对不在工商行政管理部门进行登记注册的行政机关、事业单位和社会团体，主要按其经费来源和管理方式进行划分。

国有企业 指企业全部资产归国家所有，并按《中华人民共和国企业法人登记管理条例》规定登记注册的非公司制的经济组织。不包括有限责任公司中的国有独资公司。

集体企业 指企业资产归集体所有，并按《中华人民共和国企业法人登记管理条例》规定登记注册的经济组织。

股份合作企业 指以合作制为基础，由企业职工共同出资入股，吸收一定比例的社会资产投资组建，实行自主经营，自负盈亏，共同劳动，民主管理，按劳分配与按股分红相结合的一种集体经济组织。

联营企业 指两个及两个以上相同或不同所有制性质的企业法人或事业单位法人，按自愿、平等、互利的原则，共同投资组成的经济组织。联营企业包括国有联营企业、集体联营企业、国有与集体联营企业和其他联营企业。

有限责任公司 指根据《中华人民共和国公司登记管理条例》规定登记注册，由两个以上、五十个以下的股东共同出资，每个股东以其所认缴的出资额对公司承担有限责任，公司以其全部资产对其债务承担责任的经济组织。有限责任公司包括国有独资公司以及其他有限责任公司。

股份有限公司 指根据《中华人民共和国公司登记管理条例》规定登记注册，其全部注册资本由等额股份构成并通过发行股票筹集资本，股东以其认购的股份对公司承担有限责任，公司以其全部资产对其债务承担责任的经济组织。

私营企业 指由自然人投资设立或由自然人控股，以雇佣劳动为基础的营利性经济组织。包括按照《公司法》、《合伙企业法》、《私营企业暂行条例》规定登记注册的私营有限责任公司、私营股份有限公司、私营合伙企业和私营独资企业。

其他企业 指上述企业之外的其他内资经济组织。

合资经营企业（港或澳、台资） 指港澳台地区投资者与内地企业依照《中华人民共和国中外合资经营企业法》及有关法律的规定，按合同规定的比例投资设立、分享利润和分担风险的企业。

合作经营企业（港或澳、台资） 指港澳台地区投资者与内地企业依照《中华人民共和国中外合作经营企业法》及有关法律的规定，依照合作合同的约定进行投资或提供条件设立、分配利润和分担风险的企业。

港澳台商独资经营企业 指依照《中华人民共和国外资企业法》及有关法律的规定，在内地由港澳台地区投资者全额投资设立的企业。

港澳台商投资股份有限公司 指根据国家有关规定，经原外经贸部依法批准设立，其中港、澳、台商的股本占公司注册资本的比例达25% 以上的股份有限公司。凡其中港、澳、台商的股本占公司注册资本的比例小于25%的，属于内资企业中的股份有限公司。

其他港澳台商投资企业 指在中国境内参照《外国企业或个人在中国境内设立合伙企业管理办法》和《外商投资合伙企业登记管理规定》，依法设立的港、澳、台商投资合伙企业等。

中外合资经营企业 指外国企业或外国人与中国内地企业依照《中华人民共和国中外合资经营企业法》及有关法律的规定，按合同规定的比例投资设立、分享利润和分担风险的企业。

中外合作经营企业 指外国企业或外国人与中国内地企业依照《中华人民共和国中外合作经营企业法》及有关法律的规定，依照合作合同的约定进行投资或提供条件设立、分配利润和分担风险的企业。

外资企业 指依照《中华人民共和国外资企业法》及有关法律的规定，在中国内地由外国投资者全额投资设立的企业。

外商投资股份有限公司 指根据国家有关规定，经原外经贸部依法批准设立，其中外资的股本占公司注册资本的比例达25%以上的股份有限公司。凡其中外资股本占公司注册资本的比例小于25%的，属于内资企业中的股份有限公司。

其他外商投资企业 指在中国境内依照《外国企业或个人在中国境内设立合伙企业管理办法》和《外商投资合伙企业登记管理规定》，依法设立的外商投资合伙企业等。

行政机关、事业单位和社会团体 参照企业登记注册类型，主要按其经费来源和管理方式划分。具体规定如下：

⑴行政机关：包括国家机关和政党机关，原则上均列为“国有”。但有特殊规定的，如供销社等，则列为“集体”。

⑵事业单位：包括经国家机构编制部门和有关业务主管部门批准成立的各类事业单位，不包括实行企业化管理的事业单位。事业单位的划分办法如下：

①由国家财政预算拨款或列入财政预算外资金管理以及经费主要来源于国有主管部门或国有上级单位的事业单位，列为“国有”。

②经费主要来源于集体单位的事业单位，列为“集体”。

③公民个人(或个人合伙)开办的事业单位，列为“私营”。

④上述以外的其他事业单位，如果其经费来源不明确，按管理方式进行归类。

⑶社会团体：包括经民政部门批准成立以及未纳入社会团体管理条例范围的工会、妇联等各类社会团体。社会团体的划分办法如下：

①未纳入民政部社会团体管理条例范围的工会、妇联、共青团、青联、工商联、科协、侨联等社会团体，国家拨款设立的基金会或基金管理组织以及经费主要来源于国有业务主管部门或国有上级单位的社会团体，列为“国有”。

②经费主要来源于集体单位的社会团体，列为“集体”。

③公民个人(或个人合伙)开办的社会团体，划为“私营”。

④上述以外的其他社会团体，如果其经费来源不明确，改按管理方式进行归类。

Explanatory Notes on Main Statistical Indicators

Divisions of Administrative Areas refers to the division of administrative areas by the State. The relative laws stipulate that 1) the whole country is divided into provinces, autonomous regions and municipalities directly under the Central Government; 2) provinces and autonomous regions are further divided into autonomous prefectures, counties, autonomous counties and cities; 3) autonomous prefectures are further divided into counties, autonomous counties and cities; 4) counties and autonomous counties are further divided into townships, ethnic townships and towns; 5) municipalities directly under the Central Government and large cities are divided into districts and counties, 6) the State shall, when necessary, establish special administrative regions.

Average Annual Growth Rate shows the average growth rate of social and economic development during a longer period. It can not be directly calculated by chain based growth rate. The relation is:

Average Annual Growth Rate = Average Speed of Development – 1

Average speed of development is the time series average of speed which calculated by chain based. Because the reference bases during the different periods are not same, average speed of development can not be calculated by the general method. Level approach and accumulative approach for calculating average speed of development rate are applied. The "level approach", or the method of calculating the geometric average, is derived by the formula of geometric average of the chain-based speeds of development, or comparing the level of the last year of the interval with that of the beginning year; the other is called the "accumulative approach" or the "algebraic average", "equation" method, which is derived by the summation of the actual figure of each year in the interval divided by the figure in the base year. The level approach focuses on the level of the last year, while the accumulative approach emphasizes the aggregate development in the duration.

The average annual growth rates listed in the Yearbook are calculated by the level approach. The base year is not listed in the duration for which average annual growth rates are computed. For instance, the average annual growth rate of the years since 2005 is shown as the average annual growth rate of 2006-2016 without showing the base year 2005.

Industrial Classification of the National Economy The new Industrial Classification of the National Economy (GB/T 4754-2011) is introduced starting from the compilation of 2012 annual statistics. The revision, based on the 2002 classification, was organized by the National Bureau of Statistics taking into consideration of the International Standards of the Industrial Classification of All Economic Activities (ISIC/Rev.4) of the United Nation. The new Classification was promulgated by the National Administration of Quality Supervision, Inspection and Quarantine and the Standardization Administration of the People's Republic of China on April 29, 2011. The revised version of the Industrial Classification of the National Economy (GB/T 4754-2012) is composed of 20 sections, 96 divisions, 432 groups and 1094 classes.

Registration Status of Enterprises Enterprises are classified into 3 categories, namely domestic-funded enterprises, enterprises with investment from Hong Kong, Macau and Taiwan, and enterprises with foreign investment, according to the registration status of an enterprise in industrial and commercial administration agencies. Domestic-funded enterprises include State-owned enterprises, collective-owned enterprises, cooperative enterprises, joint ownership enterprises, limited liability corporations, share-holding corporations Ltd., private enterprises and other enterprises. Included in the enterprises with investment from Hong Kong, Macau and Taiwan and enterprises with foreign investment are joint-venture enterprises, cooperative enterprises, sole investment enterprises and share-holding corporations Ltd, etc. For government agencies, institutions and social organizations which are not registered in industrial and commercial administration agencies, they are classified mainly by their sources of funding and manner of management.

State-owned Enterprises refers to non-corporation economic units where the entire assets are owned by the State and which have been registered in accordance with the Regulation of the People's Republic of China on the Management of Registration of Corporate Enterprises. Not included from this category are solely State-funded corporations in the limited liability corporations.

Collective-owned Enterprises refers to economic units where the assets are owned collectively and which have been registered in accordance with the Regulation of the People's Republic of China on the Management of Registration of Corporate Enterprises.

Cooperative Enterprises refers to a form of collective economic units (enterprises) where capitals come mainly from employees as their shares, with certain proportion of capital from the outside, where production is organized on the basis of independent operation, independent accounting for profits and losses, joint work, democratic management, and a distribution system that integrates remuneration according to work with dividend according to capital share.

Joint Ownership Enterprises refers to economic units established by two or more corporate enterprises or corporate institutions of the same or different ownership, through joint investment on the basis of voluntary participation, equality, and mutual benefits. They include State joint ownership enterprises; collective joint ownership enterprises; joint State-collective enterprises; and other joint ownership enterprises.

Limited Liability Corporations refers to economic units established with investment from 2-50 investors and registered in accordance with the Regulation of the People's Republic of China on the Management of Registration of Corporations, each investor bearing limited liability to the corporation depending on its share of investment, and the corporation bearing liability to its debt to the maximum of its total assets. Limited liability corporations include solely State-funded limited liability corporations and other limited liability corporations.

Share-holding Corporations Ltd. refers to economic units registered in accordance with the Regulation of the People's Republic of China on the Management of Registration of Corporations, with total registered capital divided into equal shares and raised through issuing stocks. Each investor bears limited liability to the corporation depending on the holding of shares, and the corporation bears liability to its debt to the maximum of its total assets.

Private Enterprises refers to profit-making economic units invested and established by natural persons, or controlled by natural persons using employed labour. Included in this category are private limited liability corporations, private share-holding corporations Ltd., private partnership enterprises and private-funded enterprises registered in accordance with the Company Law, the Law on Partnership Business and Interim Regulations on Private Enterprises .

Other Domestic-funded Enterprises refers to domestic-funded economic units other than those mentioned above.

Joint Venture Enterprises (Funds are from Hong Kong, Macau and Taiwan.) are enterprises established by investors from Hong Kong, Macau and Taiwan with enterprises in the mainland of China in accordance with the Law of the People's Republic of China on Sino-foreign Equity Joint Ventures and other relevant laws, where the establishment of the investment and the sharing of profits and risks are stipulated under joint venture contracts.

Cooperative Enterprises (Funds are from Hong Kong, Macau and Taiwan.) refers to enterprises established by investors from Hong Kong, Macau and Taiwan with enterprises in the mainland of China in accordance with the Law of the People's Republic of China on Sino-foreign Contractual Joint Venture and other relevant laws, where the investment or provision of facilities and the sharing of profits and risks are stipulated under cooperative contracts.

Enterprises with Sole (exclusive) Investment from Hong Kong, Macau and Taiwan refers to enterprises established in the mainland of China with exclusive investment from investors from Hong Kong, Macau and Taiwan in accordance with the Law of the People's Republic of China on Wholly Foreign-owned Enterprises and other relevant laws.

Share-holding Corporations Ltd. with Investment from Hong Kong, Macau and Taiwan refers to share-holding corporations Ltd. established with the approval from the former Ministry of Foreign Trade and Economic Relations in line with relevant State regulations, where the share of investment from Hong Kong, Macau or Taiwan businessmen exceeds 25% of the total registered capital of the corporation. In case the share of investment from Hong Kong, Macau or Taiwan is less than 25% of the total registered capital, the enterprise is to be classified as domestic-funded share-holding corporation Ltd.

Other Enterprises with Funds from Hong Kong, Macau and Taiwan refers to partnership enterprises with investment from Hong Kong, Macau and Taiwan established within the territory of China in accordance with Administrative Measures on the Establishment of Partnership Enterprises in China by Foreign Enterprises or Foreign Individuals and Regulations for the Administration of the Registration of Foreign-invested Partnership Enterprises.

Joint Venture Enterprises with Foreign Investment refers to enterprises jointly established by foreign enterprises or foreigners with enterprises in the mainland of China in accordance with the Law of the People's Republic of China on Sino-foreign Equity Joint Ventures and other relevant laws, where the sharing of investment, profits and risks is stipulated under contract.

Cooperative Enterprises with Foreign Investment refers to enterprises jointly established by foreign enterprises or foreigners with enterprises in the mainland of China in accordance with the Law of the People's Republic of China on Sino-foreign Contractual Joint Venture and other relevant laws, where the investment or provision of facilities and the sharing of profits and risks are stipulated under cooperative contracts.

Enterprises with Sole (exclusive) Foreign Investment refers to enterprises established in the mainland of China with exclusive investment from foreign investors in accordance with the Law of the People's Republic of China on Wholly Foreign-owned Enterprises and other relevant laws.

Share-holding Corporations Ltd. with Foreign Investment refers to share-holding corporations Ltd. established with the approval from the former Ministry of Foreign Trade and Economic Relations in line with relevant State regulations, where the share of investment from foreign investors exceeds 25% of the total registered capital of the corporation. In case the share of foreign investment is less than 25% of the total registered capital, the enterprise is to be classified as domestic-funded share-holding corporation Ltd.

Other Enterprises with Foreign Funds refers to partnership enterprises established within the territory of China in accordance with Administrative Measures on the Establishment of Partnership Enterprises in China by Foreign Enterprises or Foreign Individuals and Regulations for the Administration of the Registration of Foreign-invested Partnership Enterprises.

Government Agencies, Institutions and Social Organizations are classified into the following categories by source of funds and manner of management taking reference of the registration status of enterprises:

(1) Government agencies: include State and party agencies, classified in principle as State-owned. There are exceptions, such as supply and marketing cooperatives which are classified as collective-owned.

(2) Institutions: include institutions of various types established with the approval by organization and staffing departments of the government, but exclude institutions where enterprise management system is introduced. Institutions are further classified as follows:

(a) Institutions for which their main budgets are from government budget appropriations or extra-budget funds, or allocated from the budget of their competent government agencies. Such institutions are classified as state-owned.

(b) Institutions for which their budget mainly come from collective units. Such institutions are classified as collective-owned.

(c) Social institutions established by individual or a group of citizens, which are classified as private.

(d) Institutions other than those mentioned above for which their sources of budget are not clear. Such institutions are classified by the manner of management.

(3) Social organizations: include social organizations established with the approval from the Ministry of Civil Affairs, and organizations that are not covered by social organization management regulations such as trade unions, women's federations etc.. Social organizations are further classified as follows:

(a) Social organizations that are not covered by social organization management regulations of the Ministry of Civil Affairs such as trade unions, women federations, communist youth leagues, youth associations, industrial and commerce associations, scientist associations, overseas Chinese associations, etc., foundations and fund management organizations established with funds from the state, and social organizations whose funds mainly come from the budget of their competent government agencies. Such institutions are classified as State-owned.

(b) Social organizations for which their budget mainly come from collective units. Such institutions are classified as collective-owned.

(c) Social organizations established by individual or a group of citizens, which are classified as private.

(d) Social organizations other than those mentioned above for which their sources of budget are not clear. Such organizations are classified by the manner of management.

02

NATIONAL ACCOUNTS
国民经济核算

四川统计年鉴

SICHUAN STATISTICAL YEARBOOK

2-1 生产法地区生产总值
Gross Regional Product by Production Approach

单位：亿元 (100 million yuan)

年份 Year	地区生产总值 Gross Regional Product	第一产业 Primary	第二产业 Secondary	第三产业 Tertiary	农林牧渔业 Farming, Forestry, Animal Husbandry and Fishery Industry	工业 Industry	建筑业 Construction
1978	184.61	82.20	65.55	36.86	82.20	59.40	6.15
1979	205.76	91.95	72.31	41.50	91.95	65.43	6.88
1980	229.31	101.68	81.05	46.58	101.68	73.18	7.87
1981	242.32	108.02	83.36	50.94	108.02	74.58	8.78
1982	275.23	125.36	92.84	57.03	125.36	82.49	10.35
1983	311.00	138.17	105.69	67.14	138.17	93.71	11.98
1984	358.06	156.11	121.68	80.27	156.11	105.97	15.71
1985	421.15	172.90	148.11	100.14	172.90	127.13	20.98
1986	458.23	181.20	160.62	116.41	181.20	138.12	22.50
1987	530.86	202.25	187.88	140.73	202.25	160.49	27.39
1988	659.69	241.95	238.32	179.42	241.95	206.44	31.88
1989	744.98	263.15	263.44	218.39	263.15	231.08	32.36
1990	890.95	321.41	312.64	256.90	321.41	276.08	36.56
1991	1016.31	339.00	376.48	300.83	339.00	331.37	45.11
1992	1177.27	372.04	441.57	363.66	372.04	378.67	62.90
1993	1486.08	449.38	580.38	456.32	449.38	495.24	85.14
1994	2001.41	597.37	782.77	621.27	597.37	667.85	114.92
1995	2443.21	662.46	980.91	799.84	662.46	833.17	147.74
1996	2871.65	770.02	1156.01	945.62	770.02	977.68	178.33
1997	3241.47	880.28	1265.32	1095.87	880.28	1055.21	210.11
1998	3474.09	912.24	1324.01	1237.84	912.24	1076.35	247.66
1999	3649.12	926.03	1349.63	1373.46	926.03	1099.48	250.15
2000	3928.20	945.58	1433.11	1549.51	945.58	1154.46	278.65
2001	4293.49	981.67	1572.01	1739.81	981.67	1253.19	318.82
2002	4725.01	1047.95	1733.38	1943.68	1047.95	1372.64	360.74
2003	5333.09	1128.61	2014.80	2189.68	1128.61	1604.49	410.31
2004	6379.63	1379.93	2489.40	2510.30	1379.93	2013.80	475.60
2005	7385.10	1481.14	3067.23	2836.73	1481.14	2527.08	540.15
2006	8690.24	1595.48	3775.14	3319.62	1595.48	3144.67	630.47
2007	10562.39	2032.00	4648.79	3881.60	2032.00	3921.41	727.38
2008	12601.23	2216.15	5823.39	4561.69	2216.15	4956.13	867.26
2009	14151.28	2206.53	6123.53	5821.22	2240.61	5140.31	1033.63
2010	17185.48	2443.20	7902.18	6840.10	2482.89	6727.42	1240.73
2011	21026.68	2937.70	10045.72	8043.26	2983.51	8591.90	1538.08
2012	23872.80	3245.94	11240.02	9386.84	3297.21	9551.01	1782.75
2013	26392.07	3368.66	12378.71	10644.70	3425.61	10447.52	2038.17
2014	28536.66	3531.05	12839.60	12166.01	3594.17	10729.18	2225.44
2015	30053.10	3677.30	13248.08	13127.72	3745.32	11039.08	2321.38
2016	32934.54	3929.33	13448.92	15556.29	4005.42	11058.79	2472.96
2017	36980.22	4262.35	14328.12	18389.75	4365.11	11576.16	2838.34

注：本表按当年价格计算。
a) The data in this table are calculated at current prices.

2-1 续表 continued

单位：亿元 (100 million yuan)

年份 Year	交通运输、仓储和邮政业 Transport, Storage and Post	批发和零售业 Wholesale and Retail Trades	住宿和餐饮业 Hotels and Catering Services	金融业 Finance	房地产业 Real Estate	其他 Others	人均地区生产总值（元） Per Capita Gross Regional Product (yuan)
1978	6.17	7.75	3.02	4.88	2.42	12.62	261
1979	6.74	8.71	3.39	5.77	2.63	14.26	289
1980	7.39	9.68	3.77	6.71	2.94	16.09	320
1981	7.82	10.83	4.21	7.15	3.33	17.60	337
1982	8.49	12.69	4.93	7.59	3.66	19.67	379
1983	9.75	15.39	5.98	8.36	4.14	23.52	425
1984	11.32	19.27	7.52	9.22	4.93	28.01	487
1985	14.31	24.85	9.67	11.71	5.93	33.67	570
1986	17.88	28.84	11.21	13.21	6.85	38.42	614
1987	22.64	35.09	13.65	15.98	8.11	45.26	702
1988	27.80	47.19	18.35	19.84	9.92	56.32	861
1989	33.82	56.45	22.04	23.55	11.68	70.85	960
1990	40.71	61.29	24.57	29.79	14.56	85.98	1136
1991	48.96	65.94	27.64	34.09	17.76	106.44	1283
1992	56.70	78.45	31.34	40.68	24.41	132.08	1477
1993	70.18	90.29	39.00	51.13	30.34	175.38	1854
1994	85.71	121.26	54.28	65.01	68.91	226.10	2338
1995	113.01	181.21	70.47	71.31	80.41	283.43	3043
1996	129.83	220.19	85.63	82.13	95.63	332.21	3550
1997	145.08	240.78	93.64	93.19	124.13	399.05	4032
1998	165.91	254.51	99.41	108.45	148.09	461.47	4294
1999	179.25	270.84	109.25	118.32	165.17	530.63	4540
2000	217.41	283.26	120.08	153.05	180.05	595.66	4956
2001	248.34	311.95	133.51	168.86	198.60	678.55	5376
2002	271.19	341.12	151.41	183.13	210.82	786.01	5890
2003	302.44	372.68	168.24	206.24	231.72	908.36	6623
2004	334.50	425.54	195.10	236.50	264.30	1054.36	7895
2005	380.28	475.16	221.42	262.26	286.23	1211.38	9060
2006	451.19	537.68	255.19	299.50	336.20	1439.86	10613
2007	511.50	624.74	299.75	359.11	376.84	1709.66	12963
2008	567.51	736.42	335.13	411.14	453.63	2057.86	15495
2009	574.02	980.23	433.82	561.50	629.72	2557.44	17339
2010	639.42	1158.66	517.50	708.39	648.72	3061.75	21182
2011	719.36	1367.39	615.00	949.23	728.38	3533.83	26133
2012	791.43	1537.07	675.32	1416.36	820.48	4001.17	29608
2013	838.47	1681.11	742.66	1755.22	886.85	4576.46	32617
2014	1175.47	1787.12	802.59	1953.51	1121.29	5147.89	35128
2015	1219.77	1871.55	859.49	2202.23	1252.20	5542.08	36775
2016	1472.57	2138.45	941.28	2729.45	1516.61	6599.01	40003
2017	1595.80	2574.15	1023.46	3203.27	2039.83	7764.10	44651

2-2 生产法地区生产总值指数（上年=100）
Indices of Gross Regional Product by Production Approach (preceding year=100)

年份 Year	地区生产总值 Gross Regional Product	第一产业 Primary	第二产业 Secondary	第三产业 Tertiary	农林牧渔业 Farming, Forestry, Animal Husbandry and Fishery Industry	工业 Industry	建筑业 Construction
1978	117.4	113.8	121.2	117.4	113.8	126.0	88.4
1979	110.1	108.0	110.5	113.0	108.0	110.5	110.7
1980	109.5	104.0	109.7	118.3	104.0	109.5	111.5
1981	104.1	104.4	101.6	107.4	104.4	100.8	109.5
1982	110.9	112.7	109.3	109.4	112.7	108.6	115.3
1983	111.0	107.5	112.3	116.8	107.5	112.0	115.0
1984	112.2	109.2	113.4	116.7	109.2	111.5	128.2
1985	111.9	104.3	118.0	117.1	104.3	117.0	125.0
1986	105.5	101.0	106.5	111.9	101.0	107.0	103.3
1987	108.7	103.0	112.2	112.5	103.0	112.0	113.2
1988	107.5	101.9	113.8	106.2	101.9	116.4	97.0
1989	103.2	102.8	101.9	105.7	102.8	103.5	89.1
1990	109.1	106.9	109.5	111.3	106.9	110.0	105.7
1991	109.1	108.5	106.3	113.4	108.5	104.4	120.6
1992	112.6	104.6	120.5	113.1	104.6	118.9	131.1
1993	113.1	105.0	120.1	113.5	105.0	120.3	118.8
1994	111.3	104.4	117.3	110.7	104.4	118.5	110.1
1995	110.7	105.5	111.5	114.7	105.5	110.7	117.0
1996	110.6	107.3	109.2	115.4	107.3	108.2	115.2
1997	110.5	106.2	111.6	112.8	106.2	111.4	112.7
1998	109.7	104.6	110.8	112.2	104.6	109.8	116.6
1999	106.6	105.0	106.0	108.6	105.0	105.8	106.8
2000	108.5	102.3	108.2	113.1	102.3	108.0	109.2
2001	109.0	105.7	110.2	109.8	105.7	110.2	110.1
2002	110.3	105.6	111.9	111.5	105.6	112.2	110.9
2003	111.3	105.1	115.2	111.2	105.1	116.3	110.6
2004	112.7	106.0	118.3	110.9	106.0	119.8	111.6
2005	112.6	105.4	118.0	110.6	105.4	120.2	108.0
2006	113.5	102.6	118.2	114.2	102.6	121.5	102.8
2007	114.5	104.8	120.4	112.5	104.8	121.5	114.3
2008	111.0	101.0	113.7	112.1	101.0	115.6	102.3
2009	114.5	104.0	115.9	116.7	104.0	114.9	122.7
2010	115.1	104.3	122.4	110.3	104.4	123.4	116.3
2011	115.0	104.4	121.4	111.4	104.5	122.7	114.8
2012	112.6	104.4	115.5	111.6	104.5	115.7	114.0
2013	110.0	103.5	111.7	109.8	103.6	111.2	114.5
2014	108.5	103.8	108.7	109.6	103.9	108.7	108.6
2015	107.9	103.7	107.5	109.5	103.9	107.2	109.0
2016	107.8	103.8	107.6	109.2	104.0	107.8	106.6
2017	108.1	103.8	107.5	109.8	103.9	108.3	103.9

注：本表按可比价格计算。
a) The indices in this table are calculated at comparable prices.

2-2 续表 continued

(上年=100) (preceding year=100)

年份 Year	交通运输、仓储和邮政业 Transport, Storage and Post	批发和零售业 Wholesale and Retail Trades	住宿和餐饮业 Hotels and Catering Services	金融业 Finance	房地产业 Real Estate	其他 Others	人均地区生产总值 Per Capita Gross Regional Product
1978							116.8
1979	109.6	112.8	112.8	118.4	109.2	113.4	109.4
1980	115.6	117.2	117.2	122.9	117.6	118.8	109.0
1981	104.1	109.8	109.8	104.6	111.2	107.4	103.6
1982	104.8	114.5	114.5	105.3	107.6	109.2	109.8
1983	110.5	120.5	120.5	113.0	112.2	118.4	110.1
1984	108.0	122.4	122.8	114.1	116.5	115.7	111.8
1985	129.7	120.7	120.5	107.1	112.6	113.6	111.3
1986	120.3	111.7	111.6	108.7	111.2	108.9	104.5
1987	117.7	113.2	113.2	113.5	110.1	105.7	107.3
1988	102.4	112.1	112.0	101.8	101.9	103.8	106.1
1989	106.8	102.4	102.8	103.1	106.0	111.5	101.9
1990	112.5	104.0	106.8	120.4	113.7	108.1	107.9
1991	115.3	105.2	110.0	109.9	107.4	120.6	108.1
1992	116.2	109.9	104.7	107.6	121.2	114.0	111.9
1993	114.4	104.5	113.0	112.0	129.1	115.1	112.5
1994	100.2	107.8	111.7	109.0	169.1	100.2	110.6
1995	117.4	129.8	112.8	103.6	110.0	125.9	111.3
1996	112.0	121.5	121.5	105.3	120.0	122.2	109.8
1997	109.0	105.7	105.7	109.7	125.5	117.4	111.2
1998	110.3	109.3	109.2	113.2	116.7	112.5	109.0
1999	103.7	106.4	109.9	106.1	113.4	109.3	107.3
2000	122.7	107.0	113.1	129.5	105.5	115.7	110.0
2001	109.6	109.3	110.3	108.3	108.6	111.4	108.2
2002	109.0	110.0	114.1	108.4	105.1	116.9	109.8
2003	109.1	109.1	111.0	110.5	108.2	112.7	110.9
2004	109.2	110.1	111.8	109.2	109.6	112.7	112.3
2005	110.0	111.0	112.8	107.9	105.3	112.2	111.6
2006	111.4	110.7	113.0	111.3	112.2	116.9	113.0
2007	112.6	110.2	108.9	113.8	109.1	115.3	115.1
2008	107.0	111.9	101.5	105.5	103.4	119.6	111.2
2009	97.1	123.6	121.5	130.7	127.3	114.4	114.0
2010	108.3	111.2	111.1	108.7	98.3	112.8	115.7
2011	107.8	111.6	112.4	129.8	104.9	108.8	115.9
2012	107.6	111.3	105.7	125.9	109.5	110.0	112.3
2013	105.8	107.9	105.4	119.4	107.9	109.5	109.6
2014	108.1	107.5	106.7	113.4	110.9	109.6	108.1
2015	106.6	105.8	104.3	113.1	107.9	111.5	107.2
2016	106.1	105.4	106.6	110.6	108.7	111.0	107.0
2017	107.1	106.7	107.3	106.8	107.4	113.5	107.5

2-3 生产法地区生产总值指数（1978年=100）
Indices of Gross Regional Product by Production Approach (year of 1978=100)

年份 Year	地区生产总值 Gross Regional Product	第一产业 Primary	第二产业 Secondary	第三产业 Tertiary	农林牧渔业 Farming, Forestry, Animal Husbandry and Fishery Industry	工业 Industry	建筑业 Construction
1978	100.0	100.0	100.0	100.0	100.0	100.0	100.0
1979	110.1	108.0	110.5	113.0	108.0	110.5	110.7
1980	120.6	112.3	121.2	133.7	112.3	121.0	123.4
1981	125.5	117.3	123.2	143.6	117.3	122.0	135.2
1982	139.2	132.2	134.6	157.1	132.2	132.5	155.8
1983	154.5	142.1	151.2	183.5	142.1	148.3	179.2
1984	173.3	155.1	171.4	214.1	155.1	165.4	229.7
1985	194.0	161.8	202.3	250.7	161.8	193.5	287.2
1986	204.6	163.4	215.4	280.5	163.4	207.1	296.7
1987	222.4	168.3	241.7	315.6	168.3	231.9	335.8
1988	239.1	171.5	275.1	335.2	171.5	270.0	325.7
1989	246.8	176.3	280.3	354.3	176.3	279.4	290.2
1990	269.2	188.5	306.9	394.3	188.5	307.4	306.8
1991	293.7	204.5	326.3	447.1	204.5	320.9	370.0
1992	330.7	213.9	393.1	505.7	213.9	381.5	485.0
1993	374.1	224.6	472.2	574.0	224.6	459.0	576.2
1994	416.3	234.5	553.8	635.4	234.5	543.9	634.4
1995	460.9	247.4	617.5	728.8	247.4	602.1	742.3
1996	509.7	265.5	674.4	841.0	265.5	651.4	855.1
1997	563.3	281.9	752.6	948.7	281.9	725.7	963.7
1998	617.9	294.9	833.9	1064.4	294.9	796.8	1123.7
1999	658.7	309.6	883.9	1156.0	309.6	843.0	1200.1
2000	714.7	316.8	956.4	1307.4	316.8	910.5	1310.5
2001	779.0	334.8	1053.9	1435.5	334.8	1003.4	1442.9
2002	859.2	353.6	1179.3	1600.6	353.6	1125.8	1600.1
2003	956.3	371.6	1358.6	1779.9	371.6	1309.3	1769.8
2004	1077.8	393.9	1607.2	1973.9	393.9	1568.5	1975.1
2005	1213.6	415.2	1896.5	2183.2	415.2	1885.3	2133.1
2006	1377.4	426.0	2241.7	2493.2	426.0	2290.7	2192.8
2007	1577.1	446.4	2699.0	2804.8	446.4	2783.2	2506.4
2008	1750.6	450.9	3068.8	3144.2	450.9	3217.3	2564.0
2009	2004.4	468.9	3556.7	3669.3	468.9	3696.7	3146.0
2010	2307.1	489.1	4353.4	4047.2	489.5	4561.8	3658.8
2011	2653.2	510.6	5285.0	4508.6	511.6	5597.3	4200.3
2012	2987.5	533.0	6104.2	5031.6	534.6	6476.1	4788.4
2013	3286.2	551.7	6818.4	5524.7	553.8	7201.4	5482.7
2014	3565.6	572.7	7411.6	6055.0	575.4	7827.9	5954.2
2015	3847.2	593.9	7967.4	6630.3	597.9	8391.5	6490.1
2016	4147.3	616.4	8573.0	7240.3	621.8	9046.0	6918.4
2017	4483.3	639.8	9215.9	7949.8	646.0	9796.9	7188.3

注：本表按可比价格计算。

a) The indices in this table are calculated at comparable prices.

2-3 续表 continued

(1978年=100) (year of 1978=100)

年份 Year	交通运输、仓储和邮政业 Transport, Storage and Post	批发和零售业 Wholesale and Retail Trades	住宿和餐饮业 Hotels and Catering Services	金融业 Finance	房地产业 Real Estate	其他 Others	人均地区生产总值 Per Capita Gross Regional Product
1978	100.0	100.0	100.0	100.0	100.0	100.0	100.0
1979	109.6	112.8	112.8	118.4	109.2	113.4	109.4
1980	126.7	132.2	132.2	145.5	128.4	134.7	119.2
1981	131.9	145.2	145.2	152.2	142.8	144.7	123.5
1982	138.2	166.2	166.2	160.3	153.7	158.0	135.6
1983	152.7	200.3	200.3	181.1	172.4	187.1	149.3
1984	165.0	245.1	245.9	206.6	200.8	216.4	167.0
1985	213.9	295.9	296.4	221.3	226.2	245.9	185.8
1986	257.4	330.5	330.7	240.6	251.5	267.8	194.2
1987	302.9	374.1	374.4	273.1	276.9	283.0	208.4
1988	310.2	419.4	419.3	278.0	282.1	293.8	221.1
1989	331.3	429.5	431.1	286.6	299.1	327.6	225.3
1990	372.7	446.6	460.4	345.0	340.0	354.1	243.1
1991	429.7	469.9	506.4	379.2	365.2	427.0	262.8
1992	499.4	516.4	530.2	408.0	442.6	486.8	294.0
1993	571.3	539.6	599.1	457.0	571.4	560.3	330.8
1994	572.4	581.7	669.2	498.1	966.3	561.5	365.9
1995	672.0	755.1	754.9	516.0	1062.9	706.9	407.2
1996	752.6	917.4	917.2	543.4	1275.5	863.8	447.1
1997	820.4	969.7	969.5	596.1	1600.8	1014.1	497.2
1998	904.9	1059.9	1058.7	674.8	1868.1	1140.9	541.9
1999	938.4	1127.7	1163.5	716.0	2118.4	1247.0	581.5
2000	1151.4	1206.6	1315.9	927.2	2234.9	1442.7	639.6
2001	1261.9	1318.9	1451.4	1004.1	2427.2	1607.2	692.1
2002	1375.5	1450.7	1656.1	1088.5	2550.9	1878.8	759.9
2003	1500.6	1582.8	1838.3	1202.8	2760.1	2117.4	842.8
2004	1638.7	1742.6	2055.2	1313.4	3025.1	2386.4	946.4
2005	1802.6	1934.3	2318.2	1417.2	3185.4	2677.5	1063.8
2006	2008.1	2141.3	2619.6	1577.3	3574.0	3130.0	1202.1
2007	2261.1	2359.7	2852.8	1795.0	3899.3	3608.9	1383.6
2008	2419.3	2640.5	2895.6	1893.7	4031.9	4316.2	1538.5
2009	2349.2	3263.7	3518.1	2475.1	5132.5	4937.7	1753.9
2010	2544.2	3629.2	3908.6	2690.4	5045.3	5569.8	2031.1
2011	2742.6	4050.2	4393.3	3492.1	5292.5	6059.9	2356.0
2012	2951.0	4507.8	4643.7	4396.6	5795.3	6665.9	2645.8
2013	3122.2	4864.0	4894.5	5249.5	6253.1	7299.2	2899.8
2014	3375.1	5228.8	5222.4	5953.0	6934.7	7999.9	3134.7
2015	3597.9	5532.0	5446.9	6732.8	7482.6	8919.9	3360.4
2016	3817.3	5830.8	5806.4	7446.5	8133.5	9901.1	3595.6
2017	4088.4	6221.4	6230.3	7952.8	8735.4	11237.7	3865.3

2-4 按所有制分地区生产总值
Gross Regional Product by Ownership

单位：亿元 (100 million yuan)

年份 Year	地区生产总值 Gross Regional Product	公有制经济 State-owned	非公有制经济 Non-public	民营经济 Civilian-owned	外商经济 Foreign-owned	港澳台经济 Hongkong,Macao and Taiwan owned
1978	184.61	178.25	6.36	6.36		
1980	229.31	207.09	22.22	22.22		
1985	421.15	361.82	59.33	59.12	0.10	0.11
1990	890.95	729.94	161.01	159.03	1.24	0.74
1991	1016.31	820.22	196.09	190.51	3.61	1.97
1992	1177.27	937.63	239.64	232.66	4.56	2.42
1993	1486.08	1160.91	325.17	315.22	6.62	3.33
1994	2001.41	1587.40	414.01	400.71	8.95	4.35
1995	2443.21	1901.10	542.11	522.74	13.23	6.14
1996	2871.65	2178.78	692.87	666.97	16.79	9.11
1997	3241.47	2415.07	826.40	792.97	22.04	11.39
1998	3474.09	2550.93	923.16	883.86	26.30	13.00
1999	3649.12	2618.76	1030.36	987.27	27.97	15.12
2000	3928.20	2760.35	1167.85	1113.55	34.07	20.23
2001	4293.50	2894.07	1399.43	1328.79	46.59	24.05
2002	4725.01	3079.89	1645.12	1551.54	64.51	29.07
2003	5333.10	3329.88	2003.22	1885.49	81.95	35.78
2004	6379.63	3784.22	2595.41	2451.93	101.29	42.19
2005	7385.10	4177.61	3207.49	3025.38	129.04	53.07
2006	8690.24	4618.44	4071.80	3827.60	169.29	74.91
2007	10562.39	5256.67	5305.72	4942.62	257.76	105.34
2008	12601.23	6037.95	6563.28	6097.16	332.33	133.79
2009	14151.28	6488.12	7663.16	7108.81	393.36	160.99
2010	17185.48	7570.00	9615.48	8867.83	533.75	213.90
2011	21026.68	8883.12	12143.56	11127.72	703.55	312.29
2012	23872.80	9798.03	14074.77	12845.71	821.79	407.27
2013	26392.07	10622.58	15769.49	14419.64	895.66	454.19
2014	28536.66	11337.41	17199.25	15709.84	995.94	493.47
2015	30053.10	11817.41	18235.69	16735.46	974.39	525.84
2016	32934.54	12902.34	20032.20	18410.41	1052.69	569.10
2017	36980.22	14443.67	22536.55	20738.91	1154.09	643.55

注：本表按当年价格计算。

a) The data in this table are calculated at current prices.

2-5 按所有制分地区生产总值指数（上年=100）
Indices of Gross Regional Product by Ownership (preceding year=100)

年份 Year	地区生产总值 Gross Regional Product	公有制经济 State-owned	非公有制经济 Non-public	民营经济 Civilian-owned	外商经济 Foreign-owned	港澳台经济 Hongkong,Macao and Taiwan owned
1991	109.1	107.5	115.9	116.0	115.3	112.2
1992	112.6	110.6	119.9	119.6	132.0	125.0
1993	113.1	115.3	105.5	105.1	120.3	117.0
1994	111.3	109.5	118.4	117.7	139.4	133.1
1995	110.7	107.9	120.8	120.7	119.1	138.8
1996	110.6	108.6	117.0	116.5	131.1	124.9
1997	110.5	109.0	115.1	114.5	128.7	123.0
1998	109.7	107.3	116.4	116.3	113.3	124.5
1999	106.6	104.5	112.2	111.5	121.0	132.0
2000	108.5	103.9	119.4	118.8	136.9	117.8
2001	109.0	104.9	118.6	118.0	137.9	119.7
2002	110.3	106.1	118.8	117.9	141.4	123.0
2003	111.3	106.6	120.2	119.9	126.4	122.0
2004	112.7	107.0	122.2	122.6	118.4	112.8
2005	112.6	107.7	119.8	119.6	122.9	121.5
2006	113.5	108.0	120.7	120.1	128.1	137.5
2007	114.5	109.1	120.9	119.8	142.0	132.3
2008	111.0	106.2	116.0	115.5	122.9	119.4
2009	114.5	110.5	118.2	118.0	121.3	122.0
2010	115.1	111.0	118.8	118.5	123.2	122.2
2011	115.0	111.5	117.8	116.9	124.1	138.0
2012	112.6	109.3	115.0	114.4	116.2	130.5
2013	110.0	107.0	112.1	112.2	110.5	112.1
2014	108.5	107.0	109.5	109.5	110.4	110.2
2015	107.9	107.2	108.3	108.7	103.4	108.3
2016	107.8	107.4	108.1	108.0	108.6	108.8
2017	108.1	108.0	108.2	108.2	108.7	109.2

注：本表按可比价格计算。
a) The indices in this table are calculated at comparable prices.

2−6 按所有制分地区生产总值指数（1978年=100）
Indices of Gross Regional Product by Ownership (year of 1978=100)

年份 Year	地区生产总值 Gross Regional Product	公有制经济 State-owned	非公有制经济 Non-public	民营经济 Civilian-owned	外商经济 Foreign-owned	港澳台经济 Hongkong,Macao and Taiwan owned
1978	100.0	100.0	100.0	100.0		
1980	120.6	112.5	354.5	354.5		
1985	194.0	172.8	808.5	805.5	100.0	100.0
1990	269.3	230.3	1398.7	1378.1	907.2	490.8
1991	293.8	247.6	1621.1	1598.6	1046.0	550.7
1992	330.8	273.8	1943.7	1911.9	1380.7	688.3
1993	374.2	315.7	2050.6	2009.4	1661.0	805.4
1994	416.5	345.7	2427.9	2365.1	2315.4	1071.9
1995	461.0	373.0	2932.9	2854.7	2757.7	1487.9
1996	509.9	405.1	3431.5	3325.7	3615.3	1858.3
1997	563.4	441.5	3949.7	3807.9	4652.9	2285.7
1998	618.1	473.8	4597.4	4428.6	5271.8	2845.8
1999	658.9	495.1	5158.3	4937.9	6378.9	3756.4
2000	714.9	514.4	6159.0	5866.2	8732.7	4425.0
2001	779.2	539.6	7304.6	6922.1	12042.3	5296.8
2002	859.5	572.5	8677.8	8161.2	17027.9	6515.0
2003	956.6	610.3	10430.7	9785.3	21523.2	7948.3
2004	1078.1	653.0	12746.4	11996.8	25483.5	8965.7
2005	1213.9	703.3	15270.1	14348.1	31319.2	10893.3
2006	1377.8	759.6	18431.1	17232.1	40119.9	14978.4
2007	1577.6	828.7	22283.2	20644.1	56970.3	19816.4
2008	1751.1	880.1	25848.5	23843.9	70016.5	23660.7
2009	2005.0	972.5	30552.9	28135.8	84930.0	28866.1
2010	2307.8	1079.5	36296.8	33340.9	104633.7	35274.4
2011	2654.0	1203.6	42757.7	38975.5	129850.4	48678.6
2012	2988.4	1315.6	49171.3	44588.0	150886.2	63525.6
2013	3287.2	1407.7	55121.0	50027.8	166729.3	71212.2
2014	3566.6	1506.2	60357.5	54780.4	184069.1	78475.9
2015	3848.4	1614.6	65367.2	59546.3	190327.4	84989.4
2016	4148.6	1734.1	70662.0	64310.0	206695.6	92468.4
2017	4484.6	1872.8	76456.3	69583.4	224678.1	100975.5

注：本表按可比价格计算。
a) The indices in this table are calculated at comparable prices.

2-7 地区生产总值构成
Composition of Gross Regional Product

单位：% (%)

年份 Year	地区生产总值 Gross Regional Product	第一产业 Primary Industry	第二产业 Secondary Industry	第三产业 Tertiary Industry
1978	100.0	44.5	35.5	20.0
1979	100.0	44.7	35.1	20.2
1980	100.0	44.3	35.3	20.4
1981	100.0	44.6	34.4	21.0
1982	100.0	45.5	33.8	20.7
1983	100.0	44.4	34.0	21.6
1984	100.0	43.6	34.0	22.4
1985	100.0	41.1	35.2	23.7
1986	100.0	39.5	35.0	25.5
1987	100.0	38.1	35.4	26.5
1988	100.0	36.7	36.1	27.2
1989	100.0	35.3	35.3	29.4
1990	100.0	36.1	35.1	28.8
1991	100.0	33.4	37.0	29.6
1992	100.0	31.6	37.5	30.9
1993	100.0	30.2	39.0	30.8
1994	100.0	29.8	39.1	31.1
1995	100.0	27.1	40.1	32.8
1996	100.0	26.8	40.2	33.0
1997	100.0	27.2	39.1	33.7
1998	100.0	26.3	38.1	35.6
1999	100.0	25.4	37.0	37.6
2000	100.0	24.1	36.5	39.4
2001	100.0	22.9	36.6	40.5
2002	100.0	22.2	36.7	41.1
2003	100.0	21.2	37.8	41.0
2004	100.0	21.6	39.1	39.3
2005	100.0	20.1	41.5	38.4
2006	100.0	18.4	43.4	38.2
2007	100.0	19.2	44.0	36.8
2008	100.0	17.6	46.2	36.2
2009	100.0	15.6	43.3	41.1
2010	100.0	14.2	46.0	39.8
2011	100.0	14.0	47.8	38.2
2012	100.0	13.6	47.1	39.3
2013	100.0	12.8	46.9	40.3
2014	100.0	12.4	45.0	42.6
2015	100.0	12.2	44.1	43.7
2016	100.0	11.9	40.8	47.3
2017	100.0	11.6	38.7	49.7

注：本表按当年价格计算。

a) The data in this table are calculated at current prices.

2-8 各市(州)按三次产业分地区生产总值(2017年)
Gross Regional Product by Three Strata of Industry and Region (2017)

单位：亿元　　(100 million yuan)

市(州)	Region	地区生产总值 Gross Regional Product	第一产业 Primary Industry	第二产业 Secondary Industry	第三产业 Tertiary Industry	人均地区生产总值(元) Per Capita Gross Regional Product (yuan)
成都市	Chengdu	13889.39	500.87	5998.19	7390.33	86911
自贡市	Zigong	1312.07	142.94	638.25	530.88	46182
攀枝花市	Panzhihua	1144.25	37.16	745.02	362.07	92584
泸州市	Luzhou	1596.21	183.19	850.56	562.46	37020
德阳市	Deyang	1960.55	228.46	941.81	790.28	55607
绵阳市	Mianyang	2074.75	291.66	838.76	944.33	43015
广元市	Guangyuan	732.12	113.17	327.01	291.94	27653
遂宁市	Suining	1138.06	160.41	548.60	429.05	34835
内江市	Neijiang	1332.09	209.60	660.67	461.82	35521
乐山市	Leshan	1507.79	158.80	691.41	657.58	46130
南充市	Nanchong	1827.93	363.68	749.69	714.56	28516
眉山市	Meishan	1183.35	176.62	538.82	467.91	39605
宜宾市	Yibin	1847.23	238.84	918.74	689.65	40868
广安市	Guangan	1173.79	169.81	546.05	457.93	36034
达州市	Dazhou	1583.94	322.13	558.12	703.69	28066
雅安市	Yaan	602.77	80.85	284.64	237.28	39172
巴中市	Bazhong	601.44	93.30	293.39	214.75	18148
资阳市	Ziyang	1022.21	160.35	503.94	357.92	40137
阿坝藏族羌族自治州	Aba	295.16	46.44	141.34	107.38	31487
甘孜藏族自治州	Ganzi	261.50	61.29	103.82	96.39	22097
凉山彝族自治州	Liangshan	1480.91	296.52	621.88	562.51	30669

注：本表按当年价格计算；人均GDP系按年平均常住人口计算。

a) The data in this table are calculated at current prices and the per capita GDP are calculated based on the annual average date of resident population.

2-9 各市(州)按三次产业分地区生产总值指数(2017年)
Indices of Gross Regional Product by Three Strata of Industry and Region(2017)

上年=100 (preceding year=100)

市(州)	Region	地区生产总值 Gross Regional Product	第一产业 Primary Industry	第二产业 Secondary Industry	第三产业 Tertiary Industry	人均地区生产总值 Per Capita Gross Regional Product
成都市	Chengdu	108.1	103.9	107.5	108.9	107.0
自贡市	Zigong	108.3	104.1	108.4	109.5	105.8
攀枝花市	Panzhihua	107.4	104.3	107.2	108.0	107.2
泸州市	Luzhou	109.1	103.9	110.0	109.5	108.7
德阳市	Deyang	109.0	103.9	109.5	110.0	108.7
绵阳市	Mianyang	109.1	104.0	109.2	110.8	108.4
广元市	Guangyuan	108.1	103.8	108.2	109.6	107.4
遂宁市	Suining	108.3	103.6	108.6	110.0	109.2
内江市	Neijiang	107.1	102.8	107.2	109.0	106.9
乐山市	Leshan	108.2	103.9	108.5	109.1	108.1
南充市	Nanchong	108.5	103.9	109.2	110.5	108.1
眉山市	Meishan	105.3	103.9	102.9	109.5	105.8
宜宾市	Yibin	108.8	103.5	109.3	110.2	108.3
广安市	Guangan	108.1	103.4	107.8	110.3	108.0
达州市	Dazhou	108.2	103.8	108.1	110.5	107.1
雅安市	Yaan	108.0	103.9	108.3	109.2	108.4
巴中市	Bazhong	108.1	103.6	109.7	108.1	108.3
资阳市	Ziyang	107.8	103.9	108.5	108.6	107.0
阿坝藏族羌族自治州	Aba	104.0	103.2	106.6	100.8	103.5
甘孜藏族自治州	Ganzi	109.1	104.5	116.1	105.3	108.1
凉山彝族自治州	Liangshan	105.3	103.8	105.0	106.5	103.7

注：本表按可比价格计算。

a) The indices in this table are calculated at comparable prices.

2-10 各市(州)地区生产总值
Gross Regional Product by Region

单位：亿元 (100 million yuan)

市(州)	Region	2010	2011	2012	2013	2014	2015	2016	2017
成都市	Chengdu	5551.33	6950.58	8138.94	9108.89	10056.59	10801.16	12170.23	13889.39
自贡市	Zigong	647.73	780.36	884.80	1001.60	1073.40	1143.11	1234.56	1312.07
攀枝花市	Panzhihua	523.99	645.66	740.03	800.88	870.85	925.18	1014.68	1144.25
泸州市	Luzhou	714.79	900.87	1030.45	1140.48	1259.73	1353.41	1481.91	1596.21
德阳市	Deyang	921.27	1137.45	1280.20	1395.94	1515.65	1605.06	1752.45	1960.55
绵阳市	Mianyang	960.22	1189.11	1346.42	1455.12	1579.89	1700.33	1830.42	2074.75
广元市	Guangyuan	321.87	403.54	468.66	518.75	566.19	605.43	660.01	732.12
遂宁市	Suining	491.50	582.47	656.00	736.61	809.55	915.81	1008.45	1138.06
内江市	Neijiang	690.28	854.68	978.18	1069.34	1156.77	1198.58	1297.67	1332.09
乐山市	Leshan	743.92	918.06	1037.75	1134.79	1207.59	1301.23	1406.58	1507.79
南充市	Nanchong	827.82	1029.48	1180.36	1328.55	1432.02	1516.20	1651.40	1827.93
眉山市	Meishan	552.25	673.34	775.22	860.04	944.89	1029.86	1117.23	1183.35
宜宾市	Yibin	870.85	1091.18	1242.76	1342.89	1443.81	1525.90	1653.05	1847.23
广安市	Guangan	537.22	659.90	752.22	835.14	919.61	1005.61	1078.62	1173.79
达州市	Dazhou	819.20	1011.83	1135.46	1245.41	1347.83	1350.76	1447.08	1583.94
雅安市	Yaan	286.54	350.13	398.05	417.97	462.41	502.58	545.33	602.77
巴中市	Bazhong	264.98	326.67	372.40	415.94	456.66	501.34	544.66	601.44
资阳市	Ziyang	657.90	836.44	984.72	1092.36	1195.60	1270.38	943.44	1022.21
阿坝藏族羌族自治州	Aba	132.76	168.48	203.74	233.99	247.79	265.04	281.32	295.16
甘孜藏族自治州	Ganzi	122.83	152.22	175.02	201.22	206.81	213.04	229.80	261.50
凉山彝族自治州	Liangshan	784.19	1000.13	1122.67	1214.40	1314.30	1314.84	1403.92	1480.91

注：本表按当年价格计算。
a) The data in this table are calculated at current prices

2-11 各市(州)地区生产总值指数
Indices of Gross Regional Product by Region

上年=100 (preceding year=100)

市(州)	Region	2010	2011	2012	2013	2014	2015	2016	2017
成都市	Chengdu	115.0	115.2	113.0	110.2	108.9	107.9	107.7	108.1
自贡市	Zigong	115.6	115.6	113.9	111.3	107.6	108.4	107.7	108.3
攀枝花市	Panzhihua	115.1	115.3	114.0	110.7	109.3	108.1	108.0	107.4
泸州市	Luzhou	116.5	115.9	114.8	111.2	111.0	111.0	109.5	109.1
德阳市	Deyang	114.4	115.6	113.0	110.0	109.0	108.2	108.4	109.0
绵阳市	Mianyang	115.3	115.2	113.3	110.0	109.1	108.6	108.3	109.1
广元市	Guangyuan	115.9	115.6	113.8	110.5	109.2	108.6	108.0	108.1
遂宁市	Suining	115.3	115.2	113.9	111.1	109.7	113.2	109.1	108.3
内江市	Neijiang	116.2	115.3	113.6	110.3	108.9	108.0	107.8	107.1
乐山市	Leshan	116.2	116.0	114.4	110.4	107.0	109.1	108.2	108.2
南充市	Nanchong	115.3	115.3	114.2	111.0	107.2	107.6	107.8	108.5
眉山市	Meishan	115.6	115.3	114.5	110.8	110.1	110.2	108.4	105.3
宜宾市	Yibin	115.6	115.6	114.1	108.1	108.0	108.5	108.3	108.8
广安市	Guangan	115.6	115.3	114.0	110.8	110.2	110.6	107.9	108.1
达州市	Dazhou	115.1	115.2	113.6	110.2	108.4	103.1	107.5	108.2
雅安市	Yaan	115.3	115.3	114.0	103.9	111.0	109.0	108.1	108.0
巴中市	Bazhong	114.7	115.2	113.9	110.7	109.0	108.6	107.8	108.1
资阳市	Ziyang	117.0	116.1	114.3	110.6	110.0	108.8	107.8	107.8
阿坝藏族羌族自治州	Aba	118.1	115.2	113.7	110.2	105.6	107.9	106.2	104.0
甘孜藏族自治州	Ganzi	114.1	114.2	112.6	112.1	104.2	105.1	107.0	109.1
凉山彝族自治州	Liangshan	117.5	115.2	113.8	110.2	108.5	102.8	106.0	105.3

注：本表按可比价格计算。

a) The indices in this table are calculated at comparable prices.

2-12 各市(州)第一产业增加值
Primary Industry by Region

单位：亿元 (100 million yuan)

市(州)	Region	2010	2011	2012	2013	2014	2015	2016	2017
成都市	Chengdu	285.09	327.34	348.10	353.17	357.07	373.15	474.94	500.87
自贡市	Zigong	84.68	98.99	109.39	119.42	121.77	127.97	136.13	142.94
攀枝花市	Panzhihua	21.49	24.24	25.77	27.88	29.02	31.31	34.25	37.16
泸州市	Luzhou	108.81	130.83	143.60	155.60	159.85	167.84	178.07	183.19
德阳市	Deyang	152.39	177.74	186.91	188.60	199.33	208.18	219.52	228.46
绵阳市	Mianyang	166.49	199.23	219.19	238.96	247.64	260.05	280.29	291.66
广元市	Guangyuan	76.52	83.80	91.82	94.31	95.85	99.76	106.44	113.17
遂宁市	Suining	105.66	120.06	123.97	132.51	136.15	141.66	153.62	160.41
内江市	Neijiang	112.39	139.76	163.31	176.32	182.61	191.15	204.52	209.60
乐山市	Leshan	100.08	114.58	123.72	130.94	135.13	142.50	153.27	158.80
南充市	Nanchong	201.62	240.02	270.47	293.59	310.02	335.46	354.98	363.68
眉山市	Meishan	103.80	121.42	135.91	144.57	149.34	159.64	169.45	176.62
宜宾市	Yibin	133.84	163.27	181.94	198.61	206.87	216.35	231.99	238.84
广安市	Guangan	109.91	125.26	140.00	149.99	155.76	163.31	170.23	169.81
达州市	Dazhou	192.09	229.53	245.49	262.58	277.47	290.82	310.02	322.13
雅安市	Yaan	49.97	56.87	60.39	62.40	66.58	72.44	76.58	80.85
巴中市	Bazhong	65.72	69.59	75.00	79.01	80.66	83.98	89.92	93.30
资阳市	Ziyang	151.81	185.02	216.13	235.10	241.90	250.88	155.34	160.35
阿坝藏族羌族自治州	Aba	25.13	27.86	31.57	35.04	37.25	40.84	44.05	46.44
甘孜藏族自治州	Ganzi	28.50	37.42	42.75	46.92	51.02	54.41	59.27	61.29
凉山彝族自治州	Liangshan	172.06	194.56	218.80	233.89	249.39	263.58	280.71	296.52

注：本表按当年价格计算。
a) The data in this table are calculated at current prices.

2-13 各市(州)第一产业增加值指数
Primary Industry by Region

上年=100 (preceding year=100)

市(州)	Region	2010	2011	2012	2013	2014	2015	2016	2017
成都市	Chengdu	104.1	103.7	103.8	103.6	103.4	103.9	104.0	103.9
自贡市	Zigong	104.6	103.8	104.8	103.8	104.1	103.8	104.0	104.1
攀枝花市	Panzhihua	103.9	104.5	104.6	104.5	104.5	104.1	104.4	104.3
泸州市	Luzhou	104.2	103.0	104.9	104.3	104.2	103.8	103.9	103.9
德阳市	Deyang	104.1	103.8	104.4	103.6	104.2	103.7	103.6	103.9
绵阳市	Mianyang	104.0	103.8	104.0	103.5	103.9	103.8	103.9	104.0
广元市	Guangyuan	104.6	104.4	104.9	103.6	104.2	103.7	103.9	103.8
遂宁市	Suining	104.5	103.3	104.5	103.3	103.7	103.6	103.7	103.6
内江市	Neijiang	104.6	104.2	104.5	104.0	103.8	103.9	104.0	102.8
乐山市	Leshan	104.1	104.0	104.1	103.3	103.8	103.9	103.8	103.9
南充市	Nanchong	104.5	104.1	104.5	103.6	104.2	103.8	103.7	103.9
眉山市	Meishan	104.4	104.0	104.7	103.6	104.0	104.0	104.0	103.9
宜宾市	Yibin	104.9	103.4	104.8	103.6	103.7	103.9	103.6	103.5
广安市	Guangan	104.5	104.0	104.7	103.5	104.1	103.8	102.9	103.4
达州市	Dazhou	104.4	103.5	104.6	103.7	103.8	103.9	104.1	103.8
雅安市	Yaan	103.1	103.4	104.0	102.1	104.6	103.9	103.7	103.9
巴中市	Bazhong	104.1	104.0	103.7	103.4	103.1	103.7	103.7	103.6
资阳市	Ziyang	104.3	103.6	104.6	103.6	104.2	103.9	103.9	103.9
阿坝藏族羌族自治州	Aba	105.5	105.1	106.1	104.9	104.7	104.2	104.5	103.2
甘孜藏族自治州	Ganzi	104.2	106.9	104.0	104.0	104.6	103.9	104.1	104.5
凉山彝族自治州	Liangshan	104.3	104.4	104.6	104.8	104.5	104.3	104.2	103.8

注:本表按可比价格计算。

a) The indices in this table are calculated at comparable prices.

2-14 各市(州)第二产业增加值
Secondary Industry by Region

单位：亿元 (100 million yuan)

市(州)	Region	2010	2011	2012	2013	2014	2015	2016	2017
成都市	Chengdu	2480.90	3143.82	3765.62	4181.49	4508.53	4723.49	5201.99	5998.19
自贡市	Zigong	370.84	458.63	529.27	598.61	636.20	664.41	695.37	638.25
攀枝花市	Panzhihua	386.63	487.75	561.41	597.19	637.41	661.03	702.72	745.02
泸州市	Luzhou	403.71	538.16	624.03	684.37	758.93	806.74	875.77	850.56
德阳市	Deyang	532.72	682.39	770.31	831.62	904.86	903.27	946.41	941.81
绵阳市	Mianyang	468.27	616.55	706.22	747.61	805.33	858.93	876.04	838.76
广元市	Guangyuan	125.67	180.16	220.29	249.58	269.90	285.53	307.41	327.01
遂宁市	Suining	254.69	309.43	359.20	406.47	448.78	514.32	530.18	548.60
内江市	Neijiang	419.53	534.00	610.10	661.33	711.04	717.78	741.62	660.67
乐山市	Leshan	442.45	567.37	643.91	698.81	720.30	767.05	761.01	691.41
南充市	Nanchong	401.57	523.85	609.66	688.70	723.15	741.11	760.63	749.69
眉山市	Meishan	303.31	379.59	443.33	491.23	534.74	578.14	586.95	538.82
宜宾市	Yibin	519.21	675.69	773.97	814.46	858.82	889.89	907.17	918.74
广安市	Guangan	259.25	339.07	392.68	437.42	482.85	520.19	557.01	546.05
达州市	Dazhou	374.17	491.39	555.85	599.82	636.99	581.19	601.20	558.12
雅安市	Yaan	157.83	200.38	233.56	238.53	264.16	280.92	291.26	284.64
巴中市	Bazhong	94.97	138.99	167.45	191.46	210.24	233.81	253.94	293.39
资阳市	Ziyang	348.40	460.19	548.45	607.64	669.43	702.93	511.46	503.94
阿坝藏族羌族自治州	Aba	58.53	79.67	102.12	120.84	125.31	130.02	132.90	141.34
甘孜藏族自治州	Ganzi	44.92	57.72	68.12	80.78	77.20	75.79	82.71	103.82
凉山彝族自治州	Liangshan	371.05	523.57	587.87	642.21	693.34	648.65	684.15	621.88

注：本表按当年价格计算。

a) The data in this table are calculated at current prices

2-15 各市(州)第二产业增加值指数
Secondary Industry by Region

上年=100 (preceding year=100)

市(州)	Region	2010	2011	2012	2013	2014	2015	2016	2017
成都市	Chengdu	119.8	119.8	115.6	112.2	109.8	107.2	106.7	107.5
自贡市	Zigong	121.1	120.7	116.7	112.6	107.9	108.2	108.1	108.4
攀枝花市	Panzhihua	117.5	117.5	115.5	111.7	109.6	108.5	108.1	107.2
泸州市	Luzhou	126.6	122.5	118.4	112.3	112.2	112.5	110.4	110.0
德阳市	Deyang	118.3	121.0	115.8	111.4	110.1	108.3	109.2	109.5
绵阳市	Mianyang	123.2	122.8	117.9	112.2	110.0	109.3	108.9	109.2
广元市	Guangyuan	129.3	126.2	122.2	113.8	109.5	109.6	108.9	108.2
遂宁市	Suining	124.7	122.2	118.6	113.9	111.4	116.3	109.7	108.6
内江市	Neijiang	123.8	120.5	116.8	111.4	109.6	108.2	108.6	107.2
乐山市	Leshan	120.7	120.3	117.5	111.5	106.2	109.8	108.6	108.5
南充市	Nanchong	123.5	122.5	119.6	113.8	106.7	107.9	108.5	109.2
眉山市	Meishan	123.8	120.1	118.6	112.3	111.1	111.4	109.2	102.9
宜宾市	Yibin	121.7	121.1	116.9	108.0	108.1	108.6	109.0	109.3
广安市	Guangan	124.5	122.3	118.9	113.4	111.1	111.6	108.6	107.8
达州市	Dazhou	124.8	123.5	118.6	112.4	108.8	99.8	107.6	108.1
雅安市	Yaan	122.2	121.0	118.3	103.2	112.7	110.2	109.1	108.3
巴中市	Bazhong	130.3	131.4	123.6	115.5	110.0	109.0	109.7	109.7
资阳市	Ziyang	125.4	122.7	118.8	112.8	111.6	109.7	108.7	108.5
阿坝藏族羌族自治州	Aba	131.2	122.5	119.1	113.0	105.9	107.9	106.1	106.6
甘孜藏族自治州	Ganzi	120.5	122.9	120.0	117.0	102.4	104.7	110.3	116.1
凉山彝族自治州	Liangshan	129.6	123.7	118.8	114.8	110.6	100.1	106.6	105.0

注：本表按可比价格计算。
a) The indices in this table are calculated at comparable prices.

2-16 各市(州)第三产业增加值
Tertiary Industry by Region

单位：亿元 (100 million yuan)

市(州)	Region	2010	2011	2012	2013	2014	2015	2016	2017
成都市	Chengdu	2785.34	3479.42	4025.22	4574.23	5190.99	5704.52	6493.30	7390.33
自贡市	Zigong	192.21	222.74	246.14	283.57	315.43	350.73	403.06	530.88
攀枝花市	Panzhihua	115.87	133.67	152.85	175.81	204.42	232.84	277.71	362.07
泸州市	Luzhou	202.27	231.88	262.82	300.51	340.95	378.83	428.07	562.46
德阳市	Deyang	236.16	277.32	322.98	375.72	411.46	493.61	586.52	790.28
绵阳市	Mianyang	325.46	373.33	421.01	468.55	526.92	581.35	674.09	944.33
广元市	Guangyuan	119.68	139.58	156.55	174.86	200.44	220.14	246.16	291.94
遂宁市	Suining	131.15	152.98	172.83	197.63	224.62	259.83	324.65	429.05
内江市	Neijiang	158.36	180.92	204.77	231.69	263.12	289.65	351.53	461.82
乐山市	Leshan	201.39	236.11	270.12	305.04	352.16	391.68	492.30	657.58
南充市	Nanchong	224.63	265.61	300.23	346.26	398.85	439.63	535.79	714.56
眉山市	Meishan	145.14	172.33	195.98	224.24	260.81	292.08	360.83	467.91
宜宾市	Yibin	217.80	252.22	286.85	329.82	378.12	419.66	513.89	689.65
广安市	Guangan	168.06	195.57	219.54	247.73	281.00	322.11	351.38	457.93
达州市	Dazhou	252.94	290.91	334.12	383.01	433.37	478.75	535.86	703.69
雅安市	Yaan	78.74	92.88	104.10	117.04	131.67	149.22	177.49	237.28
巴中市	Bazhong	104.29	118.09	129.95	145.47	165.76	183.55	200.80	214.75
资阳市	Ziyang	157.69	191.23	220.14	249.62	284.27	316.57	276.64	357.92
阿坝藏族羌族自治州	Aba	49.10	60.95	70.05	78.11	85.23	94.18	104.37	107.38
甘孜藏族自治州	Ganzi	49.41	57.08	64.15	73.52	78.59	82.84	87.82	96.39
凉山彝族自治州	Liangshan	241.08	282.00	316.00	338.30	371.57	402.61	439.06	562.51

注：本表按当年价格计算。
a) The data in this table are calculated at current prices

2-17 各市(州)第三产业增加值指数
Tertiary Industry by Region

上年=100 (preceding year=100)

市(州)	Region	2010	2011	2012	2013	2014	2015	2016	2017
成都市	Chengdu	111.8	112.4	111.5	108.8	108.6	109.0	109.0	108.9
自贡市	Zigong	111.0	110.9	111.8	111.5	108.0	110.5	108.3	109.5
攀枝花市	Panzhihua	109.0	110.2	110.5	108.0	108.8	107.2	108.0	108.0
泸州市	Luzhou	107.3	109.7	111.7	112.0	110.9	110.5	110.0	109.5
德阳市	Deyang	111.3	111.1	111.4	109.9	108.7	110.0	109.0	110.0
绵阳市	Mianyang	110.2	109.9	110.4	109.1	109.7	109.4	109.5	110.8
广元市	Guangyuan	111.4	111.6	109.1	110.0	111.3	109.7	108.7	109.6
遂宁市	Suining	108.1	111.4	111.2	110.5	109.7	112.0	111.0	110.0
内江市	Neijiang	107.9	109.3	110.7	110.7	109.8	109.3	108.3	109.0
乐山市	Leshan	112.2	112.6	111.9	110.5	110.4	109.4	109.1	109.1
南充市	Nanchong	110.2	112.6	111.9	111.0	110.4	109.6	109.6	110.5
眉山市	Meishan	108.0	113.5	112.0	112.0	111.1	110.8	109.3	109.5
宜宾市	Yibin	108.9	110.1	112.0	111.0	110.0	110.3	109.1	110.2
广安市	Guangan	110.0	111.9	111.3	110.5	111.6	112.0	109.1	110.3
达州市	Dazhou	107.0	110.0	110.6	110.4	110.9	109.6	109.3	110.5
雅安市	Yaan	109.3	111.4	110.6	106.4	110.6	108.9	108.3	109.2
巴中市	Bazhong	109.4	109.2	111.0	109.0	110.9	110.5	107.3	108.1
资阳市	Ziyang	110.5	113.5	112.0	110.7	110.1	110.0	108.5	108.6
阿坝藏族羌族自治州	Aba	110.6	111.6	110.4	108.8	105.6	109.4	107.0	100.8
甘孜藏族自治州	Ganzi	112.0	110.5	110.0	110.9	106.0	106.0	105.8	105.3
凉山彝族自治州	Liangshan	110.3	110.0	111.3	105.0	106.7	107.6	106.1	106.5

注:本表按可比价格计算。

a) The indices in this table are calculated at comparable prices.

2−18 各市(州)人均地区生产总值
Per Capita Gross Regional Product by Region

单位：元 (yuan)

市(州)	Region	2010	2011	2012	2013	2014	2015	2016	2017
成都市	Chengdu	41253	49438	57624	63977	70019	74273	76960	86911
自贡市	Zigong	23612	29102	32787	36746	39145	41447	44481	46182
攀枝花市	Panzhihua	43959	53054	60391	65001	70646	75078	82221	92584
泸州市	Luzhou	16698	21339	24317	26848	29655	31714	34497	37020
德阳市	Deyang	25335	31562	35945	39573	43091	45701	49835	55607
绵阳市	Mianyang	20053	25755	29080	31237	33558	35754	38202	43015
广元市	Guangyuan	12313	16225	18672	20443	22117	23263	25072	27653
遂宁市	Suining	14389	17887	20099	22517	24691	27868	30615	34835
内江市	Neijiang	18022	23062	26341	28735	31024	32080	34667	35521
乐山市	Leshan	22490	28339	31942	34863	37125	39973	43110	46130
南充市	Nanchong	13212	16388	18757	21059	22639	23881	25871	28516
眉山市	Meishan	18586	22791	26168	28934	31664	34379	37227	39605
宜宾市	Yibin	19499	24433	27865	30093	32318	34060	36735	40868
广安市	Guangan	15588	20572	23410	25933	28489	31046	33130	36034
达州市	Dazhou	14623	18474	20685	22632	24411	24342	25921	28066
雅安市	Yaan	18881	23153	26157	27317	30052	32523	35335	39172
巴中市	Bazhong	8219	9925	11278	12556	13756	15076	16405	18148
资阳市	Ziyang	16644	22931	27283	30514	33592	35702	37308	40137
阿坝藏族羌族自治州	Aba	14662	18672	22525	25728	27043	28647	30171	31487
甘孜藏族自治州	Ganzi	11660	13882	15753	17809	18096	18423	19596	22097
凉山彝族自治州	Liangshan	17560	22044	24668	26556	28556	28276	29549	30669

注：本表按当年价格计算；人均GDP系按年平均常住人口计算。

a) The data in this table are calculated at current prices and the per capita GDP are calculated based on the annual average date of resident population.

2-19 各市(州)人均地区生产总值指数
Indices of Per Capita Gross Regional Product by Region

上年=100 (preceding year=100)

市(州)	Region	2010	2011	2012	2013	2014	2015	2016	2017
成都市	Chengdu	109.3	110.3	112.5	109.3	108.0	106.6	106.2	107.0
自贡市	Zigong	118.4	118.3	113.2	110.2	106.9	107.8	107.0	105.8
攀枝花市	Panzhihua	112.0	113.0	113.3	110.1	109.2	108.2	107.8	107.2
泸州市	Luzhou	117.6	117.5	114.3	110.9	111.0	110.5	108.8	108.7
德阳市	Deyang	114.9	116.7	114.4	111.1	109.4	108.4	108.3	108.7
绵阳市	Mianyang	119.5	119.4	113.0	109.3	107.9	107.5	107.5	108.4
广元市	Guangyuan	121.5	121.5	112.7	109.3	108.2	106.9	106.7	107.4
遂宁市	Suining	120.6	120.8	113.7	110.8	109.4	113.0	108.9	109.2
内江市	Neijiang	120.1	119.2	113.4	110.0	108.7	107.7	107.6	106.9
乐山市	Leshan	118.3	118.4	114.1	110.1	107.1	109.1	108.0	108.1
南充市	Nanchong	115.0	115.0	114.0	110.8	107.0	107.2	107.2	108.1
眉山市	Meishan	116.7	116.0	114.2	110.5	109.7	109.8	108.2	105.8
宜宾市	Yibin	115.4	115.6	114.2	108.1	107.9	108.1	107.8	108.3
广安市	Guangan	124.5	123.9	113.8	110.6	109.9	110.2	107.3	108.0
达州市	Dazhou	115.2	117.8	113.3	109.9	108.0	102.6	106.8	107.1
雅安市	Yaan	115.9	115.7	113.3	103.3	110.4	108.5	108.2	108.4
巴中市	Bazhong	112.4	112.8	113.6	110.3	108.8	108.4	108.0	108.3
资阳市	Ziyang	125.4	125.8	115.5	111.5	110.6	108.8	107.0	107.0
阿坝藏族羌族自治州	Aba	117.3	114.8	113.5	109.6	104.9	106.8	105.4	103.5
甘孜藏族自治州	Ganzi	108.2	109.7	111.2	110.2	103.0	103.8	105.5	108.1
凉山彝族自治州	Liangshan	115.3	113.4	113.4	109.6	107.8	101.8	103.7	103.7

注：本表按可比价格计算。

a) The indices in this table are calculated at comparable prices.

2-20 支出法地区生产总值
Gross Regional Product by Expenditure Approach

单位：亿元 (100 million yuan)

年份 Year	地区支出总额 Gross Regional Product by Expenditure Approach	最终消费 Final Consumption Expenditure	居民消费 Household Consumption Expenditure	农村居民 Rural Household	城镇居民 Urban Household	政府消费 Government Consumption Expenditure	资本形成总额 Gross Capital Formation	固定资本形成总额 Gross Fixed Capital Formation	存货增加 Changes in Inventories
1978	184.61	136.56	114.13	84.88	29.25	22.43	47.49	44.96	2.53
1979	205.76	146.94	122.13	91.44	30.69	24.81	58.26	54.89	3.37
1980	229.31	164.26	137.32	105.63	31.69	26.94	64.42	60.36	4.06
1981	242.32	185.47	157.70	122.56	35.14	27.77	56.56	51.70	4.86
1982	275.23	208.05	176.87	139.62	37.25	31.18	67.01	60.34	6.67
1983	311.00	232.95	198.86	155.86	43.00	34.09	77.77	69.25	8.52
1984	358.06	258.88	220.28	169.72	50.55	38.60	98.87	86.93	11.94
1985	421.15	301.07	256.39	185.65	70.74	44.68	119.50	103.58	15.92
1986	458.23	332.31	283.92	200.31	83.61	48.39	125.70	111.56	14.14
1987	530.86	384.39	329.30	232.80	96.50	55.09	146.33	128.31	18.02
1988	659.69	476.46	407.52	287.00	120.52	68.94	182.86	147.51	35.35
1989	744.98	552.17	475.73	332.76	142.97	76.44	192.48	151.19	41.29
1990	890.95	652.05	553.97	381.02	172.96	98.08	238.68	191.31	47.37
1991	1016.31	725.83	604.40	413.68	190.72	121.43	290.22	233.22	57.00
1992	1177.27	802.66	665.99	433.16	232.83	136.67	374.14	300.06	74.08
1993	1486.08	941.63	770.40	485.28	285.12	171.23	544.03	457.17	86.86
1994	2001.41	1320.35	1103.04	686.38	416.66	217.31	680.66	580.93	99.73
1995	2443.21	1593.58	1321.95	783.70	538.25	271.63	848.81	745.56	103.25
1996	2871.65	1856.98	1520.28	867.34	652.94	336.70	1013.46	881.35	132.11
1997	3241.47	2066.71	1670.50	937.75	732.75	396.21	1173.14	1015.48	157.66
1998	3474.09	2240.54	1814.92	950.51	864.41	425.62	1264.17	1175.04	89.13
1999	3649.12	2359.95	1886.74	953.48	933.26	473.21	1336.84	1218.36	118.48
2000	3928.20	2545.13	2021.66	955.84	1065.82	523.47	1521.43	1400.69	120.74
2001	4293.49	2778.76	2161.96	954.93	1207.03	616.80	1693.10	1570.89	122.21
2002	4725.01	3014.27	2337.76	995.86	1341.90	676.51	1925.31	1801.06	124.25
2003	5333.09	3330.47	2579.30	1069.96	1509.34	751.17	2248.78	2145.07	103.71
2004	6379.63	3805.64	2954.34	1197.16	1757.18	851.30	2728.10	2587.14	140.96
2005	7385.10	4267.69	3366.47	1328.28	2038.19	901.22	3326.22	3179.92	146.30
2006	8690.24	4824.88	3686.82	1397.96	2288.86	1138.06	4203.05	4040.03	163.02
2007	10562.39	5671.56	4285.21	1563.20	2722.01	1386.35	5242.55	5060.57	181.98
2008	12601.23	6540.17	4937.87	1711.33	3226.54	1602.30	6574.63	6352.86	221.77
2009	14151.28	7212.50	5601.30	1967.10	3634.20	1611.20	7720.13	7464.20	255.93
2010	17185.48	8609.53	6638.53	2333.15	4305.38	1971.00	9219.92	8911.05	308.87
2011	21026.68	10424.40	7967.50	2791.80	5175.70	2456.90	11067.68	10691.30	376.38
2012	23872.80	11926.70	9095.30	3255.70	5839.60	2831.40	12496.00	12096.20	399.80
2013	26392.07	13289.19	10152.98	3617.55	6535.43	3136.21	13562.06	13147.11	414.95
2014	28536.66	14529.94	11174.20	4018.10	7156.10	3355.74	14426.45	13990.55	435.90
2015	30053.10	15774.96	12073.44	4348.24	7725.20	3701.52	14806.21	14415.31	390.90
2016	32934.54	17237.92	13183.40	4707.98	8475.42	4054.52	16165.27	15800.46	364.81
2017	36980.22	19365.69	14841.19	5323.09	9518.10	4524.50	18021.18	17689.34	331.84

注：本表按当年价格计算。
a) Data in this table are calculated at current prices.

2-21 支出法地区生产总值指数（上年=100）
Indices of Gross Regional Product by Expenditure Approach (preceding year=100)

年份 Year	地区支出总额 Gross Regional Product by Expenditure Approach	最终消费 Final Consumption Expenditure	居民消费 Household Consumption Expenditure	农村居民 Rural Household	城镇居民 Urban Household	政府消费 Government Consumption Expenditure	资本形成总额 Gross Capital Formation	固定资本形成总额 Gross Fixed Capital Formation	存货增加 Changes in Inventories
1979	110.1	106.7	106.1	106.9	103.9	110.1	120.7	120.1	132.0
1980	109.5	109.7	110.0	112.1	103.5	108.6	108.9	108.2	119.4
1981	104.1	113.0	113.1	114.3	108.9	101.2	86.1	84.0	117.6
1982	110.9	109.4	109.4	108.2	114.0	109.0	116.3	114.6	134.0
1983	111.0	111.4	111.8	113.7	105.3	109.3	109.6	107.7	126.9
1984	112.2	107.5	107.0	105.2	113.7	110.8	127.3	126.0	137.0
1985	111.9	109.6	109.7	102.4	134.7	108.9	117.8	116.5	127.1
1986	105.5	106.8	106.8	104.4	112.8	107.2	102.7	105.3	85.9
1987	108.7	110.0	110.2	111.3	107.6	108.6	105.5	103.4	121.8
1988	107.5	106.1	106.1	106.1	106.2	106.0	111.2	102.3	171.3
1989	103.2	104.5	104.3	104.0	105.1	105.4	99.8	98.0	106.9
1990	109.1	102.6	101.5	99.2	107.2	109.1	126.9	131.7	109.1
1991	109.1	106.9	104.8	104.3	105.8	119.3	115.0	115.2	114.3
1992	112.6	108.0	107.7	102.6	118.9	109.1	124.2	123.7	126.6
1993	113.1	103.4	100.8	97.3	107.4	116.0	134.6	143.2	100.4
1994	111.3	116.4	120.1	121.1	118.4	100.4	102.8	103.7	97.8
1995	110.7	112.1	113.6	106.2	126.3	104.7	108.0	109.4	99.6
1996	110.6	110.4	108.7	105.6	113.2	119.4	111.0	110.2	116.6
1997	110.5	111.1	108.0	103.8	113.7	126.9	109.3	108.0	117.3
1998	109.7	109.6	110.0	106.8	114.0	107.7	112.9	121.6	62.9
1999	106.6	105.4	104.4	100.3	109.1	109.7	110.6	109.4	123.8
2000	108.5	109.9	109.5	102.3	117.2	111.8	112.4	113.4	102.9
2001	109.0	109.3	107.2	101.1	112.7	117.1	110.2	111.0	100.6
2002	110.3	109.4	109.2	104.7	112.9	110.2	112.8	113.5	103.3
2003	111.3	110.0	110.2	107.2	112.5	109.2	113.8	116.1	81.8
2004	112.7	107.4	106.5	103.9	108.4	110.5	115.3	114.4	133.0
2005	112.6	110.4	111.8	109.0	113.7	105.8	117.1	118.0	102.0
2006	113.5	108.2	107.0	102.8	109.7	112.4	120.2	120.8	108.8
2007	114.5	110.8	109.6	105.7	112.1	114.6	118.0	118.5	105.5
2008	111.0	107.8	107.0	101.9	109.9	110.2	114.5	114.8	106.6
2009	114.5	113.8	112.5	113.6	112.0	117.5	121.4	121.7	110.7
2010	115.1	114.0	113.0	113.3	112.9	116.7	112.8	112.8	114.3
2011	115.0	114.5	113.5	113.2	113.6	118.0	112.7	112.7	114.5
2012	112.6	112.9	112.4	112.2	112.6	114.2	112.0	112.1	106.5
2013	110.0	109.7	109.1	109.0	109.2	111.3	109.2	109.3	104.4
2014	108.5	108.3	108.8	109.0	108.7	106.7	107.9	107.9	106.5
2015	107.9	108.1	108.6	108.8	108.5	106.6	107.3	107.6	99.3
2016	107.8	107.8	108.1	107.9	108.2	106.7	107.2	107.6	95.3
2017	108.1	108.8	109.3	108.2	109.9	107.2	106.7	107.1	88.5

注：本表按可比价格计算。

a) The indices in this table are calculated at comparable prices.

2-22 支出法地区生产总值指数（1978年=100）
Indices of Gross Regional Product by Expenditure Approach (year of 1978=100)

年份 Year	地区支出总额 Gross Regional Product by Expenditure Approach	最终消费 Final Consumption Expenditure	居民消费 Household Consumption Expenditure	农村居民 Rural Household	城镇居民 Urban Household	政府消费 Government Consumption Expenditure	资本形成总额 Gross Capital Formation	固定资本形成总额 Gross Fixed Capital Formation	存货增加 Changes in Inventories
1978	100.0	100.0	100.0	100.0	100.0	100.0	100.0	100.0	100.0
1979	110.1	106.7	106.1	106.9	103.9	110.1	120.7	120.1	132.0
1980	120.6	117.0	116.7	119.8	107.5	119.6	131.4	129.9	157.6
1981	125.5	132.3	134.6	137.0	117.1	121.0	113.2	109.2	185.3
1982	139.2	144.7	147.2	148.2	133.5	131.9	131.6	125.1	248.4
1983	154.5	161.2	164.6	168.5	140.6	144.2	144.3	134.7	315.2
1984	173.3	173.3	176.1	177.3	159.8	159.7	183.6	169.8	431.8
1985	194.0	189.9	193.2	181.5	215.3	173.9	216.3	197.8	548.8
1986	204.6	202.8	206.3	189.5	242.9	186.5	222.2	208.2	471.4
1987	222.4	223.1	227.4	210.9	261.3	202.5	234.4	215.3	574.2
1988	239.1	236.7	241.2	223.8	277.5	214.7	260.6	220.3	983.6
1989	246.8	247.4	251.6	232.7	291.7	226.2	260.1	215.9	1051.5
1990	269.2	253.8	255.4	230.9	312.7	246.8	330.1	284.3	1147.1
1991	293.7	271.3	267.6	240.8	330.8	294.5	379.6	327.5	1311.2
1992	330.7	293.0	288.3	247.1	393.3	321.3	471.5	405.1	1660.0
1993	374.1	303.0	290.6	240.4	422.4	372.7	634.6	580.2	1666.6
1994	416.3	352.7	349.0	291.1	500.2	374.2	652.3	601.6	1629.9
1995	460.9	395.4	396.4	309.2	631.7	391.8	704.5	658.2	1623.4
1996	509.7	436.5	430.9	326.5	715.1	467.8	782.0	725.3	1892.9
1997	563.3	484.9	465.4	338.9	813.1	593.6	854.8	783.3	2220.4
1998	617.9	531.5	511.9	361.9	926.9	639.3	965.0	952.5	1396.6
1999	658.7	560.2	534.5	363.0	1011.2	701.3	1067.3	1042.1	1729.0
2000	714.7	615.6	585.2	371.4	1185.2	784.0	1199.7	1181.7	1779.2
2001	779.0	672.9	627.4	375.5	1335.7	918.1	1322.0	1311.7	1789.8
2002	859.2	736.1	685.1	393.1	1508.0	1011.8	1491.3	1488.8	1848.9
2003	956.3	809.8	755.0	421.4	1696.5	1104.8	1697.1	1728.5	1512.4
2004	1077.8	869.7	804.0	437.8	1839.0	1220.9	1956.7	1977.4	2011.5
2005	1213.6	960.1	898.9	477.3	2090.9	1291.7	2291.3	2333.3	2051.7
2006	1377.4	1038.9	961.8	490.6	2293.8	1451.8	2754.1	2818.6	2232.3
2007	1577.1	1151.1	1054.2	518.6	2571.3	1663.8	3249.9	3340.1	2355.0
2008	1750.6	1240.8	1128.0	528.4	2825.9	1833.5	3721.1	3834.4	2510.5
2009	2004.4	1412.1	1269.0	600.3	3165.0	2154.4	4517.4	4666.5	2779.1
2010	2307.1	1609.8	1433.9	680.1	3573.2	2514.2	5095.7	5263.8	3176.5
2011	2653.2	1843.2	1627.5	769.9	4059.2	2966.7	5742.8	5932.3	3637.1
2012	2987.5	2081.0	1829.3	863.8	4570.7	3388.0	6432.0	6650.1	3873.5
2013	3286.2	2282.8	1995.8	941.6	4991.2	3770.8	7023.7	7268.6	4043.9
2014	3565.6	2472.3	2171.4	1026.3	5425.4	4023.5	7578.6	7842.8	4306.8
2015	3847.2	2672.5	2358.1	1116.7	5886.5	4289.0	8131.8	8438.8	4276.7
2016	4147.3	2881.0	2549.2	1204.9	6369.2	4576.4	8717.3	9080.2	4075.6
2017	4483.3	3134.5	2786.2	1303.7	6999.8	4905.9	9301.3	9724.9	3606.9

注：本表按可比价格计算。

a) The indices in this table are calculated at comparable prices.

2-23 居民消费水平
Annual Per Capita Consumption of Residents

单位：元/人 (yuan/person)

年份 Year	居民人均消费水平 Annual per Capita Consumption of Residents	农村居民消费水平 Annual per Capita Consumption of Rural Residents	城镇居民消费水平 Annual per Capita Consumption of Urban Residents	城镇与农村对比(以农村居民消费=1) Urban / Rural Consumption Ratio (Rural Residents =1)	平均人口(百人) Average Population (100 Persons)	农村居民 Rural Residents	城镇居民 Urban Residents
1978	161	135	373	1：2.76	707190	628770	78420
1979	172	145	377	1：2.60	712050	630650	81400
1980	192	167	382	1：2.29	715480	632520	82960
1981	219	193	416	1：2.15	718520	634105	84415
1982	244	219	427	1：1.95	725800	638580	87220
1983	272	243	480	1：1.98	731865	642245	89620
1984	300	264	543	1：2.05	735045	641870	93175
1985	347	290	714	1：2.46	739165	640050	99115
1986	380	311	817	1：2.63	746560	644200	102360
1987	435	357	934	1：2.62	756255	652920	103335
1988	532	434	1141	1：2.63	766480	660815	105665
1989	613	498	1326	1：2.66	775980	668170	107810
1990	706	564	1583	1：2.81	784517	675285	109232
1991	763	609	1684	1：2.76	792020	678761	113259
1992	836	642	1897	1：2.95	797000	674262	122738
1993	961	725	2156	1：2.97	801475	669232	132243
1994	1367	1027	3003	1：2.92	806805	668035	138770
1995	1646	1192	3703	1：3.11	802995	657653	145342
1996	1880	1327	4204	1：3.17	808833	653537	155296
1997	2078	1460	4534	1：3.11	804000	642396	161604
1998	2243	1512	4791	1：3.17	809000	628593	180407
1999	2348	1551	4941	1：3.19	803713	614840	188873
2000	2550	1614	5315	1：3.29	792660	592117	200543
2001	2707	1631	5661	1：3.47	798610	585381	213229
2002	2914	1729	5932	1：3.43	802145	575940	226205
2003	3203	1890	6312	1：3.34	805185	566045	239140
2004	3656	2153	6970	1：3.24	808035	555928	252107
2005	4130	2432	7577	1：3.12	815110	546124	268986
2006	4501	2572	8305	1：3.23	819050	543453	275597
2007	5259	2949	9559	1：3.24	814800	530041	284759
2008	6072	3362	10608	1：3.16	813250	509090	304160
2009	6863	3891	11701	1：3.01	816150	505550	310600
2010	8182	4748	13457	1：2.83	811341	491401	319940
2011	9903	5882	15687	1：2.67	804590	474664	329926
2012	11280	7147	16649	1：2.33	806310	455565	350745
2013	12548	8114	17988	1：2.22	809160	445847	363313
2014	13755	9092	19318	1：2.12	812360	441915	370445
2015	14774	10039	20114	1：2.00	817210	433140	384070
2016	16013	11094	21246	1：1.92	823300	424390	398910
2017	17920	12856	22983	1：1.79	828200	414065	414135

注：居民消费水平按当年价格计算。

a) Annual per capita consumption of residents in this table are calculated at current prices.

2-24 居民消费水平指数
Indices of Annual Per Capita Consumption of Residents

年份 Year	上年=100 preceding year = 100			1978年=100 (year of 1978=100)		
	居民人均消费水平 Annual Per Capita Consumption of Residents	农村居民消费水平 Annual Per Capita Consumption of Rural Residents	城镇居民消费水平 Annual Per Capita Consumption of Urban Residents	居民人均消费水平 Annual Per Capita Consumption of Residents	农村居民消费水平 Annual Per Capita Consumption of Rural Residents	城镇居民消费水平 Annual Per Capita Consumption of Urban Residents
1978				100.0	100.0	100.0
1979	105.4	106.5	100.1	105.4	106.5	100.1
1980	109.4	111.8	101.6	115.3	119.1	101.7
1981	114.8	114.1	107.0	132.4	135.9	108.8
1982	108.3	107.4	110.3	143.4	145.9	120.0
1983	110.9	113.1	102.5	159.0	165.0	123.0
1984	106.5	105.2	109.4	169.3	173.6	134.6
1985	109.1	102.7	126.6	184.7	178.3	170.4
1986	105.7	103.7	109.2	195.3	184.9	186.1
1987	108.8	109.8	106.6	212.4	203.0	198.4
1988	104.7	104.8	103.8	222.4	212.8	205.9
1989	103.1	102.9	103.0	229.3	218.9	212.1
1990	100.4	98.1	105.8	230.2	214.8	224.4
1991	103.8	103.8	102.0	239.0	222.9	228.9
1992	107.1	103.3	109.7	256.0	230.3	251.1
1993	100.2	98.0	99.7	256.5	225.7	250.3
1994	119.3	121.3	112.9	306.0	273.7	282.6
1995	114.1	107.9	120.6	349.1	295.4	340.8
1996	107.9	106.3	106.0	376.7	314.0	361.3
1997	108.7	105.6	109.3	409.5	331.6	394.8
1998	109.3	109.2	102.1	447.5	362.1	403.1
1999	105.0	102.5	104.2	469.9	371.1	420.1
2000	111.0	106.2	110.4	521.6	394.1	463.8
2001	106.4	102.3	106.0	555.0	403.2	491.6
2002	108.7	106.4	106.4	603.3	429.0	523.0
2003	109.8	109.1	106.4	662.4	468.0	556.5
2004	106.1	105.8	102.8	702.8	495.2	572.1
2005	110.8	110.9	106.5	778.7	549.1	609.3
2006	106.5	103.3	107.1	829.3	567.3	652.6
2007	110.2	108.4	108.5	913.9	614.9	708.0
2008	107.1	106.1	102.9	978.8	652.4	728.6
2009	112.1	114.4	109.7	1097.2	746.4	799.2
2010	113.7	116.5	109.6	1247.5	869.5	875.9
2011	114.4	117.2	110.2	1427.2	1019.1	965.3
2012	112.2	116.9	105.9	1601.3	1191.3	1022.2
2013	108.7	111.4	105.4	1740.6	1327.1	1077.4
2014	108.4	110.0	106.6	1886.8	1459.8	1148.6
2015	108.0	111.0	104.7	2037.8	1620.4	1202.5
2016	108.4	110.5	105.6	2209.0	1790.6	1269.9
2017	111.9	115.9	108.2	2471.8	2075.3	1374.0

注：本表按可比价格计算。

a) The indices in this table are calculated at comparable prices.

2-25 各市(州)民营经济增加值(2017年)
Civillian-owned Value Added by Region(2017)

单位：亿元 (100 million yuan)

市(州)	Region	民营经济增加值 Civilian-owned Value Added	第一产业 Primary Industry	第二产业 Secondary Industry	第三产业 Tertiary Industry	人均民营经济增加值(元) Per Capita Civilian-owned Value Added (yuan)
成都市	Chengdu	6746.67	134.81	3394.60	3217.26	42216
自贡市	Zigong	716.44	44.42	366.56	305.46	25217
攀枝花市	Panzhihua	565.91	13.71	371.78	180.42	45789
泸州市	Luzhou	933.95	49.91	553.93	330.11	21660
德阳市	Deyang	1094.57	91.68	550.57	452.32	31045
绵阳市	Mianyang	1216.48	85.26	614.97	516.25	25221
广元市	Guangyuan	409.06	39.38	230.98	138.70	15451
遂宁市	Suining	709.73	60.54	433.95	215.24	21724
内江市	Neijiang	787.52	72.34	442.36	272.82	20999
乐山市	Leshan	815.19	76.86	467.02	271.31	24940
南充市	Nanchong	1109.16	180.93	607.69	320.54	17303
眉山市	Meishan	653.17	76.05	343.18	233.94	21861
宜宾市	Yibin	1056.05	95.96	581.05	379.04	23364
广安市	Guangan	672.17	47.76	341.10	283.31	20634
达州市	Dazhou	979.36	88.24	482.42	408.70	17353
雅安市	Yaan	358.46	18.08	198.01	142.37	23295
巴中市	Bazhong	357.64	37.33	186.13	134.18	10791
资阳市	Ziyang	572.25	70.63	380.73	120.89	22470
阿坝藏族羌族自治州	Aba	133.82	26.18	77.66	29.98	14275
甘孜藏族自治州	Ganzi	120.95	40.21	46.47	34.27	10220
凉山彝族自治州	Liangshan	742.35	98.52	367.03	276.80	15374

注：本表按当年价格计算；人均民营经济增加值年平均人口数按常住人口计算。

a) The data in this table are calculated at current prices. Per capita civilian value added are calculated on the annual average resident population.

2-26 各市(州)民营经济增加值指数(2017年)
Indices of Civillian-owned Value Added by Region(2017)

上年=100 (preceding year=100)

市(州)	Region	民营经济增加值 Civilian-owned Value Added	第一产业 Primary Industry	第二产业 Secondary Industry	第三产业 Tertiary Industry	人均民营经济增加值 Per Capita Civilian-owned Value Added
成都市	Chengdu	108.2	100.3	107.7	108.9	107.0
自贡市	Zigong	108.5	102.6	108.3	109.7	106.0
攀枝花市	Panzhihua	107.6	104.4	107.4	108.3	107.4
泸州市	Luzhou	109.3	101.5	110.0	109.4	108.9
德阳市	Deyang	109.2	101.0	110.2	110.0	108.9
绵阳市	Mianyang	109.4	103.1	109.1	111.0	108.7
广元市	Guangyuan	108.5	105.2	109.6	107.6	107.9
遂宁市	Suining	108.6	102.3	108.0	111.6	109.5
内江市	Neijiang	107.0	102.8	106.7	108.7	106.8
乐山市	Leshan	108.4	103.9	108.8	109.1	108.3
南充市	Nanchong	108.7	104.9	108.1	112.8	108.2
眉山市	Meishan	105.5	103.9	103.6	109.7	105.9
宜宾市	Yibin	109.7	101.3	110.3	111.2	109.2
广安市	Guangan	108.4	104.2	107.5	110.1	108.3
达州市	Dazhou	108.4	101.3	108.3	110.1	107.2
雅安市	Yaan	109.1	101.2	108.7	111.0	109.4
巴中市	Bazhong	108.2	103.8	109.6	107.4	108.3
资阳市	Ziyang	108.3	104.0	108.9	108.8	107.5
阿坝藏族羌族自治州	Aba	104.1	102.8	107.1	97.7	103.5
甘孜藏族自治州	Ganzi	109.4	104.4	114.7	109.2	108.4
凉山彝族自治州	Liangshan	104.0	103.9	101.3	107.6	102.3

注：本表按可比价格计算。

a) The indices in this table are calculated at comparable prices.

主要统计指标解释

国内生产总值(GDP) 指一个国家（或地区）所有常住单位在一定时期内生产活动的最终成果。国内生产总值有三种表现形态，即价值形态、收入形态和产品形态。从价值形态看，它是所有常住单位在一定时期内生产的全部货物和服务价值与同期投入的全部非固定资产货物和服务价值的差额，即所有常住单位的增加值之和；从收入形态看，它是所有常住单位在一定时期内创造的各项收入之和，包括劳动者报酬、生产税净额、固定资产折旧和营业盈余；从产品形态看，它是所有常住单位在一定时期内最终使用的货物和服务价值与货物和服务净出口价值之和。在实际核算中，国内生产总值有三种计算方法，即生产法、收入法和支出法。三种方法分别从不同的方面反映国内生产总值及其构成。

对于一个地区来说，称为地区生产总值或地区GDP。

三次产业 三次产业的划分是世界上较为常用的产业结构分类，但各国的划分不尽一致。根据《国民经济行业分类》（GB/T 4754—2011），我国的三次产业划分是：

第一产业是指农、林、牧、渔业（不包括农、林、牧、渔服务业）。

第二产业是指采矿业（不包括开采辅助活动），制造业（不包括金属制品、机械和设备修理业），电力、热力、燃气及水的生产和供应业，建筑业。

第三产业即服务业，是指除第一产业、第二产业以外的其他行业。

支出法国内生产总值 是从最终使用的角度反映一个国家(或地区)一定时期内生产活动最终成果的一种方法，包括最终消费支出、资本形成总额及货物和服务净出口三部分。计算公式为：

支出法国内生产总值=最终消费支出+资本形成总额+货物和服务净出口

最终消费支出 指常住单位为满足物质、文化和精神生活的需要，从本国经济领土和国外购买的货物和服务的支出。它不包括非常住单位在本国经济领土内的消费支出。最终消费支出分为居民消费支出和政府消费支出。

居民消费支出 指常住住户在一定时期内对于货物和服务的全部最终消费支出。居民消费支出除了直接以货币形式购买的货物和服务的消费支出之外，还包括以其他方式获得的货物和服务的消费支出，即所谓的虚拟消费支出。居民虚拟消费支出包括以下几种类型：单位以实物报酬及实物转移的形式提供给劳动者的货物和服务；住户生产并由本住户消费了的货物和服务，其中的服务仅指住户的自有住房服务；金融机构提供的金融媒介服务。

政府消费支出 指政府部门为全社会提供的公共服务的消费支出和免费或以较低的价格向居民住户提供的货物和服务的净支出，前者等于政府服务的产出价值减去政府单位所获得的经营收入的价值，后者等于政府部门免费或以较低价格向居民住户提供的货物和服务的市场价值减去向住户收取的价值。

资本形成总额 指常住单位在一定时期内获得减去处置的固定资产和存货的净额，包括固定资本形成总额和存货变动两部分。

固定资本形成总额 指常住单位在一定时期内获得的固定资产减处置的固定资产的价值总额。固定资产是通过生产活动生产出来的，且其使用年限在一年以上、单位价值在规定标准以上的资产，不包括自然资产、耐用消费品、小型工器具。固定资本形成总额包括住宅、其他建筑和构筑物、机器和设备、培育性生物资源、知识产权产品（研发支出、矿藏的勘探、计算机软件）的价值获得减处置。

存货变动 指常住单位在一定时期内存货实物量变动的市场价值，即期末价值减期初价值的差额，再扣除当期由于价格变动而产生的持有收益。存货变动可以是正值，也可以是负值，正值表示存货上升，负值表示存货下降。存货包括生产单位购进的原材料、燃料和储备物资等存货，以及生产单位生产的产成品、在制品和半成品等存货。

公有制经济 指资产归国家或公民集体所有的经济成分，包括国有经济和集体经济。

非公有制经济 指资产归我国内地公民私人所有或归港澳台商、外商所有的经济成分，包括私有经济、港澳台经济和外商经济。

Explanatory Notes on Main Statistical Indicators

Gross Domestic Product (GDP) refers to the final products produced by all resident units in a country during a certain period of time. Gross domestic product is expressed in three different perspectives, namely value, income, and products respectively. GDP in its value perspective refers to the balance of total value of all goods and services produced by all resident units during a certain period of time, minus the total value of input of goods and services of the nature of non-fixed assets; in other words, it is the sum of the value-added of all resident units. GDP from the perspective of income refers to the sum of all kinds of revenue, including Compensation of Employees, Net Taxes on Production, Depreciation of Fixed Assets, and Operating Surplus. GDP from the perspective of products refers to the value of all goods and services for final demand by all resident units plus the net exports of goods and services during a given period of time. In the practice of national accounting, gross domestic product is calculated from three approaches, namely production approach, income approach and expenditure approach, which reflect gross domestic product and its composition from different angles.

For a region, it is called as Gross Regional Product(GRP) or regional GDP.

Three Strata of Industry Classification of economic activities into three strata of industry is a common practice in the world, although the grouping varies to some extent from country to country. In China, according to Industrial classification for National Economic Activities (GB/T 4754—2011), economic activities are categorized into the following three strata of industry:

Primary industry refers to agriculture, forestry, animal husbandry and fishery industries (not including services in support of agriculture, forestry, animal husbandry and fishery industries).

Secondary industry refers to mining and quarrying(not including support activities for mining), manufacturing(not including repair service of metal products, machinery and equipment), production and supply of electricity, heat, gas and water, and construction.

Tertiary industry refers to all other economic activities not included in the primary or secondary industries.

GDP by Expenditure Approach refers to the method of measuring the final results of production activities of a country (region) during a given period from the perspective of final uses. It includes final consumption expenditure, gross capital formation and net export of goods and services.

GDP by expenditure approach = final consumption expenditure + gross capital formation + net export of goods and services

Final Consumption Expenditure refers to the total expenditure of resident units for purchases of goods and services from both the domestic economic territory and abroad to meet the needs of material, cultural and spiritual life. It does not include the expenditure of non-resident units on consumption in the economic territory of the country. The final consumption expenditure is broken down into household consumption expenditure and government consumption expenditure.

Household Consumption Expenditure refers to the total expenditure of resident households on the final consumption of goods and services. In addition to the consumption of goods and services bought by the households directly with money, the household consumption expenditure also includes expenditure on goods and services obtained by the households in other ways, i.e. the so-called imputed consumption expenditure, which includes the following: (a) the goods and services provided to households by employers in the form of payment in kind and transfer in kind; (b) goods and services produced and consumed by the households themselves, in which the services refer to the owner-occupied housing; (c) financial intermediate services provided by financial institutions.

Government Consumption Expenditure refers to the consumption expenditure spent for the provision of public services provided by the government to the whole country and the net expenditure on the goods and services provided by the government to households free of charge or at reduced prices. The former equals to the output value of the government services minus the value of operating income obtained by the government departments. The latter equals to the market value of the goods and services provided by the government free of charge or at reduced prices to the households minus the value received by the government from the households.

Gross Capital Formation refers to the fixed assets acquired minus disposals and the net value of inventory, thus including gross fixed capital formation and changes in inventories.

Gross Fixed Capital Formation refers to the value of acquisitions less those disposals of fixed assets during a given period. Fixed assets are the assets produced through production activities with unit value above a specified amount and which could be used for over one year. Natural assets, consumer durables, small instruments are not included. Gross Fixed Capital Formation includes the value of housing, other buildings and structure, equipment and machinery, breeding biological resources, intellectual property right product (expenditure for R&D, the prospecting of minerals and the acquisition of computer software) minus the disposal of them.

Changes in Inventories refers to the market value of the change in the physical volume of inventory of resident units during a given period, i.e. the difference between the values at the beginning and at the end of the period minus the gains due to the change in prices. The changes in inventories can have a positive or a negative value. A positive value indicates an increase in inventory while a negative value indicates a decrease in inventory. The inventory includes raw materials, fuels and reserve materials purchased by the production units as well as the inventory of finished products, semi-finished products and work-in-progress.

Public Economy refers to the economic components owned by the national or citizen of the collective economic components, including the state-owned economy and collective economy.

Non-public refers to the economic components owned by private citizens in the Mainland of China and naturalized by Hong Kong, Macao and Taiwan entrepreneurs, including the Self-employed Individuals, private economy, Hong Kong, Macao and Taiwan Economy and foreign economy.

03

POPULATION

人口

四川统计年鉴
SICHUAN STATISTICAL YEARBOOK

3-1 年末常住人口、城镇化率、出生率、死亡率和自然增长率
Resident Population(year-end), Urbanization Rate, Birth Rate, Death Rate and Natural Growth Rate of Population

年 份 Year	年末常住人口 (万人) Resident Population (year-end)	城镇化率 (%) Urbanization Rate (%)	出生率 (‰) Birth Rate (‰)	死亡率 (‰) Death Rate (‰)	自然增长率 (‰) Natural Growth Rate (‰)
1952			41.0	18.2	22.8
1957			29.2	12.1	17.1
1962			28.0	14.6	13.4
1965			42.4	11.4	31.0
1970			38.7	9.2	29.5
1975			31.2	8.9	22.3
1978			15.1	7.0	8.1
1980			13.0	6.8	6.2
1985			15.4	7.2	8.2
1990			19.1	7.7	11.4
1991			15.8	7.3	8.5
1992			16.3	7.0	9.3
1993			16.8	7.2	9.6
1994			16.9	7.0	9.9
1995			17.1	7.2	9.9
1996			16.6	7.3	9.3
1997			15.7	7.0	8.7
1998			14.6	7.1	7.5
1999			13.8	7.0	6.8
2000	8234.8	26.7	12.1	7.0	5.1
2001	8143.0	27.2	11.2	6.8	4.4
2002	8110.0	28.2	10.4	6.5	3.9
2003	8176.0	30.1	9.2	6.1	3.1
2004	8090.0	31.1	9.1	6.3	2.8
2005	8212.0	33.0	9.70	6.80	2.90
2006	8169.0	34.3	9.14	6.28	2.86
2007	8127.0	35.6	9.21	6.29	2.92
2008	8138.0	37.4	9.54	7.15	2.39
2009	8185.0	38.7	9.15	6.43	2.72
2010	8041.8	40.2	8.93	6.62	2.31
2011	8050.0	41.8	9.79	6.81	2.98
2012	8076.2	43.5	9.89	6.92	2.97
2013	8107.0	44.9	9.90	6.90	3.00
2014	8140.2	46.3	10.22	7.02	3.20
2015	8204.0	47.7	10.30	6.94	3.36
2016	8262.0	49.2	10.48	6.99	3.49
2017	8302.0	50.8	11.26	7.03	4.23

注：本表中出生率、死亡率和自然增长率在1981年及以前均根据公安年报计算，1982年以后按人口变动抽样调查计算。

a) Data of birth rate, death rate and natural growth rate in this table before 1981 were taken from the annual reports of the Bureau of Public Security.Since 1982, the data of province have been estimated on the basis of the annual National Sample Surveys on Population Changes, the data of population by county were taken from the annual reports of the Bureau of Public Security.

3-2 各市(州)年末常住人口、城镇化率、出生率、死亡率、自然增长率和人口密度(2017年)

Resident Population(year-end), Urbanization Rate, Birth rate, Death rate, Natural Growth Rate and Population Density by Region(2017)

市(州)	Region	年末常住人口 (万人) Resident Population (year-end) (10 000 persons)	城镇化率 (%) Urbanization Rate (%)	出生率 (‰) Birth Rate (‰)	死亡率 (‰) Death Rate (‰)	自然增长率 (‰) Natural Growth Rate (‰)	人口密度 (人/平方公里) Population Density (person/sq.km)
全　省	**Sichuan**	**8302.00**	**50.79**	**11.26**	**7.03**	**4.23**	**171**
成都市	Chengdu	1604.47	71.85	12.60	6.17	6.43	1119
自贡市	Zigong	290.14	50.92	10.31	6.72	3.59	662
攀枝花市	Panzhihua	123.61	65.99	9.87	4.93	4.94	167
泸州市	Luzhou	431.72	48.95	10.08	5.82	4.26	353
德阳市	Deyang	353.16	50.98	11.25	8.88	2.37	598
绵阳市	Mianyang	483.56	51.01	9.68	6.58	3.10	239
广元市	Guangyuan	266.00	43.98	10.37	6.25	4.12	163
遂宁市	Suining	323.59	48.52	8.80	5.49	3.31	608
内江市	Neijiang	375.37	47.90	12.57	9.85	2.72	697
乐山市	Leshan	327.21	50.17	10.94	6.95	3.98	257
南充市	Nanchong	641.79	46.47	9.20	5.28	3.92	514
眉山市	Meishan	297.48	44.77	11.53	7.41	4.12	417
宜宾市	Yibin	453.00	48.12	10.42	6.26	4.16	342
广安市	Guangan	325.03	40.24	9.41	6.03	3.38	513
达州市	Dazhou	568.95	43.92	9.93	5.90	4.04	343
雅安市	Yaan	153.78	45.35	10.17	5.24	4.93	102
巴中市	Bazhong	331.67	40.54	10.29	5.94	4.35	270
资阳市	Ziyang	255.31	41.34	9.41	5.95	3.47	445
阿坝藏族羌族自治州	Aba	94.01	38.92	8.72	3.46	5.26	11
甘孜藏族自治州	Ganzi	118.63	30.56	9.49	3.26	6.23	8
凉山彝族自治州	Liangshan	483.52	34.30	16.72	6.93	9.79	80

3-3 各市(州)年末常住人口数
Resident Population(year-end) by Region

单位：万人 (10 000 persons)

市(州)	Region	2010	2011	2012	2013	2014	2015	2016	2017
全　省	**Sichuan**	**8041.80**	**8050.00**	**8076.20**	**8107.00**	**8140.20**	**8204.00**	**8262.00**	**8302.00**
成都市	Chengdu	1404.80	1407.08	1417.78	1429.76	1442.75	1465.75	1591.76	1604.47
自贡市	Zigong	267.90	268.40	271.32	273.83	274.58	277.02	278.08	290.14
攀枝花市	Panzhihua	121.40	121.99	123.09	123.33	123.20	123.25	123.56	123.61
泸州市	Luzhou	421.80	422.50	425.00	424.58	425.00	428.52	430.64	431.72
德阳市	Deyang	361.60	359.19	353.13	352.37	351.09	351.32	351.97	353.16
绵阳市	Mianyang	461.40	462.00	464.02	467.64	473.94	477.19	481.09	483.56
广元市	Guangyuan	248.40	249.00	253.00	254.50	257.50	263.00	263.50	266.00
遂宁市	Suining	325.20	326.01	326.77	327.50	328.25	329.00	329.80	323.59
内江市	Neijiang	370.30	370.91	371.81	372.46	373.26	373.97	374.66	375.37
乐山市	Leshan	323.60	324.33	325.44	325.56	325.00	326.05	326.50	327.21
南充市	Nanchong	627.90	628.53	630.03	631.70	633.38	636.40	640.22	641.79
眉山市	Meishan	295.00	295.83	296.64	297.84	298.97	300.13	300.09	297.48
宜宾市	Yibin	447.20	446.00	446.00	446.50	447.00	449.00	451.00	453.00
广安市	Guangan	320.50	321.00	321.64	322.43	323.16	324.66	326.47	325.03
达州市	Dazhou	546.80	548.56	549.27	551.28	553.00	556.76	559.77	568.95
雅安市	Yaan	150.70	151.71	152.65	153.37	154.37	154.68	153.97	153.78
巴中市	Bazhong	328.40	329.63	330.79	331.72	332.21	332.86	331.14	331.67
资阳市	Ziyang	366.50	363.01	358.85	357.12	354.72	356.93	254.05	255.31
阿坝藏族羌族自治州	Aba	89.90	90.22	90.67	91.23	92.03	93.01	93.46	94.01
甘孜藏族自治州	Ganzi	109.20	110.00	112.20	113.78	114.79	116.49	118.05	118.63
凉山彝族自治州	Liangshan	453.30	454.10	456.10	458.50	462.00	468.00	482.22	483.52

3-4 各市(州)常住人口城镇化率
Urbanization Rate of Resident Population by Region

单位：% (%)

市(州)	Region	2010	2011	2012	2013	2014	2015	2016	2017
全　省	**Sichuan**	**40.18**	**41.83**	**43.53**	**44.90**	**46.30**	**47.69**	**49.21**	**50.79**
成都市	Chengdu	65.75	67.00	68.44	69.40	70.37	71.47	70.62	71.85
自贡市	Zigong	41.02	42.69	44.44	45.52	46.62	47.88	49.14	50.92
攀枝花市	Panzhihua	60.10	61.64	63.01	63.43	64.03	64.74	65.34	65.99
泸州市	Luzhou	38.80	39.92	41.73	43.29	44.84	46.08	47.50	48.95
德阳市	Deyang	41.32	42.99	44.79	45.86	47.27	48.47	49.58	50.98
绵阳市	Mianyang	39.85	41.84	43.64	45.09	46.51	48.00	49.50	51.01
广元市	Guangyuan	32.98	34.66	36.42	37.80	39.33	40.83	42.40	43.98
遂宁市	Suining	38.38	39.95	41.71	43.11	44.61	45.91	47.01	48.52
内江市	Neijiang	39.36	40.23	41.84	42.67	44.21	45.61	46.70	47.90
乐山市	Leshan	39.48	41.20	42.97	44.53	45.93	47.31	48.73	50.17
南充市	Nanchong	35.91	37.55	39.34	40.89	42.43	43.82	45.07	46.47
眉山市	Meishan	34.11	35.77	37.57	38.95	40.46	41.87	43.38	44.77
宜宾市	Yibin	38.00	39.35	41.08	42.45	43.85	45.10	46.63	48.12
广安市	Guangan	29.07	30.93	32.91	34.29	35.81	37.22	38.81	40.24
达州市	Dazhou	32.71	34.31	36.10	37.80	39.39	40.87	42.42	43.92
雅安市	Yaan	34.62	36.56	38.30	39.80	41.30	42.55	43.95	45.35
巴中市	Bazhong	29.31	31.26	33.22	34.77	36.12	37.52	39.10	40.54
资阳市	Ziyang	32.73	34.45	36.15	36.89	38.20	39.50	40.08	41.34
阿坝藏族羌族自治州	Aba	30.10	31.65	33.37	34.59	35.69	36.77	37.86	38.92
甘孜藏族自治州	Ganzi	20.53	22.39	24.41	25.81	26.87	28.06	29.26	30.56
凉山彝族自治州	Liangshan	27.52	28.16	29.57	30.57	31.44	32.44	33.04	34.30

3-5 年末户籍总人口数及构成
Total Registered Population and its Composition(year-end)

单位：万人 (10 000 persons)

年份 Year	年末户籍总人口 Total Registered Population (year-end)	按性别分 By Sex		按城乡分 By Residence	
		男 Male	女 Female	城镇人口 Urban Population	乡村人口 Rural Population
1952	4628.5	2357.9	2270.6		
1957	5088.8	2601.0	2487.8	568.0	4520.8
1962	4688.3	2368.9	2319.4	535.9	4152.4
1965	5162.1	2623.3	2538.8	606.4	4555.7
1970	6052.4	3089.0	2963.4	688.9	5363.5
1975	6874.7	3508.2	3366.5	736.6	6138.1
1978	7071.9	3621.5	3450.4	784.2	6287.7
1980	7154.8	3668.3	3486.5	829.6	6325.2
1985	7419.3	3828.9	3590.4	1025.9	6393.4
1990	7892.5	4088.1	3804.4	1101.7	6790.8
1991	7947.8	4119.5	3828.3	1119.3	6828.5
1992	7992.2	4144.1	3848.1	1172.6	6819.6
1993	8037.4	4171.2	3866.2	1211.9	6825.5
1994	8098.7	4205.3	3893.4	1277.1	6821.6
1995	8161.2	4238.9	3922.3	1331.8	6829.4
1996	8215.4	4266.6	3948.8	1378.1	6837.3
1997	8264.7	4291.4	3973.3	1420.1	6844.6
1998	8315.7	4317.5	3998.2	1460.3	6855.4
1999	8358.6	4337.7	4020.9	1507.7	6850.9
2000	8407.5	4358.9	4048.6	1565.0	6842.5
2001	8436.6	4375.4	4061.2	1622.1	6814.5
2002	8474.5	4395.3	4079.2	1677.6	6796.9
2003	8529.4	4424.7	4104.7	1795.2	6734.2
2004	8595.3	4460.0	4135.3	1914.3	6681.0
2005	8642.1	4483.6	4158.5	2013.8	6628.3
2006	8722.5	4520.3	4202.2	2070.8	6651.7
2007	8815.2	4566.4	4248.8	2140.0	6675.2
2008	8907.8	4607.7	4300.1	2203.4	6704.4
2009	8984.7	4639.2	4345.5	2286.3	6698.4
2010	9001.3	4640.4	4360.9	2355.2	6646.1
2011	9058.4	4665.6	4392.8	2462.7	6595.7
2012	9097.4	4685.0	4412.4	2512.0	6585.4
2013	9132.6	4700.8	4431.8	2632.4	6500.2
2014	9159.1	4710.4	4448.7	2694.0	6465.1
2015	9102.0	4680.1	4421.9	2785.2	6316.8
2016	9137.0	4696.2	4440.8	2997.5	6139.5
2017	9113.4	4677.8	4435.6	3116.3	5997.1

注：本篇章所列户籍人口资料均由四川省公安厅提供；2014年及以前的城镇人口、乡村人口为非农业人口、农业人口。

a) Data in this table were taken from the annual reports of the Bureau of Sichuan Provincial Public Security. Data of urban population and rural population before 2015 are those of non-agricultural population and agricultural population.

3-6 各市(州)年末户籍总户数及人口数(2017年)
Number of Registered Households and Population by Region(year-end)(2017)

市(州)	Region	年末户籍总户数(万户) Total Registered Households (year-end) (10 000 households)	年末户籍总人口(万人) Total Registered Population (year-end) (10 000 persons)	男性 Male	女性 Female	城镇人口 Urban Population	乡村人口 Rural Population
全　省	**Sichuan**	**3249.0**	**9113.4**	**4677.8**	**4435.6**	**3116.3**	**5997.1**
成都市	Chengdu	550.7	1435.3	712.8	722.5	851.1	584.2
自贡市	Zigong	108.2	323.9	164.7	159.2	134.2	189.7
攀枝花市	Panzhihua	37.2	109.4	55.6	53.8	57.1	52.3
泸州市	Luzhou	155.3	509.6	263.2	246.4	209.1	300.5
德阳市	Deyang	157.3	387.7	197.1	190.6	120.5	267.2
绵阳市	Mianyang	206.9	536.8	275.3	261.5	179.0	357.8
广元市	Guangyuan	115.0	302.6	155.2	147.4	70.9	231.7
遂宁市	Suining	140.1	369.7	191.2	178.5	96.4	273.3
内江市	Neijiang	156.4	415.1	214.0	201.1	114.5	300.6
乐山市	Leshan	127.5	351.9	179.2	172.7	126.5	225.4
南充市	Nanchong	265.6	732.7	382.6	350.1	206.6	526.1
眉山市	Meishan	128.5	345.1	175.5	169.6	111.3	233.8
宜宾市	Yibin	171.9	555.4	288.4	267.0	147.1	408.3
广安市	Guangan	155.6	464.6	243.0	221.6	107.7	356.9
达州市	Dazhou	242.5	671.7	352.3	319.4	212.0	459.7
雅安市	Yaan	57.6	153.9	78.6	75.3	65.9	88.0
巴中市	Bazhong	131.0	376.2	196.3	179.9	99.4	276.8
资阳市	Ziyang	129.3	348.9	182.2	166.7	56.3	292.6
阿坝藏族羌族自治州	Aba	29.8	91.5	46.6	44.9	27.0	64.5
甘孜藏族自治州	Ganzi	30.0	110.1	55.6	54.5	19.3	90.8
凉山彝族自治州	Liangshan	152.6	521.3	268.4	252.9	104.4	416.9

3−7 各市(州)年末户籍人口数
Registered Population(year-end) by Region

单位：万人　　(10 000 persons)

市(州)	Region	2010	2011	2012	2013	2014	2015	2016	2017
全　省	**Sichuan**	**9001.3**	**9058.4**	**9097.4**	**9132.6**	**9159.1**	**9102.0**	**9137.0**	**9113.4**
成都市	Chengdu	1149.1	1163.3	1173.4	1188.0	1210.7	1228.1	1398.9	1435.3
自贡市	Zigong	326.0	327.1	328.5	329.7	330.0	327.5	327.4	323.9
攀枝花市	Panzhihua	111.3	111.7	111.9	112.0	111.9	110.6	110.5	109.4
泸州市	Luzhou	502.3	503.0	505.2	508.4	508.9	505.7	508.3	509.6
德阳市	Deyang	389.2	390.5	391.5	392.0	392.5	390.0	391.7	387.7
绵阳市	Mianyang	541.9	543.4	545.4	547.4	548.8	545.5	545.2	536.8
广元市	Guangyuan	310.9	311.2	311.7	310.2	310.1	305.3	304.8	302.6
遂宁市	Suining	381.4	382.7	376.1	379.4	380.4	378.8	377.9	369.7
内江市	Neijiang	425.5	426.1	426.6	426.8	426.0	420.4	420.0	415.1
乐山市	Leshan	353.4	354.4	355.1	356.0	355.7	353.8	354.7	351.9
南充市	Nanchong	751.7	756.2	759.6	759.0	759.0	742.3	741.3	732.7
眉山市	Meishan	349.1	350.8	350.4	352.2	353.0	349.1	350.2	345.1
宜宾市	Yibin	539.0	542.9	546.6	550.4	554.3	552.1	555.9	555.4
广安市	Guangan	466.1	468.5	468.5	470.4	471.7	467.4	467.3	464.6
达州市	Dazhou	685.5	690.7	695.6	687.6	688.1	682.8	683.6	671.7
雅安市	Yaan	154.9	155.8	156.5	157.0	157.2	154.9	155.0	153.9
巴中市	Bazhong	388.0	389.4	390.0	390.2	383.1	379.5	375.3	376.2
资阳市	Ziyang	501.1	503.9	505.9	507.3	507.3	503.7	354.5	348.9
阿坝藏族羌族自治州	Aba	89.9	90.7	91.4	92.0	92.2	91.4	92.0	91.5
甘孜藏族自治州	Ganzi	106.1	108.8	110.3	110.2	111.3	109.2	110.1	110.1
凉山彝族自治州	Liangshan	478.9	487.3	497.2	506.4	506.9	503.9	512.4	521.3

3-8 各市(州)年末户籍城镇人口数
Registered Urban Population(year-end) by Region

单位：万人 (10 000 persons)

市(州)	Region	2010	2011	2012	2013	2014	2015	2016	2017
全　省	**Sichuan**	**2355.2**	**2462.7**	**2512.0**	**2632.4**	**2694.0**	**2785.2**	**2997.5**	**3116.3**
成都市	Chengdu	650.9	705.7	716.7	728.7	755.8	720.6	784.6	851.1
自贡市	Zigong	105.4	108.3	111.4	112.5	113.2	126.5	132.1	134.2
攀枝花市	Panzhihua	59.4	60.0	60.1	59.9	59.5	58.9	58.0	57.1
泸州市	Luzhou	91.8	94.5	95.8	152.3	154.0	123.0	192.5	209.1
德阳市	Deyang	103.4	107.3	110.5	117.4	120.6	136.1	121.6	120.5
绵阳市	Mianyang	145.4	150.4	152.8	158.0	163.0	176.8	178.7	179.0
广元市	Guangyuan	68.4	70.0	71.3	72.2	73.5	73.5	68.6	70.9
遂宁市	Suining	86.2	88.4	89.1	97.5	99.2	107.4	98.0	96.4
内江市	Neijiang	88.5	92.7	94.6	96.4	97.4	110.3	115.4	114.5
乐山市	Leshan	107.6	111.3	114.9	118.5	120.4	134.0	122.1	126.5
南充市	Nanchong	164.9	169.4	172.0	176.6	179.1	173.1	207.2	206.6
眉山市	Meishan	91.0	93.9	96.2	98.9	100.6	100.2	111.0	111.3
宜宾市	Yibin	100.9	103.4	104.9	106.2	108.2	118.1	132.3	147.1
广安市	Guangan	82.1	85.4	87.8	90.6	94.1	103.9	107.5	107.7
达州市	Dazhou	129.0	133.3	137.3	139.6	144.2	160.0	204.3	212.0
雅安市	Yaan	37.5	38.6	39.3	42.6	43.6	54.0	65.8	65.9
巴中市	Bazhong	68.2	69.5	73.1	78.1	79.2	89.0	93.8	99.4
资阳市	Ziyang	79.8	84.8	87.3	89.2	90.7	93.4	57.0	56.3
阿坝藏族羌族自治州	Aba	20.2	20.4	20.8	20.5	20.8	31.5	26.3	27.0
甘孜藏族自治州	Ganzi	16.2	16.3	16.4	16.2	16.2	16.3	18.1	19.3
凉山彝族自治州	Liangshan	58.4	59.1	59.7	60.5	60.7	78.6	102.6	104.4

主要统计指标解释

人口数　指一定时点、一定地区范围内有生命的个人总和。

年度统计的年末人口数指每年12月31日24时的人口数。年度统计的全国人口总数内未包括香港、澳门特别行政区和台湾省以及海外华侨人数。

常住人口　指实际经常居住在某地半年以上的人口。

城镇人口和乡村人口　城镇人口是指居住在城镇范围内的全部常住人口；乡村人口是除上述人口以外的全部人口。

出生率（又称粗出生率）　指在一定时期内(通常为一年)一定地区的出生人数与同期内平均人数(或期中人数)之比，用千分率表示。本资料中的出生率指年出生率，其计算公式为：

$$出生率=\frac{年出生人数}{年平均人数}\times 1000‰$$

式中：出生人数指活产婴儿，即胎儿脱离母体时(不管怀孕月数)，有过呼吸或其他生命现象。年平均人数指年初、年底人口数的平均数，也可用年中人口数代替。

死亡率（又称粗死亡率）　指在一定时期内(通常为一年)一定地区的死亡人数与同期内平均人数(或期中人数)之比，用千分率表示。本资料中的死亡率指年死亡率，其计算公式为：

$$死亡率=\frac{年死亡人数}{年平均人数}\times 1000‰$$

人口自然增长率　指在一定时期内(通常为一年)人口自然增加数(出生人数减死亡人数)与该时期内平均人数(或期中人数)之比，用千分率表示。计算公式为：

$$人口自然增长率=\frac{本年出生人数-本年死亡人数}{年平均人数}\times 1000‰$$

$$=人口出生率-人口死亡率$$

Explanatory Notes on Main Statistical Indicators

Total Population refers to the total number of people alive at a certain point of time within a given area.

The annual statistics on total population is taken at midnight, the 3lst of December, not including residents in Taiwan province, Hong Kong SAR and Macao SAR and Chinese national residing abroad.

Usual Resident Population refers to the population that actually reside in a place, usually longer than half a year.

Urban Population and Rural Population Urban population refers to all people residing in cities and towns, while rural population refers to population other than urban population.

Birth Rate or (Crude Birth Rate) refers to the ratio of the number of births to the average population (or mid-period population) during a certain period of time (usually a year), expressed in ‰. Birth rate in the chapter refers to annual birth rate. The following formula is used:

$$\text{Birth Rate} = \frac{\text{Number of Births}}{\text{Average Number of Population}} \times 1000‰$$

Number of births in the formula refers to live births, i.e. when a baby has breathed or showed any vital phenomena regardless of the length of pregnancy.

Annual average population is the average of the number of population at the beginning of the year and that at the end of the year. Sometimes it is substituted by the mid-year population.

Death Rate (or Crude Death Rate) refers to the ratio of the number of deaths to the average population (or mid-period population) during a certain period of time (usually a year), expressed in ‰. Death rate in the chapter refers to annual death rate. The following formula is used:

$$\text{Death Rate} = \frac{\text{Number of Deaths}}{\text{Annual Average Number of Population}} \times 1000‰$$

Natural Growth Rate of Population refers to the ratio of natural increase in population (number of births minus number of deaths) in a certain period of time (usually a year) to the average population (or mid-period population) of the same period, expressed in ‰. The following formula is applied:

$$\text{Natural Growth Rate of Population} = \frac{\text{Number of Births-Number of Deaths}}{\text{Average Number of Population}} \times 1000‰$$

$$\text{Natural Growth Rate of Population} = \text{Birth Rate - Death Rate}$$

04

EMPLOYMENT AND WAGE

就业和工资

四川统计年鉴

SICHUAN STATISTICAL YEARBOOK

4-1 就业基本情况
Employment

项　目	Item	2010	2011	2012	2013	2014	2015	2016	2017
就业人员合计(万人)	**Total Number of Employed Persons (10000 persons)**	**4772.53**	**4785.47**	**4798.30**	**4817.31**	**4833.00**	**4847.01**	**4860.00**	**4872.00**
第一产业	Primary Industry	2083.20	2043.36	1991.30	1955.79	1909.00	1870.91	1827.40	1792.90
第二产业	Secondary Industry	1188.82	1210.78	1233.18	1254.51	1275.90	1289.31	1302.50	1315.40
第三产业	Tertiary Industry	1500.51	1531.33	1573.83	1607.01	1648.10	1686.79	1730.10	1763.70
就业人员构成(合计=100)	**Composition of Employed Persons (total=100)**								
第一产业	Primary Industry	43.7	42.7	41.5	40.6	39.5	38.6	37.6	36.8
第二产业	Secondary Industry	24.9	25.3	25.7	26.0	26.4	26.6	26.8	27.0
第三产业	Tertiary Industry	31.4	32.0	32.8	33.4	34.1	34.8	35.6	36.2
按城乡分就业人员(万人)	**Number of Employed Persons by Urban and Rural Areas (10000 persons)**								
城镇非私营单位就业人员	Employed Persons of Urban Non-private Units	570.60	614.00	640.90	846.20	808.80	795.47	787.50	792.21
#国有单位	Stste owned Units	335.80	346.50	358.80	361.30	351.10	344.08	343.40	343.29
集体单位	Collective-owned Units	33.70	33.80	33.80	31.40	29.10	26.25	26.30	23.20
其他单位	Other Units	201.10	233.70	248.30	453.50	428.60	425.14	417.80	425.72
企业	Enterprises	342.30	378.40	349.90	590.13	551.10	533.70	523.25	519.32
事业	Institutions	154.90	160.30	169.10	169.30	174.60	174.30	175.51	179.04
机关	Organizations	73.20	74.80	76.30	78.02	80.50	85.60	87.08	91.15
私营单位就业人员	Employed Persons of Private-owned Units	285.80	299.70	329.80	342.10	287.10	307.10	347.40	377.98
个体就业人员	Self-employed Individuals	369.10	390.10	419.30	428.30	412.60	433.40	435.50	438.13
乡村就业人员	Rural Employed Persons	3390.60	3368.00	3343.30	3324.30	3302.00	3281.00	3257.00	3230.00
城镇登记失业人数(万人)	**Number of Registered Unemployed Persons in Urban Areas (10000 persons)**	**34.56**	**36.93**	**41.67**	**42.87**	**54.36**	**54.64**	**56.26**	**55.78**
城镇登记失业率(%)	**Registered Unemployment Rate in Urban Areas (%)**	**4.1**	**4.1**	**4.1**	**4.1**	**4.2**	**4.1**	**4.2**	**4.0**

4-2 按三次产业分就业人员数
Number of Employed Persons by Three Strata of Industry

(年末数) (year-end)

年 份 Year	就业人员 (万人) Number of Employed Persons (10 000 persons)	第一产业 Primary Industry	第二产业 Secondary Industry	第三产业 Tertiary Industry	构成 Composition in Percentage (合计=100) (total = 100) 第一产业 Primary Industry	第二产业 Secondary Industry	第三产业 Tertiary Industry
1952	2027.92	1753.89	89.37	184.66	86.5	4.4	9.1
1957	2258.38	1947.49	108.57	202.32	86.2	4.8	9.0
1962	2101.58	1810.90	117.47	173.21	86.2	5.6	8.2
1965	2267.18	1925.30	163.38	178.50	84.9	7.2	7.9
1970	2737.59	2339.83	210.36	187.40	85.5	7.7	6.8
1975	2998.60	2474.11	271.48	253.01	82.5	9.1	8.4
1978	3087.02	2524.21	279.50	283.31	81.8	9.1	9.1
1980	3259.78	2638.03	309.24	312.51	80.9	9.5	9.6
1985	3742.97	2824.95	491.67	426.35	75.5	13.1	11.4
1990	4265.20	3108.89	578.08	578.23	72.9	13.5	13.6
1991	4425.10	3190.83	602.81	631.46	72.1	13.6	14.3
1992	4521.20	3200.21	636.79	684.20	70.8	14.1	15.1
1993	4556.80	3108.06	709.98	738.76	68.2	15.6	16.2
1994	4587.90	3037.47	728.46	821.97	66.2	15.9	17.9
1995	4619.10	2983.94	752.91	882.25	64.6	16.3	19.1
1996	4627.20	2875.86	772.74	978.60	62.2	16.7	21.1
1997	4641.20	2872.41	780.44	988.35	61.9	16.8	21.3
1998	4651.40	2824.40	786.09	1040.91	60.7	16.9	22.4
1999	4654.30	2747.08	800.54	1106.68	59.0	17.2	23.8
2000	4658.40	2643.35	871.12	1143.93	56.7	18.7	24.6
2001	4664.80	2595.84	867.65	1201.31	55.6	18.6	25.8
2002	4667.60	2517.48	896.18	1253.94	53.9	19.2	26.9
2003	4683.50	2482.80	906.70	1294.00	53.0	19.4	27.6
2004	4691.00	2445.70	916.00	1329.30	52.2	19.5	28.3
2005	4702.00	2421.50	926.30	1354.20	51.5	19.7	28.8
2006	4715.00	2306.90	946.00	1462.10	48.9	20.1	31.0
2007	4731.10	2266.22	1065.71	1399.15	47.9	22.5	29.6
2008	4740.00	2186.18	1108.32	1445.50	46.1	23.4	30.5
2009	4756.62	2144.13	1141.59	1470.90	45.1	24.0	30.9
2010	4772.53	2083.20	1188.82	1500.51	43.7	24.9	31.4
2011	4785.47	2043.36	1210.78	1531.33	42.7	25.3	32.0
2012	4798.30	1991.30	1233.18	1573.83	41.5	25.7	32.8
2013	4817.31	1955.79	1254.51	1607.01	40.6	26.0	33.4
2014	4833.00	1909.00	1275.90	1648.10	39.5	26.4	34.1
2015	4847.01	1870.91	1289.31	1686.79	38.6	26.6	34.8
2016	4860.00	1827.40	1302.50	1730.10	37.6	26.8	35.6
2017	4872.00	1792.90	1315.40	1763.70	36.8	27.0	36.2

4-3 各市(州)就业人员数
Number of Employed Persons by Three Strata of Industry and Region

(年末数)单位：万人 (year-end)(10 000 persons)

市(州)	Region	2010	2011	2012	2013	2014	2015	2016	2017
全　省	**Sichuan**	**4772.53**	**4785.47**	**4798.30**	**4817.31**	**4833.00**	**4847.01**	**4860.00**	**4872.00**
成都市	Chengdu	766.41	784.28	791.07	820.64	824.40	827.92	879.02	892.70
自贡市	Zigong	184.25	189.96	190.75	196.34	197.20	197.95	169.46	169.67
攀枝花市	Panzhihua	65.38	70.44	66.18	72.56	72.90	59.94	61.81	62.57
泸州市	Luzhou	243.52	241.05	240.27	249.97	250.10	250.87	253.15	249.58
德阳市	Deyang	203.49	211.66	209.92	218.71	219.20	220.27	222.97	216.45
绵阳市	Mianyang	279.49	287.01	293.33	299.88	300.70	301.74	303.80	303.72
广元市	Guangyuan	164.07	168.59	160.38	163.77	164.10	164.15	164.50	164.66
遂宁市	Suining	160.42	161.02	163.91	161.00	161.70	162.68	162.72	163.55
内江市	Neijiang	202.67	173.15	174.09	173.80	174.40	176.06	176.57	177.88
乐山市	Leshan	188.47	188.09	193.67	183.43	184.20	184.30	185.13	184.40
南充市	Nanchong	249.14	270.16	275.78	293.13	294.10	294.68	297.86	303.23
眉山市	Meishan	192.45	193.64	189.52	187.38	188.30	188.65	190.08	189.32
宜宾市	Yibin	310.77	315.27	323.01	313.27	314.20	315.76	315.81	316.09
广安市	Guangan	212.65	211.12	217.07	217.21	217.60	218.16	218.26	219.21
达州市	Dazhou	303.21	308.93	330.77	328.54	328.80	329.05	332.00	330.49
雅安市	Yaan	95.28	96.54	104.77	101.97	102.40	103.50	103.73	103.77
巴中市	Bazhong	184.47	171.82	172.35	167.79	168.20	169.50	170.67	171.51
资阳市	Ziyang	205.50	204.06	207.32	222.16	222.30	224.12	189.05	187.65
阿坝藏族羌族自治州	Aba	54.41	54.35	50.25	50.80	50.80	51.42	51.79	51.86
甘孜藏族自治州	Ganzi	63.06	66.62	64.29	65.50	65.70	66.61	66.65	66.66
凉山彝族自治州	Liangshan	281.50	291.59	302.30	284.77	285.30	286.27	288.74	289.17

4-4 各市(州)按三次产业分就业人员数(2017年)
Number of Employed Persons by Three Strata of Industry and Region(2017)

(年末数) (year-end)

市(州)	Region	就业人员(万人) Number of Employed Persons (10 000 persons)	第一产业 Primary Industry	第二产业 Secondary Industry	第三产业 Tertiary Industry	构成 Composition in Percentage (合计=100) (total = 100) 第一产业 Primary Industry	第二产业 Secondary Industry	第三产业 Tertiary Industry
全　省	**Sichuan**	**4872.00**	**1792.90**	**1315.40**	**1763.70**	**36.8**	**27.0**	**36.2**
成都市	Chengdu	892.70	107.90	324.65	460.15	12.1	36.4	51.5
自贡市	Zigong	169.67	64.70	49.49	55.48	38.1	29.2	32.7
攀枝花市	Panzhihua	62.57	18.87	17.64	26.06	30.2	28.2	41.6
泸州市	Luzhou	249.58	101.37	74.46	73.75	40.6	29.8	29.6
德阳市	Deyang	216.45	73.94	58.86	83.65	34.2	27.2	38.6
绵阳市	Mianyang	303.72	89.13	101.28	113.31	29.3	33.3	37.4
广元市	Guangyuan	164.66	68.72	37.65	58.29	41.7	22.9	35.4
遂宁市	Suining	163.55	69.89	43.05	50.61	42.7	26.3	31.0
内江市	Neijiang	177.88	52.04	53.67	72.17	29.3	30.2	40.5
乐山市	Leshan	184.40	76.25	40.59	67.56	41.4	22.0	36.6
南充市	Nanchong	303.23	116.06	91.23	95.94	38.3	30.1	31.6
眉山市	Meishan	189.32	83.99	46.43	58.90	44.4	24.5	31.1
宜宾市	Yibin	316.09	142.54	89.28	84.27	45.1	28.2	26.7
广安市	Guangan	219.21	102.49	51.47	65.25	46.8	23.5	29.7
达州市	Dazhou	330.49	163.15	63.60	103.74	49.4	19.2	31.4
雅安市	Yaan	103.77	49.35	21.49	32.93	47.6	20.7	31.7
巴中市	Bazhong	171.51	74.53	43.91	53.07	43.5	25.6	30.9
资阳市	Ziyang	187.65	94.53	41.44	51.68	50.4	22.1	27.5
阿坝藏族羌族自治州	Aba	51.86	28.83	4.12	18.91	55.6	7.9	36.5
甘孜藏族自治州	Ganzi	66.66	47.70	2.33	16.63	71.6	3.5	24.9
凉山彝族自治州	Liangshan	289.17	166.92	41.85	80.40	57.7	14.5	27.8

注：全省合计中包括省直综单位就业人员和灵活形式就业人员，市(州)数据未包括(后同)。

a) The number of persons employed in directly affiliated units and comprehensive units, and persons employed in flexible forms was included in the Sichuan's number of employed persons, but was not included in regional number of employed persons.

4-5 按城乡分就业人员数
Number of Employed Persons by Residence in Urban and Rural Areas

(年末数)单位：万人　　(year-end)(10 000 persons)

年份 Year	就业人员合计 Total Number of Employed Persons	#非私营单位就业人员 Staff and Workers in Non-private Units	国有经济单位职工 State-owned Units Staff	城镇集体经济单位职工 Urban Collective-owned Units Staff	其他各种经济单位职工 Other Staff	#城镇个体私营企业就业人员 Urban Private Enterprises and Self-employed Individuals	#乡村就业人员 Rural Employed Persons
1952	2027.92	63.56	61.82	1.74		132.77	1831.59
1957	2258.38	208.22	132.72	75.50		18.93	2031.23
1962	2101.58	233.16	160.16	73.00		10.21	1858.21
1965	2267.18	290.53	208.91	81.62		6.05	1970.60
1970	2737.59	338.68	255.68	83.00		2.39	2396.52
1975	2998.60	394.26	302.48	91.78		1.52	2602.82
1978	3087.02	457.92	364.80	93.12		6.50	2621.50
1980	3259.78	498.31	388.64	109.67		10.10	2748.60
1985	3742.97	576.12	429.99	145.67	0.46	46.00	3103.00
1990	4265.20	644.21	496.90	145.75	1.56	107.10	3465.10
1991	4425.10	666.02	515.05	148.95	2.02	131.10	3568.50
1992	4521.20	684.31	526.04	155.71	2.56	157.80	3607.00
1993	4556.80	693.30	523.94	149.40	19.96	182.70	3595.30
1994	4587.90	692.27	515.47	144.56	32.24	210.60	3587.10
1995	4619.10	696.03	522.39	138.43	35.21	239.20	3573.30
1996	4627.20	692.78	520.38	133.41	38.99	270.10	3552.10
1997	4641.20	681.56	506.18	131.04	44.34	299.20	3538.00
1998	4651.40	662.94	467.29	111.90	83.75	348.50	3573.50
1999	4654.30	547.15	394.31	80.67	72.17	370.20	3567.00
2000	4658.40	515.45	371.68	69.73	74.04	391.70	3564.50
2001	4664.80	486.70	350.45	58.39	77.86	429.60	3556.20
2002	4667.60	481.19	326.97	52.66	101.56	446.30	3542.00
2003	4683.50	486.70	315.90	48.70	122.10	471.50	3516.60
2004	4691.00	480.70	305.60	43.70	131.40	497.30	3481.80
2005	4702.00	492.80	303.70	40.90	148.20	505.90	3473.10
2006	4715.00	500.90	304.40	40.10	156.40	514.40	3452.30
2007	4731.10	520.37	312.70	39.23	168.44	574.80	3432.70
2008	4740.00	528.94	310.80	37.10	181.04	573.32	3430.00
2009	4756.62	536.48	312.21	36.87	187.40	634.27	3410.76
2010	4772.53	570.58	335.77	33.69	201.12	662.23	3390.63
2011	4785.47	587.49	331.63	32.12	223.74	689.75	3368.00
2012	4798.30	611.80	342.70	32.30	236.80	749.08	3343.30
2013	4817.31	685.57	349.10	30.10	306.37	770.32	3324.30
2014	4833.00	808.70	351.10	29.00	428.60	699.73	3302.00
2015	4847.01	795.47	344.08	26.25	425.14	740.53	3281.00
2016	4860.00	787.53	343.36	26.33	417.84	782.92	3257.00
2017	4872.00	792.21	343.29	23.20	425.72	816.11	3230.00

注：就业人员合计中包括灵活形式就业人员。

a) Total Number of Employed Persons includes the flexible forms of employment.

4-6 按行业分就业人员数

(年末数)单位：万人

年份 Year	合计 Total	农、林、牧、渔业 Farming, Forestry, Animal Husbandry and Fishery	采矿业 Mining	制造业 Manufacturing	电力、热力、燃气及水生产和供应业 Production and Supply of Electricity, Heat,Gas and Water	建筑业 Construction	批发和零售业 Wholesale and Retail Trades	交通运输、仓储和邮政业 Transport, Storage and Post	住宿和餐饮业 Hotels and Catering Services	信息传输、软件和信息技术服务业 Information Transmission, Software and IT Services
1978	3087.02	2524.21	43.80	172.77	9.60	53.33	57.46	43.25	20.03	
1980	3259.78	2638.03	48.44	189.98	10.48	60.34	68.03	45.50	23.31	
1985	3742.97	2824.95	86.18	261.63	7.73	136.13	107.82	62.26	34.96	1.73
1986	3885.74	2885.97	93.87	265.64	8.27	171.64	116.55	64.25	40.47	2.55
1987	3967.27	2926.27	98.80	275.76	8.40	191.29	114.04	66.49	40.29	3.07
1988	4090.08	2986.06	101.58	290.53	9.82	198.26	132.05	69.57	44.99	3.61
1989	4179.57	3086.83	98.14	281.25	10.18	194.01	126.23	70.21	45.67	4.13
1990	4265.20	3108.89	98.49	273.04	13.95	192.60	166.95	71.23	60.60	4.69
1991	4425.10	3190.83	101.05	287.68	10.63	203.45	197.23	73.11	71.94	5.17
1992	4521.20	3200.21	104.56	300.82	13.42	217.99	213.05	75.95	76.69	6.11
1993	4556.80	3108.06	105.79	303.60	11.90	288.69	245.60	75.70	83.11	7.29
1994	4587.90	3037.47	111.47	312.14	12.15	292.70	248.66	82.14	91.76	7.52
1995	4619.10	2983.94	114.70	319.99	13.47	304.75	264.66	87.68	92.73	8.41
1996	4627.20	2875.86	116.56	325.82	14.31	316.05	282.10	95.40	94.17	8.65
1997	4641.20	2872.41	118.95	329.85	14.97	316.67	293.73	95.70	95.72	8.78
1998	4651.40	2824.40	114.52	331.73	14.37	325.47	211.35	92.06	189.12	9.09
1999	4654.30	2747.08	116.72	337.17	14.40	332.25	211.48	84.44	214.11	9.38
2000	4658.40	2643.35	121.36	346.95	14.64	388.17	211.66	85.84	226.42	9.86
2001	4664.80	2595.84	118.56	345.95	15.29	387.85	211.95	98.33	237.78	10.25
2002	4667.60	2517.48	122.05	358.35	15.35	400.43	212.08	108.38	243.02	11.76
2003	4683.50	2482.80	123.90	360.30	16.50	405.90	212.80	104.70	248.70	12.10
2004	4691.00	2445.70	120.70	371.40	18.50	405.40	213.14	119.00	264.25	18.00
2005	4702.00	2421.50	118.50	374.90	21.20	411.70	213.64	133.70	287.16	21.60
2006	4715.00	2306.90	116.50	422.00	20.50	387.00	214.24	137.80	323.56	20.60
2007	4731.10	2266.22	119.15	482.09	21.04	443.43	214.97	141.90	362.95	24.40
2008	4740.00	2186.18	107.32	487.39	27.48	486.13	215.37	149.66	362.17	25.55
2009	4756.62	2144.13	106.39	515.37	27.45	492.38	216.13	156.77	392.44	29.25
2010	4772.53	2083.20	108.80	540.66	25.99	513.38	216.85	154.05	405.23	33.08
2011	4785.47	2043.36	111.75	554.79	27.27	516.96	217.44	152.40	417.57	33.21
2012	4798.30	1991.30	116.99	577.78	27.26	511.15	218.02	135.22	400.10	40.17
2013	4817.31	1955.79	106.31	578.63	36.57	533.00	234.55	134.30	424.68	52.29
2014	4833.00	1908.95	111.37	584.33	41.44	538.73	244.73	141.28	402.19	50.69
2015	4847.01	1870.91	100.62	591.23	42.13	555.34	281.30	135.91	366.49	81.90
2016	4860.00	1827.40	101.15	601.17	39.50	560.68	294.86	122.74	381.04	81.78
2017	4872.00	1792.90	100.51	611.96	38.93	564.00	298.30	122.80	384.81	84.46

Number of Employed Persons by Sector

(year-end)(10 000 persons)

金融业 Financial Interme-diation	房地产业 Real Estate	租赁和商务服务业 Leasing and Business Services	科学研究和技术服务业 Scientific Research, and Technical Services	水利、环境和公共设施管理业 Management of Water Con-servancy,En-vironment and Public Facilities	居民服务、修理和其他服务业 Services to Households, Repair and Other Services	教育 Education	卫生和社会工作 Health and Social Service	文化、体育和娱乐业 Culture, Sports and Entertain-ment	公共管理、社会保障和社会组织 Public Mana-gement,Social Security and Social Organization
4.61	0.43		6.00	3.20	35.81	57.03	18.20	1.96	35.33
5.78	1.09		8.70	4.39	36.07	58.98	19.93	2.43	38.30
7.50	1.22	4.27	12.63	6.25	37.19	71.77	25.89	3.12	49.74
7.94	1.18	5.89	12.95	6.80	48.56	72.19	26.11	3.62	51.29
8.54	1.15	6.33	13.05	7.04	51.01	73.76	26.27	3.97	51.74
9.22	1.20	8.77	13.49	7.06	55.19	71.04	26.21	4.08	57.35
9.23	1.21	10.08	13.35	7.26	57.72	74.17	27.10	4.44	58.36
10.02	1.32	12.77	13.21	6.95	63.00	76.45	27.32	4.65	59.07
10.06	1.40	16.54	13.20	7.00	63.80	78.18	28.04	4.97	60.82
11.45	1.62	18.07	13.80	7.13	80.02	81.63	30.15	5.04	63.49
13.62	1.86	21.92	13.32	8.22	83.02	83.56	31.40	5.55	64.59
14.28	1.94	22.67	16.55	8.85	133.49	91.22	31.45	5.84	65.60
14.68	2.14	23.01	15.98	9.07	164.74	90.91	32.11	6.01	70.12
15.17	2.35	23.13	15.67	9.41	215.43	98.04	34.96	6.32	77.80
14.94	2.50	25.91	15.05	9.88	218.08	100.02	35.59	6.67	65.78
15.42	2.77	26.43	14.87	10.84	258.45	100.56	36.18	6.93	66.84
16.27	2.73	27.10	13.04	10.56	331.10	86.08	28.37	7.02	65.00
16.62	3.17	27.95	12.63	9.68	349.85	88.36	28.58	7.23	66.07
16.72	2.98	28.28	10.47	9.21	382.10	90.86	28.19	7.01	67.18
16.25	3.68	29.17	10.58	9.43	387.50	93.40	33.26	6.90	88.53
16.10	5.90	30.70	11.00	7.40	389.80	95.00	41.80	7.10	111.00
16.20	14.20	26.20	12.90	9.30	395.90	90.10	43.30	22.10	84.70
17.40	18.30	35.80	11.60	10.00	365.50	91.30	47.50	22.50	78.20
16.60	28.40	45.10	11.80	13.10	386.20	98.00	57.70	22.90	86.10
17.12	27.53	52.40	12.08	13.16	274.60	106.16	44.07	23.43	84.41
18.70	28.24	47.71	13.28	13.30	294.83	104.60	59.41	23.74	88.94
21.71	29.07	49.14	16.36	14.36	277.55	97.17	52.21	25.07	93.66
23.00	29.07	53.84	17.56	16.37	285.36	98.70	56.12	21.98	89.30
23.78	29.55	52.89	18.62	19.82	265.63	100.59	60.29	33.20	106.34
25.19	33.89	53.50	20.22	20.43	316.97	104.95	62.25	33.37	109.52
26.11	38.01	61.55	24.16	21.56	276.83	107.63	65.94	37.86	101.51
28.42	46.00	73.32	26.94	26.68	290.75	108.92	70.15	31.92	106.19
30.07	45.38	64.70	30.25	27.24	293.94	109.59	68.39	45.31	106.33
32.55	48.32	65.03	30.38	22.65	341.60	105.08	64.93	33.47	105.66
33.96	51.16	68.27	31.87	22.53	345.13	107.02	68.27	34.39	110.73

4-7 各市(州)按行业分就业人员数(2017年)

(年末数)单位：万人

市(州)	Region	合计 Total	农、林、牧、渔业 Farming, Forestry, Animal Husbandry and Fishery	采矿业 Mining	制造业 Manufacturing	电力、热力、燃气及水生产和供应业 Production and Supply of Electricity, Heat,Gas and Water	建筑业 Construction	批发和零售业 Wholesale and Retail Trades	交通运输、仓储和邮政业 Transport, Storage and Post	住宿和餐饮业 Hotels and Catering Services
全　省	**Sichuan**	**4872.00**	**1792.90**	**100.51**	**611.96**	**38.93**	**564.00**	**298.30**	**122.80**	**384.81**
成都市	Chengdu	892.70	107.90	0.66	163.11	4.21	156.67	93.26	62.43	75.59
自贡市	Zigong	169.67	64.70	4.71	23.89	0.77	20.12	11.67	3.36	12.20
攀枝花市	Panzhihua	62.57	18.87	4.19	8.39	0.65	4.41	6.80	2.86	2.84
泸州市	Luzhou	249.58	101.37	5.11	28.25	1.43	39.67	15.58	5.13	6.29
德阳市	Deyang	216.45	73.94	1.17	35.82	0.51	21.36	13.14	2.89	19.30
绵阳市	Mianyang	303.72	89.13	2.53	53.00	3.45	42.30	17.59	5.07	25.27
广元市	Guangyuan	164.66	68.72	4.95	12.94	0.41	19.35	6.86	1.21	16.11
遂宁市	Suining	163.55	69.89	0.21	20.16	0.51	22.17	9.27	2.02	13.78
内江市	Neijiang	177.88	52.04	4.97	23.59	1.58	23.53	6.64	3.90	15.82
乐山市	Leshan	184.40	76.25	3.78	19.47	2.41	14.93	8.55	2.00	24.68
南充市	Nanchong	303.23	116.06	2.50	48.39	1.31	39.03	12.56	2.87	21.59
眉山市	Meishan	189.32	83.99	0.85	28.57	1.12	15.89	12.68	2.12	14.63
宜宾市	Yibin	316.09	142.54	20.01	41.62	1.99	25.66	11.13	2.98	25.58
广安市	Guangan	219.21	102.49	4.36	22.60	0.79	23.72	12.25	2.72	16.51
达州市	Dazhou	330.49	163.15	14.18	25.25	1.69	22.48	15.47	2.74	30.30
雅安市	Yaan	103.77	49.35	3.23	9.13	1.36	7.77	9.31	2.02	5.08
巴中市	Bazhong	171.51	74.53	5.11	13.10	1.81	23.89	8.84	2.52	12.57
资阳市	Ziyang	187.65	94.53	0.21	20.25	0.34	20.64	7.20	1.83	17.09
阿坝藏族羌族自治州	Aba	51.86	28.83	0.24	1.43	0.81	1.64	3.58	1.14	2.77
甘孜藏族自治州	Ganzi	66.66	47.70	0.09	0.29	1.06	0.89	2.44	0.95	3.62
凉山彝族自治州	Liangshan	289.17	166.92	9.70	12.66	2.23	17.26	13.42	3.50	23.11

Number of Employed Persons by Sector and Region(2017)

(year-end)(10 000 persons)

信息传输、软件和信息技术服务业 Information Transmission, Software and IT Services	金融业 Financial Intermediation	房地产业 Real Estate	租赁和商务服务业 Leasing and Business Services	科学研究和技术服务业 Scientific Research, and Technical Services	水利、环境和公共设施管理业 Management of Water Conservancy,Environment and Public Facilities	居民服务、修理和其他服务业 Services to Households, Repair and Other Services	教育 Education	卫生和社会工作 Health and Social Service	文化、体育和娱乐业 Culture, Sports and Entertainment	公共管理、社会保障和社会组织 Public Management,Social Security and Social Organization
84.46	**33.96**	**51.16**	**68.27**	**31.87**	**22.53**	**345.13**	**107.02**	**68.27**	**34.39**	**110.73**
37.52	11.36	19.31	26.42	15.24	4.52	40.36	26.04	18.27	7.85	21.98
0.89	1.00	4.32	2.46	0.59	0.48	8.02	3.32	2.77	1.31	3.09
0.41	0.85	0.67	0.76	0.51	0.27	4.33	1.45	1.61	0.80	1.90
1.18	1.04	1.51	1.88	0.37	1.78	21.64	6.92	3.75	2.43	4.25
3.16	2.03	2.06	4.60	1.75	1.68	18.15	5.10	3.07	2.04	4.68
6.73	2.77	2.94	8.08	7.32	1.22	19.18	6.80	3.73	1.45	5.16
2.24	0.98	0.68	1.13	0.20	1.36	16.79	2.67	1.93	0.45	5.68
1.04	0.65	0.90	0.92	0.24	0.26	12.77	2.67	1.83	1.37	2.89
2.97	2.05	2.41	3.72	0.50	1.04	19.21	4.15	3.50	2.54	3.72
2.08	0.90	1.44	1.81	0.63	0.88	13.43	2.87	2.20	1.48	4.61
3.03	2.06	2.54	4.50	0.80	1.15	22.58	7.71	4.70	1.61	8.24
0.65	0.35	1.19	0.17	0.29	1.63	15.20	3.52	1.90	1.10	3.47
3.55	1.85	0.75	2.48	0.55	0.65	15.82	6.83	3.63	2.30	6.17
2.95	1.15	1.27	0.66	0.14	0.65	15.58	3.63	2.23	0.73	4.78
4.84	1.16	3.40	1.87	0.56	2.18	23.16	6.30	4.01	2.82	4.93
1.26	0.53	0.32	0.66	0.12	0.28	6.89	1.86	1.23	0.42	2.95
2.63	0.59	2.70	0.76	0.22	0.31	10.94	4.00	1.90	0.64	4.45
2.95	1.04	1.40	1.48	0.41	0.40	10.45	2.73	1.82	0.58	2.30
0.97	0.26	0.18	0.79	0.14	0.51	2.23	1.41	0.70	0.25	3.98
0.25	0.21	0.06	0.26	0.22	0.17	1.64	1.58	0.73	0.39	4.11
3.14	1.13	1.09	2.44	0.91	1.11	13.08	5.50	2.75	1.82	7.40

4-8 按行业分乡村就业人员数
Number of Employed Persons in Rural Areas by Sector

(年末数)单位：万人　　(year-end)(10 000 persons)

年份 Year	合 计 Total	#农、林、牧、渔业 Farming, Forestry, Animal Husbandry and Fishery	#采矿业 Mining	#制造业 Manufacturing	#建筑业 Construction	#批发和零售业 Wholesale and Retail Trades	#交通运输、仓储和邮政业 Transport, Storage and Post
1978	2621.50	2508.44	12.13	18.20	7.84	5.59	4.08
1980	2748.60	2625.70	16.98	25.47	10.57	6.88	4.66
1985	3103.00	2811.56	49.10	73.65	69.06	28.10	18.49
1986	3221.80	2872.71	56.26	84.38	86.59	35.79	20.48
1987	3275.00	2913.12	60.72	91.09	99.45	40.33	22.72
1988	3359.90	2972.82	63.80	95.70	104.65	44.68	24.13
1989	3423.30	3073.65	59.47	88.39	98.38	42.69	24.51
1990	3465.10	3102.72	57.20	85.80	97.09	44.60	25.03
1991	3568.50	3177.29	59.26	88.90	102.36	48.51	25.88
1992	3607.00	3154.64	62.97	94.46	116.00	54.33	27.79
1993	3595.30	3077.54	98.75	139.19	128.05	62.96	29.88
1994	3587.10	2825.89	82.22	268.53	150.02	126.93	45.84
1995	3573.30	2835.08	98.48	256.45	164.83	132.81	49.10
1996	3552.10	2863.84	98.27	259.94	185.71	99.93	53.59
1997	3538.00	2859.62	95.75	258.92	193.80	108.45	56.34
1998	3573.50	2811.89	89.17	242.08	203.06	113.96	58.33
1999	3567.00	2735.08	45.77	123.73	193.65	101.83	51.31
2000	3564.50	2631.07	47.38	128.11	212.46	113.62	54.05
2001	3556.20	2582.64	105.71	139.86	226.94	124.98	56.71
2002	3542.00	2503.26	78.44	117.43	246.62	134.04	60.75
2003	3516.60	2469.12	103.05	184.63	270.40	145.60	65.29
2004	3481.80	2432.00	65.00	188.90	281.50	157.90	75.40
2005	3473.10	2376.30	86.40	161.30	295.60	173.10	78.50
2006	3452.30	2293.60	85.10	202.60	261.90	178.80	80.60
2007	3432.74	2252.80	84.82	265.10	303.30	144.20	82.20
2008	3430.00	2173.28	74.50	273.50	341.60	176.71	89.78
2009	3410.76	2132.06	71.76	297.39	338.07	181.97	93.41
2010	3390.63	2069.72	74.19	308.03	352.68	184.55	92.55
2011	3368.00	2029.65	74.34	296.36	338.40	183.43	91.11
2012	3343.30	1975.24	73.02	297.51	323.51	117.79	34.69
2013	3324.30	1939.71	68.25	309.88	329.54	114.72	37.32
2014	3302.00	1888.77	70.18	299.12	316.09	129.67	37.22
2015	3281.00	1853.69	65.47	313.64	332.36	116.35	31.51
2016	3257.00	1810.69	64.92	326.04	332.44	125.02	33.17
2017	3230.00	1775.77	64.28	328.32	335.78	125.60	33.65

4-9 各市(州)按行业分乡村就业人员数(2017年)

Number of Households and Employed Persons in Rural Areas by Sector and Region(2017)

(年末数)单位：万人 (year-end)(10 000 persons)

市(州)	Region	乡村就业人员合计 Total Rural Employed Persons	农、林、牧、渔业 Farming, Forestry, Animal Husbandry and Fishery	工业 Industry	建筑业 Constr-uction	批发和零售业 Wholesale and Retail Trades	交通运输、仓储和邮政业 Transport, Storage and Post	住宿和餐饮业 Hotels and Catering Services	信息传输、软件和信息技术服务业 Information Transmission, Software and IT Services	其他非农行业 Other Non-agricul-tural Industries
全 省	**Sichuan**	**3230.00**	**1775.77**	**405.22**	**335.78**	**125.60**	**33.65**	**214.49**	**22.08**	**317.41**
成都市	Chengdu	353.54	103.56	70.30	73.02	26.32	12.57	37.59	5.35	24.83
自贡市	Zigong	121.88	64.44	16.64	12.64	5.28	1.52	6.89	0.41	14.06
攀枝花市	Panzhihua	27.04	18.56	1.57	0.53	0.84	1.13	0.64	0.04	3.73
泸州市	Luzhou	179.36	100.47	19.95	25.74	7.03	1.07	2.41	0.32	22.37
德阳市	Deyang	158.71	73.65	21.22	16.49	6.56	1.33	13.18	1.51	24.77
绵阳市	Mianyang	194.35	88.25	34.82	30.39	6.79	1.45	11.41	1.53	19.71
广元市	Guangyuan	124.69	68.45	13.12	14.76	3.99	0.34	6.74	0.32	16.97
遂宁市	Suining	123.87	69.37	13.41	16.08	4.54	1.47	6.77	0.51	11.72
内江市	Neijiang	126.44	51.52	20.33	15.14	3.67	1.82	9.28	0.96	23.72
乐山市	Leshan	130.47	74.91	11.75	10.82	4.20	0.71	14.81	0.36	12.91
南充市	Nanchong	210.57	114.95	31.46	25.01	5.19	0.89	10.42	0.90	21.75
眉山市	Meishan	141.56	83.78	18.17	9.34	5.84	0.75	7.71	0.17	15.80
宜宾市	Yibin	237.44	141.21	38.65	15.34	6.06	1.42	15.46	1.27	18.03
广安市	Guangan	170.72	101.87	19.82	15.80	6.67	0.69	9.15	1.65	15.07
达州市	Dazhou	252.24	162.08	24.17	12.03	8.70	0.86	18.61	1.88	23.91
雅安市	Yaan	76.81	48.92	7.46	5.68	4.62	1.00	2.43	0.83	5.87
巴中市	Bazhong	127.96	74.31	14.03	10.46	5.22	1.01	8.69	0.81	13.43
资阳市	Ziyang	156.62	94.24	14.83	14.45	3.87	0.81	16.36	1.43	10.63
阿坝藏族羌族自治州	Aba	37.43	28.45	1.05	1.08	2.08	0.50	1.13	0.51	2.63
甘孜藏族自治州	Ganzi	52.20	47.15	0.46	0.52	0.61	0.33	1.82	0.01	1.30
凉山彝族自治州	Liangshan	226.10	165.63	12.01	10.46	7.52	1.98	12.99	1.31	14.20

4-10 按行业分国有经济单位就业人员数
Number of Staff and Workers in State-owned Units by Sector

(年末数)单位：万人 (year-end)(10 000 persons)

行 业	Sector	2013	2014	2015	2016	2017
总 计	**Total**	**349.10**	**351.06**	**344.08**	**343.36**	**343.29**
农、林、牧、渔业	Farming, Forestry, Animal Husbandry and Fishery	3.30	2.88	2.59	2.53	2.34
采矿业	Mining	3.10	4.67	2.18	0.88	0.64
制造业	Manufacturing	10.50	13.95	8.21	7.51	5.22
电力、热力、燃气及水生产和供应业	Production and Supply of Electricity, Heat,Gas and Water	15.10	14.77	13.22	12.72	12.56
建筑业	Construction	32.90	24.97	26.13	25.36	21.31
批发和零售业	Wholesale and Retail Trades	4.50	4.33	3.86	3.45	3.17
交通运输、仓储和邮政业	Transport, Storage and Post	20.20	20.80	19.55	20.02	19.06
住宿和餐饮业	Hotels and Catering Services	1.20	1.06	0.93	0.85	0.67
信息传输、软件和信息技术服务业	Information Transmission,Software and IT Services	5.00	2.69	1.74	1.69	1.60
金融业	Financial Intermediation	10.90	10.42	10.83	11.39	11.18
房地产业	Real Estate	1.00	0.98	0.70	0.83	0.65
租赁和商务服务业	Leasing and Business Services	4.20	4.80	4.72	3.71	4.60
科学研究和技术服务业	Scientific Research and Technical Services	15.90	15.61	15.18	15.18	14.67
水利、环境和公共设备管理业	Management of Water Conservancy,Environment and Public Facilities	9.70	10.35	10.09	10.11	9.55
居民服务、修理和其他服务业	Services to Households, Repair and Other Services	0.50	0.46	0.48	0.72	0.73
教育	Education	86.60	89.54	88.90	88.32	89.94
卫生和社会工作	Health and Social Service	35.90	37.60	39.36	40.48	42.68
文化、体育和娱乐业	Culture, Sports and Entertainment	4.60	4.93	4.66	4.54	4.59
公共管理、社会保障和社会组织	Public Management, Social Security and Social Organization	84.00	86.25	90.74	93.08	98.13

4-11 按行业分城镇集体经济单位就业人员数
Number of Staff and Workers in Urban Collective-owned Units by Sector

(年末数)单位：万人 (year-end)(10 000 persons)

行 业	Sector	2013	2014	2015	2016	2017
总 计	**Total**	**31.52**	**29.04**	**26.25**	**26.33**	**23.20**
农、林、牧、渔业	Farming, Forestry, Animal Husbandry and Fishery	0.27	0.24	0.18	0.20	0.06
采矿业	Mining	0.41	0.35	0.19	0.19	0.04
制造业	Manufacturing	1.56	1.27	1.11	1.03	0.93
电力、热力、燃气及水生产和供应业	Production and Supply of Electricity, Heat,Gas and Water	0.32	0.31	0.26	0.25	0.21
建筑业	Construction	16.17	14.30	12.45	12.68	11.31
批发和零售业	Wholesale and Retail Trades	1.02	0.87	0.84	0.76	0.61
交通运输、仓储和邮政业	Transport, Storage and Post	1.26	1.11	0.90	0.84	0.80
住宿和餐饮业	Hotels and Catering Services	0.23	0.18	0.11	0.10	0.08
信息传输、软件和信息技术服务业	Information Transmission,Software and IT Services	0.02	0.03	0.01	0.01	0.01
金融业	Financial Intermediation	2.66	2.59	2.47	2.41	2.26
房地产业	Real Estate	0.13	0.06	0.05	0.03	0.12
租赁和商务服务业	Leasing and Business Services	1.15	1.25	1.18	1.09	0.75
科学研究和技术服务业	Scientific Research and Technical Services	0.14	0.16	0.17	0.18	0.21
水利、环境和公共设备管理业	Management of Water Conservancy,Environment and Public Facilities	0.40	0.38	0.39	0.45	0.46
居民服务、修理和其他服务业	Services to Households, Repair and Other Services	0.19	0.18	0.09	0.04	0.03
教育	Education	0.61	0.58	0.78	0.80	0.12
卫生和社会工作	Health and Social Service	4.89	5.11	4.97	5.17	5.09
文化、体育和娱乐业	Culture, Sports and Entertainment	0.09	0.07	0.08	0.08	0.10
公共管理、社会保障和社会组织	Public Management, Social Security and Social Organization	0.01	0.00	0.00	0.01	0.00

4-12 各市(州)国有、集体和其他各种经济单位就业人员数(2017年)

Number of Employed Persons in State-owned , Collective-owned Units and Other Types of Ownership by Region(2017)

(年末数)单位：万人 (year-end)(10 000 persons)

市(州)	Region	合计 Total	国有经济单位 State-owned Units	城镇集体经济单位 Urban Collective-owned Units	其他各种经济单位 Units of Other Types of Ownership	内资 Domestic Funded	港澳台投资 Funded by Entrepreneurs from Hong Kong, Macao and Taiwan	外商投资 Foreign Funded
全　省	**Sichuan**	**792.21**	**343.29**	**23.20**	**425.72**	**386.31**	**17.22**	**22.19**
成都市	Chengdu	279.23	94.04	4.84	180.35	149.85	12.92	17.59
自贡市	Zigong	20.17	9.67	0.33	10.17	9.64	0.06	0.47
攀枝花市	Panzhihua	17.76	5.97	0.42	11.38	11.30	0.03	0.05
泸州市	Luzhou	29.71	14.62	2.86	12.24	11.97	0.10	0.16
德阳市	Deyang	30.94	12.41	1.06	17.46	16.13	0.95	0.38
绵阳市	Mianyang	50.64	19.32	1.30	30.01	28.90	0.52	0.59
广元市	Guangyuan	17.27	10.28	0.92	6.07	5.97	0.04	0.06
遂宁市	Suining	20.88	7.80	1.43	11.65	10.94	0.30	0.42
内江市	Neijiang	26.04	10.29	0.50	15.24	14.39	0.15	0.71
乐山市	Leshan	26.02	11.14	0.45	14.43	13.28	0.71	0.43
南充市	Nanchong	45.54	20.79	1.19	23.55	23.02	0.25	0.27
眉山市	Meishan	20.14	10.01	0.29	9.84	9.31	0.22	0.30
宜宾市	Yibin	36.11	15.14	0.84	20.13	19.50	0.39	0.24
广安市	Guangan	17.19	10.18	1.98	5.03	4.82	0.16	0.04
达州市	Dazhou	31.41	16.40	2.00	13.01	12.80	0.10	0.11
雅安市	Yaan	11.60	6.65	0.14	4.80	4.63	0.13	0.04
巴中市	Bazhong	25.07	10.75	1.20	13.12	13.03	0.08	0.01
资阳市	Ziyang	17.61	8.04	0.85	8.72	8.47	0.02	0.23
阿坝藏族羌族自治州	Aba	9.29	7.23	0.11	1.95	1.92	0.02	
甘孜藏族自治州	Ganzi	9.13	7.88	0.12	1.12	1.08	0.04	
凉山彝族自治州	Liangshan	26.28	18.28	0.36	7.64	7.53	0.03	0.08

注：全省合计中包括了省直综单位就业人员，市(州)数据未包括(后同)。

a) The number of persons employed in directly affiliated units and comprehensive units was included in the Sichuan's number of employed persons, but was not included in regional number of employed persons.(the same as follows)

4-13 各市(州)按行业分城镇私营单位就业人员数(2017年)

(年末数)单位：万人

市(州)	Region	私营单位就业人员 Number of Employed Persons in Private Enterprises	#农、林、牧、渔业 Farming, Forestry, Animal Husbandry and Fishery	#采矿业 Mining	#制造业 Manufac-turing	#建筑业 Construc-tion	#批发和零售业 Wholesale and Retail Trades
全　省	**Sichuan**	**377.98**	**8.05**	**17.83**	**107.87**	**67.23**	**35.17**
成都市	Chengdu	125.60	3.43	0.04	27.10	29.77	13.95
自贡市	Zigong	14.20	0.06	1.57	5.49	2.63	2.30
攀枝花市	Panzhihua	10.17	0.19	2.09	2.28	0.76	2.05
泸州市	Luzhou	21.54	0.34	0.54	6.60	5.54	2.32
德阳市	Deyang	14.26	0.24	0.03	4.30	1.18	0.40
绵阳市	Mianyang	34.93	0.55	0.17	9.82	3.01	2.94
广元市	Guangyuan	9.18	0.18	0.22	1.73	1.76	0.14
遂宁市	Suining	6.21	0.22	0.05	2.07	0.33	0.85
内江市	Neijiang	13.38	0.38	1.21	1.76	1.28	0.56
乐山市	Leshan	11.32	0.48	0.61	4.82	0.58	0.36
南充市	Nanchong	20.31	0.06	0.23	9.80	3.82	1.26
眉山市	Meishan	10.67	0.11	0.03	4.86	1.47	1.60
宜宾市	Yibin	21.03	0.16	4.66	7.99	3.58	0.78
广安市	Guangan	9.98	0.19	0.64	3.17	2.69	1.19
达州市	Dazhou	16.01	0.33	3.06	3.96	1.72	1.19
雅安市	Yaan	6.20	0.19	0.40	2.29	0.43	0.90
巴中市	Bazhong	7.05	0.06	0.34	2.18	2.26	0.16
资阳市	Ziyang	8.66	0.23	0.03	3.17	1.01	0.71
阿坝藏族羌族自治州	Aba	1.78	0.11	0.06	0.30	0.21	0.17
甘孜藏族自治州	Ganzi	1.49	0.09	0.06	0.13	0.09	0.24
凉山彝族自治州	Liangshan	14.01	0.45	1.79	4.05	3.11	1.10

Number of Employed Persons in Urban Private Enterprises by Sector and Region(2017)

(year-end)(10 000 persons)

#交通运输、仓储和邮政业 Transport, Storage and Post	#住宿和餐饮业 Hotels and Catering Services	#信息传输、软件和信息技术服务业 Information Transmission, Software and IT Services	#房地产业 Real Estate	#租赁和商务服务业 Leasing and Business Services	#居民服务、修理和其他服务业 Services to Households, Repair and Other Services	#教育 Education	#卫生和社会工作 Health and Social Service	#文化、体育和娱乐业 Culture, Sports and Entertainment
11.79	**39.98**	**9.09**	**14.71**	**26.16**	**12.98**	**2.43**	**4.17**	**6.08**
2.66	13.99	3.72	5.54	12.26	5.47	0.95	1.79	1.47
0.42	0.38	0.11	0.59	0.17	0.10	0.08	0.06	0.06
0.24	0.56	0.13	0.43	0.44	0.53	0.03	0.03	0.03
1.65	0.48	0.56	0.86	1.09	0.14	0.37	0.20	0.39
0.66	2.20	0.26	0.68	2.18	0.41	0.04	0.09	0.27
2.26	4.94	0.49	1.14	4.05	1.37	0.08	0.04	0.57
0.14	2.79	0.37	0.43	0.51	0.64		0.03	0.13
0.07	1.06	0.17	0.14	0.31	0.15	0.03	0.02	0.57
0.72	1.21	0.76	0.68	1.36	1.86	0.01	0.71	0.73
0.30	2.15	0.18	0.28	0.57	0.20	0.03	0.03	0.36
0.34	1.28	0.08	1.36	0.62	0.15	0.25	0.37	0.27
0.18	1.43	0.21	0.33		0.01	0.03	0.06	
0.44	1.13	0.38	0.12	0.42	0.06	0.12	0.19	0.18
0.19	0.60	0.05	0.31	0.11	0.48	0.03	0.05	0.08
0.52	2.26	0.52	0.55	0.38	0.50	0.22	0.25	0.08
0.13	0.41	0.06	0.10	0.21	0.17	0.01	0.03	0.21
0.09	0.75	0.36	0.26	0.10	0.05	0.10	0.08	0.18
0.24	0.64	0.30	0.71	0.81	0.30	0.03	0.06	0.15
0.15	0.23	0.15	0.04	0.06	0.05		0.02	0.08
0.09	0.19	0.06	0.03	0.14	0.08			0.16
0.30	1.30	0.17	0.13	0.37	0.26	0.02	0.06	0.11

4-14 各市(州)按行业分城镇个体就业人员数(2017年)

(年末数)单位：万人

市(州)	Region	城镇个体就业人员 Number of Employed Persons in Self-employed Individuals	#农、林、牧、渔业 Farming, Forestry, Animal Husbandry and Fishery	#采矿业 Mining	#制造业 Manufacturing	#建筑业 Construction	#批发和零售业 Wholesale and Retail Trades
全 省	**Sichuan**	**438.13**	**6.59**	**1.38**	**28.49**	**15.47**	**107.29**
成都市	Chengdu	134.33	0.82		6.70	3.89	37.02
自贡市	Zigong	13.42	0.14	0.01	1.48	0.10	3.65
攀枝花市	Panzhihua	7.60	0.07	0.01	0.36	0.01	3.40
泸州市	Luzhou	18.97	0.51	0.05	2.62	0.49	4.68
德阳市	Deyang	12.54	0.03		0.15	0.01	5.26
绵阳市	Mianyang	23.80	0.25		0.66	0.03	6.13
广元市	Guangyuan	13.52	0.05	0.12	0.77	0.11	2.33
遂宁市	Suining	12.59	0.30	0.03	0.53	0.05	3.16
内江市	Neijiang	12.02	0.07	0.02	0.57	0.03	2.02
乐山市	Leshan	16.59	0.62	0.02	1.03	0.04	3.01
南充市	Nanchong	26.81	0.96	0.12	1.32	1.12	4.93
眉山市	Meishan	16.95	0.04	0.02	1.70	1.78	4.66
宜宾市	Yibin	21.51	0.97	0.02	0.35	0.88	3.71
广安市	Guangan	21.32	0.35	0.16	1.69	2.21	3.97
达州市	Dazhou	30.83	0.52	0.27	3.81	2.43	4.36
雅安市	Yaan	9.16	0.17	0.03	1.04	0.09	3.46
巴中市	Bazhong	11.43	0.09	0.11	1.32	0.51	2.88
资阳市	Ziyang	4.76	0.03		0.14	0.35	2.08
阿坝藏族羌族自治州	Aba	3.36	0.03	0.02	0.13	0.02	1.07
甘孜藏族自治州	Ganzi	3.84	0.08	0.03	0.12	0.02	1.43
凉山彝族自治州	Liangshan	22.78	0.49	0.34	2.00	1.30	4.08

Number of Employed Persons in Self-employed Individuals by Sector and Region(2017)

(year-end)(10 000 persons)

#交通运输、仓储和邮政业 Transport, Storage and Post	#住宿和餐饮业 Hotels and Catering Services	#信息传输、软件和信息技术服务业 Information Transmission, Software and IT Services	#房地产业 Real Estate	#租赁和商务服务业 Leasing and Business Services	#居民服务、修理和其他服务业 Services to Households, Repair and Other Services	#教育 Education	#卫生和社会工作 Health and Social Service	#文化、体育和娱乐业 Culture, Sports and Entertainment
38.45	**121.00**	**33.15**	**1.67**	**10.14**	**57.48**	**1.43**	**4.26**	**11.33**
30.75	18.39	14.06	0.73	5.31	12.13	0.19	0.81	3.53
0.13	4.76	0.06	0.08	0.18	2.30	0.04	0.14	0.35
0.65	1.53	0.11	0.01	0.15	1.13	0.01	0.06	0.10
1.41	3.22	0.05	0.04	0.26	3.95	0.08	0.31	1.30
0.10	3.64	1.12	0.01	0.12	1.99	0.01	0.04	0.06
0.11	8.41	3.86	0.01	0.51	3.52	0.05	0.10	0.16
0.10	6.45	1.26	0.05	0.38	1.56	0.02	0.14	0.18
0.13	5.82	0.11	0.08	0.23	1.89	0.02	0.07	0.17
0.49	5.16	1.07	0.06	0.53	1.45	0.03	0.25	0.27
0.06	7.53	1.31		0.38	2.27	0.01	0.07	0.24
0.20	9.55	1.48	0.02	0.42	5.75	0.10	0.40	0.44
0.57	5.34	0.08	0.30	0.03	1.82	0.20	0.26	0.15
0.19	8.86	1.65	0.02	0.22	3.07	0.09	0.10	1.38
1.29	6.65	1.04	0.04	0.25	2.52	0.17	0.49	0.49
0.23	9.23	1.93	0.08	0.42	5.27	0.17	0.52	1.59
0.53	2.15	0.13		0.19	1.27	0.01	0.03	0.06
0.75	2.91	1.30	0.06	0.07	1.04	0.11	0.15	0.13
0.10	0.01	0.97	0.07	0.08	0.70	0.08	0.14	0.01
0.16	1.27	0.16		0.04	0.39	0.01	0.01	0.05
0.09	1.54	0.04		0.04	0.34	0.01	0.02	0.08
0.41	8.58	1.36	0.01	0.33	3.12	0.02	0.15	0.59

4-15 按行业分其他经济单位就业人员数
Number of Staff and Workers in Units of Other Types of Ownership by Sector

(年末数)单位：万人 (year-end)(10 000 persons)

登记注册类型及行业	Registration Status and Sector	2013	2014	2015	2016	2017
总　计	**Total**	**306.40**	**428.65**	**425.14**	**417.84**	**425.72**
按登记注册类型分组	**Grouped by Registration Status**					
内资	Domestic Funded	262.70	384.58	381.94	380.79	386.31
股份合作单位	Cooperative Units	5.70	5.56	5.35	4.78	4.28
联营单位	Jiont Ownership Units	0.70	0.64	0.53	0.54	0.39
有限责任公司	Limited Liability Corporations	172.20	289.37	283.35	284.04	289.92
股份有限公司	Share-holding Corporations Ltd.	76.00	80.26	81.92	81.33	80.90
其他	Others	8.10	8.75	10.78	10.10	10.82
港澳台商投资单位	Units with Funds form Hong Kong, Macao and Taiwan	22.90	22.00	22.52	17.31	17.22
外商投资单位	Foreign Funded Units	20.70	22.06	20.68	19.74	22.19
按国民经济行业分组	**Grouped by Economic Sector**					
农、林、牧、渔业	Farming, Forestry, Animal Husbandry and Fishery	0.10	0.11	0.13	0.10	0.09
采矿业	Mining	15.40	18.49	17.18	17.52	16.33
制造业	Manufacturing	125.80	160.20	150.33	139.79	141.13
电力、热力、燃气及水生产和供应业	Production and Supply of Electricity, Heat, Gas and Water	10.50	11.63	12.66	10.20	9.35
建筑业	Construction	75.60	116.29	115.28	113.44	112.91
批发和零售业	Wholesale and Retail Trades	15.80	27.11	26.19	26.29	26.46
交通运输、仓储和邮政业	Transport, Storage and Post	12.30	19.42	20.26	19.58	19.06
住宿和餐饮业	Hotels and Catering Services	6.40	10.27	9.52	8.74	8.59
信息传输、软件和信息技术服务业	Information Transmission, Software and IT Services	9.90	13.57	16.50	16.71	18.52
金融业	Financial Intermediation	10.60	11.21	12.57	16.59	18.25
房地产业	Real Estate	8.00	16.65	17.87	18.98	20.76
租赁和商务服务业	Leasing and Business Services	4.10	6.66	8.30	10.77	11.45
科学研究和技术服务业	Scientific Research and Technical Services	3.20	5.30	5.66	5.70	6.97
水利、环境和公共设施管理业	Management of Water Conservancy, Environment and Public Facilities	1.80	2.43	2.37	2.40	2.68
居民服务、修理和其他服务业	Services to Households, Repair and Other Services	0.80	1.15	1.37	1.46	1.90
教育	Education	3.60	4.44	5.12	5.24	5.99
卫生和社会工作	Health and Social Service	1.70	2.43	2.43	2.83	3.67
文化、体育和娱乐业	Culture, Sports and Entertainment	0.80	1.28	1.36	1.46	1.58
公共管理、社会保障和社会组织	Public Management, Social Security and Social Organization		0.01	0.04	0.05	0.04

4-16按行业分国有、集体和其他各种经济单位女性就业人员数

Number of Female Employed Persons in State-owned , Collective-owned Units and Other Types of Ownership by Sector

(年末数)单位：万人 (year-end)(10 000 persons)

行　业	Sector	2013	2014	2015	2016	2017
总 计	**Total**	**232.56**	**280.82**	**278.70**	**280.80**	**293.13**
按经济类型分	**Grouped by Ownership**					
国有经济单位	State-owned Units	128.94	136.52	135.72	138.68	143.99
城镇集体经济单位	Urban Collective-owned Units	7.67	7.79	7.68	7.58	7.08
其他各种经济单位	Units of Other Types of Ownership	95.94	136.51	135.31	134.54	142.06
按行业分	**Grouped by Sector**					
农、林、牧、渔业	Farming, Forestry, Animal Husbandry and Fishery	1.03	0.95	0.85	0.84	0.71
采矿业	Mining	3.81	5.24	3.79	3.57	3.10
制造业	Manufacturing	49.10	64.37	58.84	55.10	55.34
电力、热力、燃气及水生产和供应业	Production and Supply of Electricity, Heat, Gas and Water	7.83	8.24	7.96	7.20	6.80
建筑业	Construction	12.77	19.73	18.63	18.62	20.25
批发和零售业	Wholesale and Retail Trades	10.18	16.24	15.88	15.67	15.70
交通运输、仓储和邮政业	Transport, Storage and Post	10.52	12.78	12.41	12.50	12.11
住宿和餐饮业	Hotels and Catering Services	4.32	6.93	5.75	5.01	5.69
信息传输、软件和信息技术服务业	Information Transmission, Software and IT Services	5.86	6.43	7.25	7.17	7.38
金融业	Financial Intermediation	11.90	12.04	13.68	16.49	17.67
房地产业	Real Estate	3.42	6.83	7.19	7.57	8.58
租赁和商务服务业	Leasing and Business Services	2.23	3.72	3.69	4.03	4.68
科学研究和技术服务业	Scientific Research and Technical Services	5.79	6.45	6.35	6.37	6.72
水利、环境和公共设施管理业	Management of Water Conservancy, Environment and Public Facilities	5.23	6.04	6.12	6.26	6.22
居民服务、修理和其他服务业	Services to Households, Repair and Other Services	0.58	0.75	0.81	1.04	1.23
教育	Education	43.36	46.29	47.77	48.76	51.07
卫生和社会工作	Health and Social Service	26.17	27.48	28.97	30.51	32.91
文化、体育和娱乐业	Culture, Sports and Entertainment	2.20	2.88	2.78	2.75	2.92
公共管理、社会保障和社会组织	Public Management, Social Security and Social Organization	26.27	27.44	29.98	31.32	34.05

4–17 各市(州)国有、集体和其他经济单位女性就业人员数

Number of Female Employed Persons in State-owned, Collective-owned Units and Other Types of Ownership Units by Region

(年末数)单位：万人 (year-end)(10 000 persons)

市(州)	Region	2005	2010	2012	2013	2014	2015	2016	2017
全　省	**Sichuan**	**174.60**	**192.73**	**216.60**	**232.56**	**280.82**	**278.70**	**280.80**	**293.13**
成都市	Chengdu	46.50	58.81	71.61	83.27	95.75	96.13	100.40	108.28
自贡市	Zigong	6.60	5.79	6.18	6.32	7.84	7.32	7.07	7.22
攀枝花市	Panzhihua	6.90	6.14	6.04	7.48	10.89	6.73	5.79	6.03
泸州市	Luzhou	8.50	8.58	9.57	8.40	11.62	11.45	11.75	11.07
德阳市	Deyang	8.00	8.19	7.83	9.58	11.73	11.37	10.82	10.76
绵阳市	Mianyang	11.60	13.05	15.73	15.52	18.76	18.44	18.88	19.51
广元市	Guangyuan	4.60	4.71	5.02	5.18	5.82	5.92	6.36	6.44
遂宁市	Suining	5.10	4.39	5.08	5.46	7.33	7.60	7.07	7.35
内江市	Neijiang	8.00	7.39	7.65	8.14	9.92	9.49	9.39	9.18
乐山市	Leshan	10.30	9.74	9.33	8.57	10.14	10.56	10.75	10.58
南充市	Nanchong	6.70	7.67	9.48	11.00	14.19	15.17	15.24	15.93
眉山市	Meishan	4.50	5.50	5.65	6.01	7.65	7.57	7.97	7.97
宜宾市	Yibin	10.50	11.71	12.54	12.35	13.23	13.18	13.12	13.57
广安市	Guangan	3.30	3.51	3.93	4.44	5.20	5.58	5.97	6.59
达州市	Dazhou	7.80	7.65	8.40	8.32	9.93	9.84	10.21	10.59
雅安市	Yaan	3.10	3.43	3.66	3.61	4.21	4.35	4.49	4.52
巴中市	Bazhong	3.30	4.16	5.11	5.27	6.75	7.05	7.03	7.84
资阳市	Ziyang	5.20	5.77	5.45	7.17	8.48	9.43	6.29	6.43
阿坝藏族羌族自治州	Aba	2.90	2.82	3.17	3.39	3.68	3.76	3.90	4.06
甘孜藏族自治州	Ganzi	2.40	2.84	3.00	3.16	3.39	3.49	3.60	3.83
凉山彝族自治州	Liangshan	6.80	7.46	8.43	8.00	8.54	8.72	9.20	9.91

4-18 按登记注册类型分全部单位就业人员工资总额及指数
Total Wage of Employment in all Units and Related Indices by Registered Types

年份 Year	工资总额（万元） Total Wage Bill (10 000 yuan)					指数（上年=100） Indices (Preceding year=100)				
	全部单位 all Units	国有经济单位 State-owned Units	城镇集体经济单位 Urban Colletive-owned Units	私营经济单位 Private Units	其他各种经济单位 Units of Other Types of Ownership	全部单位 all Units	国有经济单位 State-owned Units	城镇集体经济单位 Urban Collective-owned Units	私营经济单位 Private Units	其他各种经济单位 Units of Other Types of Ownership
1978	263196	219481	43715			114.3	119.6	93.6		
1980	364892	300829	64063			121.2	120.9	122.4		
1985	598403	478883	119128		392	120.6	121.1	119.2		80.0
1986	719269	582177	136524		568	120.2	121.6	114.6		144.9
1987	802261	650498	150931		832	111.5	111.7	110.6		146.5
1988	987813	807670	178923		1220	123.1	124.2	118.5		146.6
1989	1135724	937712	195894		2118	115.0	116.1	109.5		173.6
1990	1294823	1071715	220375		2733	114.0	114.3	112.5		129.0
1991	1450034	1197509	248487		4038	111.8	111.7	111.4		147.7
1992	1667894	1377792	283759		6343	115.3	115.1	115.6		157.1
1993	2046047	1635013	333417		77617	122.7	118.7	117.5		1223.7
1994	2776839	2227867	386038		162934	135.7	135.7	115.8		209.9
1995	3217827	2574023	437256		206548	115.9	115.9	113.3		126.8
1996	3550444	2841447	469060		239937	110.3	110.3	107.3		116.2
1997	3806429	3020053	513532		272844	107.2	106.3	109.5		113.8
1998	3927403	3010629	438565		478209	103.2	99.7	85.4		175.3
1999	3985709	3076087	398702		510920	105.3	105.8	94.0		112.5
2000	4369495	3387240	405185		577070	109.6	110.1	101.6		112.9
2001	4902582	3824669	389753		688160	112.2	112.9	96.2		119.3
2002	5391189	4069680	388119		933390	110.0	106.4	99.6		135.6
2003	6224989	4530295	436951		1257743	115.5	111.3	112.6		129.5
2004	6926273	4954541	433210		1538522	111.3	109.4	99.1		122.4
2005	7960325	5575919	457007		1927399	114.9	112.5	105.5		125.7
2006	9100898	6278120	512573		2310205	114.3	112.6	112.2		119.7
2007	11198309	7702452	597311		2898546	123.0	122.7	116.5		125.7
2008	13555288	9131401	698158		3725729	121.0	118.6	116.9		128.5
2009	21294971	10581526	791894	5511793	4409758		115.9	113.4		118.4
2010	25409121	12266436	785441	7003940	5353304	119.3	115.9	99.2	127.1	121.4
2011	31597970	14479483	951634	8908497	7258356	124.4	118.0	121.2	127.2	135.6
2012	37723598	17060258	1107287	10725843	8830210	119.4	117.8	116.4	120.4	121.7
2013	46912922	18626143	1137642	12837994	14311143	124.4	109.2	102.7	119.7	162.1
2014	56316799	20162618	1238152	13887133	21028896	120.0	108.2	108.8	108.2	146.9
2015	61686544	22612943	1254899	15251264	22567438	109.5	112.2	101.4	109.8	107.3
2016	66123764	24582334	1340078	16660512	23540840	107.2	108.7	106.8	109.2	104.3
2017	71865217	27223176	1223720	17992586	25425735	108.7	110.7	91.3	108.0	108.0

4−19 各市(州)全部单位就业人员工资总额
Total Wage Bill of Employment in all Units and Related Indices by Region

单位：万元 (10 000 yuan)

市(州)	Region	2010	2011	2012	2013	2014	2015	2016	2017
全 省	**Sichuan**	**24756815**	**30955741**	**37723598**	**46912922**	**56316799**	**61686544**	**66123764**	**71865217**
成都市	Chengdu	8317916	10345260	12653666	18422819	20466285	22626222	24534429	26995090
自贡市	Zigong	782359	976205	1157363	1373640	1639374	1725944	1844418	2085190
攀枝花市	Panzhihua	816384	1064552	1212831	1546716	2173505	1581520	1593336	1751952
泸州市	Luzhou	1044483	1282592	1570148	1915854	2566125	2906380	3212536	3172932
德阳市	Deyang	1331042	1628371	1835928	2151248	2591398	2835979	3096978	3376194
绵阳市	Mianyang	1495632	1967852	2371720	2779487	3342347	3716393	4031238	4220725
广元市	Guangyuan	506748	746711	864261	879123	1036591	1180469	1277392	1394616
遂宁市	Suining	557819	715651	891676	1050449	1272754	1402752	1510837	1699599
内江市	Neijiang	952474	830948	986458	1234743	1522065	1728616	1794629	1789805
乐山市	Leshan	1092026	1255676	1465367	1518466	1843517	2029251	2199716	2336892
南充市	Nanchong	1011784	1307791	1769899	2457586	2904331	3447612	3714843	4063304
眉山市	Meishan	676282	863643	1058067	1167904	1431391	1594594	1728087	1869924
宜宾市	Yibin	1303422	1657762	2033710	2202832	2411899	2672713	3010537	3329666
广安市	Guangan	591917	760449	986788	1214477	1351317	1415294	1561262	1726856
达州市	Dazhou	983161	1243559	1524672	1579152	1936903	2043926	2222663	2457777
雅安市	Yaan	322921	397767	493662	494876	613293	676563	724920	764434
巴中市	Bazhong	380803	542075	700836	788062	1073792	1282501	1399797	1519006
资阳市	Ziyang	573171	803043	956116	1226217	1474160	1795941	1307512	1327911
阿坝藏族羌族自治州	Aba	284119	344384	388879	491962	582164	614251	707371	772226
甘孜藏族自治州	Ganzi	249284	303633	356846	409872	474020	581288	630721	710379
凉山彝族自治州	Liangshan	847688	1096042	1405649	1418893	1514073	1712642	1883924	2066811

4-20 各市(州)按登记注册类型分全部单位就业人员工资总额及指数(2017年)

Total Wage of Employment in all Units and Related Indices by Region and Registered Types(2017)

市(州)	Region	工资总额 (万元) Total Wage Bill (10 000 yuan)					指数 (上年=100) Indices (Preceding year=100)				
		合计 Total	国有经济单位 State-owned Units	城镇集体经济单位 Urban Collective-owned Units	私营经济单位 Private Units	其他各种经济单位 Units of Other Types of Ownership	合计 Total	国有经济单位 State-owned Units	城镇集体经济单位 Urban Collective-owned Units	私营经济单位 Private Units	其他各种经济单位 Units of Other Types of Ownership
全 省	**Sichuan**	**71865217**	**27223176**	**1223720**	**17992586**	**25425735**	**108.7**	**110.7**	**91.3**	**108.0**	**108.0**
成都市	Chengdu	28691538	9079623	289512	5922873	13399529	116.9	119.0	96.2	108.9	120.0
自贡市	Zigong	2085190	755461	18840	783752	527137	113.1	124.1	89.4	109.7	105.3
攀枝花市	Panzhihua	1751952	538430	19679	425420	768422	110.0	112.0	90.3	116.2	106.0
泸州市	Luzhou	3172932	1098287	141888	1290728	642029	98.8	110.1	121.5	114.0	66.5
德阳市	Deyang	3376194	1051959	55790	1221719	1046726	109.0	119.4	61.0	111.3	102.0
绵阳市	Mianyang	4220725	1655058	96922	865394	1603352	104.7	114.5	110.2	107.1	94.9
广元市	Guangyuan	1394616	730900	56053	320014	287650	109.2	109.0	92.6	110.9	111.7
遂宁市	Suining	1699599	611261	67440	534156	486741	112.5	114.4	119.0	109.8	112.3
内江市	Neijiang	1789805	730002	34496	389273	636034	99.7	105.4	96.5	91.9	99.0
乐山市	Leshan	2336892	838776	22929	697608	777579	106.2	117.3	41.9	105.5	101.1
南充市	Nanchong	4063304	1498169	62081	1418153	1084901	109.4	117.2	67.5	105.1	109.0
眉山市	Meishan	1869924	708926	14309	631389	515300	108.2	111.3	58.8	110.1	104.4
宜宾市	Yibin	3329666	1197733	33407	1039061	1059464	110.6	114.8	104.3	109.9	107.1
广安市	Guangan	1726856	777957	95653	615840	237406	110.6	116.5	105.4	97.7	137.8
达州市	Dazhou	2457777	1056565	86231	677439	637542	110.6	109.5	87.8	115.6	111.1
雅安市	Yaan	764434	409475	7301	132266	215391	105.5	108.8	99.0	100.1	103.0
巴中市	Bazhong	1519006	666951	42345	286393	523316	108.5	112.4	63.6	111.4	108.4
资阳市	Ziyang	1327911	549293	38907	346356	393355	101.6	105.8	102.0	87.8	110.6
阿坝藏族羌族自治	Aba	772226	621917	8123	48428	93758	109.2	114.6	88.3	91.7	91.4
甘孜藏族自治州	Ganzi	710379	598700	6115	22407	83157	112.6	109.7	91.5	103.7	146.9
凉山彝族自治州	Liangshan	2066811	1310248	25700	323916	406947	109.7	109.6	94.5	107.6	112.9

注:全省合计中包括省直综单位就业人员工资总额，市(州)数据未包括(后同)。

a) The number of persons employed in directly affiliated units and comprehensive units was included in the Sichuan's number of employed persons, but was not included in regional number of employed persons.(the same as follows)

4-21 按行业分全部单位就业人员工资总额

单位：万元

年份 Year	合计 Total	农、林、牧、渔业 Farming, Forestry, Animal Husbandry and Fishery	采矿业 Mining	制造业 Manufacturing	电力、热力、燃气及水生产和供应业 Production and Supply of Electricity, Heat,Gas and Water	建筑业 Construction	批发和零售业 Wholesale and Retail Trades	交通运输、仓储和邮政业 Transport, Storage and Post	住宿和餐饮业 Hotels and Catering Services	信息传输、软件和信息技术服务业 Information Transmission, Software and IT Services
1978	263196	7016	22921	91621	5233	23383	26693	25436	3685	
1980	364892	8186	28667	126922	8134	32823	37726	30802	5176	
1985	598403	12035	46417	219817	8405	48027	28322	46800	6512	1268
1986	719269	14787	57236	258144	10810	58789	65333	54971	8262	2126
1987	802261	15341	59949	297304	12852	67477	71835	60359	9066	2501
1988	987813	17477	70663	371196	16092	81136	90556	74328	11539	3164
1989	1135724	19005	76612	439876	19804	88267	101140	86963	12958	4399
1990	1294823	21185	104553	476728	29408	99025	112974	96980	14458	5711
1991	1450034	23443	112731	547026	29410	115319	123849	108156	16005	6291
1992	1667894	25979	118366	615493	35459	135228	137426	124006	17127	7489
1993	2046047	29031	116455	775305	41259	221791	175633	103846	21044	8356
1994	2776839	38639	171556	956517	55749	262082	220732	138631	28381	18195
1995	3217827	44168	188235	1121615	79256	303939	255632	171773	34916	18645
1996	3550444	50134	211692	1210693	95247	320058	273788	193317	38553	19078
1997	3806429	54280	213126	1249005	119344	349282	279658	223444	39983	19589
1998	3927403	57111	207010	1185340	129699	346700	260947	228139	36486	20084
1999	3985709	63225	171492	1071310	140643	345079	229458	249831	33056	23999
2000	4369495	72727	214016	1108247	155720	360460	217446	274101	29718	26618
2001	4902582	90629	158455	1117906	181767	411914	195433	297310	32305	34640
2002	5391189	95174	195370	1180244	205600	493233	179869	330353	32116	45931
2003	6224989	103745	207903	1357229	240706	627520	212843	299198	41968	96957
2004	6926273	97595	247519	1496103	261516	695040	236843	329732	49262	127251
2005	7960325	95400	340874	1690892	300129	815528	270334	398077	58340	144989
2006	9100898	103637	402290	1958532	328948	997151	284486	479269	61669	160441
2007	11198309	114676	522447	2294500	393339	1257432	309381	545062	74852	168658
2008	13555288	111457	653566	2784093	475273	1603208	384950	630662	85024	193001
2009	21294971	98415	1255861	5130324	576252	3167298	965673	894140	287608	309578
2010	25409121	111552	1506249	6132399	675721	3873904	1176499	1038718	356303	387007
2011	31597970	200867	1779562	8103028	844533	4672108	1480791	1199619	485624	431563
2012	37723598	243409	2254256	9447049	1003965	5603892	1170441	1482261	1148340	586057
2013	46912922	238570	1998425	11597697	2022631	6957229	2096116	2234350	871092	1400298
2014	56316799	225041	2293080	14101830	2159013	9535256	2508880	2735747	1078258	1533657
2015	61686544	235715	2083618	14532969	2267013	10056042	2732732	3013325	1031735	1907386
2016	66123764	259072	1985880	15174238	2171097	10735972	2752547	3130586	1044356	2033157
2017	71865217	263046	2119605	15912709	2159550	10925975	3004453	3345831	1045377	2424533

Total Wage of Staff and Workers in all Units by Sector

(10 000 yuan)

金融业 Financial Interme-diation	房地产业 Real Estate	租赁和商务服务业 Leasing and Business Services	科学研究和技术服务业 Scientific Research, and Technical Services	水利、环境和公共设施管理业 Management of Water Con-servancy,En-vironment and Public Facilities	居民服务、修理和其他服务业 Services to Households, Repair and Other Services	教育 Education	卫生和社会工作 Health and Social Service	文化、体育和娱乐业 Culture, Sports and Entertain-ment	公共管理、社会保障和社会组织 Public Mana-gement,Social Security and Social Organization
2096	197		11766	757	307	21420	6069	1042	13554
3468	778		15088	3021	417	30902	10746	2898	19138
6905	1155	1117	26872	4817	463	51174	17595	3782	36920
9307	1450	1847	29932	5937	589	61038	23114	6009	49588
10474	1510	2185	30870	6985	698	65819	25034	6917	55085
12924	1803	2760	35675	8643	761	84250	30796	8435	65615
14102	2053	3863	39444	11762	815	89940	34583	11037	79101
17470	2437	5066	46459	15061	978	99358	39529	13358	94085
19297	2795	5765	51742	16480	996	107925	43028	13774	106002
25366	4005	6998	64707	19620	783	134970	51266	12593	131013
40457	5216	7827	69586	21830	8053	157693	63269	12508	166888
69270	8886	16756	98468	46332	9316	244518	104740	29282	258789
80619	10459	17626	120187	47932	9687	242074	122049	29689	289326
92634	12751	18124	126915	48639	9804	332534	140925	30614	324991
110358	14601	19137	134609	49533	9840	368133	158473	31191	363001
136365	20341	20515	142113	50345	10137	436783	181650	31955	425980
158688	22735	24961	125873	58322	10817	518933	214225	36587	486655
183778	27647	27311	141697	63432	13251	601173	246975	40099	565261
214232	29128	30006	203335	71987	20125	771304	294859	49890	697637
231703	41850	32574	186623	76808	17648	896710	335438	53535	761243
276380	52517	40900	218656	67579	32828	996203	385244	71653	894960
315060	56713	50438	260908	72086	17409	1100797	425419	76188	1010394
379710	60560	110355	278465	81137	28546	1201121	487875	91225	1126767
415539	76292	110317	341389	100592	32356	1339277	566718	89067	1252926
503492	101872	145778	417854	124712	43016	1720414	710029	101941	1648852
676824	109496	184636	523409	135675	21894	1946943	856137	113486	2065555
791821	357901	374472	665465	180718	123001	2541547	1040967	144975	2388957
1007152	430062	468560	783046	207955	171475	2927686	1277654	177429	2699750
1315866	564549	567142	1014862	269933	230330	3366310	1713105	239082	3119096
1605422	713886	630263	1159404	344307	295883	4013182	2133160	261911	3626511
1869129	921904	857038	1582766	462475	348657	4525646	2550911	317131	4060858
2065994	1380710	1162998	1821159	531393	330096	5022372	2940353	429376	4461588
2267734	1546288	1336259	1975685	567042	355036	6075938	3507362	470626	5724040
2654525	1750841	1502037	2104478	618346	417070	6667027	4044483	509211	6568841
2974108	1978298	1680327	2407865	673142	461608	7400464	4676656	582792	7828877

4-22 各市(州)按行业分全部单位就业人员工资总额(2017年)

单位：万元

市(州)	Region	合计 Total	农、林、牧、渔业 Farming, Forestry, Animal Husbandry and Fishery	采矿业 Mining	制造业 Manufacturing	电力、热力、燃气及水生产和供应业 Production and Supply of Electricity, Heat,Gas and Water	建筑业 Construction	批发和零售业 Wholesale and Retail Trades	交通运输、仓储和邮政业 Transport, Storage and Post	住宿和餐饮业 Hotels and Catering Services
全　省	**Sichuan**	**71865217**	**263046**	**2119605**	**15912709**	**2159550**	**10925975**	**3004453**	**3345831**	**1045377**
成都市	Chengdu	26995090	52260	14976	6016680	183576	3868564	1643839	1569148	501658
自贡市	Zigong	2085190	6502	79037	582954	41526	410268	46150	88797	25305
攀枝花市	Panzhihua	1751952	11352	173848	417894	85290	206205	109605	68951	32416
泸州市	Luzhou	3172932	4285	34734	555474	41449	829879	191591	130224	16913
德阳市	Deyang	3376194	3757	25984	1544315	40435	346597	132813	57343	36415
绵阳市	Mianyang	4220725	12560	17130	1068999	93372	632328	107763	77681	89932
广元市	Guangyuan	1394616	6088	65002	151118	24312	209609	39004	40159	11307
遂宁市	Suining	1699599	3793	14311	487226	41619	298352	32769	23293	43572
内江市	Neijiang	1789805	9197	35864	390264	27664	395682	38501	49345	13135
乐山市	Leshan	2336892	16262	132519	607075	75048	324453	71462	59010	47201
南充市	Nanchong	4063304	5862	9582	1148500	79695	802865	99521	95072	44574
眉山市	Meishan	1869924	5575	24098	570427	60600	377716	33727	42714	19582
宜宾市	Yibin	3329666	18552	211976	978351	77201	486159	66727	64548	18249
广安市	Guangan	1726856	13792	61006	250329	47363	354698	55986	54364	16507
达州市	Dazhou	2457777	20943	227137	290943	93983	389044	112542	89947	41001
雅安市	Yaan	764434	4774	40707	139340	33046	52388	14970	21098	7424
巴中市	Bazhong	1519006	7164	33491	142408	14040	483504	34808	42242	37235
资阳市	Ziyang	1327911	2635	2146	417676	9960	229612	29897	42019	2575
阿坝藏族羌族自治州	Aba	772226	16735	2076	30640	28936	22454	19075	24361	10166
甘孜藏族自治州	Ganzi	710379	17301	3041	5332	46934	11980	14693	29405	4423
凉山彝族自治州	Liangshan	2066811	23659	149476	111204	110333	151976	103733	62180	18722

Total Wage of Emoployment in all Units by Sector and Region(2017)

(10 000 yuan)

信息传输、软件和信息技术服务业 Information Transmission, Software and IT Services	金融业 Financial Interme-diation	房地产业 Real Estate	租赁和商务服务业 Leasing and Business Services	科学研究和技术服务业 Scientific Research, and Technical Services	水利、环境和公共设施管理业 Management of Water Con-servancy,En-vironment and Public Facilities	居民服务、修理和其他服务业 Services to Households, Repair and Other Services	教育 Education	卫生和社会工作 Health and Social Service	文化、体育和娱乐业 Culture, Sports and Entertain-ment	公共管理、社会保障和社会组织 Public Mana-gement,Social Security and Social Organization
2424533	**2974108**	**1978298**	**1680327**	**2407865**	**673142**	**461608**	**7400464**	**4676656**	**582792**	**7828877**
1642228	1261920	1205599	1036914	1433916	253435	268574	2166928	1674978	300754	1899143
33339	70997	44234	20290	29683	19474	6482	205025	142704	13244	219181
19309	81468	26444	18900	35840	15195	20791	134852	94148	11511	187934
82343	116872	85424	78520	22935	16248	9490	359569	238997	26895	331091
35168	153426	41133	20100	71959	29872	11079	290187	209305	12245	314062
135522	190125	88774	75011	477198	33402	44256	440350	238952	24092	373277
27643	78705	28391	19045	21433	33559	6482	196288	157246	9009	270216
32007	76857	39782	11987	10237	9543	2069	204556	132785	15380	219461
20498	88471	24079	13140	15356	8734	3694	260312	127676	12906	255289
33892	82162	49868	23554	37519	49802	10185	196336	136285	11262	372997
45348	156763	103656	93239	40059	35982	7937	534946	276950	30637	452117
19558	40479	29184	13959	21206	24256	6352	210156	106775	5647	257913
75442	136290	40606	37330	40919	16751	5778	388696	203819	24109	438164
18970	82288	38495	17399	10695	13861	2138	277308	150244	7401	254012
60085	78618	52775	23457	36852	22990	27044	381437	180459	16477	312044
18123	40165	8716	8839	4663	8704	2263	112821	77370	4018	165004
27493	44669	28201	11517	8953	9457	2613	241072	111145	14013	224980
27540	69989	12893	11942	14393	13128	529	158561	109114	9154	164150
17918	26203	1192	27633	10728	26818	272	123282	50661	7885	325041
16429	18834	1722	3596	15440	9979	2709	117927	54974	7950	327713
32901	78807	21419	48687	26456	21953	20723	401880	200506	17109	465090

4–23 按行业分国有经济单位就业人员工资总额

单位：万元

年份 Year	合计 Total	农、林、牧、渔业 Farming, Forestry, Animal Husbandry and Fishery	采矿业 Mining	制造业 Manufac-turing	电力、热力、燃气及水生产和供应业 Production and Supply of Electricity, Heat,Gas and Water	建筑业 Construc-tion	批发和零售业 Wholesale and Retail Trades	交通运输、仓储和邮政业 Transport, Storage and Post	住宿和餐饮业 Hotels and Catering Services	信息传输、软件和信息技术服务业 Information Transmission, Software and IT Services
1978	219481	6349	22831	74597	4340	18879	20283	16845	3004	
1980	300829	7372	28477	99448	7386	25251	27993	22265	4146	
1985	478883	10261	46083	171148	7091	34381	30018	35210	3520	1268
1986	582177	12437	56860	202705	9315	41875	33865	43168	5016	2126
1987	650498	12771	59515	233891	11144	48446	38226	47836	5601	2501
1988	807670	14621	70124	295218	14050	58163	50429	59942	7402	3164
1989	937712	15841	76031	354269	17519	64933	57942	70353	8505	4399
1990	1071715	17282	102004	383120	25290	71988	64293	79263	9437	5711
1991	1197509	19023	109427	435869	25167	83375	71962	88995	10658	6291
1992	1377792	20726	114231	489232	30605	94239	77834	102479	11425	7489
1993	1635013	23775	111770	583654	39022	158721	95545	83740	14151	8356
1994	2227867	30480	162306	667528	50161	186311	135672	120653	19915	18195
1995	2574023	34834	177415	775878	71687	224438	155143	151492	22978	18645
1996	2841447	39432	200710	833479	84574	230079	168030	170865	24886	18902
1997	3020053	43054	197505	834145	102870	244728	171901	199996	25460	19213
1998	3010629	46216	179302	684660	101734	239295	151032	202615	22369	19585
1999	3076087	51346	143862	593000	110565	230424	139215	217647	20746	22588
2000	3387240	59933	184541	592493	120520	225360	134067	239453	16648	24570
2001	3824669	75018	125230	571708	139577	244940	121802	259421	18151	31592
2002	4069680	82734	154215	548757	146069	240261	106741	280217	15990	35021
2003	4530295	88554	140691	587018	148665	297628	131224	239658	18271	85531
2004	4954541	83699	157343	600863	169126	282400	135253	258843	20289	110752
2005	5575919	83116	239878	638221	193349	306660	144843	304666	20955	118181
2006	6278120	90978	285074	734517	199945	356909	146570	372775	23045	128043
2007	7702452	101012	352462	753978	235789	458057	162859	452216	31019	124192
2008	9131401	99407	438487	858128	280334	568157	188586	503641	32225	135208
2009	10581526	82798	474721	841874	299880	754787	217955	586030	38219	133791
2010	12266436	89000	508371	1000888	365831	945472	239082	638792	47135	142432
2011	14479483	109802	586060	1142657	424599	1066283	285194	738607	65346	157237
2012	17060258	120858	757792	1208273	488184	1253206	340260	887444	74819	188169
2013	18626143	117956	167358	624643	1118242	1345478	301876	1211920	43517	328983
2014	20162618	115713	245317	858750	1185590	1296410	335643	1337051	40707	153454
2015	22612943	126083	125432	581565	1133565	1223801	329621	1398129	36436	115376
2016	24582334	133765	61366	593236	1161217	1129758	301232	1470809	35460	117796
2017	27223176	133919	54997	481404	1228190	1003385	303439	1547206	31486	117811

Total Wage of Employment in State-owned Units by Sector

(10 000 yuan)

金融业 Financial Interme-diation	房地产业 Real Estate	租赁和商务服务业 Leasing and Business Services	科学研究和技术服务业 Scientific Research, and Technical Services	水利、环境和公共设施管理业 Management of Water Con-servancy,En-vironment and Public Facilities	居民服务、修理和其他服务业 Services to Households, Repair and Other Services	教育 Education	卫生和社会工作 Health and Social Service	文化、体育和娱乐业 Culture, Sports and Entertain-ment	公共管理、社会保障和社会组织 Public Mana-gement,Social Security and Social Organization
1291	197		11766	741	276	20683	3840	626	12933
2298	722		15045	2602	403	29999	7327	1120	18975
5001	1007	1099	26858	4226	338	50587	13232	1520	36035
6668	1319	1818	29913	5261	484	60431	17143	3226	48547
7415	1464	2138	30852	6189	569	65223	19036	3797	53884
9352	1768	2705	35664	7830	720	83713	23804	4802	64199
9954	2039	3760	39428	10884	1000	89338	27229	6676	77612
12916	2373	4882	46436	14132	1299	98724	31471	8668	92426
14264	2699	5378	51691	15568	1431	107248	34584	9548	104331
18787	3792	6402	64162	18531	1703	134291	41393	11366	129105
31212	4435	7126	69232	20627	1896	156780	51976	12651	160364
51439	8186	15555	98395	45024	4138	243744	86932	27615	255618
60204	9183	15940	120084	46137	4241	271087	100158	28297	286182
67827	11088	16159	126780	46772	4299	331478	115868	28686	321533
79359	12509	16425	134463	47543	4370	366933	131611	29159	358809
95639	16872	16744	141354	48464	4455	435622	152990	29724	421957
106978	17534	19311	125413	55895	5138	517475	181524	34281	483145
132984	20076	21006	139874	60801	5589	599029	211852	37290	561154
155476	19642	22846	201759	68539	6887	767319	255393	46786	692583
159284	22069	22234	184792	71540	7949	892619	291260	50919	757009
216061	21277	30328	212133	61359	10671	972935	324749	68870	874672
234371	22093	37714	254427	66402	12630	1075808	368214	73572	990742
254672	22539	93189	270784	74621	23906	1168545	424735	87222	1105837
267175	25028	90112	323556	93617	27640	1301738	493157	85156	1233085
306566	32309	118842	399501	115458	34630	1680347	619126	96982	1627107
400300	32123	149122	504981	127698	11951	1895316	754873	107952	2042912
441378	35731	135691	597805	158474	11079	2401045	886229	111815	2372224
516101	33100	150504	695501	184052	11869	2772615	1107000	129903	2688788
604086	38892	180883	889573	225598	16400	3245013	1434644	149821	3118788
805333	38603	154291	1001168	281403	18410	3845719	1790195	181617	3624514
916641	39955	210708	1173202	309213	19720	4263469	2150242	222751	4060270
941028	42842	238873	1169828	359516	20434	4686084	2417634	256300	4461444
1006672	42008	256513	1207960	417354	22402	5654698	2932106	280746	5722481
1065128	64722	244829	1274217	449963	43821	6193590	3381745	293120	6566561
1115731	46661	303256	1366131	476927	47349	6886975	3904657	347058	7826594

4-24 各市(州)按行业分国有经济单位就业人员工资总额(2017年)

单位：万元

市(州)	Region	合计 Total	农、林、牧、渔业 Farming, Forestry, Animal Husbandry and Fishery	采矿业 Mining	制造业 Manufacturing	电力、热力、燃气及水生产和供应业 Production and Supply of Electricity, Heat,Gas and Water	建筑业 Construction	批发和零售业 Wholesale and Retail Trades	交通运输、仓储和邮政业 Transport, Storage and Post	住宿和餐饮业 Hotels and Catering Services
全　省	**Sichuan**	**27223176**	**133919**	**54997**	**481404**	**1228190**	**1003385**	**303439**	**1547206**	**31486**
成都市	Chengdu	8134414	8886		265905	31018	668735	74127	403877	16555
自贡市	Zigong	755461	2482		3833	13598	40809	4449	37119	115
攀枝花市	Panzhihua	538430	2228		2652	20367	60	10516	40758	1060
泸州市	Luzhou	1098287	3096	3664	1664	13671	92428	22457	30979	
德阳市	Deyang	1051959	1799	3075	104492	25027	23978	10031	30847	1001
绵阳市	Mianyang	1655058	3864		15316	39010	17535	20540	21334	703
广元市	Guangyuan	730900	2713		6641	3001	14247	7837	22812	199
遂宁市	Suining	611261						6056	12876	
内江市	Neijiang	730002	4469		7967	7863	16845	7808	20350	
乐山市	Leshan	838776	11396	453	509	828	4082	12634	23404	102
南充市	Nanchong	1498169	3394		1042	35893	27294	13859	44798	
眉山市	Meishan	708926	2951		144	42020	6932	1306	16462	
宜宾市	Yibin	1197733	11563	35	51985	13436	1362	6798	27149	219
广安市	Guangan	777957	5740			6132	9777	9397	29129	
达州市	Dazhou	1056565	12896		696	36256	14898	12103	27369	987
雅安市	Yaan	409475	2868			2635	721	3395	11682	49
巴中市	Bazhong	666951	4333		1949	2521	23610	9630	22125	1798
资阳市	Ziyang	549293	1683			1430	18739	8011	34305	242
阿坝藏族羌族自治州	Aba	621917	14787		43	7033	2452	7109	20970	530
甘孜藏族自治州	Ganzi	598700	16081	180	400	9965	1296	7859	20434	30
凉山彝族自治州	Liangshan	1310248	16692	5550	10606	13320	5661	42237	34494	832

Total Wage of Employment in State-owned Units by Sector and Region(2017)

(10 000 yuan)

信息传输、软件和信息技术服务业 Information Transmission, Software and IT Services	金融业 Financial Interme-diation	房地产业 Real Estate	租赁和商务服务业 Leasing and Business Services	科学研究和技术服务业 Scientific Research, and Technical Services	水利、环境和公共设施管理业 Management of Water Con-servancy,En-vironment and Public Facilities	居民服务、修理和其他服务业 Services to Households, Repair and Other Services	教育 Education	卫生和社会工作 Health and Social Service	文化、体育和娱乐业 Culture, Sports and Entertain-ment	公共管理、社会保障和社会组织 Public Mana-gement,Social Security and Social Organization
117811	**1115731**	**46661**	**303256**	**1366131**	**476927**	**47349**	**6886975**	**3904657**	**347058**	**7826594**
24218	476771	17195	141980	588807	141680	4459	1919136	1287497	164996	1898573
13099	44135	1629	2408	20637	14963	1430	196615	128486	10569	219086
281	12574	30	2387	12814	13868	409	131553	90037	8910	187925
831	14505	696	4088	13296	10534	1455	320511	222739	10582	331091
	41729	1528	3625	23979	27768	1513	275623	153193	8808	313946
21622	61986	1051	3739	462104	24883	21601	372825	179663	14004	373277
2082	23315	2200	8795	10551	31390	253	188074	130426	6151	270216
7936	33523	137	3943	8450	7380	360	191099	112846	7243	219413
1432	8834	1674	1839	9229	7772	1209	252275	116156	8990	255289
674	19507	559	7425	31886	23948	3024	190082	127115	8151	372997
6409	75706	3055	4465	28644	33298	1473	506646	243148	16947	452098
493	19410	1738	2164	18837	22942	577	208546	101977	4516	257913
1942	31575	6457	2543	13956	9480	2841	380924	180165	17140	438164
2035	56056	1798	4398	9763	9554	277	254560	119440	6215	253685
9007	43969	2844	3197	29721	21575	2850	362409	150166	13578	312044
6131	16327	206	3163	3371	7746	989	112349	70066	2772	165004
2463	28106	2200	1737	4447	7583	473	228400	94835	5763	224980
8215	24060	177	765	7241	12171	411	155596	106972	6225	163052
1908	15269		12640	8954	24703		123157	50531	6792	325041
1204	13875	683	571	14825	3335	864	117763	54567	7056	327713
3049	54500	805	22114	23196	20351	882	397244	183070	10556	465090

4-25 按行业分城镇集体经济单位就业人员工资总额

单位：万元

年份 Year	合计 Total	农、林、牧、渔业 Farming, Forestry, Animal Husbandry and Fishery	采矿业 Mining	制造业 Manufac-turing	电力、热力、燃气及水生产和供应业 Production and Supply of Electricity, Heat,Gas and Water	建筑业 Construc-tion	批发和零售业 Wholesale and Retail Trades	交通运输、仓储和邮政业 Transport, Storage and Post	住宿和餐饮业 Hotels and Catering Services	信息传输、软件和信息技术服务业 Information Transmission, Software and IT Services
1978	43715	667	90	17024	893	4504	6410	8591	681	
1980	64063	814	190	27474	748	7572	9733	8537	1030	
1985	119128	1771	334	48288	1314	13640	28302	11590	2992	
1986	136524	2350	376	54932	1495	16911	31458	11781	3246	
1987	150931	2551	434	62764	1708	18982	33588	12496	3465	
1988	178923	2856	519	75028	2042	22836	40100	14376	4137	
1989	195894	3164	581	83936	2285	23191	43160	16570	4453	
1990	220375	3903	2336	91734	3930	26934	48654	17675	5021	
1991	248487	4412	3304	108281	4092	31737	51829	19098	5347	
1992	283759	5245	4135	122023	4622	40688	55192	21470	5694	
1993	333417	5249	1707	123261	668	62216	82368	20016	8498	
1994	386038	8136	5336	152631	908	72730	77060	15152	7950	
1995	437256	9278	6491	171307	1305	77318	89791	17904	9264	
1996	469060	10649	6641	176610	2032	86352	94694	19875	9773	
1997	513532	11088	11096	194942	4656	97367	92604	22281	9458	
1998	438565	10731	8709	147082	2159	89767	80893	16535	8346	
1999	398702	11185	5871	120091	1530	93697	63837	15619	5597	
2000	405185	11743	5868	115103	1777	104879	55143	14006	4835	
2001	389753	11871	6174	96486	2571	106128	41886	14296	4342	
2002	388119	10884	4392	86753	2772	121904	31071	12794	3746	
2003	436951	10216	5300	83384	4769	138528	24230	13661	4139	413
2004	433210	9601	4568	87663	4995	137981	22814	14537	4705	380
2005	457006	8858	5361	91342	5737	140681	20758	15562	4889	74
2006	512573	9141	6776	94908	5911	167259	22544	16935	4294	19
2007	597311	9971	7412	105164	7401	197172	22154	12905	4219	24
2008	698158	8125	6732	120797	5739	246516	23903	13482	4621	36
2009	791894	6887	10821	131300	5875	293821	22772	16791	7309	4848
2010	785441	8403	10906	66130	7405	333319	18287	17359	7434	607
2011	951634	8026	12318	74501	9556	417220	20405	22474	7358	1016
2012	1107287	5659	24591	73141	11400	489349	20919	27777	6796	322
2013	1137642	7050	13166	53171	10822	464722	25512	28882	6755	525
2014	1238152	8502	11303	48608	12940	519198	25307	36645	5438	837
2015	1254899	8241	7131	51445	11728	499008	27449	32750	3391	404
2016	1340078	10337	6724	44472	12425	521062	26195	32508	3383	441
2017	1223720	4334	1318	41608	9308	454088	23329	33391	2760	453

Total Wage of Employment in Urban Collective-owned Units by Sector

(10 000 yuan)

金融业 Financial Interme-diation	房地产业 Real Estate	租赁和商务服务业 Leasing and Business Services	科学研究和技术服务业 Scientific Research, and Technical Services	水利、环境和公共设施管理业 Management of Water Con-servancy,En-vironment and Public Facilities	居民服务、修理和其他服务业 Services to Households, Repair and Other Services	教育 Education	卫生和社会工作 Health and Social Service	文化、体育和娱乐业 Culture, Sports and Entertain-ment	公共管理、社会保障和社会组织 Public Mana-gement,Social Security and Social Organization
805				16	92	737	2229	355	621
1170	56		43	419	1094	903	3419	698	163
1904	148	18	14	591	2172	587	4363	786	885
2639	131	29	19	676	2059	607	5971	803	1041
3059	46	47	18	796	2313	596	5998	869	1201
3572	35	55	11	813	2727	537	6992	871	1416
4148	14	63	16	858	3111	602	7354	899	1489
4754	64	84	23	889	3218	634	8058	805	1659
5033	96	87	51	852	2688	677	8444	788	1671
6579	161	96	545	989	3045	679	9873	815	1908
9239	595	101	354	1083	2575	913	11293	793	2488
17783	141	501	73	1148	3852	774	17808	909	3146
20174	344	886	103	1595	4365	987	21891	1145	3108
23561	481	967	83	1632	4977	1056	25057	1209	3411
28429	734	959	146	1677	4781	1200	26862	1218	4034
32017	744	902	138	1507	4525	1078	28660	1046	3726
35504	858	904	117	1518	4279	995	32619	1151	3330
40028	1815	893	576	1461	5761	1272	35046	1054	3925
44857	1524	831	812	1663	10642	1315	39110	832	4413
53208	1604	730	383	2628	5840	1399	43815	382	3814
61245	2028	3038	1543	3561	19931	1032	57277	569	2087
70237	2253	3504	2039	3959	2540	833	57677	606	2318
86376	2223	5507	792	4225	2831	948	59658	928	256
94929	2462	7229	1067	4648	3103	806	69250	1060	232
116767	2444	9800	1248	5929	2741	1506	88354	1874	226
133789	2580	11954	1791	7216	3482	977	103971	2261	186
132613	2855	12949	2132	8773	4633	2836	122624	1712	343
131634	3166	11744	2200	8659	4769	2914	147656	2074	775
156012	4062	15446	2551	9993	5841	3161	179377	2050	265
172321	4784	23309	5293	9415	7132	4350	216294	2500	1935
201658	3635	27543	5545	9732	3894	31457	240218	3181	172
214854	2345	35485	7957	9518	3271	32766	260681	2479	19
211423	2184	36509	6658	10592	4626	53491	284000	3640	229
226857	1344	36918	7972	14837	1743	64474	323687	4231	467
223274	5269	30940	14190	14636	1439	6729	350914	5154	589

4–26 各市(州)按行业分城镇集体经济单位就业人员工资总额(2017年)

单位：万元

市(州)	Region	合计 Total	农、林、牧、渔业 Farming, Forestry, Animal Husbandry and Fishery	采矿业 Mining	制造业 Manufacturing	电力、热力、燃气及水生产和供应业 Production and Supply of Electricity, Heat,Gas and Water	建筑业 Construction	批发和零售业 Wholesale and Retail Trades	交通运输、仓储和邮政业 Transport, Storage and Post	住宿和餐饮业 Hotels and Catering Services
全　省	**Sichuan**	**1223720**	**4334**	**1318**	**41608**	**9308**	**454088**	**23329**	**33391**	**2760**
成都市	Chengdu	289512	323		23317	1209	65164	7111	4049	1854
自贡市	Zigong	18840	1729		1853		3210	521	3965	
攀枝花市	Panzhihua	19679			205		14628	814	964	72
泸州市	Luzhou	141888			5423	121	105275	2601	629	
德阳市	Deyang	55790		17	340		11574	2001	2181	
绵阳市	Mianyang	96922	514		3972		2562	315		
广元市	Guangyuan	56053			123	1519	15860	921	192	
遂宁市	Suining	67440			265		35962			
内江市	Neijiang	34496			214		12785	307	766	197
乐山市	Leshan	22929		821	2061	1345	271	496	5347	108
南充市	Nanchong	62081	70		514	3018	14373	354	983	
眉山市	Meishan	14309	1141				3955	36	1964	147
宜宾市	Yibin	33407	405		211	138	16456	288	2992	
广安市	Guangan	95653			336		53337	263	111	
达州市	Dazhou	86231		89		19	42489	4539	4591	
雅安市	Yaan	7301					1973		20	
巴中市	Bazhong	42345			724	421	27105	1720		248
资阳市	Ziyang	38907			1324	1313	12729	580	3152	34
阿坝藏族羌族自治州	Aba	8123					1421	394		25
甘孜藏族自治州	Ganzi	6115			44		1583			
凉山彝族自治州	Liangshan	25700	153	391	683	205	11377	68	1485	75

Total Wage of Employment in Urban Collective-owned Units by Sector and Region(2017)

(10 000 yuan)

信息传输、软件和信息技术服务业 Information Transmission, Software and IT Services	金融业 Financial Intermediation	房地产业 Real Estate	租赁和商务服务业 Leasing and Business Services	科学研究和技术服务业 Scientific Research, and Technical Services	水利、环境和公共设施管理业 Management of Water Conservancy,Environment and Public Facilities	居民服务、修理和其他服务业 Services to Households, Repair and Other Services	教育 Education	卫生和社会工作 Health and Social Service	文化、体育和娱乐业 Culture, Sports and Entertainment	公共管理、社会保障和社会组织 Public Management,Social Security and Social Organization
453	**223274**	**5269**	**30940**	**14190**	**14636**	**1439**	**6729**	**350914**	**5154**	**589**
	22014	49	4507	7107	6053	201	554	142187	3242	570
	171		408		3064			3920		
			2920	77						
	18299	190	2183	33	1962	144	489	4499	42	
	7397			923	12		525	30819		
	31054	3879	2965	1333	9	102	1289	48905	24	
	14029		962	556	123	237	340	21119	75	
	18274	108	119	12	350			12028	323	
	10764		529		435			7783	716	
5	3655		1504	27	102	10	2236	4540	402	
	18334	527	7223	205	471	205		15553	232	19
	3836		116					3116		
			848	1101		81	177	10710		
	25307		563		2057			13681		
285	15571	478	639	534			531	16369	99	
	4801		508							
	5532		419				588	5586		
164	14026		3304	2283						
	5993		290							
	4217							271		
		38	936			460		9829		

4-27 按行业分其他各种经济单位就业人员工资总额
Total Wage of Employment in Units of Other Types of Ownership by Sector

单位：万元 (10 000 yuan)

行 业	Sector	2012	2013	2014	2015	2016	2017
总 计	**Total**	**8830210**	**14311143**	**21028896**	**22567438**	**23540840**	**25425735**
农、林、牧、渔业	Farming, Forestry, Animal Husbandry and Fishery	2172	3017	3612	4119	3573	3612
采矿业	Mining	480656	843912	1205438	1120534	1107847	1221170
制造业	Manufacturing	4051679	5934662	7740774	7790550	7751266	8206380
电力、热力、燃气及水生产和供应业	Production and Supply of Electricity, Heat,Gas and Water	392177	640377	810326	946720	842848	762884
建筑业	Construction	1783848	2672685	4615913	4996988	5282577	5335645
批发和零售业	Wholesale and Retail Trades	338892	635985	1111633	1184929	1246842	1367069
交通运输、仓储和邮政业	Transport, Storage and Post	328179	700750	1086454	1243056	1265983	1372465
住宿和餐饮业	Hotels and Catering Services	141016	201487	340238	350534	329463	330580
信息传输、软件和信息技术服务业	Information Transmission, Software and IT Services	145815	693518	1090558	1433318	1518619	1774584
金融业	Financial Intermediation	605759	711300	838265	939601	1259500	1515532
房地产业	Real Estate	232073	386657	820801	922732	1070944	1216545
租赁和商务服务业	Leasing and Business Services	69580	221833	343546	449490	564132	650001
科学研究和技术服务业	Scientific Research and Technical Services	71178	292526	478117	577284	612912	788714
水利、环境和公共设施管理业	Management of Water Conservancy, Environment and Public Facilities	11224	85882	114542	90396	102949	127910
居民服务、修理和其他服务业	Services to Households, Repair and Other Services	10630	29584	44316	57541	59423	76653
教育	Education	98070	147202	198032	253129	273348	347983
卫生和社会工作	Health and Social Service	56415	77076	121242	134005	160959	231425
文化、体育和娱乐业	Culture, Sports and Entertainment	10785	32275	64964	71185	85843	94888
公共管理、社会保障和社会组织	Public Management, Social Security and Social Organization	62	415	125	1330	1814	1694

4-28 按登记注册类型分全部单位就业人员平均工资及指数
Average Wage of Employment in all Units and Related Indices by Registered Type

年份 Year	平均货币工资（元） Average Money Wage (yuan)					指数（上年为100） Indices (preceding year=100)									
						平均货币工资 Average Money Wage					平均实际工资 Average Real Wage				
	全部单位 all Units	国有经济单位 State-owned Units	城镇集体经济单位 Urban Collective Owned Units	私营经济单位 Private Units	其他各种经济单位 Units of Other Types of Ownership	全部单位 all Units	国有经济单位 State-owned Units	城镇集体经济单位 Urban Collective Owned Units	私营经济单位 Private Units	其他各种经济单位 Units of Other Types of Ownership	全部单位 all Units	国有经济单位 State-owned Units	城镇集体经济单位 Urban Collective-owned Units	私营经济单位 Private Units	其他各种经济单位 Units of Other Types of Ownership
1978	590	622	475			106.0	107.6	105.6							
1980	743	789	590			116.3	117.2	113.5			107.6	108.5	105.0		
1985	1062	1138	845		854	116.4	117.0	114.7		110.4	109.0	109.5	107.4		
1986	1237	1338	944		993	116.5	117.6	111.7		116.7	112.1	113.2	107.5		112.3
1987	1340	1441	1040		1087	108.3	107.7	123.1		109.5	100.8	100.2	102.5		101.8
1988	1598	1726	1211		1380	119.3	119.8	116.4		127.0	99.4	99.8	97.0		105.8
1989	1796	1941	1342		1587	112.4	112.5	110.8		115.0	95.0	95.1	93.7		97.2
1990	2011	2177	1490		1737	112.0	112.2	111.0		109.5	108.6	108.8	107.7		106.2
1991	2194	2351	1693		2178	109.1	108.0	113.6		125.4	106.6	105.6	111.1		122.6
1992	2458	2643	1885		2665	112.0	112.4	111.3		122.4	105.3	105.7	104.6		115.0
1993	2984	3148	2274		3890	121.2	119.1	120.6		146.0	106.6	101.9	103.2		124.9
1994	4064	4366	2726		5198	136.2	138.7	119.9		133.6	106.5	108.4	93.7		104.5
1995	4703	5002	3242		5944	115.7	114.6	118.9		114.4	97.2	96.3	99.9		96.1
1996	5218	5527	3666		6248	111.0	110.5	113.1		105.1	101.0	100.6	103.0		95.7
1997	5626	5996	3982		6206	107.8	108.5	108.6		99.3	102.6	103.2	103.3		94.5
1998	5939	6441	3966		5741	105.6	107.4	99.6		92.5	105.8	107.6	99.8		92.7
1999	7249	7771	4927		6992	110.2	110.3	106.2		110.0	112.3	112.4	108.3		112.1
2000	8323	8909	5749		7763	114.8	114.6	116.7		110.0	115.1	114.9	117.1		110.3
2001	9934	10783	6575		8650	119.4	121.0	114.4		111.4	117.2	118.9	112.3		109.5
2002	11183	12388	7395		9233	112.6	114.9	112.5		106.8	113.0	115.3	112.8		107.2
2003	12320	13769	8647		10005	110.2	111.1	116.9		108.7	109.4	110.5	116.0		106.9
2004	13887	15592	9680		11292	112.7	113.2	111.9		113.2	107.8	108.3	106.6		107.9
2005	15638	17644	10974		12732	112.6	113.2	113.4		112.8	110.7	111.3	111.5		110.9
2006	17612	19884	12624		14403	112.6	112.7	115.0		113.0	110.2	108.9	111.4		109.8
2007	21081	24045	15089		16922	119.7	120.9	119.5		117.5	113.0	114.2	112.9		110.9
2008	24725	28131	18386		20068	117.3	117.0	121.9		118.8	112.2	112.1	116.2		113.4
2009	23572	32210	21043	16085	22666		114.5	114.5		112.9		113.7	113.7		112.2
2010	26127	36729	23411	18316	27081	110.8	114.0	111.3	113.9	119.5	109.7	110.4	107.7	110.2	115.7
2011	31300	42048	28342	22175	31575	119.8	114.5	121.1	121.1	116.6	111.1	108.9	115.2	115.2	110.9
2012	35873	47721	33409	25912	35749	114.6	113.5	117.9	116.9	113.2	110.9	110.4	114.7	113.7	110.1
2013	41795	53896	39112	29830	43857	116.5	112.9	117.1	115.1	122.7	113.3	109.9	113.9	112.0	119.3
2014	45697	57018	43707	32671	49435	109.3	105.8	111.7	109.5	112.7	107.5	104.0	109.9	107.7	110.8
2015	50466	66551	48924	35127	53384	110.4	116.7	111.9	107.5	108.0	108.9	115.1	110.4	106.0	106.5
2016	54425	72980	52180	37763	57243	107.8	109.7	106.7	107.5	107.2	105.7	107.5	104.6	105.4	105.1
2017	58671	80321	55115	40087	61279	107.8	110.1	105.6	106.2	107.1	106.0	108.2	103.9	104.4	105.3

注：2009年及以后全部单位就业人员平均工资包括私营单位(后同)。

a) Average wage of employment in all units includes wage in the private units from 2009.(the same as follows)

4-29 各市(州)全部单位就业人员平均工资
Total Wage of Employment in all Units and Related Indices by Region

单位：元 (yuan)

市(州)	Region	2010	2011	2012	2013	2014	2015	2016	2017
全　省	**Sichuan**	**26952**	**31489**	**35873**	**41795**	**45697**	**50466**	**54425**	**58671**
成都市	Chengdu	30515	34008	38221	48358	51681	56872	61330	65098
自贡市	Zigong	23223	27975	32681	37081	40162	43157	46595	52339
攀枝花市	Panzhihua	30029	35997	40846	44220	50221	51999	55508	61005
泸州市	Luzhou	22448	27053	31340	37648	41121	44749	47871	52455
德阳市	Deyang	28355	32325	36684	41426	44169	48090	52249	56815
绵阳市	Mianyang	26347	31717	35544	40989	44640	49817	53222	56966
广元市	Guangyuan	25328	30548	34030	37300	41518	46888	51379	54086
遂宁市	Suining	22621	27316	30641	34633	37894	42188	45840	49962
内江市	Neijiang	22340	28126	31646	35479	37695	40617	45234	48790
乐山市	Leshan	23865	28001	32362	37742	41181	45805	49839	53764
南充市	Nanchong	22197	27409	32441	35981	39192	44033	47272	51521
眉山市	Meishan	22897	27782	33034	36595	41161	45379	48293	52410
宜宾市	Yibin	25265	30068	34670	38674	40978	46019	49966	54195
广安市	Guangan	22913	27819	33190	36213	39213	44079	48054	52493
达州市	Dazhou	22809	27507	32241	35292	38271	42446	46281	50756
雅安市	Yaan	23065	28061	32837	35464	39548	42533	46458	48895
巴中市	Bazhong	22996	26389	30909	36825	39205	43080	46849	49341
资阳市	Ziyang	24224	27627	30434	33587	36694	44150	46827	51568
阿坝藏族羌族自治州	Aba	33788	38374	42138	48011	51149	59526	68637	73432
甘孜藏族自治州	Ganzi	34306	41041	43286	47771	53705	63729	69388	74415
凉山彝族自治州	Liangshan	2668	35535	41463	44163	47295	54195	58980	60352

4-30 各市(州)按登记注册类型分全部单位就业人员平均工资及指数(2017年)
Average Wage of Employment in all Units and Related Indices by Region and Registered Types (2017)

市(州)	Region	平均货币工资（元）Average Money Wage (yuan)					指数（上年=100）Indices (Preceding year=100) 平均货币工资 Arerage Money Wage				
		全部单位 all Units	国有经济单位 State-owned Units	城镇集体经济单位 Urban Collective-owned Units	私营经济单位 Private Units	其他各种经济单位 Units of Other Types of Ownership	全部单位 all Units	国有经济单位 State-owned Units	城镇集体经济单位 Urban Collective-owned Units	私营经济单位 Private Units	其他各种经济单位 Units of Other Types of Ownership
全　省	**Sichuan**	**58671**	**80321**	**55115**	**40087**	**61279**	**107.8**	**110.1**	**105.6**	**106.2**	**107.1**
成都市	Chengdu	65098	89208	67418	41476	71701	106.1	106.3	111.6	105.3	106.7
自贡市	Zigong	52339	80633	58310	38589	53582	112.3	122.1	126.9	106.5	109.2
攀枝花市	Panzhihua	61005	90591	44655	38396	68277	109.9	112.5	93.1	107.8	113.0
泸州市	Luzhou	52455	75948	51101	41485	52894	109.6	118.3	101.6	107.7	108.7
德阳市	Deyang	56815	85211	52272	42583	60429	108.7	120.1	83.6	107.8	103.6
绵阳市	Mianyang	56966	86094	73941	35590	54831	107.0	116.2	106.6	105.6	100.6
广元市	Guangyuan	54086	71311	63944	36311	49205	105.3	107.2	102.7	103.0	107.4
遂宁市	Suining	49962	78641	48344	38442	44432	109.0	114.2	116.1	107.0	105.6
内江市	Neijiang	48790	67481	67376	37200	42716	107.9	105.3	128.0	106.2	107.0
乐山市	Leshan	53764	75585	51398	39373	54740	107.9	114.7	92.7	104.6	104.9
南充市	Nanchong	51521	73004	52624	41357	47427	109.0	115.6	120.0	104.6	105.4
眉山市	Meishan	52410	70886	49858	40135	53347	108.5	110.6	82.7	108.4	107.6
宜宾市	Yibin	54195	79804	43078	39908	54005	108.5	112.8	110.2	107.4	105.0
广安市	Guangan	52493	77652	49088	38448	48330	109.2	113.7	101.4	105.1	101.3
达州市	Dazhou	50756	64874	45907	38953	49548	109.7	108.8	105.8	110.4	112.1
雅安市	Yaan	48895	61715	51891	32511	44966	105.2	107.1	97.3	106.8	98.8
巴中市	Bazhong	49341	63298	36410	39367	44306	105.3	109.7	85.2	109.9	99.7
资阳市	Ziyang	51568	68867	47355	41436	45771	110.1	109.6	100.1	105.4	113.5
阿坝藏族羌族自治州	Aba	73432	85853	75773	37861	49715	107.0	107.4	105.0	103.4	94.4
甘孜藏族自治州	Ganzi	74415	77935	57359	35641	73662	107.2	105.7	105.3	106.9	119.0
凉山彝族自治州	Liangshan	60352	72423	72969	37880	56124	102.3	103.0	141.1	101.8	98.6

4-31 按行业分全部单位就业人员平均工资

单位：元

年份 Year	合计 Total	农、林、牧、渔业 Farming, Forestry, Animal Husbandry and Fishery	采矿业 Mining	制造业 Manufacturing	电力、热力、燃气及水生产和供应业 Production and Supply of Electricity, Heat,Gas and Water	建筑业 Construction	批发和零售业 Wholesale and Retail Trades	交通运输、仓储和邮政业 Transport, Storage and Post	住宿和餐饮业 Hotels and Catering Services	信息传输、软件和信息技术服务业 Information Transmission, Software and IT Services
1978	590	575	719	577	552	658	509	655	501	
1980	743	649	914	742	795	834	645	756	637	
1985	1062	890	1264	1079	1113	1170	883	1080	870	1343
1986	1237	1119	1520	1211	1337	1364	998	1268	987	1424
1987	1340	1153	1589	1339	1461	1528	1093	1391	1081	1861
1988	1598	1320	1887	1618	1705	1732	1341	1671	1328	2105
1989	1796	1449	2247	1827	1988	1945	1477	1928	1449	2438
1990	2011	1588	2515	2033	2145	2192	1635	2122	1602	2771
1991	2194	1714	2677	2238	2574	2434	1774	2340	1748	2950
1992	2458	1981	2816	2469	2747	2705	1869	2624	1838	3857
1993	2984	2683	2955	3132	3661	3243	2335	3032	2307	5103
1994	4064	3404	4158	3941	4776	4267	2828	4221	2809	6946
1995	4703	3957	4819	4671	5961	5063	3326	4999	3314	7522
1996	5218	4310	5348	5181	6773	5485	3686	5712	3669	9019
1997	5626	4418	5631	5466	8138	5908	3850	6614	3823	10801
1998	5939	4609	5561	5539	8732	6072	4789	6873	4761	12347
1999	7249	5481	6337	6873	9760	7066	5060	8936	5043	14237
2000	8323	6140	8083	7774	10764	7693	5755	10352	5726	15819
2001	9934	7373	7753	8892	12039	8355	6895	12340	6858	18687
2002	11183	8114	9866	9853	13506	8444	8043	13952	8017	20763
2003	12320	8902	10591	11126	15099	9202	9971	12997	9202	22057
2004	13887	9264	12937	12686	16918	10090	11793	14903	10442	26305
2005	15638	10016	16907	14226	19253	11113	13999	17422	11133	30091
2006	17612	11224	18682	16404	21469	12839	15682	20776	12555	32229
2007	21081	13377	21752	18906	25518	14902	17321	23420	14493	34622
2008	24725	15231	28632	22046	30484	17746	20949	27344	16531	37462
2009	23572	17234	24348	19692	30360	18887	18253	27416	16308	29766
2010	26127	19481	25470	22722	35774	20711	20192	29518	18006	32863
2011	31300	23095	32927	27200	41321	25323	24082	36967	21401	36517
2012	35873	26700	38437	30827	46059	29629	31074	46169	24444	34204
2013	41795	29416	41540	37519	58181	35289	34976	52331	27633	54618
2014	45697	34203	46595	40486	69409	38303	39361	55458	31013	62052
2015	50466	38023	47865	43311	72902	41357	41181	59552	33349	67829
2016	54425	40087	50006	46228	79969	44151	43622	62903	34491	72527
2017	58671	42940	56446	49093	83009	45789	46287	69063	36363	76065

Average Wage of Employment in all Units by Sector

(yuan)

金融业 Financial Intermediation	房地产业 Real Estate	租赁和商务服务业 Leasing and Business Services	科学研究和技术服务业 Scientific Research, and Technical Services	水利、环境和公共设施管理业 Management of Water Conservancy,Environment and Public Facilities	居民服务、修理和其他服务业 Services to Households, Repair and Other Services	教育 Education	卫生和社会工作 Health and Social Service	文化、体育和娱乐业 Culture, Sports and Entertainment	公共管理、社会保障和社会组织 Public Management,Social Security and Social Organization
574	493		679	590	570	520	541	513	617
720	669		872	692	592	678	698	667	773
1076	974	1005	1275	986	933	1040	998	901	1039
1356	1247	1286	1509	1178	1115	1220	1271	1213	1312
1419	1332	1359	1623	1201	1195	1246	1346	1287	1383
1624	1542	1512	1895	1289	1382	1525	1595	1501	1579
1730	1711	1983	2119	1451	1590	1662	1775	1697	1776
1970	1874	2109	2458	1698	1784	1882	1980	1884	1991
2086	2014	2507	2681	1813	1981	1962	2142	1989	2158
2513	2553	3121	3163	1994	2292	2356	2489	2276	2595
2589	3134	4003	3718	2367	2764	2716	2995	2798	3050
5483	4976	4865	6045	2944	3936	4221	4662	4573	4676
6058	5207	5405	6583	3403	4549	4580	5344	5281	5089
6703	5814	6014	7385	3863	5164	4981	6038	5834	5601
8021	6215	6682	8142	4140	5535	5363	6628	6579	6179
9540	7347	7422	8457	4564	6102	5941	7310	6918	7035
11249	8678	8242	9360	5529	7392	6860	8538	8077	8059
13274	9104	9157	11376	6111	8170	7923	9788	9193	9236
15567	10671	10174	15631	7073	9456	9998	11657	10866	11564
17603	11877	11304	17269	8693	11621	11766	13349	12376	13057
19452	12461	12412	19656	9495	13120	12647	14719	13673	14380
21969	13379	14890	21270	10567	13865	13787	16761	16758	15871
24764	14333	19186	24933	11498	15356	14952	18709	18591	17782
28282	16765	19556	29754	13014	17605	16374	21205	20204	19405
33843	19928	25101	36394	15629	22115	20937	25887	23597	24960
42055	37022	26158	42806	16901	18493	23491	30020	25859	29540
43127	20070	20672	43405	18903	14759	28819	32202	25599	32295
52258	23440	24320	48115	20304	16607	33666	38189	26998	35015
59391	27582	26754	57449	24613	21113	38621	44617	31002	39555
68840	31744	29441	60922	28635	23664	43923	51849	37105	44117
74682	40001	35789	70563	33285	28005	48695	57541	43257	48635
80704	43439	41304	73246	36497	31642	51753	61092	45614	52062
80165	47161	44881	78812	40117	33270	62412	70935	49988	63704
82847	51720	47585	82348	43431	36218	68597	78874	54297	71074
87323	53248	51083	90666	48106	37401	74604	86251	59877	79636

4−32 各市(州)按行业分全部单位就业人员平均工资(2017年)

单位：元

市(州)	Region	合计 Total	农、林、牧、渔业 Farming, Forestry, Animal Husbandry and Fishery	采矿业 Mining	制造业 Manufacturing	电力、热力、燃气及水生产和供应业 Production and Supply of Electricity, Heat,Gas and Water	建筑业 Construction	批发和零售业 Wholesale and Retail Trades	交通运输、仓储和邮政业 Transport, Storage and Post	住宿和餐饮业 Hotels and Catering Services
全　省	**Sichuan**	**58671**	**42940**	**56446**	**49093**	**83009**	**45789**	**46287**	**69063**	**36363**
成都市	Chengdu	65098	35265	46165	55686	85226	54119	47756	81587	39660
自贡市	Zigong	52339	58897	38670	42374	81439	45153	36926	51792	30021
攀枝花市	Panzhihua	61005	36107	48913	56708	124529	58004	42138	55099	34292
泸州市	Luzhou	52455	50593	42723	43835	65918	43122	46513	48078	36084
德阳市	Deyang	56815	41650	64157	52108	97976	42973	44158	52092	31895
绵阳市	Mianyang	56966	40283	36055	46118	67769	45401	54264	47675	35931
广元市	Guangyuan	54086	43859	44869	35706	67459	42581	39972	51067	26282
遂宁市	Suining	49962	37820	44486	40526	78541	39101	47726	46595	30087
内江市	Neijiang	48790	40178	39704	41673	68340	36482	41672	50162	31536
乐山市	Leshan	53764	43447	42576	44680	67271	46339	42086	50174	32651
南充市	Nanchong	51521	46933	42699	45269	59831	40566	44224	53969	39134
眉山市	Meishan	52410	52896	41243	45642	72968	42694	47908	57204	34819
宜宾市	Yibin	54195	42375	41026	51450	59331	40556	42246	50259	39518
广安市	Guangan	52493	40576	55673	37139	70849	38817	42862	54083	31431
达州市	Dazhou	50756	51381	49700	43717	63421	41782	36479	41311	33402
雅安市	Yaan	48895	40423	39671	40048	53275	28157	43006	54404	22725
巴中市	Bazhong	49341	45255	58551	38456	54525	41141	46747	54555	35584
资阳市	Ziyang	51568	36594	41105	44890	48918	41485	52542	61828	31746
阿坝藏族羌族自治州	Aba	73432	54958	30000	40826	56262	43516	50066	70366	34615
甘孜藏族自治州	Ganzi	74415	52332	36284	39034	80339	41858	62257	66677	36221
凉山彝族自治州	Liangshan	60352	48175	44828	43424	74615	47463	52491	51181	31758

Average Wage of Employment in all Units by Sector and Region(2017)

(yuan)

信息传输、软件和信息技术服务业 Information Transmission, Software and IT Services	金融业 Financial Interme-diation	房地产业 Real Estate	租赁和商务服务业 Leasing and Business Services	科学研究和技术服务业 Scientific Research, and Technical Services	水利、环境和公共设施管理业 Management of Water Con-servancy,En-vironment and Public Facilities	居民服务、修理和其他服务业 Services to Households, Repair and Other Services	教育 Education	卫生和社会工作 Health and Social Service	文化、体育和娱乐业 Culture, Sports and Entertain-ment	公共管理、社会保障和社会组织 Public Mana-gement,Social Security and Social Organization
76065	**87323**	**53248**	**51083**	**90666**	**48106**	**37401**	**74604**	**86251**	**59877**	**79636**
84564	100439	61278	55927	98394	56274	35409	83609	98634	64966	92623
72570	84229	41585	43569	67954	68620	40565	78093	79897	60502	100408
50745	93160	39445	36451	66716	55313	31728	91792	96060	58522	99652
59189	104855	41516	42381	56435	37326	38435	68061	96149	46938	84834
59195	96683	41870	39560	53910	47811	53161	76655	88535	61409	93033
60067	69508	44137	41231	122749	44950	56191	69098	82358	56370	78418
71152	82978	44327	49973	49729	45028	31949	69814	84523	47267	69471
50404	114099	35026	35687	56337	39436	33309	70178	87693	79526	75949
71571	78963	46138	35151	54511	54182	38966	71032	78744	57950	59881
60198	89560	51378	43586	79238	61651	44927	70650	73028	50752	81289
68481	76886	46112	41705	56011	32075	42444	72109	84161	50012	71286
70734	86053	55908	44499	66602	38306	39972	67727	72829	61242	74833
48887	64525	56055	40537	53025	40946	34288	72446	76257	55794	86192
68881	75605	46452	45168	65979	33841	36988	75740	83921	50974	77589
69254	67068	41604	38874	64069	38710	36774	64757	69309	58283	63496
73253	71902	39473	39762	47776	34012	34178	61363	66134	61255	60570
62272	76487	48639	40240	47422	34216	36444	65919	68104	44584	60065
60741	63281	33042	36133	50221	35110	42288	65432	76776	57503	71463
86643	82349	34562	55454	77517	70519	42500	90329	80916	79726	88681
110037	87195	54676	38751	74339	58116	46155	77507	77966	72205	80692
92263	77596	38627	38770	67215	40243	35315	74864	81180	50321	71424

4-33 按行业分国有经济单位就业人员平均工资

单位：元

年份 Year	合计 Total	农、林、牧、渔业 Farming, Forestry, Animal Husbandry and Fishery	采矿业 Mining	制造业 Manufacturing	电力、热力、燃气及水生产和供应业 Production and Supply of Electricity, Heat,Gas and Water	建筑业 Construction	批发和零售业 Wholesale and Retail Trades	交通运输、仓储和邮政业 Transport, Storage and Post	住宿和餐饮业 Hotels and Catering Services	信息传输、软件和信息技术服务业 Information Transmission, Software and IT Services
1978	622	519	722	620	603	703	539	682	518	
1980	789	674	918	803	826	890	688	836	663	
1985	1138	941	1268	1174	1334	1157	978	1178	954	1512
1986	1338	1169	1527	1319	1438	1568	1115	1414	996	1866
1987	1441	1202	1595	1459	1563	1733	1225	1536	1209	1975
1988	1726	1389	1895	1773	1814	2012	1537	1853	1506	2413
1989	1941	1527	2259	1998	2122	2268	1686	2126	1642	2858
1990	2177	1700	2560	2232	2331	2527	1865	2336	1827	3177
1991	2351	1812	2723	2432	2622	2765	2011	2557	1983	3843
1992	2643	2120	2882	2678	2945	3056	2102	2878	2085	4620
1993	3148	2916	2956	3302	3714	3660	2454	3402	2396	5431
1994	4366	3652	4220	4135	4822	4881	3219	4815	3149	7872
1995	5002	4167	4907	4838	6057	5926	3701	5648	3544	8655
1996	5527	4479	5471	5362	6833	6356	4064	6376	3971	9310
1997	5996	4585	5791	5702	8292	6903	4251	7499	4148	10044
1998	6441	4821	5849	5832	8279	6983	4312	7974	4201	12786
1999	7771	5727	6616	7314	10469	8480	5924	9889	5719	13899
2000	8909	6353	8705	8323	11508	8907	6443	11410	6222	17001
2001	10783	7735	8302	9566	12940	10064	7717	13557	7487	19123
2002	12388	8384	10884	11137	14995	10636	8883	15109	8485	21247
2003	13769	9095	11943	13136	16327	11775	11420	14151	10123	22463
2004	15592	9433	14588	15320	19016	13269	14060	15914	11879	27235
2005	17644	10206	20692	17783	22067	14466	17461	18255	12883	31395
2006	19884	11430	22602	22373	24328	15964	20068	22484	13976	32947
2007	24045	13707	25671	24778	28980	18715	22506	25031	16883	34077
2008	28131	15453	35692	29039	34560	21377	28070	29519	19452	37033
2009	32210	17920	39083	33169	37326	25284	33574	34183	21450	40649
2010	36729	19934	46629	37871	44559	28886	41334	38996	26240	44039
2011	42048	26451	52419	43179	49809	32067	48097	46270	31380	44616
2012	47721	31514	57092	47075	54557	37259	54348	55021	34732	53353
2013	53896	35211	48146	54977	71319	45202	66927	60511	34048	65885
2014	57018	39817	52019	58440	79841	44511	76326	64722	37800	56396
2015	66551	48555	54657	65789	85266	51156	84761	70884	38894	66465
2016	72980	53470	69012	78192	90858	51452	85687	74242	41792	70389
2017	80321	59437	83748	91783	97175	51898	94553	81897	46576	74081

Average Wage of Employment in State-owned Units by Sector

(yuan)

金融业 Financial Interme-diation	房地产业 Real Estate	租赁和商务服务业 Leasing and Business Services	科学研究和技术服务业 Scientific Research, and Technical Services	水利、环境和公共设施管理业 Management of Water Con-servancy,En-vironment and Public Facilities	居民服务、修理和其他服务业 Services to Households, Repair and Other Services	教育 Education	卫生和社会工作 Health and Social Service	文化、体育和娱乐业 Culture, Sports and Entertain-ment	公共管理、社会保障和社会组织 Public Mana-gement,Social Security and Social Organization
623	493		676	618	593	540	575	622	623
751	679		725	633	624	683	754	703	775
1185	990	986	1223	1074	1058	1043	1103	1066	1037
1460	1268	1258	1482	1265	1247	1222	1358	1304	1313
1496	1353	1342	1509	1386	1328	1248	1437	1373	1382
1726	1546	1533	1783	1597	1524	1527	1699	1576	1578
1805	1712	1664	1987	1811	1724	1664	1923	1768	1773
2071	1885	1832	2146	2108	1940	1884	2152	1987	1989
2179	2030	1973	2201	2371	2121	1963	2295	2153	2156
2668	2585	2450	2889	2893	2427	2358	2679	2582	2594
3943	3060	2900	3876	3158	3027	2716	3234	3169	3052
5872	5023	4761	5751	4466	4106	4225	5144	5078	4684
6505	5254	4980	6389	4890	4749	4583	5808	5736	5091
7156	5896	5539	7098	5519	5430	4984	6549	6137	5604
8670	6374	5988	8474	5795	5712	5366	7187	6519	6182
10271	7620	7158	10193	6384	6302	5945	8012	7098	7039
11788	9076	8526	11658	7731	7583	6861	9334	8014	8062
14403	9344	8778	14064	8647	8415	7928	10721	9081	9246
17012	11334	10643	16737	9898	9751	9997	12909	11150	11568
18860	13793	12952	18009	10042	11731	11769	14656	12922	13059
21309	14740	13934	19769	9574	14516	12631	16277	13862	14382
24320	15980	17189	21357	10733	16218	13767	18335	17036	15873
26744	17285	21531	25100	11719	17133	14912	20051	18871	17783
30830	19248	22195	29911	13333	19946	16340	22688	17806	19407
35986	23745	29596	36600	16035	25766	20920	27528	23901	24963
44898	26987	28529	43119	17522	22436	23465	31920	26194	29542
47335	30409	35599	48319	19506	28979	29473	34379	28400	33204
59311	30448	41002	54707	20978	30725	34392	40552	32426	35018
65572	32826	46130	64236	25296	38606	39240	47425	37631	39555
74670	40669	62383	67431	29369	38824	44598	55064	44509	44126
83191	43221	53195	74713	32137	42343	49521	60988	48735	48638
91670	45943	50290	77454	35029	44440	52597	65341	52161	52063
94957	60356	54238	80846	41518	47211	63957	76705	60967	63718
94466	78518	66785	85280	44814	60854	70565	86057	67097	71091
101667	72999	67908	95199	49740	64773	77061	94029	76664	79651

4-34 各市(州)按行业分国有经济单位就业人员平均工资(2017年)

单位：元

市(州)	Region	合计 Total	农、林、牧、渔业 Farming, Forestry, Animal Husbandry and Fishery	采矿业 Mining	制造业 Manufacturing	电力、热力、燃气及水生产和供应业 Production and Supply of Electricity, Heat,Gas and Water	建筑业 Construction	批发和零售业 Wholesale and Retail Trades	交通运输、仓储和邮政业 Transport, Storage and Post	住宿和餐饮业 Hotels and Catering Services
全 省	**Sichuan**	**80321**	**59437**	**83748**	**91783**	**97175**	**51898**	**94553**	**81897**	**46576**
成都市	Chengdu	89208	104423		98207	93146	56270	106154	88356	44778
自贡市	Zigong	80633	86780		46974	102084	36864	138168	65884	26045
攀枝花市	Panzhihua	90591	46511		65005	91951	28714	110003	58002	34641
泸州市	Luzhou	75948	64234	47277	39530	122387	42150	99413	79455	
德阳市	Deyang	85211	89925	40360	91756	127170	46695	104492	71703	54683
绵阳市	Mianyang	86094	57075		141425	84128	51678	79459	58966	40374
广元市	Guangyuan	71311	69212		55156	57059	51599	76981	69998	36109
遂宁市	Suining	78641						62695	59279	
内江市	Neijiang	67481	62063		52486	67263	51217	109821	69288	
乐山市	Leshan	75585	48309	129514	44243	60460	49008	87251	70094	28389
南充市	Nanchong	73004	65773		52641	61094	49428	80812	68740	
眉山市	Meishan	70886	67223		90000	88110	41933	54413	67329	
宜宾市	Yibin	79804	58694	18263	98663	77443	76106	92487	73733	34203
广安市	Guangan	77652	75625			104105	37515	127502	74215	
达州市	Dazhou	64874	60035		52331	66353	47402	54519	51176	43650
雅安市	Yaan	61715	50855			55936	47742	98703	68438	19720
巴中市	Bazhong	63298	53356		56327	39383	44614	78482	70329	29421
资阳市	Ziyang	68867	63494			47178	41689	139810	72650	23735
阿坝藏族羌族自治州	Aba	85853	61946		28600	67558	46445	102431	84589	42040
甘孜藏族自治州	Ganzi	77935	54605	51400	34179	62396	54238	93230	71174	23385
凉山彝族自治州	Liangshan	72423	50890	59358	59186	72826	63604	106902	72711	29594

Average Wages of Employment in State-owned Units by Sector and Region(2017)

(yuan)

信息传输、软件和信息技术服务业 Information Transmission, Software and IT Services	金融业 Financial Interme-diation	房地产业 Real Estate	租赁和商务服务业 Leasing and Business Services	科学研究和技术服务业 Scientific Research, and Technical Services	水利、环境和公共设施管理业 Management of Water Con-servancy,En-vironment and Public Facilities	居民服务、修理和其他服务业 Services to Households, Repair and Other Services	教育 Education	卫生和社会工作 Health and Social Service	文化、体育和娱乐业 Culture, Sports and Entertain-ment	公共管理、社会保障和社会组织 Public Mana-gement,Social Security and Social Organization
74081	**101667**	**72999**	**67908**	**95199**	**49740**	**64773**	**77061**	**94029**	**76664**	**79651**
60229	118830	82548	65036	88294	73930	59289	88332	117484	87573	92614
96457	93269	83513	86323	86348	73784	73732	80686	83076	76091	100554
46900	105751	42571	86807	99799	59291	71807	95647	100544	71393	99668
81441	72634	42718	78021	79331	40972	86613	71850	103077	82417	84834
	103828	105372	41904	80736	48521	88485	78693	104305	72616	93057
103753	93339	63691	80240	127182	48610	81453	71513	86915	63508	78418
54355	99892	58058	74913	66607	44161	66447	72289	91226	57481	69471
78416	109087	85563	37771	77029	41978	64304	76605	96203	74823	75948
82798	92506	55440	40962	71430	55398	55954	72312	82026	65908	59881
60152	108793	77569	60864	89718	52495	47776	71745	75426	54669	81289
55253	135528	65280	32096	62214	31440	59628	74140	91667	66512	71289
79565	121538	77567	60441	70734	37462	74987	68148	74757	71235	74833
71397	95855	110565	37345	81900	42570	45021	73193	82181	76688	86192
63009	66598	56713	55326	74758	36246	89419	80598	96431	57390	77601
64199	77753	46860	58029	68959	38797	40711	67138	73821	70387	63496
61069	80074	51475	45838	57820	33489	45344	61571	68144	64620	60570
82381	80950	62500	60306	60668	32814	43376	66987	72698	50913	60065
78463	103617	50543	50020	62528	35114	48341	65622	77432	74017	71930
71992	101254		63391	94252	76718		90470	81331	90076	88681
76209	94326	105077	60702	76575	45315	73203	77629	78176	86150	80692
75470	72397	46520	40944	74680	41331	56185	75360	83339	61230	71424

4-35 按行业分城镇集体经济单位就业人员平均工资

单位：元

年份 Year	合计 Total	农、林、牧、渔业 Farming, Forestry, Animal Husbandry and Fishery	采矿业 Mining	制造业 Manufacturing	电力、热力、燃气及水生产和供应业 Production and Supply of Electricity, Heat,Gas and Water	建筑业 Construction	批发和零售业 Wholesale and Retail Trades	交通运输、仓储和邮政业 Transport, Storage and Post	住宿和餐饮业 Hotels and Catering Services	信息传输、软件和信息技术服务业 Information Transmission, Software and IT Services
1978	475	412	397	447	397	580	422	611	459	
1980	590	497	586	586	586	696	537	611	611	
1985	845	664	879	879	879	902	795	869	905	831
1986	944	901	929	940	940	1042	885	930	1015	907
1987	1040	960	1038	1038	1038	1185	966	1036	1096	1222
1988	1211	1069	1221	1221	1221	1293	1143	1201	1273	1477
1989	1342	1172	1363	1363	1363	1416	1241	1401	1371	1635
1990	1490	1254	1461	1507	1455	1639	1384	1526	1517	1920
1991	1693	1431	1772	1735	1896	1891	1527	1723	1860	2010
1992	1885	1625	1756	1903	1937	2157	1598	1874	2031	2744
1993	2274	1969	2248	2288	2552	2523	2168	2087	2601	3111
1994	2726	2712	2813	2763	3290	3194	2211	2101	2644	3515
1995	3242	3321	3169	3333	4710	3576	2694	2559	3127	3873
1996	3666	3781	3372	3735	5265	4038	3038	3078	3471	4218
1997	3982	3865	4060	4039	7328	4407	3156	3285	3589	4666
1998	3966	3875	3945	3937	6348	4657	2985	2933	3674	4924
1999	4927	4570	4016	4900	6917	5159	3748	4459	4437	5491
2000	5749	5173	4645	5549	7074	6124	4408	4651	5097	5867
2001	6575	5781	4889	6220	9685	6496	5086	5505	5775	6455
2002	7395	6568	4117	7095	13656	6641	5844	6322	6533	6943
2003	8647	7566	6624	8045	14556	7558	6579	7261	7281	7802
2004	9680	8084	6260	9396	14456	8255	7573	8829	7903	8125
2005	10974	8470	7280	10678	16523	8997	7901	9374	8754	11323
2006	12624	9302	8742	11852	15149	10886	8659	10870	9789	9895
2007	15089	10952	9204	13985	20513	12528	9819	11240	10402	13389
2008	18386	13512	19378	17938	23433	15080	12346	14069	12258	20056
2009	21043	16385	23127	20438	18055	17496	14484	16362	16627	21730
2010	23441	20181	26369	19411	24364	19418	16016	18139	18844	23076
2011	28342	28582	25802	23553	26934	24161	18258	23219	21197	22584
2012	33409	34911	33558	27778	33649	28499	21908	26371	23101	40263
2013	39112	27770	36142	35310	34474	32820	25814	28358	29485	29011
2014	43707	35979	32535	38289	42206	37427	28879	32611	31635	28469
2015	48924	44379	36969	46556	45090	41400	32608	35590	31898	30142
2016	52180	51711	35057	43134	49580	42556	34604	38508	32658	37709
2017	55115	69791	31232	44706	44092	43077	38025	41567	33696	42717

Average Wage of Employment in Urban Collective-owned Units by Sector

(yuan)

金融业 Financial Interme-diation	房地产业 Real Estate	租赁和商务服务业 Leasing and Business Services	科学研究和技术服务业 Scientific Research, and Technical Services	水利、环境和公共设施管理业 Management of Water Con-servancy,En-vironment and Public Facilities	居民服务、修理和其他服务业 Services to Households, Repair and Other Services	教育 Education	卫生和社会工作 Health and Social Service	文化、体育和娱乐业 Culture, Sports and Entertain-ment	公共管理、社会保障和社会组织 Public Mana-gement,Social Security and Social Organization
513				488	489	261	482	472	523
669	566		488	595	566	552	596	545	576
874	883	772	568	771	736	807	768	791	1095
1156	968	921	623	1095	885	1064	1071	1036	1277
1268	915	1056	653	1178	953	1111	1117	1101	1401
1415	1350	1107	938	1313	1095	1228	1322	1203	1627
1582	1622	1289	1239	1385	1281	1449	1384	1418	1919
1752	1562	1392	1933	1531	1395	1588	1513	1545	2081
1880	1666	1598	1923	1722	1518	1758	1701	1731	2295
2171	1925	1945	2435	1969	1711	1913	1918	1902	2650
2755	3510	2277	2142	2432	1625	2621	2213	2487	2849
4600	3381	2801	3596	3177	2953	3200	3164	3149	3997
5031	4195	3247	5954	3254	3450	3832	3882	3638	4875
5604	4129	3588	4577	3895	3710	4192	4406	3963	5336
6383	4597	3693	6092	4467	4288	4450	4770	4185	5903
7202	5133	3796	7704	4792	4251	4596	4944	4276	6431
8601	5865	4589	5288	5083	5399	5340	5757	5113	7424
9743	7766	5275	9254	5957	6029	6475	6383	6255	7435
11233	8747	5894	12278	6491	7853	7214	7109	7031	10658
13813	8539	6641	13812	7107	8262	8925	8388	7842	12299
14726	9892	7172	14921	8125	12935	10773	9569	8205	13516
17439	11085	7311	20064	8810	8917	10316	10859	8897	16983
21328	13201	9449	15656	9484	8948	12519	12758	10712	12721
24183	13477	11055	17640	10217	10324	11409	14613	13362	15039
31523	13766	13148	21560	12138	10937	14574	18415	18817	15277
37801	15926	18284	20852	11927	12353	16467	21109	22457	16342
41319	18032	18666	23350	16888	13821	25461	25969	20530	20896
48800	20283	16268	33619	18279	15626	31066	31745	24082	26478
54793	25548	21066	45964	19915	18561	32124	37638	28004	43016
64181	31270	26032	45085	21080	21651	35450	44098	29762	33996
76785	31268	26131	41339	24545	21278	51909	50455	35229	29816
83950	41067	29131	51071	24753	18597	56698	53185	38258	38200
85482	48978	31986	39467	27257	49533	68525	59176	46667	67471
94135	46041	34561	43948	32979	41794	81090	64898	53018	91549
99057	42419	42936	67926	31811	44006	58614	71750	54028	125234

4-36 各市(州)按行业分城镇集体经济单位就业人员平均工资(2017年)

单位：元

市(州)	Region	合计 Total	农、林、牧、渔业 Farming, Forestry, Animal Husbandry and Fishery	采矿业 Mining	制造业 Manufac-turing	电力、热力、燃气及水生产和供应业 Production and Supply of Electricity, Heat,Gas and Water	建筑业 Construc-tion	批发和零售业 Wholesale and Retail Trades	交通运输、仓储和邮政业 Transport, Storage and Post	住宿和餐饮业 Hotels and Catering Services
全　省	**Sichuan**	**55115**	**69791**	**31232**	**44706**	**44092**	**43077**	**38025**	**41567**	**33696**
成都市	Chengdu	67418	170105		48710	85162	55186	64529	40130	33405
自贡市	Zigong	58310	102935		32393		54957	43425	53948	
攀枝花市	Panzhihua	44655			25000		48990	36164	47255	36000
泸州市	Luzhou	51101			33659	30974	49084	25956	27819	
德阳市	Deyang	52272		87000	31785		37214	30367	24898	
绵阳市	Mianyang	73941	62622		48670		51333	43778		
广元市	Guangyuan	63944			37152	51301	46360	28426	35574	
遂宁市	Suining	48344			55208		33450			
内江市	Neijiang	67376			28560		47108	42027	59372	27803
乐山市	Leshan	51398		38526	45809	33380	75139	38177	57252	30829
南充市	Nanchong	52624	30261		44687	50467	35126	26425	41644	
眉山市	Meishan	49858	58487				36016	30000	60991	30625
宜宾市	Yibin	43078	61318		37696	24714	39614	34310	23141	
广安市	Guangan	49088			78023		38614	22843	46083	
达州市	Dazhou	45907		25429		37200	39975	34436	48892	
雅安市	Yaan	51891					30253		33500	
巴中市	Bazhong	36410			36766	38300	31328	35397		42828
资阳市	Ziyang	47355			75222	34912	39766	31846	37255	37222
阿坝藏族羌族自治州	Aba	75773					53421	54027		35714
甘孜藏族自治州	Ganzi	57359			27500		36213			
凉山彝族自治州	Liangshan	72969	22529	22733	55537	23860	107027	28125	74265	46563

Average Wage of Employment in Urban Collective-owned Units by Sector and Region(2017)

(yuan)

信息传输、软件和信息技术服务业 Information Transmission, Software and IT Services	金融业 Financial Interme-diation	房地产业 Real Estate	租赁和商务服务业 Leasing and Business Services	科学研究和技术服务业 Scientific Research, and Technical Services	水利、环境和公共设施管理业 Management of Water Con-servancy,En-vironment and Public Facilities	居民服务、修理和其他服务业 Services to Households, Repair and Other Services	教育 Education	卫生和社会工作 Health and Social Service	文化、体育和娱乐业 Culture, Sports and Entertain-ment	公共管理、社会保障和社会组织 Public Mana-gement,Social Security and Social Organization
42717	**99057**	**42419**	**42936**	**67926**	**31811**	**44006**	**58614**	**71750**	**54028**	**125234**
	117722	54556	134131	116314	24951	77423	64430	81282	52125	135714
	94944		25648		87534			74657		
			34147	21886						
	134554	41196	36074	55167	26338	35950	80098	80618	22053	
	84730			90490	40333		63289	63440		
	107753	40532	36925	60041	18000	29057	55103	75366	19833	
	115561		93369	56694	51125	36415	41963	69446	62167	
	133097	67563	118700	60500	59237			73476	59741	
	151601		56309		83615			71537	62798	
24000	72235		29544	24273	27432	32000	63164	59575	52921	
	75572	70307	45776	52564	51780	52513		67126	79966	37200
	76408		96333					45756		
			61869	89520		31231	52000	62053		
	111043		98684		25422			58317		
51727	60541	46824	90042	59333			56436	57273	62000	
	76810		40960							
	72600		42755				48620	48741		
33367	106905		25125	30437						
	88654		57900							
	72714							82000		
		10270	32262			49452		72810		

4–37 按行业分其他各种经济单位就业人员平均工资
Average Wage of Employment in Units of Other Types of Ownership by Sector

单位：元 (yuan)

行　业	Sector	2010	2012	2013	2014	2015	2016	2017
总 计	**Total**	**27081**	**35749**	**43857**	**49435**	**53384**	**57243**	**61279**
农、林、牧、渔业	Farming, Forestry, Animal Husbandry and Fishery	20653	22322	26905	34274	34847	37765	43621
采矿业	Mining	27824	37045	52840	62391	62892	65016	75942
制造业	Manufacturing	26274	34091	43396	47972	51353	55359	59059
电力、热力、燃气及水生产和供应业	Production and Supply of Electricity, Heat,Gas and Water	34908	46814	61185	69530	74641	82958	81604
建筑业	Construction	22416	29928	35999	40718	44413	48032	49649
批发和零售业	Wholesale and Retail Trades	23405	30678	38022	41807	45585	47764	52570
交通运输、仓储和邮政业	Transport, Storage and Post	32345	55514	57757	57808	62523	65948	73054
住宿和餐饮业	Hotels and Catering Services	20480	26156	30217	32945	36657	38115	40112
信息传输、软件和信息技术服务业	Information Transmission, Software and IT Services	41301	61231	71454	81626	84607	90676	97738
金融业	Financial Intermediation	48132	65843	69564	78004	78364	80725	84389
房地产业	Real Estate	30246	42305	46051	49957	53350	58286	59652
租赁和商务服务业	Leasing and Business Services	26093	37958	49588	52300	54903	54048	58610
科学研究和技术服务业	Scientific Research and Technical Services	40007	65151	86030	90609	102976	108827	115856
水利、环境和公共设施管理业	Management of Water Conservancy, Environment and Public Facilities	14335	22648	42281	46524	39209	42885	49043
居民服务、修理和其他服务业	Services to Households, Repair and Other Services	23943	35587	36046	40309	42785	41430	40945
教育	Education	36355	39493	41925	46712	50986	53696	59843
卫生和社会工作	Health and Social Service	34539	47878	47026	50450	55182	57884	64247
文化、体育和娱乐业	Culture, Sports and Entertainment	30200	36057	40449	50746	52415	58905	59036
公共管理、社会保障和社会组织	Public Management, Social Security and Social Organization						37164	40245

4-38 各市(州)非私营企业单位就业人员和平均工资(2017年)
Average Wage and Number of Employment in Non-private Enterprises by Region(2017)

单位：人、元 (person,yuan)

市(州)	Region	就业人员 Number of Empoyment				平均工资 Average Wage of Staff and Worker			
		合 计 Total	国有单位 State-owned Units	集体单位 Urban Collective-owned Units	其他单位 Units of Other Types of Ownership	合 计 Total	国有单位 State-owned Units	集体单位 Urban Collective-owned Units	其他单位 Units of Other Types of Ownership
全 省	**Sichuan**	**5193170**	**807030**	**169067**	**4217073**	**63952**	**80454**	**51191**	**61314**
成都市	Chengdu	2112288	174900	26176	1498518	72753	102775	60774	70879
自贡市	Zigong	127924	24433	2146	101345	54880	61269	46441	53512
攀枝花市	Panzhihua	130044	12087	4184	113773	67963	73503	44655	68279
泸州市	Luzhou	183946	35570	27204	121172	54817	65133	51126	52575
德阳市	Deyang	207927	28419	5594	173914	63109	83631	41853	60455
绵阳市	Mianyang	324096	23614	6079	294403	56866	80528	73247	54565
广元市	Guangyuan	79727	13490	5918	60319	54014	72276	61138	49060
遂宁市	Suining	134504	8034	10391	116079	46941	77054	50286	44424
内江市	Neijiang	166501	10455	3691	152355	44697	64454	66177	42719
乐山市	Leshan	158349	10685	3407	144257	55680	70396	48535	54740
南充市	Nanchong	270775	27559	8726	234490	50433	76370	49615	47469
眉山市	Meishan	112568	11997	2204	98367	56461	82683	50885	53347
宜宾市	Yibin	222168	14342	6698	201128	55600	84627	37166	54014
广安市	Guangan	82396	16625	16546	49225	51816	65582	48841	48299
达州市	Dazhou	167076	20936	16664	129476	50384	60889	43405	49581
雅安市	Yaan	56147	6818	1405	47924	47730	66364	51484	44964
巴中市	Bazhong	157007	15363	10579	131065	45379	62071	34505	44309
资阳市	Ziyang	107277	13311	7288	86678	48896	69441	49419	45764
阿坝藏族羌族自治州	Aba	28090	7583	1073	19434	57539	73829	76450	49778
甘孜藏族自治州	Ganzi	18294	5880	1210	11204	73341	75691	56572	73662
凉山彝族自治州	Liangshan	103957	25646	1884	76427	58921	65308	81275	56124

4−39 各市(州)非私营事业单位就业人员和平均工资(2017年)
Average Wage and Number of People Employed in Institutions of Non-private Enterprises by Region(2017)

单位：人、元 (person,yuan)

市(州)	Region	就业人员 Number of Empoyment				平均工资 Average Wage of Staff and Worker			
		合计 Total	国有单位 State-owned Units	集体单位 Urban Collective-owned Units	其他单位 Units of Other Types of Ownership	合计 Total	国有单位 State-owned Units	集体单位 Urban Collective-owned Units	其他单位 Units of Other Types of Ownership
全 省	**Sichuan**	**1790356**	**1709235**	**59505**	**21616**	**79603**	**80200**	**67031**	**65923**
成都市	Chengdu	473598	438218	21711	13669	92973	94736	74462	63808
自贡市	Zigong	53109	51665	1166	278	80738	80700	81315	86071
攀枝花市	Panzhihua	30940	30940			90536	90536		
泸州市	Luzhou	75622	73070	1359	1193	75922	76258	50635	85109
德阳市	Deyang	70055	65014	4999	42	80873	82201	63809	56405
绵阳市	Mianyang	132582	119921	6961	5700	88362	90046	74560	69055
广元市	Guangyuan	56540	53274	3251	15	71302	71447	68912	63133
遂宁市	Suining	44618	43194	1413	11	79428	79803	67950	77273
内江市	Neijiang	61169	59827	1339	3	73435	73493	70813	74667
乐山市	Leshan	63000	61894	1106		71007	71200	60214	
南充市	Nanchong	126720	123536	3184		72206	72499	60869	
眉山市	Meishan	54009	53312	697		65610	65856	46632	
宜宾市	Yibin	92289	90544	1722	23	76352	76593	64064	54087
广安市	Guangan	59350	55524	3240	586	78383	80412	50345	41282
达州市	Dazhou	93605	90360	3245		63722	63966	56929	
雅安市	Yaan	35075	34995	15	65	61240	61232	88133	59185
巴中市	Bazhong	62055	60618	1437		64460	64807	49953	
资阳市	Ziyang	47273	46392	881		66409	67009	34866	
阿坝藏族羌族自治州	Aba	30739	30686	22	31	83971	84059	46208	25806
甘孜藏族自治州	Ganzi	31492	31459	33		74645	74637	82000	
凉山彝族自治州	Liangshan	96516	94792	1724		75220	75423	63851	

4-40 各市(州)国有单位分隶属关系就业人员平均工资(2017年)
Average Wage of Employment in State-owned Units by Region and Affiliations(2017)

单位：元　　(yuan)

市(州)	Region	合计 Total	中央属单位 Units Belong to Central Government	省属单位 Units Belong to Province	市(州)属单位 Units Belong to City	县及县以下单位 Units Belong to County And Below	其他 Others
全　省	**Sichuan**	**80321**	**101214**	**94002**	**77547**	**73806**	**70406**
成都市	Chengdu	89208	102775	98076	69668	89418	84382
自贡市	Zigong	80633	95258	100319	87613	83020	73356
攀枝花市	Panzhihua	90591	98131	92597	103776	81453	88040
泸州市	Luzhou	75948	108903	122744	91105	73474	72671
德阳市	Deyang	85211	94117	99170	104301	80011	94997
绵阳市	Mianyang	86094	124337	93659	89630	70336	62346
广元市	Guangyuan	71311	88271	96955	77760	67659	
遂宁市	Suining	78641	94574	94780	91366	74074	
内江市	Neijiang	67481	72003	102610	86005	62859	117558
乐山市	Leshan	75585	98999	76840	68248	77051	71253
南充市	Nanchong	73004	96437	92491	81082	69631	58671
眉山市	Meishan	70886	99927	68352	73025	69097	78600
宜宾市	Yibin	79804	97854	85694	99449	74355	63428
广安市	Guangan	77652	90867	96463	75822	77182	103576
达州市	Dazhou	64874	80942	69700	76385	61713	
雅安市	Yaan	61715	76406	61578	62216	60498	
巴中市	Bazhong	63298	79708	57445	57649	64204	67714
资阳市	Ziyang	68867	89897	101538	79174	64983	
阿坝藏族羌族自治州	Aba	85853	84250	80608	95487	85230	
甘孜藏族自治州	Ganzi	77935	87187	79629	85198	75728	
凉山彝族自治州	Liangshan	72423	67609	97626	86667	69806	81538

4-41 各市(州)国有企业就业人员和平均工资(2017年)
Average Wage and Number of Employment in State-owned Enterprises by Region(2017)

单位：人、元 (person,yuan)

市(州)	Region	就业人员 Number of Empoyment			平均工资 Average Wage of Staff and Worker		
		合计 Total	中央单位 Enterprises Belong to Central Government	地方单位 Local Units	合计 Total	中央单位 Enterprises Belong to Central Government	地方单位 Local Units
全　省	**Sichuan**	**807030**	**379149**	**427881**	**80454**	**99513**	**62650**
成都市	Chengdu	310240	109908	200332	78515	103299	63569
自贡市	Zigong	11923	7765	4158	81138	95564	54970
攀枝花市	Panzhihua	6578	2674	3904	76357	99697	60136
泸州市	Luzhou	9868	5000	4868	106258	109325	103163
德阳市	Deyang	10421	6222	4199	105483	102093	110494
绵阳市	Mianyang	17121	2376	14745	88376	101814	86093
广元市	Guangyuan	9848	2402	7446	73871	88744	69209
遂宁市	Suining	6513	1136	5377	83612	97363	80670
内江市	Neijiang	4566	1028	3538	64308	73664	61543
乐山市	Leshan	5115	971	4144	69448	88147	65012
南充市	Nanchong	12359	4891	7468	88249	94786	83937
眉山市	Meishan	8723	4652	4071	91110	101963	78411
宜宾市	Yibin	11075	7599	3476	89305	100259	65225
广安市	Guangan	10601	4663	5938	67751	91105	46657
达州市	Dazhou	11042	7710	3332	71500	82410	46511
雅安市	Yaan	4648	1966	2682	66432	80859	55697
巴中市	Bazhong	6066	4597	1469	72474	79853	50961
资阳市	Ziyang	6027	3990	2037	81747	89472	67035
阿坝藏族羌族自治州	Aba	4473	2170	2303	74798	90096	60830
甘孜藏族自治州	Ganzi	4507	582	3925	70150	93480	66674
凉山彝族自治州	Liangshan	11252	5777	5475	61628	64622	58845

4-42 各市(州)国有事业单位就业人员和平均工资(2017年)
Average Wage and Number of Employment in State-owned Institutions(2017)

单位：人、元 (person,yuan)

市(州)	Region	就业人员 Number of Empoyment 合 计 Total	中央单位 Institutions Belong to Central Government	地方单位 Local Units	平均工资 Average Wage of Staff and Worker 合 计 Total	中央单位 Institutions Belong to Central Government	地方单位 Local Units
全　省	**Sichuan**	**1709235**	**110232**	**1599003**	**80200**	**108136**	**78263**
成都市	Chengdu	438218	59206	379012	94736	100438	93826
自贡市	Zigong	51665	146	51519	80700	83618	80692
攀枝花市	Panzhihua	30940		30940	90536		90536
泸州市	Luzhou	73070	2347	70723	76258	104080	75337
德阳市	Deyang	65014	7092	57922	82201	86488	81678
绵阳市	Mianyang	119921	34795	85126	90046	130396	73801
广元市	Guangyuan	53274	46	53228	71447	82152	71438
遂宁市	Suining	43194	161	43033	79803	91123	79762
内江市	Neijiang	59827	150	59677	73493	74762	73490
乐山市	Leshan	61894	1936	59958	71200	107083	70007
南充市	Nanchong	123536	131	123405	72499	77519	72493
眉山市	Meishan	53312	44	53268	65856	67372	65854
宜宾市	Yibin	90544	661	89883	76593	75111	76604
广安市	Guangan	55524	181	55343	80412	74552	80431
达州市	Dazhou	90360	300	90060	63966	71243	63942
雅安市	Yaan	34995	90	34905	61232	60870	61233
巴中市	Bazhong	60618	143	60475	64807	59545	64820
资阳市	Ziyang	46392	45	46347	67009	62413	67013
阿坝藏族羌族自治州	Aba	30686	2184	28502	84059	81702	84247
甘孜藏族自治州	Ganzi	31459	130	31329	74637	80581	74611
凉山彝族自治州	Liangshan	94792	444	94348	75423	87028	75371

4-43 各市(州)国有机关单位就业人员和平均工资(2017年)
Average Wage and Number of Employment in Government by Region(2017)

单位：人、元 (person,yuan)

市(州)	Region	就业人员 Number of Empoyment 合 计 Total	中央单位 Institutions Belong to Central Government	地方单位 Local Units	平均工资 Average Wage of Staff and Worker 合 计 Total	中央单位 Institutions Belong to Central Government	地方单位 Local Units
全　省	**Sichuan**	**909634**	**24989**	**884645**	**80487**	**89678**	**80230**
成都市	Chengdu	188878	6425	182453	93089	114253	92353
自贡市	Zigong	20132	527	19605	104811	83439	105390
攀枝花市	Panzhihua	16632	713	15919	103216	92017	103709
泸州市	Luzhou	37352	1016	36336	85799	94675	85549
德阳市	Deyang	29624	680	28944	94318	95949	94280
绵阳市	Mianyang	49522	2650	46872	79356	66879	80059
广元市	Guangyuan	35958	155	35803	70738	83006	70684
遂宁市	Suining	26737	426	26311	77267	88325	77088
内江市	Neijiang	32587	524	32063	58941	67896	58816
乐山市	Leshan	38729	394	38335	83985	85353	83971
南充市	Nanchong	56839	1663	55176	72532	102923	71631
眉山市	Meishan	34781	327	34454	74591	74505	74592
宜宾市	Yibin	45607	1318	44289	84811	95274	84499
广安市	Guangan	29640	549	29091	78981	90272	78766
达州市	Dazhou	52045	1068	50977	67937	73044	67830
雅安市	Yaan	24701	897	23804	61114	67984	60853
巴中市	Bazhong	31505	725	30780	60965	66441	60837
资阳市	Ziyang	20708	460	20248	72690	96322	72155
阿坝藏族羌族自治州	Aba	33812	3569	30243	90285	73818	92233
甘孜藏族自治州	Ganzi	41479	417	41062	80659	80381	80661
凉山彝族自治州	Liangshan	62366	486	61880	70785	82816	70690

4-44 城镇登记失业人数及失业率
Number of Registered Unemployed Persons and Unemployment Rate in Urban Areas

年 份 Year	城镇登记失业人数（万人） Unemployed Persons in Urban Areas (10 000 persons)	#女性 Female	女性占失业人数的百分比(%) Percentage of Unemployed Female to Unemployed Persons (%)	登记失业率(%) Unemployment Rate in Urban Areas (%)
1978	52.00	30.00	57.7	10.9
1979	33.00	18.51	56.1	6.7
1980	28.00	15.60	55.7	5.0
1981	25.00	13.50	54.0	4.4
1982	16.90	9.00	53.3	3.0
1983	18.10	9.61	53.1	3.0
1984	15.84	8.40	53.0	2.7
1985	14.35	7.47	52.1	2.3
1986	14.44	7.51	52.0	2.3
1987	14.53	7.56	52.0	2.2
1988	16.75	8.65	51.6	2.4
1989	25.63	14.65	57.2	3.7
1990	26.61	14.86	55.8	3.7
1991	25.17	14.04	55.8	3.4
1992	27.16	15.24	56.1	3.6
1993	26.47	14.50	54.8	3.5
1994	27.65	15.79	57.1	3.6
1995	27.94	15.44	55.3	3.6
1996	27.16	14.55	53.6	3.5
1997	26.72	14.43	54.0	3.4
1998	30.18	16.04	53.1	3.7
1999	29.59	15.11	51.1	3.7
2000	30.79	15.11	49.1	4.0
2001	31.90	15.11	47.4	4.3
2002	33.82	16.02	47.4	4.5
2003	33.10	15.70	47.4	4.4
2004	33.30	15.30	46.0	4.4
2005	34.30	15.70	45.8	4.6
2006	36.10	16.50	45.6	4.5
2007	34.80	15.40	44.3	4.3
2008	37.86	16.04	42.4	4.6
2009	36.28	13.59	37.5	4.3
2010	34.56	14.07	40.7	4.1
2011	36.93	15.24	41.3	4.1
2012	41.67	16.81	40.3	4.1
2013	42.87	19.63	45.8	4.1
2014	54.36	26.73	49.2	4.2
2015	54.64	27.45	50.2	4.1
2016	56.26	28.05	49.9	4.2
2017	55.78	27.53	49.4	4.0

4–45 各市(州)城镇登记失业人数及失业率
Number of Registered Unemployed Persons and Unemployment Rate in Urban Areas by Region

市(州)	Region	城镇登记失业人数（万人） Unemployed Persons (10 000 persons)					登记失业率（%） Unemployment Rate (%)				
		2005	2010	2015	2016	2017	2005	2010	2015	2016	2017
全　省	**Sichuan**	**34.30**	**34.56**	**54.64**	**56.26**	**55.78**	**4.6**	**4.1**	**4.1**	**4.2**	**4.0**
成都市	Chengdu	5.90	5.62	17.05	18.28	18.46	3.1	2.5	3.2	3.3	3.2
自贡市	Zigong	1.70	1.66	2.61	2.55	2.51	4.0	4.1	4.2	3.9	3.9
攀枝花市	Panzhihua	1.30	1.13	1.24	1.55	1.44	4.4	3.5	3.6	4.0	4.0
泸州市	Luzhou	1.80	1.66	1.48	1.53	1.70	4.4	3.5	3.5	3.5	3.2
德阳市	Deyang	1.30	1.50	2.06	2.16	2.10	3.3	3.7	3.9	3.9	3.9
绵阳市	Mianyang	3.30	3.04	3.51	3.48	3.35	3.9	3.7	3.9	3.8	3.7
广元市	Guangyuan	1.00	1.22	1.48	1.47	1.49	4.3	3.9	3.9	3.8	3.9
遂宁市	Suining	1.40	1.38	4.37	4.29	4.22	4.9	4.5	4.0	4.1	4.0
内江市	Neijiang	1.70	1.57	1.41	1.39	1.39	4.5	4.0	4.0	3.8	3.9
乐山市	Leshan	1.90	2.16	2.41	2.46	2.46	4.2	4.1	4.1	4.0	3.9
南充市	Nanchong	2.00	2.29	3.12	2.98	2.86	4.8	4.5	4.2	4.2	3.9
眉山市	Meishan	1.10	1.15	1.54	1.61	1.60	4.4	4.3	4.1	4.2	4.1
宜宾市	Yibin	2.10	1.81	3.07	3.12	3.08	4.7	3.5	3.9	3.9	4.0
广安市	Guangan	1.60	1.25	0.86	0.93	1.11	4.0	3.7	3.2	3.5	3.6
达州市	Dazhou	1.30	2.01	1.93	1.96	1.95	4.1	4.0	4.0	4.0	4.0
雅安市	Yaan	0.60	0.64	0.52	0.51	0.51	4.0	4.0	3.8	3.9	3.9
巴中市	Bazhong	1.00	1.16	1.50	1.65	1.61	4.2	4.3	4.3	4.3	4.3
资阳市	Ziyang	1.20	1.36	2.05	1.96	1.41	4.5	3.9	4.0	3.8	4.0
阿坝藏族羌族自治州	Aba	0.40	0.35	0.39	0.36	0.45	4.1	3.7	3.7	3.4	3.7
甘孜藏族自治州	Ganzi	0.30	0.37	0.54	0.58	0.56	5.0	4.1	4.1	4.2	4.0
凉山彝族自治州	Liangshan	1.30	1.22	1.54	1.44	1.50	4.1	4.1	4.0	3.7	3.8

主要统计指标解释

就业人员　指在一定年龄以上，有劳动能力，为取得劳动报酬或经营收入而从事一定社会劳动的人员。具体指年满16周岁，为取得报酬或经营利润，在调查周内从事了1个小时（含1小时）以上的劳动的人员；或由于学习、休假等原因在调查周内暂时处于未工作状态，但有工作单位或场所的人员；或由于临时停工放假、单位不景气放假等原因在调查周内暂时处于未工作状态，但不满三个月的人员。

单位就业人员　指报告期末最后一日24时在本单位中工作，并取得工资或其他形式劳动报酬的人员数。该指标为时点指标，不包括最后一日当天及以前已经与单位解除劳动合同关系的人员，是在岗职工、劳务派遣人员及其他就业人员之和。

就业人员不包括：(1)离开本单位仍保留劳动关系，并定期领取生活费的人员；(2)在本单位实习的各类在校学生；(3)本单位因劳务外包而使用的人员。

城镇私营和个体就业人员　城镇私营就业人员指在工商管理部门注册登记，其经营地址设在县城关镇(含县城关镇)以上的私营企业就业人员，包括私营企业投资者和雇工。城镇个体就业人员指在工商管理部门注册登记，并持有城镇户口或在城镇长期居住，经批准从事个体工商经营的就业人员，包括个体经营者和在个体工商户劳动的家庭帮工和雇工。

在岗职工　指在本单位工作且与本单位签订劳动合同，并由单位支付各项工资和社会保险、住房公积金的人员，以及上述人员中由于学习、病伤、产假等原因暂未工作仍由单位支付工资的人员。在岗职工还包括：

(1)应订立劳动合同而未订立劳动合同人员(如使用的农村户籍人员)；

(2)处于试用期人员；

(3)编制外招用的人员；

(4)派往外单位工作，但工资仍由本单位发放的人员(如挂职锻炼、外派工作等情况)。

工资总额　指根据《关于工资总额组成的规定》(1990年1月1日国家统计局发布的一号令)进行修订，在报告期内(季度或年度)直接支付给本单位全部就业人员的劳动报酬总额。包括计时工资、计件工资、奖金、津贴和补贴、加班加点工资、特殊情况下支付的工资，是在岗职工工资总额、劳务派遣人员工资总额和其他就业人员工资总额之和。

工资总额是税前工资，包括单位从个人工资中直接为其代扣或代缴的房费、水费、电费、住房公积金和社会保险基金个人缴纳部分等。

工资总额不论是计入成本的还是不计入成本的，不论是以货币形式支付的还是以实物形式支付的，均应列入工资总额的计算范围。

平均工资　指单位就业人员在一定时期内平均每人所得的工资额。它表明一定时期工资收入的高低程度，是反映就业人员工资水平的主要指标。计算公式为：

$$\text{平均工资}=\frac{\text{报告期就业人员工资总额}}{\text{报告期就业人员平均人数}}$$

平均实际工资　指扣除物价变动因素后的就业人员平均工资。计算公式为：

$$\text{平均实际工资}=\frac{\text{报告期就业人员平均工资}}{\text{报告期城镇居民消费价格指数}}$$

平均工资指数　指报告期就业人员平均工资与基期就业人员平均工资的比率，是反映不同时期就业人员货币工资水平变动情况的相对数。计算公式为：

$$\text{平均工资指数}=\frac{\text{报告期就业人员平均工资}}{\text{基期就业人员平均工资}}\times 100\%$$

平均实际工资指数　是反映实际工资变动情况的相对数，表明就业人员实际工资水平提高或降低的程度。计算公式为：

$$\text{平均实际工资指数}=\frac{\text{报告期就业人员平均工资指数}}{\text{报告期城镇居民消费价格指数}}\times 100\%$$

城镇登记失业人员　指有非农业户口，在一定的劳动年龄内(16 周岁至退休年龄)，有劳动能力，无业而要求就业，并在当地劳动保障部门进行失业登记的人员。

城镇登记失业率　指城镇登记失业人员与城镇单位就业人员(扣除使用的农村劳动力、聘用的离退休人员、港澳台及外方人员)、城镇单位中的不在岗职工、城镇私营业主、个体户主、城镇私营企业和个体就业人员、城镇登记失业人员之和的比。

Explanatory Notes on Main Statistical Indicators

Employed Persons refers to persons above a specified age who had labor capacity and performed some social work for compensation or business gains. Specifically, it refers to persons, aged 16 and over, who performed some work for compensation or business gains for one hour or more during the reference period; or persons who do not work for the reasons of study or on holiday, but had work units or sites during the reference period; or persons temporary absence from a job for disorganization or suspension of work, recession, etc, but not exceeding three months during the reference period.

Persons Employed in Various Units refers to the total number of employees who work at various units and obtain wages or other forms of payment at the end of the reference period. This indicator is a kind of time point index and it equals to the sum of the number of employed staff and workers, labor dispatch personnel and other employed persons.

Employed persons do not include:

1) persons who have left their working units while keeping their labor contract (employment relation) unchanged and receiving regular alimony;

2)students who do part-time jobs in spare time and all kinds of enrolled students who do internship in various units;

3)persons employed due to labor outsourcing.

Persons Employed in Private Enterprises and Self-employed Individuals in Urban Areas Persons employed in private enterprises refers to the persons employed in the private enterprises which have been registered at the departments of industrial and commercial administration and are situated at a county town (i.e. a town where the county government is located) for business operation or at urban areas with the level higher than a county town. The self-employed individuals in urban areas refers to persons who hold the certificates of residence in urban areas or have resided in the urban areas for a long time and have been registered at the departments of industrial and commercial administration and approved to be engaged in individual industrial or commercial business, including self-employed persons as well as helpers and hired laborers who work in the individual households engaged in industrial or commercial business.

Staff and Workers refers to persons who signed labor contracts with working units and working units would pay wages, social insurance and housing funds for them. Persons who have their work posts but are temporarily absent from work for reasons of study or on sick, injury or maternal leave and still receive wages from their working units are also included. Employed staff and workers also include:

1) Persons who should have signed the labor contracts but not (like people with rural household registration);

2) Employees on probation;

3) Employees beyond the staffing quota;

4) Employees who are sent to other working units but still obtain wages from their original units (situations like on-the-job placement, expatriated assignment, etc.).

Total Wages Bill It is revised according to the “Provision of Composition of Total Wages” (Order No.1 by National Bureau of Statistics on January, 1st, 1990), total wage bill refers to the total remuneration payment to all employed persons in various units during the reporting period (by quarter or by year), including hourly-paid wages, piece-rate wages, bonuses, allowance and subsidies, overtime wages and wages paid under special circumstances. It equals to the sum of total wages of employed staff and workers, dispatch labors and other employed persons.

Total wage bill is pre-tax wages, including the room charges, utility bills, housing funds and social insurance paid or withheld by employee’s units.

Total wage bill, whether or not included in cost, whether or not paid in money or in kind, shall be included in the calculation of total wage.

Average Wage refers to the average per capita wage during a certain period of time for employed persons. It shows the general level of wage income during a certain period of time, one major indicator to reflect the wage level. It is calculated as follows:

$$\text{Average Wage} = \frac{\text{Total Wage Bill of Employed Persons at Reference Time}}{\text{Average Number of Persons Employed at Reference Time}}$$

Average Real Wage refers to average wage of staff and workers after removing the effects of price changes, which is calculated as follows:

$$\text{Average Real Wage} = \frac{\text{Average Wage of Employed Persons at Reference Time}}{\text{Urban Consumer Price Indices at Reference Time}}$$

Average Wage Indices refers to the ratio of average wage of staff and workers in the report period to that in the base period, which reflects the change of wage of staff and workers at the different period. It is calculated as follows:

$$\text{Average Wage Indices} = \frac{\text{Average Wage of Employed Persons at Reference Time}}{\text{Average Wage of Employed Persons at Base Period}} \times 100\%$$

Average Real Wage Indices reflects the relative changing degree of average real wage, and indicates the degree of the rising or declining degree of real wage of staff and worker, which is calculated as following:

$$\text{Average Real Wage Indices} = \frac{\text{Average Wage Indices of Employed Persons at Reference Time}}{\text{Urban Consumer Price Indices at Reference Time}} \times 100\%$$

Registered Unemployed Persons in Urban Areas refers to the persons with non-agricultural household registration at certain working ages (16 years old to retirement age), who are capable of working, unemployed and willing to work, and have been registered at the local Department of labor and social security to apply for a job.

Registered Urban Unemployment Rate refers to the ratio of the number of the registered unemployed to the sum of the number of persons employed in various units(minus the rural labor force, retirees ,and Hong Kong, Macao, Taiwan and foreign employees they employ),laid-off workers in urban units, unban self-employed individuals and the registered unban unemployed persons.

05

INVESTMENT IN FIXED ASSETS
固定资产投资

5-1 按经济类型分全社会固定资产投资
Total Investment in Fixed Assets by Ownership

单位：亿元 (100 million yuan)

年份 Year	总　计 Total	国有经济 State-owned	集体经济 Collective-owned	个体及私营经济 Individuals and Privates	其他经济 Others
1952	1.33	1.33			
1957	4.72	4.72			
1962	2.56	2.56			
1965	16.01	16.01			
1970	35.30	35.30			
1975	21.72	21.72			
1978	22.48	22.48			
1980	32.00	19.49	3.90	8.60	
1985	109.66	70.04	19.75	19.87	
1990	162.66	114.54	17.05	31.07	
1991	204.28	146.07	24.09	34.12	
1992	304.78	213.37	48.63	42.78	
1993	459.40	286.53	95.06	49.50	28.31
1994	573.43	325.23	108.63	71.21	68.36
1995	677.34	384.39	132.43	87.73	72.79
1996	803.79	419.82	128.42	131.61	123.94
1997	949.30	525.95	127.97	159.50	135.88
1998	1184.80	722.75	119.29	159.49	183.27
1999	1220.66	657.96	161.26	178.65	222.79
2000	1403.85	678.15	170.91	196.34	358.45
2001	1573.80	758.32	202.49	238.05	374.94
2002	1805.20	822.61	198.44	275.10	509.05
2003	2158.20	895.37	178.71	353.18	730.94
2004	2648.46	1025.78	127.77	466.95	1027.96
2005	3477.68	1348.78	48.08	658.32	1422.50
2006	4521.74	1694.70	67.92	857.77	1901.35
2007	5855.30	2047.76	74.15	1182.99	2550.40
2008	7602.40	2782.58	85.57	1497.60	3236.65
2009	12017.28	4809.36	126.33	2083.82	4997.77
2010	13581.96	5771.01	167.45	2296.90	5346.60
2011	15124.09	5665.58	175.02	2774.44	6509.05
2012	18038.92	6771.17	198.95	3515.42	7553.38
2013	21049.15	7966.43	258.65	4497.48	8326.59
2014	23577.17	8926.01	292.99	5255.54	9102.63
2015	25973.74	10325.07	210.99	6136.67	9301.01
2016	29126.03	11096.37	155.46	7198.61	10675.59
2017	32097.25	12471.91	148.14	8097.69	11379.51

注:①2005年前的非农户项目全划为集体，2005年后(含2005年)按项目登记注册类型划分； ②2011年起投资项目统计起点由50万元提高到500万元(后同)；③本表国有经济、集体经济和个体及私营经济分组均为纯国有、纯集体等，不包含其控股部分。

a) The projects of non farmers divided into the collective before 2005,and grouped by register types since 2005. b) Starting point of the investment projects is improved from ¥ 500,000 to 500 million from 2011(the same as follows). c) The groups of state-owned,collective,individual and private economy in this table are purely state-owned,collective and so, don't contain the holding part.

5-2 全社会固定资产投资及构成
Total Investment in Fixed Assets and its Composition

指 标	Item	2013	2014	2015	2016	2017
投资总额 （亿元）	**Total Investment (100 million yuan)**	**21049.15**	**23577.17**	**25973.74**	**29126.03**	**32097.25**
#国有及国有控股	State-owned and State Holding Units	8885.16	9899.64	11592.34	14186.89	15897.81
#住宅投资	Residential Buildings	589.44	705.53	552.53	574.60	386.83
按登记注册类型分	Grouped By Registration					
内资	Domestic Funds	17097.49	19092.11	20774.85	27756.16	30774.43
港澳台投资	UnitsWith Funds From Hong Kong,Macao And Taiwan	308.13	293.38	291.85	338.57	292.88
外商投资	Foreign Funded Units	408.02	323.57	322.79	345.07	344.82
个体经营	Indivuduals Economy	673.99	665.99	735.31	686.24	685.12
按建设性质分	Grouped By Character					
新建	New Constrution	10314.18	12096.88	13725.24	15324.21	17866.63
扩建	Expansion	1628.63	1541.83	1834.42	1687.74	1513.72
改建	Reconstruction	4086.29	4398.81	4346.38	5592.53	5953.36
按构成分	Grouped By Use Of Funds					
建筑工程	Construction	14394.39	16385.42	18227.46	20445.82	22858.89
安装工程	Installation	1304.65	1564.78	1885.8	1913.32	2009.27
设备工器具购置	Purchase Of Equipment And Instruments	2755.92	2715.39	3054.84	3538.96	3773.30
其他费用	Others	2594.19	2911.58	2806.99	3227.94	3455.78
本年新增固定资产 （亿元）	**Increased Investment (100 million yuan)**	**13665.70**	**16324.78**	**18209.33**	**18884.76**	**19060.05**
施工项目个数 （个）	**Number of Projects Under Construction (unit)**	**31369**	**33775**	**37412**	**45573.00**	**49537**
#本年新开工	Number of Projects Stated This Year	19018	20459	23490	32303.00	28834
本年投产项目个数	Number of Completed Projects This Year	18308	20338	24871	27473.00	30707
本年施工房屋面积 （万平方米）	**Floor Space of Buildings Under Construction (10 000 sq.m)**	**61795.08**	**64155.83**	**65393.42**	**60359.85**	**56385.73**
#住宅	Residential Buildings	30980.42	32938.54	33074.12	31311.15	29948.03
本年竣工房屋面积 （万平方米）	**Floor Space of Buildings Completed (10 000 sq.m)**	**12339.78**	**11293.21**	**11811.32**	**12963.67**	**13389.31**
#住宅	Residential Buildings	6426.40	6102.97	5451.52	6376.26	5593.55
本年资金来源 （亿元）	**Grouped By Source of Funds (100 million yuan)**	**22895.05**	**25493.57**	**26767.93**	**29094.80**	**32278.15**
国家预算内资金	State Budget	1934.24	1527.82	1956.8	2293.70	2418.62
国内贷款	Domestic Loans	2508.99	2490.09	2446.97	2564.08	2773.48
债券	Debt	31.39	74.21	42.83	78.84	134.52
利用外资	Foreign Investment	100.20	95.07	56.87	24.44	22.71
自筹资金	Self-raising Funds	14673.04	16884.49	17699.00	18886.26	20547.86
其他资金来源	Others	3647.18	4421.92	4565.45	5243.48	6380.95

5-3 按主要行业分全社会固定资产投资
Total Investment in Fixed Assets by Sector

单位：亿元 (100 million yuan)

指　标	Item	2013	2014	2015	2016	2017
投资总额	**Total Investment**	**21049.15**	**23577.17**	**25973.74**	**29126.03**	**32097.25**
农、林、牧、渔业	Farming, Forestry, Animal Husbandry and Fishery	667.23	752.16	1001.36	1305.77	1565.86
采矿业	Mining	616.46	594.57	592.56	502.16	484.60
制造业	Manufacturing	4974.60	5020.76	5193.37	5904.29	6978.11
电力、热力、燃气及水生产和供应业	Production and Supply of Electricity,Heat, Gas and Water	1491.58	1563.40	1595.18	1775.21	1725.01
建筑业	Construction	52.46	47.71	101.01	60.75	105.49
批发和零售业	Wholesale and Retail Trades	480.05	574.53	569.44	507.37	457.80
交通运输、仓储和邮政业	Transport, Storage and Post	2669.88	3077.85	3394.37	3952.06	4619.34
住宿和餐饮业	Hotels and Catering Services	353.24	372.58	422.87	354.33	401.89
信息传输、软件和信息技术服务业	Information Transmission,Software and IT Services	106.20	91.83	267.36	292.87	286.66
金融业	Financial Intermediation	62.80	27.67	22.98	21.30	27.69
房地产业	Real Estate	6214.99	7193.74	7757.92	8293.64	8095.16
租赁和商务服务业	Leasing and Business Services	136.04	234.84	273.65	400.37	532.91
科学研究和技术服务业	Scientific Research and Technical Services	39.39	83.11	151.49	96.16	92.51
水利、环境和公共设施管理业	Management of Water Conservancy, Environment and Public Facilities	2129.90	2723.40	3255.18	3977.06	4784.39
居民服务、修理和其他服务业	Services to Households, Repair and Other Services	141.53	156.65	177.58	170.74	169.94
教育	Education	317.12	411.69	483.53	579.33	711.23
卫生和社会工作	Health and Social Service	175.55	208.02	310.24	402.13	479.34
文化、体育和娱乐业	Culture, Sports and Entertainment	210.47	194.92	216.11	245.65	331.67
公共管理、社会保障和社会组织	Public Management, Social Security and Social Organization	209.65	247.74	187.54	284.86	247.65
国际组织	International Organization					

5-4 各市(州)全社会固定资产投资
Total Investment in Fixed Assets by Region

单位：亿元 (100 million yuan)

市(州)	Region	2010	2011	2012	2013	2014	2015	2016	2017
全　省	**Sichuan**	**13581.96**	**15124.09**	**18038.92**	**21049.15**	**23577.17**	**25973.74**	**29126.03**	**32097.25**
成都市	Chengdu	4255.37	5006.02	5890.10	6501.08	6620.37	7006.97	8370.50	9404.24
自贡市	Zigong	320.09	352.97	435.10	531.61	597.61	638.95	709.84	832.24
攀枝花市	Panzhihua	330.70	383.44	463.25	545.74	616.81	644.51	696.31	745.28
泸州市	Luzhou	460.40	525.28	671.15	866.36	1181.03	1463.71	1730.38	2042.11
德阳市	Deyang	601.26	650.41	730.90	807.35	894.64	981.31	1125.08	1311.41
绵阳市	Mianyang	820.97	880.90	932.22	1001.00	1080.37	1154.09	1269.97	1436.54
广元市	Guangyuan	480.15	500.37	515.30	541.09	561.74	583.23	618.35	715.13
遂宁市	Suining	495.40	538.00	655.10	804.88	913.68	1011.61	1125.82	1257.63
内江市	Neijiang	350.93	382.82	460.32	575.93	697.77	803.76	905.52	860.18
乐山市	Leshan	510.05	539.32	651.30	787.02	863.91	987.81	1109.79	1273.79
南充市	Nanchong	656.66	714.05	881.20	1102.84	1244.54	1388.98	1561.31	1820.08
眉山市	Meishan	420.26	451.22	601.72	756.12	922.98	1032.37	1163.55	1110.84
宜宾市	Yibin	534.21	607.25	748.80	935.42	1130.26	1295.51	1464.52	1685.10
广安市	Guangan	383.42	425.08	524.10	672.40	919.19	1131.97	1298.85	1513.28
达州市	Dazhou	601.32	677.57	826.30	1002.86	1176.20	1331.68	1500.12	1727.65
雅安市	Yaan	370.67	340.97	357.20	352.82	471.40	531.41	550.83	461.24
巴中市	Bazhong	252.70	320.22	480.97	651.01	847.77	1030.30	1194.57	1370.63
资阳市	Ziyang	401.13	462.78	605.80	760.68	908.22	1045.65	765.25	594.13
阿坝藏族羌族自治州	Aba	362.41	380.22	395.80	405.98	383.34	400.04	393.68	340.14
甘孜藏族自治州	Ganzi	211.11	257.43	326.23	406.93	465.72	421.83	438.28	461.32
凉山彝族自治州	Liangshan	660.51	731.64	885.10	975.47	1045.87	1073.18	1111.52	1134.04

5-5 各市(州)房地产投资
Real Estate Investment by Region

单位：亿元 (100 million yuan)

市(州)	Region	2010	2011	2012	2013	2014	2015	2016	2017
全　省	**Sichuan**	**2194.63**	**2836.71**	**3266.40**	**3853.00**	**4380.09**	**4813.03**	**5282.64**	**5149.89**
成都市	Chengdu	1278.34	1595.64	1890.03	2110.27	2220.80	2441.95	2638.89	2487.88
自贡市	Zigong	54.00	76.08	62.77	77.78	101.23	125.81	123.87	122.59
攀枝花市	Panzhihua	34.20	35.73	54.69	51.16	75.20	58.94	55.03	59.96
泸州市	Luzhou	54.52	68.70	71.64	130.92	192.56	196.87	239.20	258.62
德阳市	Deyang	46.96	73.25	79.87	82.66	95.23	115.38	125.78	105.04
绵阳市	Mianyang	105.84	132.28	145.69	169.94	210.74	198.35	205.58	176.65
广元市	Guangyuan	18.72	35.13	32.89	58.67	83.32	86.80	94.63	83.58
遂宁市	Suining	67.90	73.26	76.79	85.99	86.36	111.91	144.56	173.48
内江市	Neijiang	41.01	54.35	58.03	78.64	115.43	123.88	122.81	115.05
乐山市	Leshan	58.79	67.55	75.46	110.19	126.07	152.86	212.02	194.15
南充市	Nanchong	102.23	146.18	187.07	207.91	229.14	213.22	216.64	212.39
眉山市	Meishan	47.77	64.49	78.18	130.31	151.12	195.15	194.29	193.58
宜宾市	Yibin	60.22	105.41	104.52	141.13	171.86	150.42	189.55	228.15
广安市	Guangan	29.58	38.49	51.04	65.25	122.11	184.26	258.22	244.19
达州市	Dazhou	60.68	82.62	85.10	100.53	94.98	82.58	93.28	113.64
雅安市	Yaan	11.91	28.62	30.01	27.02	25.46	27.45	53.94	58.38
巴中市	Bazhong	27.27	38.00	49.28	63.99	88.65	104.49	118.96	136.97
资阳市	Ziyang	74.65	94.57	109.60	136.98	164.77	195.14	150.18	127.89
阿坝藏族羌族自治州	Aba	0.62	0.83	0.60	4.04	4.25	7.80	12.26	4.87
甘孜藏族自治州	Ganzi	1.92	2.90	2.63	1.98	1.71	1.10	1.28	1.51
凉山彝族自治州	Liangshan	17.48	22.66	20.51	17.64	19.11	38.67	31.67	51.32

5-6 项目固定资产投资及构成
Item Investment in Fixed Assets and its Composition

指 标	Item	2013	2014	2015	2016	2017
投资总额 （亿元）	**Total Investment (100 million yuan)**	**16595.55**	**18600.98**	**20500.72**	**23227.39**	**26332.86**
#国有及国有控股	State-owned and State Holding Units	8552.99	9534.28	11190.94	13665.06	8988.46
按产业分	Grouped By Industry					
第一产业	Primary Industry	365.73	426.49	609.12	899.46	1130.78
第二产业	Secondary Industry	7024.35	7172.02	7422.43	8185.48	9249.80
#工业	Industry	7010.07	7160.07	7361.02	8161.70	9181.17
第三产业	Tertiary Industry	9205.47	11002.47	12469.17	14142.44	15725.74
按建设性质分	Grouped By Character					
新建	New Construction	10314.18	12096.88	13725.24	15324.21	17866.63
扩建	Expansion	1628.63	1541.83	1834.42	1687.74	1513.72
改建	Reconstruction	4086.29	4398.81	4346.38	5592.53	5953.36
按构成分	Grouped by Use of the Funds					
建筑工程	Construction	11422.05	13108.46	14630.04	16501.53	18923.92
安装工程	Installation	1010.26	1206.11	1420.10	1358.88	1520.07
设备工器具购置	Purchurse of the Equipment And Instrument	2544.36	2505.89	2824.79	3295.16	3535.67
其他费用	Others	1618.88	1780.50	1625.97	2071.83	2353.20
新增固定资产 （亿元）	**Increased Investment (100 million yuan)**	**11264.28**	**13807.91**	**15888.89**	**15885.66**	**16589.54**
施工项目个数 （个）	**Number of Projects Under Construction(unit)**	**31369**	**33775**	**37412**	**45573**	**49537**
#新开工	Number of Projects Started This Year	19018	20459	23490	32303	28834
竣工项目个数 （个）	**Number of Projects Completed (unit)**	**18308**	**20338**	**24871**	**27473**	**30707**
房屋建筑面积 （万平方米）	**Floor Space of Buildings (10 000 sq.m)**					
施工面积	Floor Space of Under Construction	29630.10	27656.47	26412.06	18827.71	15090.84
#住宅	Residential Buildings	7771.51	8206.19	7773.67	4885.7	3675.97
竣工面积	Floor Space of Completed	7230.91	5958.76	7265.62	5913.43	7768.57
#住宅	Residential Buildings	2397.52	2231.69	2302.27	1698.89	1917.79

5-7 分行业按构成分项目固定资产投资(2017年)
Item Investment in Fixed Assets by Sector and Constitution(2017)

单位：亿元 (100 million yuan)

指　标	Item	合计 Total	建筑工程 Construction	安装工程 Installation	设备工具器具购置 Purchase of Equipment and Instruments	其他费用 Others
投资总额	Total Investment	**26332.86**	**18923.92**	**1520.07**	**3535.67**	**2353.20**
农、林、牧、渔业	Farming, Forestry, Animal Husbandry and Fishery	1350.78	1131.09	61.50	63.08	95.11
采矿业	Mining	484.60	273.24	40.43	142.39	28.54
制造业	Manufacturing	6978.11	3744.46	555.71	2241.78	436.16
电力、热力、燃气及水生产和供应业	Production and Supply of Electricity,Heat, Gas and Water	1725.01	971.57	195.80	374.35	183.28
建筑业	Construction	68.62	53.81	2.34	4.89	7.58
批发和零售业	Wholesale and Retail Trades	457.80	348.74	28.37	55.10	25.59
交通运输、仓储和邮政业	Transport, Storage and Post	4564.03	3648.05	150.34	136.65	628.99
住宿和餐饮业	Hotels and Catering Services	401.89	348.05	21.88	12.49	19.47
信息传输、软件和信息技术服务业	Information Transmission,Software and IT Services	286.66	90.83	32.26	149.53	14.05
金融业	Financial Intermediation	27.69	24.64	1.29	1.59	0.17
房地产业	Real Estate	2760.92	2401.94	110.42	47.75	200.81
租赁和商务服务业	Leasing and Business Services	532.91	418.66	39.72	27.37	47.16
科学研究和技术服务业	Scientific Research and Technical Services	92.51	61.78	5.47	15.21	10.06
水利、环境和公共设施管理业	Management of Water Conservancy, Environment and Public Facilities	4784.39	3927.69	197.99	112.97	545.74
居民服务、修理和其他服务业	Services to Households, Repair and Other Services	59.33	45.13	2.35	8.83	3.02
教育	Education	711.23	604.22	20.46	36.66	49.89
卫生和社会工作	Health and Social Service	479.34	356.45	25.14	74.86	22.90
文化、体育和娱乐业	Culture, Sports and Entertainment	319.38	262.56	16.55	17.70	22.58
公共管理、社会保障和社会组织	Public Management, Social Security and Social Organization	247.65	211.01	12.05	12.49	12.11
国际组织	International Organization					

5-8 各市(州)按构成分项目固定资产投资(2017年)
Item Investment in Fixed Assets by Region and Institution(2017)

单位：亿元 (100 million yuan)

市(州)	Region	合计 Total	建筑工程 Construction	安装工程 Installation	设备工具器具购置 Purchase of Equipment and Instruments	其他费用 Others
全　省	**Sichuan**	**26332.86**	**18923.92**	**1520.07**	**3535.67**	**2353.20**
成都市	Chengdu	6865.67	4079.14	402.73	1390.57	993.23
自贡市	Zigong	667.47	488.95	30.58	64.34	83.59
攀枝花市	Panzhihua	630.27	446.69	26.76	124.62	32.21
泸州市	Luzhou	1727.89	1413.85	99.43	134.04	80.57
德阳市	Deyang	1145.56	821.47	76.60	164.04	83.44
绵阳市	Mianyang	1137.60	757.54	100.44	211.49	68.14
广元市	Guangyuan	570.09	444.47	36.36	48.43	40.83
遂宁市	Suining	1047.33	845.55	92.88	83.48	25.42
内江市	Neijiang	710.49	517.05	63.90	87.80	41.75
乐山市	Leshan	960.86	622.87	72.28	190.43	75.28
南充市	Nanchong	1568.83	1374.29	82.45	85.88	26.22
眉山市	Meishan	848.80	641.76	37.27	96.41	73.36
宜宾市	Yibin	1404.32	1023.97	63.49	206.10	110.76
广安市	Guangan	1230.28	967.26	74.89	93.73	94.40
达州市	Dazhou	1579.69	1294.63	73.49	159.04	52.54
雅安市	Yaan	320.94	206.37	21.08	67.74	25.75
巴中市	Bazhong	1211.21	1011.77	73.00	99.70	26.73
资阳市	Ziyang	386.03	274.53	20.68	67.23	23.58
阿坝藏族羌族自治州	Aba	184.01	138.82	15.30	13.51	16.38
甘孜藏族自治州	Ganzi	407.38	294.10	13.50	25.32	74.45
凉山彝族自治州	Liangshan	980.44	760.90	41.28	111.92	66.34
不分地区	Others	747.70	497.94	1.68	9.85	238.23

注：本表各市(州)数不包括跨区投资。

a) The region data in this table excludes multiregional investment.

5-9 按行业分施工和投产项目个数(2017年)
Number of Projects under Construction and Production by Sector(2017)

行　业	Sector	施工项目 (个) Number of Projets Under Construction (unit)	新开工项目个数 (个) Number of Projects Started This Year (unit)	全部建成投产项目 (个) Number of Projects Completed (unit)	项目建成投产率 (%) Rate of Projects Completed (%)
总　计	**Total**	**49537**	**28834**	**30707**	**61.99**
农、林、牧、渔业	Farming, Forestry, Animal Husbandry and Fishery	6017	3988	3823	63.54
采矿业	Mining	1037	639	678	65.38
制造业	Manufacturing	9812	5798	6598	67.24
电力、热力、燃气及水生产和供应业	Production and Supply of Electricity,Heat,Gas and Water	2918	1605	1835	62.89
建筑业	Construction	127	98	64	50.39
批发和零售业	Wholesale and Retail Trades	871	484	655	75.20
交通运输、仓储和邮政业	Transport, Storage and Post	7859	4443	4763	60.61
住宿和餐饮业	Hotels and Catering Services	938	607	561	59.81
信息传输、软件和信息技术服务业	Information Transmission,Software and IT Services	622	417	535	86.01
金融业	Financial Intermediation	34	19	20	58.82
房地产业	Real Estate	4588	2137	2727	59.44
租赁和商务服务业	Leasing and Business Services	563	334	274	48.67
科学研究和技术服务业	Scientific Research and Technical Services	168	90	106	63.10
水利、环境和公共设施管理业	Management of Water Conservancy,Environment and Public Facilities	9107	5337	5122	56.24
居民服务、修理和其他服务业	Services to Households, Repair and Other Services	176	117	129	73.30
教育	Education	1828	1034	1078	58.97
卫生和社会工作	Health and Social Service	1263	752	803	63.58
文化、体育和娱乐业	Culture, Sports and Entertainment	752	439	460	61.17
公共管理、社会保障和社会组织	Public Management, Social Security and Social Organization	857	496	476	55.54
国际组织	International Organization				

5-10 各市(州)施工、投产项目个数和新增固定资产(2017年)
Number of Projects under Construction and Production and Newly Increased Fixed Assets by Region(2017)

市(州)	Region	施工项目 (个) Number of Projects under Construction (unit)	新开工项目个数 (个) Number of Projects Started This Year (unit)	全部建成投产项目 (个) Number of Projects Completed and Put into Use (unit)	新增固定资产 (亿元) Newly Increased Fixed Assets (100 million yuan)
全　省	**Sichuan**	**49537**	**28834**	**30707**	**16589.54**
成都市	Chengdu	6764	3874	4555	3435.15
自贡市	Zigong	1605	904	1021	398.01
攀枝花市	Panzhihua	1661	1152	1141	463.86
泸州市	Luzhou	2801	1319	1970	1229.14
德阳市	Deyang	2614	1570	1711	868.44
绵阳市	Mianyang	2393	1534	1573	680.57
广元市	Guangyuan	2008	1158	1220	464.95
遂宁市	Suining	1969	1165	1181	673.29
内江市	Neijiang	1510	773	958	430.07
乐山市	Leshan	1562	999	806	483.50
南充市	Nanchong	3355	2184	1915	975.82
眉山市	Meishan	1222	682	713	585.74
宜宾市	Yibin	3901	2290	2390	1018.54
广安市	Guangan	2779	2035	1936	925.25
达州市	Dazhou	5038	3014	2735	1062.91
雅安市	Yaan	591	299	342	666.90
巴中市	Bazhong	3242	1266	1906	882.61
资阳市	Ziyang	1035	673	763	294.04
阿坝藏族羌族自治州	Aba	719	454	322	88.28
甘孜藏族自治州	Ganzi	1645	844	922	326.73
凉山彝族自治州	Liangshan	1081	639	627	635.73
不分地区	Others	42	6		

注：本表各市(州)数不包括跨区项目。

a) The region data in this table exclude multiregional projects.

5-11 各市(州)建设施工和竣工房屋建筑面积(2017年)
Floor Space of Buildings under Construction and Completed by Region(2017)

单位：万平方米 (10 000 sq.m)

市(州)	Region	施工面积 Floor Space of Buildings under Construction	#住宅 Residential Buildings	竣工面积 Floor Space of Buildings Completed	#住宅 Residential Buildings	竣工率(%) Rate of Floor Space of Buildings Completed	#住宅 Residential Buildings
全 省	**Sichuan**	**15090.84**	**3675.97**	**7768.57**	**1917.79**	**51.5**	**52.2**
成都市	Chengdu	3009.21	510.93	1247.50	205.58	41.5	40.2
自贡市	Zigong	852.74	274.03	337.81	75.42	39.6	27.5
攀枝花市	Panzhihua	230.59	55.80	131.80	13.02	57.2	23.3
泸州市	Luzhou	1815.81	302.50	1105.46	196.44	60.9	64.9
德阳市	Deyang	894.46	124.31	586.12	84.69	65.5	68.1
绵阳市	Mianyang	384.79	151.41	197.58	66.48	51.4	43.9
广元市	Guangyuan	527.65	25.84	244.88	13.06	46.4	50.5
遂宁市	Suining	355.75	129.75	228.86	100.77	64.3	77.7
内江市	Neijiang	168.98	58.33	90.49	29.43	53.6	50.5
乐山市	Leshan	378.77	97.21	143.16	41.94	37.8	43.1
南充市	Nanchong	648.42	163.59	337.65	93.54	52.1	57.2
眉山市	Meishan	849.28	172.91	499.99	150.16	58.9	86.8
宜宾市	Yibin	983.72	235.32	434.45	102.17	44.2	43.4
广安市	Guangan	396.40	97.81	249.08	76.54	62.8	78.3
达州市	Dazhou	1199.34	209.04	687.67	95.88	57.3	45.9
雅安市	Yaan	128.00	45.39	81.68	30.04	63.8	66.2
巴中市	Bazhong	657.35	185.07	322.15	107.42	49.0	58.0
资阳市	Ziyang	236.34	112.22	198.90	95.24	84.2	84.9
阿坝藏族羌族自治州	Aba	39.82	15.88	19.68	9.01	49.4	56.7
甘孜藏族自治州	Ganzi	289.29	119.48	146.84	54.85	50.8	45.9
凉山彝族自治州	Liangshan	1044.09	589.16	476.84	276.14	45.7	46.9
不分地区	Others						

注：本表数据为项目投资，不包括房地产开发和农户投资；各市(州)数不包括跨区项目。

a) Data in this table are item investment, excluding real estate investment and farmers' investment.The region data exclude multiregional projects.

5-12 各市(州)项目固定资产投资资金来源(2017年)
Item Investment in Fixed Assets by Source and Region(2017)

单位：亿元 (100 million yuan)

市(州)	Region	资金来源 Sources of Funds	国家预算内资金 State Budget	国内贷款 Domestic Loans	债券 Debt	利用外资 Foreign Investment	自筹资金 Self-raising Funds	其他资金 Others
全　省	**Sichuan**	**24232.68**	**2265.00**	**1883.09**	**134.52**	**22.16**	**17307.92**	**2619.98**
成都市	Chengdu	6338.27	207.88	463.88	43.03	8.53	5040.28	574.69
自贡市	Zigong	569.51	57.16	34.34	9.67	0.44	400.64	67.27
攀枝花市	Panzhihua	615.36	62.88	67.39	0.61	0.31	395.55	88.63
泸州市	Luzhou	1638.83	182.73	127.52		0.55	1263.40	64.63
德阳市	Deyang	1144.77	91.61	23.66	0.30	0.20	899.21	129.79
绵阳市	Mianyang	1109.90	84.20	114.85	0.06	0.60	813.57	96.62
广元市	Guangyuan	533.76	65.07	38.07	0.34	0.17	352.77	77.33
遂宁市	Suining	974.29	57.82	17.58	0.05	2.57	829.94	66.33
内江市	Neijiang	648.97	43.22	36.71	3.89	1.08	488.60	75.46
乐山市	Leshan	876.91	82.25	62.63	0.80		664.70	66.52
南充市	Nanchong	1441.39	250.41	72.13	3.73	1.39	827.05	286.68
眉山市	Meishan	732.81	39.91	30.72		0.31	602.38	59.50
宜宾市	Yibin	1294.37	94.46	45.50	0.20	0.52	938.70	215.01
广安市	Guangan	1205.54	94.07	25.70	6.32	0.06	979.00	100.38
达州市	Dazhou	1558.53	258.75	53.72	0.60	0.97	1035.54	208.95
雅安市	Yaan	290.22	37.02	82.83	1.20		145.98	23.19
巴中市	Bazhong	1152.44	206.55	87.07	1.47	4.38	784.46	68.50
资阳市	Ziyang	312.42	33.96	24.81	0.09		225.68	27.87
阿坝藏族羌族自治州	Aba	180.23	55.81	37.80	1.98	0.10	65.46	19.07
甘孜藏族自治州	Ganzi	375.35	144.47	112.40	0.90		87.10	30.48
凉山彝族自治州	Liangshan	801.05	58.19	151.09	0.67		334.64	256.46
不分地区	Others	437.76	56.58	172.69	58.61		133.27	16.62

注：本表各市(州)数不包括跨区投资。

a) The region data in this table exclude multiregonal investment.

5-13 按行业分项目固定资产投资资金来源(2017年)
Sources of Funds of Item Investment in Fixed Assets by Sector(2017)

单位：亿元 (100 million yuan)

行 业	Sector	资金来源 Sources of Funds	国家预算内资金 State Buget	国内贷款 Domestic Loans	债券 Debt	利用外资 Foreign Investment	自筹资金 Self-raising Funds	其他资金 Others
总 计	**Total**	**24232.68**	**2265.00**	**1883.09**	**134.52**	**22.16**	**17307.92**	**2619.98**
农、林、牧、渔业	Farming, Forestry, Animal Husbandry and Fishery	1313.72	132.35	34.26	0.42	1.07	1004.04	141.59
采矿业	Mining	471.66	22.77	45.73		0.47	390.29	12.39
制造业	Manufacturing	6690.37	29.20	282.15	3.51	9.07	6216.30	150.15
电力、热力、燃气及水生产和供应业	Production and Supply of Electricity,Heat, Gas and Water	1597.35	94.94	383.45	0.45	1.49	918.57	198.46
建筑业	Construction	70.73	11.07	0.97			38.15	20.54
批发和零售业	Wholesale and Retail Trades	433.16	6.14	15.13			399.16	12.73
交通运输、仓储和邮政业	Transport, Storage and Post	3903.35	607.86	520.34	98.73	1.68	1985.06	689.69
住宿和餐饮业	Hotels and Catering Services	377.72	6.56	20.13	3.34	0.10	319.65	27.95
信息传输、软件和信息技术服务业	Information Transmission,Software and IT Services	265.02	6.85	1.55			250.09	6.53
金融业	Financial Intermediation	17.49	4.06			0.10	12.75	0.57
房地产业	Real Estate	2542.16	407.44	216.34	14.90	1.83	1538.81	362.84
租赁和商务服务业	Leasing and Business Services	496.86	11.64	20.06	0.39	0.05	424.63	40.09
科学研究和技术服务业	Scientific Research and Technical Services	76.49	7.24	4.33			56.83	8.08
水利、环境和公共设施管理业	Management of Water Conservancy, Environment and Public Facilities	4273.80	654.45	273.87	9.86	2.66	2651.43	681.52
居民服务、修理和其他服务业	Services to Households, Repair and Other Services	59.65	4.62	2.77			46.00	6.26
教育	Education	662.62	141.34	37.09	1.07		379.81	103.30
卫生和社会工作	Health and Social Service	450.90	54.90	14.13	1.05	3.09	311.66	66.06
文化、体育和娱乐业	Culture, Sports and Entertainment	287.07	19.07	5.53		0.27	219.21	42.99
公共管理、社会保障和社会组织	Public Management, Social Security and Social Organization	242.57	42.50	5.25	0.80	0.31	145.45	48.26
国际组织	International Organization							

5-14 房地产开发主要指标
Major Indicators of Real Estate Development

指　标	Item	2013	2014	2015	2016	2017
企业个数　（个）	**Number of Enterprises (unit)**	**3963**	**4061**	**4032**	**4061**	**4010**
国有	State-owned	133	107	109	106	108
集体	Collective-owned Units	28	19	15	13	10
私营个体	Individuals	1708	1781	1728	1699	1730
其他	Others	2094	2154	2180	2243	2162
平均从业人数　（人）	**Average Employed Persons (person)**	**114895**	**138352**	**139303**	**138887**	**145344**
国有	State-owned	6192	4460	4151	5451	5448
集体	Collective-owned Units	1110	494	443	297	296
私营个体	Individuals	45422	56758	55625	53081	58406
其他	Others	62171	76640	79084	80058	81194
本年土地购置面积（万平方米）	**Land Space Purchased This Year (10 000 sq.m)**	**1142.76**	**1535.43**	**1061.98**	**1304.72**	**800.76**
本年完成投资额　（亿元）	**Investment Completed This Year (100 million yuan)**	**3853.00**	**4380.09**	**4813.03**	**5282.64**	**5149.89**
#住宅	Residential Buildings	2537.89	2847.82	3048.72	3185.64	3182.34
本年新增固定资产　（亿元）	**Newly Increased Fixed Assets This Year (100 million yuan)**	**1824.85**	**1944.62**	**1686.83**	**2407.73**	**1880.60**
资金来源　（亿元）	**Sources of Funds (100 million yuan)**	**5324.53**	**5863.11**	**6079.00**	**6635.69**	**7430.97**
国内贷款	Domestic Loans	725.45	817.88	916.21	751.74	890.39
利用外资	Foreign Investment	32.33	39.34	0.97	0.88	0.55
自筹资金	Self-raising Funds	2150.87	2513.68	2645.83	2679.98	2779.07
#自有资金	Self-owned	1197.47	1423.51	1385.69	1332.60	
其他资金	Others	2415.89	2492.22	2515.99	3203.09	3760.96
#定金及预收款	Earnest and Money Collected in Advance	1557.14	1573.28	1452.64	1826.28	2372.91
房屋建筑面积　（万平方米）	**Floor Space of Buildings (10 000 sq.m)**					
施工面积	Floor Space under Construction	32164.98	36499.35	38981.36	41532.14	41294.89
#住宅	Residential Buildings	23208.91	24732.35	25300.45	26425.45	26272.05
竣工面积	Floor Space Completed	5108.86	5334.45	4545.71	7050.24	5620.73
#住宅	Residential Buildings	4028.88	3871.28	3149.25	4677.37	3675.76
本年新开工面积	Floor Space Started This Year	10163.57	11328.04	9587.21	10825.16	11521.59
#住宅	Residential Buildings	7008.71	7335.98	6026.32	6941.73	7604.00
商品房屋销售面积（万平方米）	**Floor Space of Selling House (10 000 sq.m)**	**7312.78**	**7142.44**	**7671.20**	**9300.47**	**10869.07**
#住宅	Residential Buildings	6505.32	6176.51	6495.43	7884.09	8786.61
商品房销售额　（亿元）	**Total Sales of Commercial Houses(100 million yuan)**	**4020.27**	**3997.37**	**4199.84**	**5358.91**	**6757.11**
#住宅	Residential Buildings	3308.58	3145.02	3269.52	4296.27	5173.60

5-15 各市(州)按经济类型分房地产开发企业个数(2017年)
Number of Enterprises of Real Estate Development by Ownership and Region(2017)

单位：个 (unit)

市(州)	Region	合计 Total	国有经济 State-owned	集体经济 Collective-owned	私营经济 Private-owned	其他经济 Others
全　省	**Sichuan**	**4010**	**108**	**10**	**1730**	**2162**
成都市	Chengdu	1519	42	7	460	1010
自贡市	Zigong	96	4		62	30
攀枝花市	Panzhihua	73	3		54	16
泸州市	Luzhou	169		1	102	66
德阳市	Deyang	181	1		93	87
绵阳市	Mianyang	254	12		114	128
广元市	Guangyuan	137	5		82	50
遂宁市	Suining	174	3	1	69	101
内江市	Neijiang	78	7		39	32
乐山市	Leshan	140	1		47	92
南充市	Nanchong	228	4	1	116	107
眉山市	Meishan	157	3		77	77
宜宾市	Yibin	173	4		123	46
广安市	Guangan	154	4		98	52
达州市	Dazhou	160	6		90	64
雅安市	Yaan	70	2		23	45
巴中市	Bazhong	100	3		37	60
资阳市	Ziyang	97	3		26	68
阿坝藏族羌族自治州	Aba	11			5	6
甘孜藏族自治州	Ganzi	8			2	6
凉山彝族自治州	Liangshan	31	1		11	19

5-16 各市(州)按资质等级分房地产开发企业个数(2017年)

Number of Enterprises of Real Estate Development by Region and Qualification Criteria(2017)

单位：个 (unit)

市(州)	Region	合 计 Total	一级 First Grade	二级 Second Grade	三级 Third Grade	四级 Fourth Grade	其他 Others
全 省	**Sichuan**	**4010**	**57**	**620**	**2342**	**108**	**883**
成都市	Chengdu	1519	24	196	951	37	311
自贡市	Zigong	96	5	23	43	11	14
攀枝花市	Panzhihua	73	3	6	47	3	14
泸州市	Luzhou	169	2	28	92	4	43
德阳市	Deyang	181		19	107	10	45
绵阳市	Mianyang	254		51	164	8	31
广元市	Guangyuan	137		17	90	4	26
遂宁市	Suining	174	3	43	87	2	39
内江市	Neijiang	78	1	22	41	3	11
乐山市	Leshan	140	2	24	83	1	30
南充市	Nanchong	228		27	122	3	76
眉山市	Meishan	157	3	31	65	2	56
宜宾市	Yibin	173	9	28	115	4	17
广安市	Guangan	154		20	85	1	48
达州市	Dazhou	160	3	45	86	5	21
雅安市	Yaan	70		4	30	4	32
巴中市	Bazhong	100	1	14	42		43
资阳市	Ziyang	97		16	63	1	17
阿坝藏族羌族自治州	Aba	11	1	1	3	1	5
甘孜藏族自治州	Ganzi	8		1	2	2	3
凉山彝族自治州	Liangshan	31		4	24	2	1

5−17 各市(州)按经济类型分房地产开发企业从业人员数(2017年)
Number of Employees in Enterprises of Real Estate Development by Ownership and Region(2017)

单位：人 (person)

市(州)	Region	合 计 Total	国有经济 State-owned	集体经济 Collective-owned	私营经济 Private-owned	其他经济 Others
全 省	**Sichuan**	**145344**	**5448**	**296**	**58406**	**81194**
成都市	Chengdu	50585	2910	167	11193	36315
自贡市	Zigong	4566	63		2830	1673
攀枝花市	Panzhihua	3242	133		2251	858
泸州市	Luzhou	7822		46	4385	3391
德阳市	Deyang	5013	21		2514	2478
绵阳市	Mianyang	9341	406		4926	4009
广元市	Guangyuan	4018	426		2085	1507
遂宁市	Suining	7765	168	16	2250	5331
内江市	Neijiang	3886	141		1883	1862
乐山市	Leshan	5309	32		1525	3752
南充市	Nanchong	9444	127	67	5635	3615
眉山市	Meishan	6932	65		3764	3103
宜宾市	Yibin	6790	117		4269	2404
广安市	Guangan	6248	267		3647	2334
达州市	Dazhou	5273	224		2522	2527
雅安市	Yaan	1870	51		561	1258
巴中市	Bazhong	3918	213		1243	2462
资阳市	Ziyang	1690	45		438	1207
阿坝藏族羌族自治州	Aba	168			87	81
甘孜藏族自治州	Ganzi	210			80	130
凉山彝族自治州	Liangshan	1254	39		318	897

5-18 各市(州)按资质等级分房地产开发企业从业人员数(2017年)
Number of Employees in Enterprises of Real Estate Development by Region and Qualification Criteria(2017)

单位：人 (person)

市(州)	Region	合 计 Total	一级 First Grade	二级 Second Grade	三级 Third Grade	四级 Fourth Grade	其他 Others
全 省	**Sichuan**	**145344**	**6112**	**31126**	**75533**	**1968**	**30605**
成都市	Chengdu	50585	2407	9595	27977	430	10176
自贡市	Zigong	4566	717	1687	1414	292	456
攀枝花市	Panzhihua	3242	557	300	1847	51	487
泸州市	Luzhou	7822	298	1708	3448	196	2172
德阳市	Deyang	5013		630	2744	185	1454
绵阳市	Mianyang	9341		3055	5544	88	654
广元市	Guangyuan	4018		670	2652	118	578
遂宁市	Suining	7765	161	3594	2820	13	1177
内江市	Neijiang	3886	145	1297	1720	73	651
乐山市	Leshan	5309	297	1400	2654	15	943
南充市	Nanchong	9444		963	5734	123	2624
眉山市	Meishan	6932	556	1219	2920	40	2197
宜宾市	Yibin	6790	717	922	4158	54	939
广安市	Guangan	6248		1009	3124	78	2037
达州市	Dazhou	5273	163	1676	2815	51	568
雅安市	Yaan	1870		52	632	42	1144
巴中市	Bazhong	3918	80	747	1433		1658
资阳市	Ziyang	1690		341	885	20	444
阿坝藏族羌族自治州	Aba	168	14	22	37	24	71
甘孜藏族自治州	Ganzi	210		41	30	27	112
凉山彝族自治州	Liangshan	1254		198	945	48	63

5-19 各市(州)按用途分房地产开发投资完成额(2017年)
Actually Completed Investment of Enterprises for Real Estate Development by Region and Use(2017)

单位：亿元 (100 million yuan)

市(州)	Region	本年完成投资额 Investment Completed in Current Year	住宅 Residential Buildings	办公楼 Office Buildings	商业营业用房 Houses for Business Use	其他 Others
全　省	**Sichuan**	**5149.89**	**3182.34**	**262.81**	**1094.22**	**610.52**
成都市	Chengdu	2487.88	1298.44	215.01	571.57	402.85
自贡市	Zigong	122.59	91.28	1.99	20.63	8.69
攀枝花市	Panzhihua	59.96	43.65	0.15	10.25	5.91
泸州市	Luzhou	258.62	179.65	7.10	45.83	26.04
德阳市	Deyang	105.04	62.38	2.64	29.13	10.90
绵阳市	Mianyang	176.65	111.19	16.02	32.33	17.11
广元市	Guangyuan	83.58	54.18	2.04	19.27	8.09
遂宁市	Suining	173.48	128.74	4.85	30.24	9.65
内江市	Neijiang	115.05	91.32	0.12	13.91	9.70
乐山市	Leshan	194.15	134.15	0.59	45.47	13.95
南充市	Nanchong	212.39	159.45	1.72	40.95	10.27
眉山市	Meishan	193.58	140.96	0.46	33.75	18.41
宜宾市	Yibin	228.15	165.60	3.01	39.67	19.86
广安市	Guangan	244.19	184.14	2.03	47.94	10.08
达州市	Dazhou	113.64	85.43	1.35	20.89	5.98
雅安市	Yaan	58.38	28.25	0.91	23.49	5.74
巴中市	Bazhong	136.97	97.56	0.66	29.87	8.89
资阳市	Ziyang	127.89	93.24	1.45	23.61	9.59
阿坝藏族羌族自治州	Aba	4.87	0.59		3.68	0.60
甘孜藏族自治州	Ganzi	1.51	0.81	0.01	0.53	0.17
凉山彝族自治州	Liangshan	51.32	31.35	0.69	11.22	8.06

5-20 各市(州)房地产开发建设房屋建筑面积和造价(2017年)
Floor Space of Buildings and the Cost in Real Estate Development by Region(2017)

市(州)	Region	施工房屋面积 (万平方米) Floor Space of Buildings under Construction (10 000 sq.m)	竣工房屋面积 (万平方米) Floor Space of Buildings Completed (10 000 sq.m)	房屋建筑面积竣工率 (%) Rate of Floor Space of Buildings Completed (%)	竣工房屋价值 (万元) Value of Buildings Completed (10 000 yuan)	竣工房屋造价 (元/平方米) Cost of Buildings Completed (yuan / sq.m)
全 省	**Sichuan**	**41294.89**	**5620.73**	**13.6**	**15714043**	**2796**
成都市	Chengdu	19374.52	1854.95	9.6	6257892	3374
自贡市	Zigong	954.14	181.59	19.0	421782	2323
攀枝花市	Panzhihua	699.91	46.17	6.6	122915	2662
泸州市	Luzhou	1859.07	586.83	31.6	1439669	2453
德阳市	Deyang	1267.22	257.93	20.4	687908	2667
绵阳市	Mianyang	1882.76	303.15	16.1	767599	2532
广元市	Guangyuan	1114.47	199.90	17.9	497548	2489
遂宁市	Suining	1165.02	215.02	18.5	491745	2287
内江市	Neijiang	1218.75	184.86	15.2	556755	3012
乐山市	Leshan	1477.80	115.75	7.8	282631	2442
南充市	Nanchong	2023.79	299.48	14.8	726225	2425
眉山市	Meishan	1649.62	298.17	18.1	639692	2145
宜宾市	Yibin	1745.89	292.01	16.7	837798	2869
广安市	Guangan	1419.18	238.63	16.8	653789	2740
达州市	Dazhou	998.85	185.77	18.6	482947	2600
雅安市	Yaan	394.64	14.63	3.7	45211	3090
巴中市	Bazhong	729.39	95.76	13.1	197683	2064
资阳市	Ziyang	945.79	190.66	20.2	476667	2500
阿坝藏族羌族自治州	Aba	13.37	0.18	1.3	1145	6361
甘孜藏族自治州	Ganzi	51.13	12.97	25.4	29842	2301
凉山彝族自治州	Liangshan	309.57	46.34	15.0	96600	2085

5-21 各市(州)商品房销售情况(2017年)
Selling of Commercial Houses by Region(2017)

市(州)	Region	房屋销售面积(万平方米) Floor Space of Commercial Houses (10 000 sq.m)	#住宅 Residential Buildings	#办公楼 Office Buildings	#商业营业用房 Houses for Business Use	房屋销售额(亿元) Total Sale of Commercial Houses (100 million yuan)	#住宅 Residential Buildings	#办公楼 Office Buildings	#商业营业用房 Houses for Business Use
全　省	**Sichuan**	**10869.07**	**8786.61**	**299.29**	**1004.42**	**6757.11**	**5173.60**	**270.61**	**1029.81**
成都市	Chengdu	3921.85	2973.54	235.26	342.21	3424.48	2556.24	234.85	482.13
自贡市	Zigong	309.56	271.23	2.50	21.46	158.15	132.60	1.54	18.91
攀枝花市	Panzhihua	175.58	129.25	1.76	12.84	78.70	56.02	1.00	12.63
泸州市	Luzhou	734.87	586.31	7.75	66.11	350.27	272.81	2.87	49.30
德阳市	Deyang	264.44	226.87	7.31	19.65	109.17	88.26	4.08	14.49
绵阳市	Mianyang	554.85	443.19	14.29	65.90	279.62	205.24	5.15	58.00
广元市	Guangyuan	168.57	140.53	2.26	20.53	74.08	57.16	1.01	14.24
遂宁市	Suining	540.35	483.40	4.90	43.25	252.83	202.99	5.97	39.07
内江市	Neijiang	353.08	309.15	0.03	18.91	155.15	130.02	0.01	17.52
乐山市	Leshan	411.74	345.34	0.10	39.22	203.28	163.73	0.07	33.59
南充市	Nanchong	578.66	499.91	6.13	50.78	276.23	224.59	4.41	40.29
眉山市	Meishan	408.76	333.92	9.85	40.86	234.39	183.72	3.61	42.01
宜宾市	Yibin	581.02	464.70	2.35	72.24	291.87	217.56	1.74	58.88
广安市	Guangan	528.70	447.86	0.21	56.32	222.63	178.48	0.19	36.46
达州市	Dazhou	406.32	354.21	0.50	31.51	201.60	168.24	0.21	24.97
雅安市	Yaan	122.21	95.72	1.92	11.89	62.76	44.63	1.33	13.87
巴中市	Bazhong	330.11	262.80	0.05	55.51	133.67	92.00	0.02	38.40
资阳市	Ziyang	391.25	341.54	0.32	30.58	172.95	135.50	0.20	27.37
阿坝藏族羌族自治州	Aba	1.46	1.36		0.10	0.66	0.54		0.12
甘孜藏族自治州	Ganzi	7.62	5.93		1.68	4.78	3.01		1.77
凉山彝族自治州	Liangshan	78.07	69.85	1.82	2.88	69.87	60.25	2.34	5.81

5-22 各市(州)商品房期房销售情况(2017年)
Selling of Commercial Houses under Construction by Region(2017)

市(州)	Region	房屋销售面积(万平方米) Floor Space of Commercial Houses (10 000 sq.m)	#住宅 Residential Buildings	#办公楼 Office Buildings	#商业营业用房 Houses for Business Use	房屋销售额(亿元) Total Sale of Commercial Houses (100 million yuan)	#住宅 Residential Buildings	#办公楼 Office Buildings	#商业营业用房 Houses for Business Use
全 省	**Sichuan**	**8987.41**	**7572.50**	**239.37**	**698.75**	**5713.02**	**4548.95**	**226.94**	**756.52**
成都市	Chengdu	3312.27	2623.70	196.07	256.24	2940.68	2266.56	199.43	374.53
自贡市	Zigong	270.22	249.14	2.10	10.49	136.75	123.38	1.05	9.21
攀枝花市	Panzhihua	146.25	112.27	1.67	11.32	67.69	49.74	0.95	11.23
泸州市	Luzhou	517.50	442.35	2.84	39.74	267.02	221.56	1.64	31.56
德阳市	Deyang	203.79	183.86	6.33	10.11	86.76	72.65	3.75	9.65
绵阳市	Mianyang	389.43	347.69	2.54	26.41	197.94	167.47	1.11	26.79
广元市	Guangyuan	138.65	117.81	2.25	14.51	62.43	49.41	1.00	10.84
遂宁市	Suining	492.17	438.67	4.47	41.77	234.43	186.22	5.75	38.26
内江市	Neijiang	327.45	285.89	0.03	17.35	145.40	121.62	0.01	16.33
乐山市	Leshan	371.99	321.14		32.29	186.96	155.35		27.63
南充市	Nanchong	475.56	428.34	5.57	29.52	227.78	195.73	3.64	24.60
眉山市	Meishan	349.17	287.49	9.85	32.96	206.23	162.65	3.61	36.27
宜宾市	Yibin	440.53	379.25	2.08	37.88	228.73	185.78	1.54	33.25
广安市	Guangan	431.35	375.87	0.18	38.16	183.15	151.10	0.19	25.25
达州市	Dazhou	312.03	286.20	0.48	16.45	153.22	137.37	0.20	12.29
雅安市	Yaan	105.98	90.71	0.94	11.65	57.33	41.69	0.63	13.64
巴中市	Bazhong	258.33	207.34	0.05	42.19	101.37	72.28	0.02	26.89
资阳市	Ziyang	369.95	326.02	0.12	27.53	163.84	129.85	0.08	24.74
阿坝藏族羌族自治州	Aba	0.57	0.57			0.26	0.26		
甘孜藏族自治州	Ganzi	5.65	5.03		0.61	3.26	2.62		0.63
凉山彝族自治州	Liangshan	68.61	63.16	1.82	1.55	61.81	55.69	2.34	2.91

5-23 各市(州)商品房现房销售情况(2017年)
Selling of Commercial Houses Completed by Region(2017)

市(州)	Region	房屋销售面积(万平方米) Floor Space of Commercial Houses (10 000 sq.m)	#住宅 Residential Buildings	#办公楼 Office Buildings	#商业营业用房 Houses for Business Use	房屋销售额(亿元) Total Sale of Commercial Houses (100 million yuan)	#住宅 Residential Buildings	#办公楼 Office Buildings	#商业营业用房 Houses for Business Use
全 省	**Sichuan**	**1881.65**	**1214.10**	**59.92**	**305.67**	**1044.09**	**624.65**	**43.67**	**273.29**
成都市	Chengdu	609.57	349.85	39.19	85.97	483.80	289.68	35.42	107.60
自贡市	Zigong	39.35	22.09	0.40	10.98	21.40	9.22	0.49	9.70
攀枝花市	Panzhihua	29.33	16.98	0.09	1.52	11.01	6.28	0.05	1.40
泸州市	Luzhou	217.37	143.96	4.91	26.37	83.25	51.25	1.22	17.74
德阳市	Deyang	60.64	43.01	0.98	9.54	22.40	15.62	0.33	4.84
绵阳市	Mianyang	165.42	95.50	11.75	39.48	81.68	37.77	4.04	31.21
广元市	Guangyuan	29.92	22.71	0.01	6.02	11.65	7.75	0.00	3.40
遂宁市	Suining	48.18	44.73	0.44	1.48	18.40	16.77	0.22	0.81
内江市	Neijiang	25.63	23.26		1.55	9.75	8.40		1.18
乐山市	Leshan	39.76	24.19	0.10	6.93	16.32	8.38	0.07	5.96
南充市	Nanchong	103.11	71.56	0.56	21.26	48.45	28.86	0.77	15.68
眉山市	Meishan	59.59	46.43		7.90	28.17	21.07		5.74
宜宾市	Yibin	140.49	85.45	0.28	34.35	63.14	31.78	0.20	25.64
广安市	Guangan	97.36	71.98	0.04	18.16	39.49	27.39	0.01	11.21
达州市	Dazhou	94.30	68.01	0.02	15.06	48.38	30.87	0.01	12.67
雅安市	Yaan	16.23	5.01	0.98	0.23	5.43	2.95	0.70	0.23
巴中市	Bazhong	71.78	55.46		13.33	32.30	19.73		11.51
资阳市	Ziyang	21.30	15.53	0.20	3.04	9.11	5.65	0.12	2.63
阿坝藏族羌族自治州	Aba	0.89	0.79		0.10	0.39	0.28		0.12
甘孜藏族自治州	Ganzi	1.97	0.90		1.07	1.52	0.38		1.14
凉山彝族自治州	Liangshan	9.47	6.69		1.33	8.06	4.57		2.90

5-24 各市(州)商品房待售情况(2017年)
Selling of Commercial Houses on Sale by Region(2017)

市(州)	Region	商品房待售面积(万平方米) Space Of Commercial Houses on Sale (10 000 sq.m)	#住宅 Residential Buildings	#办公楼 Office Buildings	#商业营业用房 Houses for Business Use	其中：待售1-3年的面积(万平方米) Space Empty on Sale During 3 Years (10 000 sq.m)	#住宅 Residential Buildings	#办公楼 Office Buildings	#商业营业用房 Houses for Business Use
全　省	**Sichuan**	**2678.67**	**781.85**	**112.93**	**744.43**	**1416.98**	**382.47**	**45.36**	**389.57**
成都市	Chengdu	1105.21	211.42	81.57	259.39	579.14	120.76	27.14	126.64
自贡市	Zigong	109.07	23.07	0.73	25.26	88.93	15.24	0.73	23.80
攀枝花市	Panzhihua	30.36	5.41	2.88	10.64	13.48	2.66		3.96
泸州市	Luzhou	182.93	84.62	1.24	51.88	92.65	34.62	0.36	25.93
德阳市	Deyang	174.89	47.15	7.62	55.26	91.36	13.62	6.66	34.77
绵阳市	Mianyang	139.96	37.45	0.56	62.65	83.88	21.74	0.56	35.37
广元市	Guangyuan	122.09	57.34	1.43	35.61	66.03	37.41	0.04	15.40
遂宁市	Suining	52.79	16.33	0.46	29.63	17.83	5.24		12.58
内江市	Neijiang	32.85	24.40	0.01	2.35	19.69	12.85		1.54
乐山市	Leshan	52.43	23.24	0.40	19.48	25.43	9.97	0.40	8.37
南充市	Nanchong	81.31	35.48	0.15	21.66	54.59	20.15		16.07
眉山市	Meishan	125.23	34.30	2.08	34.43	91.59	22.39	0.72	26.60
宜宾市	Yibin	163.83	30.43	7.21	46.30	66.24	10.52	6.61	20.80
广安市	Guangan	70.89	37.16	0.58	23.33	38.67	15.54	0.28	15.40
达州市	Dazhou	85.01	41.84	4.16	25.84	25.49	7.20	0.02	14.80
雅安市	Yaan	13.67	9.81		3.86	8.75	7.35		1.40
巴中市	Bazhong	55.26	44.58		9.24	27.29	23.06		3.10
资阳市	Ziyang	22.82	15.65		0.73				
阿坝藏族羌族自治州	Aba	0.32			0.32	0.32			0.32
甘孜藏族自治州	Ganzi	2.60	0.18	0.52	1.89	1.48	0.18	0.52	0.77
凉山彝族自治州	Liangshan	55.17	2.00	1.32	24.68	24.16	1.96	1.32	1.97

主要统计指标解释

全社会固定资产投资 以货币形式表现的在一定时期内全社会建造和购置固定资产的工作量以及与此有关的费用的总称。该指标是反映固定资产投资规模、结构和发展速度的综合性指标，又是观察工程进度和考核投资效果的重要依据。全社会固定资产投资按登记注册类型可分为国有、集体、联营、股份制、私营和个体、港澳台商、外商、其他等。

固定资产投资(不含农户) 指城镇和农村各种登记注册类型的企业、事业、行政单位及城镇个体户进行的计划总投资500万元及500万元以上的建设项目投资和房地产开发投资，包含原口径的城镇固定资产投资加上农村企事业组织项目投资，该口径自2011年起开始使用。

固定资产投资的实际到位资金 根据固定资产投资的资金来源不同，分为国家预算资金、国内贷款、利用外资、自筹资金和其他资金。

(1)国家预算资金 国家预算包括一般预算、政府性基金预算、国有资本经营预算和社保基金预算。各类预算中用于固定资产投资的资金全部作为国家预算资金填报，其中一般预算中用于固定资产投资的部分包括基建投资、车购税、灾后恢复重建基金和其他财政投资。各级政府债券也应归入国家预算资金。

(2)国内贷款 指报告期固定资产项目投资单位向银行及非银行金融机构借入用于固定资产投资的各种国内借款，包括银行利用自有资金及吸收存款发放的贷款、上级主管部门拨入的国内贷款、国家专项贷款（包括煤代油贷款、劳改煤矿专项贷款等），地方财政专项资金安排的贷款、国内储备贷款、周转贷款等。

(3)利用外资 指报告期收到的境外（包括外国及港澳台地区）资金(包括设备、材料、技术在内)。包括对外借款(外国政府贷款、国际金融组织贷款、出口信贷、外国银行商业贷款、对外发行债券和股票)、外商直接投资、外商其他投资(包括利用外商投资收益在国内进行固定资产再投资活动的资金)。不包括我国自有外汇资金(国家外汇、地方外汇、留成外汇、调剂外汇和国内银行自有资金发放的外汇贷款等)。各类外资按报告期末的外汇牌价（中间价）折成人民币计算。

(4)自筹资金 指固定资产投资单位在报告期收到的，由各企、事业单位筹集用于固定资产投资的资金，包括各类企事业单位的自有资金和从其他单位筹集的用于固定资产投资的资金，但不包括各类财政性资金、从各类金融机构借入资金和国外资金。

(5)其他资金 指在报告期收到的除以上各种资金之外的用于固定资产投资的资金，包括社会集资、个人资金、无偿捐赠的资金及其他单位拨入的资金等。

固定资产投资按国民经济行业分 指根据其从事的社会经济活动性质对各类单位进行的分类。应根据建设项目建成投产后的主要产品种类或主要用途及社会经济活动种类来划分，不能根据项目单位本身的行业类别来划分。如果项目投产后有几种产品，应根据主要产品来确定行业类别。一般情况下，一个建设项目只能属于一种国民经济行业。

固定资产投资按隶属关系分 是按建设单位或企业、事业、行政单位的主管上级机关确定的。

(1)中央：是指中共中央、人大常委会和国务院各部、委、局、总公司以及直属机构直接领导的建设项目和企业、事业、行政单位。这些单位的固定资产投资计划由国务院各部门直接编制和下达，统一组织或委托下级实施。包括有中央垂直管理的部门（如国家统计局各级调查队）和中央直属企业、事业单位（如工商银行、中国电信、中国石油）等。

(2)地方：是由省（自治区、直辖市）、地（区、市、州、盟）、县（区、市、旗）三级政府及业务主管部门直接领导和管理的建设项目、企业、事业、行政单位。地方项目还包括不隶属以上各级政府及主管部门的建设项目和企业、事业单位，如外商投资企业和无主管部门的企业等。

固定资产投资按建设性质分 按整个建设项目情况来确定。建设项目的性质一般分为新建、扩建、改建和技术改造、单纯建造生活设施、迁建、恢复、单纯购置。房地产开发单位、农户投资不划分建设性质。

(1)新建：指从无到有“平地起家”开始建设的项目。现有企业、事业、行政单位投资的项目一般不属于新建。但如有的单位原有基础很小，经过建设后新增的固定资产价值超过该企业、事业、行政单位原有固定资产价值（原值）三倍以上的，也应作为新建。

(2)扩建：指在厂内或其他地点，为扩大原有产品的生产能力(或效益)或增加新的产品生产能力，而增建的生产车间(或主要工程)、分厂、独立的生产线等项目。行政、事业单位在原单位增建业务性用房(如学校增建教学用房、医院增建门诊部、病房等)也作为扩建。

现有企、事业单位为扩大原有主要产品生产能力或增加新的产品生产能力，增建一个或几个主要生产车间(或主要工程)、分厂，同时进行一些更新改造工程的，也应作为扩建。

(3)改建和技术改造：指现有企业、事业单位对原有设施进行技术改造或更新(包括相应配套的辅助性生产、生活福利设施)的建设项目。改建项目包括现有企业、事业单位为适应市场变化的需要，而改变企业的主要产品种类(如军工企业转民产品等)的建设项目，原有产品生产作业线由于各工序(车间)之间能力不平衡，为填平补齐充分发挥原有生产能力而增建不增加本企业主要产品设计能力的车间的建设项目。技术改造是指企业、事业单位在现有基础上，用先进的技术代替落后的技术，用先进的工艺和装备代替落后的工艺和装备，以改变企业落后的技术经济面貌，实现以内涵为主的扩大再生产，达到提高产品质量、促进产品更新换代、节约能源、降低消耗、扩大生产规模、全面提高社会经济效益的目的。技术改造具体包括以下内容：机器设备和工具的更新改造；生产工艺改革、节约能源和原材料的改造；厂房建筑和公共设施的改造；保护环境进行的“三废”治理改造；劳动条件和生产环境的改造等。

固定资产投资按构成分：

(1)建筑工程　指各种房屋、建筑物的建造工程，又称建筑工作量。这部分投资额必须兴工动料，通过施工活动才能实现，是固定资产投资额的重要组成部分。

(2)安装工程　指各种设备、装置的安装工程，又称安装工作量。在安装工程中，不包括被安装设备本身价值。

(3)设备工具器具购置　指报告期内购置或自制的，达到固定资产标准的设备、工具、器具的价值。新建单位及扩建单位的新建车间，按照设计或计划要求购置或自制的全部设备、工具、器具，不论是否达到固定资产标准均计入“设备工具器具购置”中。

(4)其他费用　指在固定资产建造和购置过程中发生的，除建筑安装工程和设备、工器具购置投资完成额以外的应当分摊计入固定资产投资的费用，不指经营中财务上的其他费用。

施工项目个数　是指本年正式进行过建筑或安装施工活动的建设项目个数。包括本年新开工项目，以前年度开工跨入本年继续施工项目，本年全部建成投产项目、以前年度全部停缓建在本年恢复施工的项目，本年进行过施工又在本年内全部停缓建的项目。施工项目个数可以反映一定时期固定资产投资的实际规模，与同期全部建成投产项目个数相比，可以从建设速度的角度反映固定资产投资的效果。

本年投产项目个数　指报告期内按设计文件规定建成主体工程和相应配套的辅助设施，形成生产能力或工程效益，经过验收合格，并且已正式投入生产或交付使用的建设项目。

新增生产能力(或工程效益)　指通过固定资产投资活动而增加的设计能力（或工程效益）。主要指标包括建设规模、本年施工规模、自开始建设累计新增生产能力（或工程效益）、本年新增生产能力（或工程效益）等。

新增固定资产　指已经完成建造和购置过程，并已交付生产或使用单位的固定资产的价值，包括已经建成投入生产或交付使用的工程投资和达到固定资产标准的设备、工具、器具的投资及有关应摊入的费用。该指标是表示固定资产投资成果的价值指标，也是反映建设进度，计算固定资产投资效果的重要指标。

项目建成投产率　指一定时期内全部建成投产项目个数与同期施工项目个数的比率。该指标从建设单位建设速度的角度反映投资效果。

固定资产交付使用率　指一定时期新增固定资产与同期完成投资额的比率。它是反映固定资产动用速度，衡量建设过程中宏观投资效果的综合指标。由于新增固定资产是较长时期内形成的结果，而投资额则是当年完成的，因此，该指标一般适宜于反映较长时期内固定资产的动用情况。

房地产开发投资　指房地产开发企业本年完成的全部用于房屋建设工程、土地开发工程的投资额以及公益性建筑和土地购置费等的投资。

房屋施工面积　指房地产开发企业本年施工的全部房屋建筑面积。包括本年新开工的房屋建筑面积、上年跨入本年继续施工的房屋建筑面积、上年停缓建在本期恢复施工的房屋建筑面积、本年竣工的房屋建筑面积以及本年施工后又停缓建的房屋建筑面积。多层建筑应填各层建筑面积之和。

房屋竣工面积　指房地产开发企业本年按照设计要求已经全部完工，达到住人和使用条件，经验收鉴定合格或达到竣工验收标准，可正式移交使用的各栋房屋建筑面积的总和。

房屋建筑面积竣工率　指一定时期内房屋竣工面积占同期房屋施工面积的比率。它是从房屋建筑施工速度的角度反映投资效果的指标。

商品房销售面积　指房地产开发企业本年出售商品房屋的合同总面积(即双方签署的正式买卖合同中所确定的建筑面积)。

商品房销售额　指房地产开发企业本年出售商品房屋的合同总价款(即双方签署的正式买卖合同中所确定的合同总价)。该指标与商品房销售面积同口径。

Explanatory Notes on Main Statistical Indicators

Total Investment in Fixed Assets refers to the volume of activities in construction and purchases of fixed assets and related fees , expressed in monetary terms . It is a comprehensive indicator which shows the size, structure and growth of the investment in fixed assets, providing basis for observing the progress of construction projects and evaluating results of investment. Total investment in fixed assets in the whole country includes, by type of ownership, the investment by the state-owned units, collective-owned units, joint ownership units, share-holding units, private units individuals as well as investments by entrepreneurs from Hong Kong, Macao and Taiwan, foreign investors and others.

Investment in Fixed Assets (Excluding Rural Households) refers to the investment in construction projects with a total planned investment of 5 million yuan(RMB) and over by enterprises of various ownerships, institutions, administrative units and urban self-employed individuals, and the investment in real estate development in both urban and rural areas. Since 2011, it covers the urban investment in fixed assets under the previous statistical coverage plus project investments by rural enterprises and institutions.

Actual Funds in Place for Investment in Fixed Assets are categorized as funds from the State budget, domestic loans, foreign investment, self-raised funds, and others, depending on the sources of investment.

(1) Fund from the State budget: State budget consists of general budget, government fund budget, operation budget of state-owned assets and social security fund budget. Funds for investment in fixed assets from various budgets are reported as fund from the state budget, of which, the general budget utilized on fixed assets investment includes investment on infrastructure construction, vehicle purchase tax, post-disaster restoration and reconstruction funds and other financial investment. Government bonds at all levels should also be included.

(2) Domestic loans refer to loans of various forms borrowed by investing units from banks and non-bank financial institutions during the reference period for the purpose of investment in fixed assets, including loans issued by banks from their self-owned funds and deposit, loans appropriated by higher responsible authorities, special loans by government (including loan for substituting petroleum with coal, special loans for reform-through-labor coal mines), loans arranged by local government from special funds, domestic reserve loan, and revolving loan, etc.

(3) Foreign investment refers to overseas (including foreign countries, Hong Kong, Macao and Taiwan) funds received during the reference period (covering equipment, materials and technology), including foreign borrowings (loans from foreign governments and international financial institutions, export credit, commercial loans from foreign banks, issue of bonds and stocks overseas), foreign direct investment and other foreign investments (including funds from foreign direct investment income that are reinvested in fixed assets domestically). Excluded from this category is capital in foreign exchanges owned by China (foreign exchanges owned by the central and local governments, foreign exchanges retained by enterprises, foreign exchanges by enterprises through the regulating mechanism, loans in foreign exchanges issued by the Bank of China with its own fund, etc.). In calculating the utilization of foreign capital, foreign currencies are converted into Chinese RMB applying the exchange rate (central parity rate) at the end of the reference period.

(4) Self-raised funds refer to funds for investment in fixed assets received during the reference period by investing units, including investment in fixed assets using own funds of various enterprises and institutions or funds raised from other units other than financial funds, funds borrowed from financial institutions and overseas funds.

(5) Others refer to funds for investment in fixed assets received from sources other than those listed above, including funds raised from individuals and through donations, and funds transferred from other units.

Investment in Fixed Assets by Sector refers to the classification of investment by the nature of social economic activities the investing units are engaged in. The classification of construction projects by sector is determined by the major products or the purpose of the projects when they are put into production or use, and by the nature of their social economic activities, instead of being determined by industrial classification of the project enterprises. The project will be classified according to major product if there are several kinds of products yielded. In general, one project can only be classified into one sector.

Investment in Fixed Assets by Jurisdiction of Management refers to the classification of investment by the competent authorities under which investment is made by construction units, enterprises, institutions or administrative units.

(1) Central investment refers to the investment in projects or by enterprises, institutions or administrative units which are under the direct leadership and management of the State Council and of the national commissions, ministries, agencies and State-owned large corporations. Various ministries and departments of the State Council prepare and implement plans through unified organization or lower-level commissions, which include departments direct under central government (i.e. survey offices at all level of the National Bureau of Statistics) and enterprises and institutions directly under central government (like the Industrial and Commercial Bank of China, China Telecom and China National Petroleum Corporation)..

(2) Local investment refers to the investment in projects or by enterprises, institutions or administrative units which are under the direct leadership and management of departments under the provincial, prefecture and county governments. Also included are projects by foreign-invested enterprises and enterprises without competent managing authorities.

Investment in Fixed Assets by Sector The classification of construction projects by sector is determined by the major products or the purpose of the projects when they are put into production or use, and by the nature of their social economic activities, instead of being determined by industrial classification of the project enterprises. The project will be classified according to major product if there are several kinds of products yielded, In general, one project can only be classified into one sector.

Investment in Fixed Assets by Jurisdiction of Management refers to the classification of investment by the competent authorities under which investment is made by construction units, enterprises, institutions or administrative units.

(1) Central investment refers to the investment in projects or by enterprises, institutions or administrative units which are under the direct leadership and management of the State Council and of the national commissions, ministries, agencies and State-owned large corporations. Various ministries and departments of the State Council prepare and implement plans through unified organization or lower-level commissions, which include departments direct under central government (i.e. survey offices at all level of the National Bureau of Statistics) and enterprises and institutions directly under central government (like the Industrial and Commercial Bank of China, China Telecom and China National Petroleum Corporation)..

(2) Local investment refers to the investment in projects or by enterprises, institutions or administrative units which are under the direct leadership and management of competent departments and governments at the level of province (autonomous regions and municipalities directly under the Central Government), prefecture （prefectures, cities and leagues） and county (districts, cities and banners). Also included are projects by foreign-invested enterprises and enterprises without competent managing authorities.

Investment in Fixed Assets by Type of Construction Construction projects in general can be classified, by the type of construction, into new construction, expansion, reconstruction and technical transformation, purely construction of living facilities, moving, restoration and purely purchasing. However, investment by type of construction is not applied to investment by real-estate development units and investment by rural households.

(1) New construction in general refers to construction projects, which start from scratch. The existing projects invested by enterprises, institutions and administrative agencies cannot be classified as new construction. In case the size of the existing unit is quite small, and the value of newly added fixed assets is more than three times of the original value, the expansion will be considered as new construction.

(2) Expansion refers to projects of construction of new production workshop, branch factory or independent production line within a factory or in other locations, for the purpose of increasing the production capacity (or improving efficiency) or adding new production capacity. Newly constructed accommodation for the operation of institutions and administrative organizations (such as newly constructed buildings for teaching in schools, buildings for clinics or wards in hospitals, etc.) are also classified as expansion.

Also included in expansion are investments by existing enterprises or institutions in building major production line(s) or branch factory (ies) along with some work on innovation, for the purpose of expanding the production capacity of original products or producing new products.

(3) Reconstruction and technical transformation refers to construction projects by existing enterprises or institutions in innovation or technical transformation of the old facilities (including auxiliary production equipment and welfare facilities). Also considered as reconstruction is the construction of new workshops by the existing enterprises or institutions to change the variety of products to meet the market demand (such as the production of civil products by defence industries), or to bring the designed production capacity into full play through a more balanced production process on production lines. Technical transformation refers to replacement of old technology or equipment by new technology or equipment, in order to expand the reproduction through improvement of technology contents in production, to improve product quality, to promote new products, to save energy, to reduce consumption, to expand the production scale and to improve overall social-economic efficiency. Contents of technical transformation include: updating of machinery, equipment and tools; reforming production process by using energy or materials saving technology; construction of factory workshops and transformation of public facilities; treatment transformation of "three wastes" (waste gas, waste water and industrial residue) aiming at environmental protection; improvement of working conditions and environment, etc.

Investment in Fixed Assets by Structure

(1) Construction refers to the construction of houses and buildings, also known as work volume of construction. This part of investment can only be achieved through construction activities, it is the major component of the total investment in fixed assets.

(2) Installation refers to the installation of various kinds of equipment and instruments, also known as work volume of installation.

The value of equipment installed itself is not included in the value of installation projects.

(3) Purchase of equipment and instruments refers to the total value of equipment, tools, and instruments purchased or self-produced which come up to the cut-off point for fixed assets during the reference period. Equipment, tools and instruments purchased or self-produced for new workshops by newly established or expanded units are categorized as "purchase of equipment and instruments" no

matter whether they come up to the cut-off point for fixed assets.

(4) Other expenses refer to expenses arising during the construction or purchase of fixed assets other than those expenses on construction, installation and purchase of equipment and instruments. Other financial expenses arising in operation are not included.

Number of Projects under Construction refers to number of all projects with construction activities newly started in current year or left-over from the previous year in the reference period. All projects that have construction activities undertaken during the reference period are reported as projects under construction irrespective of the length of construction work. The number of projects under construction can reflect the actual size of investment in fixed as sets during a given period, and when compared with the number of projects completed and put into use during the same period, it demonstrates the results of investment in fixed as sets.

Projects Completed and Put into Use This Year refers to projects have been completed in accordance with the design documents, resulting in forming production capacity (efficiency) and have been checked and accepted after relevant tests, and have been formally delivered for use.

Newly Increased Production Capacity (or Project Efficiency) refers to the increase of designed capacity (or project efficiency) through investment in fixed assets. The main indicators include: construction scale, scale of projects under construction in current year, the accumulated newly increased production capacity (project efficiency) since the start of the projects and the newly increased production capacity (project efficiency) of current year.

Newly Increased Fixed Assets refers to the value of fixed assets that has completed the construction and purchase, and has been delivered to the production or owner units, including investment in projects that have been completed and put into operation in current year and the investment in equipment, tools and appliance that meet the standard of fixed assets and fees that should be apportioned. This is an indicator that demonstrates the results of investment in fixed assets in monetary terms, and an important indicator to reflect the speed of construction and to calculate the efficiency of investment.

Completion Rate of Floor Space of Building refers to the ratio of the number of the floor space of all buildings completed in certain period of time to floor space of building under construction in the same period. This indicator reflects the investment result from the perspective of the speed of construction.

Rate of Construction Projects Completed and Put into Use refers to the ratio of the number of construction projects completed and put into use in certain period of time to the number of projects under construction in the same period. This reflects the investment efficiency from the perspective of the speed of projects construction.

Rate of Projects of Fixed Assets completed and Put into Operation refers to the ratio of the newly increased fixed assets to the total investment made in the same period. This is a comprehensive indicator reflecting the speed of the employment of fixed assets and the investment efficiency at the macro-level. As the newly increase fixed assets is the result of a long period while the investment is completed in the current year, this indicator is expected to be used to reflect the employment of fixed assets over a long period of time.

Investment in Real Estate Development refers to the investment made by real estate development companies in the construction of housing, development of land, nonprofit buildings and value of land purchased.

Floor Space of Building Under Construction refers to the total floor space of the buildings under construction in the year by real estate development enterprises. It includes buildings started in the year, continued from the previous year, suspended in earlier years but restarted in the year, completed in the year, and started in the year but suspended in the year as well. The floor space of a multi-storied building should be the sum of floor space of all the stories.

Floor Space of Buildings Completed refers to the total floor space area of the buildings completed in the year by real estate development enterprises, which meet the requirements as designed, reach the criteria set for people to live in or use, have passed the acceptance checks, and are ready for delivery or use.

Completion Rate of Floor Space of Buildings refers to the ratio of the floor space of buildings completed in certain period of time to the floor space of buildings under construction in the same period. this indicator reflects the investment result from the perspective of the speed of construction.

Area of Commercialized Housing Sold refers to total contracted area of commercialized housing (i.e. area of floor space as designated in the formal contracts signed by both sides) sold by real estate development enterprises during the reference time.

Value of Commercialized Housing Sold refers to the total contracted value (i.e. value of sales/purchase for selling/purchase of commercialized housing as designated in the contract signed by both sides) received from the sales of the buildings by real estate development enterprises during the reference time. This indicator has the same coverage as the area of commercialized housing sold.

06

ENERGY

能源

6–1 综合能源平衡表
Overall Energy Balance Sheet

单位：万吨标准煤 (10 000 tons SCE)

项　　目	Item	2015	2016	2017
可供消费的能源总量	**Total Energy Available for Consumption**	**19888.1**	**20362.1**	**20874.4**
一次能源生产量	Primary Energy Output	16995.7	17871.6	18613.4
外省(区、市)调入量	Imports from Other Provinces	8861.4	9373.1	9393.6
进口量	Imports			
我轮、机在外国加油量	Chinese Airplanes and Ships in Refueling Abroad	7.3	11.1	14.2
本省(区、市)调出量(−)	Exports from Sichuan(-)	5913.4	7171.1	7008.3
出口量(−)	Exports(-)			
外轮、机在我国加油量(−)	Foreign Airplanes and Ships in Refueling in China	15.1	22.2	19.2
年初年末库存差额	Stock Changes in the Year	-47.8	299.5	-119.2
年初库存量	Stock (year-beginning)	695.2	753.1	453.6
年末库存量(−)	Stock (year-end)(-)	743.1	453.6	572.8
能源消费总量	**Total Energy Consumption**	**19888.1**	**20362.1**	**20874.4**
在总量中：	Consumption by Sector			
1.农、林、牧、渔业	1.Farming, Forestry, Animal Husbandry,Fishery	299.0	313.5	338.8
2.工业	2.Industry	13681.4	13434.9	13420.4
3.建筑业	3.Construction	498.1	548.5	579.3
4.交通运输、仓储和邮政业	4.Transport, Storage and Post	1522.3	1739.6	1849.1
5.批发、零售业和住宿、餐饮业	5.Wholesale and Retail Trades, Hotels and Catering Services	764.4	827.5	911.8
6.其他	6.Others	742.8	876.8	947.4
7.生活消费	7.Residential Consumption	2380.0	2621.3	2827.6
在总量中：	Consumption by Usage			
1.终端消费	1.Final Consumption	19000.8	19384.2	19962.6
#工业	Industry	12858.3	12553.4	12615.5
2.加工转换损失	2.Losses in Processing and Transformation	251.0	279.4	214.3
火力发电损失	Thermal Power Generation		0.0	
供热损失	Heating	44.1	56.9	66.6
洗选煤损失	Coal Washing and Dressing	362.0	326.8	262.2
炼焦损失	Coking	75.6	72.6	48.1
炼油损失	Petroleum Refining	350.4	341.6	372.3
制气损失	Gas Production			
煤制品加工损失	Coal Products Processing	6.0	11.4	11.7
天然气液化损失	Natural Gas Liquefying	3.8	5.1	5.8
回收能	Recovery of Energy	-591.0	-534.9	-552.2
3.损失量	3.Other Losses	636.3	698.5	697.4
平衡差额	**Balance**			

注：本表按等价值计算。

a) Data in this table are calculated at equal value.

6-2 能源生产量和构成
Total Production of Energy and its Composition

单位：万吨标准煤，% (10 000 tons SCE, %)

项　目	Item	2015	2016	2017
一次能源产量	**Primaty Energy Output**			
标准量(当量值)	Standard Volume(Heat Value Equivalent)	11291.8	11537.5	11990.6
构成(按当量值计算)	Composition(Calculated on the Basic of Heat Value Equivalent)	100.0	100.0	100.0
标准量(电力等价值)	Standard Volume(Equal Electricity Value)	16995.7	17871.6	18613.4
构成(按等价值计算)	Composition(Calculated on the Basic of Equal Electricity Value)	100.0	100.0	100.0
原煤	**Coal**			
实物量(万吨)	Physical Volume(10 000 tons)	6406.5	6164.8	4798.5
标准量(当量值)	Standard Volume(Heat Value Equivalent)	4300.3	4007.2	3253.0
构成(按当量值计算)	Composition(Calculated on the Basic of Heat Value Equivalent)	38.1	34.7	27.1
标准量(电力等价值)	Standard Volume(Equal Electricity Value)	4300.3	4007.2	3253.0
构成(按等价值计算)	Composition(Calculated on the Basic of Equal Electricity Value)	25.3	22.4	17.5
原油	**Crude Oil**			
实物量(万吨)	Physical Volume(10 000 tons)	15.4	10.8	8.7
标准量(当量值)	Standard Volume(Heat Value Equivalent)	22.0	15.4	12.4
构成(按当量值计算)	Composition(Calculated on the Basic of Heat Value Equivalent)	0.2	0.1	0.1
标准量(电力等价值)	Standard Volume(Equal Electricity Value)	22.0	15.4	12.4
构成(按等价值计算)	Composition(Calculated on the Basic of Equal Electricity Value)	0.1	0.1	0.1
天然气	**Natural Gas**			
实物量(亿立方米)	Physical Volume(100 million cu.m)	267.2	285.9	339.3
标准量(当量值)	Standard Volume(Heat Value Equivalent)	3553.8	3802.6	4512.2
构成(按当量值计算)	Composition(Calculated on the Basic of Heat Value Equivalent)	31.5	33.0	37.6
标准量(电力等价值)	Standard Volume(Equal Electricity Value)	3553.8	3802.6	4512.2
构成(按等价值计算)	Composition(Calculated on the Basic of Equal Electricity Value)	20.9	21.3	24.2
一次电力	**Primary Electricity**			
实物量(亿千瓦小时)	Physical Volume(100 million kwh)	2779.2	3020.6	3215.5
标准量(当量值)	Standard Volume(Heat Value Equivalent)	3415.7	3712.3	3951.9
构成(按当量值计算)	Composition(Calculated on the Basic of Heat Value Equivalent)	30.2	32.2	33.0
标准量(电力等价值)	Standard Volume(Equal Electricity Value)	9119.6	10046.4	10574.7
构成(按等价值计算)	Composition(Calculated on the Basic of Equal Electricity Value)	53.7	56.2	56.8

6-3 能源消费量和构成
Total Consumption of Energy and its Composition

单位：万吨标准煤，%　　　　(10 000 tons SCE,%)

项　目	Item	2015	2016	2017
能源消费总量	**Total Energy Consumption**			
标准量(当量值)	Standard Volume(Heat Value Equivalent)	16680.1	16688.7	17060.8
构成(按当量值计算)	Composition(Calculated on the Basic of Heat Value Equivalent)	100.0	100.0	100.0
标准量(电力等价值)	Standard Volume(Equal Electricity Value)	19888.1	20362.1	20874.4
构成(按等价值计算)	Composition(Calculated on the Basic of Equal Electricity Value)	100.0	100.0	100.0
煤品燃料	**Coal Products Fuel**			
标准量(当量值)	Standard Volume(Heat Value Equivalent)	7539.3	6946.5	6737.3
构成(按当量值计算)	Composition(Calculated on the Basic of Heat Value Equivalent)	45.2	41.6	39.5
标准量(电力等价值)	Standard Volume(Equal Electricity Value)	7539.3	6946.5	6737.3
构成(按等价值计算)	Composition(Calculated on the Basic of Equal Electricity Value)	37.9	34.1	32.3
油品燃料	**Oil Fuel**			
标准量(当量值)	Standard Volume(Heat Value Equivalent)	4355.5	4515.8	4646.0
构成(按当量值计算)	Composition(Calculated on the Basic of Heat Value Equivalent)	26.1	27.1	27.2
标准量(电力等价值)	Standard Volume(Equal Electricity Value)	4355.5	4515.8	4646.0
构成(按等价值计算)	Composition(Calculated on the Basic of Equal Electricity Value)	21.9	22.2	22.3
天然气	**Natual Gas**			
标准量(当量值)	Standard Volume(Heat Value Equivalent)	2274.0	2414.9	2645.5
构成(按当量值计算)	Composition(Calculated on the Basic of Heat Value Equivalent)	13.6	14.5	15.5
标准量(电力等价值)	Standard Volume(Equal Electricity Value)	2274.0	2414.9	2645.5
构成(按等价值计算)	Composition(Calculated on the Basic of Equal Electricity Value)	11.4	11.9	12.7
一次电力	**Primary Electricity**			
标准量(当量值)	Standard Volume(Heat Value Equivalent)	3415.7	3712.3	3951.9
构成(按当量值计算)	Composition(Calculated on the Basic of Heat Value Equivalent)	20.5	22.2	23.2
标准量(电力等价值)	Standard Volume(Equal Electricity Value)	9119.6	10046.4	10574.7
构成(按等价值计算)	Composition(Calculated on the Basic of Equal Electricity Value)	45.9	49.3	50.7
电力净调入(+)、调出(－)量	**Net Amount of Electricity Transferred in (+) and out(-)**			
标准量(当量值)	Standard Volume(Heat Value Equivalent)	-1494.6	-1559.4	-1676.3
构成(按当量值计算)	Composition(Calculated on the Basic of Heat Value Equivalent)	-9.0	-9.3	-9.8
标准量(电力等价值)	Standard Volume(Equal Electricity Value)	-3990.6	-4220.1	-4485.4
构成(按等价值计算)	Composition(Calculated on the Basic of Equal Electricity Value)	-20.1	-20.7	-21.5
其他能源	**Other Energy**			
标准量(当量值)	Standard Volume(Heat Value Equivalent)	590.3	658.6	756.4
构成(按当量值计算)	Composition(Calculated on the Basic of Heat Value Equivalent)	3.5	3.9	4.4
标准量（电力等价值）	Standard Volume(Equal Electricity Value)	590.3	658.6	756.4
构成(按等价值计算)	Composition(Calculated on the Basic of Equal Electricity Value)	3.0	3.2	3.6

6-4 主要能源库存量和周转天数
Stock and Revolving Days of Major Energy

单位：万吨，天 (10 000 tons, day)

项　目	Item	2015	2016	2017
煤炭	**Coal**			
年末库存量	Stock (year-end)	664.9	402.1	515.0
消费量	Consumption	9288.9	8869.5	7855.9
库存周转天数	Revolving Days of Stock	26.1	16.5	23.9
原煤	**Raw Coal**			
年末库存量	Stock (year-end)	496.2	278.3	347.3
消费量	Consumption	8636.7	8191.4	6902.3
库存周转天数	Revolving Days of Stock	21.0	12.4	18.4
洗精煤	**Coal Washed and Dressed**			
年末库存量	Stock (year-end)	119.3	95.9	111.7
消费量	Consumption	2589.2	2325.2	2102.9
库存周转天数	Revolving Days of Stock	16.8	15.1	19.4
其它洗煤	**Other Washed Coal**			
年末库存量	Stock (year-end)	46.3	25.5	48.2
消费量	Consumption	1168.8	2024.1	1529.7
库存周转天数	Revolving Days of Stock	14.5	4.6	11.5
焦炭	**Coke**			
年末库存量	Stock (year-end)	68.8	22.9	34.6
消费量	Consumption	1853.3	1636.4	1643.7
库存周转天数	Revolving Days of Stock	13.5	5.1	7.7
石油	**Petroleum**			
年末库存量	Stock (year-end)	140.0	93.4	111.0
消费量	Consumption	3029.1	3137.4	3221.4
库存周转天数	Revolving Days of Stock	16.9	10.9	12.6
原油	**Crude Oil**			
年末库存量	Stock (year-end)	52.8	43.9	45.8
消费量	Consumption	989.6	902.8	956.4
库存周转天数	Revolving Days of Stock	19.5	17.8	17.5
汽油	**Gasoline**			
年末库存量	Stock (year-end)	20.8	12.9	24.6
消费量	Consumption	895.0	940.1	968.1
库存周转天数	Revolving Days of Stock	8.5	5.0	9.3
煤油	**Kerosene**			
年末库存量	Stock (year-end)	2.9	2.0	1.9
消费量	Consumption	278.2	308.8	315.2
库存周转天数	Revolving Days of Stock	3.9	2.3	2.2
柴油	**Diesel Oil**			
年末库存量	Stock (year-end)	45.5	29.9	25.1
消费量	Consumption	814.8	800.9	817.4
库存周转天数	Revolving Days of Stock	20.4	13.6	11.2
燃料油	**Fuel Oil**			
年末库存量	Stock (year-end)	3.8		1.9
消费量	Consumption	135.7	155.4	159.8
库存周转天数	Revolving Days of Stock	10.3		4.2

6-5 能源加工转换情况
Statistics of Energy Conversion

单位：万吨标准煤，%　　(10 000 tons SCE, %)

项　目	Item	2015	2016	2017
合计	**Total**			
投入量	Input	7756.9	7506.1	6680.4
产出量	Output	5990.8	5959.3	5185.6
转换损失量	Losses in Conversion	1766.2	1546.7	1494.8
转换效率	Conversion Efficiency	77.2	79.4	77.6
火电	**Thermal Power Generation**			
投入量	Input	1477.6	1161.7	1162.8
产出量	Output	553.4	429.3	434.5
转换损失量	Losses in Conversion	924.2	732.4	728.2
转换效率	Conversion Efficiency	37.5	37.0	37.4
供热	**Heating**			
投入量	Input	187.4	198.1	225.5
产出量	Output	143.3	141.2	158.9
转换损失量	Losses in Conversion	44.1	56.9	66.6
转换效率	Conversion Efficiency	76.5	71.3	70.5
洗煤	**Coal Washing and Dressing**			
投入量	Input	2696.6	2807.9	2053.2
产出量	Output	2334.5	2481.1	1791.1
转换损失量	Losses in Conversion	362.0	326.8	262.2
转换效率	Conversion Efficiency	86.6	88.4	87.2
炼焦	**Coking**			
投入量	Input	1651.2	1608.4	1363.5
产出量	Output	1575.6	1535.8	1315.3
转换损失量	Losses in Conversion	75.6	72.6	48.1
转换效率	Conversion Efficiency	95.4	95.5	96.5
炼油	**Refined Oil**			
投入量	Input	1593.7	1535.1	1670.7
产出量	Output	1243.2	1193.5	1298.4
转换损失量	Losses in Conversion	350.4	341.6	372.3
转换效率	Conversion Efficiency	78.0	77.7	77.7

6-6 煤炭平衡表
Coal Balance Sheet

单位：万吨 (10 000 tons)

项　目	Item	2015	2016	2017
可供量	**Total Energy Available for Consumption**	**9288.9**	**8869.5**	**7855.9**
生产量	Output	6406.5	6164.8	4798.5
外省(区、市)调入量	Imports from Other Provinces	3068.0	2599.8	3431.0
进口量	Imports			
本省(区、市)调出量(-)	Exports from Sichuan(-)	132.2	157.8	260.8
出口量(-)	Exports(-)			
年初年末库存差额	Stock Changes in the Year	-53.3	262.8	-112.9
年初库存量	Stock (year-beginning)	611.6	664.9	402.1
年末库存量(-)	Stock (year-end)(-)	664.9	402.1	515.0
消费量	**Total Energy Consumption**	**9288.9**	**8869.5**	**7855.9**
在总量中：	Consumption by Sector			
1.农、林、牧、渔业	1.Farming, Forestry, Animal Husbandry, Fishery	7.7	8.2	11.6
2.工业	2.Industry	8941.2	8601.6	7651.4
3.建筑业	3.Construction	23.5	20.3	18.3
4.交通运输、仓储和邮政业	4.Transport, Storage and Post	4.5	3.1	4.2
5.批发、零售业和住宿、餐饮业	5.Wholesale and Retail Trades, Hotels and Catering Services	29.9	28.3	35.1
6.其他	6.Others	24.3	23.8	29.4
7.生活消费	7.Residential Consumption	257.8	184.2	105.9
在总量中：	Consumption by Usage			
1.终端消费	1.Final Consumption	4669.0	4499.1	3992.8
#工业	Industry	4321.4	4231.3	3788.3
2.用于加工转换	2. Consumed in Transformation	4619.9	4370.4	3863.0
火力发电	Thermal Power Generation	1772.8	1239.5	1247.4
供热	Heating	152.2	140.3	213.2
洗煤损耗	Coal Washing and Dressing	845.6	1190.6	886.4
炼焦	Coking	1847.9	1798.9	1515.0
炼油及煤制油	Refining and Coal Liquefaction			
制气	Gas Production			
型煤加工损耗	Coal Products Processing Losses	1.3	1.1	1.0
3.损失量	3.Other Losses			
平衡差额	**Balance**			

6-7 石油平衡表
Petroleum Balance Sheet

单位：万吨 (10 000 tons)

项　目	Item	2015	2016	2017
可供量	**Total Energy Available for Consumption**	**3029.1**	**3137.4**	**3221.4**
生产量	Output	15.4	10.8	8.7
外省(区、市)调入量	Imports from Other Provinces	3008.8	3091.3	3233.7
进口量	Imports			
我轮、机在外国加油量	Chinese Airplanes and Ship in Refueling Abroad	5.0	7.5	9.8
本省(区、市)调出量(-)	Exports from Sichuan(-)			
出口量(-)	Exports(-)			
外轮、机在我国加油量(-)	Foreign Airplanes and Ships in Refueling in China	10.2	15.1	13.1
年初年末库存差额	Stock Changes in the Year	10.1	42.8	-17.6
年初库存量	Stock (year-beginning)	150.2	136.2	93.4
年末库存量(-)	Stock (year-end)(-)	140.0	93.4	111.0
消费量	**Total Energy Consumption**	**3029.1**	**3137.4**	**3221.4**
在总量中：	Consumption by Sector			
1.农、林、牧、渔业	1.Farming, Forestry, Animal Husbandry, Fishery	166.2	151.5	150.6
2.工业	2.Industry	1083.0	1080.9	1074.5
3.建筑业	3.Construction	252.3	253.4	273.6
4.交通运输、仓储和邮政业	4.Transport, Storage and Post	777.9	877.1	910.1
5.批发、零售业和住宿、餐饮业	5.Wholesale and Retail Trades, Hotels and Catering Services	206.0	207.9	223.5
6.其他	6.Others	171.6	171.4	177.0
7.生活消费	7.Residential Consumption	372.0	395.2	412.1
在总量中：	Consumption by Usage			
1.终端消费	1.Final Consumption	2745.6	2855.5	2927.2
#工业	Industry	799.5	799.0	780.3
2.用于加工转换	2.Consumed in Transformation	283.5	281.9	294.2
火力发电	Thermal Power Generation	0.5	3.8	2.0
供热	Heating	15.4	16.1	10.4
炼油损耗	Losses in Petroleum Refining	267.6	262.0	281.7
制气	Gas Production			
3.损失量	3.Other Losses			
平衡差额	**Balance**			

6-8 天然气平衡表
Natural Gas Balance Sheet

单位：亿立方米 (100 million cu.m)

项　目	Item	2015	2016	2017
可供量	**Total Energy Available for Consumption**	**171.0**	**181.6**	**198.9**
生产量	Output	267.2	285.9	339.3
外省(区、市)调入量	Imports from Other Provinces	28.9	21.8	20.5
进口量	Imports			
我轮、机在外国加油量	Chinese Airplanes and Ship in Refueling Abroad			
本省(区、市)调出量(–)	Exports from Sichuan(-)	125.2	126.1	160.5
出口量(–)	Exports(-)			
外轮、机在我国加油量(–)	Foreign Airplanes and Ships in Refueling in China			
年初年末库存差额	Stock Changes in the Year			-0.4
年初库存量	Stock (year-beginning)			
年末库存量(–)	Stock (year-end)(-)			0.4
消费量	**Total Energy Consumption**	**171.0**	**181.6**	**198.9**
在总量中：	Consumption by Sector			
1.农、林、牧、渔业	1.Farming, Forestry, Animal Husbandry, Fishery			0.0
2.工业	2.Industry	103.4	102.5	110.1
3.建筑业	3.Construction			0.5
4.交通运输、仓储和邮政业	4.Transport, Storage and Post	19.3	22.7	26.2
5.批发、零售业和住宿、餐饮业	5.Wholesale and Retail Trades, Hotels and Catering Services	9.0	10.1	12.1
6.其他	6.Others		3.9	4.5
7.生活消费	7.Residential Consumption	39.2	42.3	45.4
在总量中：	Consumption by Usage			
1.终端消费	1.Final Consumption	157.7	165.6	183.4
#工业	Industry	94.8	93.8	102.6
2.用于加工转换	2.Consumed in Transformation	8.6	8.7	7.4
火力发电	Thermal Power Generation	4.6	4.6	4.0
供热	Heating	3.0	3.1	3.1
制气	Gas Production			
天然气液化	Liquefied Natural Gas	0.9	1.0	0.4
3.损失量	3.Other Losses	4.8	7.2	8.0
平衡差额	**Balance**			

6-9 电力平衡表
Electricity Balance Sheet

单位：亿千瓦小时 (100 million kwh)

项　目	Item	2015	2016	2017
可供量	**Total Energy Available for Consumption**	**2013.4**	**2101.0**	**2205.2**
生产量	Output	3229.6	3369.8	3569.1
火力发电	Thermal Power	450.3	349.3	353.6
水力发电、核发电、其它发电	Hydropower, Nuclear Power and Other Power	2779.2	3020.6	3215.5
外省(区、市)调入量	Imports from Other Provinces	50.5	47.5	65.2
进口量	Imports			
本省(区、市)调出量(–)	Exports from Sichuan(-)	1266.7	1316.3	1429.2
出口量(–)	Exports(-)			
消费量	**Total Energy Consumption**	**2013.4**	**2101.0**	**2205.2**
在总量中：	Consumption by Sector			
1.农、林、牧、渔业	1.Farming, Forestry, Animal Husbandry, Fishery	12.4	13.8	15.5
2.工业	2.Industry	1342.5	1337.7	1377.1
3.建筑业	3.Construction	39.4	39.7	41.1
4.交通运输、仓储和邮政业	4.Transport, Storage and Post	36.6	42.6	48.2
5.批发、零售业和住宿、餐饮业	5.Wholesale and Retail Trades,Hotels and Catering Services	97.1	108.6	118.0
6.其他	6.Others	144.6	166.0	182.7
7.生活消费	7.Residential Consumption	340.8	392.7	422.6
在总量中：	Consumption by Usage			
1.终端消费	1.Final Consumption	1839.1	1920.0	2025.6
#工业	Industry	1168.1	1156.6	1197.5
2. 输配电损失量	2.Power Transmission and Distribution	174.4	181.0	179.6
平衡差额	**Balance**			

6-10 各市(州)单位地区生产总值能耗(等价值)
Energy Comsumption of Unit GDP by Region(Equivalent Value)

单位：吨标准煤/万元 (tons SCE/10 000 yuan)

市(州)	Region	2010	2011	2012	2013	2014	2015	2016	2017
全　省	**Sichuan**	**0.929**	**0.890**	**0.826**	**0.786**	**0.749**	**0.695**	**0.623**	**0.591**
成都市	Chengdu	0.572	0.548	0.509	0.485	0.495	0.476	0.405	0.392
自贡市	Zigong	0.778	0.747	0.692	0.654	0.612	0.548	0.556	0.531
攀枝花市	Panzhihua	2.181	2.086	1.981	1.916	1.755	1.576	1.376	1.235
泸州市	Luzhou	1.027	0.990	0.928	0.889	0.853	0.794	0.732	0.705
德阳市	Deyang	0.889	0.852	0.791	0.751	0.734	0.677	0.610	0.560
绵阳市	Mianyang	0.836	0.803	0.746	0.707	0.667	0.605	0.515	0.486
广元市	Guangyuan	0.797	0.772	0.732	0.693	0.647	0.622	0.541	0.521
遂宁市	Suining	0.873	0.845	0.784	0.751	0.707	0.639	0.587	0.540
内江市	Neijiang	1.237	1.184	1.107	1.073	1.011	0.931	1.011	0.972
乐山市	Leshan	1.538	1.479	1.371	1.302	1.216	1.115	1.035	0.967
南充市	Nanchong	0.810	0.781	0.744	0.710	0.680	0.642	0.567	0.540
眉山市	Meishan	1.101	1.049	0.980	0.930	0.865	0.773	0.669	0.642
宜宾市	Yibin	0.918	0.923	0.899	0.862	0.813	0.733	0.670	0.632
广安市	Guangan	0.932	0.891	0.827	0.790	0.759	0.701	0.641	0.615
达州市	Dazhou	1.165	1.122	1.043	0.994	0.925	0.870	0.746	0.746
雅安市	Yaan	1.113	1.076	1.004	0.970	0.939	0.881	0.797	0.717
巴中市	Bazhong	0.737	0.721	0.703	0.683	0.648	0.636	0.590	0.560
资阳市	Ziyang	0.706	0.679	0.630	0.600	0.569	0.524	0.423	0.391
阿坝藏族羌族自治州	Aba	1.802	1.892	1.817	1.721	1.841	1.752	1.476	1.423
甘孜藏族自治州	Ganzi	0.692	0.677	0.661	0.635	0.619	0.622	0.570	0.540
凉山彝族自治州	Liangshan	0.802	0.767	0.716	0.755	0.704	0.674	0.658	0.623

注：2010-2015年地区生产总值按2010年价格计算，2016-2017年地区生产总值按2015年价格计算。

a) 2010-2015 Gross regional product is calculated at 2010 prices, 2016-2017 Gross regional product is calculated at 2015 prices,

6-11 各市(州)单位工业增加值能耗(等价值)
Energy Comsumption of Unit Added Value of Industry by Region(Equivalent Value)

单位：吨标准煤/万元 (tons SCE/10 000 yuan)

市(州)	Region	2010	2011	2012	2013	2014	2015	2016	2017
全 省	**Sichuan**	**1.996**	**1.841**	**1.615**	**1.506**	**1.385**	**1.218**	**1.115**	**1.035**
成都市	Chengdu	1.261	1.149	0.979	0.849	0.967	0.891	0.826	0.768
自贡市	Zigong	2.138	1.933	1.651	1.473	1.063	0.839	0.769	0.703
攀枝花市	Panzhihua	3.796	3.430	3.114	2.920	2.542	2.131	1.882	1.662
泸州市	Luzhou	2.941	2.660	2.422	2.207	2.074	1.784	1.631	1.548
德阳市	Deyang	1.860	1.643	1.417	1.264	1.122	0.967	0.838	0.746
绵阳市	Mianyang	2.560	2.359	2.033	1.797	1.668	1.336	1.115	1.040
广元市	Guangyuan	2.850	2.726	2.559	2.351	2.071	1.971	1.776	1.694
遂宁市	Suining	2.582	2.401	2.119	1.947	1.734	1.442	1.259	1.107
内江市	Neijiang	3.628	3.249	2.842	2.696	2.413	2.063	1.925	1.822
乐山市	Leshan	3.275	2.994	2.593	2.367	2.179	1.979	1.865	1.703
南充市	Nanchong	1.879	1.671	1.516	1.397	1.246	1.157	1.082	1.001
眉山市	Meishan	3.384	2.974	2.639	2.363	2.082	1.643	1.394	1.299
宜宾市	Yibin	2.040	2.238	2.198	2.011	1.828	1.459	1.365	1.211
广安市	Guangan	3.797	3.331	2.811	2.466	2.300	1.906	1.634	1.507
达州市	Dazhou	4.298	3.919	3.433	3.165	2.811	2.622	2.051	2.097
雅安市	Yaan	1.849	1.713	1.471	1.366	1.283	1.167	1.108	0.913
巴中市	Bazhong	2.179	2.108	1.975	1.823	1.396	1.371	1.427	1.097
资阳市	Ziyang	1.517	1.387	1.194	1.084	0.966	0.885	0.782	0.649
阿坝藏族羌族自治州	Aba	2.332	3.015	2.766	2.376	2.585	2.451	2.456	2.372
甘孜藏族自治州	Ganzi	1.273	1.154	0.935	0.874	0.803	0.820	0.905	0.693
凉山彝族自治州	Liangshan	1.640	1.456	1.251	1.373	1.198	1.180	1.229	1.157

注：工业增加值按上年价格计算。

a) The added value of industry is calculated at prices of the preceding year.

6-12 能源生产和能源消费弹性系数
Elasticity Coefficient of Energy Production and Consumption

项　目		Item		2015	2016	2017
能源生产		**Energy Production**				
能源生产比上年增长	(%)	Energy Production over the Previous Year	(%)	2.70	5.10	4.15
电力生产比上年增长	(%)	Electricity Production over the Previous Year	(%)	4.87	4.30	5.91
地区生产总值比上年增长	(%)	Gross Regional Product over the Previous Year	(%)	7.87	7.70	8.10
能源生产弹性系数		Elasticity Coefficient of Energy Production		0.34	0.66	0.51
电力生产弹性系数		Elasticity Coefficient of Electricity Production		0.62	0.56	0.73
能源消费		**Energy Consumption**				
能源消费比上年增长	(%)	Energy Consumption over the Previous Year	(%)	0.05	2.38	2.52
电力消费比上年增长	(%)	Electricityc Consumption over the Previous Year	(%)	-2.03	4.35	4.96
地区生产总值比上年增长	(%)	Gross Regional Product over the Previous Year	(%)	7.87	7.70	8.10
能源消费弹性系数		Elasticity Coefficient of Energy Consumption		0.01	0.31	0.31
电力消费弹性系数		Elasticity Coefficient of Electricity Consumption		-0.26	0.56	0.61

注：地区生产总值增长速度按可比价格计算。

a) Gross regional product growth rate is calculated at constant price.

主要统计指标解释

能源生产总量 指一定时期内，全省一次能源生产量的总和。该指标是观察全省能源生产水平、规模、构成和发展速度的总量指标。一次能源生产量包括原煤、原油、天然气、水电、核能及其他动力能(如风能、地热能等)发电量，不包括低热值燃料生产量、太阳热能等的利用和由一次能源加工转换而成的二次能源产量。

能源消费总量 指一定地域内，国民经济各行业和居民家庭在一定时间消费的各种能源的总和。包括：原煤、原油、天然气、水能、核能、风能、太阳能、地热能、生物质能等一次能源；一次能源通过加工转换产生的洗煤、焦炭、煤气、电力、热力、成品油等二次能源和同时产生的其他产品；其他化石能源、可再生能源和新能源。其中水能、风能、太阳能、地热能、生物质能等可再生能源，是指人们通过一定技术手段获得的，并作为商品能源使用的部分。在核算过程中，一次能源、二次能源消费不能重复计算。

能源消费总量分为终端能源消费量、能源加工转换损失量和能源损失量三部分。

(1)终端能源消费量：指一定时期内，全省生产和生活消费的各种能源在扣除了用于加工转换二次能源消费量和损失量以后的数量。

(2)能源加工转换损失量：指一定时期内，全省投入加工转换的各种能源数量之和与产出各种能源产品之和的差额。该指标是观察能源在加工转换过程中损失量变化的指标。

(3)能源损失量：指一定时期内，能源在输送、分配、储存过程中发生的损失和由客观原因造成的各种损失量，不包括各种气体能源放空、放散量。

单位地区生产总值能耗 指一定时期内，一个国家或地区每生产一个单位的国内生产总值所消耗的能源。计算公式为：

$$\text{单位地区生产总值能耗}=\frac{\text{能源消费总量}}{\text{地区生产总值}}$$

能源生产弹性系数 是研究能源生产增长速度与国民经济增长速度之间关系的指标。计算公式为：

$$\text{能源生产弹性系数}=\frac{\text{能源生产总量年平均增长速度}}{\text{国民经济年平均增长速度}}$$

国民经济年平均增长速度，可根据不同的目的或需要，用国民生产总值、国内生产总值等指标来计算，本年鉴是采用国内生产总值指标计算的。

电力生产弹性系数 是研究电力生产增长速度与国民经济增长速度之间关系的指标。一般来说，电力的发展应当快于国民经济的发展，也就是说电力应超前发展。计算公式为：

$$\text{电力生产弹性系数}=\frac{\text{电力生产量年平均增长速度}}{\text{国民经济年平均增长速度}}$$

能源消费弹性系数 反映能源消费增长速度与国民经济增长速度之间比例关系的指标。计算公式为：

$$\text{能源消费弹性系数}=\frac{\text{能源消费量年平均增长速度}}{\text{国民经济年平均增长速度}}$$

电力消费弹性系数 反映电力消费增长速度与国民经济增长速度之间比例关系的指标。计算公式为：

$$\text{电力消费弹性系数}=\frac{\text{电力消费量年平均增长速度}}{\text{国民经济年平均增长速度}}$$

Explanatory Notes on Main Statistical Indicators

Total Energy Production refers to the total production of primary energy by all energy producing enterprises in the province in a given period of time. It is a comprehensive indicator to show the capacity, scale, composition and development of energy production of the province. The production of primary energy includes that of coal, crude oil, natural gas, hydro-power and electricity generated by nuclear energy and other means such as wind power and geothermal power. However, it excludes the production of fuels of low calorific value, solar thermal and the secondary energy converted from the primary energy.

Total Energy Consumption refers to the total consumption of energy of various kinds by the production sectors of the economy and the households in a given period of time. It includes the primary kinds of energy such as coal, crude oil, natural gas, hydro-power, nuclear power, wind power, solar power, geothermal power and bio-energy; the secondary kinds of energy and their products which are transformed from the primary energy such as washed coal, coke, coal gas, electricity, heating, and petroleum products; and other kinds of fossil energy, renewable energy and new energy. The renewable energy, including hydro-power, wind power, solar power, geothermal power and bio-energy, refers to the part attained with some given technical means and used for commercial purposes. Total energy consumption can be divided into three parts: end-use energy consumption, loss during the process of energy conversion and energy loss.

(1) End-use Energy Consumption: It refers to the total energy consumption by material production sectors, non material production sectors and households in the province in a given period of time, but excludes the consumption in conversion of the primary energy into the secondary energy and the loss in the process of energy conversion.

(2) Loss During the Process of Energy Conversion: It refers to the total input of various kinds of energy for conversion, minus the total output of various kinds of energy in the province in a given period of time. It is an indicator to show the loss that occurs during the process of energy conversion.

(3) Energy Loss: It refers to the total of the loss of energy during the course of energy transport, distribution and storage and the loss caused by any objective reason in a given period of time. The loss of various kinds of gas due to gas discharges and stocktaking is excluded.

Energy Consumption per Unit of GDP refers to the energy consumption per unit of Gross Domestic Product in a country or the Gross Regional Product in a region in the same reference period. The formula is:

$$\text{Energy Consumption per Unit of GDP} = \frac{\text{Total Energy Consumption}}{\text{Gross Domestic Product}}$$

Elasticity Ratio of Energy Production is an indicator to show the relationship between the growth rate of energy production and the growth rate of the national economy. The formula is:

$$\text{Elasticity Ratio of Energy Production} = \frac{\text{Average Annual Growth Rate of Energy Production}}{\text{Average Annual Growth Rate of National Economy}}$$

The average annual growth rate of the national economy can be shown by the gross national product, gross domestic product and other indicators, depending upon the purposes or needs. The gross domestic product is used in calculation of the ratio in this chapter.

Elasticity Ratio of Electricity Production is an indicator to show the relationship between the growth rate of electricity production and the growth rate of the national economy. Generally speaking, the growth rate of electricity production should be higher than that of the national economy. The formula is:

$$\text{Elasticity Ratio of Electricity Production} = \frac{\text{Average Annual Growth Rate of Electricity Production}}{\text{Average Annual Growth Rate of National Economy}}$$

Elasticity Ratio of Energy Consumption is an indicator to show the relationship between the growth rate of energy consumption and the growth rate of the national economy. The formula is:

$$\text{Elasticity Ratio of Energy Consumption} = \frac{\text{Average Annual Growth Rate of Energy Consumption}}{\text{Average Annual Growth Rate of National Economy}}$$

Elasticity Ratio of Electricity Consumption is an indicator to show the relationship between the growth rate of electricity consumption and the growth rate of the national economy. The formula is:

$$\text{Elasticity Ratio of Electricity Consumption} = \frac{\text{Average Annual Growth Rate of Electricity Consumption}}{\text{Average Annual Growth Rate of National Economy}}$$

07

RESOURCES AND ENVIRONMENT

资源和环境

四川统计年鉴

SICHUAN STATISTICAL YEARBOOK

7-1 主要城市平均气温(2017年)
Monthly Average Temperature of Major Cities(2017)

单位：摄氏度　　(℃)

城　市	City	1月 Jan.	2月 Feb.	3月 Mar.	4月 Apr.	5月 May	6月 June	7月 July	8月 Aug.	9月 Sept.	10月 Oct.	11月 Nov.	12月 Dec.	年平均 Annual Average
成都市	Chengdu	7.3	8.2	11.1	17.2	21.5	23.4	26.7	25.9	22.3	16.5	12.4	6.5	16.6
自贡市	Zigong	9.8	10.8	13.4	20.1	23.4	24.8	29.7	28.7	23.9	17.9	15.0	9.3	18.9
攀枝花市	Panzhihua	14.5	16.5	20.1	21.7	24.3	26.6	24.4	25.2	24.4	21.3	16.5	13.3	20.7
泸州市	Luzhou	9.3	10.2	12.8	19.2	22.1	23.5	28.9	28.5	23.4	17.5	14.5	9.0	18.2
德阳市	Deyang	7.7	8.4	11.5	18.0	22.3	24.0	27.7	26.6	22.5	16.7	12.9	7.0	17.1
绵阳市	Mianyang	8.3	8.8	11.8	18.7	22.9	24.3	28.3	27.0	22.8	16.6	13.4	7.9	17.6
广元市	Guangyuan	6.5	7.4	10.6	17.3	20.7	24.0	27.1	25.7	21.7	15.4	11.7	6.4	16.2
遂宁市	Suining	8.7	9.4	12.5	18.8	22.0	24.1	29.4	28.8	23.0	16.9	13.4	8.0	17.9
内江市	Neijiang	8.7	9.7	12.4	19.0	22.1	24.1	29.2	28.2	23.1	17.3	14.0	8.2	18.0
乐山市	Leshan	9.8	10.3	13.2	19.5	23.1	24.7	28.9	27.5	23.7	18.0	14.9	9.8	18.6
南充市	Nanchong	8.5	9.0	11.9	18.2	21.5	23.6	28.8	28.7	22.3	16.8	13.0	7.8	17.5
眉山市	Meishan	8.8	9.6	12.9	18.9	23.0	24.8	28.5	27.2	23.5	17.7	13.9	8.2	18.1
宜宾市	Yibin	10.1	11.0	13.7	20.3	23.5	24.7	29.8	28.6	24.0	18.3	15.5	9.9	19.1
广安市	Guangan	8.4	8.8	12.2	18.5	21.9	23.6	29.5	28.9	22.0	16.9	12.9	7.7	17.6
达州市	Dazhou	8.6	9.1	12.5	18.5	21.8	24.5	29.2	30.0	22.8	18.0	13.5	8.5	18.1
雅安市	Yaan	8.3	8.8	11.5	17.5	21.5	23.4	27.4	26.1	22.1	16.4	13.2	8.6	17.1
巴中市	Bazhong	8.1	8.7	11.9	18.1	21.8	24.6	29.0	28.9	22.4	17.0	12.7	7.6	17.6
资阳市	Ziyang	8.7	9.5	12.7	19.3	23.1	24.4	28.8	27.7	23.3	17.2	13.9	8.2	18.1
马尔康市	Maerkang	1.4	3.7	6.7	10.3	12.3	14.7	17.2	17.9	14.8	10.2	4.1	0.8	9.5
康定市	Kangding		1.3	2.7	8.3	11.3	13.1	16.6	16.9	13.5	9.0	3.9	-0.1	8.0
西昌市	Xichang	12.1	11.8	15.7	18.0	20.2	21.2	22.8	23.8	22.2	18.4	13.1	10.1	17.5

注：气象资料由四川省气象局提供。
a) The meteorological data are provided by the Sichuan Provincial Meteorological Bureau.

7-2 主要城市降水量(2017年)
Monthly Precipitation of Major Cities(2017)

单位：毫米 (millimeters)

城　市	City	1月 Jan.	2月 Feb.	3月 Mar.	4月 Apr.	5月 May	6月 June	7月 July	8月 Aug.	9月 Sept.	10月 Oct.	11月 Nov.	12月 Dec.	全年 Annual Total
成都市	Chengdu	4.3	20.5	33.9	57.9	33.7	72.1	383.3	249.0	38.6	61.5	10.7	1.4	966.9
自贡市	Zigong	4.6	0.8	21.8	52.7	57.5	122.0	267.5	148.4	52.1	100.3	9.6	12.2	849.5
攀枝花市	Panzhihua	0.5	1.3	33.8	68.2	60.4	235.2	200.7	176.7	102.0	29.1	0.2		908.1
泸州市	Luzhou	24.1	13.9	46.3	81.9	140.5	183.2	49.2	166.4	101.0	126.1	16.9	25.7	975.2
德阳市	Deyang	5.3	19.7	48.9	54.0	80.1	107.3	254.5	295.5	82.6	52.8	4.0	2.0	1006.7
绵阳市	Mianyang	3.9	20.9	34.0	31.8	73.4	97.1	441.9	205.7	74.7	46.1	3.3	1.2	1034.0
广元市	Guangyuan	7.3	37.9	42.4	34.8	103.8	129.6	268.8	233.5	70.8	163.9	6.3		1099.1
遂宁市	Suining	13.6	28.2	57.1	58.9	117.6	115.1	108.6	113.7	69.5	99.6	12.6	1.1	795.6
内江市	Neijiang	6.8	2.4	44.5	47.7	43.8	120.1	118.1	129.8	49.8	89.5	11.3	5.1	668.9
乐山市	Leshan	6.8	8.2	35.9	85.3	43.1	90.7	105.5	290.2	72.2	87.2	17.2	7.2	849.5
南充市	Nanchong	15.4	42.2	72.1	103.3	169.2	165.3	246.6	137.2	108.6	123.6	18.5	2.5	1204.5
眉山市	Meishan	5.1	10.9	31.3	63.7	60.1	75.6	156.9	379.3	59.7	69.3	7.9	4.8	924.6
宜宾市	Yibin	8.8	12.8	10.6	59.1	70.8	172.7	124.0	187.9	49.4	97.3	17.1	13.0	823.5
广安市	Guangan	11.3	51.7	75.7	104.1	280.6	192.1	101.7	156.5	239.1	180.9	19.5	4.8	1418.0
达州市	Dazhou	10.2	43.0	75.9	182.4	165.9	194.8	253.5	68.2	305.2	149.8	25.0	4.9	1478.8
雅安市	Yaan	19.4	25.3	77.0	103.1	114.0	116.0	184.8	575.0	107.7	120.6	19.5	11.3	1473.7
巴中市	Bazhong	8.6	39.9	61.8	83.7	116.0	129.6	247.3	235.1	180.8	124.3	29.6	3.4	1260.1
资阳市	Ziyang	4.2	4.1	29.4	53.8	32.3	78.8	173.2	149.0	77.3	57.4	5.8	2.5	667.8
马尔康市	Maerkang	0.6	19.1	12.5	96.1	106.7	222.3	53.2	97.0	168.5	147.9	9.6		933.5
康定市	Kangding		25.1	36.5	120.5	161.9	225.6	92.7	119.9	112.6	82.4	17.3	0.4	994.9
西昌市	Xichang		7.6	45.8	73.6	67.3	290.7	108.7	173.2	179.5	102.4	5.5	1.1	1055.4

7-3 主要城市平均相对湿度(2017年)
Average Relative Humidity of Major Cities(2017)

单位：%　　(%)

城　市	City	1月 Jan.	2月 Feb.	3月 Mar.	4月 Apr.	5月 May	6月 June	7月 July	8月 Aug.	9月 Sept.	10月 Oct.	11月 Nov.	12月 Dec.	年平均 Annual Average
成都市	Chengdu	81	81	81	76	71	80	81	85	86	90	83	80	81
自贡市	Zigong	80	74	78	68	66	80	73	79	86	91	82	83	78
攀枝花市	Panzhihua	51	43	37	51	50	57	74	75	73	72	64	62	59
泸州市	Luzhou	88	82	86	77	77	88	75	78	88	94	86	88	84
德阳市	Deyang	78	78	79	71	65	78	77	80	86	89	82	76	78
绵阳市	Mianyang	70	71	75	64	58	74	70	73	78	85	73	67	72
广元市	Guangyuan	66	67	69	64	66	71	75	77	81	84	75	61	71
遂宁市	Suining	83	79	82	73	74	84	74	74	87	94	87	86	81
内江市	Neijiang	83	79	84	75	73	82	73	78	87	91	81	83	81
乐山市	Leshan	74	73	73	66	61	69	63	73	77	83	76	72	72
南充市	Nanchong	77	74	75	68	69	79	69	67	85	89	85	83	77
眉山市	Meishan	84	82	81	77	70	79	78	86	88	94	89	86	83
宜宾市	Yibin	83	80	79	71	67	81	74	78	81	88	79	82	79
广安市	Guangan	84	80	80	74	75	86	69	69	87	89	86	85	80
达州市	Dazhou	80	79	75	74	74	80	73	66	87	88	84	83	79
雅安市	Yaan	80	80	81	76	69	76	70	81	83	91	83	74	79
巴中市	Bazhong	76	75	73	70	67	74	70	68	82	86	82	79	75
资阳市	Ziyang	79	76	77	69	64	78	75	79	84	90	82	80	78
马尔康市	Maerkang	35	49	50	60	65	81	72	75	84	84	67	53	65
康定市	Kangding	70	71	82	78	80	86	78	86	91	91	81	77	81
西昌市	Xichang	42	42	42	54	57	72	71	71	69	74	61	59	60

7-4 主要城市日照时数(2017年)
Monthly Sunshine Hours of Major Cities(2017)

单位：小时 (hours)

城 市	City	1月 Jan.	2月 Feb.	3月 Mar.	4月 Apr.	5月 May	6月 June	7月 July	8月 Aug.	9月 Sept.	10月 Oct.	11月 Nov.	12月 Dec.	全年 Annual Total
成都市	Chengdu	51.7	37.7	57.5	115.5	155.1	94.7	230.3	129.2	66.3	29.8	72.4	116.5	1156.7
自贡市	Zigong	54.3	53.3	52.9	151.7	172.0	101.0	263.6	193.2	71.0	24.3	74.1	48.6	1260.0
攀枝花市	Panzhihua	274.5	249.1	267.6	221.6	238.7	226.0	176.7	217.7	231.4	178.4	232.1	209.0	2722.8
泸州市	Luzhou	43.7	52.7	50.4	144.6	165.2	86.1	266.3	232.9	77.0	26.4	76.3	53.4	1275.0
德阳市	Deyang	38.1	19.6	60.1	122.7	177.7	86.7	233.6	143.7	69.6	21.7	58.2	109.1	1140.8
绵阳市	Mianyang	51.3	36.3	65.7	138.5	186.0	100.3	243.1	146.2	78.2	31.3	73.9	123.4	1274.2
广元市	Guangyuan	69.5	59.6	75.3	150.5	183.4	148.4	208.7	146.0	83.6	35.3	75.4	131.3	1367.0
遂宁市	Suining	62.4	45.6	54.8	140.3	158.1	89.2	239.9	192.0	55.3	25.3	60.2	47.0	1170.1
内江市	Neijiang	52.5	49.9	43.5	128.4	154.4	104.7	248.5	188.9	61.8	20.1	59.6	61.8	1174.1
乐山市	Leshan	44.2	41.5	44.5	122.9	142.8	89.1	201.1	121.9	52.0	24.1	62.5	73.1	1019.7
南充市	Nanchong	72.6	68.0	61.6	149.2	179.6	110.5	268.3	238.4	65.2	31.8	43.9	63.8	1352.9
眉山市	Meishan	20.3	34.1	45.9	101.4	137.3	99.9	198.9	119.1	54.5	16.0	41.2	35.2	903.8
宜宾市	Yibin	51.1	57.6	27.8	125.5	157.5	87.0	233.8	178.5	64.5	19.3	63.6	62.3	1128.5
广安市	Guangan	47.5	56.7	62.6	148.3	168.9	107.0	272.0	246.4	63.8	44.7	51.3	52.4	1321.6
达州市	Dazhou	36.2	61.2	80.2	153.9	173.3	123.1	237.5	226.3	54.7	39.1	45.0	44.2	1274.7
雅安市	Yaan	45.5	37.1	31.5	92.6	119.2	76.6	192.7	112.7	40.2	13.4	54.9	64.2	880.6
巴中市	Bazhong	74.7	75.0	99.3	173.0	203.1	170.8	288.9	251.4	78.8	30.0	69.0	111.8	1625.8
资阳市	Ziyang	73.5	59.2	66.9	162.7	218.4	151.2	290.8	220.5	93.8	37.1	103.7	100.5	1578.3
马尔康市	Maerkang	197.1	150.8	170.6	170.4	182.8	110.6	204.5	179.7	147.8	128.5	185.3	213.5	2041.6
康定市	Kangding	163.2	105.0	125.5	157.7	158.3	108.4	185.1	125.5	95.6	98.1	127.2	135.0	1584.6
西昌市	Xichang		188.4	230.6	176.1	196.3	123.8	166.5	190.2	167.8	137.4	187.2	178.9	2205.8

7-5 林业发展基本情况
Basic Conditions of Development of Forestry

指　　标		Item		2017
森林资源覆盖率	**(%)**	**Forest Coverage Rate**	**(%)**	**38.03**
森林面积	(万公顷)	Forest Area	(10 000 hectares)	1839.77
活立木总蓄积量	(亿立方米)	Total Standing Forest Stock	(100 million cu.m)	19.72
#森林蓄积量	(亿立方米)	Stock Volume of Forest	(100 million cu.m)	18.61
林业生产情况		**Basic Situation of Forestry Production**		
人工造林面积	(万公顷)	Manual Planting	(10 000 hectares)	48.39
年末实有封山育林面积	(万公顷)	Area of Mountain Sealed for Forest Breeding(year-end)	(10 000 hectares)	27.30
#本年新封	(万公顷)	Newly Sealed for Forest Breeding in the Year	(10 000 hectares)	6.15
育苗面积	(万公顷)	Area of Breeding	(10 000 hectares)	4.34
林产品产量		**Output of Forest Products**		
木材产量	(万立方米)	Timber	(10 000 cu.m)	223.56
竹材产量	(万根)	Bamboo	(10 000 sticks)	9427
锯材产量	(万立方米)	Sawed Lumber	(10 000 cu.m)	150.09
人造板产量	(万立方米)	Man-made Board	(10 000 cu.m)	625.40
松香类产品产量	(吨)	Rosin Products	(ton)	
油桐籽产量	(吨)	Tung-oil Seeds	(ton)	6972
油茶籽产量	(吨)	Tea-oil Seeds	(ton)	20852
竹笋干产量	(吨)	Dried Bamboo Shoot	(ton)	122376
核桃产量	(吨)	Walnuts	(ton)	537474
木本药材产量	(吨)	Wood Medicinal Materials	(ton)	229147
花椒产量	(吨)	Chinese Red Pepper	(ton)	83633
食用菌产量	(吨)	Edible Fungus	(ton)	78665
山野菜产量	(吨)	Mountain Potherb	(ton)	13308
板栗产量	(吨)	Chinese Chestnut	(ton)	49758
国有森工企业苗圃林场情况		**State-owned Forestry Enterprises, Nurserys and Centres**		
国有森工企业汇编数	(个)	Number of State-owned Forestry Enterprises	(unit)	96
苗圃个数	(个)	Number of Forestry Nurserys	(unit)	52
#纳入国家天然林保护工程的苗圃	(个)	Forestry Nurserys In National Preserve of Natural Forest	(unit)	52
苗圃经营面积	(公顷)	Working Area of Forestry Nurserys	(hectare)	641
林场个数	(个)	Number of Forestry Centres	(unit)	173
#纳入国家天然林保护工程的林场	(个)	Forestry Centres In National Preserve of Natural Forest	(unit)	173
林场经营面积	(万公顷)	Working Area of Forestry Centres	(10 000 hectares)	244.34
林业系统就业人员和劳动报酬		**Employed Persons and Earnings in Forestry System**		
单位户数	(个)	Number of Units	(unit)	3213
#行政事业单位个数	(个)	Number of Administrative Institutions	(unit)	3040
在册职工人数	(万人)	Staff and Workers Listed	(10 000 persons)	4.88
#行政事业单位人数	(万人)	Number of Employees in Administrative Institutions	(10 000 persons)	2.83
在岗职工工资总额	(万元)	Total Wages of Fully Employed Staff and Workers	(10 000 yuan)	277577
在岗职工年平均工资	(元)	Average Wage of Fully Employed Staff and Workers	(yuan)	66762

注：林业资料由四川省林业厅提供。

a) Forestry information is provided by the Sichuan Provincial Forestry Department.

7-6 森林火灾情况
Forest Fires

年 份 Year	森林火灾次数 (次) Forest Fires (time)	森林火警 Fire Alarm	一般火灾 Ordinary Fires	较大火灾 Major Fires	重大火灾 Severe Fires	特大火灾 Especially Severe Fires	火场总面积 (公顷) Total Area of Fires (hectare)	受害森林面积 (公顷) Destructed Forest Area (hectare)	火灾损失率 (‰) Rate of Loss (‰)
2000	125	114	11				850.0	67.0	0.01
2001	248	226	22				3209.0	385.0	0.03
2002	185	159	26				1567.0	340.0	0.03
2003	378	302	76				5919.2	826.8	0.07
2004	169	151	18				1330.2	176.5	0.02
2005	252	202	46		4		6818.1	2256.5	0.18
2006	511	463	48				3109.0	453.1	0.03
2007	458	414	44				2076.6	455.4	0.04
2008	233	202	31				4481.0	389.0	0.03
2009	310		247	56	7		5730.9	2577.2	0.02
2010	361		301	58	2		4594.7	1241.5	0.09
2011	309		245	64			3449.5	551.1	0.03
2012	486		394	92			3082.3	815.2	0.05
2013	447		370	77			2673.6	811.2	0.05
2014	442		365	77			4713.1	765.7	0.05
2015	220		183	37			1407.5	303.0	0.02
2016	263		230	33			1206.9	217.2	0.01
2017	171		152	18	1		1610.9	1014.9	0.07

注：从2009年起，根据《森林火灾管理条例》规定，森林火灾分类为"一般森林火灾、较大森林火灾、重大森林火灾和特别重大森林火灾"，取消了原"森林火警"指标。

a) According to the "Forest Fire Regulations ",forest fires are classified as "ordinary forest fires, major forest fires, severe forest fires and especially severe fires," and the original "fire alarm" was ablished since 2009.

7-7 林业有害生物防治情况
Prevention of Forest Biological Disasters

年 份 Year	发生面积 (万公顷) Area of Occurrence (10 000 hectares)	防治面积 (万公顷) Area of Prevention (10 000 hectares)	成灾面积 (公顷) Area Covered (hectare)	测报准确率 (%) Forecasting Accurate Rate (%)	无公害防治率 (%) Pollution Prevention and Control Rate (%)	种苗产地检疫率 (%) Seeding Origin Quarantine Rate (%)
2000	61.48	57.19	183	94.7	93.0	98.2
2001	62.64	58.58	199	95.2	93.5	98.3
2002	73.93	62.52	390	95.5	84.6	99.7
2003	70.93	66.87	362	95.5	94.3	98.3
2004	71.01	68.02	754	96.5	95.8	96.0
2005	69.45	57.81	1220	90.5	83.3	99.8
2006	76.17	65.62	3065	93.3	81.7	99.8
2007	79.87	58.34	9000	90.8	73.0	99.8
2008	72.81	58.89	287	94.4	68.1	99.8
2009	77.59	61.57	227	93.4	79.4	100.0
2010	71.55	57.33	340	90.7	80.1	100.0
2011	69.87	55.42	513	94.7	93.3	100.0
2012	72.76	62.47	1415	98.4	98.3	99.5
2013	76.60	52.87	728	100.0	98.5	99.9
2014	73.21	52.09	1512	98.6	89.9	96.0
2015	71.60	50.67	3867	97.7	98.5	99.4
2016	69.90	49.90	4001	97.6	97.5	100.0
2017	68.14	45.34	6067	95.5	96.0	100.0

注：根据国家林业局规定，从2011年起，将"森林病虫害"改为"林业有害生物"、"监测率"改为"测报准确率"、"防治率"改为"无公害防治率"、"检疫率"改为"种苗产地检疫率"。

a) In accordance with the provisions of the State Forestry Administration, since 2011,change indicator" forest insect and disease " to "forestry pest control", change indicator "monitoring rate" to "forecast accuracy", change the "prevention rate" to "pollution prevention and control rate",change the"quarantine rate" to "seeding origin quarantine rate".

7-8 主要矿产基础储量

Ensured Reserves of Major Minerals

项　目		Item		2017
煤炭	(亿吨)	Coal	(100 million tons)	51.63
铁矿	(矿石，亿吨)	Iron	(Ore, 100 million tons)	24.36
锰矿	(矿石，万吨)	Manganese	(Ore, 10 000 tons)	206.34
钛矿	(钛铁矿TiO2，万吨)	Titanium	(Ilmenite, 10 000 tons)	19174.79
钒矿	(V2O5，万吨)	Vanadium	(V2O5, 10 000 tons)	532.97
铜矿	(铜，万吨)	Copper	(Metal, 10 000 tons)	43.91
铅矿	(铅，万吨)	Lead	(Metal, 10 000 tons)	104.74
锌矿	(锌，万吨)	Zinc	(Metal, 10 000 tons)	216.98
镁矿	(炼镁白云岩)(矿石，万吨)	Magnesium	(Dolomite Ore, 10 000 tons)	1781.20
金矿	(金，吨)	Gold	(Metal, ton)	138.96
银矿	(银，吨)	Silver	(Metal, ton)	2064.87
锂矿	(Li2O，万吨)	Lithium	(Li2O, 10 000 tons)	36.14
石墨	(晶质石墨，万吨)	Graphite Mineral (Crystal)	(Mineral, 10 000 tons)	274.40
硫铁矿	(矿石，万吨)	Pyrite Ore	(Ore, 10 000 tons)	38224.81
石棉	(石棉，万吨)	Asbestos	(Asbestos, 10 000 tons)	1192.36
石榴子石	(矿石，万吨)	Garnet	(Ore, 10 000 tons)	550.50
芒硝	(矿石，万吨)	Mirabilite	(Ore, 10 000 tons)	759425.26
石膏	(矿石，万吨)	Gypsum	(Ore, 10 000 tons)	9617.53
菱镁矿	(矿石，万吨)	Magnesite Ore	(Ore, 10 000 tons)	186.49
熔剂用灰岩	(矿石，亿吨)	Grey Rock Used as Flux	(Ore, 100 million tons)	2.08
水泥用灰岩	(矿石，万吨)	Grey Rock Used as Cement	(Ore, 10 000 tons)	327475.24
冶金用白云岩	(矿石，亿吨)	Dolomite Ore for Metallurgy Use	(Ore, 100 million tons)	0.52
冶金用石英岩	(矿石，万吨)	Quartzite for Metallurgy Use	(Ore, 10 000 tons)	1166.45
玻璃用砂岩	(矿石，万吨)	Sandstone Used as Glass	(Ore, 10 000 tons)	2531.09
水泥配料用砂岩	(矿石，万吨)	Sandstone Used as Cement Burden	(Ore, 10 000 tons)	7376.14
砖瓦用砂岩	(矿石，万立方米)	Sandstone Used as Brick	(Ore, 10 000 cu.m)	153.16
铸型用砂岩	(矿石，万吨)	Sandstone Used as Casting Mould	(Ore, 10 000 tons)	36.00
玻璃用脉石英	(矿石，万吨)	Quartzite Gangue Used as Glass	(Ore, 10 000 tons)	891.91
硅藻土	(矿石，万吨)	Diatomaceous Earth	(Ore, 10 000 tons)	387.10
高岭土	(矿石，万吨)	Kaolin Ore	(Ore, 10 000 tons)	57.18
耐火粘土	(矿石，万吨)	Refractory Clay	(Ore, 10 000 tons)	1294.09
水泥配料用粘土	(矿石，万吨)	Clay Used as Casting Mould	(Ore, 10 000 tons)	3747.29
水泥配料用泥岩	(矿石，万吨)	Mudstone Used as Casting Mould	(Ore, 10 000 tons)	2360.00
化肥用蛇纹岩	(矿石，万吨)	Serpentine Used as Chemistry Fertilizer	(Ore, 10 000 tons)	3889.70
饰面用花岗岩	(矿石，万立方米)	Granite Used for Decorations	(Ore, 10 000 cu.m)	4072.07
霞石正长岩	(矿石，万吨)	Nepheline Syenite	(Ore, 10 000 tons)	116.78
饰面用大理岩	(矿石，万立方米)	Marble Used for Decorations	(Ore, 10 000 cu.m)	3245.93
盐矿	(矿石，万吨)	Sodium Salt NaCl	(Ore, 10 000 tons)	216887.86
磷矿	(矿石，万吨)	Phosphorus Ore	(Ore, 10 000 tons)	69165.56

注：主要矿产基础储量由四川省国土资源厅提供。

a) Data of ensured reserves of major minerals are provided by the Sichuan Provincial Department of Land and Resources.

7-9 "三废"排放及处理利用情况
Discharge,Treatment and Utilization of Waste Water, Waste Gas and Solid Wastes by Industry

单位：万吨 (10 000 tons)

指　标	Item	2014	2015	2016
废水排放总量	Total Wastewater Discharged	331276.53	341607.41	352826.44
工业废水排放量	Industrial Wastewater Discharged	67576.73	71647.44	50788.61
城镇生活污水排放量	Urban Living Wastewater Discharged	263468.23	269725.36	301732.93
集中式治理设施污水排放量	Centralized Management Facilities of Sewage Discharged	231.57	234.62	304.89
化学需氧量(COD)排放量	Total Emission of Chemical Oxygen Demand(COD)	121.63	118.64	67.68
工业废水中COD排放量	COD Emissions from Industrial Wastewater	10.53	10.15	4.99
农业COD排放量	Agricultural COD Emissions	51.86	49.30	0.21
城镇生活污水中COD排放量	COD Emissions in Urban Sewage	58.69	58.83	62.24
集中式治理设施COD排放量	COD Emissions from Centralized Management Facilities	0.55	0.37	0.25
氨氮排放量	Ammonia Nitrogen Emissions	13.47	13.14	8.01
工业废水中氨氮排放量	Ammonia Nitrogen Emissions from Industrial Wastewater	0.52	0.53	0.32
农业氨氮排放量	Agricultural Ammonia Nitrogen Emissions	5.42	5.23	0.01
生活污水中氨氮排放量	Ammonia Nitrogen Emissions from Domestic Sewage	7.46	7.35	7.66
集中式治理设施氨氮排放量	Ammonia Nitrogen Emissions from Centralized Management Facilities	0.07	0.04	0.02
二氧化硫(SO_2)排放量	Sulphur Dioxide (SO_2) Emissions	79.64	71.76	48.72
工业SO_2排放量	Industrial SO_2 Emissions	72.57	62.24	37.18
城镇生活SO_2排放量	Urban Living SO_2 Emissions	7.05	9.50	11.52
集中式治理设施SO_2排放量	SO_2 Emissions from Centralized Management Facilities	0.02	0.02	0.02
氮氧化物排放量	Nitrogen Oxide Emissions	58.54	52.59	45.10
工业氮氧化物排放量	Industrial Nitrogen Oxide Emissions	36.86	32.83	24.65
城镇生活氮氧化物排放量	Nitrogen Oxide Emissions in Urban Life	1.16	1.62	1.53
机动车氮氧化物排放量	Motor Vehicle Emissions of Nitrogen Oxides	20.49	18.11	18.87
集中式治理设施氮氧化物排放量	Nitrogen Oxide Emissions from Centralized Management Facilities	0.02	0.02	0.04
烟(粉)尘排放量	Smoke and Dust Emissions	42.86	41.32	27.27
工业烟(粉)尘排放量	Industrial Smoke and Dust Emissions	39.87	37.56	22.00
城镇生活烟尘排放量	Urban Living Smoke and Dust Emissions	1.46	2.24	3.80
机动车烟尘排放量	Motor Vehicle Emissions of Smoke and Dust	1.52	1.46	1.46
集中式治理设施烟尘排放量	Smoke and Dust Emissions from Centralized Management Facilities	0.01	0.01	0.01
一般工业固体废物产生量	Common Industrial Solid Wastes Generation	14246.37	12315.73	11764.56
一般工业固体废物综合利用量	Common Industrial Solid Wastes Comprehensively Utilized	6185.29	5507.36	4612.10
#综合利用往年贮存量	Previous Storage	210.95	111.02	226.05
一般工业固体废物综合利用率(%)	Ratio of Common Industrial Solid Wastes Comprehensively Utilized	42.78	44.32	38.46
一般工业固体废物处置量	Common Industrial Solid Wastes Disposed	5512.35	4176.72	3838.10
#处置往年贮存量	Previous Storage	90.41	2.74	44.11
一般工业固体废物处置率(%)	Ratio of Common Industrial Solid Wastes Disposed (%)	38.45	33.91	32.50
一般工业固体废物贮存量	Ratio of Common Industrial Solid Wastes Previous Storage	2848.98	2744.96	3584.47
一般工业固体废物倾倒丢弃量	Ratio of Common Industrial Solid Wastes Dumping Discard	1.12	0.44	550.85
危险废物产生量	Hazardous Wastes Generation	133.39	111.94	247.48
危险废物综合利用量	Hazzardous Wastes Comprehensively Utilized	68.89	59.08	148.11
#综合利用往年贮存量	Previous Storage	0.22	0.12	0.27
危险废物综合利用率(%)	Ratio of Hazzardous Wastes Comprehensively Utilized (%)	51.56	52.72	59.78
危险废物处置量	Hazzardous Wastes Disposed	66.23	51.75	81.09
#处置往年贮存量	Previous Storage Disposed	2.92	0.58	4.03
危险废物处置率(%)	Ratio of Hazzardous Wastes Disposed (%)	48.59	45.99	32.24
危险废物贮存量	Hazzardous Wastes Storage	1.42	1.81	22.59
危险废物倾倒丢弃量	Hazzardous Wastes Dumping Discard	0.00	0.00	0.00

7-10 环境污染治理投资情况
Investment in Treatment of Environmental Pollution

单位：亿元 (100 million yuan)

指　标	Item	2014	2015	2016
环境污染治理投资总额	Total Investment in the Treatment of Environmental Pollution	305.05	367.14	470.41
城市环境基础设施投资	Investment in Urban Environmental Infrastructure	148.14	133.39	210.85
#燃气	Gas Supply	11.34	15.50	11.04
集中供热	Centralized Heating	0.02	0.28	0.84
排水	Drainage Works	59.29	38.07	61.84
园林绿化	Gardening and Greening	63.90	69.54	125.40
市容环境卫生	Environmental Sanitation	13.60	10.02	11.73
工业污染源治理投资	Investment in the Treatment of Industrial Pollution	23.25	11.83	11.60
#治理废水	Waste Water Treatment	5.42	5.51	3.05
治理废气	Waste Gas Treatment	16.49	4.69	6.27
治理固体废物	Solid Wastes Treatment	0.17	0.02	0.69
治理噪声	Noise Treatment	0.39	1.01	0.01
治理其他	Others Treatment	0.77	0.60	1.59
完成环保验收项目环保投资	Environmental Investment Projects in the Completion of Environmental Acceptance	133.67	221.92	247.95
环境污染治理投资占GDP比重(%)	Total Investment in the Treatment of Environmental Pollution as Percent of GDP (%)	1.07	1.22	1.43
工业废气治理设施运行费用	Operating Costs in the Treatment Facilities of Industrial Waste Gas	47.16	45.36	66.37
工业废水治理设施运行费用	Operating Costs in the Treatment Facilities of Industrial Waste Water	24.19	21.17	20.61
排污费收入总额	Total Revenue of Sewage Charges	6.43	6.06	6.27

注："三废"及环境污染治理资料由四川省环境保护厅提供。

a) The data of waste water, waste gas and solid wastes by industry are provided by the Sichuan Provincial Department of Environmental Protection.

主要统计指标解释

平均气温　气温指空气的温度，我国一般以摄氏度(℃)为单位表示。气象观测的温度表是放在离地面约1.5米处通风良好的百叶箱里测量的，因此，通常说的气温指的是离地面1.5米处百叶箱中的温度。计算方法：月平均气温是将全月各日的平均气温相加，除以该月的天数而得；年平均气温是将12个月的月平均气温累加后除以12而得。

平均相对湿度　相对湿度指空气中实际水气压与当时气温下的饱和水气压之比。其计算方法与气温相同。

降水量　指从天空降落到地面的液态或固态(经融化后)水，未经蒸发、渗透、流失而在地面上积聚的深度。计算方法：月降水量是将全月各日的降水量累加而得；年降水量是将12个月的月降水量累加而得。

日照时数　指太阳实际照射地面的时数，通常以小时为单位表示。其计算方法与降水量相同。

森林面积　包括郁闭度0.2以上的乔木林地面积和竹林面积，国家特别规定的灌木林地面积，农田林网以及村旁、路旁、水旁、宅旁林木的覆盖面积。

森林覆盖率　以行政区域为单位的森林面积占区域土地总面积的百分比。计算公式：

$$森林覆盖率=\frac{森林面积}{土地总面积}\times 100\%$$

活立木总蓄积量　指一定范围土地上全部树木蓄积的总量，包括森林蓄积、疏林蓄积、散生木蓄积和四旁树蓄积。

森林蓄积量　指一定森林面积上存在着的林木树干部分的总材积。

人工造林　指在宜林荒山荒地、宜林沙荒地、无立木林地、疏林地和退耕地等其他宜林地上通过播种、植苗和分植来提高森林植被覆被率的技术措施。

矿产资源 矿产资源指由地质作用形成的，具有利用价值的，呈固态、液态、气态的自然资源，是社会生产发展的重要物质基础。

矿产基础储量 基础储量是查明矿产资源的一部分。它能满足现行采矿和生产所需的指标要求，是控制的、探明的并通过可行性或预可行性研究认为属于经济的、边界经济的部分，用未扣除设计、采矿损失的数量表示。

一般工业固体废物产生量 指未被列入《国家危险废物名录》或者根据国家规定的危险废物鉴别标准（GB5085）、固体废物浸出毒性浸出方法（GB5086）及固体废物浸出毒性测定方法（GB／T 15555）鉴别方法判定不具有危险特性的工业固体废物。计算公式是：

一般工业固体废物产生量=（一般工业固体废物综合利用量－其中：综合利用往年贮存量）+一般工业固体废物贮存量+（一般工业固体废物处置量－其中：处置往年贮存量）+一般工业固体废物倾倒丢弃量

一般工业固体废物综合利用量 指报告期内企业通过回收、加工、循环、交换等方式，从固体废物中提取或者使其转化为可以利用的资源、能源和其他原材料的固体废物量（包括当年利用的往年工业固体废物累计贮存量）。如用作农业肥料、生产建筑材料、筑路等。综合利用量由原产生固体废物的单位统计。

一般工业固体废物处置量 指报告期内企业将工业固体废物焚烧和用其他改变工业固体废物的物理、化学、生物特性的方法，达到减少或者消除其危险成分的活动，或者将工业固体废物最终置于符合环境保护规定要求的填埋场的活动中，所消纳固体废物的量。

一般工业固体废物贮存量 指报告期内企业以综合利用或处置为目的，将固体废物暂时贮存或堆存在专设的贮存设施或专设的集中堆存场所内的量。专设的固体废物贮存场所或贮存设施必须有防扩散、防流失、防渗漏、防止污染大气、水体的措施。

一般工业固体废物倾倒丢弃量 指报告期内企业将所产生的固体废物倾倒或者丢弃到固体废物污染防治设施、场所以外的量。

危险废物产生量 指当年全年调查对象实际产生的危险废物的量。危险废物指列入国家危险废物名录或者根据国家规定的危险废物鉴别标准和鉴别方法认定的，具有爆炸性、易燃性、易氧化性、毒性、腐蚀性、易传染性疾病等危险特性之一的废物。按《国家危险废物名录》（环境保护部、国家发展和改革委员会2008部令第1号）填报。

危险废物综合利用量 指当年全年调查对象从危险废物中提取物质作为原材料或者燃料的活动中消纳危险废物的量。包括本单位利用或委托、提供给外单位利用的量。

危险废物处置量 指报告期内企业将危险废物焚烧和用其他改变工业固体废物的物理、化学、生物特性的方法，达到减少或者消除其危险成分的活动，或者将危险废物最终置于符合环境保护规定要求的填埋场的活动中，所消纳危险废物的量。处置量包括处置本单位或委托给外单位处置的量。

危险废物贮存量 指将危险废物以一定包装方式暂时存放在专设的贮存设施内的量。专设的贮存设施指对危险废物的包装、选址、设计、安全防护、监测和关闭等符合《危险废物贮存污染控制标准》（GB18597-2001）等相关环保法律法规要求，具有防扩散、防流失、防渗漏、防止污染大气和水体措施的设施。

Explanatory Notes on Main Statistical Indicators

Average Temperature refers to the air temperature. China uses centigrade as the unit. The thermometry used for weather observation is put in a breezy shutter, which is 1.5 meters high from the ground. Therefore, the commonly used temperature refers to the temperature in the breezy shutter 1.5 meters away from the ground. The calculation method is as follows:

Monthly average temperature is the summation of average daily temperature of one month divided by the actual days of that particular month.

Annual average temperature is the summation of monthly average of a year divided by 12 months.

Relative Humidity refers to the ratio of actual water vapour pressure to the saturation water vapour pressure under the current temperature. The calculation method is the same as that of temperature.

Volume of Precipitation refers to the deepness of liquid state or solid state (thawed) water falling from the sky to the ground that has not been evaporated, infiltrated or run off. The calculation method is as follows:

Monthly precipitation is the summation of daily precipitation of a month.

Annual precipitation is the summation of 12 months precipitation of a year.

Sunshine Hours refer to the actual hours of sun irradiating the earth, usually expressed in hours. The calculation method is the same as that of the precipitation.

Forest Area refers to the area of trees and bamboo grow with canopy density above 0.2, the area of shrubby tree according to regulations of the government, the area of forest land inside farm land and the area of trees planted by the side of villages, farm houses and along roads and rivers.

Forest Coverage Rate Taking the administrative jurisdiction as the unit, the percentage of area of afforested land to the area of total land. The formula for calculating forest coverage rate is as follows:

$$\text{Forest coverage rate} = \frac{\text{Area of Afforested Land}}{\text{Area of Total Land}} \times 100\%$$

Total Standing Stock Volume refers to the total stock volume of trees growing in land, including trees in forest, trees in sparse forest, scattered trees and trees planted by the side of villages, farm houses and along roads and rivers.

Stock Volume of Forest refers to total stock volume of wood growing in forest area, which shows the total size and level of forest resources of a country or a region.

Manual Planting refers to technical measures of sowing, planting seedlings and divided transplanting on land suitable for afforestation, including barren hills, idle land, sand dunes, non-timber forest land, woodland and "grain for green" land to increase vegetation coverage rate of forests.

Mineral Resources refer to useful minerals, with solid state, liquid state, gaseity, due to the geological process. Minerals are important natural resources, and important material base for social development.

Ensured Mineral Reserves refer to the actual mineral reserves, which equal to the proven mineral reserves (including industrial reserves and prospective reserves) minus extracted parts and underground losses.

Common Industrial Solid Wastes Produced refers to the industrial solid wastes that are not listed in the 《National Catalogue of Hazardous Wastes》, or not regarded as hazardous according to the national hazardous waste identification standards (Gb5085), solid waste-Extraction procedure for leaching toxicity (GB5086) and solid waste-Extraction procedure for leaching toxicity (GB/T 15555). The calculation formula is as followed:

Common Industrial Solid Wastes Produced = (common industrial solid wastes utilized – the proportion of utilized stock of previous years) + common industrial solid waste stock + (common industrial solid wastes disposed – the proportion of disposed stock of previous years) + common industrial solid wastes discharged.

Common Industrial Solid Wastes Comprehensively Utilized refers to volume of solid wastes from which useful materials can be extracted or which can be converted into usable resources, energy or other materials by means of reclamation, processing, recycling and exchange (including utilizing in the year the stocks of industrial solid wastes of the previous year) during the report period, e.g. being used as agricultural fertilizers, building materials or as material for paving road. Examples of such utilizations include fertilizers, building materials and road materials. The information shall be collected by the producing units of the wastes.

Common Industrial Solid Wastes Disposed refers to the quantity of industrial solid wastes which are burnt or specially disposed using other methods to alter the physical, chemical and biological properties and thus to reduce or eliminate the hazard, or placed ultimately in the sites meeting the requirements for environmental protection during the report period.

Stock of Common Industrial Solid Wastes refers to the volume of solid wastes placed in special facilities or special sites by enterprises for purposes of utilization or disposal during the report period. The sites or facilities should take measures against dispersion, loss, seepage, and air and water contamination.

Common Industrial Solid Wastes Discharged refers to the volume of industrial solid wastes dumped or discharged by producing enterprises to disposal facilities or to other sites.

Hazardous Wastes Produced refers to the volume of actual hazardous wastes produced by surveyed samples throughout the year of the survey. Hazardous waste refers to those included in the national hazardous wastes catalogue or specified as any one of the following properties in light of the national hazardous wastes identification standards and methods: explosive, ignitable, oxidizable, toxic, corrosive or liable to cause infectious diseases or lead to other dangers. The report of this indicator should follow the 《National Catalogue of Hazardous Wastes》 (the NO.1 Ministry Order in 2008 by the Ministry of Environment Protection and National Development and Reform Commission).

Hazardous Wastes Utilized refers to the volume of hazardous wastes that are used to extract materials for raw materials or fuel throughout the year of the survey, including those utilized by the producing enterprise and those provided to other enterprises for utilization.

Hazardous Wastes Disposed refers to the quantity of hazardous wastes which are burnt or specially disposed using other methods to alter the physical, chemical and biological properties and thus to reduce or eliminate the hazard, or placed ultimately in the sites meeting the requirements for environmental protection during the report period.

Stock of Hazardous Wastes refers to the volume of hazardous wastes specially packaged and placed in special facilities or special sites by enterprises. The special stock facilities should meet the requirements set in relevant environment protection laws and regulations such as "Pollution Control Standards for Hazardous Waste Stock" (GB18597-2001) in regard to package of hazardous waste, location, design, safety, monitoring and shutdown, and take measures against dispersion, loss, seepage, and air and water contamination.

08

LOCAL GOVERNMENT FINANCE AND PRICE

财政和物价

8-1 地方一般公共预算收入
Local General Public Budget Revenue

单位：万元 (10 000 yuan)

项　目	Item	2014	2015	2016	2017
地方一般公共预算收入合计	**Local General Public Budget Revenue**	**30610684**	**33554385**	**33888519**	**35797793**
税收收入	**Taxes Revenue**	**23124574**	**23535088**	**23292344**	**24299972**
增值税	Value-added Tax	3064461	3244786	6383018	9988544
营业税	Business Tax	8052423	7802595	4362999	113276
企业所得税	Corporate Income Tax	2860621	2953063	2994825	3590916
企业所得税退税	Tax Rebate to Corporate Income Tax				
个人所得税	Individual Income Tax	972002	1091428	1283981	1527409
资源税	Resource Tax	290956	287228	261768	304129
固定资产投资方向调节税	Fixed Assets Investment Orientation Regulation Tax				
城市维护建设税	Urban Maintenance and Construction Tax	1265465	1262973	1375497	1505892
房产税	Real Estate Tax	658026	739070	797929	886487
印花税	Stamp Tax	316854	300344	321446	382495
城镇土地使用税	Urban Land Using Tax	611145	646449	650964	720469
土地增值税	Value-added Tax on Land	1505276	1491408	1439791	1721947
车船税	Travel Tax	224643	266255	298196	328748
耕地占用税	Tax on the Occupancy of Cultivated Land	1079546	1219599	1183578	1051173
契税	Tax on Contracts	2118257	2130954	1841402	2099460
烟叶税	Tobacco Tax	104871	98724	96950	79027
非税收入	**Non-Tax Revenue**	**7486110**	**10019297**	**10596175**	**11497821**
专项收入	Special Revenve	1107361	3044453	2099006	2196079
行政事业性收费收入	Income from Administrative Fees	1995220	1846871	2079823	2095670
罚没收入	Penalty and Confiscatory Income	614950	655072	697643	790002
国有资本经营收入	State-owned Capital Operating Income	408963	449481	423725	388800
国有资源(资产)有偿使用收入	Income from State-owned Assets Compensation	2368252	2696295	3622247	4228482
其他收入	Other Incomes	991364	1327125	1673731	1254942

注：地方一般公共预算收入和支出情况由四川省财政厅提供。

a) Local general public budget revenue and expenditure are provided by Sichuan Provincial Department of Finance.

8-2 一般公共预算支出
Local General Public Budget Expenditure

单位：万元 (10 000 yuan)

项　目	Item	2014	2015	2016	2017
一般公共预算支出合计	**General Public Budget Expenditure**	**67966109**	**74975105**	**80088868**	**86861018**
一般公共服务支出	Expenditure for General Public Services	5756721	6222242	6827794	8160114
国防支出	Expenditure for National Defense	145854	119020	168543	115127
公共安全支出	Expenditure for Public Security	3191900	3697422	4293870	4764972
教育支出	Expenditure for Education	10569053	12523250	13018472	14139530
科学技术支出	Expenditure for Science and Technology	817636	966892	1010930	1064987
文化体育与传媒支出	Expenditure for Culture, Sport and Media	1356458	1394140	1452012	1394175
社会保障和就业支出	Expenditure for Social Safety Net and Employment Effort	9270059	11117513	13201666	15286120
医疗卫生与计划生育支出	Expenditure for Health Care and Family Planning	5840966	6864163	7722403	8632721
节能环保支出	Expenditure for Environment Protection	1686939	1693145	1663561	1963525
城乡社区支出	Expenditure for Urban and Rural Community Affairs	5281338	5140783	5509253	7548491
农林水支出	Expenditure for Agriculture, Forestry and Water Conservancy	8265910	9266496	9887068	9483708
交通运输支出	Expenditure for Transportation	5438288	6011405	5691063	5017005
资源勘探信息等支出	Expenditure for Exploration and Information	2014950	2515465	2638000	3176690
商业服务业等支出	Expenditure for Commerce and Services	699232	825191	734124	774912
金融支出	Expenditure for Finance	73252	173952	217889	135844
地震灾后恢复重建支出	Expenditure for Post-earthquake Recovery and Reconstruction				
援助其他地区支出	Expenditure for other regional assistance	42109	53319	54886	50558
国土海洋气象等支出	Expenditure for Land, Maritime Meteorology	774444	778679	676506	789178
住房保障支出	Expenditure for Housing Security	3076235	2889038	3122815	2963589
粮油物资储备支出	Expenditure for Management of Grain & Oil Reserves	398795	359485	334266	311802
债务付息支出	Expenditure for the Principal and Interest of Debts		175131	614736	941223
债务发行费用支出	Expenditure for Debt Issuance Expenses			15465	11180
其他支出	Other Expenditures	2363245	2177984	1233546	135383

8-3 各市(州)地方一般公共预算收入
Local General Public Budget Revenue by Region

单位：万元 (10 000 yuan)

市(州)	Region	2010	2011	2012	2013	2014	2015	2016	2017
成都市	Chengdu	5269408	6806929	7808952	8985395	10251696	11576393	11754109	12755334
自贡市	Zigong	218360	291382	329898	383331	424059	448256	487574	532240
攀枝花市	Panzhihua	387841	494777	571980	585450	629076	533412	567573	605930
泸州市	Luzhou	475888	654047	827882	1096014	1159216	1282652	1386632	1460444
德阳市	Deyang	457976	670907	755322	804682	835153	886148	1000653	1061672
绵阳市	Mianyang	452057	656462	804009	904782	1017482	1041308	1076241	1105883
广元市	Guangyuan	167267	227658	268374	304621	347836	408176	405661	439915
遂宁市	Suining	177685	240145	284546	335604	396957	493162	545580	601803
内江市	Neijiang	203856	253066	309262	377491	450832	502682	536799	560961
乐山市	Leshan	457695	602039	704039	751097	787878	855322	931001	992170
南充市	Nanchong	322564	432862	528700	655666	765568	850746	943388	1032555
眉山市	Meishan	246863	340541	488088	636067	751991	831491	903008	931612
宜宾市	Yibin	556465	672298	829693	1016000	1056118	1149677	1256843	1388196
广安市	Guangan	212785	277767	328017	386177	459637	567494	642179	712493
达州市	Dazhou	305924	411543	520360	603088	724120	791548	846636	907078
雅安市	Yaan	156522	216521	302166	229386	273788	303082	321792	348370
巴中市	Bazhong	78160	127430	200592	273501	330371	390502	442945	455280
资阳市	Ziyang	244679	324738	407333	484418	554619	617733	468360	497670
阿坝藏族羌族自治州	Aba	166682	210108	258231	244616	285820	316730	325955	268146
甘孜藏族自治州	Ganzi	163047	202452	215666	221242	275480	314299	322592	273660
凉山彝族自治州	Liangshan	626923	800437	1000571	1100148	1123019	1070683	1210336	1345528

8-4 各市(州)一般公共预算支出
Local General Public Budget Revenue by Region

单位：万元 (10 000 yuan)

市(州)	Region	2010	2011	2012	2013	2014	2015	2016	2017
成都市	Chengdu	7773767	8578696	9838477	11617542	13400433	14684242	15958949	17566621
自贡市	Zigong	811614	1060433	1288014	1399376	1473005	1733530	1795524	2229037
攀枝花市	Panzhihua	750647	923018	1081729	1150583	1211774	1126499	1220322	1370352
泸州市	Luzhou	1265380	1707430	2123111	2501142	2813002	3039880	3371677	3689580
德阳市	Deyang	2244206	1532332	1666553	1899686	1970901	2196393	2271346	2401735
绵阳市	Mianyang	3453220	2135756	2505571	2906401	2946402	3042238	3350412	3650634
广元市	Guangyuan	2213188	1374163	1576394	1772708	1923836	2096211	2305016	2507023
遂宁市	Suining	888467	1100024	1333162	1441078	1560932	1828440	1999945	2305561
内江市	Neijiang	924757	1220287	1420276	1589311	1766023	1924370	2002280	2175120
乐山市	Leshan	1185123	1441546	1687162	1936946	2154123	2321550	2570351	2820171
南充市	Nanchong	1856129	2344224	2787446	3097030	3446815	3696431	4271765	4603999
眉山市	Meishan	965266	1188867	1432902	1726618	1819615	2072222	2166908	2256815
宜宾市	Yibin	1433154	1793856	2190349	2554295	2775160	3078287	3387430	3705395
广安市	Guangan	975438	1258308	1486612	1625740	1872039	2226191	2443172	2660796
达州市	Dazhou	1502741	2001711	2403530	2559609	2878203	3243334	3590680	3891551
雅安市	Yaan	774922	810256	930050	2610709	3121494	2222395	1515500	1373913
巴中市	Bazhong	1030304	1367152	1675668	1912681	2050667	2460191	2678727	2813892
资阳市	Ziyang	1011007	1300249	1540424	1648956	1886782	2160816	1883649	1803147
阿坝藏族羌族自治州	Aba	2038280	1383517	1521951	1757926	1923022	2152522	2210559	2416638
甘孜藏族自治州	Ganzi	1319779	1692042	2202819	2753253	2888630	3162038	3004766	3433265
凉山彝族自治州	Liangshan	1906966	2501155	3004763	3330204	3658972	4176198	4591525	4798725

8-5 各市(州)地方一般公共预算主要收入项目(2017年)
Major Items of Local General Public Budget Revenue by Region(2017)

单位：万元 (10 000 yuan)

市(州)	Region	地方一般公共预算收入 Local General Public Budget Revenue	税收收入 Tax Revenue	增值税 Value-added Tax	企业所得税 Corporate Income Tax	个人所得税 Indiviual Income Tax	资源税 Resouces Tax
成都市	Chengdu	12755334	9008512	3029281	1340578	641526	4623
自贡市	Zigong	532240	341373	106157	34476	11888	856
攀枝花市	Panzhihua	605930	373314	172990	36705	15447	23664
泸州市	Luzhou	1460444	808970	285947	104702	27228	6542
德阳市	Deyang	1061672	634908	261584	69693	48927	11131
绵阳市	Mianyang	1105883	668690	229269	78250	40488	4586
广元市	Guangyuan	439915	262750	88152	24016	11300	13550
遂宁市	Suining	601803	388065	116435	34803	16012	25523
内江市	Neijiang	560961	343198	114500	30088	13157	6949
乐山市	Leshan	992170	540474	204416	58062	25044	12448
南充市	Nanchong	1032555	577901	151929	58944	21579	3665
眉山市	Meishan	931612	513476	147427	40723	15507	2801
宜宾市	Yibin	1388196	841889	292476	143592	24242	24188
广安市	Guangan	712493	393379	108387	40961	8735	5218
达州市	Dazhou	907078	524830	169875	43196	24444	37181
雅安市	Yaan	348370	246567	133013	20064	9375	3381
巴中市	Bazhong	455280	245554	76463	17628	9954	3233
资阳市	Ziyang	497670	275743	61121	16898	9405	5984
阿坝藏族羌族自治州	Aba	268146	176688	101876	19795	11415	2657
甘孜藏族自治州	Ganzi	273660	184816	95850	14639	11013	4640
凉山彝族自治州	Liangshan	1345528	814261	390499	105042	22153	33362

8-5 续表 continued

单位：万元 (10 000 yuan)

市(州)	Region	城市维护建设税 Urban Maintenance and Construction Tax	房产税 Housing Property Tax	土地增值税 Increment Tax on Land Value	耕地占用税 Tax on the Occupancy of Cultivated Land	契 税 Tax On Contracts	其他各项税收收入 Other Revenue	非税收入 Non-tax Revenue
成都市	Chengdu	833887	368445	1015704	98409	1075289	375076	3746822
自贡市	Zigong	24369	8196	20534	45321	65583	14264	190867
攀枝花市	Panzhihua	32085	15193	5417	13615	13924	19922	232616
泸州市	Luzhou	59066	14543	65498	86303	103530	33017	651474
德阳市	Deyang	83207	21072	24156	23164	41858	30060	426764
绵阳市	Mianyang	52459	25325	53299	47081	80295	35004	437193
广元市	Guangyuan	17383	8465	22818	23772	33537	13443	177165
遂宁市	Suining	25779	6767	58006	26343	53773	13270	213738
内江市	Neijiang	23225	9440	40122	33427	49962	13572	217763
乐山市	Leshan	43714	15153	39580	48490	52550	24814	451696
南充市	Nanchong	34655	14047	59696	113019	86126	22553	454654
眉山市	Meishan	29727	10698	42748	80995	97311	18959	418136
宜宾市	Yibin	79799	16433	52828	92986	67846	24944	546307
广安市	Guangan	21414	4877	57959	70053	53398	13184	319114
达州市	Dazhou	32418	9975	48337	39723	90049	19757	382248
雅安市	Yaan	17141	4154	11156	17614	18416	8469	101803
巴中市	Bazhong	16032	5575	22457	26710	51783	10185	209726
资阳市	Ziyang	14556	6229	66288	47360	30347	8321	221927
阿坝藏族羌族自治州	Aba	8094	6328	1598	13958	2474	5147	91458
甘孜藏族自治州	Ganzi	7138	4191	2857	32815	5670	4840	88844
凉山彝族自治州	Liangshan	49041	16437	10891	70015	25825	81515	531267

8-6 各市(州)一般公共预算主要支出项目(2017年)
Major Items of General Public Budget Expenditure by Region(2017)

单位：万元 (10 000 yuan)

市(州)	Region	一般公共预算支出 General Public Budget Expenditure	一般公共服务 General Public Services	国防 National Denfense	公共安全 Public Safe	教育 Educa-tion	科学技术 Science Tech-nology	文化体育与传媒 Culture, Sports and Media
成都市	Chengdu	17566621	1806007	24747	1204623	2505824	532565	314080
自贡市	Zigong	2229037	231922	3482	138985	363630	19106	38368
攀枝花市	Panzhihua	1370352	143459	1072	91641	249453	13573	17939
泸州市	Luzhou	3689580	325763	2522	196718	693513	31324	47281
德阳市	Deyang	2401735	228562	3298	154836	362272	21105	30694
绵阳市	Mianyang	3650634	367024	3260	207089	610450	61324	41990
广元市	Guangyuan	2507023	185376	3062	107303	411449	9827	44638
遂宁市	Suining	2305561	207805	3403	108056	389278	9493	34692
内江市	Neijiang	2175120	206312	2232	116223	395664	16910	30314
乐山市	Leshan	2820171	282125	3443	157582	421791	19528	85741
南充市	Nanchong	4603999	385294	3876	200265	813787	14205	74677
眉山市	Meishan	2256815	267029	2309	136252	408084	11483	27456
宜宾市	Yibin	3705395	316139	9478	190478	728467	29251	47085
广安市	Guangan	2660796	211502	11756	127211	589689	6652	36409
达州市	Dazhou	3891551	274719	4762	136613	794989	16289	50748
雅安市	Yaan	1373913	150586	1639	64057	181412	15878	23066
巴中市	Bazhong	2813892	226420	1840	93240	803418	7110	37730
资阳市	Ziyang	1803147	183038	705	91749	339384	11894	14421
阿坝藏族羌族自治州	Aba	2416638	262265	2341	130934	288977	9436	46955
甘孜藏族自治州	Ganzi	3433265	402994	1699	163034	396178	8087	64985
凉山彝族自治州	Liangshan	4798725	446009	5085	245201	1179481	19794	68358

8-6 续表1 continued

单位：万元 (10 000 yuan)

市(州)	Region	社会保障和就业 Social Security and Employment	医疗卫生与计划生育 Health Care and Family Planning	节能环保 Energy Saving	城乡社区 Urban and Rural Community Affairs	农林水 Agriculture, Forestry and Water Affairs	交通运输 Transport	资源勘探信息等 Exploration and Information	商业服务业等 Commercial Services
成都市	Chengdu	1591951	132891	333479	3312625	1196266	433521	1767957	292353
自贡市	Zigong	268536	260218	25611	152673	251926	109227	60252	7435
攀枝花市	Panzhihua	150845	107398	46367	160608	126271	44581	33592	5697
泸州市	Luzhou	444616	463904	119635	276580	566670	132300	99016	20665
德阳市	Deyang	343130	302529	81067	369241	241653	34811	59822	14306
绵阳市	Mianyang	511914	418266	84901	432585	461383	150674	74051	22825
广元市	Guangyuan	296298	280501	84372	112402	499185	196346	23534	27299
遂宁市	Suining	288022	277558	136108	136187	327588	119812	37323	11555
内江市	Neijiang	400873	295483	35301	166323	249893	46035	19767	8087
乐山市	Leshan	366505	286467	99443	206117	399809	156294	44940	23259
南充市	Nanchong	651369	635519	74926	230569	778805	280845	46587	43588
眉山市	Meishan	282142	326084	63422	202439	261619	64291	40065	11167
宜宾市	Yibin	426906	462471	118546	249794	508326	157241	199183	33455
广安市	Guangan	376792	368743	43516	104809	400462	112621	34210	17577
达州市	Dazhou	498186	497988	68990	163588	686690	249939	39938	17715
雅安市	Yaan	141381	160211	66040	176335	138460	53043	34339	11147
巴中市	Bazhong	326616	312069	57564	237082	529323	151310	12200	13401
资阳市	Ziyang	263457	243860	19288	193706	256935	31048	13252	5601
阿坝藏族羌族自治州	Aba	246392	207199	80898	119010	510664	175306	27829	115410
甘孜藏族自治州	Ganzi	252140	270620	72515	109471	639906	785824	27838	29667
凉山彝族自治州	Liangshan	469133	531245	118552	127857	923194	336962	30738	27483

8-6 续表2 continued

单位：万元 (10 000 yuan)

市(州)	Region	金融 Financial Expenditure	援助其他地区 Other Aid Regional Expenditure	国土海洋气象等 Land, Maritime Meteorology Expenditure	住房保障 Housing Security Expenditure	粮油物资储备 Management of Grain & Oil Reserves Expenditure	债务付息 Principal and Interest of Debts Expenditure	其他 Other Expen-ditures
成都市	Chengdu	55696	42047	105692	472091	17814	143232	83377
自贡市	Zigong	5032	100	27742	230624	2921	26052	4721
攀枝花市	Panzhihua	897		26493	113072	1637	33052	2230
泸州市	Luzhou	7784	7848	36579	149276	9548	41645	15571
德阳市	Deyang	3259	463	20824	99255	8476	26355	-4500
绵阳市	Mianyang	8948		28116	87141	9865	45150	22997
广元市	Guangyuan	4450		45055	118882	9783	42772	3980
遂宁市	Suining	4214		23452	138279	9804	31022	11385
内江市	Neijiang	1429	100	17943	88562	8287	64644	4148
乐山市	Leshan	3088		27409	147106	6377	44610	37982
南充市	Nanchong	4679		49733	219589	14023	70905	9975
眉山市	Meishan	4678		20974	72447	7937	41310	5099
宜宾市	Yibin	4238		44716	157298	9552	43148	-30913
广安市	Guangan	1437		28553	135469	8654	36823	7294
达州市	Dazhou	2959		45892	232684	20079	71990	15898
雅安市	Yaan	1229		14583	42423	1323	15928	80577
巴中市	Bazhong	2660		48953	153195	15232	72460	11351
资阳市	Ziyang	424		10692	82658	4629	35811	304
阿坝藏族羌族自治州	Aba	1188		57119	92649	6105	7610	28215
甘孜藏族自治州	Ganzi	2241		34352	105858	2333	9154	54197
凉山彝族自治州	Liangshan	920		59237	150783	17850	27045	13216

8-7 居民消费价格指数(2017年)
General Consumer Price Index(2017)

(上年=100) (preceding year=100)

项目	Item	居民消费价格指数 General Consumer Price Index 全省 Province	城市 Urban Areas	农村 Rural Areas
居民消费价格指数	**General Consumer Price Index**	**101.4**	**101.7**	**100.8**
食品烟酒	Food, Tobacco and Liquor	98.6	99.1	97.8
粮食	Grain	101.0	100.6	101.4
鲜菜	Fresh Vegetables	93.5	93.7	93.1
畜肉	Livestock Meat	92.2	93.7	89.9
水产品	Aquatic Products	104.0	104.4	103.0
蛋	Eggs	97.8	99.3	95.3
鲜果	Fresh Fruits	104.0	105.9	100.8
衣着	Clothing	102.5	102.6	102.2
居住	Residence	102.4	102.4	102.4
生活用品及服务	Daily Necessities and Services	101.2	101.1	101.4
交通和通信	Means of Transportation and Communication	101.6	101.5	101.7
教育文化和娱乐	Education, Culture and Recreation	104.1	105.1	102.0
医疗保健	Health Care	104.2	104.4	103.8
其他用品和服务	Other Articles and Services	103.7	103.9	103.2

8-8 商品零售价格总指数(2017年)
General Retail Price Index(2017)

(上年=100) (preceding year=100)

项目	Item	商品零售价格总指数 Retail Price Index of Commodities 全省 Province	城市 Urban Areas	农村 Rural Areas
商品零售价格指数	**General Retail Price Index**	**100.5**	**100.4**	**100.8**
食品	Food	98.3	98.7	97.0
饮料、烟酒	Beverages, Tobacco and Liquor	101.4	101.4	101.5
服装、鞋帽	Garments, Shoes and Hats	101.6	101.4	102.4
纺织品	Textiles	100.6	100.4	101.0
家用电器及音像器材	Household Electrical Appliances and Audio-Visual Equipment	100.1	100.1	100.1
文化办公用品	Cultural and Office Goods	94.7	94.5	95.2
日用品	Articles for Daily Use	99.7	99.4	100.9
体育娱乐用品	Sports and Entertainment Goods	100.3	100.3	100.5
交通、通信用品	Transportation and Telecommunication Goods	99.0	98.8	100.1
家具	Furniture	103.0	102.9	103.6
化妆品	Cosmetics	101.2	101.2	100.8
金银珠宝	Precious Metal and Jewellery	102.3	102.1	104.1
中西药品及医疗保健用品	Traditional Chinese and Western Medicines, Health Care Articles	102.6	101.8	106.0
书报杂志及电子出版物	Newspapers and Magazines, Electronic Journal	101.4	101.3	101.7
燃料	Fuels	108.1	107.9	109.4
建筑材料及五金电料	Building Materials, Hardware, Electric Materials and Appliances	102.0	101.3	104.1
农业生产资料价格指数	**Agricultural Means of Production**	**99.8**		

8-9 各市(州)城市居民消费价格指数(2017年)
General Consumer Price Index by Region(2017)

(上年=100) (preceding year=100)

市(州)	Region	居民消费价格指数 Consumer Price Index	食品烟酒 Food, Tobacco and Liquor	#粮食 Grain	#鲜菜 Fresh Vegetables	#畜肉 Livestock Meat	#水产品 Aquatic Products	#蛋 Eggs	#鲜果 Fresh Fruits
成都市	Chengdu	102.0	99.4	100.1	93.8	95.2	102.2	97.2	108.0
自贡市	Zigong	101.3	98.6	100.7	93.8	92.7	105.9	96.0	100.1
攀枝花市	Panzhihua	101.2	100.1	100.2	98.7	94.6	104.7	96.7	108.1
泸州市	Luzhou	101.8	98.4	101.1	95.2	92.0	112.2	99.2	98.6
德阳市	Deyang	101.0	98.9	102.5	93.5	93.3	104.6	106.9	104.5
绵阳市	Mianyang	102.0	99.1	100.8	96.1	92.3	106.8	101.4	106.6
广元市	Guangyuan	101.6	100.8	104.2	89.3	96.0	103.4	104.0	102.4
遂宁市	Suining	101.8	98.8	100.7	90.6	91.5	106.6	100.3	97.5
内江市	Neijiang	101.7	98.4	100.4	93.5	89.5	103.2	97.4	104.5
乐山市	Leshan	101.7	98.6	101.6	94.5	89.0	102.5	96.5	104.8
南充市	Nanchong	101.8	99.5	102.5	90.7	93.6	107.0	99.9	116.2
眉山市	Meishan	101.6	99.2	100.3	94.6	93.5	102.2	99.1	103.4
宜宾市	Yibin	101.3	98.8	98.3	94.1	93.1	106.4	108.6	103.2
广安市	Guangan	101.4	100.1	100.0	93.6	94.9	105.7	100.4	104.0
达州市	Dazhou	101.4	98.8	99.6	93.2	94.2	105.7	95.5	106.6
雅安市	Yaan	101.5	99.0	100.7	95.6	93.1	99.9	100.8	104.0
巴中市	Bazhong	100.5	98.2	98.8	93.3	91.7	105.2	109.2	95.7
资阳市	Ziyang	101.8	98.3	100.3	91.9	89.5	103.7	95.4	104.4
阿坝藏族羌族自治州	Aba	101.2	100.0	101.4	94.3	100.1	104.2	94.4	102.7
甘孜藏族自治州	Ganzi	102.2	100.0	105.0	97.6	93.4	98.2	98.1	99.1
凉山彝族自治州	Liangshan	101.8	103.2	103.4	122.8	98.5	102.0	101.1	114.8

8-9 续表 continued

(上年=100) (preceding year=100)

市(州)	Region	衣着 Clothing	居住 Residence	生活用品及服务 Daily Necessities and Services	交通和通信 Means of Transportation and Communication	教育文化和娱乐 Education, Culture and Recreation	医疗保健 Health Care	其他用品和服务 Other Articles and Services
成都市	Chengdu	100.8	102.6	100.3	101.7	105.8	106.4	105.5
自贡市	Zigong	101.5	100.5	101.0	102.5	107.5	103.2	102.5
攀枝花市	Panzhihua	101.8	99.9	100.9	101.8	104.0	102.2	101.8
泸州市	Luzhou	105.2	102.8	101.3	100.7	105.5	107.2	101.0
德阳市	Deyang	100.1	99.8	98.0	100.6	108.2	106.8	101.0
绵阳市	Mianyang	100.0	104.9	103.9	101.7	104.7	103.7	103.6
广元市	Guangyuan	99.2	101.9	102.3	101.4	104.1	102.5	103.6
遂宁市	Suining	100.1	105.4	100.6	102.1	101.6	109.7	100.7
内江市	Neijiang	106.5	101.7	101.9	102.5	105.2	104.1	100.8
乐山市	Leshan	101.8	100.4	103.3	102.1	109.2	103.3	101.6
南充市	Nanchong	101.9	101.2	102.5	102.4	102.6	107.1	108.6
眉山市	Meishan	101.3	104.2	101.2	100.4	105.7	101.0	104.2
宜宾市	Yibin	103.6	101.5	101.7	101.2	104.4	103.3	102.8
广安市	Guangan	101.3	100.8	101.1	102.7	104.0	103.8	100.5
达州市	Dazhou	104.7	101.5	101.7	100.5	104.2	104.0	101.7
雅安市	Yaan	102.0	101.8	99.9	101.6	106.0	103.7	103.1
巴中市	Bazhong	101.8	101.6	100.7	100.3	102.3	101.4	104.2
资阳市	Ziyang	104.1	101.5	101.9	102.0	102.8	110.6	105.1
阿坝藏族羌族自治州	Aba	100.4	105.2	100.3	100.7	100.3	104.4	100.1
甘孜藏族自治州	Ganzi	101.3	106.3	103.0	100.9	102.2	103.2	103.4
凉山彝族自治州	Liangshan	100.8	102.2	99.1	101.2	100.1	101.9	101.3

8-10 各市(州)城市商品零售价格指数(2017年)
General Retail Price Index by Region(2017)

(上年=100) (preceding year=100)

市(州)	Region	商品零售价格指数 General Retail Price Index	食品 Food	饮料、烟酒 Beverages, Tobacco and Liquor	服装、鞋帽 Garments, Shoes and Hats	纺织品 Textiles	家用电器及音像器材 Household Electrical Appliances and Audio-Visual Equipment	文化办公用品 Cultural and Office Goods	日用品 Articles for Daily Use
成都市	Chengdu	99.4	98.9	100.8	100.6	100.2	98.7	92.5	98.3
自贡市	Zigong	100.9	98.3	101.3	101.4	98.9	98.1	100.2	99.1
攀枝花市	Panzhihua	101.5	99.3	101.3	101.8	100.5	100.4	100.2	100.6
泸州市	Luzhou	100.1	97.4	102.7	104.8	100.0	102.5	103.2	98.3
德阳市	Deyang	100.0	98.4	102.5	100.1	90.9	102.3	99.5	96.7
绵阳市	Mianyang	101.0	98.7	102.2	99.9	102.9	100.6	93.2	103.9
广元市	Guangyuan	101.4	100.0	102.5	99.1	100.6	99.6	100.8	100.8
遂宁市	Suining	101.0	97.6	102.3	100.1	100.0	100.9	101.7	101.9
内江市	Neijiang	102.1	97.4	103.9	106.6	101.4	103.4	91.9	101.1
乐山市	Leshan	101.9	97.8	102.8	101.6	103.2	106.4	102.0	100.3
南充市	Nanchong	101.9	98.8	101.9	101.9	102.0	103.2	95.4	100.9
眉山市	Meishan	100.9	98.9	100.7	101.3	100.0	100.2	100.8	100.8
宜宾市	Yibin	101.3	98.3	102.4	103.8	94.1	103.0	99.2	101.7
广安市	Guangan	101.6	99.4	106.0	100.9	102.6	100.3	99.2	102.8
达州市	Dazhou	101.3	98.2	101.3	104.5	102.5	102.8	99.8	100.2
雅安市	Yaan	100.6	98.3	102.0	101.7	98.9	98.1	90.8	100.2
巴中市	Bazhong	100.1	97.0	103.4	101.8	100.4	100.5	92.1	101.0
资阳市	Ziyang	101.2	96.6	103.0	105.4	101.6	99.5	94.1	100.9
阿坝藏族羌族自治州	Aba	100.4	99.5	101.8	100.2	100.0	99.9	97.4	100.1
甘孜藏族自治州	Ganzi	100.6	99.4	100.9	100.9	100.6	100.1	93.1	102.5
凉山彝族自治州	Liangshan	101.9	104.2	100.3	100.7	96.7	98.3	92.2	100.2

8-10 续表 continued

(上年=100) (preceding year=100)

市(州)	Region	交通、通信用品 Transportation and Telecommunication Goods	家具 Furniture	化妆品 Cosmetics	金银珠宝 Precious Metal and Jewellery	中西药品及医疗保健用品 Traditional Chinese and Western Medicines,Health Care Articles	书报杂志及电子出版物 Newspapers and Magazines, Electronic Journal	燃料 Fuels	建筑材料及五金电料 Building Materials, Hardware, Electric Materials and Appliances
成都市	Chengdu	100.1	97.0	101.8	101.1	100.8	101.2	99.6	105.5
自贡市	Zigong	99.5	101.4	103.8	102.0	110.4	101.0	109.6	109.5
攀枝花市	Panzhihua	100.2	100.5	101.0	101.8	103.8	104.7	102.7	110.4
泸州市	Luzhou	100.0	96.5	108.6	100.0	102.7	92.9	99.8	109.1
德阳市	Deyang	108.3	97.1	100.0	97.1	102.1	105.3	100.0	106.6
绵阳市	Mianyang	103.7	99.6	105.9	106.6	101.8	98.6	103.8	106.1
广元市	Guangyuan	100.0	97.3	107.2	99.2	102.1	106.6	103.7	109.9
遂宁市	Suining	100.2	101.5	100.6	100.0	102.8	107.0	106.6	108.3
内江市	Neijiang	98.8	102.9	106.8	101.7	101.0	106.4	101.8	108.4
乐山市	Leshan	100.2	102.3	102.4	100.4	103.5	106.8	105.4	107.3
南充市	Nanchong	101.7	99.8	104.8	102.7	97.2	117.2	100.2	107.4
眉山市	Meishan	99.6	97.3	100.4	100.8	105.1	101.6	102.9	108.3
宜宾市	Yibin	99.0	100.4	104.9	100.7	105.4	104.8	102.5	105.9
广安市	Guangan	100.2	100.7	101.8	98.6	101.6	105.0	102.4	107.5
达州市	Dazhou	100.3	100.7	104.3	99.4	106.0	101.7	101.4	106.6
雅安市	Yaan	100.5	100.8	101.6	99.9	105.0	106.2	106.8	107.2
巴中市	Bazhong	100.0	98.3	102.0	100.0	107.0	98.3	117.9	108.0
资阳市	Ziyang	103.4	100.5	103.1	102.7	110.1	108.6	100.9	104.2
阿坝藏族羌族自治州	Aba	100.3	96.9	100.5	100.3	92.2	104.5	99.2	109.0
甘孜藏族自治州	Ganzi	101.7	98.4	109.3	101.8	100.9	97.0	99.2	106.3
凉山彝族自治州	Liangshan	100.0	100.4	100.0	99.3	103.8	103.6	100.0	110.4

8-11 农村居民消费价格指数(2017年)
Consumer Price Index in Rural Areas(2017)

(上年=100) (preceding year=100)

项　　目	Item	温江区 Wenjiang	叙永县 Xuyong	梓潼县 Zitong	剑阁县 Jiange	威远县 Weiyuan	峨眉山市 Emeishan
居民消费价格指数	**Consumer Price Index**	**101.6**	**100.1**	**100.2**	**100.4**	**100.7**	**101.4**
食品烟酒	Food, Tobacco and Liquor	97.9	97.1	98.2	98.9	98.3	99.3
粮食	Grain	101.1	101.9	99.8	100.4	99.4	100.9
鲜菜	Fresh Vegetables	93.5	92.0	89.5	94.1	90.0	92.3
畜肉	Livestock Meat	91.9	88.0	88.8	93.6	92.9	91.4
水产品	Aquatic Products	100.8	102.0	107.3	104.4	107.1	101.7
蛋	Eggs	91.5	95.9	102.4	97.3	95.1	96.8
鲜果	Fresh Fruits	91.6	105.2	99.9	100.1	118.7	100.3
衣着	Clothing	100.7	103.5	103.1	102.2	102.2	104.5
居住	Residence	103.7	100.4	100.6	99.3	102.2	101.4
生活用品及服务	Daily Necessities and Services	99.4	101.3	101.4	100.7	103.9	101.0
交通和通信	Means of Transportation and Communication	100.4	102.1	101.4	101.7	100.9	102.4
教育文化和娱乐	Education, Culture and Recreation	107.6	102.3	101.6	103.2	101.9	102.7
医疗保健	Health Care	105.1	101.4	100.3	101.6	101.3	102.5
其他用品和服务	Other Articles and Services	104.5	102.5	100.4	102.6	101.5	103.2

8-11 续表 continued

(上年=100) (preceding year=100)

项　　目	Item	南部县 Nanbu	仁寿县 Renshou	渠县 Quxian	汉源县 Hanyuan	平昌县 Pingchang	简阳市 Jianyang
居民消费价格指数	**Consumer Price Index**	**100.6**	**100.5**	**100.5**	**101.2**	**99.6**	**102.6**
食品烟酒	Food, Tobacco and Liquor	98.5	97.5	96.6	97.2	97.5	99.0
粮食	Grain	101.7	102.4	102.7	102.0	100.0	101.6
鲜菜	Fresh Vegetables	93.9	92.6	88.0	95.1	96.9	97.1
畜肉	Livestock Meat	93.3	88.0	85.7	88.7	90.6	93.6
水产品	Aquatic Products	105.6	102.8	99.7	103.7	104.0	103.3
蛋	Eggs	97.5	97.3	98.1	101.0	82.1	99.6
鲜果	Fresh Fruits	99.3	98.4	101.5	98.1	102.8	98.2
衣着	Clothing	98.6	102.5	106.2	98.0	102.8	100.9
居住	Residence	101.1	101.2	103.4	102.2	99.8	108.4
生活用品及服务	Daily Necessities and Services	100.5	103.0	102.1	100.5	100.0	100.8
交通和通信	Means of Transportation and Communication	101.1	101.1	101.9	103.5	101.0	103.4
教育文化和娱乐	Education, Culture and Recreation	101.2	98.4	100.1	103.8	101.0	103.6
医疗保健	Health Care	106.8	108.3	99.9	110.5	100.0	103.6
其他用品和服务	Other Articles and Services	104.4	103.6	104.1	100.6	103.0	102.2

8-12 工业生产者出厂价格指数
Producer Price Index for Industrial Products

(上年=100) (preceding year=100)

类 别	Item	2005	2010	2013	2014	2015	2016	2017
全部工业品	**Total Industrial Products**	**104.0**	**105.0**	**98.7**	**98.7**	**96.4**	**98.9**	**106.5**
按轻重工业分	**Grouped by Light & Heavy Industry**							
轻工业	Light Industry	101.3	103.3	100.2	99.9	98.7	99.2	102.3
重工业	Heavy Industry	106.2	106.3	98.0	98.2	95.5	98.8	108.3
按类别分	**Grouped by Sector**							
生产资料	Means of Production	105.5	105.7	98.2	98.1	95.3	98.7	108.7
采掘	Mining and Quarrying	114.5	112.6	97.5	96.9	90.3	95.0	116.5
原料	Raw Materials	105.9	109.0	98.3	97.8	96.4	99.1	110.2
加工	Manufacturing	104.0	103.0	98.3	98.4	95.7	99.0	107.4
生活资料	Consumer Goods	100.1	102.8	99.9	100.6	99.8	99.5	100.8
食品	Food	102.2	104.4	101.1	100.4	100.2	100.2	100.9
衣着	Clothing	101.5	101.2	104.6	109.3	103.5	104.7	101.0
一般日用品	Articles for Daily Use	102.0	102.9	99.2	99.8	98.0	98.5	101.5
耐用消费品	Durable Consumer Goods	90.1	94.2	92.2	97.3	98.1	96.6	99.6
按部门分	**Grouped by Industrial Division**							
冶金工业	Metallurgical Industry	105.7	110.6	94.1	95.1	89.3	99.9	123.0
电力工业	Power Industry	104.0	103.1	100.5	99.1	99.9	99.9	98.4
煤炭工业	Coal Industry	122.2	112.1	94.3	93.1	87.9	98.1	133.0
石油工业	Petroleum Industry	104.6	111.0	103.0	102.7	97.4	91.9	105.2
化学工业	Chemical Industry	107.5	105.5	97.6	98.0	97.5	99.1	105.8
机械工业	Machine Building Industry	99.9	100.0	98.5	99.6	99.1	98.5	102.6
建筑材料工业	Building Materials Industry	104.7	99.0	99.5	99.6	92.8	98.9	106.1
森林工业	Timber Industry	100.9	104.7	101.3	102.1	101.0	99.6	100.1
食品工业	Food Industry	102.4	104.4	101.3	100.2	99.8	99.7	100.6
纺织工业	Textile Industry	102.9	115.8	101.9	97.3	93.5	97.8	105.7
缝纫工业	Tailoring Industry	97.1	101.0	101.7	103.8	104.9	101.8	102.7
皮革工业	Leather Industry	105.6	100.7	106.6	111.8	102.8	106.8	100.4
造纸工业	Paper Industry	100.6	102.1	97.9	99.4	98.8	100.2	117.5
文教艺术用品工业	Culture, Education and Art Supply Industry	99.9	102.1	100.0	99.3	95.0	96.9	106.8

8-13 按行业分工业生产者出厂价格指数
Producer Price Index for Industrial Products by Industrial Branch

(上年=100) (preceding year=100)

类别	Item	2005	2010	2013	2014	2015	2016	2017
煤炭开采和洗选业	Coal Mining and Dressing	129.4	112.1	94.9	93.2	88.6	98.1	132.2
石油和天然气开采业	Petroleum and Natural Gas Extraction	103.4	110.5	103.4	102.7	96.0	77.6	99.9
黑色金属矿采选业	Ferrous Metals Mining and Dressing	123.0	120.4	94.1	97.9	80.8	94.5	106.4
有色金属矿采选业	Nonferrous Metals Mining and Dressing	118.3	132.8	89.7	91.5	91.1	100.8	131.9
非金属矿采选业	Nonmetal Minerals Mining and Dressing	110.7	104.1	102.8	99.6	97.9	100.1	102.6
食品制造业	Manufacture of Foods	102.8	103.7	102.6	103.8	101.1	99.7	101.7
饮料制造业	Manufacture of Beverage	103.1	105.5	98.7	99.0	98.4	97.7	100.0
烟草制品业	Manufacture of Tobacco	101.4	99.7	100.4	100.1	100.2	100.3	100.0
纺织业	Manufacture of Textile	102.9	115.6	102.0	97.3	93.7	97.8	105.7
皮革、羽毛(绒)及其制品业	Leather, Furs, Down and Related Products	104.5	101.8	107.4	109.9	98.2	105.5	101.2
木材加工及木、竹制品业	Timber Processing, Bamboo, Cane, Palm Fiber and Straw Products	100.9	105.4	100.8	99.6	100.0	100.4	99.8
家具制造业	Manufacture of Furniture	101.0	102.3	101.7	103.8	101.5	99.3	100.8
造纸及纸制品业	Manufacture of Paper and Paper Products	100.6	102.1	97.9	99.4	98.8	100.2	117.5
文教体育用品制造业	Cultural, Educational and Sports Goods	99.4	107.3	100.3	100.0	100.0	98.9	101.0
石油加工、炼焦及核燃料加工业	Processing of Petroleum, Coking and Processing of Nuclear Fuel	108.0	113.0	96.5	96.2	89.8	100.8	113.6
化学原料及化学制品制造业	Manufacture of Raw Chemical Materials and Chemical Products	110.5	105.1	96.1	96.8	97.0	98.5	110.8
医药制造业	Manufacture of Medicines	101.8	106.1	99.7	99.9	99.7	102.2	104.2
化学纤维制造业	Manufacture of Chemical Fibres	100.7	123.7	90.8	93.4	94.6	95.8	108.2
橡胶制品业	Rubber Products	105.2	101.8	98.6	98.4	99.4	97.4	110.8
塑料制品业	Plastic Products	107.5	100.4	99.5	100.3	96.5	97.4	101.3
非金属矿物制品业	Manufacture of Non-metallic Mineral Products	104.6	98.7	99.0	99.4	93.3	98.7	107.0
黑色金属冶炼及压延加工业	Smelting and Pressing of Ferrous Metals	105.0	106.8	93.6	93.7	86.1	101.7	130.6
有色金属冶炼及压延加工业	Smelting and Pressing of Nonferrous Metals	107.3	118.7	93.0	94.2	92.3	98.9	112.7
金属制品业	Manufacture of Metal Products	104.2	104.3	99.1	99.8	98.8	96.9	107.0
通用设备制造业	Manufacture of General Purpose Machinery	104.5	99.7	99.8	101.7	100.0	99.9	101.6
专用设备制造业	Manufacture of Special Purpose Machinery	102.3	101.2	101.7	98.7	98.9	98.8	101.8
交通运输设备制造业	Transport Equipment Manufacturing	100.1	100.8	99.8	100.6	99.9	98.4	102.1
电气机械及器材制造业	Manufacture of Electrical Machinery and Apparatus	104.6	105.3	98.2	98.4	98.4	100.2	101.3
通信设备及其他电子设备制造业	Electronic and Telecommunications Equipment	91.2	95.6	92.4	96.8	97.7	97.4	104.5
仪器仪表及文化、办公用机械制造业	Instruments, Meters, Cultural and Office Machinery	96.8	97.4	102.5	106.0	100.4	107.6	109.8
工艺品及其他制造业	Other Manufacturing	105.7	106.9	98.2	97.3	96.8	101.7	102.9
电力、热力的生产和供应业	Production and Supply of Electric and Heat Power	104.0	103.0	100.6	99.1	99.9	99.3	98.2
燃气生产和供应业	Production and Supply of Gas	102.0	108.9	104.8	106.7	106.5	86.5	102.6
水的生产和供应业	Production and Supply of Water	102.0	102.7	103.7	103.0	104.0	100.0	101.5

主要统计指标解释

一般公共预算收入 指国家财政参与社会产品分配所取得的收入，是实现国家职能的财力保证。主要包括：

(1)各项税收：包括国内增值税、国内消费税、进口货物增值税和消费税、出口货物退增值税和消费税、营业税、企业所得税、个人所得税、资源税、城市维护建设税、房产税、印花税、城镇土地使用税、土地增值税、车船税、船舶吨税、车辆购置税、关税、耕地占用税、契税、烟叶税等。

(2)非税收入：包括专项收入、行政事业性收费、罚没收入和其他收入。

财政收入按现行分税制财政体制划分为中央本级收入和地方本级收入。

一般公共预算支出 指国家财政将筹集起来的资金进行分配使用，以满足经济建设和各项事业的需要。主要包括：一般公共服务、外交、国防、公共安全、教育、科学技术、文化体育与传媒、社会保障和就业、医疗卫生与计划生育、节能环保、城乡社区、农林水、交通运输、资源勘探信息等、商业服务等、金融、援助其他地区、国土海洋气象等、住房保障、粮油物资储备、政府债务付息等方面的支出。

财政支出根据政府在经济和社会活动中的不同职权，划分为中央财政支出和地方财政支出。

中央一般公共预算收入和地方一般公共预算收入 属于中央一般公共预算的收入包括关税，进口货物增值税和消费税，出口货物退增值税和消费税，消费税，铁道部门、各银行总行、各保险公司总公司等集中缴纳的营业税和城市维护建设税，增值税1月1日—4月30日75%部分，5月1日—12月31日50%部分，纳入共享范围的企业所得税60%部分，未纳入共享范围的中央企业所得税、中央企业上交的利润，个人所得税60%部分，车辆购置税，船舶吨税，证券交易印花税，海洋石油资源税，中央非税收入等。属于地方一般公共预算的收入包括营业税（不含铁道部门、各银行总行、各保险公司总公司集中缴纳的营业税），地方企业上交利润，城市维护建设税（不含铁道部门、各银行总行、各保险公司总公司集中缴纳的部分），房产税，城镇土地使用税，土地增值税，车船税，耕地占用税，契税，烟叶税，印花税（不含证券交易印花税），增值税1月1日—4月30日25%部分，5月1日—12月31日50%部分，纳入共享范围的企业所得税40%部分，个人所得税40%部分，海洋石油资源税以外的其他资源税，地方非税收入等。

中央一般公共预算支出和地方一般公共预算支出 指根据政府在经济和社会活动中的不同职责，划分中央和地方政府的责权，按照政府的责权划分确定的支出。中央一般公共预算支出包括一般公共服务，外交支出，国防支出，公共安全支出，以及中央政府调整国民经济结构、协调地区发展、实施宏观调控的支出等。地方一般公共预算支出包括一般公共服务，公共安全支出，地方统筹的各项社会事业支出等。

商品零售价格指数 是反映一定时期内城乡商品零售价格变动趋势和程度的相对数。商品零售价格的变动与国家的财政收入、市场供需的平衡、消费与积累的比例关系有关。因此，该指数可以从一个侧面对上述经济活动进行观察和分析。

农业生产资料价格指数 指反映一定时期内农业生产资料价格变动趋势和程度的相对数。其编制目的是了解农业生产中投入物质资料价格的变动状况，服务于国民经济核算。1994年以前，农业生产资料价格指数仅仅是商品零售价格指数的一个类别，此后，从商品零售价格指数中分离出来，单独编制。

居民消费价格指数 是反映一定时期内城乡居民所购买的生活消费品和服务项目价格变动趋势和程度的相对数，是对城市居民消费价格指数和农村居民消费价格指数进行综合汇总计算的结果。通过该指数可以观察和分析消费品的零售价格和服务项目价格变动对城乡居民实际生活费支出的影响程度。

城市居民消费价格指数 是反映一定时期内城市居民家庭所购买的生活消费品价格和服务项目价格变动趋势和程度的相对数。通过该指数可以观察和分析消费品的零售价格和服务项目价格变动对城镇居民收入和消费支出的影响。

农村居民消费价格指数 是反映一定时期内农村居民家庭所购买的生活消费品价格和服务项目价格变动趋势和程度的相对数。通过该指数可以观察农村消费品的零售价格和服务项目价格变动对农村居民收入和生活消费支出的影响。

工业生产者出厂价格指数 是反映一定时期内全部工业产品出厂价格总水平的变动趋势和程度的相对数，包括工业企业售给本企业以外所有单位的各种产品和直接售给居民用于生活消费的产品。该指数可以能观察出厂价格变动对工业总产值及增加值的影响。

Explanatory Notes on Main Statistical Indicators

General Public Budget Revenue refers to income for the government finance through participating in the distribution of social products. It is the financial guarantee to ensure government functioning. The contents of government revenue include the following main items:

(1) Various tax revenues, including domestic value added tax (VAT), domestic consumption tax, VAT and consumption tax from imports, VAT and consumption tax rebate for exports, business tax, corporate income tax, individual income tax, resource tax, city maintenance and construct tax, house property tax, stamp tax, urban land use tax, land appreciation tax, tax on vehicles and boat operation, ship tonnage tax, vehicle purchase tax, tariffs, farm land occupation tax, deed tax, and tobacco leaf tax, etc.

(2) Non-tax revenue, including special program receipts, charge of administrative and institutional units, penalty receipts and others non-tax receipts.

Government Revenue at the current decentralized taxation system is divided into the central level revenue and local level revenue.

General Public Budget Expenditure refers to the distribution and use of the funds which the government finance has raised, so as to meet the needs of economic construction and various undertakings. It includes the following main items: expenditure for general public services, expenditure for foreign affairs, expenditure for national defence expenditure for public security, expenditure for education, expenditure for science and technology; expenditure for culture, sport and media, expenditure for social safety net and employment effort, expenditure for medical and health care and family planning, expenditure for energy conservation and environment protection, expenditure for urban and rural community affairs, expenditure for agriculture, forestry and water conservancy, expenditure for transportation, expenditure for resource exploration and information, expenditure for commerce and services, expenditure for finance supervision, aid to other regions, expenditure for land ocean and weather, expenditure for affairs of housing security, expenditure for grain & oil reserves, interest payment for public debts. Government expenditure is divided into central government expenditure and local government expenditure according to the different functions of the governments played in economic and social activities,

General Public Budget Revenue of the Central Government and the Local Governments The general public budget revenue of the Central Government includes tariff, VAT and consumption tax from imports, VAT and consumption tax rebate for exports, consumption tax, business tax and city maintenance and construct tax from the Ministry of Railways, head offices of banks, head offices of insurance company, which are handed over to the government in a centralized way, 75% of the value added tax from 1, Jan. to 30, July, 50% the share part of the corporate income tax from 1, May to 31, Dec., unshared part of corporate income tax of the central enterprises, profit handed in by the central enterprises, 60% of individual income tax, vehicle purchase tax, ship tonnage tax, stamp tax on securities transactions, resource tax on the offshore petroleum resources. The general public budget revenue of the local governments includes business tax (excluding the part of the Ministry of Railways, head offices of banks, head offices of insurance company, which are handed over to the government in a centralized way), profit handed in by the local enterprises, city maintenance and construct tax (excluding the part of the Ministry of Railways, head offices of banks, head offices of insurance company, which are handed over to the government in a centralized way), house property tax, urban land use tax, land appreciation tax, tax on vehicles and boat operation, farm land occupation tax, deed tax, and tobacco leaf tax, stamp tax (not including stamp tax on security exchange), the value added tax (25% from from 1, Jan. to 30, July, 50% from 1, May to 31), 40% the share part of the corporate income tax, 40% of individual income tax, resource tax other than the tax on offshore petroleum resources, local non-tax revenue, etc.

General Public Budget Expenditure of the Central Government and the Local Governments According to the different functions of the Central Government and local governments in economic and social activities, the rights of affairs administration are demarcated between those of the Central Government and those of local governments; and the classification of the expenditure between the Central Government and local governments are made on the basis of the classification of the rights of affairs administration between them. General Public Budget Expenditure of the Central Government includes the expenditure for general public services, expenditure for foreign affairs, expenditure for public security, and the expenditure of the Central Government for adjusting the national economic structure; coordinating the development among different regions; and exercising macroeconomic regulation. General Public Budget Expenditure of the Local Governments includes mainly the expenditure for general public services, expenditure for public security, and expenditures for social development which are planed by local governments, etc.

Retail Price Indices reflects the trend and degree of change in retail prices of commodities during a given period. The change in retail prices of commodities is related to government revenue, the equilibrium of market supply and demand, and the ratio of consumption to accumulation. Therefore, the retail price indices are useful from an oblique perspective for observing and analyzing the changes of the above economic activities.

Price Indices for Means of Agricultural Production reflects the trend and degree of changes in the prices of the means of agricultural production during a given period. Compilation of these indices helps to understand the changes in prices of input into agricultural production

General Public Budget Revenue refers to income for the government finance through participating in the distribution of social products. It is the financial guarantee to ensure government functioning. The contents of government revenue include the following main items:

(1) Various tax revenues, including domestic value added tax (VAT), domestic consumption tax, VAT and consumption tax from imports, VAT and consumption tax rebate for exports, business tax, corporate income tax, individual income tax, resource tax, city maintenance and construct tax, house property tax, stamp tax, urban land use tax, land appreciation tax, tax on vehicles and boat operation, ship tonnage tax, vehicle purchase tax, tariffs, farm land occupation tax, deed tax, and tobacco leaf tax, etc.

(2) Non-tax revenue, including special program receipts, charge of administrative and institutional units, penalty receipts and others non-tax receipts.

Government Revenue at the current decentralized taxation system is divided into the central level revenue and local level revenue.

General Public Budget Expenditure refers to the distribution and use of the funds which the government finance has raised, so as to meet the needs of economic construction and various undertakings. It includes the following main items: expenditure for general public services, expenditure for foreign affairs, expenditure for national defence expenditure for public security, expenditure for education, expenditure for science and technology, expenditure for culture, sport and media, expenditure for social safety net and employment effort, expenditure for medical and health care and family planning, expenditure for energy conservation and environment protection, expenditure for urban and rural community affairs, expenditure for agriculture, forestry and water conservancy, expenditure for transportation, expenditure for resource exploration and information, expenditure for commerce and services, expenditure for finance supervision, aid to other regions, expenditure for land ocean and weather, expenditure for affairs of housing security, expenditure for grain & oil reserves, interest payment for public debts. Government expenditure is divided into central government expenditure and local government expenditure according to the different functions of the governments played in economic and social activities,

General Public Budget Revenue of the Central Government and the Local Governments The general public budget revenue of the Central Government includes tariff, VAT and consumption tax from imports, VAT and consumption tax rebate for exports, consumption tax, business tax and city maintenance and construct tax from the Ministry of Railways, head offices of banks, head offices of insurance company, which are handed over to the government in a centralized way, 75% of the value added tax from 1, Jan. to 30, July, 50% the share part of the corporate income tax from 1, May to 31, Dec., unshared part of corporate income tax of the central enterprises, profit handed in by the central enterprises, 60% of individual income tax, vehicle purchase tax, ship tonnage tax, stamp tax on securities transactions, resource tax on the offshore petroleum resources. The general public budget revenue of the local governments includes business tax (excluding the part of the Ministry of Railways, head offices of banks, head offices of insurance company, which are handed over to the government in a centralized way), profit handed in by the local enterprises, city maintenance and construct tax (excluding the part of the Ministry of Railways, head offices of banks, head offices of insurance company, which are handed over to the government in a centralized way), house property tax, urban land use tax, land appreciation tax, tax on vehicles and boat operation, farm land occupation tax, deed tax, and tobacco leaf tax, stamp tax (not including stamp tax on security exchange), the value added tax (25% from from 1, Jan. to 30, July, 50% from 1, May to 31), 40% the share part of the corporate income tax, 40% of individual income tax, resource tax other than the tax on offshore petroleum resources, local non-tax revenue, etc.

General Public Budget Expenditure of the Central Government and the Local Governments According to the different functions of the Central Government and local governments in economic and social activities, the rights of affairs administration are demarcated between those of the Central Government and those of local governments; and the classification of the expenditure between the Central Government and local governments are made on the basis of the classification of the rights of affairs administration between them. General Public Budget Expenditure of the Central Government includes the expenditure for general public services, expenditure for foreign affairs, expenditure for public security, and the expenditure of the Central Government for adjusting the national economic structure; coordinating the development among different regions; and exercising macroeconomic regulation. General Public Budget Expenditure of the Local Governments includes mainly the expenditure for general public services, expenditure for public security, and expenditures for social development which are planed by local governments, etc.

09

PEOPLE`S LIVELIHOOD AND SOCIAL WELFARE

人民生活和社会保障

9-1 全体居民人均收支情况
Per Capita Income and Consumption Expenditure of all Residents

单位：元 (yuan)

项　目	Item	2014	2015	2016	2017
全体居民人均收入	**Per Capita Income**				
可支配收入	Disposable Income	15749	17221	18808	20580
工资性收入	Income of Wages and Salaries	7932	8610	9278	10014
经营净收入	Net Business Income	3459	3698	3993	4264
财产净收入	Net Income from Property	919	1074	1199	1363
转移净收入	Net Income from Transfer	3439	3839	4338	4940
现金可支配收入	Cash Disposable Income	14425	15859	17510	19208
工资性收入	Income of Wages and Salaries	7885	8562	9229	9954
经营净收入	Net Business Income	2881	3156	3568	3874
财产净收入	Net Income from Property	432	547	663	746
转移净收入	Net Income from Transfer	3227	3594	4050	4633
全体居民人均支出	**Per Capita Expenditure**				
消费支出	Consumption Expenditure	12368	13632	14839	16180
食品烟酒	Food,Tobacco and Liquor	4548	5002	5321	5632
衣着	Clothing	974	1071	1141	1153
居住	Residence	2217	2401	2735	2947
生活用品及服务	Household Facilities, Articles and Services	880	918	967	1063
交通通信	Transport and Communications	1437	1629	1850	2200
教育文化娱乐	Education, Cultural and Recreation	1061	1208	1285	1468
医疗保健	Health Care and Medical Services	964	1071	1173	1320
其他商品及服务	Miscellaneous Goods and Services	287	332	367	397
现金消费支出	Cash Consumption Expenditure	10112	11123	12136	13346
食品烟酒	Food,Tobacco and Liquor	3891	4277	4572	4910
衣着	Clothing	974	1071	1140	1150
居住	Residence	824	857	1046	1118
生活用品及服务	Household Facilities, Articles and Services	869	898	958	1051
交通通信	Transport and Communications	1434	1627	1850	2199
教育文化娱乐	Education, Cultural and Recreation	1060	1207	1284	1467
医疗保健	Health Care and Medical Services	777	857	924	1066
其他商品及服务	Miscellaneous Goods and Services	283	329	361	385

注：从2013年开始，国家统计局开展了城乡一体化住户收支和生活状况调查，与2012年前的分城镇和农村住户调查的调查范围、调查方法、指标口径有所不同。

a) The NBS started an integrated household income and expenditure survey in 2013, including both urban and rural households. The coverage, methodology and definitions used in the survey are different from those used for the separate urban and rural household surveys prior to 2012.

9-2 全体居民人均主要食品消费量
Per Capita Consumption of Major Foods of all Residents

单位：公斤 (kg)

项　目	Item	全体居民 Whole Households		城镇居民 Urban Households		农村居民 Rural Households	
		2016	2017	2016	2017	2016	2017
粮食	Grain	155.84	160.20	120.00	130.67	184.45	184.50
谷物	Cereal	142.98	147.34	106.76	117.31	171.89	172.06
薯类	Tuber	4.57	4.25	3.55	3.57	5.38	4.81
豆类	Beans and Related Products	8.29	8.61	9.69	9.80	7.18	7.64
油脂类	Oil and Fats	12.89	12.75	13.72	13.19	12.23	12.38
#植物油	Vegetable Oil	11.61	11.57	12.69	12.36	10.74	10.93
动物油	Animal Oil	1.29	1.18	1.02	0.83	1.50	1.46
蔬菜和菜制品	Vegetables and Ralated Products	130.01	132.48	139.24	139.33	122.65	126.84
#鲜菜	Fresh Vegetables	127.25	129.56	134.64	134.58	121.36	125.43
肉类	Meat and Related Products	37.56	41.09	42.99	43.79	33.23	38.87
#猪肉	Pork	32.99	36.16	35.16	35.79	31.25	36.47
牛肉	Beef	1.27	1.54	2.28	2.67	0.46	0.61
羊肉	Mutton	0.60	0.53	0.86	0.69	0.39	0.40
禽类	Poultry	11.30	10.95	12.93	11.93	9.99	10.14
水产品	Aquatic Products	7.27	7.63	9.40	9.53	5.58	6.07
蛋类及蛋制品	Eggs and Related Products	8.61	8.89	8.65	8.91	8.58	8.87
奶及奶制品	Milk and Dairy Products	11.06	12.28	16.27	16.89	6.91	8.49
干鲜瓜果类	Dried and Fresh Melons and Fruits	37.60	40.68	49.03	51.20	28.48	32.01
#鲜瓜果	Fresh Melons and Fruits	33.43	35.98	43.02	44.73	25.78	28.78
坚果	Nuts and Processed Products	3.79	4.30	5.44	5.84	2.48	3.04
糖果糕点类	Confectioneries	5.42	5.66	6.22	6.09	4.78	5.31
#食糖	Sugar	1.90	2.00	1.86	1.84	1.93	2.13

9-3 全体居民平均每百户年末耐用消费品拥有量
Number of Main Durable Consumer Goods Owned per 100 Households

单位：平均每百户 (per 100 Households)

项　目		Item		全体居民 Whole Households		城镇居民 Urban Households		农村居民 Rural Households	
				2016	2017	2016	2017	2016	2017
家用汽车	（辆）	Automobile	(unit)	20.43	22.62	30.06	33.61	12.46	13.39
摩托车	（辆）	Motorcycle	(unit)	36.10	35.95	19.90	19.79	49.50	49.52
电动助力车	（台）	Electric Bicycle	(set)	25.93	27.99	25.05	27.44	26.66	28.46
洗衣机	（台）	Washing Machine	(set)	92.23	93.98	97.92	98.80	87.52	89.93
电冰箱（柜）	（台）	Refrigerator	(set)	95.31	98.10	98.77	100.41	92.45	96.16
微波炉	（台）	Microwave Oven	(set)	27.96	30.44	48.12	51.73	11.28	12.55
彩色电视机	（台）	Color Television Set	(set)	118.78	120.84	123.82	125.32	114.61	117.08
#接入有线电视	（台）	Access to the Cable TV	(set)	66.44	68.19	97.43	98.47	40.79	42.74
空调	（台）	Air Conditioner	(set)	73.77	81.44	122.69	130.45	33.30	40.26
热水器	（台）	Water Heater	(set)	75.60	79.80	93.51	96.40	60.78	65.84
#太阳能热水器	（台）	Solar Water Heater	(set)	20.33	21.38	11.70	12.28	27.46	29.03
消毒碗柜	（台）	Disinfection Cupboard	(set)	4.71		7.45		2.43	
洗碗机	（台）	Dishwasher	(set)	0.46	0.71	0.77	1.06	0.19	0.41
排油烟机	（台）	Vacuum Cleaner	(set)	33.30	35.90	61.93	65.24	9.62	11.24
固定电话	（部）	Telephone	(unit)	26.72	26.11	45.08	43.33	11.53	11.64
移动电话	（部）	Mobile Telephone	(unit)	239.58	243.48	241.30	245.25	238.17	241.99
#接入互联网	（部）	Access to the Internet	(unit)	81.25	99.82	114.79	129.62	53.50	74.78
计算机	（台）	Private Computer	(set)	39.18	40.49	66.92	67.56	16.24	17.74
#接入互联网	（台）	Access to the Internet	(set)	30.64	31.23	55.14	55.28	10.37	11.02
摄像机	（台）	Vidicon	(set)	2.32		4.48		0.53	
照相机	（台）	Camera	(set)	10.44	11.00	20.06	20.59	2.48	2.94
中高档乐器	（架）	Medium & High Grade Musical Instrument	(unit)	1.60	2.11	2.94	3.85	0.49	0.65
健身器材	（台）	Health Equipment	(set)	1.68	2.20	2.92	3.77	0.65	0.88
组合音响	（套）	Hi-Fi Stereo Component System	(set)	5.02		5.60		4.54	

9–4 城镇居民家庭基本情况
Basic Statistics of Urban Households

项　目	Item	2014	2015	2016	2017
平均每户家庭人口(人)	**Average Family Size (person)**	**2.96**	**2.96**	**2.99**	**3.11**
平均每户就业人口(人)	**Average Number of Employed Persons per Household (person)**	**1.57**	**1.53**	**1.56**	**1.56**
平均每人总收入（元）	**Per Capita Total Income (yuan)**	**27148**	**29422**	**33016**	**36136**
平均每人可支配收入(元)	**Per Capita Disposable Income (yuan)**	**24234**	**26205**	**28335**	**30727**
工资性收入	Income of Wages and Salaries	14262	15242	16219	17299
经营净收入	Net Business Income	2904	3054	3327	3586
财产净收入	Net Income from Property	1891	2169	2363	2627
转移净收入	Net Income from Transfer	5177	5740	6426	7215
平均每人总支出（元）	**Per Capita Total Expenditures (yuan)**	**24914**	**27763**	**31490**	**33571**
平均每人消费支出(元)	**Per Capita Annual Living Expenditures for Consumption (yuan)**	**17760**	**19277**	**20660**	**21991**
食品烟酒	Food,Tobacco and Liquor	6204	6783	7118	7329
衣着	Clothing	1539	1704	1768	1723
居住	Residence	3186	3335	3757	3906
生活用品及服务	Household Facilities,Articles and Services	1211	1251	1311	1404
交通通信	Transportation and Communications	2169	2414	2698	3198
教育文化娱乐	Education, Recreation and Cultural Services	1672	1963	2008	2222
医疗保健	Medicine and Medical Service	1283	1369	1423	1596
其它商品和服务	Miscellaneous Commodities and Services	495	556	577	612
城镇居民恩格尔系数(%)	**Engle Coefficient of Urban Households(%)**	**34.94**	**35.19**	**34.46**	**33.33**

9−5 按收入五等份分组的城镇居民人均收入(2017年)
Per Capita Income of Urban Households by Income Quintile (2017)

单位：人、元 (person, yuan)

项　目	Item	总平均 Average	低收入户 Low Income Households	中低收入户 Lower Middle Income Households	中等收入户 Middle Income Households	中高收入户 Upper Middle Income Households	高收入户 High Income Households
平均每户就业人口	Average Number of Employeed Persons per Household	1.68	1.94	1.89	1.69	1.47	1.44
平均每人总收入	Per Capital Total Income	36136	15995	24592	33745	43508	74890
平均每人可支配收入	Disposable Income	30727	10287	21238	29729	39592	63737
工资性收入	Income of Wages and Salaries	17299	6845	12508	16258	21071	35598
工资	Wage and Allowance	16245	6343	11884	15387	19862	33126
实物福利	Physical Welfare	90	54	67	86	96	168
其他	Other Incomes	965	449	557	784	1113	2304
经营净收入	Net Business Income	3586	1245	2854	3447	3228	8437
第一产业	Primary Industry	528	430	356	305	347	1374
第二产业	Secondary Industry	89	-519	53	136	188	824
第三产业	Tertiary Industry	2969	1334	2445	3006	2693	6239
财产净收入	Net Income from Property	2627	1092	1597	2171	3557	5712
利息净收入	Net Interest Income	19	24	2	-51	5	134
红利收入	Bonus Stock Income	192	31	130	73	163	684
储蓄性保险净收益	Net Income of Savings Insurance	163	19	97	38	123	652
转让承包土地经营权租金净收入	Net Income of the Transfer of Contracted Land Management Rights	7	1	4	10	11	14
出租房屋财产性收入	Net Income of Rental Housing	44	17	41	58	60	54
转移净收入	Net Income from Transfer	7215	1105	4279	7852	11736	13991

9-6 按收入五等份分组的城镇居民人均消费支出(2017年)
Per Capita Expenditure of Urban Households by Income Quintile (2017)

单位：元 (yuan)

项　目	Item	总平均 Average	低收入户 Low Income Households	中低收入户 Lower Middle Income Households	中等收入户 Middle Income Households	中高收入户 Upper Middle Income Households	高收入户 High Income Households
平均每人总支出	**Per Capita Total Expenditures**	**33571**	**22371**	**23536**	**30955**	**39107**	**60027**
平均每人全年消费支出	**Total Living Expenditures**	**21991**	**14030**	**16585**	**21514**	**26012**	**36649**
食品烟酒	Food,Tobacco and Liquor	7329	5350	6182	7059	8641	10548
食品	Food	4995	3751	4459	4975	5886	6511
谷物	Cereal	558	457	520	536	670	654
薯类	Tuber	81	74	74	78	90	94
豆类	Beans and Related Products	80	60	80	86	91	90
食用油	Edible Oil	224	172	211	234	249	273
蔬菜和食用菌	Vegetable and Mushroom	787	576	717	790	945	1002
肉类	Meat and Related Products	1379	1078	1286	1379	1583	1705
禽类	Poultry	363	263	308	356	443	499
水产品	Aquatic Products	222	144	187	215	275	328
蛋类	Eggs and Related Products	130	98	113	135	151	168
奶类	Milk and Dairy Products	314	207	249	327	395	448
干鲜瓜果类	Dried and Fresh Melons and Fruits	490	345	397	468	577	749
糖果糕点类	Confectioneries	152	108	117	152	182	226
其它食品	Others	215	169	198	219	234	276
烟酒	Liquor	624	408	556	619	742	896
饮料	Beverages	111	81	79	121	121	173
饮食服务	Catering Services	1599	1110	1088	1345	1892	2969
衣着	Clothing	1723	1087	1190	1685	1952	3134
衣类	Garments	1335	820	915	1308	1499	2482
鞋类	Shoes	388	267	276	377	452	653
居住	Residence	3906	2452	2949	3880	4817	6272
生活用品及服务	Household Facilities, Articles and Services	1404	833	991	1479	1546	2517
交通通信	Transportation and Communication	3198	1510	2294	3311	3746	6054
交通	Transportation	2256	821	1508	2401	2620	4708
通信	Communication	942	689	786	909	1126	1345
教育文化娱乐	Recreation, Education and Cultural Services	2222	1456	1521	2145	2623	3902
教育	Education	925	918	873	960	875	1016
文化娱乐	Recreation and Cultural Services	1297	538	648	1185	1747	2886
医疗保健	Medicine and Medical Services	1596	1006	1028	1397	1987	3006
医疗器具及药品	Medical Equipment and Drugs	543	291	369	527	782	886
医疗服务	Medical Services	1053	714	658	870	1206	2121
其它商品和服务	Miscellaneous Goods and Services	612	337	430	558	700	1216

9-7 各市(州)城镇居民家庭人均收支及住房情况
Per Capita Income and Consumption Expenditure and Housing Conditions of Urban Households by Region

单位：元、平方米 (yuan、sq.m)

市(州)	Region	人均可支配收入 Per Capita Disposable Income		人均消费支出 Per Capita Expenditures for Consumption		#食品烟酒支出 Food,Tobacco and Liquor		人均住房面积 Per Capita Housing Area	
		2016	2017	2016	2017	2016	2017	2016	2017
成都市	Chengdu	35902	38918	23514	25314	8038	8527	36.4	36.6
自贡市	Zigong	28455	31016	19410	20208	7604	7845	34.1	35.6
攀枝花市	Panzhihua	32860	35620	20745	22846	7416	7815	35.0	34.9
泸州市	Luzhou	28959	31449	19276	21121	7425	7957	40.6	40.9
德阳市	Deyang	29159	31609	21534	22735	7353	7737	41.1	41.4
绵阳市	Mianyang	29407	31822	19561	21043	7016	7307	40.3	40.0
广元市	Guangyuan	25762	28132	16820	18388	6742	7387	40.2	40.0
遂宁市	Suining	26962	29308	18665	20796	6049	6868	39.6	40.2
内江市	Neijiang	27986	30393	17591	18797	6460	6544	35.4	35.2
乐山市	Leshan	28583	31070	19317	20771	7188	7573	41.3	41.4
南充市	Nanchong	25993	28333	16780	18335	6283	6806	41.1	40.8
眉山市	Meishan	28691	31130	19686	19946	6953	6892	45.3	44.3
宜宾市	Yibin	28390	30832	18963	20490	6708	7197	39.7	39.0
广安市	Guangan	28218	30616	19428	20812	6832	7270	43.2	43.8
达州市	Dazhou	26016	28383	17952	19557	7258	7815	37.8	37.3
雅安市	Yaan	27352	29732	16968	18386	5648	6179	42.5	42.9
巴中市	Bazhong	25950	28286	18701	20497	7694	8488	36.0	37.8
资阳市	Ziyang	28501	30867	19389	20889	6595	7080	42.6	42.9
阿坝藏族羌族自治州	Aba	28048	30264	18946	20443	7152	7536	41.8	41.1
甘孜藏族自治州	Ganzi	27101	29486	18580	20566	7652	8397	38.0	35.8
凉山彝族自治州	Liangshan	25963	28170	17054	18287	6033	6244	43.8	40.2

9-8 按收入五等份分组的城镇居民家庭生活设施情况(2017年)
Living Facilities of Urban Households by Income Quintile (2017)

项　目	Item	总平均 Average	低收入户 Low Income Households	中低收入户 Lower Middle Income Households	中等收入户 Middle Income Households	中高收入户 Upper Middle Income Households	高收入户 High Income Households
供水情况	**Water Supply**						
管道供水入户 (%)	Piped Water Supply to Households (%)	96.23	91.24	95.08	97.13	98.34	99.35
饮用水来源情况	**Sources of Drinking Water**						
经过净化处理的自来水 (%)	Purification Treatment of Tap Wate (%)	89.88	81.42	87.69	89.73	95.65	94.87
桶装水 (%)	Barrelled Water (%)	1.83	1.48	2.43	2.85	0.77	1.60
厕所使用情况	**Toilet Usage**						
本住户独用 (%)	Only for the Household (%)	96.78	96.09	94.95	97.54	98.04	97.29
几户合用 (%)	Shared by Some Households (%)	2.54	3.12	4.20	1.49	1.74	2.17
公用厕所 (%)	Communal (%)	0.67	0.79	0.86	0.96	0.22	0.54
洗澡设施情况	**Bathing Facilities**						
统一供热水 (%)	Unified Supply ofHot Water (%)	2.32	2.30	1.96	1.80	2.32	3.24
家庭自装热水器 (%)	Home-self Installed Water Heaters (%)	91.38	85.65	88.34	93.17	95.47	94.22
其他 (%)	Others (%)	2.13	5.17	2.72	1.21	0.69	0.86
无洗澡设施 (%)	Without Bathing Facilities (%)	4.17	6.87	6.98	3.82	1.51	1.68
取暖设备情况	**Heating Facilities**						
由市政或小区集中供暖 (%)	Central Heating by Municipal or District (%)	0.55	0.39	1.00	0.09	1.11	0.17
自行供暖 (%)	Self-heating (%)	53.63	49.72	51.95	53.95	54.71	57.79
无取暖设备 (%)	Without Heating Facilities (%)	45.82	49.89	47.05	45.97	44.18	42.05
炊用能源情况	**Fuel for Cooking**						
灌装液化石油气 (%)	Liquefied Petroleum Gas filling (%)	4.98	3.84	7.77	6.37	2.28	4.66
管道天燃气 (%)	Duct Coal Gas (%)	74.38	62.50	70.39	76.96	82.06	79.98
电 (%)	Electricity (%)	13.21	21.95	14.74	12.29	8.75	8.34

9-9 按收入五等份分组的城镇居民家庭住房情况(2017年)
Housing Conditions of Urban Households by Income Quintile (2017)

项目	Item	总平均 Average	低收入户 Low Income Households	中低收入户 Lower Middle Income Households	中等收入户 Middle Income Households	中高收入户 Upper Middle Income Households	高收入户 High Income Households
人均自有现住房面积(平方米)	**Per Capita Floor Space of Buildings (sq.m)**	**35.11**	**31.79**	**31.74**	**34.02**	**38.14**	**42.34**
按居住类型划分	**Grouped by Residential Types**						
普通住宅 (%)	Average House (%)	99.80	99.66	100.00	99.88	99.53	99.93
集体宿舍和工棚 (%)	Collective Dormitory and Barrack (%)	0.10			0.12	0.29	0.07
工作地住宿 (%)	Workplace Accommodation (%)	0.07	0.15			0.18	
按居住空间样式划分	**Grouped by House Patterns**						
单栋楼房 (%)	Independent building (%)	20.82	30.52	26.81	18.45	14.95	13.41
单栋平房 (%)	Independent bungalow (%)	6.32	12.72	5.74	5.87	4.09	3.21
四居室及以上单元房 (%)	Flats With 4 and more Bedrooms (%)	4.13	3.27	1.92	4.25	5.42	5.79
三居室单元房 (%)	Flats With 3 Bedrooms (%)	37.69	30.91	34.76	36.56	38.08	48.12
二居室单元房 (%)	Flats With 2 Bedrooms (%)	25.77	15.22	24.65	29.22	33.68	26.04
一居室单元房 (%)	Flats With 1 Bedroom (%)	2.43	3.13	1.73	2.37	2.19	2.76
筒子楼或连片平房 (%)	Tube-shaped Apartment or Continuous Bungalow (%)	2.09	2.22	3.25	3.06	1.28	0.67
其他	Others	0.74	2.02	1.15	0.23	0.31	
按主要建筑材料划分	**Grouped by Main Building Materials**						
钢筋混凝土 (%)	Reinforced Concrete (%)	42.37	32.27	39.47	43.72	44.97	51.40
砖混材料 (%)	Brick Material (%)	51.91	54.87	53.67	52.46	52.58	46.00
砖瓦砖木 (%)	Brick and Tile (%)	5.06	11.00	6.31	3.21	2.19	2.60
竹草土坯 (%)	Bamboo Grass Adobe (%)	0.15	0.52		0.12	0.11	
其他 (%)	Others (%)	0.51	1.34	0.55	0.49	0.15	
按房屋来源划分	**Grouped by Source of Housing**						
租赁公房 (%)	Public Dwelling House Leased (%)	2.33	2.53	2.50	2.65	2.43	1.55
租赁私房 (%)	Private Dwelling House Leased (%)	5.37	5.87	5.45	5.52	4.25	5.74
自建住房 (%)	Spontaneous Housing (%)	25.01	40.09	32.19	21.75	17.48	13.57
购买商品房 (%)	Commercial Housing Purchased (%)	41.39	32.48	38.58	43.78	42.80	49.28
购买房改住房 (%)	Reformd Housing Purchased (%)	13.09	7.06	9.91	9.87	20.33	18.26
购买保障性住房 (%)	Affordable Housing Purchased (%)	1.74	0.85	0.81	2.17	2.97	1.89
拆迁安置房 (%)	Removal and Resettlement Housing (%)	8.29	7.30	7.74	11.15	7.87	7.37
继承或获赠住房 (%)	Inherited or Given Housing (%)	1.01	1.30	1.34	1.20	0.63	0.60
免费借用房 (%)	Free Housing (%)	0.85	1.09	1.39	0.99	0.57	0.21
雇主提供免费住房 (%)	Free Housing Provided by Employers (%)	0.36	0.69		0.21	0.23	0.66
其他 (%)	Others (%)	0.58	0.74	0.09	0.72	0.45	0.88

9-10 农村居民家庭基本情况
Basic Statistics of Rural Households

项　目		Item		2014	2015	2016	2017
平均每户常住人口	(人)	Average Number of Permanent Residents per Household	(person)	3.03	3.03	3.05	3.07
平均每户整、半劳力	(人)	Average Number of Ablebodied and Semi-ablebodied Laborers per Household	(person)	2.07	2.09	2.14	2.12
平均每个劳动力负担人口(含本人)	(人)	Average Number of Persons Supported by a Laborer (including the laborer himself or herself)	(person)	1.46	1.45	1.45	1.45
全年人均总收入	**(元)**	**Average Annual Revenue**	**(yuan)**	**12647**	**14561**	**15907**	**17264**
工资性收入	(元)	Wages Income	(yuan)	3157	3463	3738	4016
经营性收入	(元)	Househol Business Income	(yuan)	6832	8005	8655	9167
财产性收入	(元)	Property Income	(yuan)	202	243	289	340
转移性收入	(元)	Transfer Income	(yuan)	2456	2850	3225	3741
全年人均可支配收入	**(元)**	**Per Capita Disposable Income**	**(yuan)**	**9348**	**10247**	**11203**	**12227**
工资性收入	(元)	Income of Wages and Salaries	(yuan)	3157	3463	3738	4016
经营净收入	(元)	Net Business Income	(yuan)	3878	4197	4525	4821
财产净收入	(元)	Net Income from Property	(yuan)	185	224	269	323
转移净收入	(元)	Net Income from Transfer	(yuan)	2129	2363	2672	3067
全年人均总支出	(元)	**Average Annual Expenditure**	**(yuan)**	**14731**	**16924**	**18706**	**20128**
家庭经营费用支出	(元)	Expenditure for Household Business	(yuan)	2651	3522	3819	4009
生活消费支出	(元)	Expenditure for Consumption	(yuan)	8301	9251	10192	11397
食品烟酒	(元)	Food,Tobacco and Liquor	(yuan)	3299	3618	3887	4235
#食品	(元)	Food		2580	2735	2957	3139
衣着	(元)	Clothing	(yuan)	548	580	641	683
居住	(元)	Residence	(yuan)	1486	1675	1919	2157
生活用品及服务	(元)	Household Facilities, Articles and Services	(yuan)	630	660	693	782
交通通信	(元)	Transportation and Communication	(yuan)	885	1020	1174	1378
教育文化娱乐	(元)	Education, Recreation and Cultural Services	(yuan)	600	699	707	848
医疗保健	(元)	Medicine and Medical Services	(yuan)	724	840	973	1094
其他商品和服务	(元)	Other Commodities and Services	(yuan)	724	840	199	220
恩格尔系数	(%)	Engel's Coefficient	(%)	39.75	39.12	38.14	37.16
人均经营耕地面积	(亩)	Per Capita Area of Cultivated Land under Management	(mu)	1.33	1.35	1.35	1.31
人均经营水面面积	(亩)	Per Capita Water Area under Management	(mu)	0.02	0.03	0.04	0.03
人均年内新建房屋面积	(平方米)	Per Capita Floor Space Newly Built in Current Year	(sq.m)	0.96	0.51	0.48	0.65
人均自有现住房面积	(平方米)	Per Capita Existing Housing Area	(sq.m)	44.94	47.13	47.85	48.57

9-11 按收入五等份分组的农村居民人均收入和支出情况(2017年)
Per Capita Income and Expenditure of Rural Households by Income Quintile (2017)

单位：元 (yuan)

项　目	Item	总平均 Average	低收入户 Low Income Households	中低收入户 Lower Middle Income Households	中等收入户 Middle Income Households	中高收入户 Upper Middle Income Households	高收入户 High Income Households
平均每人全年总收入	**Per Capita Total Annual Income**	**17264**	**8258**	**10263**	**14311**	**19441**	**39442**
平均每人可支配收入	**Per Capita Disposable Income**	**12227**	**2734**	**7687**	**10978**	**15372**	**28830**
工资性收入	Income of Wages and Salaries	4016	1617	2742	3875	5054	7900
经营净收入	Net Business Income	4821	310	2608	3702	5651	14139
财产净收入	Net Income from Property	323	117	170	229	336	890
转移净收入	Net Income from Transfer	3067	690	2167	3171	4331	5901
平均每人现金收入	**Per Capita Cash Income**	**15183**	**6929**	**8571**	**12220**	**16877**	**36398**
现金工资性收入	Cash Wages Income	3981	1587	2701	3852	5032	7840
现金经营性收入	Cash Household Business Income	7430	3589	3248	4756	6991	21604
现金财产性收入	Cash Property Income	340	135	185	242	341	930
现金转移性收入	Cash Transfer Income	3432	1618	2438	3370	4513	6025
平均每人全年总支出	**Per Capita Annual Expenditure**	**20128**	**17857**	**15270**	**16437**	**19650**	**34283**
#生产经营费用支出	Expenditure for Production	4009	4138	1881	2647	3211	9050
生活消费支出	Expenditure for Consumption	11397	9647	9641	10546	12221	16092
平均每人现金支出	**Expenditure in Cash**	**16819**	**15300**	**12474**	**13148**	**15866**	**29808**
#生产经营现金费用支出	Expenditure in Cash for Production	3502	3723	1442	2101	2603	8488
现金消费支出	Cash Consumption Expenditure	8595	7505	7283	7801	9045	12179

9-12 各市(州)农村居民家庭人均收支及住房情况
Per Capita Income and Consumption Expenditure and Housing Conditions of Rural Households by Region

单位：元、平方米 (yuan、sq.m)

市(州)	Region	人均可支配收入 Per Capita Disposable Income		人均消费支出 Per Capita Expenditures for Consumption		#食品烟酒支出 Food, Tobacco and Liguor		人均住房面积 Per Capita Housing Area	
		2016	2017	2016	2017	2016	2017	2016	2017
成都市	Chengdu	18605	20298	13428	14616	5078	5444	53.4	53.2
自贡市	Zigong	13192	14380	10577	11790	4395	4820	47.7	48.4
攀枝花市	Panzhihua	14057	15336	11092	11807	4200	4422	44.9	45.4
泸州市	Luzhou	12450	13670	9919	10573	4295	4462	46.8	47.6
德阳市	Deyang	13951	15207	10817	11909	4215	4553	45.7	45.5
绵阳市	Mianyang	13504	14752	10684	11638	4191	4414	48.7	49.0
广元市	Guangyuan	9819	10801	8122	8958	3311	3636	49.1	52.3
遂宁市	Suining	12423	13579	10461	11342	4416	4625	53.7	54.4
内江市	Neijiang	12491	13640	9653	10681	3866	4249	48.6	48.2
乐山市	Leshan	12749	13927	10449	11241	4133	4404	47.1	47.1
南充市	Nanchong	11273	12389	9302	10296	3979	4306	48.3	47.5
眉山市	Meishan	13935	15203	11691	12407	4628	4647	47.6	49.1
宜宾市	Yibin	12843	14063	10257	11160	4316	4570	47.1	46.2
广安市	Guangan	12479	13655	9902	10593	3803	4040	47.3	50.1
达州市	Dazhou	11718	12843	8437	9261	3611	3928	41.2	41.6
雅安市	Yaan	11138	12145	9393	10202	3541	3787	44.3	43.8
巴中市	Bazhong	9969	10946	8354	9327	3893	4359	49.2	47.9
资阳市	Ziyang	13422	14670	10358	11261	3775	4022	54.9	55.8
阿坝藏族羌族自治州	Aba	10702	11751	9405	10590	4181	4520	44.0	42.8
甘孜藏族自治州	Ganzi	9367	10444	6801	7758	3897	4378	33.1	32.8
凉山彝族自治州	Liangshan	10368	11415	8036	8734	3811	3886	30.5	31.1

9-13 社会保险主要指标
Major Social Insurance Indicators

单位：万人，亿元 (10 000persons, 100 million yuan)

项　目	Item	2013	2014	2015	2016	2017
参加城镇职工基本养老保险人数	Persons of Urban Workers in Basic Endowment Pension Insurance	1720.26	1839.69	1938.98	2157.60	2335.07
参加养老保险职工人数	Staff and Workers in Basic Pension Insurance	1124.07	1191.62	1250.06	1379.77	1519.03
#执行企业养老保险制度职工人数	Number of Employees Under the Enterprise Endowment Insurance System	1020.71	1089.27	1144.98	1196.51	1328.06
参加养老保险离退休人数	Retired and Resigned Persons in Basic Pension Insurance	596.19	648.08	688.92	777.83	816.04
#执行企业养老保险制度人数	Number of Persons Under the Enterprise Endowment Insurance System	561.88	611.40	650.50	684.54	720.07
纳入社区管理的人数	Community Management	560.75	595.07	620.55	659.97	694.20
企业退休人员社区管理服务率(%)	Rate of Enterprise Retirees in Socialized Management (%)	96.2	97.5	95.5	96.5	96.5
城镇职工基本养老保险费征缴收入总额	Total Income of Basic Endowment Insurance for Urban Workers	1101.41	1217.69	1251.90	1902.06	2569.64
参加失业保险人数	Staff and Workers in Unemployment Insurance	613.45	635.85	660.95	701.95	776.68
城镇失业人员领取失业保险金人数	Number of Persons Drawing Unemployment Insurance	24.60	29.97	36.33	40.71	39.81
失业保险费征缴收入总额	Total Revenue of Unemployment Insurance	77.71	100.65	94.85	84.65	121.28
参加城镇职工基本医疗保险人数	Urban Workers in Medicine and Medical Insurance	1286.99	1334.40	1383.53	1445.59	1531.30
#退休人员	Retired and Resigned Persons	394.46	407.52	418.82	439.37	458.34
参加补充医疗保险人数	Persons in Supplementary Medical Insurance	1136.62	1105.27	1206.72	1294.93	1362.70
列入公务员医疗补助范围人数	Persons in Civil Servant Medical Benefits Coverage	141.91	147.61	152.52	158.40	165.70
城镇职工基本医疗保险费征缴收入总额	Total Revenue of Medical Insurance of Urban Employees	305.72	363.80	414.07	479.68	634.79
参加城乡居民基本医疗保险人数	Urban and Rural Residents in Basic Medical Insurance	1203.96	1247.11	1272.13	4217.17	6642.09
参加工伤保险人数	Persons in Work Injury Insurance	690.13	709.72	753.22	799.11	876.04
享受工伤保险待遇人数	Persons Enjoying Work Injury Insurance Treatment	8.34	8.63	7.95	7.67	7.69
工伤保险费征缴收入总额	Total Revenue of Work Injury Insurance	25.44	28.06	29.32	26.97	31.29
参加生育保险人数	Staff and Workers in Maternity Insurance	689.05	730.36	670.29	713.07	776.34
享受生育保险待遇人(次)数	Persons(Times) Enjoying Maternity Insurance Treatment	18.03	21.68	24.84	31.78	34.34
生育保险费征缴收入总额	Total Revenue of Matenity Insurance	13.38	15.81	17.06	15.69	20.44

注：社会保险和离退休资料由四川省人力资源和社会保障厅和四川省民政厅提供。

a) Data of provincial social insurance and retirement are provided by Department of Human Resources and Social Security and Department of Civil Affairs of Sichuan Province.

9-14 各类社会保险参保人数
Number of Contributors to Social Insurance

(年末数)单位：万人 (year-end)(10 000 persons)

年份 Year	职工养老保险 (未包括离退休人员) Basic Pension Insurance (excluding Retired and Resigned Persons)	失业保险 Unemployment Insurance	基本医疗保险 Basic Medical Insurance	#城乡居民医疗保险 Medical Insurance for Urban and Rural Residents	工伤保险 Work Injury Insurance	生育保险 Maternity Insurance
1995	294.5	365.0			196.5	99.8
2000	508.5	470.2			201.1	188.2
2001	509.4	412.2	437.6		179.3	178.1
2002	528.9	402.9	480.6		167.4	166.4
2003	514.1	367.2	531.2		161.4	165.1
2004	532.8	398.6	587.6		195.6	187.4
2005	556.0	358.3	649.6		285.3	215.7
2006	597.8	400.0	775.9	1.8	304.9	274.1
2007	648.0	415.2	1078.7	205.0	397.4	323.3
2008	711.1	434.5	1481.4	520.4	464.6	373.0
2009	782.7	466.3	1993.2	954.2	515.8	426.4
2010	861.9	469.8	2063.1	1011.2	583.8	484.2
2011	998.8	544.6	2254.8	1079.3	650.8	601.7
2012	1073.7	585.5	2389.1	1143.0	689.4	654.4
2013	1124.1	613.5	2491.0	1204.0	690.1	689.1
2014	1191.6	635.8	2581.5	1247.1	709.7	730.4
2015	1250.1	661.0	2655.7	1272.1	753.2	670.3
2016	1379.8	702.0	5662.8	4217.2	799.1	713.1
2017	1519.0	776.7	8173.4	6642.1	876.0	776.3

9-15 各类社会保险基金征缴情况
Collection of Social Insurance Funds

单位：亿元，% (100 million yuan, %)

年份 Year	城镇职工基本养老保险 Basic Pension Insurance in Urban Area		失业保险 Unemployment Insurance		城镇职工基本医疗保险 Medical Insurance of Urban Workers		工伤保险 Work Injury Insurance		生育保险 Maternity Insurance	
	保险费收入 Revenue of Insurance	征缴率 Rate of Collection	保险费收入 Revenue of Insurance	征缴率 Rate of Collection	保险费收入 Revenue of Insurance	征缴率 Rate of Collection	保险费收入 Revenue of Insurance	征缴率 Rate of Collection	保险费收入 Revenue of Insurance	征缴率 Rate of Collection
1995	27.3	85.3	1.1					96.2		97.2
2000	61.5	92.8	5.5	98.0			1.8	56.7	1.0	66.7
2001	65.8	94.0	6.3	92.6	16.0	94.7	1.0	80.4	0.7	87.2
2002	78.2	94.9	7.0	93.3	24.9	95.8	1.1	80.5	0.8	85.1
2003	95.3	94.7	7.9	93.5	30.8	96.9	1.3	85.5	0.9	90.5
2004	150.5	94.9	8.7	92.7	38.5	96.4	2.3	87.5	1.1	93.4
2005	189.9	96.8	11.0	93.4	49.0	98.4	4.1	93.1	1.5	94.2
2006	235.8	97.2	13.1	90.1	71.9	99.0	5.4	96.4	2.0	95.5
2007	315.8	98.0	17.5	94.5	90.5	99.1	6.7	96.5	3.4	96.8
2008	426.6	97.8	21.4	95.0	115.9	98.1	7.9	92.5	4.3	95.4
2009	606.2	96.0	24.7	-	127.3	98.4	9.3	95.7	4.2	97.4
2010	670.9	97.9	40.0	-	182.5	97.4	12.1	96.2	4.9	97.8
2011	870.3	98.0	59.2	-	223.4	98.6	16.6	96.0	8.5	97.0
2012	901.4	98.0	68.2	-	258.8	98.8	21.2	95.8	11.1	97.0
2013	1101.4	98.2	77.7	-	305.7	99.2	25.4	97.2	13.4	98.8
2014	1217.7	97.6	100.7	-	363.8	98.7	28.1	96.5	15.8	98.4
2015	1251.9	97.1	94.9	-	414.1	98.5	29.3	93.6	17.1	97.4
2016	1902.1	93.9	84.7	-	479.7	98.1	27.0	93.7	15.7	97.6
2017	2569.6	98.1	121.3	-	634.8		31.3	95.7	20.4	98.8

注：养老保险参保人数，2003年及以前年份未包括机关事业单位数据。

a) The contributors of basic pension insurance exclude contributors of government angencies and institutions in 2003 and before.

9–16 各市(州)社会保险参保人数(2017年)
Contributors of Social Insurance by Region(2017)

(年末数)单位：万人 (year-end)(10 000 persons)

市(州)	Region	城镇职工基本养老保险 Basic Pension Insurance in Urban Area	失业保险 Unemployment Insurance	基本医疗保险 Basic Medical Insurance	工伤保险 Work Injury Insurance	生育保险 Maternity Insurance
全　省	**Sichuan**	**2335.07**	**776.68**	**8173.39**	**876.04**	**776.34**
成都市	Chengdu	719.59	416.91	1564.51	435.05	439.44
自贡市	Zigong	80.91	15.16	293.26	18.90	14.97
攀枝花市	Panzhihua	49.38	17.30	68.17	20.95	21.17
泸州市	Luzhou	103.17	25.05	474.14	27.07	26.64
德阳市	Deyang	114.59	32.81	359.16	37.67	38.37
绵阳市	Mianyang	135.86	36.31	237.07	43.96	40.63
广元市	Guangyuan	56.39	15.53	275.07	15.69	13.46
遂宁市	Suining	78.29	10.48	336.41	14.80	12.98
内江市	Neijiang	79.14	14.67	377.44	21.50	17.26
乐山市	Leshan	118.18	21.01	327.30	28.43	21.31
南充市	Nanchong	116.99	18.52	651.26	24.60	12.21
眉山市	Meishan	73.92	15.70	300.69	19.07	17.51
宜宾市	Yibin	93.33	25.38	507.74	30.73	28.25
广安市	Guangan	61.10	13.67	333.66	13.17	7.62
达州市	Dazhou	98.97	13.30	561.21	21.47	13.00
雅安市	Yaan	45.44	9.85	152.19	10.91	8.44
巴中市	Bazhong	54.11	12.63	365.98	15.64	16.79
资阳市	Ziyang	46.90	8.76	296.08	10.89	7.04
阿坝藏族羌族自治州	Aba	21.31	7.11	87.75	9.71	3.59
甘孜藏族自治州	Ganzi	14.44	5.64	105.12	5.94	1.99
凉山彝族自治州	Liangshan	46.42	15.78	465.97	23.27	13.68

9-17 各市(州)社会保险基金征缴情况(2017年)
Collection of Social Insurance Funds by Region(2017)

单位：亿元 (100 million yuan)

市(州)	Region	城镇职工基本养老保险 Basic Pension Insurance in Urban Area		失业保险 Unemployment Insurance	城镇职工基本医疗保险 Medical Insurance of Urban Workers		工伤保险 Work Injury Insurance		生育保险 Maternity Insurance	
		保险费收入 Revenue of Insurance	征缴率(%) Rate of Collection	保险费收入 Revenue of Insurance	保险费收入 Revenue of Insurance	征缴率(%) Rate of Collection	保险费收入 Revenue of Insurance	征缴率(%) Rate of Collection	保险费收入 Revenue of Insurance	征缴率(%) Rate of Collection
全　省	**Sichuan**	**2335.07**	**98.1**	**121.28**	**634.79**	**99.0**	**31.29**	**95.7**	**20.44**	**98.8**
成都市	Chengdu	719.59	99.2	74.76	343.35	99.0	6.67	99.1	11.86	99.4
自贡市	Zigong	80.91	95.9	2.77	13.29	95.5	0.91	89.6	0.44	97.8
攀枝花市	Panzhihua	49.38	88.1	1.33	14.50	95.8	1.58	83.6	0.52	98.9
泸州市	Luzhou	103.17	96.9	3.11	17.10	100.0	1.53	96.1	0.65	98.0
德阳市	Deyang	114.59	98.0	1.73	23.04	98.6	1.27	96.5	0.96	98.1
绵阳市	Mianyang	135.86	98.8	1.79	24.92	99.9	1.31	99.3	1.00	99.6
广元市	Guangyuan	56.39	98.7	3.33	12.50	100.0	1.36	99.5	0.54	94.7
遂宁市	Suining	78.29	98.4	0.58	8.75	100.0	0.38	100.0	0.47	100.0
内江市	Neijiang	79.14	95.6	4.09	15.08	97.5	1.67	99.0		
乐山市	Leshan	118.18	97.7	1.05	16.25	95.5	2.32	96.9	0.53	98.3
南充市	Nanchong	116.99	99.1	2.51	17.21	100.0	0.60	100.0	0.49	100.0
眉山市	Meishan	73.92	99.7	0.82	10.90	100.0	1.09	100.0	0.40	100.0
宜宾市	Yibin	93.33	99.5	8.90	19.72	100.0	2.47	98.3	0.78	99.8
广安市	Guangan	61.10	99.9	5.02	8.58	100.0	0.98	99.9	0.22	99.8
达州市	Dazhou	98.97	95.7	1.17	11.27	100.0	2.14	75.3	0.34	87.0
雅安市	Yaan	45.44	98.8	0.57	7.98	100.0	0.78	97.9	0.23	98.0
巴中市	Bazhong	54.11	96.4	0.90	6.65	100.0	0.74	91.1	0.21	88.3
资阳市	Ziyang	46.90	94.0	1.45	9.13	97.6	0.43	95.8	0.24	98.1
阿坝藏族羌族自治州	Aba	21.31	99.7	0.51	8.01	100.0	0.72	99.3	0.11	99.0
甘孜藏族自治州	Ganzi	14.44	97.0	0.46	6.88	100.0	0.33	99.9	0.07	99.8
凉山彝族自治州	Liangshan	46.42	99.5	1.35	16.60	99.6	0.89	100.0	0.38	100.0

9-18 离退休、退职人员数和离退休金及退职人员生活费
Number of Retired and Resigned Staff and Workers and Retirement Pay of Retirees and Living Expenses of Resigned Staff and Workers

年份 Year	离退休、退职人员合计（万人） Number of Retired and Resigned Staff and Workers (10 000 persons)	#由民政部门支付 Paid by Civil Administration Organs	离退休、退职人员与全部城镇就业人员之比（以离退休、退职人数为1） Ratio of Retired, Resigned Staff and Workers to Urban Employment (RRSW=1)	离退休金及退职人员生活费（万元） Retirement Pay of Retirees and Living Expenses of Resigned Staff and Workers (10 000 yuan)	#由民政部门支付 Paid by Civil Administration Organs
1978	28.08	2.92	16.6	10519	1190
1980	53.52	2.86	9.6	27612	1716
1985	103.84	3.23	6.2	84318	2552
1990	121.24	0.94	6.6	222119	2675
1991	132.32	0.94	6.5	279070	2419
1992	137.00	0.93	6.7	316010	3395
1993	145.22	0.90	6.6	405446	3853
1994	152.34	0.84	6.6	600329	4402
1995	161.65	0.85	6.5	702028	4708
1996	171.25	0.80	6.3	810244	4824
1997	176.90	0.75	6.2	934269	4726
1998	190.28	0.71	5.7	1069393	4698
1999	194.13	0.70	5.6	1243493	4842
2000	202.40	1.02	5.4	1389271	9225
2001	214.37	0.97	5.2	1519083	15688
2002	227.92	0.95	4.9	1824883	22523
2003	237.70	0.70	4.9	1935548	25000
2004	249.80	0.98	4.8	2179324	21317
2005	274.86	1.07	4.5	2440594	22258
2006	290.10	1.10	4.4	2927512	25152
2007	317.40	1.20	4.1	3740000	29176
2008	382.40	1.10	3.4	4681044	33188
2009	441.03	1.40	3.1	6236666	63803
2010	485.50	1.38	2.8	7499570	75128
2011	559.00	0.87	2.5	7624606	82137
2012	609.20	1.01	2.4	8874404	94704
2013	663.54	1.00	2.3	10718868	106068
2014	717.30	1.05	2.1	12655060	125160
2015	749.66	1.66	2.1	14825202	144886
2016	792.49	1.76	2.0	26327614	153614
2017	831.51	1.67	2.0	22096801	179646

9-19 城市居民最低生活保障情况
Basic Statistics on Residents under Basic Provision Protection in Urban Area

单位：户、人、万元 (household, person, 10 000 yuan)

年份 Year	最低生活保障家庭数 Households under Basic Provision Protection	最低生活保障人数 Persons Receiving Minimum Living Allowances	#在职人员 Employed	#老年人 Elderly	城市低保资金 Funds for Urban Residents under Basic Provision Protection (10 000 yuan)
2005	806737	1586126	11426	14744	112183
2006	848969	1652718	10110	13119	132090
2007	911724	1732899	26841	211336	179036
2008	974494	1857374	21394	186323	263932
2009	998369	1891548	28713	231127	346268
2010	1014429	1869694	25472	255385	403601
2011	1033800	1893114	13334	285339	455812
2012	1032332	1863842	15552	301762	428390
2013	1027660	1835734	17825	314598	507682
2014	989346	1734415	19440	325042	468792
2015	925095	1563548	16519	311675	490012
2016	819361	1344965	14622	301757	484439
2017	702040	1184095	13415	240296	431683

9-20 农村居民最低生活保障和救济情况
Basic Statistics on Residents under Basic Provision Protection and Receiving Almsgiving in Rural Area

单位：户、人、万元 (household, person, 10 000 yuan)

年份 Year	最低生活保障家庭数 Number of Households Receiving Minimum Living Allowances in Rural Area	最低生活保障人数 Number of Persons Receiving Minimum Living Allowances in Rural Area	#老年人 Elderly	#未成年人 Minors	#残疾人 Disabled	农村特困人员救助供养人数 Number of Rural Poor Personnel Relief Support	农村低保资金 Funds for Rural Residents under Basic Provision Protection
2005	296176	647007					8035
2006	717990	1580278	357390	121614	112009	420479	20929
2007	1090706	2227180	524831	188574	189501	107666	50291
2008	1662376	3480471	1066143	381232	281579	135071	131517
2009	1931727	3965356	1471447	444696	333549	175075	249586
2010	2005227	3944748	1609275	434813	339357	211323	310207
2011	2221734	4251001	1737689	464960	356790	234494	437368
2012	2360143	4344818	1825940	463760	361101	257064	411568
2013	2501780	4394553	1878508	479749	366885	510267	559692
2014	2513702	4253319	1861781	455977	361682	504771	531594
2015	2482609	4054741	1832063	410835	667113	494722	590045
2016	2243946	3566780	1646309	358976	592631	485843	705993
2017	2180895	3663099	1608418	407129	549868	459085	728896

9–21 各市(州)城市居民最低生活保障和救济情况(2017年)
Basic Statistics on Residents under Basic Provision Protection and Receiving Almsgiving in Urban Area by Region(2017)

单位：户、人、万元　　(household, person, 10 000 yuan)

市(州)	Region	最低生活保障家庭数 Households under Basic Provision Protection	最低生活保障人数 Persons Receiving Minimum Living Allowances	#在职人员 Employed	#老年人 Elderly	#登记失业 Registered Unemployed	#无就业条件 Lack of Employment Conditions	城市低保资金 Funds for Urban Residents under Basic Provision Protection
全　省	**Sichuan**	**702040**	**1184095**	**13415**	**240296**	**162738**	**358077**	**431683**
成都市	Chengdu	21887	28474	190	3151	4175	12088	17628
自贡市	Zigong	40685	61895	383	5322	7308	22048	22052
攀枝花市	Panzhihua	6480	10361	60	1407	2488	2910	6094
泸州市	Luzhou	16131	21691	68	5636	979	8706	12323
德阳市	Deyang	33749	51601	494	5996	8297	14567	22940
绵阳市	Mianyang	46244	84500	1746	19442	6877	16922	28170
广元市	Guangyuan	52015	94440	870	13698	23537	28169	26145
遂宁市	Suining	30432	56550	264	27949	1985	7404	18297
内江市	Neijiang	28352	42670	233	6113	11403	13054	18320
乐山市	Leshan	41913	56453	2033	9879	11182	18370	22711
南充市	Nanchong	119040	210444	616	78057	24537	49948	65692
眉山市	Meishan	40811	43892	663	8681	4619	9083	16556
宜宾市	Yibin	24455	36840	32	7710	4888	17539	17776
广安市	Guangan	39828	80441	266	10022	9244	32306	23774
达州市	Dazhou	47375	74601	1419	9034	13729	27784	32094
雅安市	Yaan	3304	3918	18	802	352	904	1659
巴中市	Bazhong	40344	98629	2163	8437	12849	36308	31754
资阳市	Ziyang	4902	7225	71	2620	123	2216	4113
阿坝藏族羌族自治州	Aba	19925	41419	52	5570	4505	15880	15950
甘孜藏族自治州	Ganzi	13546	21601	1063	4513	2812	6554	8153
凉山彝族自治州	Liangshan	30622	56450	711	6257	6849	15317	19484

注：城乡居民低保和救济资料由四川省民政厅提供；城市低保资金全省合计中含省本级数据。

a) Data of urban and rural residents under basic provision protection and relief materials are provided by Sichuan Provincial Civil Affairs Department. Data of funds for urban residents under basic provision protection include provincial data.

9−22 各市(州)农村居民最低生活保障和救济情况(2017年)
Basic Statistics on Residents under Basic Provision Protection and Receiving Almsgiving in Rural Area by Region(2017)

单位：户、人、万元 (household, person, 10 000 yuan)

市(州)	Region	最低生活保障家庭数 Number of Households Receiving Minimum Living Allowances in Rural Area	最低生活保障人数 Number of Persons Receiving Minimum Living Allowances in Rural Area	#老年人 Elderly	#未成年人 Minors	#残疾人 Disabled	农村特困人员救助供养人数 Number of Rural Poor Personnel Relief Support	农村低保资金 Funds for Rural Residents under Basic Provision Protection
全　省	**Sichuan**	**2180895**	**3663099**	**1608418**	**407129**	**549868**	**459085**	**728896**
成都市	Chengdu	64372	105772	38460	11958	27076	30944	45526
自贡市	Zigong	74302	116327	52776	4323	17731	19748	17949
攀枝花市	Panzhihua	7726	14398	4906	2472	3788	2887	4370
泸州市	Luzhou	116590	179073	75309	28830	30551	23358	32539
德阳市	Deyang	67760	89444	47933	5938	20489	20003	18735
绵阳市	Mianyang	101123	158247	84099	8810	36002	20910	32268
广元市	Guangyuan	85846	159628	61869	17451	19179	15674	28559
遂宁市	Suining	90245	122674	63274	6680	20164	22386	24016
内江市	Neijiang	66991	90071	43225	7481	22054	37448	21610
乐山市	Leshan	65331	122033	47025	16671	21681	12973	25626
南充市	Nanchong	399686	562248	364375	19456	107671	67928	101116
眉山市	Meishan	98617	117970	69824	5167	20857	19446	22542
宜宾市	Yibin	66585	130057	48341	18302	19356	23804	30002
广安市	Guangan	96067	193859	86132	28687	27552	25459	32145
达州市	Dazhou	256306	323006	166692	26457	54566	39843	62106
雅安市	Yaan	17691	23655	8825	2363	8863	4790	5842
巴中市	Bazhong	159270	340240	133691	42831	35957	14842	54984
资阳市	Ziyang	59906	85805	41199	8544	21048	22403	16268
阿坝藏族羌族自治州	Aba	43088	89461	24996	11670	6966	7848	15422
甘孜藏族自治州	Ganzi	81395	204188	35978	34022	6370	8565	43095
凉山彝族自治州	Liangshan	161998	434943	109489	99016	21947	17826	94176

注：农村低保资金全省合计中含省本级数据。

a) Funds for rural residents under basic provision protection include provicial funds.

主要统计指标解释

城乡一体化住户调查 从2012年四季度起，国家统计局对分别进行的城乡住户调查实施了一体化改革，规范了城乡划分范围，统一了城乡居民收入指标名称、分类和统计标准，建立了城乡统一的一体化住户调查，并据此采集全国居民有关数据。

居民可支配收入 指居民可用于最终消费支出和储蓄的总和，即居民可用于自由支配的收入。既包括现金收入，也包括实物收入。按照收入的来源，可支配收入包含四项，分别为：工资性收入、经营净收入、财产净收入和转移净收入。

工资性收入 指就业人员通过各种途径得到的全部劳动报酬和各种福利，包括受雇于单位或个人、从事各种自由职业、兼职和零星劳动得到的全部劳动报酬和福利。

经营净收入 指住户或住户成员从事生产经营活动所获得的净收入，是全部经营收入中扣除经营费用、生产性固定资产折旧和生产税之后得到的净收入。计算公式为：

经营净收入=经营收入−经营费用−生产性固定资产折旧−生产税

财产净收入 指住户或住户成员将其所拥有的金融资产、住房等非金融资产和自然资源交由其他机构单位、住户或个人支配而获得的回报并扣除相关的费用之后得到的净收入。财产净收入包括利息净收入、红利收入、储蓄性保险净收益、转让承包土地经营权租金净收入、出租房屋净收入、出租其他资产净收入和自有住房折算净租金等。财产净收入不包括转让资产所有权的溢价所得。

转移净收入 计算公式为：转移净收入=转移性收入−转移性支出

转移性收入 指国家、单位、社会团体对住户的各种经常性转移支付和住户之间的经常性收入转移。包括养老金或退休金、社会救济和补助、政策性生产补贴、政策性生活补贴、救灾款、经常性捐赠和赔偿、报销医疗费、住户之间的赡养收入，本住户非常住成员寄回带回的收入等。转移性收入不包括住户之间的实物馈赠。

转移性支出 指调查户对国家、单位、住户或个人的经常性或义务性转移支付。包括缴纳的税款、各项社会保障支出、赡养支出、经常性捐赠和赔偿支出以及其他经常转移支出等。

居民消费支出 指居民用于满足家庭日常生活消费需要的全部支出，既包括现金消费支出，也包括实物消费支出。消费支出可划分为食品烟酒、衣着、居住、生活用品及服务、交通通信、教育文化娱乐、医疗保健以及其他用品及服务八大类。

食品烟酒支出 指用于各种食品和烟草、酒类的支出。

衣着支出 指与居民穿着有关的支出，包括服装、服装材料、鞋类、其他衣类及配件、衣着相关加工服务的支出。

居住支出 指与居住有关的支出，包括房租、水、电、燃料、物业管理等方面的支出，也包括自有住房折算租金。

生活用品及服务支出 指家庭及个人的各类生活品及家庭服务。包括家具及室内装饰品、家用器具、家用纺织品、家庭日用杂品、个人用品和家庭服务。

交通通信支出 指用于交通和通信工具及相关的各种服务费、维修费和车辆保险等支出。

教育文化娱乐支出 指用于教育、文化和娱乐方面的支出。

医疗保健支出 指用于医疗和保健的药品、用品和服务的总费用。包括医疗器具及药品，以及医疗服务。

其他用品及服务支出 指无法直接归入上述各类支出的其他用品与服务支出。

城镇居民家庭人口 指居住在一起，经济上合在一起共同生活的家庭成员。凡计算为家庭人口的成员其全部收支都包括在本家庭中。

农村住户 指农村常住户。农村常住户指长期(一年以上)居住在乡镇(不包括城关镇)行政管理区域内的住户，以及长期居住在城关镇所辖行政村范围内的农村住户。户口不在本地而在本地居住一年及以上的住户也包括在本地农村常住户范围内；有本地户口，但举家外出谋生一年以上的住户，无论是否保留承包耕地都不包括在本地农村住户范围内。

恩格尔系数 指食品支出在现金消费支出中所占的比例。

$$\text{恩格尔系数}=\frac{\text{食品支出}}{\text{现金消费支出}}\times 100\%$$

城镇职工基本养老保险

1．参保职工人数 指报告期末按照国家法律、法规和有关政策规定参加城镇职工基本养老保险并在社保经办机构已建立缴费记录档案的职工人数，包括中断缴费但未终止养老保险关系的职工人数，不包括只登记未建立缴费记录档案的人数。

2．离退休人员人数　指报告期末参加城镇职工基本养老保险的离休、退休和退职人员的人数。

3．基金收入　指根据国家有关规定，由纳入基本养老保险范围的缴费单位和个人按国家规定的缴费基数和缴费比例缴纳的养老保险基金，以及通过其他方式取得的形成基金来源的收入。包括单位和职工个人缴纳的基本养老保险费、基本养老保险基金利息收入、上级补助收入、下级上解收入、转移收入、财政补贴和其他收入。

基本医疗保险

1．参保人数　指报告期末按国家有关规定参加职工基本医疗保险和城乡居民基本医疗保险人员的合计。

2．基金收入　指由用人单位和个人按照国家规定的缴费基数、缴费比例或缴费标准缴纳的基本医疗保险基金，财政补助资金以及通过其他方式取得的形成基金来源的款项，包括：单位缴纳收入、个人缴纳收入、财政补助收入（含医疗救助补助个人收入）、财政补贴收入、利息收入和其他收入。

失业保险

1．参保人数　指报告期末按照国家法律、法规和有关政策规定参加了失业保险的城镇企业、事业单位的职工及地方政府规定参加失业保险的其他人员的人数。

2．基金收入　指报告期内筹集的失业保险基金的总额，包括失业保险费收入、利息收入、财政补贴收入、其他收入、转移收入、上级补助收入、下级上解收入。

工伤保险

1．参保人数　指报告期末依据国家有关规定参加工伤保险的职工人数和有雇工的个体工商户的雇工数。

2．基金收入　指根据国家有关规定，由参加工伤保险的单位按国家规定的缴费基数和缴费比例缴纳的工伤保险基金，以及通过其他形式取得的形成基金来源的款项。包括：单位缴纳的社会统筹基金收入、财政补贴收入、利息收入、其他收入。

生育保险

1．参保人数　指报告期末依据有关规定参加生育保险的人数。

2．基金收入　指根据国家有关规定，由参加生育保险的单位按照国家规定的缴费基数和缴费比例缴纳的生育保险基金，以及通过其他方式取得的形成基金来源的款项，包括：单位缴纳的基金收入、利息收入和其他收入。

离休、退休、退职人员保险福利费用　指离休、退休、退职人员实际得到的生活费用总额，包括从社会保险经办机构和单位得到的费用。

城市居民最低生活保障人数　指在报告期末共同生活的家庭成员人均收入低于当地最低生活保障标准，且家庭财产状况符合相关规定的城镇居民，并已发放补助经费的人数。

农村居民最低生活保障人数　指报告期末共同生活的家庭成员人均收入低于当地最低生活保障标准，得到当地政府给予最低生活保障待遇的农业人口家庭人数。

Explanatory Notes on Main Statistical Indicators

Integrated Urban and Rural HouseholdS Survey In the fourth quarter of 2012, the NBS launched its reform on the household survey program, to form an integrated survey, instead of the two separate urban and rural household surveys. The reform regulates the division of urban and rural areas, integrates the concepts, classifications and standards, conducts the integrated household survey, and collects household data in the whole country thereafter.

Disposable Income of Households refers to the income of households for purpose of final expenditure and savings. It includes income both in cash and in kind. By sources of income, disposable income includes four categories: income from wages and salaries, net business income, net income from properties and net income from transfer.

Income from Wages and Salaries refers to remuneration of labour and salaries from all kinds of sources, including those employed by other units or individuals, freelance work, part-time jobs, and sporadic labour.

Net Business Income refers to net income earned by households and their members engaged in production and business activities. It refers to the net income of operating revenue minus operating costs, depreciation of productive fixed assets, and production tax. The formula is:

Net Business Income = Operating Revenue - Operating Costs - Depreciation of Productive Fixed Assets - Production Tax

Net Income from Properties refers to the net income received as returns by households or members of financial assets, non-financial assets such as housing, to other institutions, households or individuals, and minus relevant costs. Net income from properties includes net income of interest, bonus income, net income of saving insurance, net income of rents of transferring management right of contract land, income of renting housing, income of renting other assets, net converted rents of self-owned housing. Net income from properties do not include premium of transferring ownership of assets.

Net Income from Transfer The formula is:

Net Income from Transfer = Income from Transfers - Expenditure from Transfer

Income from Transfer refers to the regular transfer from country, institutions, social communities to households and between households. It includes old-age and retirement pension, disaster relief funds, regular donation and compensation, applying for medical fees, supporting income between households, income from non-usual-residing members of households, etc. Income from transfer do not include presents in kinds between households.

Expenditure from Transfer refers to regular or deontic transfer from households to country, institutions, households or individuals. It includes taxes paid, expenditure of all kinds of social security, supporting expenditure, regular donation and compensation and other regular transfer expenditure, etc.

Consumption Expenditure of Households has a national coverage comparable between urban and rural households, and refers to the all the expenditures of households for consumption in daily life. It includes expenditure in cash and in kind on eight categories: food; clothing; housing; household appliances and services; transport and communications; education, cultural and recreational activities; and medical care. The expenditure on housing also includes rents, water, electricity, fuels and imputed rents of owner-occupied dwelling.

Food, Tobacco and Liquor Expenditure refers to expenditure for food, tobacco and liquor of all kinds.

Clothing Expenditure refers to expenditure related to clothing, including clothes, clothing materials, footwear, other clothing and accessories, processing services related to clothing.

Residence Expenditure refers to expenditure related to residence, including housing rents, water, electricity, fuel, property management, and including converted self-owned housing rents.

Household Facilities, Articles and Services Expenditure refers to expenditure for family and individual articles for living purpose and family services. It includes furniture and interior decoration, home appliances, home textiles, household miscellaneous daily articles, personal articles, and family services.

Transport and Communications Expenditure refers to expenditure for transport and communication and related services, maintenance and repairs, and vehicle insurance.

Education, Cultural and Recreational Activities Expenditure refers to expenditure on education, cultural and recreational activities.

Health Care and Medical Services Expenditure refers to expenditure on drugs, supplies and services of medical and health care. It includes medical appliances and drugs, and medical services.

Miscellaneous Goods and Services Expenditure refers to expenditure of all kinds of expenditure of other articles and services that can not divided into the category above.

Population of Urban Households refers to members of the household living and sharing economically together. All income and expenditure of the population of the household are included in the income and expenditure of the household.

Rural Households refer to usual resident households in rural areas. Usual resident households in rural areas are households residing on a long term basis(for more than one year) in the areas under the administration of township governments (not including county towns), and in the areas under the administration of villages in county towns. Households residing in the current addresses for over one year with their household registration in other places are still considered as resident households of the locality. For households with their household registration in one place but all members of the households having moved away to make a living in another place for over one year, they will not be included in the rural households of the area where they are registered, irrespective of whether they still keep their contracted land.

Engel Coefficient refers to the percentage of expenditure on food to the total consumption in cash, using the following formula:

$$\text{Engel Coefficient} = \frac{\text{Expenditure on Food}}{\text{Total Expenditure in cash}} \times 100\%$$

Basic Pension Insurance of Urban Workers

1.Number of staff and workers covered refers to staff and workers participating in the basic pension insurance for urban staff and workers program according to national laws, regulations and related policies at the end of the reference period, who have already had payment records in social security management agencies, including those who have interrupt payment without terminating the insurance program. Those who have registered in the program but with no payment records are not included.

2.Number of retirees refers to the number of retirees participating in the basic pension insurance for urban staff and workers programs by the end of the reference period.

3. Revenue of insurance refers to payments made by units and individuals covered in pension insurance programs, and income from other resources according to national provision, including the premium paid by units and staff and works, interest income, subsidies from higher level agencies, income as transfer from subordinate agencies, transferred income, financial subsidies and other income.

Basic Medical Care Insurance:

1.Number of people participating in the insurance programme refers to the total number of basic medical insurance for employees and the basic medical insurance for urban and rural residents participating in the basic medical care insurance programme according to related regulations at the end of the reference period.

2.Revenue of basic medical care insurance refers to payments made by employers and individuals participating in the medical care insurance program in accordance with the basis and proportion stipulated in State regulations, and income from other sources that become source of medical insurance fund, including income paid by units, individual paid income, financial assistance's income (including individual income from medicaid), financial subsidies' income, interest income and other income.

Unemployment Insurance

1.Number of people participated in unemployment insurance program refers to number of staff and workers in urban enterprises or institutions and other people according to local government regulations participated in unemployment insurance program in line with national laws, regulations and related policies by the end of the reference period.

2.Revenue of insurance refers to the total unemployment insurance funds raised in the reference period, including unemployment insurance premium, interest income, financial subsidies, other income, transferred income, subsidies from higher level agencies and income as transfer from subordinate agencies.

Work Injury Insurance

1.Number of people participated in work injury insurance refers to staff and workers who have participated in the work injury insurance program and number of employees in private business according to relevant national regulations at the end of the reference period.

2. Revenue of unemployment insurance refers to payments made by units and individuals covered in unemployment insurance program, interest income, subsidies income from higher level agencies, income as transfer from subordinate agencies, transferred income, financial subsidies and other income.

Maternity Insurance

1.Number of people covered refers to people who have participated in the maternity insurance program according to relevant national regulations at the end of the reference period.

2.Revenue of maternity insurance refers to payments made by units covered in maternity insurance program according to national provisions, and income from other resources, including: income of funds paid by units, interest income and other income.

Insurance and Welfare Funds for Retired and Resigned Staff and workers refer to the total living expenses actually received by those retirees, including those from social insurance management agencies and units.

Number of Urban Residents Entitled to Minimum Living Allowances refers to the number of those urban residents whose average family income is below a minimum local standard, and status of family property meets the relevant regulation, and have received subsidies by the end of the reporting period.

Number of Rural Residents Entitled to Minimum Living Allowances refers to the number of those rural residents whose average family income is below a minimum local standard, and receiving the minimum living allowances from the local government by the end of the reporting period.

10

URBAN DEVELOPMENT

城市发展

四川统计年鉴

SICHUAN STATISTICAL YEARBOOK

10-1 城市基本情况(2017年)
Basic Statistics on Cities(2017)

城 市	City	年末常住人口(万人) Resident Population (year-end) (10 000 persons)	年末就业人员(万人) Number of Employed Persons (10 000 persons)	第一产业 Primary Industry	第二产业 Secondary Industry	第三产业 Tertiary Industry	城区面积(平方公里) Total Urban Area (sq.km)	#建成区面积 Area of Built Districts
全 省	**Sichuan**	**8302.00**	**4872.00**	**1792.90**	**1315.40**	**1763.70**	**8359.03**	**2832.25**
地级市	**at Prefecture Level**	**7605.84**	**4406.45**	**1549.45**	**1250.19**	**1606.81**	**6323.75**	**2392.78**
成都市	Chengdu	1604.47	892.70	107.90	324.65	460.15	1277.19	885.61
自贡市	Zigong	290.14	169.67	64.70	49.49	55.48	778.32	120.18
攀枝花市	Panzhihua	123.61	62.57	18.87	17.64	26.06	342.56	78.51
泸州市	Luzhou	431.72	249.58	101.37	74.46	73.75	411.38	153.88
德阳市	Deyang	353.16	216.45	73.94	58.86	83.65	193.59	85.71
绵阳市	Mianyang	483.56	303.72	89.13	101.28	113.31	480.50	149.52
广元市	Guangyuan	266.00	164.66	68.72	37.65	58.29	216.70	62.24
遂宁市	Suining	323.59	163.55	69.89	43.05	50.61	316.00	80.53
内江市	Neijiang	375.37	177.88	52.04	53.67	72.17	278.93	81.00
乐山市	Leshan	327.21	184.40	76.25	40.59	67.56	368.42	77.35
南充市	Nanchong	641.79	303.23	116.06	91.23	95.94	420.00	133.00
眉山市	Meishan	297.48	189.32	83.99	46.43	58.90	253.56	64.79
宜宾市	Yibin	453.00	316.09	142.54	89.28	84.27	146.35	102.31
广安市	Guangan	325.03	219.21	102.49	51.47	65.25	136.20	67.76
达州市	Dazhou	568.95	330.49	163.15	63.60	103.74	160.00	107.78
雅安市	Yaan	153.78	103.77	49.35	21.49	32.93	196.89	36.61
巴中市	Bazhong	331.67	171.51	74.53	43.91	53.07	160.29	56.00
资阳市	Ziyang	255.31	187.65	94.53	41.44	51.68	186.87	50.00
县级市	**at County Level**	**958.02**	**630.02**	**190.90**	**185.72**	**253.40**	**2035.28**	**439.47**
都江堰市	Dujiangyan	69.09	43.90	7.10	15.13	21.67	102.13	37.96
彭州市	Pengzhou	77.79	52.38	22.25	14.00	16.13	133.80	27.00
邛崃市	Qionglai	61.88	40.15	12.36	9.92	17.87	144.28	25.10
崇州市	Chongzhou	66.48	54.29	11.05	28.28	14.96	63.42	31.07
简阳市	Jianyang	104.76	52.30	13.98	13.80	24.52	112.00	34.00
广汉市	Guanghan	60.10	37.50	13.20	11.60	12.70	60.50	53.98
什邡市	Shifang	41.91	23.80	7.40	7.90	8.50	21.00	16.70
绵竹市	Mianzhu	45.74	31.00	10.70	8.40	11.90	15.00	12.50
江油市	Jiangyou	79.05	51.13	15.59	17.95	17.59	199.41	35.00
隆昌市	Longchang	64.78	47.23	6.79	19.55	20.89	57.00	25.20
峨眉山市	Emeishan	45.44	32.47	10.91	9.05	12.51	90.20	21.82
阆中市	Langzhong	73.43	48.82	14.87	10.41	23.54	150.00	34.50
华蓥市	Huaying	28.24	18.71	7.20	5.91	5.60	92.40	14.69
万源市	Wanyuan	42.04	29.40	12.23	3.05	14.12	18.27	15.35
马尔康市	Maerkang	5.99	4.61	1.60	0.41	2.60	369.16	5.06
康定市	Kangding	13.58	8.73	3.37	0.76	4.60	5.99	5.20
西昌市	Xichang	77.72	53.60	20.30	9.60	23.70	400.72	44.34

注：本篇章除“年末常住人口、年末就业人员”外，其余资料均由四川省住房和城乡建设厅提供。

a) Data of this talble are provided by Sichuan Provincial Department of Housing and Urban and Rural Construction, except indicator "Resident Population" and "Number of Employed Persons".

10−2 城市设施水平(2017年) Level of Public Facilities in Cities(2017)

城 市	City	供水普及率(%) Water Coverage Rate (%)	燃气普及率(%) Gas Coverage Rate (%)	人均城市道路面积(平方米) Per Capita Area of Roads (sq.m)	污水处理率(%) Wastewater Treatment Rate (%)	人均公园绿地面积(平方米) Per Capita Public Recreational Green Space (sq.m)	建成区绿化覆盖率(%) Green Covered Area as Percentage of Built Districts (%)	生活垃圾处理率(%) Household Garbage Treatment Rate (%)
全 省	**Sichuan**	**94.91**	**91.22**	**13.72**	**91.49**	**12.48**	**40.00**	**99.25**
地级市	**at Prefecture Level**	**95.25**	**92.04**	**13.45**	**92.05**	**12.50**	**39.95**	**99.47**
成都市	Chengdu	96.71	93.72	14.06	94.69	13.66	41.63	100.00
自贡市	Zigong	81.80	87.08	14.65	93.19	10.78	41.40	96.50
攀枝花市	Panzhihua	96.25	91.70	12.02	93.59	11.86	40.19	100.00
泸州市	Luzhou	95.38	87.51	10.49	93.06	11.50	40.75	100.00
德阳市	Deyang	97.91	99.53	14.81	91.19	11.48	42.00	100.00
绵阳市	Mianyang	99.78	99.56	18.26	97.50	11.53	40.09	100.00
广元市	Guangyuan	98.08	96.72	13.34	96.71	11.75	37.12	99.33
遂宁市	Suining	99.76	99.76	19.24	91.68	11.56	38.70	100.00
内江市	Neijiang	97.58	98.03	9.11	90.01	11.42	33.87	100.00
乐山市	Leshan	97.36	92.04	14.21	87.86	8.45	36.12	100.00
南充市	Nanchong	98.46	98.46	14.62	82.30	12.50	44.10	100.00
眉山市	Meishan	98.41	96.08	18.06	92.65	12.64	36.29	98.47
宜宾市	Yibin	77.36	79.28	10.37	91.12	11.67	39.05	100.00
广安市	Guangan	99.77	99.94	25.40	100.00	23.32	39.48	100.00
达州市	Dazhou	94.85	62.30	2.25	46.50	10.78	31.85	90.67
雅安市	Yaan	99.96	99.96	14.70	87.14	11.69	39.58	99.24
巴中市	Bazhong	88.80	90.64	4.13	87.88	12.44	38.39	100.00
资阳市	Ziyang	100.00	100.00	16.59	85.37	15.26	36.82	100.00
县级市	**at County Level**	**93.03**	**86.80**	**15.22**	**87.91**	**12.39**	**40.26**	**97.98**
都江堰市	Dujiangyan	98.60	88.25	15.41	88.39	11.95	42.44	100.00
彭州市	Pengzhou	98.72	99.65	12.38	87.80	10.57	36.57	100.00
邛崃市	Qionglai	95.03	99.47	21.80	94.81	26.17	42.04	100.00
崇州市	Chongzhou	99.66	93.73	24.22	92.20	12.13	41.75	100.00
简阳市	Jianyang	98.85	97.46	10.99	85.88	14.20	37.39	100.00
广汉市	Guanghan	91.82	90.69	13.04	70.58	8.24	43.92	99.92
什邡市	Shifang	88.72	92.11	16.28	89.59	14.96	40.35	100.00
绵竹市	Mianzhu	98.92	93.59	29.75	96.19	10.70	48.56	40.86
江油市	Jiangyou	94.15	96.26	17.77	96.10	11.38	40.36	100.00
隆昌市	Longchang	96.32	93.74	25.46	97.65	12.85	43.52	100.00
峨眉山市	Emeishan	91.01	75.26	14.64	95.67	13.82	43.35	100.00
阆中市	Langzhong	98.39	98.39	14.52	93.60	12.10	43.62	100.00
华蓥市	Huaying	97.55	93.83	18.53	78.06	11.83	31.06	100.00
万源市	Wanyuan	91.86	41.32	4.36	84.85	13.85	31.27	99.69
马尔康市	Maerkang	70.18	72.28	13.46	73.94	17.54	38.06	93.59
康定市	Kangding	94.26	81.74	11.98	68.00	3.44	5.15	99.58
西昌市	Xichang	76.52	59.37	9.09	85.36	10.67	38.37	100.00

10-3 城市供水情况(2017年)
Basic Statistics on Water Supply in Cities(2017)

城　市	City	供水综合生产能力(万立方米/日) Production Capacity of Tap Water Supply (10 000 cu.m / day)	供水管道长度(公里) Length of Water Supply Pipelines (km)	供水总量(万立方米) Total Volume of Water Supply (10 000 cu.m)	#居民家庭用水 Water for Residential Use	用水人口(万人) Number of Residents with Access to Tap Water (10 000 persons)	人均日生活用水量(升) Per Capita Daily Consumption of Tap Water for Residential Use (liter)
全　省	**Sichuan**	**1213.03**	**40197.06**	**255921.43**	**136905.63**	**2349.84**	**202.05**
地级市	**at Prefecture Level**	**1048.99**	**34319.18**	**219158.17**	**118153.18**	**1989.41**	**206.12**
成都市	Chengdu	528.70	14681.28	110952.80	61439.77	741.49	299.97
自贡市	Zigong	26.50	2785.26	6296.52	3428.26	95.20	119.25
攀枝花市	Panzhihua	59.07	1197.59	11094.95	4015.84	67.03	212.30
泸州市	Luzhou	87.55	1799.96	10920.80	5396.00	144.62	127.09
德阳市	Deyang	35.70	753.25	7711.15	2888.46	67.00	123.84
绵阳市	Mianyang	54.51	3816.39	11421.96	6796.81	137.80	167.14
广元市	Guangyuan	18.70	587.44	4709.19	2830.81	52.01	161.40
遂宁市	Suining	27.80	1092.09	6111.97	3469.83	54.94	190.36
内江市	Neijiang	17.28	558.88	5011.90	2801.20	62.94	144.09
乐山市	Leshan	22.00	1719.82	5797.78	3667.62	74.82	140.30
南充市	Nanchong	34.00	916.00	10005.00	5035.00	128.00	156.16
眉山市	Meishan	14.25	655.87	4767.00	2792.80	53.17	169.52
宜宾市	Yibin	24.00	694.18	6137.07	3165.74	80.40	151.77
广安市	Guangan	10.00	595.44	3057.68	1526.19	34.36	142.62
达州市	Dazhou	35.93	1095.50	7292.00	4810.00	96.79	154.49
雅安市	Yaan	12.50	506.82	2178.44	1178.87	26.86	150.86
巴中市	Bazhong	10.00	315.04	3085.00	1493.00	38.70	112.00
资阳市	Ziyang	30.50	548.37	2606.96	1416.98	33.28	134.75
县级市	**at County Level**	**164.04**	**5877.88**	**36763.26**	**18752.45**	**360.43**	**179.60**
都江堰市	Dujiangyan	18.57	489.99	3838.96	2099.00	31.63	272.57
彭州市	Pengzhou	18.34	1073.48	2056.14	1022.77	27.84	117.94
邛崃市	Qionglai	10.30	262.70	2159.60	752.00	17.99	135.87
崇州市	Chongzhou	6.80	285.00	2003.09	1181.70	17.65	210.80
简阳市	Jianyang	9.00	249.94	2249.18	1322.55	36.18	102.65
广汉市	Guanghan	17.06	281.89	4044.23	1830.79	31.08	182.19
什邡市	Shifang	7.40	463.60	2038.00	513.00	11.80	295.80
绵竹市	Mianzhu	10.50	121.76	1722.49	803.00	12.81	243.67
江油市	Jiangyou	15.00	686.00	2562.00	1790.00	33.00	167.54
隆昌市	Longchang	6.00	409.82	1250.00	725.00	20.92	111.32
峨眉山市	Emeishan	8.00	207.00	2253.00	1276.00	16.00	248.46
阆中市	Langzhong	11.00	245.00	2672.00	1180.00	30.50	159.53
华蓥市	Huaying	2.50	217.79	743.12	485.16	11.54	138.13
万源市	Wanyuan	3.58	145.41	1300.45	739.48	12.07	188.83
马尔康市	Maerkang	1.90	41.00	382.00	272.00	2.00	372.60
康定市	Kangding	1.29	64.00	439.00	325.00	5.42	186.15
西昌市	Xichang	16.80	633.50	5050.00	2435.00	42.00	198.76

10-4 城市燃气情况(2017年)
Basic Statistics on Gas Supply in Cities(2017)

城 市	City	天然气销售量(万立方米) Total Volume of Gas Sales (10 000 cu.m)	#居民家庭 Volume of Residential Use	天然气用气人口(万人) Population with Access to Gas (10 000 persons)	液化石油气销售量(吨) Total Volume of LPG Sales (10 000 cu.m)	#居民家庭 Volume of Residential Use	液化石油气用气人口(万人) Population with Access to LPG (10 000 persons)
全 省	**Sichuan**	**702290.07**	**304773.05**	**2080.47**	**194686.88**	**101799.47**	**128.86**
地级市	**at Prefecture Level**	**625987.59**	**265040.33**	**1792.97**	**170793.56**	**82794.00**	**80.07**
成都市	Chengdu	307234.47	137387.18	686.19	125425.69	55169.44	32.37
自贡市	Zigong	26197.15	11669.08	101.34			
攀枝花市	Panzhihua	27.10	0.30	4.00	8378.00	3644.00	10.72
泸州市	Luzhou	41235.30	12416.46	130.38	2133.30	1587.00	2.30
德阳市	Deyang	54359.19	9510.15	63.93	3781.50	2404.00	4.18
绵阳市	Mianyang	46433.71	15960.18	133.91	3693.50	3418.00	3.58
广元市	Guangyuan	13565.84	5952.35	47.30	1666.00	1384.00	3.99
遂宁市	Suining	15131.61	6097.64	54.94			
内江市	Neijiang	12406.77	4959.24	58.13	14325.00	6661.00	5.10
乐山市	Leshan	25850.35	8115.48	70.60	140.00	15.00	0.13
南充市	Nanchong	19730.00	9038.00	123.00	5600.00	4800.00	5.00
眉山市	Meishan	9532.90	5794.45	50.55	671.56	671.56	1.36
宜宾市	Yibin	18796.35	14409.43	80.15	1084.01	480.00	2.25
广安市	Guangan	7167.03	4619.95	34.42			
达州市	Dazhou	8992.15	5517.28	63.58			
雅安市	Yaan	5242.00	3765.00	26.86			
巴中市	Bazhong	9276.00	6853.00	39.50			
资阳市	Ziyang	4809.67	2975.16	24.19	3895.00	2560.00	9.09
县级市	**at County Level**	**76302.48**	**39732.72**	**287.50**	**23893.32**	**19005.47**	**48.79**
都江堰市	Dujiangyan	7289.00	4373.00	27.82	432.70	170.74	0.49
彭州市	Pengzhou	8321.30	7177.30	25.10	920.00	824.00	3.00
邛崃市	Qionglai	5096.00	3715.00	17.90	190.00	112.00	0.93
崇州市	Chongzhou	4650.00	2650.00	14.10	2680.00	1600.00	2.50
简阳市	Jianyang	6852.26	2983.02	34.87	1090.00	800.00	0.80
广汉市	Guanghan	8235.06	4409.60	24.51	4351.62	4236.73	6.19
什邡市	Shifang	6900.00	1515.00	11.20	750.00	360.00	1.05
绵竹市	Mianzhu	9033.00	2011.00	11.12	1196.00	1163.00	1.00
江油市	Jiangyou	7205.95	3565.73	33.74			
隆昌市	Longchang	2370.78	1813.17	20.36			
峨眉山市	Emeishan	3685.00	1328.00	13.23	1386.00		
阆中市	Langzhong	3540.00	2170.00	29.50	1330.00	785.00	1.00
华蓥市	Huaying	1921.00	1376.00	10.20	149.00	106.00	0.90
万源市	Wanyuan	178.80	151.00	3.31	659.00	659.00	2.12
马尔康市	Maerkang	70.00	32.00	0.60	382.00	382.00	1.46
康定市	Kangding	52.90	52.90	0.90	1895.00	1895.00	3.80
西昌市	Xichang	901.43	410.00	9.04	6482.00	5912.00	23.55

10-5 城市市政设施情况(2017年)
Basic Statistics on Municipal Infrastructure in Cities(2017)

城 市	City	道路长度（公里）Length of Paved Roads (km)	道路面积（万平方米）Area of Paved Roads (10 000 sq.m)	桥梁数（座）Number of Bridges (unit)	排水管道长度（公里）Length of Drain Pipes (km)	污水管道 Wastewater Pipes	雨水管道 Rainwater Pipes	雨污合流管道 Combined Pipes of Rainwater and Wastewater
全 省	**Sichuan**	**16076.96**	**33978.95**	**2557**	**28501.95**	**12318.16**	**12734.36**	**3449.43**
地级市	**at Prefecture Level**	**13503.25**	**28082.26**	**2141**	**24096.60**	**10482.32**	**11021.36**	**2592.92**
成都市	Chengdu	4124.74	10783.90	1066	10815.79	4874.80	5631.95	309.04
自贡市	Zigong	1445.66	1704.81	127	53.80	53.80		
攀枝花市	Panzhihua	709.45	837.08	85	634.63	466.34	167.29	1.00
泸州市	Luzhou	847.97	1590.70	52	1303.80	542.96	521.30	239.54
德阳市	Deyang	428.13	1013.56	49	691.38	302.05	355.23	34.10
绵阳市	Mianyang	1245.91	2521.26	106	2800.85	1206.68	1565.50	28.67
广元市	Guangyuan	442.72	707.30	133	800.47	457.51	318.32	24.64
遂宁市	Suining	427.42	1059.37	79	844.33	410.17	388.80	45.36
内江市	Neijiang	261.27	587.41	63	492.78	174.76	150.25	167.77
乐山市	Leshan	659.61	1092.13	59	721.55	163.71	99.75	458.09
南充市	Nanchong	630.00	1900.00	52	1600.00	613.00	553.00	434.00
眉山市	Meishan	486.62	975.93	60	766.91	234.65	428.55	103.71
宜宾市	Yibin	531.22	1077.54	63	654.32	106.66	103.08	444.58
广安市	Guangan	336.05	874.64	19	429.85	282.85	129.00	18.00
达州市	Dazhou	145.13	229.73	15	120.60	54.60	66.00	
雅安市	Yaan	230.85	394.90	42	342.68	115.27	53.20	174.21
巴中市	Bazhong	245.00	180.00	33	310.00	160.00	150.00	
资阳市	Ziyang	305.50	552.00	38	712.86	262.51	340.14	110.21
县级市	**at County Level**	**2573.71**	**5896.69**	**416**	**4405.35**	**1835.84**	**1713.00**	**856.51**
都江堰市	Dujiangyan	266.07	494.26	93	551.23	221.67	291.12	38.44
彭州市	Pengzhou	142.86	349.13	8	425.04	156.28	268.76	
邛崃市	Qionglai	121.45	412.71	2	312.42	113.71	162.71	36.00
崇州市	Chongzhou	145.60	428.95	10	472.20	232.41	209.79	30.00
简阳市	Jianyang	147.00	402.36	19	226.00	81.00	47.00	98.00
广汉市	Guanghan	224.91	441.50	19	380.16	126.65	180.51	73.00
什邡市	Shifang	124.04	216.50	37	133.00	38.00	52.00	43.00
绵竹市	Mianzhu	171.39	385.32	22	213.50	162.30	50.20	1.00
江油市	Jiangyou	218.16	622.93	28	411.00	205.50	205.50	
隆昌市	Longchang	205.31	552.98	18	162.91	78.50	16.41	68.00
峨眉山市	Emeishan	92.04	257.45	21	90.80	47.80		43.00
阆中市	Langzhong	173.00	450.00	24	376.00	148.00	128.00	100.00
华蓥市	Huaying	107.07	219.25	22	198.00	103.00	81.00	14.00
万源市	Wanyuan	48.00	57.30	59	69.35	4.55	20.00	44.80
马尔康市	Maerkang	39.30	38.36	18	10.23	10.23		
康定市	Kangding	86.90	68.90	16	37.00	25.00		12.00
西昌市	Xichang	260.61	498.79		336.51	81.24		255.27

10-6 城市绿地和园林情况(2017年)
Basic Statistics on Parks and Green Areas in Cities(2017)

城 市	City	绿化覆盖面积 (公顷) Areas Covered by Green Land (hectare)	#建成区 Built Districts	绿地面积 (公顷) Green Area (hectare)	#建成区 Built Districts	公园绿地面积 (公顷) Public Green Area (hectare)	公园个数 (个) Number of Parks (units)	公园面积 (公顷) Area of Parks (hectare)
全 省	**Sichuan**	**121490.00**	**113279.41**	**107505.41**	**100882.97**	**30911.52**	**588**	**16370.15**
地级市	**at Prefecture Level**	**103568.09**	**95588.11**	**91665.38**	**85255.28**	**26110.26**	**477**	**13083.16**
成都市	Chengdu	36869.69	36869.69	32617.18	32617.18	10474.29	110	3285.19
自贡市	Zigong	5094.95	4975.45	4374.42	4266.42	1255.04	18	615.00
攀枝花市	Panzhihua	3155.02	3155.02	2933.27	2933.27	826.10	19	577.50
泸州市	Luzhou	6902.00	6270.00	6325.56	5693.56	1744.00	41	1497.20
德阳市	Deyang	3600.20	3600.20	3051.23	3051.23	785.82	16	442.60
绵阳市	Mianyang	5994.26	5994.26	5460.87	5460.87	1592.29	14	655.93
广元市	Guangyuan	2355.46	2310.07	2233.39	2210.88	622.86	17	444.56
遂宁市	Suining	6655.95	3116.79	6262.23	2670.24	636.60	26	412.10
内江市	Neijiang	3076.55	2743.55	2755.04	2492.04	736.35	5	100.95
乐山市	Leshan	3810.21	2793.83	3453.42	2501.42	649.18	90	594.25
南充市	Nanchong	6177.00	5865.00	5208.00	5069.00	1625.00	23	1499.00
眉山市	Meishan	2603.24	2351.22	2290.06	2071.00	682.73	12	183.00
宜宾市	Yibin	3995.22	3995.22	3448.68	3448.68	1212.88	18	357.51
广安市	Guangan	2695.34	2675.50	2528.13	2406.83	803.12	14	1048.67
达州市	Dazhou	4258.00	3432.31	3499.00	3167.96	1100.00	13	630.97
雅安市	Yaan	2301.00	1449.00	1321.00	1303.00	314.00	22	204.00
巴中市	Bazhong	2183.00	2150.00	2081.90	2069.70	542.00	13	395.50
资阳市	Ziyang	1841.00	1841.00	1822.00	1822.00	508.00	6	139.23
县级市	**at County Level**	**17921.91**	**17691.30**	**15840.03**	**15627.69**	**4801.26**	**111**	**3286.99**
都江堰市	Dujiangyan	1611.18	1611.18	1445.02	1445.02	383.33	4	126.30
彭州市	Pengzhou	987.40	987.40	817.30	817.30	298.00	2	17.50
邛崃市	Qionglai	1055.12	1055.12	937.88	937.88	495.45	7	495.45
崇州市	Chongzhou	1297.22	1297.22	1219.13	1219.13	214.82	1	3.00
简阳市	Jianyang	1294.26	1271.26	1158.76	1109.76	519.72	8	679.72
广汉市	Guanghan	2372.00	2370.88	1936.59	1931.59	278.99	9	116.00
什邡市	Shifang	673.89	673.89	537.54	537.54	199.00	4	48.00
绵竹市	Mianzhu	607.03	607.03	509.28	509.28	138.60	5	36.07
江油市	Jiangyou	1429.46	1412.46	1280.46	1226.46	399.00	5	167.00
隆昌市	Longchang	1228.00	1096.81	1013.92	947.78	279.06	2	26.00
峨眉山市	Emeishan	946.00	946.00	880.00	880.00	243.00	9	140.00
阆中市	Langzhong	1530.00	1505.00	1337.00	1303.00	375.00	8	280.00
华蓥市	Huaying	456.43	456.23	424.94	420.74	139.95	4	139.95
万源市	Wanyuan	480.00	480.00	440.50	440.50	182.00	5	286.00
马尔康市	Maerkang	192.60	192.60	192.60	192.60	50.00	2	50.00
康定市	Kangding	26.80	26.80	28.80	28.80	19.80	1	16.00
西昌市	Xichang	1734.52	1701.42	1680.31	1680.31	585.54	35	660.00

10−7 城市排污和市容环境卫生情况(2017年)
Basic Statistics on Sewage ,Urban Sanitation in Cities(2017)

城市	City	污水排放量 (万立方米) Volume of Sewage Discharged (10 000 cu.m)	污水处理厂 (座) Watewater Treatment Plants (unit)	污水处理厂处理量 (万立方米) Volume of Watewater Treatment Plants (10 000 cu.m)	生活垃圾清运量 (万吨) Volume of Household Garbage Treatment (10 000 tons)	生活垃圾无害化处理厂(场) (座) Domestic Garbage Harmless Treatment Plants (unit)	生活垃圾无害化处理量 (万吨) Volume of Domestic Garbage Harmless Treatment (10 000 sq.m)	公共厕所 (座) Number of Public Lavatories (unit)	市容环卫专用车辆设备总数 (辆) Number of Vehicles for Environmental Sanitation (unit)
全　省	**Sichuan**	**213866**	**130**	**188567**	**989.89**	**48**	**975.42**	**5893**	**7620**
地级市	**at Prefecture Level**	**185157**	**106**	**163435**	**841.56**	**33**	**837.07**	**4752**	**6555**
成都市	Chengdu	98746	27	93449	442.97	5	442.95	1216	2882
自贡市	Zigong	4800	5	4473	24.30	1	23.45	429	164
攀枝花市	Panzhihua	10167	6	3983	15.77	3	15.77	400	166
泸州市	Luzhou	7646	11	5924	23.46	2	23.46	210	224
德阳市	Deyang	6707	4	6116	20.75	1	20.75	118	473
绵阳市	Mianyang	10260	9	10004	42.42	3	42.42	330	251
广元市	Guangyuan	4223	5	4084	19.32	4	19.19	135	193
遂宁市	Suining	4882	5	4476	19.37	2	19.37	115	161
内江市	Neijiang	3524	3	3172	21.32	1	21.32	199	181
乐山市	Leshan	4590	7	4033	25.68	3	25.68	173	136
南充市	Nanchong	7005	2	5765	43.67	2	43.66	420	130
眉山市	Meishan	3537	6	3056	26.07	1	25.67	92	408
宜宾市	Yibin	4651	6	4238	30.21	2	30.21	166	322
广安市	Guangan	2838	5	2838	12.14		12.14	136	225
达州市	Dazhou	5542	1	2577	32.11	1	29.12	401	290
雅安市	Yaan	1664	2	1450	11.59	1	11.50	51	110
巴中市	Bazhong	2475	1	2175	16.43		16.43	104	134
资阳市	Ziyang	1900	1	1622	13.98	1	13.98	57	105
县级市	**at County Level**	**28709**	**24**	**25132**	**148.33**	**15**	**138.35**	**1141**	**1065**
都江堰市	Dujiangyan	2894	2	2558	10.17	1	10.17	113	94
彭州市	Pengzhou	1901	2	1669	7.11	1	7.11	98	44
邛崃市	Qionglai	1541	1	1461	5.78	1	5.78	38	221
崇州市	Chongzhou	1410	1	1300	8.95	1	8.95	58	29
简阳市	Jianyang	1728	1	1484	24.81	1	24.81	60	42
广汉市	Guanghan	2831	2	1998	14.50	1	14.49	77	70
什邡市	Shifang	1989	1	1782	4.55	1	4.55	36	85
绵竹市	Mianzhu	1521	1	1463	4.83	1	1.97	29	43
江油市	Jiangyou	1921	1	1846	8.40	1	8.40	67	39
隆昌市	Longchang	1021	1	997	7.16	1	7.16	32	69
峨眉山市	Emeishan	1892	1	1810	5.50	2	5.50	47	46
阆中市	Langzhong	2030	2	1900	11.05	1	11.05	163	35
华蓥市	Huaying	743	3	580	5.65		5.65	21	36
万源市	Wanyuan	957	1	812	5.54			54	45
马尔康市	Maerkang	284	1	105	1.56			14	22
康定市	Kangding	500	1	340	2.15	1	2.14	17	6
西昌市	Xichang	3546	2	3027	20.62	1	20.62	217	139

10-8 县城市政设施水平(2017年)
Level of Municipal Infrastructure in Counties(2017)

县 城	Counties	供水普及率 (%) Water Coverage Rate (%)	燃气普及率 (%) Gas Coverage Rate (%)	建成区路网密度 (公里/平方公里) Density of Road Network of Built District (km/sq.km)	建成区道路面积率 (%) Road Area Rate of Built District (%)	污水处理厂集中处理率 (%) Centralized Treatment Rate of Watewater Treatment Plants (%)	建成区绿地率 (%) Green Space Rate of Built District (%)	生活垃圾无害化处理率 (%) Domestic Garbage Harmless Treatment Rate (%)
全 省	**Sichuan**	**88.74**	**79.50**	**4.65**	**9.12**	**72.96**	**29.14**	**87.69**
金堂县	Jintang	98.65	97.88	5.59	13.75	80.40	38.33	100.00
大邑县	Dayi	85.49	80.99	2.81	6.81	92.96	30.94	99.99
蒲江县	Pujiang	97.90	98.50	4.97	9.94	86.67	37.36	99.80
新津县	Xinjin	92.67	92.67	1.89	4.35	76.18	31.92	100.00
荣县	Rongxian	88.56	89.00	4.91	13.40	95.95	37.60	
富顺县	Fushun	100.00	100.00	12.71	14.80	95.80	38.56	100.00
米易县	Miyi	61.86	55.52	6.69	9.70	92.93	35.07	98.94
盐边县	Yanbian	85.62	43.49	4.19	4.19	63.45	43.11	100.00
泸县	Luxian	58.19	55.74	4.66	12.95	29.68	34.45	100.00
合江县	Hejiang	89.01	78.54	4.31	5.94	36.74	25.53	100.00
叙永县	Xuyong	80.85	42.83	4.27	5.54	83.35	31.17	100.00
古蔺县	Gulin	95.46	56.57	4.01	11.76	72.18	34.50	100.00
中江县	Zhongjiang	93.55	84.77	4.35	12.38	58.14	33.77	100.00
三台县	Santai	96.84	95.15	5.25	13.20	83.04	35.47	100.00
盐亭县	Yanting	68.16	93.27	3.80	7.10	86.55	38.03	100.00
梓潼县	Zitong	88.76	99.41	9.35	21.00	85.60	34.00	100.00
北川羌族自治县	Beichuan	76.57	94.90	8.00	13.00	94.64	44.20	100.00
平武县	Pingwu	79.57	81.18	10.27	16.31	86.32	38.51	100.00
旺苍县	Wangcang	95.49	95.83	5.41	5.41	92.86	34.03	93.17
青川县	Qingchuan	92.63	94.74	7.59	14.79	91.84	26.49	94.63
剑阁县	Jiange	96.28	97.81	3.15	9.46	96.30	35.87	98.20
苍溪县	Cangxi	98.41	98.71	4.46	10.95	96.01	36.28	95.80
蓬溪县	Pengxi	85.48	87.98	3.16	7.55	82.33	35.51	100.00
射洪县	Shehong	97.54	93.23	6.45	12.55	96.69	35.30	99.06
大英县	Daying	93.35	93.03	4.72	10.53	86.33	29.93	94.71
威远县	Weiyuan	98.73	99.70	3.23	11.05	81.05	30.54	95.05
资中县	Zizhong	60.82	45.61	2.92	5.69	98.57	13.95	99.43
犍为县	Qianwei	100.00	100.00	5.38	12.26	80.29	27.18	100.00
井研县	Jingyan	99.86	98.42	4.55	9.55	99.62	13.92	100.00
夹江县	Jiajiang	99.88	97.44	5.60	9.63	99.50	17.34	100.00
沐川县	Muchuan	85.86	97.20	6.75	13.07	58.28	29.31	100.00
峨边彝族自治县	Ebian	92.78	4.64	3.04	3.04	65.91	8.43	100.00
马边彝族自治县	Mabian	93.82	49.89	5.16	7.91	90.75	28.98	100.00
南部县	Nanbu	97.52	95.98	8.25	15.41	93.68	35.61	100.00
营山县	Yingshan	95.35	95.35	4.11	12.40	80.60	34.36	100.00

10-8 续表1 continued

县 城	Counties	供水普及率 (%) Water Coverage Rate (%)	燃气普及率 (%) Gas Coverage Rate (%)	建成区路网密度 (公里/平方公里) Density of Road Network of Built District (km/sq.km)	建成区道路面积率 (%) Road Area Rate of Built District (%)	污水处理厂集中处理率 (%) Centralized Treatment Rate of Watewater Treatment Plants (%)	建成区绿地率 (%) Green Space Rate of Built District (%)	生活垃圾无害化处理率 (%) Domestic Garbage Harmless Treatment Rate (%)
蓬安县	Pengan	97.50	97.23	3.67	10.30	86.72	32.76	98.71
仪陇县	Yilong	95.63	95.63	4.06	11.06	86.27	33.94	100.00
西充县	Xichong	96.93	94.47	3.79	11.03	98.65	33.74	100.00
仁寿县	Renshou	83.29	84.90	3.79	10.79	79.23	30.29	100.00
洪雅县	Hongya	95.68	90.58	5.94	11.60	89.15	31.61	
丹棱县	Danling	81.30	86.34	4.17	8.16	68.53	34.57	97.85
青神县	Qingshen	94.66	96.80	5.95	5.95	72.43	24.93	94.69
宜宾县	Yibin	88.03	85.42	3.02	9.46	91.42	30.64	100.00
江安县	Jiangan	100.00	85.91	5.50	9.39	95.58	34.90	100.00
长宁县	Changning	92.04	72.87	7.12	14.44	95.57	39.73	100.00
高县	Gaoxian	79.32	92.78	3.19	7.26	15.28	31.18	100.00
珙县	Gongxian	94.97	97.80	2.07	3.06	91.87	39.99	100.00
筠连县	Junlian	80.73	91.74	1.00	1.00	81.82	31.82	100.00
兴文县	Xingwen	73.59	79.14	3.93	4.19	99.50	30.41	100.00
屏山县	Pingshan	71.05	98.05	5.52	11.13	92.72	28.25	100.00
岳池县	Yuechi	100.00	99.89	4.43	4.43	90.27	34.74	100.00
武胜县	Wusheng	96.49	97.39	5.15	9.33	92.77	39.06	100.00
邻水县	Linshui	100.00	100.00	2.45	5.49	91.99	30.00	100.00
宣汉县	Xuanhan	88.70	98.17	6.32	12.64	88.24	15.57	85.37
开江县	Kaijiang	100.00	100.00	4.21	9.04	73.87	31.00	100.00
大竹县	Dazhu	83.22	83.63	2.31	8.48	78.41	30.70	100.00
渠县	Quxian	80.00	56.00	2.23	4.56	83.66	24.50	64.20
荥经县	Yingjing	99.28	79.09	9.38	16.21	86.22	31.10	100.00
汉源县	Hanyuan	100.00	26.22	8.76	13.62	92.37	25.17	100.00
石棉县	Shimian	100.00	22.51	7.62	12.00	72.11	17.22	100.00
天全县	Tianquan	97.56	95.61	10.73	18.11	98.09	12.94	100.00
芦山县	Lushan	94.38	99.06	7.94	9.27	80.21	39.62	100.00
宝兴县	Baoxing	79.87	77.99	8.72	7.59	92.94	32.43	100.00
通江县	Tongjiang	87.21	78.66	3.64	7.88	83.96	39.52	99.96
南江县	Nanjiang	99.94	75.84	3.30	2.93	93.96	33.62	100.00
平昌县	Pingchang	91.37	70.46	5.51	15.02	77.00	30.16	
安岳县	Anyue	79.08	84.11	3.60	7.13	85.02	14.83	100.00
乐至县	Lezhi	84.52	72.04	5.58	18.44	87.17	38.71	62.37
汶川县	Wenchuan	54.79	31.78	1.23	0.59	14.75	16.05	97.88
理县	Lixian	86.99		8.47	4.52	10.00	7.34	
茂县	Maoxian	93.67	86.33	7.33	11.63	33.01	15.31	
松潘县	Songpan	81.58	49.56	13.28	15.20		17.59	
九寨沟县	Jiuzhaigou	77.17	75.88	10.61	9.33	77.37	3.72	93.56
金川县	Jinchuan	94.84	56.77	3.94	2.36		2.52	

10-8 续表2 continued

县 城	Counties	供水普及率 (%) Water Coverage Rate (%)	燃气普及率 (%) Gas Coverage Rate (%)	建成区路网密度 (公里/平方公里) Density of Road Network of Built District (km/sq.km)	建成区道路面积率 (%) Road Area Rate of Built District (%)	污水处理厂集中处理率 (%) Centralized Treatment Rate of Watewater Treatment Plants (%)	建成区绿地率 (%) Green Space Rate of Built District (%)	生活垃圾无害化处理率 (%) Domestic Garbage Harmless Treatment Rate (%)
小金县	Xiaojin	81.32	57.14	3.65	4.03	75.00	3.80	85.48
黑水县	Heishui	61.88		0.52	0.27		0.70	
壤塘县	Rangtang	87.93	68.97	10.00	10.00		1.00	
阿坝县	Abaxian	20.34	61.02	0.55	1.95		0.48	91.25
若尔盖县	Ruoergai	87.29	68.64	4.68	5.26	58.97	22.19	
红原县	Hongyuan	89.26	69.13			40.63	25.69	97.75
泸定县	Luding	92.00	73.20	10.73	15.25		5.45	
丹巴县	Danba	55.26	22.63	2.90	2.42	4.00	1.71	
九龙县	Jiulong	83.78	63.78	3.13	3.09		2.61	
雅江县	Yajiang	96.83	95.24	3.57	3.57		3.57	100.00
道孚县	Daofu	78.21	62.57	6.98	4.19		0.63	99.73
炉霍县	Luhuo	83.33	71.57	2.33	6.00		5.67	100.00
甘孜县	Ganzixian	100.00	56.82	1.96	2.04	73.33	0.86	
新龙县	Xinlong	87.76	8.16				4.71	100.00
德格县	Dege	53.06	81.63	13.33	9.33		3.40	
白玉县	Baiyu	75.00	39.17	4.67	16.83		3.00	80.33
石渠县	Shiqu	71.26	70.11	9.81	6.67		0.23	
色达县	Seda	91.25	88.75	7.07	5.00		2.39	100.00
理塘县	Litang	69.03	30.97	1.82	1.70		1.04	30.00
巴塘县	Batang	75.12	72.77	17.20	16.51		6.43	100.00
乡城县	Xiangcheng	44.72	40.65	0.79	0.86		0.86	
稻城县	Daocheng	97.09		9.63	27.00	1.89	7.93	100.00
得荣县	Derong	96.15	57.69	6.15	10.77	13.89	6.85	
木里藏族自治县	Muli	82.33		3.08	4.08		17.15	
盐源县	Yanyuan	99.49	14.12	6.01	8.85		12.78	80.49
德昌县	Dechang	88.93	60.74	12.30	18.62	26.12	32.63	81.37
会理县	Huili	86.19	57.46	4.39	5.15	74.82	32.93	100.00
会东县	Huidong	83.56	27.53	3.76	6.07	14.63	47.04	92.10
宁南县	Ningnan	70.44		1.32	0.45	5.62	3.43	100.00
普格县	Puge	97.46	42.37	2.00	3.17		14.58	100.00
布拖县	Buto	93.94	18.79	3.20	10.54		38.00	57.94
金阳县	Jinyang	98.97	59.79	4.64	4.00		13.40	33.36
昭觉县	Zhaojue	73.66	24.39	1.83	2.00		32.33	
喜德县	Xide	74.77	15.58	5.56	7.41		9.63	37.04
冕宁县	Mianning	96.44	24.11	4.91	6.54	45.13	56.59	91.90
越西县	Yuexi	88.97		6.11	5.64		26.44	94.07
甘洛县	Ganluo	73.39	18.18	4.59	5.50		17.89	
美姑县	Meigu	86.46	34.72	10.26	5.98		15.98	30.08
雷波县	Leibo	73.12	56.95	6.93	8.43		10.09	

主要统计指标解释

供水综合生产能力 指按供水设施取水、净化、送水、出厂输水干管等环节设计能力计算的综合生产能力。包括在原设计能力的基础上，经挖、革、改增加的生产能力。计算时，以四个环节中最薄弱的环节为主确定能力。

供水管道长度 指从送水泵至用户水表之间所有管道的长度。不包括新安装尚未使用、水厂内以及用户建筑物内的管道。

供水总量 指报告期供水企业(单位)供出的全部水量。包括有效供水量和漏损水量。

生产运营用水 指在城区范围内生产、运营的农、林、牧、渔业、工业、建筑业、交通运输业等单位在生产、运营过程中的用水。

居民家庭用水 指城市范围内所有居民家庭的日常生活用水。包括城市居民、农民家庭、公共供水站用水。

用水普及率 指报告期末城区用水人口数与城市人口总数的比率。计算公式：

$$\text{用水普及率}=\frac{\text{城区用水人口（含暂住人口）}}{\text{城区人口+城区暂住人口}}\times 100\%$$

供气管道长度 指报告期末从气源厂压缩机的出口或门站出口至各类用户引入管之间的全部已经通气、投入使用的管道长度。不包括煤气生产厂、输配站、液化气储存站、灌瓶站、储配站、气化站、混气站、供应站等厂(站)内的管道。

供气总量 指报告期燃气企业(单位)向用户供应的燃气数量。包括销售量和损失量。

燃气普及率 指报告期末城区使用燃气的城市人口数与城市人口总数的比率。燃气包括人工煤气、天然气、液化石油气三种。计算公式为：

$$\text{燃气普及率}=\frac{\text{城区用气人口（含暂住人口）}}{\text{城区人口+城区暂住人口}}\times 100\%$$

道路长度 指道路长度和与道路相通的桥梁、隧道的长度，按车行道中心线计算。

桥梁 指为跨越天然或人工障碍物而修建的构筑物。包括跨河桥、立交桥、人行天桥以及人行地下通道等。

排水管道长度 指所有排水总管、干管、支管、检查井及连接井进出口等长度之和。

绿地面积 指报告期末用作园林和绿化的各种绿地面积。包括公园绿地、生产绿地、防护绿地、附属绿地和其他绿地的面积。

公园绿地 城市中向公众开放的、以游憩为主要功能，有一定的游憩设施和服务设施，同时兼有健全生态、美化景观、防灾减灾等综合作用的绿化用地。包括综合公园、社区公园、专类公园、带状公园和街旁绿地。其中综合公园、专类公园和带状公园面积之和为公园面积。

道路清扫保洁面积 指报告期末对城市道路和公共场所（主要包括城市行车道、人行道、车行隧道、人行过街地下通道、道路附属绿地、地铁站、高架路、人行过街天桥、立交桥、广场、停车场及其他设施等）进行清扫保洁的面积。一天清扫保洁多次的，按清扫保洁面积最大的一次计算。

市容环卫专用车辆设备 指用于环境卫生作业、监察的专用车辆和设备，包括用于道路清扫、冲洗、洒水、除雪、垃圾粪便清运、市容监察以及与其配套使用的车辆和设备。

Explanatory Notes on Main Statistical Indicators

Production Capacity of Water Supply refers to the designed overall production capacity of water facilities, covering the four segments of water collection, purification, conveyance, and outflow through trunk pipelines. Increased capacity through transformation and innovation projects is included as well. The capacity is determined mainly on the weakest of the above-mentioned four segments.

Length of Water Supply Pipelines refers to the total length of all the pipelines between the water pumps and the user water meters, excluding pipelines newly installed but not used yet, pipeline in the water factory, and pipeline in the user's buildings.

Total Volume of Urban Water Supply refers to the total volume of water supplied by water-works (units) during the reference period, including both the effective water supply and loss during the water supply.

Consumption of Water for Production and Operation Use refers to water consumption in the process of production and operation by production and operation units of agriculture, forestry, animal husbandry, fisheries, industry, construction industry, and transportation industry, etc. in urban areas.

Consumption of Water for Households Use refers to consumption of water for daily life of all households in cities, including households of urban residents and farmers, and public water supply stations.

Coverage Rate of Urban Population with Access to Tap Water refers to the ratio of the urban population with access to tap water to the total urban population at the end of reference period. The formula is:

$$\text{Coverage rate of urban population with access to tap water} = \frac{\text{Urban population with access to tap water}}{\text{Urban population}} \times 100\%$$

Length of Gas Pipelines refers to the total length of pipelines in use between the outlet of the compressor of gas-work or outlet of gas stations and the leading pipe of users, excluding pipelines within gasworks, delivery stations, LPG storage stations, refilling stations, gas-mixing stations and supply stations.

Volume of Gas Supply refers to the total volume of gas provided to users by gas-producing enterprises (units) during the reporting period, including the volume sold and the volume lost.

Coverage Rate of Urban Population with Access to Gas refers to the ratio of the urban population with access to gas to the total urban population at the end of the reference period. Gas here includes artificial coal gas, natural gas and liquefied petroleum gas. The formula is:

$$\text{Coverage Rate of Urban Population with Access to Gas} = \frac{\text{Urban population with access to ga}}{\text{Urban population}} \times 100\%$$

Length of Paved Roads refers to the length of roads with paved surface including bridges and tunnels connected with roads. Length of the roads is measured by the central lines.

Urban Bridges refer to bridges built to cross over natural or man-made barriers, including bridges over rivers, overpasses for traffic and for pedestrians, underpasses for pedestrians, etc.

Length of Urban Sewage Pipes refers to the total length of general drainage, trunks, branch and inspection wells, connection wells, inlets and outlets, etc.

Area of Urban Green Land refers to the total area occupied for green projects at the end of the reference period, including park green land, production green land, protection green land, green land attached to institutions, and other green areas.

Park Green Area refers to green areas open to the public for amusement and rest with the facilities of amusement, rest and services. Its function includes perfecting ecology, beautifying landscape, and preventing and reducing disaster. Park green areas include comprehensive park, community park, theme park, linear park and roadside green space. Total areas of comprehensive park, topic park and belt-shaped is the area of park.

Road Area Cleaned refers to the area which are regularly cleaned, as at the end of the reference period, at urban roads and public places (mainly including urban roadways, pedestrian walkways, vehicular tunnels, pedestrian underpasses, underground railway stations, lifted roads, pedestrians walk bridges, overpasses, plazas, parking lots and other facilities). If there are several times of cleaning in a day at a location, the area of that time of cleaning with the largest area cleaned will be taken.

Vehicles and Facilities Dedicated to Urban Cleanliness and Environmental Sanitation refer to vehicles and facilities dedicated for use in the operation, management and monitoring of environmental hygiene work. They include vehicles for road cleaning, washing, showering, ice removal, disposal of garbage and human wastes, cleanliness monitoring and related activities.

11

SURVEY OF MINORITY Nationality Autonomous Areas

民族自治地方概况

四川统计年鉴

SICHUAN STATISTICAL YEARBOOK

11-1 民族自治地方地区生产总值和指数
Gross Regional Product and Related Indices of Minority Nationality Autonomous Areas

年份 Year	地区生产总值 Gross Regional Product	第一产业 Primary Industry	第二产业 Secondary Industry	第三产业 Tertiary Industry	人均地区生产总值(元) Per Capita GDP(yuan)
绝对数(亿元) Value (100 million yuan)					
1978	13.17	6.48	4.19	2.50	281
1980	16.12	7.76	5.08	3.28	335
1985	28.88	13.96	8.53	6.38	564
1990	55.34	24.47	15.63	15.24	1016
1995	137.69	53.29	41.82	42.57	2414
2000	213.10	77.02	64.64	71.44	3549
2005	453.56	126.30	167.49	159.77	6962
2006	539.54	138.46	217.78	183.30	8190
2007	675.77	181.30	223.82	270.64	10045
2008	776.16	213.09	326.31	236.76	11244
2009	892.90	218.92	357.89	316.09	12556
2010	1102.59	240.33	504.08	358.18	15129
2011	1397.20	276.85	698.28	422.08	19818
2012	1587.48	311.75	800.56	475.17	22412
2013	1742.58	335.95	889.29	517.34	24432
2014	1869.25	357.84	943.72	567.68	26011
2015	1900.55	379.87	905.59	615.09	26171
2016	2031.66	406.60	949.54	675.51	27476
2017	2167.73	427.96	918.23	821.54	28927
指数(1978年=100) Index (1978=100)					
1978	100.0	100.0	100.0	100.0	100.0
1980	108.8	107.0	110.8	110.6	105.9
1985	163.5	167.8	138.0	196.3	149.7
1990	209.1	187.4	192.5	309.9	179.4
1995	310.2	228.4	338.2	523.4	256.2
2000	444.3	297.3	503.5	811.7	348.8
2005	792.1	381.3	1246.8	1408.5	563.0
2006	903.8	399.6	1534.8	1577.5	619.3
2007	1034.9	425.2	1867.9	1770.0	675.0
2008	1091.8	432.4	2011.7	1863.8	693.9
2009	1276.3	452.7	2583.0	2091.2	777.2
2010	1434.6	468.1	3115.1	2250.1	831.6
2011	1651.2	490.1	3844.0	2486.4	903.1
2012	1875.8	513.1	4570.5	2759.9	1025.9
2013	2069.0	536.7	5237.8	2939.3	1123.4
2014	2226.2	560.8	5714.4	3136.2	1208.6
2015	2315.2	584.4	5828.7	3377.7	1244.9
2016	2459.3	608.9	6229.9	3595.0	1298.4
2017	2599.5	632.0	6634.8	3803.5	1354.2

11-2 民族自治地方主要统计指标(2017年)

指　标		Item	
年末常住人口	(万人)	Resident Population (year-end)	(10 000 persons)
城镇人口	(万人)	Urban Population	(10 000 persons)
乡村人口	(万人)	Rural Population	(10 000 persons)
城镇化率	(%)	Urbanization Rate	(%)
就业人员	(万人)	Number of Employed Persons	(10 000 persons)
第一产业	(万人)	Primary Industy	(10 000 persons)
第二产业	(万人)	Secondary Industy	(10 000 persons)
第三产业	(万人)	Tertiary Industy	(10 000 persons)
地区生产总值(当年价)	(亿元)	Gross Regional Product (at current prices)	(100 million yuan)
第一产业增加值	(亿元)	Value-added of Primary Industy	(100 million yuan)
第二产业增加值	(亿元)	Value-added of Secondary Industy	(100 million yuan)
第三产业增加值	(亿元)	Value-added of Tertiary Industy	(100 million yuan)
人均地区生产总值(当年价)	(元)	Per Capita Gross Regional Product (at current prices)	(yuan)
耕地面积	(万公顷)	Cultivated Areas	(10 000 hectare)
耕地灌溉面积	(万公顷)	Irrigated Areas of Cultivated Land	(10 000 hectare)
农林牧渔业总产值(当年价)	(亿元)	Gross Output Value of Farming, Forestry, Animal Husbandry and Fishery (at current prices)	(100 million yuan)
规模以上工业企业主营业务收入	(亿元)	Revenue from Principal Business	(100 million yuan)
规模以上工业企业利润总额	(亿元)	Total Profits	(100 million yuan)
公路客运周转量	(万人公里)	Passenger-Kilometers of Highways	(10 000 passenger-km)
公路货运周转量	(万吨公里)	Freight Ton-Kilometers of Highways	(10 000 ton-km)
境内公路总里程	(公里)	Total Length of Highway	(km)
#等级公路	(公里)	Expressway and Class I to IV Highways	(km)
邮电主营业务收入	(万元)	Main Business Revenue of Post and Telecommunication	(10000 yuan)

Main Statistical Indicators of Minority Nationality Autonomous Areas(2017)

合计 Total	阿坝州 Aba	甘孜州 Ganzi	凉山州 Liangshan	北川县 Beichuan	峨边县 Ebian	马边县 Mabian
750.70	94.01	118.63	483.52	22.30	13.38	18.86
258.60	36.59	36.25	165.85	8.88	5.46	5.57
492.10	57.42	82.38	317.67	13.42	7.92	13.29
34.45	38.92	30.56	34.30	39.84	40.81	29.53
441.08	51.86	66.66	289.17	12.69	9.20	11.50
258.69	28.83	47.70	166.92	4.52	4.44	6.28
54.62	4.12	2.33	41.85	3.78	1.58	0.96
127.77	18.91	16.63	80.40	4.39	3.18	4.26
2167.73	295.16	261.5	1480.91	50.19	42.38	37.59
427.96	46.44	61.29	296.52	10.80	4.58	8.33
918.23	141.34	103.82	621.88	16.76	20.32	14.11
821.54	107.38	96.39	562.51	22.62	17.48	15.16
28927	31487	22097	30669	22618	31465	20040
82.77	8.35	10.31	57.90	1.72	1.76	2.73
23.12	2.41	2.65	17.10	0.23	0.20	0.53
710.75	72.48	82.84	513.02	18.67	7.97	15.77
1234.29	172.96	87.26	866.93	28.84	60.52	17.78
112.14	6.54	7.47	94.64	1.62	2.37	-0.50
681070	204597	144765	320698		5874	5136
2061960	600954	206948	1215681		17918	20459
84338	13454	38489	27610	2850	1083	852
77443	13020	36416	23864	2302	989	852
490039	84246	105900	264966	13584	8404	12939

11-2 续表

指　标		Item	
全社会固定资产投资完成额	(亿元)	Total Investment in Fixed Assets	(100 million yuan)
#房地产开发投资	(亿元)	Real Estate Development Investment	(100 million yuan)
建筑业总产值	(亿元)	Gross Output Value of Construction	(100 million yuan)
社会消费品零售总额	(亿元)	Total Retail Sales of Consumer Goods	(100 million yuan)
出口总额	(万美元)	Total Exports	(USD 10 000)
城镇居民人均可支配收入	(元)	Per Capita Disposable Income of Urban Households	(yuan)
农村居民人均可支配收入	(元)	Per Capita Disposable Income of Rural Households	(yuan)
社会福利院数(含敬老院)	(个)	Social Welfare Homes	(unit)
社会福利院床位数(含敬老院)	(张)	Beds in Social Welfare Homes	(unit)
参加基本养老保险的职工数	(万人)	Employees and Retirees Contributed to Pension Insurance	(10 000 persons)
参加城镇基本医疗保险人数	(万人)	Contributors of Basic Medical Insurance	(10 000 persons)
地方一般公共预算收入	(亿元)	Local General Public Budget Revenue	(100 million yuan)
#税收收入	(亿元)	Taxes Revenue	(100 million yuan)
一般公共预算支出	(亿元)	General Public Budget Expenditure	(100 million yuan)
年末金融机构各项存款余额	(亿元)	Deposits of Financial Instituitions	(100 million yuan)
住户存款余额	(亿元)	Balance of Household Savings	(100 million yuan)
年末金融机构各项贷款余额	(亿元)	Loans of Financial Instituitions	(100 million yuan)
小学在校学生人数	(人)	Students in Primary Schools	(person)
普通中学在校学生人数	(人)	Students in Regular Secondary Schools	(person)
医疗卫生机构数	(个)	Number of Medical and Health Institutions	(unit)
医疗卫生机构床位数	(张)	Beds in Medical and Health Institutions	(unit)
医院、卫生院技术人员	(人)	Medical Technical Personnel in Medical and Health Institutions	(person)
#执业（助理）医师	(人)	Practicing Doctors (Assistants)	(person)

continued

合计 Total	阿坝州 Aba	甘孜州 Ganzi	凉山州 Liangshan	北川县 Beichuan	峨边县 Ebian	马边县 Mabian
2066.52	340.14	461.32	1134.04	48.84	36.33	45.85
61.96	4.87	1.51	51.32	2.77		1.49
240.18	19.33	14.10	196.48	7.00	1.95	1.32
849.26	85.81	90.86	616.28	20.07	16.75	19.49
8412	2352	1193	4802	4	61	
28615	30264	29486	28170	27041	27870	28611
11253	11751	10444	11415	11814	10120	10344
154	26	60	48	10	5	5
19976	3671	5003	8948	1340	556	458
93.81	21.31	14.44	46.42	8.80	1.65	1.19
685.15	87.75	105.12	465.97	23.17	1.65	1.49
199.95	26.81	27.37	134.55	4.51	3.01	3.70
125.15	17.67	18.48	81.43	3.25	2.18	2.14
1127.64	241.66	343.33	479.87	22.81	17.98	21.99
3296.09	594.92	631.30	1847.95	119.49	53.49	48.94
1581.13	233.12	226.66	978.10	71.74	36.78	34.73
1600.91	269.70	317.17	819.60	101.64	67.88	24.92
803467	62911	100413	594050	11448	11424	23221
384941	43334	51897	264697	8296	5203	11514
10355	1656	2719	5299	364	145	172
38725	4551	4955	26462	1642	528	587
38417	6316	6409	23469	1252	416	555
11768	2092	1688	7318	385	133	152

11-3 民族自治地方年末户籍总人口和就业人员
Registered Population and Employment in Minority Nationality Autonomous Areas

单位：万人 (10 000 persons)

年份 Year	年末户籍总人口 Household Population (year-end)	就业人员 Number of Employed Persons	第一产业 Primary Industry	第二产业 Secondary Industry	第三产业 Tertiary Industry
1978	471.36	216.92			
1980	484.10	229.08			
1985	514.65	261.61			
1990	549.03	296.09			
1995	573.91	346.98	258.93	33.48	54.57
2000	606.11	351.99	278.93	18.65	54.41
2001	610.93	354.43	279.69	16.49	58.25
2002	616.81	356.25	280.90	16.77	58.58
2003	639.71	373.91	284.69	22.62	66.60
2004	649.17	387.38	281.85	22.98	82.55
2005	653.76	378.56	280.80	24.96	72.80
2006	663.73	385.37	279.63	25.98	79.76
2007	681.72	397.43	283.94	30.96	82.53
2008	698.87	409.69	285.42	33.37	90.90
2009	723.42	448.49	287.57	49.53	111.39
2010	734.16	439.29	289.21	46.12	103.96
2011	746.67	444.08	280.01	47.47	116.60
2012	759.54	459.83	290.33	45.31	124.19
2013	769.56	460.11	289.26	44.81	126.04
2014	771.62	466.41	286.09	44.43	135.89
2015	764.80	442.19	276.12	45.64	120.43
2016	775.06	440.54	263.77	52.34	124.43
2017	783.22	441.08	258.69	54.62	127.77

11-4 民族自治地方耕地面积和农业生产条件
Cultivated Land Areas and Production Conditions of Agriculture in Minority Nationality Autonomous Areas

年份 Year	耕地面积 （万公顷） Cultivated Areas (10 000 hectares)	耕地灌溉面积 （万公顷） Irrigated Areas of Cultivated Land (10 000 hectares)	化肥施用量 （折纯，万吨） Consumption of Chemical Fertilizers (10 000 tons)	农村用电量 （万千瓦时） Electricity Consumed in Rural Areas (10 000 kwh)	农业机械总动力 （万千瓦） Total Agricultural Machinery Power (10 000 kw)
1978	51.52	15.47	3.44	8691	27.11
1980	51.84	16.17	3.12	9001	37.21
1985	50.32	15.96	3.34	14139	53.88
1990	50.00	15.32	4.75	22770	78.58
1995	50.97	15.90	6.83	28394	109.30
1996	51.45	16.06	7.53	32542	112.00
1997	51.56	15.21	9.77	35458	119.00
1998	51.12	15.73	10.64	35448	134.00
1999	50.74	15.24	11.12	41828	135.00
2000	48.39	16.13	11.82	44996	137.00
2001	49.47	16.36	11.63	48137	142.00
2002	46.14	16.28	10.41	49790	154.00
2003	45.32	16.24	11.14	55645	162.00
2004	47.91	16.19	11.70	61174	173.00
2005	49.47	16.63	12.59	63417	201.00
2006	49.97	16.62	13.43	64103	173.00
2007	51.25	17.31	14.38	72184	250.00
2008	52.06	17.59	15.25	79387	287.00
2009	52.96	18.34	16.52	86799	333.00
2010	53.37	18.60	16.72	91006	370.00
2011	53.35	19.33	17.29	96409	415.95
2012	53.53	19.89	17.83	101566	439.04
2013	53.81	21.19	16.66	108370	480.58
2014	53.93	20.60	17.14	113355	502.76
2015	79.94	21.54	17.17	118871	529.51
2016	82.77	22.44	17.32	124037	541.75
2017	82.77	23.12	17.14	130134	556.45

11-5 民族自治地方邮电和卫生情况
Postal and Telecommunication, Public Health in Minority Nationality Autonomous Areas

年份 Year	邮电主营业务收入（万元）Revenue from Principal Business of Post and Telecommunication (10 000 yuan)	医疗卫生机构床位数（张）Beds in Medical and Health Institutions (unit)	医院、卫生院技术人员数（人）Medical Technical Personnel (person)	#执业(助理)医师 Practicing Doctors (Assistants)
1978	1248	14225	15058	7303
1980	1290	14471	17699	9102
1985	1719	14938	19438	10203
1990	3108	15588	18481	10155
1995	8807	15688	18957	10037
2000	41608	16475	14807	7889
2001	56484	14263	22337	8867
2002	67374	13901	16180	8159
2003	90594	15097	16345	8450
2004	111646	16538	15005	7860
2005	130946	14647	19535	8686
2006	154313	15635	14384	8124
2007	176723	15898	16127	10045
2008	202155	16737	15516	8518
2009	234607	18363	17615	8807
2010	265913	19791	24848	7485
2011	302272	21448	29648	9433
2012	345136	24607	24655	7571
2013	376606	25908	22862	10069
2014	411888	31360	30263	10934
2015	416006	33443	33505	11542
2016	454941	35376	35935	11744
2017	490039	38725	38417	11768

11−6 民族自治地方社会消费品零售总额、住户存款余额和各类普通学校在校学生人数

Total Retail Sales of Consumer Goods, Balance of Household Savings and Number of Student Enrollment by Type of Schools in Minority Nationality Autonomous Areas

年份 Year	社会消费品零售总额(亿元) Total Retail Sales of Consumer Goods (100 million yuan)	住户存款余额(亿元) Balance of Household Savings (100 million yuan)	普通高等院校在校学生人数(人) Number of Students in Regular Institutions of Higher Education (person)	中等职业学校在校学生人数(人) Number of Students in Specialized Secondary Schools (person)	普通中学在校学生人数(人) Number of Students in Regular Secondary Schools (person)	小学在校学生人数(人) Number of Students in Primary Schools (person)
1978	4.76	0.72	970	11756	184900	673479
1980	6.00	1.25	1231	10343	162751	605404
1985	10.70	4.39	2826	7570	126389	521659
1990	19.96	17.68	4225	10173	133208	493900
1995	39.13	51.71	6144	14497	121232	578205
2000	59.81	107.26	10725	14731	145534	640229
2001	67.92	126.98	15229	13825	164038	659357
2002	76.99	147.91	17350	11203	186065	692423
2003	90.85	175.68	20829	15942	221096	731794
2004	110.65	202.39	24488	11486	243812	756318
2005	142.96	232.37	27857	13963	283307	780372
2006	167.00	268.91	27025	19998	323742	829904
2007	197.36	299.03	25132	25977	337781	824988
2008	224.72	381.04	25092	33575	345560	811499
2009	273.67	481.67	26371	35221	360138	794927
2010	337.04	584.83	27494	39672	373524	781008
2011	396.36	712.78	28546	36839	380705	772207
2012	459.12	860.16	29673	39278	378296	766925
2013	521.83	1006.81	30728	46084	360158	740478
2014	624.82	1111.63	30953	42572	363107	744127
2015	691.78	1019.18	32013	41922	360638	759084
2016	766.81	1420.57	33530	41003	368252	783445
2017	849.26	1581.13	36580	43264	384941	803467

注:2014年及以前，“住户存款”为“城乡居民储蓄存款”。

a) Household saving was known as saving deposit of residents before 2014.

12

SURVEY
OF COUNTY(CITY, DISTRICT)
县（市、区）概况

四川统计年鉴
SICHUAN STATISTICAL YEARBOOK

12-1 各县(市、区)年末常住人口及城镇化率(2017年)
Resident Population and Proportion by Counties (Municipalities, Districts)(2017)

单位：万人 (10 000 persons)

县(市、区)	Counties (Municipalities, Districts)	年末常住人口 Total Resident Population (year-end)	城镇人口 Urban Population	乡村人口 Rural Population	城镇化率(%) Proportion
成都市	**Chengdu**				
锦江区	Jinjiang	70.43	70.43		100.00
青羊区	Qingyang	84.41	84.41		100.00
金牛区	Jinniu	121.43	121.43		100.00
武侯区	Wuhou	181.03	181.03		100.00
成华区	Chenghua	94.65	94.65		100.00
龙泉驿区	Longquanyi	87.23	60.00	27.23	68.78
青白江区	Qingbaijiang	40.67	22.23	18.44	54.65
新都区	Xindu	90.12	61.47	28.65	68.21
温江区	Wenjiang	50.86	36.83	14.03	72.41
双流区	Shuangliu	139.91	97.59	42.32	69.75
郫都区	Pidu	84.78	60.04	24.74	70.82
金堂县	Jintang	70.10	29.51	40.59	42.10
大邑县	Dayi	51.11	23.61	27.50	46.19
蒲江县	Pujiang	25.62	10.93	14.69	42.65
新津县	Xinjin	32.12	18.32	13.80	57.05
都江堰市	Dujiangyan	69.09	40.74	28.35	58.97
彭州市	Pengzhou	77.79	34.68	43.11	44.58
邛崃市	Qionglai	61.88	29.60	32.28	47.84
崇州市	Chongzhou	66.48	29.58	36.90	44.50
简阳市	Jianyang	104.76	45.73	59.03	43.65
自贡市	**Zigong**				
自流井区	Ziliujing	48.72	44.05	4.67	90.42
贡井区	Gongjing	28.55	14.43	14.12	50.55
大安区	Daan	43.38	22.04	21.34	50.82
沿滩区	Yantan	34.90	14.12	20.78	40.46
荣县	Rongxian	57.20	21.75	35.45	38.02
富顺县	Fushun	77.39	31.35	46.04	40.51
攀枝花市	**Panzhihua**				
东区	East District	38.38	37.99	0.39	98.98
西区	West District	14.61	14.15	0.46	96.85
仁和区	Renhe	27.34	13.41	13.93	49.05
米易县	Miyi	23.29	9.94	13.35	42.68
盐边县	Yanbian	19.99	6.08	13.91	30.42
泸州市	**Luzhou**				
江阳区	Jiangyang	61.65	46.25	15.40	75.02
纳溪区	Nanxi	46.83	32.29	14.54	68.95
龙马潭区	Longmatan	38.24	29.79	8.45	77.91
泸县	Luxian	87.01	34.55	52.46	39.71
合江县	Hejiang	70.76	27.75	43.01	39.22
叙永县	Xuyong	58.16	19.87	38.29	34.16
古蔺县	Gulin	69.07	20.83	48.24	30.15

12-1 续表1 Continued

单位：万人 (10 000 persons)

县(市、区)	Counties (Municipalities, Districts)	年末常住人口 Total Resident Population (year-end)	城镇人口 Urban Population	乡村人口 Rural Population	城镇化率(%) Proportion
德阳市	**Deyang**				
旌阳区	Jinyang	75.50	52.07	23.43	68.97
罗江区	Luojiang	22.30	9.91	12.39	44.44
中江县	Zhongjiang	107.61	42.61	65.00	39.60
广汉市	Guanghan	60.10	31.43	28.67	52.30
什邡市	Shifang	41.91	21.37	20.54	50.99
绵竹市	Mianzhu	45.74	22.65	23.09	49.52
绵阳市	**Mianyang**				
涪城区	Fucheng	92.87	72.17	20.70	77.71
游仙区	Youxian	51.96	27.69	24.27	53.30
安州区	Anzhou	39.00	18.85	20.15	48.33
三台县	Santai	105.57	39.62	65.95	37.53
盐亭县	Yanting	45.55	17.42	28.13	38.24
梓潼县	Zitong	30.76	11.63	19.13	37.82
北川县	Beichuan	22.30	8.88	13.42	39.84
平武县	Pingwu	16.50	5.25	11.25	31.80
江油市	Jiangyou	79.05	45.15	33.90	57.11
广元市	**Guangyuan**				
利州区	Lizhou	55.60	40.05	15.55	72.04
昭化区	Zhaohua	18.42	6.44	11.98	34.95
朝天区	Chaotian	18.95	6.86	12.09	36.19
旺苍县	Wangcang	41.20	16.84	24.36	40.88
青川县	Qingchuan	21.28	7.38	13.90	34.67
剑阁县	Jiange	49.49	18.32	31.17	37.02
苍溪县	Cangxi	61.06	21.10	39.96	34.56
遂宁市	**Suining**				
船山区	Chuanshan	67.85	55.56	12.29	81.88
安居区	Anju	64.20	19.20	45.00	29.90
蓬溪县	Pengxi	53.96	18.93	35.03	35.08
射洪县	Shehong	89.13	44.74	44.39	50.20
大英县	Daying	48.45	18.58	29.87	38.35
内江市	**Neijiang**				
内江市中区	NeijiangDowntown	53.52	30.56	22.96	57.10
东兴区	Dongxing	77.53	39.51	38.02	50.96
威远县	Weiyuan	58.63	28.63	30.00	48.83
资中县	Zizhong	120.91	46.45	74.46	38.42
隆昌市	Longchang	64.78	34.65	30.13	53.49
乐山市	**Leshan**				
乐山市中区	LeshanDowntown	68.71	49.39	19.32	71.88
沙湾区	Shawan	17.25	9.05	8.20	52.46
五通桥区	Wutongqiao	31.85	17.54	14.31	55.07

12-1 续表2 Continued

单位：万人 (10 000 persons)

县(市、区)	Counties (Municipalities, Districts)	年末常住人口 Total Resident Population (year-end)	城镇人口 Urban Population	乡村人口 Rural Population	城镇化率(%) Proportion
金口河区	Jinkouhe	4.61	2.13	2.48	46.20
犍为县	Qianwei	42.70	16.63	26.07	38.95
井研县	Jingyan	30.15	11.55	18.60	38.31
夹江县	Jiajiang	33.16	13.84	19.32	41.74
沐川县	Muchuan	21.10	7.02	14.08	33.27
峨边县	Ebian	13.38	5.46	7.92	40.81
马边县	Mabian	18.86	5.57	13.29	29.53
峨眉山市	Emeishan	45.44	25.98	19.46	57.17
南充市	**Nanchong**				
顺庆区	Shunqing	71.92	57.56	14.36	80.03
高坪区	Gaoping	61.06	28.14	32.92	46.09
嘉陵区	Jialing	61.96	28.14	33.82	45.41
南部县	Nanbu	93.95	40.36	53.59	42.96
营山县	Yingshan	75.12	30.31	44.81	40.34
蓬安县	Pengan	57.31	23.29	34.02	40.64
仪陇县	Yilong	93.51	37.41	56.10	40.00
西充县	Xichong	53.53	21.11	32.42	39.44
阆中市	Langzhong	73.43	31.95	41.48	43.51
眉山市	**Meishan**				
东坡区	Dongpo	83.69	46.72	36.97	55.82
彭山区	Pengshan	32.01	17.12	14.89	53.49
仁寿县	Renshou	119.42	43.67	75.75	36.57
洪雅县	Hongya	30.90	12.98	17.92	42.01
丹棱县	Danling	14.65	5.93	8.72	40.49
青神县	Qingshen	16.81	6.76	10.05	40.23
宜宾市	**Yibin**				
翠屏区	Cuiping	87.79	66.80	20.99	76.09
南溪区	Nanxi	34.55	18.45	16.10	53.39
宜宾县	Yibin	77.88	28.15	49.73	36.14
江安县	Jiangan	41.76	18.96	22.80	45.41
长宁县	Changning	34.56	15.24	19.32	44.11
高县	Gaoxian	41.44	16.54	24.90	39.92
珙县	Gongxian	37.45	18.91	18.54	50.49
筠连县	Junlian	33.27	12.98	20.29	39.02
兴文县	Xingwen	38.67	14.51	24.16	37.53
屏山县	Pingshan	25.63	7.44	18.19	29.02
广安市	**Guangan**				
广安区	Guanganqu	62.94	31.06	31.88	49.35
前锋区	Qianfeng	26.17	8.80	17.37	33.64
岳池县	Yuechi	78.22	28.96	49.26	37.02
武胜县	Wusheng	58.66	21.84	36.82	37.23

12−1 续表3 Continued

单位：万人 (10 000 persons)

县(市、区)	Counties (Municipalities, Districts)	年末常住人口 Total Resident Population (year-end)	城镇人口 Urban Population	乡村人口 Rural Population	城镇化率(%) Proportion
邻水县	Linshui	70.80	26.44	44.36	37.34
华蓥市	Huaying	28.24	13.69	14.55	48.46
达州市	**Dazhou**				
通川区	Tongchuan	70.46	49.13	21.33	69.73
达川区	Dachuan	103.32	45.62	57.70	44.15
宣汉县	Xuanhan	103.84	40.91	62.93	39.40
开江县	Kaijiang	45.30	17.68	27.62	39.02
大竹县	Dazhu	89.58	36.98	52.60	41.28
渠县	Quxian	114.41	42.68	71.73	37.30
万源市	Wanyuan	42.04	16.88	25.16	40.16
雅安市	**Yaan**				
雨城区	Yucheng	36.58	22.49	14.09	61.50
名山区	Mingshan	26.81	10.67	16.14	39.80
荥经县	Yingjing	15.36	6.56	8.80	42.70
汉源县	Hanyuan	31.95	12.06	19.89	37.75
石棉县	Shimian	12.74	5.58	7.16	43.80
天全县	Tianquan	13.91	5.63	8.28	40.50
芦山县	Lushan	11.04	4.42	6.62	40.08
宝兴县	Baoxing	5.39	2.33	3.06	43.40
巴中市	**Bazhong**				
巴州区	Bazhou	73.91	45.46	28.45	61.50
恩阳区	Enyang	45.95	15.31	30.64	33.30
通江县	Tongjiang	70.63	23.92	46.71	33.86
南江县	Nanjiang	61.25	21.41	39.84	34.94
平昌县	Pingchang	79.93	28.36	51.57	35.48
资阳市	**Ziyang**				
雁江区	Yanjiang	91.74	47.39	44.35	51.66
安岳县	Anyue	112.41	39.28	73.13	34.94
乐至县	Lezhi	51.16	18.88	32.28	36.90
阿坝州	**Aba**				
马尔康市	Maerkang	5.99	3.03	2.96	50.52
汶川县	Wenchuan	10.23	4.82	5.41	47.06
理县	Lixian	4.87	1.79	3.08	36.85
茂县	Maoxian	11.08	5.21	5.87	47.02
松潘县	Songpan	7.52	2.90	4.62	38.51
九寨沟县	Jiuzhaigou	8.13	4.06	4.07	49.93
金川县	Jinchuan	7.50	2.47	5.03	32.96
小金县	Xiaojin	8.00	2.95	5.05	36.89
黑水县	Heishui	6.06	2.22	3.84	36.69
壤塘县	Rangtang	4.19	1.00	3.19	23.78

12-1 续表4 Continued

单位：万人 (10 000 persons)

县(市、区)	Counties (Municipalities, Districts)	年末常住人口 Total Resident Population (year-end)	城镇人口 Urban Population	乡村人口 Rural Population	城镇化率(%) Proportion
阿坝县	Abaxian	7.70	2.16	5.54	28.10
若尔盖县	Ruoergai	7.81	2.30	5.51	29.50
红原县	Hongyuan	4.93	1.68	3.25	34.10
甘孜州	**Ganzi**				
康定市	Kangding	13.58	7.35	6.23	54.10
泸定县	Luding	8.85	3.81	5.04	43.10
丹巴县	Danba	6.94	2.19	4.75	31.59
九龙县	Jiulong	6.60	1.56	5.04	23.57
雅江县	Yajiang	5.67	1.39	4.28	24.53
道孚县	Daofu	6.06	1.83	4.23	30.25
炉霍县	Luhuo	4.92	1.47	3.45	29.95
甘孜县	Ganzixian	7.35	2.40	4.95	32.72
新龙县	Xinlong	5.14	0.82	4.32	15.87
德格县	Dege	8.67	1.82	6.85	21.00
白玉县	Baiyu	6.10	1.21	4.89	19.90
石渠县	Shiqu	10.13	1.95	8.18	19.26
色达县	Seda	6.18	1.43	4.75	23.10
理塘县	Litang	7.37	2.86	4.51	38.78
巴塘县	Batang	5.28	1.68	3.60	31.80
乡城县	Xiangcheng	3.54	0.99	2.55	27.88
稻城县	Daocheng	3.41	0.85	2.56	24.95
得荣县	Derong	2.84	0.64	2.20	22.42
凉山州	**Liangshan**				
西昌市	Xichang	77.72	45.79	31.93	58.92
木里县	Muli	13.72	2.22	11.50	16.15
盐源县	Yanyuan	37.05	11.31	25.74	30.52
德昌县	Dechang	22.17	8.24	13.93	37.15
会理县	Huili	44.35	19.12	25.23	43.12
会东县	Huidong	37.82	14.81	23.01	39.16
宁南县	Ningnan	19.17	6.37	12.80	33.25
普格县	Puge	17.53	4.06	13.47	23.17
布拖县	Butuo	18.19	3.71	14.48	20.38
金阳县	Jinyang	17.38	3.01	14.37	17.33
昭觉县	Zhaojue	26.05	5.79	20.26	22.21
喜德县	Xide	17.36	4.40	12.96	25.35
冕宁县	Mianning	35.92	14.45	21.47	40.23
越西县	Yuexi	29.39	8.24	21.15	28.02
甘洛县	Ganluo	22.31	4.76	17.55	21.33
美姑县	Meigu	23.34	2.57	20.77	11.02
雷波县	Leibo	24.05	7.00	17.05	29.12

12-2 各县(市、区)就业人员和平均工资(2017年)
Employed Persons and Average Wage by Counties (Municipalities, Districts)(2017)

县(市、区)	Counties (Municipalities, Districts)	就业人员(万人) Number of Employed Persons (10 000 persons)	第一产业 Primary Industry	第二产业 Secondary Industry	第三产业 Tertiary Industry	非私营单位就业人员平均工资 (元) Average Wage of Non-private Sector Employees (yuan)
成都市	**Chengdu**					
锦江区	Jinjiang	55.90	0.10	8.40	47.40	72410
青羊区	Qingyang	69.39	0.19	18.63	50.57	85217
金牛区	Jinniu	68.84	0.03	18.29	50.52	74644
武侯区	Wuhou	79.67	0.02	12.97	66.68	82652
成华区	Chenghua	42.70	0.50	11.00	31.20	74661
龙泉驿区	Longquanyi	43.66	4.90	15.86	22.90	85952
青白江区	Qingbaijiang	24.38	5.61	8.53	10.24	65089
新都区	Xindu	58.39	8.86	30.03	19.50	68574
温江区	Wenjiang	26.43	3.85	9.13	13.45	65456
双流区	Shuangliu	84.40	15.40	25.00	44.00	98417
郫都区	Pidu	39.83	5.86	19.08	14.89	82143
金堂县	Jintang	57.86	19.88	11.83	26.15	62270
大邑县	Dayi	35.62	7.16	14.26	14.20	61584
蒲江县	Pujiang	17.35	6.52	5.02	5.81	65273
新津县	Xinjin	19.90	5.04	7.13	7.73	71770
都江堰市	Dujiangyan	43.90	7.10	15.13	21.67	73463
彭州市	Pengzhou	52.38	22.25	14.00	16.13	71271
邛崃市	Qionglai	40.15	12.36	9.92	17.87	63043
崇州市	Chongzhou	54.29	11.05	28.28	14.96	64155
简阳市	Jianyang	52.30	13.98	13.80	24.52	67162
自贡市	**Zigong**					
自流井区	Ziliujing	28.45	2.84	10.88	14.73	65350
贡井区	Gongjing	18.20	5.56	5.17	7.47	69199
大安区	Daan	25.60	8.56	7.43	9.61	67187
沿滩区	Yantan	21.44	5.86	6.92	8.66	65580
荣县	Rongxian	31.62	13.57	8.38	9.67	69141
富顺县	Fushun	44.54	17.42	10.95	16.17	68428
攀枝花市	**Panzhihua**					
东区	East District	24.68	0.27	10.22	14.19	76135
西区	West District	5.10	0.24	2.32	2.54	58794
仁和区	Renhe	12.58	5.86	3.18	3.54	77421
米易县	Miyi	12.12	7.64	1.83	2.65	71968
盐边县	Yanbian	10.14	7.05	1.65	1.44	97966
泸州市	**Luzhou**					
江阳区	Jiangyang	39.10	9.49	15.31	14.30	84524
纳溪区	Nanxi	31.67	11.51	9.87	10.29	77744
龙马潭区	Longmatan	23.75	4.99	8.06	10.70	53136
泸县	Luxian	61.67	27.66	20.07	13.94	55536
合江县	Hejiang	50.01	20.21	18.92	10.88	48099
叙永县	Xuyong	34.64	16.63	8.41	9.60	59761

12−2 续表1 Continued

县(市、区)	Counties (Municipalities, Districts)	就业人员（万人）Number of Employed Persons (10 000 persons)	第一产业 Primary Industry	第二产业 Secondary Industry	第三产业 Tertiary Industry	非私营单位就业人员平均工资（元）Average Wage of Non-private Sector Employees (yuan)
古蔺县	Gulin	39.79	18.01	11.52	10.26	57784
德阳市	**Deyang**					
旌阳区	Jinyang	44.30	7.80	14.70	21.80	80495
罗江区	Luojiang	12.30	4.60	3.50	4.20	53186
中江县	Zhongjiang	66.90	25.80	12.40	28.70	65930
广汉市	Guanghan	37.50	13.20	11.60	12.70	68328
什邡市	Shifang	23.80	7.40	7.90	8.50	61594
绵竹市	Mianzhu	31.00	10.70	8.40	11.90	59343
绵阳市	**Mianyang**					
涪城区	Fucheng	60.37	3.91	26.17	30.29	66737
游仙区	Youxian	32.98	10.04	11.12	11.82	97467
安州区	Anzhou	24.32	8.16	7.46	8.70	60718
三台县	Santai	65.47	24.12	20.38	20.97	61026
盐亭县	Yanting	27.00	10.62	7.01	9.37	61031
梓潼县	Zitong	19.43	7.19	5.39	6.85	50932
北川县	Beichuan	12.69	4.52	3.78	4.39	60727
平武县	Pingwu	10.33	4.98	2.02	3.33	61607
江油市	Jiangyou	51.13	15.59	17.95	17.59	50753
广元市	**Guangyuan**					
利州区	Lizhou	23.99	4.98	9.45	9.56	63050
昭化区	Zhaohua	14.54	6.21	3.16	5.17	62131
朝天区	Chaotian	13.36	7.28	2.72	3.36	62393
旺苍县	Wangcang	25.01	9.35	7.58	8.08	60065
青川县	Qingchuan	12.60	7.80	1.40	3.40	66184
剑阁县	Jiange	30.72	15.69	4.91	10.12	66983
苍溪县	Cangxi	43.30	24.80	8.20	10.30	63959
遂宁市	**Suining**					
船山区	Chuanshan	45.68	8.24	12.98	24.46	62999
安居区	Anju	44.02	15.42	13.01	15.59	63837
蓬溪县	Pengxi	40.03	10.86	12.49	16.68	48940
射洪县	Shehong	52.45	15.58	17.95	18.92	57688
大英县	Daying	26.02	10.37	6.49	9.16	51067
内江市	**Neijiang**					
内江市中区	NeijiangDowntown	25.17	8.12	6.68	10.37	63121
东兴区	Dongxing	49.13	14.05	14.53	20.55	68165
威远县	Weiyuan	37.57	11.78	11.06	14.73	49176
资中县	Zizhong	54.07	19.03	18.77	16.27	54417
隆昌市	Longchang	47.23	6.79	19.55	20.89	44696
乐山市	**Leshan**					
乐山市中区	LeshanDowntown	46.04	15.22	14.03	16.79	62028
沙湾区	Shawan	14.41	4.80	4.83	4.78	64151

12−2 续表2 Continued

县(市、区)	Counties (Municipalities, Districts)	就业人员（万人） Number of Employed Persons (10 000 persons)	第一产业 Primary Industry	第二产业 Secondary Industry	第三产业 Tertiary Industry	非私营单位就业人员平均工资 （元） Average Wage of Non-private Sector Employees (yuan)
五通桥区	Wutongqiao	21.25	7.52	5.94	7.79	55058
金口河区	Jinkouhe	3.11	1.23	0.73	1.15	69347
犍为县	Qianwei	32.47	10.91	9.05	12.51	64315
井研县	Jingyan	21.07	8.16	4.75	8.16	68872
夹江县	Jiajiang	22.12	7.04	7.13	7.95	68316
沐川县	Muchuan	14.92	7.01	1.89	6.02	70893
峨边县	Ebian	9.20	4.44	1.58	3.18	65675
马边县	Mabian	11.50	6.28	0.96	4.26	66517
峨眉山市	Emeishan	32.47	10.91	9.05	12.51	64511
南充市	**Nanchong**					
顺庆区	Shunqing	42.85	9.36	10.44	23.05	66387
高坪区	Gaoping	42.58	12.64	6.97	22.97	55749
嘉陵区	Jialing	41.80	15.68	9.13	16.99	57144
南部县	Nanbu	85.73	28.92	24.95	31.86	58956
营山县	Yingshan	56.87	21.40	13.29	22.18	60480
蓬安县	Pengan	33.73	11.93	5.75	16.05	58347
仪陇县	Yilong	62.45	26.14	18.47	17.84	53548
西充县	Xichong	44.21	21.95	7.08	15.18	51928
阆中市	Langzhong	48.82	14.87	10.41	23.54	55549
眉山市	**Meishan**					
东坡区	Dongpo	48.96	20.65	11.97	16.34	70213
彭山区	Pengshan	20.60	8.10	6.09	6.41	54894
仁寿县	Renshou	87.73	36.62	24.78	26.34	59253
洪雅县	Hongya	19.62	12.10	2.85	4.67	61001
丹棱县	Danling	10.56	5.80	2.65	2.11	64399
青神县	Qingshen	13.02	5.08	4.98	2.96	50042
宜宾市	**Yibin**					
翠屏区	Cuiping	55.46	15.08	18.06	22.32	71941
南溪区	Nanxi	26.35	10.60	7.55	8.20	59866
宜宾县	Yibin	59.22	23.81	17.31	18.10	57901
江安县	Jiangan	30.23	14.00	7.86	8.37	62089
长宁县	Changning	26.23	12.83	5.93	7.47	48527
高县	Gaoxian	29.63	15.06	6.56	8.01	64921
珙县	Gongxian	28.59	13.10	7.47	8.02	57933
筠连县	Junlian	25.46	13.37	5.63	6.46	65803
兴文县	Xingwen	28.02	16.56	5.54	5.92	68043
屏山县	Pingshan	18.12	10.04	3.30	4.78	61132
广安市	**Guangan**					
广安区	Guanganqu	39.36	18.45	8.86	12.05	72814
前锋区	Qianfeng	20.37	6.46	6.72	7.19	70795
岳池县	Yuechi	49.75	24.17	8.71	16.87	58951

12−2 续表3 Continued

县(市、区)	Counties (Municipalities, Districts)	就业人员（万人） Number of Employed Persons (10 000 persons)	第一产业 Primary Industry	第二产业 Secondary Industry	第三产业 Tertiary Industry	非私营单位就业人员平均工资（元） Average Wage of Non-private Sector Employees (yuan)
武胜县	Wusheng	40.13	18.20	10.21	11.72	57716
邻水县	Linshui	46.65	20.59	11.60	14.46	67970
华蓥市	Huaying	18.71	7.20	5.91	5.60	66925
达州市	**Dazhou**					
通川区	Tongchuan	45.13	7.21	10.60	27.32	64666
达川区	Dachuan	62.40	26.76	12.03	23.61	56695
宣汉县	Xuanhan	63.85	27.64	6.84	29.37	60900
开江县	Kaijiang	32.64	13.30	4.52	14.82	47119
大竹县	Dazhu	56.29	20.10	14.47	21.72	50833
渠县	Quxian	64.30	22.30	14.38	27.62	51759
万源市	Wanyuan	29.40	12.23	3.05	14.12	63890
雅安市	**Yaan**					
雨城区	Yucheng	21.94	8.16	6.59	7.19	60447
名山区	Mingshan	17.89	9.11	3.69	5.09	64316
荥经县	Yingjing	10.94	3.54	4.87	2.53	36202
汉源县	Hanyuan	23.63	14.00	2.20	7.43	61035
石棉县	Shimian	7.57	3.46	1.19	2.92	57494
天全县	Tianquan	9.59	3.38	2.90	3.31	42847
芦山县	Lushan	8.83	3.04	2.70	3.09	49480
宝兴县	Baoxing	3.58	1.31	1.26	1.01	61457
巴中市	**Bazhong**					
巴州区	Bazhou	51.00	15.00	8.00	28.00	51909
恩阳区	Enyang	32.50	13.70	7.51	11.29	56065
通江县	Tongjiang	47.70	21.40	6.50	19.80	55290
南江县	Nanjiang	41.92	16.48	11.69	13.75	51869
平昌县	Pingchang	50.92	25.68	9.81	15.43	50843
资阳市	**Ziyang**					
雁江区	Yanjiang	50.34	14.29	16.50	19.55	60970
安岳县	Anyue	62.37	36.10	9.73	16.54	50489
乐至县	Lezhi	31.83	15.01	5.52	11.30	54123
阿坝州	**Aba**					
马尔康市	Maerkang	4.61	1.60	0.41	2.60	95171
汶川县	Wenchuan	6.04	2.43	0.79	2.82	64309
理县	Lixian	3.29	1.98	0.26	1.05	68198
茂县	Maoxian	8.36	4.67	1.01	2.68	62927
松潘县	Songpan	5.35	2.59	0.18	2.58	82298
九寨沟县	Jiuzhaigou	5.09	2.06	0.20	2.83	76691
金川县	Jinchuan	4.73	2.96	0.27	1.50	80266
小金县	Xiaojin	5.35	3.83	0.15	1.37	74051
黑水县	Heishui	3.99	1.89	0.13	1.97	94621
壤塘县	Rangtang	2.98	1.94	0.23	0.81	81838

12-2 续表4 Continued

县(市、区)	Counties (Municipalities, Districts)	就业人员（万人） Number of Employed Persons (10 000 persons)	第一产业 Primary Industry	第二产业 Secondary Industry	第三产业 Tertiary Industry	非私营单位就业人员平均工资（元） Average Wage of Non-private Sector Employees (yuan)
阿坝县	Abaxian	4.36	2.99	0.10	1.27	86619
若尔盖县	Ruoergai	5.77	3.80	0.13	1.84	80864
红原县	Hongyuan	3.04	1.89	0.11	1.04	80994
甘孜州	**Ganzi**					
康定市	Kangding	8.73	3.37	0.76	4.60	76765
泸定县	Luding	3.90	2.50	0.26	1.14	70543
丹巴县	Danba	4.19	3.11	0.18	0.90	74603
九龙县	Jiulong	4.00	3.20	0.07	0.73	78378
雅江县	Yajiang	3.07	2.41	0.08	0.58	67126
道孚县	Daofu	3.15	2.44	0.08	0.63	78721
炉霍县	Luhuo	3.05	2.38	0.11	0.56	62928
甘孜县	Ganzixian	4.33	3.32	0.06	0.95	74273
新龙县	Xinlong	2.52	1.85	0.13	0.54	74084
德格县	Dege	4.66	3.99	0.08	0.59	63739
白玉县	Baiyu	3.74	2.90	0.04	0.80	78398
石渠县	Shiqu	4.23	3.59	0.05	0.59	76366
色达县	Seda	3.44	2.79	0.04	0.61	100489
理塘县	Litang	4.31	3.30	0.06	0.95	86927
巴塘县	Batang	3.51	2.57	0.10	0.84	80779
乡城县	Xiangcheng	1.85	1.36	0.08	0.41	61764
稻城县	Daocheng	2.17	1.35	0.06	0.76	69479
得荣县	Derong	1.80	1.27	0.08	0.45	80317
凉山州	**Liangshan**					
西昌市	Xichang	53.60	20.30	9.60	23.70	66991
木里县	Muli	10.10	4.90	1.40	3.80	75623
盐源县	Yanyuan	23.90	19.30	1.30	3.20	60928
德昌县	Dechang	13.30	8.80	1.20	3.30	76297
会理县	Huili	30.90	6.90	7.40	16.60	70288
会东县	Huidong	27.60	17.40	2.90	7.30	73283
宁南县	Ningnan	13.60	10.30	0.90	2.40	68565
普格县	Puge	10.34	7.55	0.69	2.10	67042
布拖县	Butuo	10.50	9.10	0.40	1.00	64670
金阳县	Jinyang	10.40	8.10	0.50	1.80	63298
昭觉县	Zhaojue	16.90	12.40	1.20	3.30	65227
喜德县	Xide	11.50	4.90	1.90	4.80	65126
冕宁县	Mianning	25.70	16.30	2.80	6.50	59008
越西县	Yuexi	19.00	9.30	2.80	6.90	65355
甘洛县	Ganluo	12.80	6.50	1.90	4.40	62584
美姑县	Meigu	14.70	11.20	0.90	2.60	70527
雷波县	Leibo	17.20	12.30	1.40	3.40	69948

12-3 各县(市、区)地区生产总值(2017年)
Gross Regional Product by Counties (Municipalities, District)(2017)

县(市、区)	Counties (Municipalities, Districts)	地区生产总值(万元) Gross Regional Product (10 000 yuan)	第一产业 Primary Industry	第二产业 Secondary Industry	第三产业 Tertiary Industry	人均地区生产总值(元) Per Capita Gross Regional Product (yuan)
成都市	**Chengdu**					
锦江区	Jinjiang	9318367	6507	1035154	8276706	132589
青羊区	Qingyang	10569089	419	1743724	8824946	125419
金牛区	Jinniu	10610481	853	2211966	8397662	87487
武侯区	Wuhou	9723583	70	1961955	7761558	89544
成华区	Chenghua	8483354	852	1540831	6941671	89667
龙泉驿区	Longquanyi	12008762	279754	9268428	2460580	138685
青白江区	Qingbaijiang	4215221	150961	2994585	1069675	104234
新都区	Xindu	7226659	278771	4299471	2648417	80962
温江区	Wenjiang	4879666	187897	2460799	2230970	96876
双流区	Shuangliu	11156824	360419	5395041	5401364	80876
郫都区	Pidu	5250315	235069	3056012	1959234	62208
金堂县	Jintang	3749932	464107	1765791	1520034	52928
大邑县	Dayi	2306715	352877	1009743	944095	45212
蒲江县	Pujiang	1359525	194273	701873	463379	53273
新津县	Xinjin	3014416	176343	1789114	1048959	94437
都江堰市	Dujiangyan	3485014	271677	1275805	1937532	50654
彭州市	Pengzhou	4125759	512114	2382841	1230804	53051
邛崃市	Qionglai	2643903	376877	1262370	1004656	42761
崇州市	Chongzhou	3003972	361943	1487520	1154509	45193
简阳市	Jianyang	4136870	622220	2257339	1257311	49932
自贡市	**Zigong**					
自流井区	Ziliujing	3138159	50274	890728	2197157	69877
贡井区	Gongjing	1548707	167499	964101	417107	53962
大安区	Daan	2129284	145650	1360177	623457	52445
沿滩区	Yantan	1668130	177261	1158107	332762	50260
荣县	Rongxian	1951918	453176	765482	733260	33486
富顺县	Fushun	2681627	435526	1246219	999882	34191
攀枝花市	**Panzhihua**					
东区	East District	4621790	6804	2651482	1963504	120547
西区	West District	1299664	9591	992389	297684	88113
仁和区	Renhe	2504227	108397	1841299	554531	91966
米易县	Miyi	1619149	141287	969874	507988	69551
盐边县	Yanbian	1397688	105517	995147	297024	69884
泸州市	**Luzhou**					
江阳区	Jiangyang	4678334	212901	2547114	1918319	76207
纳溪区	Naxi	1450060	214223	777792	458045	31104
龙马潭区	Longmatan	2279163	106809	1527970	644384	60311
泸县	Luxian	3004463	493334	1664816	846313	34554
合江县	Hejiang	1898644	358159	735996	804489	26832
叙永县	Xuyong	1153604	223050	463086	467468	19849
古蔺县	Gulin	1497832	223389	788671	485772	21530

12–3 续表1 Continued

县(市、区)	Counties (Municipalities, Districts)	地区生产总值(万元) Gross Regional Product (10 000 yuan)	第一产业 Primary Industry	第二产业 Secondary Industry	第三产业 Tertiary Industry	人均地区生产总值(元) Per Capita Gross Regional Product (yuan)
德阳市	**Deyang**					
旌阳区	Jinyang	5596753	324547	2771988	2500218	74474
罗江区	Luojiang	1112968	208870	548064	356034	50021
中江县	Zhongjiang	3441269	828632	1288537	1324100	31943
广汉市	Guanghan	4000896	340042	2048799	1612055	66849
什邡市	Shifang	2846616	290823	1425768	1130025	67955
绵竹市	Mianzhu	2607026	291719	1334911	980396	57034
绵阳市	**Mianyang**					
涪城区	Fucheng	7749081	234459	3679471	3835151	84431
游仙区	Youxian	2410637	294742	1018983	1096912	46501
安州区	Anzhou	1320542	296488	534116	489938	33973
三台县	Santai	2456584	785700	678061	992823	23303
盐亭县	Yanting	1038299	370760	293345	374194	22820
梓潼县	Zitong	1009265	284024	337955	387286	32875
北川县	Beichuan	501883	108017	167642	226224	22618
平武县	Pingwu	415275	85096	182283	147896	24719
江油市	Jiangyou	3845967	457288	1489903	1898776	48542
广元市	**Guangyuan**					
利州区	Lizhou	2493532	97868	1310864	1084800	45050
昭化区	Zhaohua	500653	121620	226709	152324	27224
朝天区	Chaotian	446194	84107	228700	133387	23361
旺苍县	Wangcang	1025647	169968	540820	314859	25046
青川县	Qingchuan	357565	78580	149811	129174	16835
剑阁县	Jiange	1101464	269804	419258	412402	22534
苍溪县	Cangxi	1396145	309706	605328	481111	22940
遂宁市	**Suining**					
船山区	Chuanshan	3220864	249577	1570289	1400998	47717
安居区	Anju	1482495	380701	583431	518363	23020
蓬溪县	Pengxi	1475724	271717	652913	551094	27415
射洪县	Shehong	3604717	448885	1895962	1259870	38987
大英县	Daying	1596637	253181	818009	525447	32907
内江市	**Neijiang**					
内江市中区	NeijiangDowntown	2651618	168096	1481096	1002426	49805
东兴区	Dongxing	2121293	495198	633480	992615	27539
威远县	Weiyuan	3319175	473615	2027587	817973	56305
资中县	Zizhong	2566903	636143	981687	949073	21211
隆昌市	Longchang	2659370	322945	1482157	854268	41052
乐山市	**Leshan**					
乐山市中区	LeshanDowntown	3218294	203639	1203544	1811111	47017
沙湾区	Shawan	2001607	91421	1304406	605780	115101
五通桥区	Wutongqiao	1613716	131081	969046	513589	50429

12—3 续表2 Continued

县(市、区)	Counties (Municipalities, Districts)	地区生产总值(万元) Gross Regional Product (10 000 yuan)	第一产业 Primary Industry	第二产业 Secondary Industry	第三产业 Tertiary Industry	人均地区生产总值(元) Per Capita Gross Regional Product (yuan)
金口河区	Jinkouhe	358285	21643	228357	108285	77051
犍为县	Qianwei	1596569	275180	643298	678091	37505
井研县	Jingyan	908141	218310	326566	363265	30292
夹江县	Jiajiang	1467050	204280	648352	614418	44175
沐川县	Muchuan	589111	138445	213671	236995	27880
峨边县	Ebian	423839	45840	203200	174799	31465
马边县	Mabian	375948	83279	141089	151580	20040
峨眉山市	Emeishan	2525358	174849	1032598	1317911	55784
南充市	**Nanchong**					
顺庆区	Shunqing	3582874	233678	1570832	1778364	49873
高坪区	Gaoping	1570523	282083	656546	631894	25763
嘉陵区	Jialing	1538818	357420	716631	464767	24868
南部县	Nanbu	3199192	587978	1591371	1019843	34070
营山县	Yingshan	1736097	406596	675296	654205	23136
蓬安县	Pengan	1581717	384676	689229	507812	27652
仪陇县	Yilong	1872877	597265	559632	715980	20039
西充县	Xichong	1232075	324758	472322	434995	23060
阆中市	Langzhong	2153303	462391	753172	937740	29373
眉山市	**Meishan**					
东坡区	Dongpo	4054372	485119	1833601	1735652	48318
彭山区	Pengshan	1492427	142070	781439	568918	46697
仁寿县	Renshou	3857873	766016	1659980	1431877	31970
洪雅县	Hongya	1106409	168367	524254	413788	35841
丹棱县	Danling	576813	110876	259607	206330	39535
青神县	Qingshen	745629	93745	329307	322577	44383
宜宾市	**Yibin**					
翠屏区	Cuiping	6216261	243982	3215456	2756823	71255
南溪区	Nanxi	1300557	232718	622542	445297	37785
宜宾县	Yibin	2624523	437968	1263952	922603	33765
江安县	Jiangan	1425591	242285	734913	448393	34154
长宁县	Changning	1305335	252076	546659	506600	37836
高县	Gaoxian	1345502	216152	722706	406644	32484
珙县	Gongxian	1476028	188132	859707	428189	39434
筠连县	Junlian	1319556	210904	732229	376423	39674
兴文县	Xingwen	981245	202055	337463	441727	25381
屏山县	Pingshan	480615	162516	159822	158277	18759
广安市	**Guangan**					
广安区	Guanganqu	1869363	252773	421893	1194697	29791
前锋区	Qianfeng	1616252	146355	1143920	325977	61831
岳池县	Yuechi	2290546	408587	998949	883010	29160
武胜县	Wusheng	2158541	382098	985779	790664	36654

12-3 续表3 Continued

县(市、区)	Counties (Municipalities, Districts)	地区生产总值(万元) Gross Regional Product (10 000 yuan)	第一产业 Primary Industry	第二产业 Secondary Industry	第三产业 Tertiary Industry	人均地区生产总值(元) Per Capita Gross Regional Product (yuan)
邻水县	Linshui	2331393	388963	1040446	901984	32772
华蓥市	Huaying	1471849	119368	869464	483017	52027
达州市	**Dazhou**					
通川区	Tongchuan	2272782	227287	711927	1333568	33418
达川区	Dachuan	2617839	518918	882469	1216452	25441
宣汉县	Xuanhan	2666464	615853	1057418	993193	25763
开江县	Kaijiang	1219970	328984	351401	539585	27014
大竹县	Dazhu	3116293	592335	1290566	1233392	34905
渠县	Quxian	2580379	634319	866236	1079824	22695
万源市	Wanyuan	1363513	303649	419803	640061	32597
雅安市	**Yaan**					
雨城区	Yucheng	1652410	161854	594658	895898	45135
名山区	Mingshan	745827	195896	306676	243255	27850
荥经县	Yingjing	716153	66563	367502	282088	46961
汉源县	Hanyuan	768546	153010	352044	263492	24107
石棉县	Shimian	829373	59856	521039	248478	64998
天全县	Tianquan	593876	77134	297684	219058	42817
芦山县	Lushan	399215	57390	213371	128454	35804
宝兴县	Baoxing	319784	36838	184523	98423	57104
巴中市	**Bazhong**					
巴州区	Bazhou	1554428	161047	676613	716768	21091
恩阳区	Enyang	605562	152810	214741	238011	13478
通江县	Tongjiang	1151146	207572	444228	499346	16242
南江县	Nanjiang	1248081	182252	730862	334967	20320
平昌县	Pingchang	1455239	229631	805769	419839	18080
资阳市	**Ziyang**					
雁江区	Yanjiang	4848100	494558	2785337	1568205	53293
安岳县	Anyue	3277000	772259	1299127	1205614	29124
乐至县	Lezhi	2097000	336724	954947	805329	40957
阿坝州	**Aba**					
马尔康市	Maerkang	258259	23743	36109	198407	43115
汶川县	Wenchuan	575676	37643	379608	158425	56829
理县	Lixian	245592	19927	177650	48015	50533
茂县	Maoxian	339394	56337	214123	68934	30604
松潘县	Songpan	197067	37364	59100	100603	26206
九寨沟县	Jiuzhaigou	246750	20526	78115	148109	30351
金川县	Jinchuan	129088	30538	47120	51430	17258
小金县	Xiaojin	154570	31090	64742	58738	19321
黑水县	Heishui	223918	25487	158272	40159	36950
壤塘县	Rangtang	82363	26078	16946	39339	19657

12–3 续表4 Continued

县(市、区)	Counties (Municipalities, Districts)	地区生产总值(万元) Gross Regional Product (10 000 yuan)	第一产业 Primary Industry	第二产业 Secondary Industry	第三产业 Tertiary Industry	人均地区生产总值(元) Per Capita Gross Regional Product (yuan)
阿坝县	Abaxian	109522	37690	21050	50782	14261
若尔盖县	Ruoergai	174677	77502	34268	62907	22452
红原县	Hongyuan	127155	40519	36874	49762	26056
甘孜州	**Ganzi**					
康定市	Kangding	697742	51172	363191	283379	51456
泸定县	Luding	185446	36315	71432	77699	20907
丹巴县	Danba	153061	36898	60999	55164	21897
九龙县	Jiulong	239342	33499	151228	54615	36209
雅江县	Yajiang	120773	27351	51759	41663	21567
道孚县	Daofu	89213	25679	16952	46582	14795
炉霍县	Luhuo	67503	25408	15250	26845	13748
甘孜县	Ganzixian	98853	47806	11737	39310	13542
新龙县	Xinlong	94067	37144	16739	40184	18301
德格县	Dege	85369	36444	15107	33818	9858
白玉县	Baiyu	124519	35872	60944	27703	20446
石渠县	Shiqu	91308	44796	9848	36664	9023
色达县	Seda	75841	34921	10448	30472	12312
理塘县	Litang	116405	41337	23533	51535	15859
巴塘县	Batang	122607	32403	52708	37496	23265
乡城县	Xiangcheng	98357	23738	39640	34979	27784
稻城县	Daocheng	73184	21481	18338	33365	21652
得荣县	Derong	81420	20684	33404	27332	28872
凉山州	**Liangshan**					
西昌市	Xichang	4814382	446274	1880623	2487485	62033
木里县	Muli	300678	59853	138129	102696	21931
盐源县	Yanyuan	813003	225424	371368	216211	21967
德昌县	Dechang	712141	183527	272442	256172	32165
会理县	Huili	2240402	426419	1189121	624862	50562
会东县	Huidong	1348329	413832	544552	389945	35708
宁南县	Ningnan	584968	175949	197807	211212	30531
普格县	Puge	246528	85320	59706	101502	14087
布拖县	Butuo	240692	76092	86576	78024	13239
金阳县	Jinyang	303348	71970	145189	86189	17474
昭觉县	Zhaojue	277144	106685	58601	111858	10668
喜德县	Xide	227778	73245	61258	93275	13136
冕宁县	Mianning	1165738	214262	609715	341761	32508
越西县	Yuexi	366101	122984	87708	155409	12469
甘洛县	Ganluo	297592	67331	105356	124905	13339
美姑县	Meigu	245965	96127	63837	86001	10552
雷波县	Leibo	624347	119941	346835	157571	25993

12−4 各县(市、区)地区生产总值指数(2017年)
Indices of Gross Regional Product by Counties (Municipalities, District)(2017)

上年=100 (preceding year=100)

县(市、区)	Counties (Municipalities, Districts)	地区生产总值 Gross Regional Product	第一产业 Primary Industry	第二产业 Secondary Industry	第三产业 Tertiary Industry	人均地区生产总值 Per Capita Gross Regional Product
成都市	**Chengdu**					
锦江区	Jinjiang	108.0	100.5	104.0	108.5	107.6
青羊区	Qingyang	107.7	113.1	105.1	108.2	107.5
金牛区	Jinniu	107.7	99.5	106.5	108.0	107.2
武侯区	Wuhou	108.0	107.5	107.4	108.2	108.0
成华区	Chenghua	108.1	90.8	103.9	109.0	107.9
龙泉驿区	Longquanyi	109.0	103.4	108.5	111.6	107.0
青白江区	Qingbaijiang	108.9	103.9	107.5	114.0	107.9
新都区	Xindu	108.9	103.8	107.6	111.5	105.6
温江区	Wenjiang	109.1	103.5	108.7	110.1	107.7
双流区	Shuangliu	110.3	101.4	110.6	110.7	106.4
郫都区	Pidu	108.0	103.6	108.6	107.5	106.5
金堂县	Jintang	110.9	105.0	112.2	111.3	112.8
大邑县	Dayi	108.4	104.4	109.9	108.3	108.0
蒲江县	Pujiang	110.4	104.7	112.3	110.0	109.8
新津县	Xinjin	110.5	104.6	110.6	111.5	109.0
都江堰市	Dujiangyan	108.7	105.1	106.9	110.5	107.9
彭州市	Pengzhou	108.9	104.9	109.2	110.3	108.5
邛崃市	Qionglai	110.7	104.5	112.6	110.9	110.6
崇州市	Chongzhou	110.5	105.2	112.3	109.9	110.4
简阳市	Jianyang	108.0	104.0	107.4	111.3	109.0
自贡市	**Zigong**					
自流井区	Ziliujing	106.9	104.1	99.1	110.6	97.7
贡井区	Gongjing	109.8	104.0	110.8	109.7	105.7
大安区	Daan	107.6	104.1	107.9	107.6	100.3
沿滩区	Yantan	109.9	104.2	111.4	108.0	100.9
荣县	Rongxian	108.8	104.2	110.4	110.0	110.6
富顺县	Fushun	109.0	104.2	109.8	110.1	112.9
攀枝花市	**Panzhihua**					
东区	East District	107.5	104.1	107.1	108.0	107.3
西区	West District	107.1	104.0	106.8	108.2	108.3
仁和区	Renhe	107.6	104.3	107.6	108.3	107.1
米易县	Miyi	107.7	104.4	108.0	108.0	106.7
盐边县	Yanbian	107.2	104.3	107.3	107.7	107.3
泸州市	**Luzhou**					
江阳区	Jiangyang	110.0	103.5	110.1	110.6	109.1
纳溪区	Naxi	108.4	103.6	109.7	108.2	107.5
龙马潭区	Longmatan	110.0	103.5	110.2	110.6	106.7
泸县	Luxian	109.1	104.1	110.1	110.1	108.9
合江县	Hejiang	108.6	103.9	110.2	109.2	108.6
叙永县	Xuyong	107.7	103.9	109.1	108.1	107.5
古蔺县	Gulin	108.6	103.7	110.1	108.2	109.5

12-4 续表1 Continued

上年=100 (preceding year=100)

县(市、区)	Counties (Municipalities, Districts)	地区生产总值 Gross Regional Product	第一产业 Primary Industry	第二产业 Secondary Industry	第三产业 Tertiary Industry	人均地区生产总值 Per Capita Gross Regional Product
德阳市	**Deyang**					
旌阳区	Jinyang	108.5	103.7	109.3	108.0	107.9
罗江区	Luojiang	109.5	104.0	110.7	110.7	109.0
中江县	Zhongjiang	109.0	103.9	111.0	110.7	109.2
广汉市	Guanghan	109.0	103.8	108.6	110.6	108.1
什邡市	Shifang	109.7	103.7	110.3	110.6	109.6
绵竹市	Mianzhu	108.1	103.8	107.6	110.4	107.7
绵阳市	**Mianyang**					
涪城区	Fucheng	109.8	103.9	109.0	111.1	106.6
游仙区	Youxian	109.0	103.9	108.6	110.8	109.6
安州区	Anzhou	109.2	103.9	110.7	110.8	108.7
三台县	Santai	108.5	104.1	110.2	110.9	108.1
盐亭县	Yanting	107.7	104.1	110.1	109.5	107.1
梓潼县	Zitong	108.1	104.1	108.9	110.6	107.8
北川县	Beichuan	109.1	103.9	110.0	111.1	106.6
平武县	Pingwu	107.7	103.9	108.1	109.5	110.0
江油市	Jiangyou	109.2	104.0	109.0	110.6	109.4
广元市	**Guangyuan**					
利州区	Lizhou	108.7	102.7	109.2	108.6	108.0
昭化区	Zhaohua	108.9	103.8	111.5	109.1	108.6
朝天区	Chaotian	109.1	104.1	111.1	109.0	109.9
旺苍县	Wangcang	104.5	104.0	102.4	109.1	103.8
青川县	Qingchuan	108.9	103.8	112.2	108.3	108.6
剑阁县	Jiange	108.5	104.0	109.9	110.0	107.0
苍溪县	Cangxi	108.7	103.9	109.6	110.7	108.3
遂宁市	**Suining**					
船山区	Chuanshan	108.5	103.6	107.5	110.6	107.7
安居区	Anju	109.1	103.6	112.9	110.5	109.4
蓬溪县	Pengxi	107.5	103.5	108.5	109.1	109.4
射洪县	Shehong	108.8	103.6	109.2	109.8	111.1
大英县	Daying	108.3	103.6	108.8	110.1	108.3
内江市	**Neijiang**					
内江市中区	NeijiangDowntown	107.6	103.8	106.7	109.7	106.2
东兴区	Dongxing	107.5	103.7	107.8	109.2	106.8
威远县	Weiyuan	107.6	103.8	107.8	109.0	108.4
资中县	Zizhong	104.6	100.6	105.2	106.8	104.7
隆昌市	Longchang	108.2	103.7	107.9	110.5	108.1
乐山市	**Leshan**					
乐山市中区	LeshanDowntown	108.0	104.1	106.8	109.3	107.4
沙湾区	Shawan	109.5	103.6	110.1	108.3	111.0
五通桥区	Wutongqiao	109.0	103.7	110.0	108.1	109.6

12-4 续表2 Continued

上年=100 (preceding year=100)

县(市、区)	Counties (Municipalities, Districts)	地区生产总值 Gross Regional Product	第一产业 Primary Industry	第二产业 Secondary Industry	第三产业 Tertiary Industry	人均地区生产总值 Per Capita Gross Regional Product
金口河区	Jinkouhe	107.0	103.6	107.8	105.3	110.4
犍为县	Qianwei	109.3	104.0	111.0	109.3	108.8
井研县	Jingyan	107.0	104.1	107.0	109.1	106.0
夹江县	Jiajiang	108.2	103.6	109.4	108.2	108.3
沐川县	Muchuan	101.5	103.9	95.9	107.8	101.7
峨边县	Ebian	107.9	103.0	107.8	109.7	108.7
马边县	Mabian	104.2	103.6	101.1	108.0	103.0
峨眉山市	Emeishan	109.6	103.9	109.5	110.6	108.8
南充市	**Nanchong**					
顺庆区	Shunqing	108.9	103.8	108.0	110.4	108.3
高坪区	Gaoping	108.8	103.6	109.3	110.8	108.2
嘉陵区	Jialing	108.8	103.7	110.4	110.7	108.4
南部县	Nanbu	107.9	103.9	108.5	109.5	107.6
营山县	Yingshan	109.0	103.9	111.1	110.4	108.4
蓬安县	Pengan	108.4	104.0	109.7	110.3	108.0
仪陇县	Yilong	108.3	103.7	109.5	111.5	108.0
西充县	Xichong	109.1	104.2	110.5	111.7	108.4
阆中市	Langzhong	108.6	104.1	109.5	110.3	108.2
眉山市	**Meishan**					
东坡区	Dongpo	105.6	104.1	103.2	109.3	105.7
彭山区	Pengshan	105.8	104.0	103.8	109.6	105.4
仁寿县	Renshou	105.1	103.8	102.7	109.7	106.5
洪雅县	Hongya	104.5	104.0	102.0	109.3	104.2
丹棱县	Danling	104.8	104.1	102.4	109.0	103.6
青神县	Qingshen	105.3	103.9	102.7	109.2	105.1
宜宾市	**Yibin**					
翠屏区	Cuiping	109.2	103.6	108.5	110.7	107.6
南溪区	Nanxi	109.0	103.3	109.7	111.3	108.3
宜宾县	Yibin	109.3	103.3	110.8	110.3	108.8
江安县	Jiangan	104.8	103.0	103.4	109.0	104.7
长宁县	Changning	108.6	103.4	110.0	109.7	108.4
高县	Gaoxian	108.6	103.1	110.1	108.8	108.5
珙县	Gongxian	109.7	104.3	110.5	110.7	109.6
筠连县	Junlian	108.8	103.9	109.9	109.3	108.7
兴文县	Xingwen	109.4	103.7	110.2	111.5	109.3
屏山县	Pingshan	108.5	103.2	112.1	110.6	108.4
广安市	**Guangan**					
广安区	Guanganqu	108.0	103.4	104.7	110.2	106.8
前锋区	Qianfeng	108.2	103.5	108.3	110.4	107.1
岳池县	Yuechi	108.2	103.2	108.6	110.2	108.6
武胜县	Wusheng	108.1	103.5	108.3	110.3	108.4

12-4 续表3 Continued

上年=100 (preceding year=100)

县(市、区)	Counties (Municipalities, Districts)	地区生产总值 Gross Regional Product	第一产业 Primary Industry	第二产业 Secondary Industry	第三产业 Tertiary Industry	人均地区生产总值 Per Capita Gross Regional Product
邻水县	Linshui	108.3	103.4	108.4	110.5	108.8
华蓥市	Huaying	108.1	103.3	107.6	110.2	108.2
达州市	**Dazhou**					
通川区	Tongchuan	108.2	103.8	105.6	110.5	102.5
达川区	Dachuan	107.6	103.6	106.0	110.7	106.9
宣汉县	Xuanhan	108.8	104.0	110.1	110.5	108.3
开江县	Kaijiang	107.6	103.8	107.4	110.2	107.2
大竹县	Dazhu	108.8	103.6	109.6	110.4	108.3
渠县	Quxian	108.4	103.9	109.1	110.7	107.8
万源市	Wanyuan	107.5	103.6	106.7	110.1	106.9
雅安市	**Yaan**					
雨城区	Yucheng	108.6	103.9	108.5	109.7	108.7
名山区	Mingshan	108.5	103.9	110.7	109.3	108.2
荥经县	Yingjing	105.0	103.3	102.6	109.2	104.0
汉源县	Hanyuan	107.9	104.0	108.9	108.8	107.7
石棉县	Shimian	107.8	104.1	108.0	108.4	108.0
天全县	Tianquan	109.0	104.0	109.9	109.5	108.8
芦山县	Lushan	109.0	104.0	110.9	108.0	114.0
宝兴县	Baoxing	108.5	103.9	109.4	108.5	112.6
巴中市	**Bazhong**					
巴州区	Bazhou	108.1	103.6	109.4	107.8	106.8
恩阳区	Enyang	109.5	103.6	114.2	109.3	106.7
通江县	Tongjiang	107.1	103.8	109.2	106.3	107.7
南江县	Nanjiang	108.0	103.7	109.5	107.1	108.2
平昌县	Pingchang	108.3	103.8	109.7	108.0	111.2
资阳市	**Ziyang**					
雁江区	Yanjiang	108.3	103.8	108.5	109.4	105.9
安岳县	Anyue	107.0	104.0	107.5	108.5	107.0
乐至县	Lezhi	107.9	103.9	108.7	108.6	108.2
阿坝州	**Aba**					
马尔康市	Maerkang	104.5	103.3	103.5	104.8	104.1
汶川县	Wenchuan	101.1	103.9	101.5	99.4	98.7
理县	Lixian	106.2	102.4	106.6	106.5	105.6
茂县	Maoxian	102.1	104.0	102.4	99.8	100.6
松潘县	Songpan	99.8	104.2	98.2	99.3	99.5
九寨沟县	Jiuzhaigou	93.0	101.9	90.6	93.2	93.3
金川县	Jinchuan	102.2	103.5	103.3	100.5	101.5
小金县	Xiaojin	104.6	104.0	104.5	105.0	104.4
黑水县	Heishui	106.1	104.9	107.4	101.6	108.8
壤塘县	Rangtang	105.0	102.8	122.6	100.3	104.5

12-4 续表4 Continued

上年=100 (preceding year=100)

县(市、区)	Counties (Municipalities, Districts)	地区生产总值 Gross Regional Product	第一产业 Primary Industry	第二产业 Secondary Industry	第三产业 Tertiary Industry	人均地区生产总值 Per Capita Gross Regional Product
阿坝县	Abaxian	103.9	102.5	101.9	105.8	102.7
若尔盖县	Ruoergai	105.5	103.5	108.3	106.4	105.5
红原县	Hongyuan	104.3	104.1	106.7	102.8	103.3
甘孜州	**Ganzi**					
康定市	Kangding	115.1	104.8	126.7	105.9	114.2
泸定县	Luding	103.1	105.0	100.7	105.1	103.2
丹巴县	Danba	106.7	104.6	108.9	105.6	107.5
九龙县	Jiulong	105.0	104.6	105.0	105.4	105.4
雅江县	Yajiang	107.6	104.9	109.3	107.4	104.2
道孚县	Daofu	107.4	107.3	113.0	105.4	105.5
炉霍县	Luhuo	107.9	103.7	124.5	103.3	107.0
甘孜县	Ganzixian	107.8	104.2	121.0	109.0	106.8
新龙县	Xinlong	107.3	103.2	126.6	104.2	106.6
德格县	Dege	107.2	103.6	122.3	104.8	106.5
白玉县	Baiyu	106.3	104.3	107.1	107.5	104.6
石渠县	Shiqu	107.2	103.7	129.6	107.2	106.4
色达县	Seda	109.1	104.0	132.4	108.0	108.3
理塘县	Litang	109.4	103.6	124.4	108.0	108.2
巴塘县	Batang	109.9	104.1	117.7	104.9	107.9
乡城县	Xiangcheng	110.3	104.9	120.5	103.6	108.8
稻城县	Daocheng	109.3	104.8	116.6	108.4	107.0
得荣县	Derong	107.7	104.1	113.7	104.5	106.2
凉山州	**Liangshan**					
西昌市	Xichang	105.3	103.6	102.0	108.0	103.7
木里县	Muli	102.2	103.5	100.0	104.8	100.7
盐源县	Yanyuan	106.2	103.8	107.5	106.1	104.9
德昌县	Dechang	101.8	103.6	97.1	105.6	101.1
会理县	Huili	106.3	103.9	108.9	103.3	106.1
会东县	Huidong	108.1	103.8	111.8	108.0	107.5
宁南县	Ningnan	106.4	103.8	109.3	106.2	104.2
普格县	Puge	98.8	103.1	85.9	105.1	95.1
布拖县	Butuo	96.9	103.7	85.3	106.2	93.2
金阳县	Jinyang	109.0	104.1	113.6	105.0	107.8
昭觉县	Zhaojue	98.5	103.5	82.1	105.3	97.7
喜德县	Xide	110.1	104.0	122.3	107.8	108.6
冕宁县	Mianning	106.1	103.9	107.3	105.6	105.8
越西县	Yuexi	98.4	103.9	81.6	104.8	96.4
甘洛县	Ganluo	107.6	104.0	112.3	106.0	101.5
美姑县	Meigu	109.1	103.8	129.1	103.6	106.7
雷波县	Leibo	106.9	104.0	109.0	104.4	104.1

12−5 各县(市、区)民营经济增加值(2017年)
Added Value of Civillian-owned Economy by Counties (Municipalities, District)(2017)

县(市、区)	Counties (Municipalities, Districts)	民营经济增加值(万元) Added Value of Civilian-owned Economy (10 000 yuan)	第一产业 Primary Industry	第二产业 Secondary Industry	第三产业 Tertiary Industry	人均民营经济增加值(元) Per Capita Added Value of Civilian-owned Economy (yuan)
成都市	**Chengdu**					
锦江区	Jinjiang	4245585		575327	3670258	60410
青羊区	Qingyang	4294057		975063	3318994	50956
金牛区	Jinniu	5682780		1516897	4165883	46857
武侯区	Wuhou	5565981		1705566	3860415	51257
成华区	Chenghua	3631273		733496	2897777	38381
龙泉驿区	Longquanyi	4771312	18086	3550541	1202685	55102
青白江区	Qingbaijiang	1609293	29672	912557	667064	39795
新都区	Xindu	4592738	80895	2930066	1581777	51453
温江区	Wenjiang	2384995	3625	1308025	1073345	47350
双流区	Shuangliu	6386194	56477	3797624	2532093	46294
郫都区	Pidu	2974069	6380	1994022	973667	35238
金堂县	Jintang	2302927	92864	1137511	1072552	32504
大邑县	Dayi	1452887	158065	833713	461109	28477
蒲江县	Pujiang	767454	68387	481901	217166	30073
新津县	Xinjin	2138239	63973	1478400	595866	66987
都江堰市	Dujiangyan	2008001	98224	880306	1029471	29186
彭州市	Pengzhou	1415440	144848	661644	608948	18200
邛崃市	Qionglai	1757252	139132	1088774	529346	28421
崇州市	Chongzhou	1916680	125996	1358913	431771	28835
简阳市	Jianyang	2696454	283723	1853669	559062	32546
自贡市	**Zigong**					
自流井区	Ziliujing	1302506	18578	467357	816571	29003
贡井区	Gongjing	925963	51335	643648	230980	32264
大安区	Daan	1168662	47658	817329	303675	28785
沿滩区	Yantan	1049698	65125	802020	182553	31627
荣县	Rongxian	1228937	135468	660282	433187	21083
富顺县	Fushun	1491152	152619	860429	478104	19013
攀枝花市	**Panzhihua**					
东区	East District	1892368	4904	979031	908433	49358
西区	West District	630220	5620	440629	183971	42727
仁和区	Renhe	1461629	33884	1119447	308298	53677
米易县	Miyi	938888	44522	679556	214810	40330
盐边县	Yanbian	672679	43161	464010	165508	33634
泸州市	**Luzhou**					
江阳区	Jiangyang	2553581	37276	1655978	860327	41596
纳溪区	Naxi	849986	51077	547510	251399	18232
龙马潭区	Longmatan	1304188	41222	879744	383222	34511
泸县	Luxian	1946462	141016	1314831	490615	22386
合江县	Hejiang	1197041	104393	574212	518436	16917
叙永县	Xuyong	680025	60973	349970	269082	11700
古蔺县	Gulin	817400	63126	477306	276968	11749

12-5 续表1 Continued

县(市、区)	Counties (Municipalities, Districts)	民营经济增加值(万元) Added Value of Civilian-owned Economy (10 000 yuan)	第一产业 Primary Industry	第二产业 Secondary Industry	第三产业 Tertiary Industry	人均民营经济增加值(元) Per Capita Added Value of Civilian-owned Economy (yuan)
德阳市	**Deyang**					
旌阳区	Jinyang	2288472	142971	968019	1177482	30452
罗江区	Luojiang	682054	76633	356206	249215	30654
中江县	Zhongjiang	2146432	396698	925145	824589	19924
广汉市	Guanghan	2886201	121085	1656595	1108521	48224
什邡市	Shifang	1295402	80041	572081	643280	30924
绵竹市	Mianzhu	1718132	99366	1025699	593067	37588
绵阳市	**Mianyang**					
涪城区	Fucheng	4421086	57684	2322614	2040788	48170
游仙区	Youxian	1371476	74476	787168	509832	26456
安州区	Anzhou	805204	73167	452839	279198	20715
三台县	Santai	1462267	259069	537491	665707	13871
盐亭县	Yanting	609359	138929	238316	232114	13393
梓潼县	Zitong	612982	80799	305354	226829	19967
北川县	Beichuan	314507	54073	143523	116911	14173
平武县	Pingwu	264680	23179	143313	98188	15755
江油市	Jiangyou	2310420	87703	1142072	1080645	29161
广元市	**Guangyuan**					
利州区	Lizhou	1401395	25643	789284	586468	25319
昭化区	Zhaohua	285873	47898	176209	61766	15545
朝天区	Chaotian	233940	21840	150629	61471	12248
旺苍县	Wangcang	603080	55181	396224	151675	14727
青川县	Qingchuan	205267	17660	134806	52801	9664
剑阁县	Jiange	636932	92705	340422	203805	13031
苍溪县	Cangxi	738505	114402	416915	207188	12134
遂宁市	**Suining**					
船山区	Chuanshan	2077521	89983	1391302	596236	30778
安居区	Anju	900655	159231	446736	294688	13985
蓬溪县	Pengxi	906087	96652	543147	266288	16832
射洪县	Shehong	2234928	201291	1417947	615690	24172
大英县	Daying	1005788	82416	667521	255851	20729
内江市	**Neijiang**					
内江市中区	NeijiangDowntown	1524679	70848	919922	533909	28638
东兴区	Dongxing	1112320	204402	339070	568848	14440
威远县	Weiyuan	2022481	165725	1341284	515472	34308
资中县	Zizhong	1630961	227812	757257	645892	13477
隆昌市	Longchang	1618085	142271	983145	492669	24978
乐山市	**Leshan**					
乐山市中区	LeshanDowntown	1516661	112188	741306	663167	22157
沙湾区	Shawan	689986	62296	406852	220838	39677
五通桥区	Wutongqiao	1174097	69079	838026	266992	36691

12-5 续表2 Continued

县(市、区)	Counties (Municipalities, Districts)	民营经济增加值（万元）Added Value of Civilian-owned Economy (10 000 yuan)	第一产业 Primary Industry	第二产业 Secondary Industry	第三产业 Tertiary Industry	人均民营经济增加值（元）Per Capita Added Value of Civilian-owned Economy (yuan)
金口河区	Jinkouhe	214918	7290	175197	32431	46219
犍为县	Qianwei	965299	149291	512136	303872	22676
井研县	Jingyan	628981	113181	315816	199984	20980
夹江县	Jiajiang	971987	76222	596698	299067	29268
沐川县	Muchuan	276664	46839	151270	78555	13093
峨边县	Ebian	227055	23064	159981	44010	16856
马边县	Mabian	174265	31821	89426	53018	9289
峨眉山市	Emeishan	1312010	77312	683488	551210	28982
南充市	**Nanchong**					
顺庆区	Shunqing	2166545	120697	992652	1053196	30158
高坪区	Gaoping	914433	138495	553615	222323	15001
嘉陵区	Jialing	862169	147265	543120	171784	13933
南部县	Nanbu	2034276	270690	1351199	412387	21664
营山县	Yingshan	1022561	248482	523647	250432	13627
蓬安县	Pengan	951811	177326	605925	168560	16640
仪陇县	Yilong	1136836	296714	535346	304776	12164
西充县	Xichong	712139	167353	383830	160956	13328
阆中市	Langzhong	1410413	260926	655500	493987	19239
眉山市	**Meishan**					
东坡区	Dongpo	2140800	168205	1163439	809156	25513
彭山区	Pengshan	801590	83438	429185	288967	25081
仁寿县	Renshou	2191895	288097	1231725	672073	18164
洪雅县	Hongya	677927	102495	388582	186850	21961
丹棱县	Danling	313785	50164	159005	104616	21507
青神县	Qingshen	405729	82636	161629	161464	24151
宜宾市	**Yibin**					
翠屏区	Cuiping	2793169	63002	1324446	1405721	32017
南溪区	Nanxi	832356	62127	510324	259905	21366
宜宾县	Yibin	1660794	175021	1005717	480056	24182
江安县	Jiangan	893846	95381	509338	289127	21415
长宁县	Changning	845993	96198	424417	325378	24522
高县	Gaoxian	866503	78966	568952	218585	20920
珙县	Gongxian	828052	78419	567753	181880	22123
筠连县	Junlian	868268	73898	577061	217309	26105
兴文县	Xingwen	668228	66497	331393	270338	17285
屏山县	Pingshan	294616	68256	136493	89867	11499
广安市	**Guangan**					
广安区	Guanganqu	1065497	78975	309184	677338	16980
前锋区	Qianfeng	928544	39779	694166	194599	35522
岳池县	Yuechi	1306266	102863	651882	551521	16630
武胜县	Wusheng	1252830	93636	660367	498827	21274

12-5 续表3 Continued

县(市、区)	Counties (Municipalities, Districts)	民营经济增加值(万元) Added Value of Civilian-owned Economy (10 000 yuan)	第一产业 Primary Industry	第二产业 Secondary Industry	第三产业 Tertiary Industry	人均民营经济增加值(元) Per Capita Added Value of Civilian-owned Economy (yuan)
邻水县	Linshui	1333628	103187	674096	556345	18747
华蓥市	Huaying	850117	29239	505490	315388	30050
达州市	**Dazhou**					
通川区	Tongchuan	1453261	61753	654350	737158	21368
达川区	Dachuan	1665767	136205	822695	706867	16188
宣汉县	Xuanhan	1477109	158098	751406	567605	14272
开江县	Kaijiang	770631	96132	346625	327874	17064
大竹县	Dazhu	1972224	170959	1073212	728053	22090
渠县	Quxian	1617058	174347	811541	631170	14222
万源市	Wanyuan	835767	84886	362626	388255	19980
雅安市	**Yaan**					
雨城区	Yucheng	865910	33004	350316	482590	23652
名山区	Mingshan	456380	35316	267752	153312	17042
荥经县	Yingjing	538455	14699	346611	177145	35309
汉源县	Hanyuan	432769	26855	235343	170571	13575
石棉县	Shimian	423419	14133	257311	151975	33183
天全县	Tianquan	408680	26941	236420	145319	29465
芦山县	Lushan	262217	18388	161297	82532	23517
宝兴县	Baoxing	194524	11460	137364	45700	34736
巴中市	**Bazhong**					
巴州区	Bazhou	933233	70027	452722	410484	12663
恩阳区	Enyang	352032	60038	154960	137034	7835
通江县	Tongjiang	686767	68848	334998	282921	9691
南江县	Nanjiang	728157	60882	414254	253021	11855
平昌县	Pingchang	873706	91556	478411	303739	10855
资阳市	**Ziyang**					
雁江区	Yanjiang	2829278	226686	2082844	519748	31101
安岳县	Anyue	1602727	274544	898449	429734	14244
乐至县	Lezhi	1301657	205258	812844	283555	25423
阿坝州	**Aba**					
马尔康市	Maerkang	68615	14381	18367	35867	11455
汶川县	Wenchuan	277204	12522	220283	44399	27365
理县	Lixian	104187	5360	85668	13159	21438
茂县	Maoxian	121617	16381	80826	24410	10966
松潘县	Songpan	74390	16129	30126	28135	9892
九寨沟县	Jiuzhaigou	121116	8298	55646	57172	14897
金川县	Jinchuan	58117	16018	27304	14795	7770
小金县	Xiaojin	79038	12645	41754	24639	9880
黑水县	Heishui	121804	11835	96697	13272	20100
壤塘县	Rangtang	32075	18324	7422	6329	7655

12-5 续表4 Continued

县(市、区)	Counties (Municipalities, Districts)	民营经济增加值(万元) Added Value of Civilian-owned Economy (10 000 yuan)	第一产业 Primary Industry	第二产业 Secondary Industry	第三产业 Tertiary Industry	人均民营经济增加值(元) Per Capita Added Value of Civilian-owned Economy (yuan)
阿坝县	Abaxian	55738	30075	12479	13184	7258
若尔盖县	Ruoergai	96434	66859	14355	15220	12395
红原县	Hongyuan	68687	32609	20734	15344	14075
甘孜州	**Ganzi**					
康定市	Kangding	321880	32493	174901	114486	23737
泸定县	Luding	70212	14889	22963	32360	7916
丹巴县	Danba	59715	20663	20120	18932	8543
九龙县	Jiulong	95139	22109	59419	13611	14393
雅江县	Yajiang	54828	19419	21951	13458	9791
道孚县	Daofu	38494	19773	5622	13099	6384
炉霍县	Luhuo	25176	14737	4748	5691	5127
甘孜县	Ganzixian	53626	36094	5691	11841	7346
新龙县	Xinlong	47649	32687	5861	9101	9270
德格县	Dege	46974	34075	5146	7753	5424
白玉县	Baiyu	45060	30850	7792	6418	7399
石渠县	Shiqu	50243	38077	3140	9026	4965
色达县	Seda	42079	30207	4003	7869	6831
理塘县	Litang	64095	40510	12435	11150	8732
巴塘县	Batang	51857	19118	20552	12187	9840
乡城县	Xiangcheng	32885	13056	10710	9119	9290
稻城县	Daocheng	32906	14500	5298	13108	9736
得荣县	Derong	27352	10239	11041	6072	9699
凉山州	**Liangshan**					
西昌市	Xichang	2388290	157665	1139790	1090835	30773
木里县	Muli	136997	17750	78507	40740	9992
盐源县	Yanyuan	334565	59941	175342	99282	9040
德昌县	Dechang	456353	58227	221373	176753	20612
会理县	Huili	863508	135425	379784	348299	19488
会东县	Huidong	835211	114153	448727	272331	22119
宁南县	Ningnan	330721	58606	160750	111365	17261
普格县	Puge	81244	24558	16141	40545	4643
布拖县	Butuo	118627	24390	65043	29194	6525
金阳县	Jinyang	128811	24118	66992	37701	7420
昭觉县	Zhaojue	139237	51531	44586	43120	5359
喜德县	Xide	115991	26827	40514	48650	6689
冕宁县	Mianning	675193	80629	400239	194325	18829
越西县	Yuexi	194456	47749	70726	75981	6623
甘洛县	Ganluo	159887	26624	82266	50997	7167
美姑县	Meigu	125334	40704	46961	37669	5377
雷波县	Leibo	339077	36328	232561	70188	14116

12-6 各县(市、区)民营经济增加值指数(2017年)
Indices of Civillian-owned Economy Added Value by Counties (Municipalities, District)(2017)

上年=100 (preceding year=100)

县(市、区)	Counties (Municipalities, Districts)	民营经济增加值 Added Value of Civilian-owned Economy	第一产业 Primary Industry	第二产业 Secondary Industry	第三产业 Tertiary Industry	人均民营经济增加值 Per Capita Added Value of Civilian-owned Economy
成都市	**Chengdu**					
锦江区	Jinjiang	108.1		103.6	108.8	107.7
青羊区	Qingyang	107.8		105.2	108.6	107.6
金牛区	Jinniu	107.9		106.1	108.5	107.4
武侯区	Wuhou	108.1		107.5	108.3	108.1
成华区	Chenghua	108.2		102.2	109.8	108.1
龙泉驿区	Longquanyi	109.3	62.2	108.8	112.1	107.3
青白江区	Qingbaijiang	109.2	102.0	108.1	111.1	108.1
新都区	Xindu	109.0	71.9	108.4	112.4	105.8
温江区	Wenjiang	109.4	37.4	109.1	110.6	108.0
双流区	Shuangliu	110.5	106.4	111.0	109.8	106.6
郫都区	Pidu	108.2	103.8	106.3	112.2	106.7
金堂县	Jintang	111.2	104.7	112.9	109.2	113.1
大邑县	Dayi	108.6	100.7	111.5	107.1	108.3
蒲江县	Pujiang	110.5	100.1	113.5	108.7	110.0
新津县	Xinjin	110.6	103.4	111.3	109.7	109.1
都江堰市	Dujiangyan	109.0	104.2	108.5	109.8	108.1
彭州市	Pengzhou	109.1	102.0	110.0	109.6	108.6
邛崃市	Qionglai	110.8	110.3	110.0	112.7	110.8
崇州市	Chongzhou	110.6	106.5	112.9	105.1	110.6
简阳市	Jianyang	108.1	102.3	107.0	115.6	109.1
自贡市	**Zigong**					
自流井区	Ziliujing	106.8	104.6	100.4	111.4	97.7
贡井区	Gongjing	109.9	104.3	110.8	108.8	105.9
大安区	Daan	107.6	104.2	107.5	108.3	100.3
沿滩区	Yantan	109.9	104.2	110.8	108.1	100.9
荣县	Rongxian	108.7	107.5	109.9	107.2	110.5
富顺县	Fushun	109.0	104.5	109.9	108.8	112.9
攀枝花市	**Panzhihua**					
东区	East District	107.7	104.4	107.2	108.3	107.6
西区	West District	107.3	104.0	107.1	108.1	108.5
仁和区	Renhe	107.6	104.5	107.4	108.6	107.1
米易县	Miyi	107.9	104.5	107.9	108.3	106.8
盐边县	Yanbian	107.4	104.5	107.4	107.9	107.5
泸州市	**Luzhou**					
江阳区	Jiangyang	110.1	101.2	109.4	112.0	109.2
纳溪区	Naxi	108.6	101.3	109.5	107.9	107.8
龙马潭区	Longmatan	110.2	101.8	110.7	109.8	106.8
泸县	Luxian	109.3	101.7	110.0	109.8	109.1
合江县	Hejiang	108.8	102.7	110.6	108.1	108.9
叙永县	Xuyong	107.9	102.5	108.8	107.9	107.7
古蔺县	Gulin	108.8	101.2	110.0	108.4	109.8

12-6 续表1 Continued

上年=100 (preceding year=100)

县(市、区)	Counties (Municipalities, Districts)	民营经济增加值 Added Value of Civilian-owned Economy	第一产业 Primary Industry	第二产业 Secondary Industry	第三产业 Tertiary Industry	人均民营经济增加值 Per Capita Added Value of Civilian-owned Economy
德阳市	**Deyang**					
旌阳区	Jinyang	108.5	101.4	109.8	108.1	108.0
罗江区	Luojiang	109.5	101.5	110.2	111.0	109.0
中江县	Zhongjiang	108.7	101.2	110.1	111.1	108.9
广汉市	Guanghan	109.1	100.9	108.4	111.4	108.3
什邡市	Shifang	109.7	99.7	111.8	109.6	109.6
绵竹市	Mianzhu	107.9	100.8	107.1	110.9	107.5
绵阳市	**Mianyang**					
涪城区	Fucheng	110.2	103.0	108.8	112.2	107.0
游仙区	Youxian	109.4	103.0	108.7	112.0	110.0
安州区	Anzhou	109.1	103.0	109.9	111.1	108.7
三台县	Santai	108.9	103.6	110.1	110.0	108.5
盐亭县	Yanting	108.1	103.5	109.6	109.5	107.6
梓潼县	Zitong	108.5	103.2	108.7	110.6	108.2
北川县	Beichuan	109.3	103.0	110.1	111.5	106.8
平武县	Pingwu	108.1	103.0	107.9	109.8	110.4
江油市	Jiangyou	109.5	103.1	109.0	110.9	109.7
广元市	**Guangyuan**					
利州区	Lizhou	108.4	100.5	108.4	108.9	107.8
昭化区	Zhaohua	109.0	107.9	108.7	110.6	108.7
朝天区	Chaotian	109.6	106.7	110.1	109.4	110.3
旺苍县	Wangcang	106.3	108.2	106.0	106.3	105.5
青川县	Qingchuan	109.0	104.5	110.4	106.7	108.7
剑阁县	Jiange	108.8	105.9	109.9	108.3	107.3
苍溪县	Cangxi	110.8	105.4	114.3	107.2	110.4
遂宁市	**Suining**					
船山区	Chuanshan	108.2	102.3	107.4	111.1	107.4
安居区	Anju	108.8	102.8	106.2	119.4	109.1
蓬溪县	Pengxi	107.7	103.6	108.5	107.7	109.6
射洪县	Shehong	109.1	102.8	106.1	120.5	111.5
大英县	Daying	108.5	103.3	108.8	109.7	108.5
内江市	**Neijiang**					
内江市中区	NeijiangDowntown	107.9	103.8	108.5	107.5	106.5
东兴区	Dongxing	107.6	103.7	108.5	108.5	106.9
威远县	Weiyuan	108.1	103.8	108.5	108.0	108.9
资中县	Zizhong	104.6	100.6	105.9	104.6	104.7
隆昌市	Longchang	108.3	103.7	109.0	108.2	108.2
乐山市	**Leshan**					
乐山市中区	LeshanDowntown	108.2	104.1	104.8	112.0	107.6
沙湾区	Shawan	109.5	103.5	111.0	107.6	111.0
五通桥区	Wutongqiao	109.2	103.7	110.3	106.5	109.8

12-6 续表2 Continued

上年=100 (preceding year=100)

县(市、区)	Counties (Municipalities, Districts)	民营经济增加值 Added Value of Civilian-owned Economy	第一产业 Primary Industry	第二产业 Secondary Industry	第三产业 Tertiary Industry	人均民营经济增加值 Per Capita Added Value of Civilian-owned Economy
金口河区	Jinkouhe	107.2	103.4	107.2	107.9	110.7
犍为县	Qianwei	109.5	104.2	111.5	108.0	109.0
井研县	Jingyan	107.2	104.2	105.5	114.2	106.2
夹江县	Jiajiang	108.4	103.8	109.6	106.7	108.6
沐川县	Muchuan	101.7	104.1	99.2	107.8	101.9
峨边县	Ebian	108.1	103.1	108.4	109.9	108.9
马边县	Mabian	104.4	103.7	102.6	108.4	103.3
峨眉山市	Emeishan	109.7	103.8	111.4	107.9	109.0
南充市	**Nanchong**					
顺庆区	Shunqing	109.0	104.8	106.9	114.0	108.4
高坪区	Gaoping	108.9	104.6	107.9	114.4	108.3
嘉陵区	Jialing	109.1	104.7	108.8	113.2	108.7
南部县	Nanbu	108.0	104.9	107.2	113.3	107.7
营山县	Yingshan	109.1	104.9	109.6	112.5	108.5
蓬安县	Pengan	108.7	105.0	109.0	111.3	108.3
仪陇县	Yilong	108.6	104.7	110.0	109.9	108.3
西充县	Xichong	109.3	105.2	108.7	114.9	108.6
阆中市	Langzhong	108.8	105.1	109.6	109.7	108.4
眉山市	**Meishan**					
东坡区	Dongpo	105.8	104.0	104.1	109.4	106.0
彭山区	Pengshan	106.0	104.0	104.8	108.7	105.6
仁寿县	Renshou	105.3	103.8	102.8	111.5	106.7
洪雅县	Hongya	104.7	104.0	103.5	108.0	104.4
丹棱县	Danling	105.0	104.1	102.6	110.1	103.9
青神县	Qingshen	105.5	103.9	104.1	108.0	105.3
宜宾市	**Yibin**					
翠屏区	Cuiping	110.4	103.8	110.0	111.1	108.8
南溪区	Nanxi	110.1	101.8	110.6	111.5	109.6
宜宾县	Yibin	110.1	101.6	109.8	114.2	109.4
江安县	Jiangan	105.5	101.3	104.6	108.8	105.5
长宁县	Changning	109.7	102.2	111.2	109.8	109.5
高县	Gaoxian	109.7	101.0	111.0	109.6	109.6
珙县	Gongxian	110.2	101.9	111.6	109.3	110.1
筠连县	Junlian	109.7	106.2	109.8	111.2	109.7
兴文县	Xingwen	110.0	101.5	111.4	110.4	109.9
屏山县	Pingshan	109.8	108.9	108.8	112.2	109.8
广安市	**Guangan**					
广安区	Guanganqu	108.2	103.4	104.9	110.3	107.0
前锋区	Qianfeng	108.7	104.1	108.9	109.2	107.6
岳池县	Yuechi	108.4	104.9	107.9	109.7	108.8
武胜县	Wusheng	108.4	106.3	107.8	109.6	108.7

12-6 续表3 Continued

上年=100 (preceding year=100)

县(市、区)	Counties (Municipalities, Districts)	民营经济增加值 Added Value of Civilian-owned Economy	第一产业 Primary Industry	第二产业 Secondary Industry	第三产业 Tertiary Industry	人均民营经济增加值 Per Capita Added Value of Civilian-owned Economy
邻水县	Linshui	108.5	103.6	107.5	110.8	109.0
华蓥市	Huaying	108.3	104.2	107.5	109.8	108.3
达州市	**Dazhou**					
通川区	Tongchuan	108.3	101.3	106.8	110.3	102.6
达川区	Dachuan	107.8	101.3	106.9	110.1	107.1
宣汉县	Xuanhan	108.6	101.3	109.0	110.0	108.1
开江县	Kaijiang	107.7	101.3	107.1	110.2	107.3
大竹县	Dazhu	109.2	101.3	109.8	110.1	108.7
渠县	Quxian	109.0	101.3	109.6	110.4	108.3
万源市	Wanyuan	107.6	101.3	106.9	109.7	107.0
雅安市	**Yaan**					
雨城区	Yucheng	109.7	103.0	108.6	111.1	109.8
名山区	Mingshan	109.7	100.5	110.3	111.3	109.4
荥经县	Yingjing	105.8	97.0	103.3	113.1	104.7
汉源县	Hanyuan	109.0	99.0	109.6	109.9	108.8
石棉县	Shimian	108.5	97.0	108.2	110.3	108.7
天全县	Tianquan	109.7	103.0	110.4	109.9	109.5
芦山县	Lushan	110.0	108.0	109.7	111.1	115.0
宝兴县	Baoxing	109.9	101.8	111.8	106.0	114.1
巴中市	**Bazhong**					
巴州区	Bazhou	108.2	103.9	110.3	106.6	106.9
恩阳区	Enyang	109.6	104.2	113.1	108.1	106.8
通江县	Tongjiang	107.2	103.8	108.3	106.7	107.7
南江县	Nanjiang	108.2	103.9	110.0	106.4	108.5
平昌县	Pingchang	108.5	104.2	110.0	107.7	111.4
资阳市	**Ziyang**					
雁江区	Yanjiang	108.6	103.9	108.9	109.5	106.2
安岳县	Anyue	107.6	104.1	108.1	109.1	107.6
乐至县	Lezhi	108.2	104.0	109.1	108.6	108.5
阿坝州	**Aba**					
马尔康市	Maerkang	103.6	104.1	97.0	106.8	103.2
汶川县	Wenchuan	101.4	105.2	101.6	99.2	99.0
理县	Lixian	107.7	104.4	108.2	106.0	107.1
茂县	Maoxian	101.9	103.9	103.3	96.5	100.4
松潘县	Songpan	95.0	103.6	96.3	89.9	94.7
九寨沟县	Jiuzhaigou	88.5	99.7	87.8	87.8	88.8
金川县	Jinchuan	102.9	104.0	101.9	103.4	102.2
小金县	Xiaojin	106.0	103.3	106.5	106.7	105.9
黑水县	Heishui	106.3	104.0	107.0	102.5	109.0
壤塘县	Rangtang	104.0	103.8	116.5	93.1	103.5

12-6 续表4 Continued

上年=100 (preceding year=100)

县(市、区)	Counties (Municipalities, Districts)	民营经济增加值 Added Value of Civilian-owned Economy	第一产业 Primary Industry	第二产业 Secondary Industry	第三产业 Tertiary Industry	人均民营经济增加值 Per Capita Added Value of Civilian-owned Economy
阿坝县	Abaxian	103.6	103.6	102.7	104.3	102.4
若尔盖县	Ruoergai	104.2	103.5	107.8	103.9	104.2
红原县	Hongyuan	104.7	104.2	106.0	103.9	103.6
甘孜州	**Ganzi**					
康定市	Kangding	112.9	105.6	118.2	108.9	112.1
泸定县	Luding	107.2	107.6	107.0	107.1	107.3
丹巴县	Danba	106.5	112.6	103.2	103.7	107.2
九龙县	Jiulong	105.2	104.6	105.8	103.6	105.5
雅江县	Yajiang	107.6	103.4	111.8	107.4	104.2
道孚县	Daofu	107.9	106.0	118.0	106.5	105.9
炉霍县	Luhuo	108.3	104.8	125.4	104.5	107.4
甘孜县	Ganzixian	108.0	105.5	122.8	110.0	107.0
新龙县	Xinlong	107.2	104.6	126.9	106.6	106.5
德格县	Dege	107.5	104.5	123.7	110.5	106.7
白玉县	Baiyu	107.6	104.5	121.1	110.5	105.8
石渠县	Shiqu	108.2	105.7	133.8	112.3	107.3
色达县	Seda	109.5	104.8	135.1	117.1	108.8
理塘县	Litang	109.4	105.5	126.1	108.2	108.2
巴塘县	Batang	110.3	103.9	119.3	106.4	108.2
乡城县	Xiangcheng	110.7	105.0	123.4	105.4	109.1
稻城县	Daocheng	109.1	102.8	122.7	111.3	106.8
得荣县	Derong	107.9	104.7	111.2	108.2	106.4
凉山州	**Liangshan**					
西昌市	Xichang	105.9	103.8	102.7	109.4	104.4
木里县	Muli	102.4	103.8	100.9	104.7	100.8
盐源县	Yanyuan	106.4	103.8	106.3	108.4	105.0
德昌县	Dechang	101.9	103.9	99.1	104.9	101.3
会理县	Huili	101.0	103.9	97.5	105.9	100.8
会东县	Huidong	108.2	103.9	108.9	108.8	107.6
宁南县	Ningnan	106.5	103.9	106.5	107.9	104.3
普格县	Puge	104.9	103.3	106.7	104.8	100.9
布拖县	Butuo	97.5	103.7	92.0	106.2	93.8
金阳县	Jinyang	109.4	104.0	113.5	105.2	108.2
昭觉县	Zhaojue	98.5	104.0	87.4	105.8	97.6
喜德县	Xide	110.6	104.0	120.5	106.8	109.1
冕宁县	Mianning	106.1	103.9	106.9	105.5	105.8
越西县	Yuexi	98.1	104.0	85.8	105.8	96.1
甘洛县	Ganluo	107.7	104.0	109.9	106.6	101.6
美姑县	Meigu	109.5	103.9	120.7	104.6	107.1
雷波县	Leibo	107.0	104.0	107.7	106.0	104.2

12-7 各县(市、区)固定资产投资和建筑业情况(2017年)
Investment in Fixed Assets and Construction by Counties (Municipalities, Districts)(2017)

县(市、区)	Counties (Municipalities, Districts)	全社会固定资产投资额(万元) Total Investment (10 000 yuan)	房地产开发投资额(万元) Real Estate Investment (10 000 yuan)	建筑企业单位数(个) Number of Construction Enterprises (unit)	建筑业总产值(万元) Gross Output Value of Construction Enterprises (10 000 yuan)
成都市	**Chengdu**				
锦江区	Jinjiang	4658706	2868933	75	4955252
青羊区	Qingyang	4316598	1232821	201	6584973
金牛区	Jinniu	4880070	2090463	285	9976062
武侯区	Wuhou	4789512	1327930	330	3913870
成华区	Chenghua	5000814	2513141	124	1932737
龙泉驿区	Longquanyi	6550362	1528250	61	1765124
青白江区	Qingbaijiang	3602196	188613	25	947865
新都区	Xindu	5252364	1843876	45	1960031
温江区	Wenjiang	4125420	1529046	31	618329
双流区	Shuangliu	11916876	3377727	96	1549527
郫都区	Pidu	3733002	1513559	28	1848597
金堂县	Jintang	4145544	555947	36	796800
大邑县	Dayi	2575872	217711	30	6859838
蒲江县	Pujiang	1750788	112222	18	198938
新津县	Xinjin	3511638	183921	28	408057
都江堰市	Dujiangyan	2666430	550607	41	1246309
彭州市	Pengzhou	2696616	85190	28	209555
邛崃市	Qionglai	2686554	173900	33	779763
崇州市	Chongzhou	2928042	331660	49	1034851
简阳市	Jianyang	3028662	312534	42	655730
自贡市	**Zigong**				
自流井区	Ziliujing	1930708	513513	33	1347845
贡井区	Gongjing	821999	130990	6	35866
大安区	Daan	1431604	2202	15	231586
沿滩区	Yantan	1390272	125981	13	351801
荣县	Rongxian	1205331	133683	16	362584
富顺县	Fushun	1542510	319481	39	793825
攀枝花市	**Panzhihua**				
东区	East District	2027218	213433	54	1878964
西区	West District	1141673	52294	10	83669
仁和区	Renhe	1967823	130124	8	118365
米易县	Miyi	1364899	145208	4	80306
盐边县	Yanbian	951184	58547	4	16741
泸州市	**Luzhou**				
江阳区	Jiangyang	4631170	1234674	71	2292486
纳溪区	Naxi	2364533	63398	15	562966
龙马潭区	Longmatan	3071960	562563	48	1897625
泸县	Luxian	3672566	194524	66	3704626
合江县	Hejiang	2576996	190892	35	1529717
叙永县	Xuyong	1662854	192018	12	141502

12-7 续表1 Continued

县(市、区)	Counties (Municipalities, Districts)	全社会固定资产投资额(万元) Total Investment (10 000 yuan)	房地产开发投资额(万元) Real Estate Investment (10 000 yuan)	建筑企业单位数(个) Number of Construction Enterprises (unit)	建筑业总产值(万元) Gross Output Value of Construction Enterprises (10 000 yuan)
古蔺县	Gulin	2440999	148100	10	132823
德阳市	**Deyang**				
旌阳区	Jinyang	3766558	567972	110	1703230
罗江区	Luojiang	1139848	90731	8	65781
中江县	Zhongjiang	1801866	162122	20	152916
广汉市	Guanghan	2349918	130701	47	1119714
什邡市	Shifang	1980419	42133	18	218610
绵竹市	Mianzhu	2075477	56781	23	244853
绵阳市	**Mianyang**				
涪城区	Fucheng	5075971	1103352	225	2252732
游仙区	Youxian	1977183	137191	43	988835
安州区	Anzhou	1320287	44656	19	215429
三台县	Santai	1200328	188549	23	892388
盐亭县	Yanting	771128	83252	12	190259
梓潼县	Zitong	900480	17030	11	205136
北川县	Beichuan	488353	27677	8	69980
平武县	Pingwu	450714	15162	4	54277
江油市	Jiangyou	2180967	149679	39	747281
广元市	**Guangyuan**				
利州区	Lizhou	2600974	580084	110	997361
昭化区	Zhaohua	459365	18203	6	75018
朝天区	Chaotian	493904	14759	5	92642
旺苍县	Wangcang	863330	62042	11	168927
青川县	Qingchuan	492534	14268	2	10657
剑阁县	Jiange	895303	50952	11	106716
苍溪县	Cangxi	1097050	95494	23	257284
遂宁市	**Suining**				
船山区	Chuanshan	5171415	775163	117	1304600
安居区	Anju	1460865	39828	7	185282
蓬溪县	Pengxi	1616669	267270	15	604097
射洪县	Shehong	2326225	482383	17	57768
大英县	Daying	2001084	170168	19	635583
内江市	**Neijiang**				
内江市中区	NeijiangDowntown	2027565	43429	38	465106
东兴区	Dongxing	1910753	480117	19	816160
威远县	Weiyuan	1661271	150269	19	414768
资中县	Zizhong	1022883	192803	20	229999
隆昌市	Longchang	1979323	283872	17	648116
乐山市	**Leshan**				
乐山市中区	LeshanDowntown	2766527	1066046	110	1174702
沙湾区	Shawan	1886964	20	4	78262

12−7 续表2 Continued

县(市、区)	Counties (Municipalities, Districts)	全社会固定资产投资额（万元）Total Investment (10 000 yuan)	房地产开发投资额（万元）Real Estate Investment (10 000 yuan)	建筑企业单位数（个）Number of Construction Enterprises (unit)	建筑业总产值（万元）Gross Output Value of Construction Enterprises (10 000 yuan)
五通桥区	Wutongqiao	1318310	17256	10	219543
金口河区	Jinkouhe	304537		2	1435
犍为县	Qianwei	1212235	205473	10	286323
井研县	Jingyan	533805	23528	12	114887
夹江县	Jiajiang	1444638	121764	8	90022
沐川县	Muchuan	541949	41944	4	39091
峨边县	Ebian	363284		5	19488
马边县	Mabian	458452	14850	3	13177
峨眉山市	Emeishan	1907166	450637	22	312125
南充市	**Nanchong**				
顺庆区	Shunqing	3113062	246595	94	1182509
高坪区	Gaoping	2190545	142386	16	356040
嘉陵区	Jialing	1329822	403691	26	332374
南部县	Nanbu	3260283	178968	26	1671019
营山县	Yingshan	1285371	443042	12	490242
蓬安县	Pengan	1564080	123357	14	421148
仪陇县	Yilong	1675355	302153	23	1575653
西充县	Xichong	1260666	44559	7	472972
阆中市	Langzhong	2521635	239148	33	1032011
眉山市	**Meishan**				
东坡区	Dongpo	3883943	413348	44	1344867
彭山区	Pengshan	2300967	248382	12	461403
仁寿县	Renshou	2697022	982964	25	1123198
洪雅县	Hongya	987524	142089	13	130609
丹棱县	Danling	601220	49114	6	147956
青神县	Qingshen	637674	99906	8	209049
宜宾市	**Yibin**				
翠屏区	Cuiping	4143463	793904	121	921942
南溪区	Nanxi	1124153	123871	18	321177
宜宾县	Yibin	2090068	438325	39	802846
江安县	Jiangan	1661969	200462	15	395752
长宁县	Changning	1480048	236225	10	299239
高县	Gaoxian	1634618	151326	11	283545
珙县	Gongxian	1577284	109182	11	170739
筠连县	Junlian	1093666	112642	10	129958
兴文县	Xingwen	1192059	87402	10	71255
屏山县	Pingshan	853639	28152	21	47395
广安市	**Guangan**				
广安区	Guanganqu	3501357	1268248	46	10224741
前锋区	Qianfeng	2617551	181233	4	638546
岳池县	Yuechi	2327705	182648	26	11971657

12-7 续表3 Continued

县(市、区)	Counties (Municipalities, Districts)	全社会固定资产投资额(万元) Total Investment (10 000 yuan)	房地产开发投资额(万元) Real Estate Investment (10 000 yuan)	建筑企业单位数(个) Number of Construction Enterprises (unit)	建筑业总产值(万元) Gross Output Value of Construction Enterprises (10 000 yuan)
武胜县	Wusheng	2135065	320466	20	8521082
邻水县	Linshui	2355404	341735	14	5288128
华蓥市	Huaying	2195705	147548	22	15726262
达州市	**Dazhou**				
通川区	Tongchuan	2129550	374596	38	798988
达川区	Dachuan	3263244	76957	23	655029
宣汉县	Xuanhan	3086297	172975	14	751623
开江县	Kaijiang	1313615	990	12	402034
大竹县	Dazhu	3094107	223165	18	700045
渠县	Quxian	3080118	272451	11	630935
万源市	Wanyuan	1309593	15302	4	68312
雅安市	**Yaan**				
雨城区	Yucheng	897297	335941	29	187227
名山区	Mingshan	552474	84476	4	40236
荥经县	Yingjing	506582	35368	3	113442
汉源县	Hanyuan	446224	59084	5	40610
石棉县	Shimian	665069		5	14496
天全县	Tianquan	556061	68932	1	22872
芦山县	Lushan	281306		3	33127
宝兴县	Baoxing	356545		1	2620
巴中市	**Bazhong**				
巴州区	Bazhou	3987172	617938	67	2873217
恩阳区	Enyang	1269807	170290	14	461651
通江县	Tongjiang	2289531	121013	19	837247
南江县	Nanjiang	3000664	215451	19	1241764
平昌县	Pingchang	3159143	245040	25	981886
资阳市	**Ziyang**				
雁江区	Yanjiang	2810526	863162	23	1202022
安岳县	Anyue	1860169	277109	21	530161
乐至县	Lezhi	1270624	138605	8	464549
阿坝州	**Aba**				
马尔康市	Maerkang	314374	8828	9	10649
汶川县	Wenchuan	252801		20	88820
理县	Lixian	459405		7	4538
茂县	Maoxian	158025	1145	8	24117
松潘县	Songpan	283991	37898	5	1835
九寨沟县	Jiuzhaigou	320559		11	19404
金川县	Jinchuan	297932	800	4	9129
小金县	Xiaojin	161020		5	11535
黑水县	Heishui	81761		5	14453
壤塘县	Rangtang	147128		3	3113

12-7 续表4 Continued

县(市、区)	Counties (Municipalities, Districts)	全社会固定资产投资额(万元) Total Investment (10 000 yuan)	房地产开发投资额(万元) Real Estate Investment (10 000 yuan)	建筑企业单位数(个) Number of Construction Enterprises (unit)	建筑业总产值(万元) Gross Output Value of Construction Enterprises (10 000 yuan)
阿坝县	Abaxian	146321		1	978
若尔盖县	Ruoergai	201974		3	3754
红原县	Hongyuan	170856			
甘孜州	**Ganzi**				
康定市	Kangding	565490	11186	18	80997
泸定县	Luding	467639		3	3727
丹巴县	Danba	93995			
九龙县	Jiulong	132230		3	8086
雅江县	Yajiang	558537		1	1966
道孚县	Daofu	162455	3959		
炉霍县	Luhuo	102768		1	1800
甘孜县	Ganzixian	100460			
新龙县	Xinlong	90985		1	70
德格县	Dege	146153			
白玉县	Baiyu	200795			
石渠县	Shiqu	155955		1	6563
色达县	Seda	210950			
理塘县	Litang	239832			
巴塘县	Batang	360059		1	27059
乡城县	Xiangcheng	160716		1	2002
稻城县	Daocheng	238580			
得荣县	Derong	128709			
凉山州	**Liangshan**				
西昌市	Xichang	3608829	483345	99	1591701
木里县	Muli	664714		4	5543
盐源县	Yanyuan	612251	5669	10	23622
德昌县	Dechang	521335		9	13958
会理县	Huili	1050976	11551	13	79467
会东县	Huidong	903327		15	55206
宁南县	Ningnan	813905		7	19063
普格县	Puge	251709		2	
布拖县	Butuo	272913		4	8766
金阳县	Jinyang	254112		9	8509
昭觉县	Zhaojue	351824		5	346
喜德县	Xide	170460		12	23998
冕宁县	Mianning	557561	12600	14	70879
越西县	Yuexi	268586		6	7560
甘洛县	Ganluo	221503		3	1654
美姑县	Meigu	252785		6	20537
雷波县	Leibo	350815		8	33952

12-8 各县(市、区)农村经济情况(2017年)
Basic Statistics on Agriculture of Counties(Municipalities,Districts)(2017)

县(市、区)	Counties (Municipalities, Districts)	年末实有耕地面积(公顷) Cultivated Land Area (year-end) (hectare)	耕地灌溉面积(公顷) Irrigated Area of Cultivated Land (hectare)	农林牧渔业增加值(万元) Gross Output Value of Farming, Forestry, Animal Husbandry and Fishery (10 000 yuan)	#第一产业 Primary Industry	化肥施用量(折纯量)(吨) Consumption of Chemical Fertilizers (ton)	农村用电量(万千瓦小时) Electricity Consumed in Rural Areas (10 000 kwh)
成都市	**Chengdu**						
锦江区	Jinjiang	861	960	6507	6507	34	7158
青羊区	Qingyang	431	430	419	419	34	4699
金牛区	Jinniu	804	430	853	853	35	6047
武侯区	Wuhou	253	80	70	70		1850
成华区	Chenghua	1283	1390	852	852	87	3099
龙泉驿区	Longquanyi	7914	8040	307054	279754	3517	14288
青白江区	Qingbaijiang	19004	11800	159726	150961	5509	15696
新都区	Xindu	25657	20620	289880	278771	10589	37841
温江区	Wenjiang	13414	13710	190448	187897	2902	5612
双流区	Shuangliu	40463	33360	369500	360419	6701	61175
郫都区	Pidu	20552	18700	245326	235069	14826	25513
金堂县	Jintang	56724	37250	500235	464107	23584	10838
大邑县	Dayi	29741	19440	359158	352877	7439	15332
蒲江县	Pujiang	23697	12320	197985	194273	5649	7436
新津县	Xinjin	15282	13520	180362	176343	6233	9854
都江堰市	Dujiangyan	26702	20070	291534	271677	10986	24856
彭州市	Pengzhou	50804	38630	518000	512114	19201	31313
邛崃市	Qionglai	44209	30620	387052	376877	17730	13140
崇州市	Chongzhou	39006	29950	373284	361943	16708	31255
简阳市	Jianyang	107990	58190	811847	796912	31833	39455
自贡市	**Zigong**						
自流井区	Ziliujing	6396	2690	51814	50274	3245	2131
贡井区	Gongjing	22265	9090	170024	167499	12052	5946
大安区	Daan	23093	6810	146859	145651	10100	11316
沿滩区	Yantan	26518	10240	178719	177260	16948	7994
荣县	Rongxian	66438	38310	456811	453176	22343	12326
富顺县	Fushun	71952	31580	443183	435527	26964	12642
攀枝花市	**Panzhihua**						
东区	East District	488	330	7233	6804	225	2730
西区	West District	1063	580	9929	9591	225	490
仁和区	Renhe	19174	10760	109721	108397	8907	5084
米易县	Miyi	26397	14060	142512	141287	8007	7740
盐边县	Yanbian	27874	13890	106874	105517	11325	6367
泸州市	**Luzhou**						
江阳区	Jiangyang	30163	11060	219644	212902	13857	9312
纳溪区	Naxi	41494	15790	216807	214223	9602	7712
龙马潭区	Longmatan	15467	8440	109005	106809	6483	5462
泸县	Luxian	84789	39100	498893	493334	34707	24727
合江县	Hejiang	71785	29950	364486	358160	12694	19191
叙永县	Xuyong	77764	24020	226184	223051	17007	13765
古蔺县	Gulin	89073	24920	227363	223389	14171	6363

注:年末实有耕地面积由四川省国土资源厅提供，耕地灌溉面积由四川省水利厅提供，因两部门统计口径不同，部分县耕地灌溉面积大于年末实有耕地面积。

a) The year-end cultivated land area is provided by Bureau of Land and Resources of Sichuan Province and the irrigated land area is provided by Sichuan Provincial Water Resources Department. Due to the two sector statistics caliber is different, the irrigated land area of some counties is greater than the year-end cultivated land area.

12-8 续表1 Continued

县(市、区)	Counties (Municipalities, Districts)	年末实有耕地面积（公顷） Cultivated Land Area (year-end) (hectare)	耕地灌溉面积（公顷） Irrigated Area of Cultivated Land (hectare)	农林牧渔业增加值（万元） Gross Output Value of Farming, Forestry, Animal Husbandry and Fishery (10 000 yuan)	#第一产业 Primary Industry	化肥施用量（折纯量）（吨） Consumption of Chemical Fertilizers (ton)	农村用电量（万千瓦小时） Electricity Consumed in Rural Areas (10 000 kwh)
德阳市	**Deyang**						
旌阳区	Jinyang	32027	21020	341412	324547	16308	53451
罗江区	Luojiang	24792	13340	215905	208870	19832	13654
中江县	Zhongjiang	101649	54020	847108	828632	72765	49023
广汉市	Guanghan	32251	25170	354373	340042	25663	57869
什邡市	Shifang	23496	18680	300645	290823	24686	22155
绵竹市	Mianzhu	34341	23430	308687	291720	23350	29146
绵阳市	**Mianyang**						
涪城区	Fucheng	16912	10540	240270	234459	15708	20606
游仙区	Youxian	39463	24630	302130	294742	24685	10797
安州区	Anzhou	37697	24390	302888	296488	16498	9380
三台县	Santai	118021	72830	802535	785700	50751	22838
盐亭县	Yanting	61015	23300	379425	370760	41613	15383
梓潼县	Zitong	51530	22790	290418	284024	17351	10335
北川县	Beichuan	17195	2290	110276	108017	8259	3366
平武县	Pingwu	31847	2770	86811	85096	6584	6808
江油市	Jiangyou	70643	37290	467598	457288	30687	21477
广元市	**Guangyuan**						
利州区	Lizhou	21589	5170	112840	97868	10111	4884
昭化区	Zhaohua	40112	9200	125491	121620	17917	3734
朝天区	Chaotian	32669	3550	85752	84107	7225	3194
旺苍县	Wangcang	46387	8790	173504	169969	11871	3891
青川县	Qingchuan	33531	5000	79674	78578	4506	4073
剑阁县	Jiange	91710	34460	275801	269804	31282	14245
苍溪县	Cangxi	86807	23820	315277	309706	24456	14519
遂宁市	**Suining**						
船山区	Chuanshan	27834	12490	254645	249578	10710	3890
安居区	Anju	76081	37190	392185	380701	37806	4952
蓬溪县	Pengxi	59595	23410	280877	271717	38044	8104
射洪县	Shehong	70536	33180	458398	448886	28312	15209
大英县	Daying	36226	22320	259386	253181	20987	5019
内江市	**Neijiang**						
内江市中区	NeijiangDowntown	22157	11640	177052	168096	8223	13410
东兴区	Dongxing	65762	20370	500030	495198	36097	10511
威远县	Weiyuan	55411	32420	478275	473615	19875	28867
资中县	Zizhong	84517	39330	643504	636145	43760	30073
隆昌市	Longchang	46152	28190	334373	322945	11798	18855
乐山市	**Leshan**						
乐山市中区	LeshanDowntown	25594	15490	205577	203639	8236	14997
沙湾区	Shawan	13289	5190	92979	91421	18747	8368
五通桥区	Wutongqiao	15843	9890	134359	131081	4798	8140

12-8 续表2 Continued

县(市、区)	Counties (Municipalities, Districts)	年末实有耕地面积(公顷) Cultivated Land Area (year-end) (hectare)	耕地灌溉面积(公顷) Irrigated Area of Cultivated Land (hectare)	农林牧渔业增加值(万元) Gross Output Value of Farming, Forestry, Animal Husbandry and Fishery (10 000 yuan)	#第一产业 Primary Industry	化肥施用量(折纯量)(吨) Consumption of Chemical Fertilizers (ton)	农村用电量(万千瓦小时) Electricity Consumed in Rural Areas (10 000 kwh)
金口河区	Jinkouhe	3644	750	21830	21643	610	960
犍为县	Qianwei	54562	22740	277157	275178	11644	12482
井研县	Jingyan	43190	32650	219359	218311	14107	12880
夹江县	Jiajiang	21267	18800	207326	204281	15660	15492
沐川县	Muchuan	26545	8990	140622	138445	6481	6478
峨边县	Ebian	17619	1950	47917	45840	2175	3738
马边县	Mabian	27288	5340	86514	83279	8044	3853
峨眉山市	Emeishan	23440	18860	176426	174850	6182	22922
南充市	**Nanchong**						
顺庆区	Shunqing	23991	11240	235067	233678	13267	4728
高坪区	Gaoping	35498	13620	283456	282083	14828	3648
嘉陵区	Jialing	58837	25810	361226	357420	27193	8251
南部县	Nanbu	94470	43590	607188	587978	21850	17055
营山县	Yingshan	71098	18390	409033	406596	35157	10160
蓬安县	Pengan	54340	20550	391649	384676	31943	6150
仪陇县	Yilong	69571	36910	604531	597265	27716	6232
西充县	Xichong	49665	26850	327425	324758	14723	6638
阆中市	Langzhong	76676	24160	468157	462391	35702	5532
眉山市	**Meishan**						
东坡区	Dongpo	55825	47070	492814	485119	41933	36834
彭山区	Pengshan	19969	18990	145847	142071	11075	4055
仁寿县	Renshou	116708	73710	784255	766016	65440	24350
洪雅县	Hongya	25040	15080	170377	168367	8176	7023
丹棱县	Danling	10990	9520	112193	110876	4806	5455
青神县	Qingshen	12880	7350	94759	93745	4948	5213
宜宾市	**Yibin**						
翠屏区	Cuiping	46473	17210	248308	243982	10503	18518
南溪区	Nanxi	32640	12600	237122	232718	7927	7318
宜宾县	Yibin	124874	35070	446798	437968	19225	35922
江安县	Jiangan	38502	17290	244570	242286	5572	7027
长宁县	Changning	34701	19620	257188	252076	4945	13962
高县	Gaoxian	56477	25540	220978	216153	11536	11899
珙县	Gongxian	34625	12750	191611	188132	6904	7121
筠连县	Junlian	36950	12680	211699	210904	4238	12430
兴文县	Xingwen	44516	16850	203271	202055	5274	8309
屏山县	Pingshan	38173	15870	164887	162516	6370	6089
广安市	**Guangan**						
广安区	Guanganqu	54678	24170	258915	252773	21773	9789
前锋区	Qianfeng	21521	6970	149528	146355	11144	7612
岳池县	Yuechi	84133	27280	416970	408587	19450	15147
武胜县	Wusheng	58364	25630	390142	382098	16463	10611

12-8 续表3 Continued

县(市、区)	Counties (Municipalities, Districts)	年末实有耕地面积（公顷） Cultivated Land Area (year-end) (hectare)	耕地灌溉面积（公顷） Irrigated Area of Cultivated Land (hectare)	农林牧渔业增加值（万元） Gross Output Value of Farming, Forestry, Animal Husbandry and Fishery (10 000 yuan)	#第一产业 Primary Industry	化肥施用量（折纯量）（吨） Consumption of Chemical Fertilizers (ton)	农村用电量（万千瓦小时） Electricity Consumed in Rural Areas (10 000 kwh)
邻水县	Linshui	74785	14010	397396	388963	28013	6778
华蓥市	Huaying	14299	5290	121876	119368	9312	4335
达州市	**Dazhou**						
通川区	Tongchuan	31336	7630	230712	227287	12832	8576
达川区	Dachuan	103848	24200	530776	518919	28939	26569
宣汉县	Xuanhan	117422	45570	628058	615853	43018	11236
开江县	Kaijiang	40954	17390	336136	328984	17835	13421
大竹县	Dazhu	96099	30180	604505	592335	49257	9298
渠县	Quxian	103720	34770	644852	634319	42537	10552
万源市	Wanyuan	57466	16210	309474	303648	24513	7401
雅安市	**Yaan**						
雨城区	Yucheng	14645	6640	163327	161854	4073	17401
名山区	Mingshan	17103	12450	198725	195896	12329	3757
荥经县	Yingjing	9342	4500	73302	66563	4280	4445
汉源县	Hanyuan	28562	14050	153572	153010	13798	6020
石棉县	Shimian	6339	3530	60097	59856	2340	4089
天全县	Tianquan	12273	7520	77327	77134	5480	5312
芦山县	Lushan	8385	4100	57701	57390	5599	3145
宝兴县	Baoxing	4208	550	37499	36838	2527	4911
巴中市	**Bazhong**						
巴州区	Bazhou	52905	14300	164834	160585	29986	13041
恩阳区	Enyang	50146	15470	156951	152810	18887	16648
通江县	Tongjiang	79251	18300	213316	207572	24141	6647
南江县	Nanjiang	65723	13110	187278	182353	28039	6732
平昌县	Pingchang	79380	30310	235365	229630	30058	24687
资阳市	**Ziyang**						
雁江区	Yanjiang	86690	48140	526607	494558	21582	13250
安岳县	Anyue	155281	46020	824899	772260	15059	31040
乐至县	Lezhi	78724	26180	359671	336724	15200	11080
阿坝州	**Aba**						
马尔康市	Maerkang	6378	730	25047	23743	146	1846
汶川县	Wenchuan	6194	1520	39102	37643	2340	4573
理县	Lixian	3198	2050	20719	19927	723	1008
茂县	Maoxian	8664	4460	57046	56337	2805	4127
松潘县	Songpan	13388	690	38932	37364	995	1818
九寨沟县	Jiuzhaigou	6701	1150	22247	20526	1167	1762
金川县	Jinchuan	6560	3400	31716	30538	1686	1669
小金县	Xiaojin	8483	4380	32501	31090	931	2072
黑水县	Heishui	7571	1370	27552	25487	767	3103
壤塘县	Rangtang	3472	490	27475	26078	136	556

12-8 续表4 Continued

县(市、区)	Counties (Municipalities, Districts)	年末实有耕地面积(公顷) Cultivated Land Area (year-end) (hectare)	耕地灌溉面积(公顷) Irrigated Area of Cultivated Land (hectare)	农林牧渔业增加值(万元) Gross Output Value of Farming, Forestry, Animal Husbandry and Fishery (10 000 yuan)	#第一产业 Primary Industry	化肥施用量(折纯量)(吨) Consumption of Chemical Fertilizers (ton)	农村用电量(万千瓦小时) Electricity Consumed in Rural Areas (10 000 kwh)
阿坝县	Abaxian	8636	2530	38812	37690	95	245
若尔盖县	Ruoergai	4171	1210	79138	77502	81	1063
红原县	Hongyuan	129	130	41460	40519	106	148
甘孜州	**Ganzi**						
康定市	Kangding	7569	1440	51999	51170	142	1356
泸定县	Luding	5299	2320	36659	36315	871	2516
丹巴县	Danba	7699	2830	37718	36898	325	1630
九龙县	Jiulong	4466	2130	33668	33499	415	1139
雅江县	Yajiang	4160	860	27867	27352	32	66
道孚县	Daofu	7661	2440	25779	25679	200	1855
炉霍县	Luhuo	6548	770	25599	25408	34	420
甘孜县	Ganzixian	11897	1700	48401	47806	450	74
新龙县	Xinlong	6348	10	37325	37145	56	395
德格县	Dege	4727	910	36852	36444	136	225
白玉县	Baiyu	7386	410	36055	35871	33	398
石渠县	Shiqu	4008	910	44921	44797	55	81
色达县	Seda	1100	900	35126	34921	35	27
理塘县	Litang	4916	760	41877	41337	54	489
巴塘县	Batang	6682	2370	32641	32403	300	190
乡城县	Xiangcheng	3468	2080	23833	23738	210	1078
稻城县	Daocheng	4946	2250	21586	21481	70	285
得荣县	Derong	4212	1360	20878	20684	259	49
凉山州	**Liangshan**						
西昌市	Xichang	48067	31880	458660	446273	16100	10177
木里县	Muli	16517	4150	62880	59853	1176	480
盐源县	Yanyuan	59675	16810	227413	225424	7954	9025
德昌县	Dechang	18833	12260	186685	183527	8303	5320
会理县	Huili	70526	24030	434031	426419	21822	6628
会东县	Huidong	55333	14150	419661	413832	22449	5735
宁南县	Ningnan	23924	13720	178000	175949	7319	14860
普格县	Puge	27186	5210	87854	85320	4043	1728
布拖县	Butuo	23008	2120	77251	76092	1850	650
金阳县	Jinyang	18046	2360	73411	71970	2414	1418
昭觉县	Zhaojue	42579	3980	107858	106685	3830	3179
喜德县	Xide	31177	3070	73640	73245	3550	1070
冕宁县	Mianning	32655	18710	220862	214262	9405	6252
越西县	Yuexi	32112	7330	124554	122984	8320	4265
甘洛县	Ganluo	23185	5090	67682	67331	10800	2285
美姑县	Meigu	31151	1950	97473	96127	5241	1894
雷波县	Leibo	25031	4130	120160	119941	2702	7948

12−8 续表5 Continued

县(市、区)	Counties (Municipalities, Districts)	粮食 播种面积（公顷）Total Sown Area (hectares)	粮食 产量（吨）Output of Grain (ton)	油料 产量（吨）Yield of Oil Bearing Crops (ton)	#花生 Peanut	#油菜籽 Rapeseeds	中草药材 产量（吨）Yield of Oil Medicinal Herbs (ton)	蔬菜及食用菌 产量（吨）Output of Vegetables and Edible Fungus (ton)
成都市	**Chengdu**							
锦江区	Jinjiang	7	16					473
青羊区	Qingyang	40	168	39		39		900
金牛区	Jinniu	22	110	75		75		3912
武侯区	Wuhou							359
成华区	Chenghua	44	239					3561
龙泉驿区	Longquanyi	3178	15893	4328	589	3712		181146
青白江区	Qingbaijiang	11340	67695	14606	2340	12206	2634	191443
新都区	Xindu	20240	144644	18736	493	17999	620	288459
温江区	Wenjiang	1013	7711	640		631		53603
双流区	Shuangliu	18044	121420	58991	17824	41162	7850	869780
郫都区	Pidu	49147	265085	30527	4898	25629	826	340012
金堂县	Jintang	5773	44205	8961		8833	31	699079
大邑县	Dayi	24853	155800	10737	35	10655	2256	203346
蒲江县	Pujiang	8827	49421	15301	285	14805	72	148261
新津县	Xinjin	8960	62876	10608	621	9987	344	185954
都江堰市	Dujiangyan	14013	102975	24818		24791	14845	207261
彭州市	Pengzhou	37228	256871	18777	1378	17218	14724	1043838
邛崃市	Qionglai	37810	237397	26749	532	25951	6444	277223
崇州市	Chongzhou	31520	219305	26398	14	26256	6854	285699
简阳市	Jianyang	113701	566702	98561	12862	85246	1224	451532
自贡市	**Zigong**							
自流井区	Ziliujing	5647	29701	5786	612	5174	18	81706
贡井区	Gongjing	22647	115430	23572	5243	18329		304482
大安区	Daan	21492	110102	22927	7041	15824	11	236847
沿滩区	Yantan	26807	163898	19690	5084	14606	26	251506
荣县	Rongxian	67181	419369	31106	8653	22453	3846	629485
富顺县	Fushun	85986	539133	46518	6260	39791	908	505958
攀枝花市	**Panzhihua**							
东区	East District	127	780	44	44			6862
西区	West District	320	1945	30	30			10836
仁和区	Renhe	7769	42451	979	808	156	12	261682
米易县	Miyi	17500	110770	1351	105	1246	749	366835
盐边县	Yanbian	19333	98215	1757	149	1608	257	135680
泸州市	**Luzhou**							
江阳区	Jiangyang	31978	204510	8706	1753	6911	103	464983
纳溪区	Naxi	45783	283002	8780	608	8036	802	247052
龙马潭区	Longmatan	10900	68280	2598	212	2377		125262
泸县	Luxian	82193	535845	34793	4264	30326	20779	629537
合江县	Hejiang	78113	500626	7229	1869	5294	942	408802
叙永县	Xuyong	73265	353822	9588	2214	7312	25	347605
古蔺县	Gulin	73919	346055	30701	1186	29145	1353	415903

12-8 续表6 Continued

县(市、区)	Counties (Municipalities, Districts)	粮食 播种面积(公顷) Total Sown Area (hectares)	粮食 产量(吨) Output of Grain (ton)	油料产量(吨) Yield of Oil Bearing Crops (ton)	#花生 Peanut	#油菜籽 Rapeseeds	中草药材产量(吨) Yield of Oil Medicinal Herbs (ton)	蔬菜及食用菌产量(吨) Output of Vegetables and Edible Fungus (ton)
德阳市	**Deyang**							
旌阳区	Jinyang	34865	233349	35615	5954	29588	187	391228
罗江区	Luojiang	18079	131567	47348	2868	44480	24	151101
中江县	Zhongjiang	144333	810987	94705	25088	69155	15305	452455
广汉市	Guanghan	44127	307686	39122	2010	37111	532	442959
什邡市	Shifang	26267	189221	14341	1289	13038	7238	440967
绵竹市	Mianzhu	45147	278571	15416	1567	13773	1520	350185
绵阳市	**Mianyang**							
涪城区	Fucheng	13589	84439	22257	3469	18788		369546
游仙区	Youxian	38813	239332	45987	6200	39774	1198	173811
安州区	Anzhou	38479	258509	147718	33036	114680	13086	353408
三台县	Santai	117337	655632	49657	13301	36337	1237	135366
盐亭县	Yanting	52357	291639	39557	1546	38011	2765	189717
梓潼县	Zitong	51067	290374	52382	11117	41226	2771	210589
北川县	Beichuan	18760	87563	8634	560	8036	2808	76392
平武县	Pingwu	25530	111741	4980	422	4549	963	36301
江油市	Jiangyou	45879	286535	58469	5802	52667	7011	394097
广元市	**Guangyuan**							
利州区	Lizhou	17480	79220	4157	1234	2863	42	398472
昭化区	Zhaohua	23915	121281	25987	1463	24487	12551	364427
朝天区	Chaotian	28387	119837	9819	3318	6449	2845	783363
旺苍县	Wangcang	43048	230817	18870	3569	15174	11678	214195
青川县	Qingchuan	30173	127146	15224	2710	12420	5775	99975
剑阁县	Jiange	88748	450997	115352	16742	78152	219	334378
苍溪县	Cangxi	81093	441857	60188	18080	41897	16557	338384
遂宁市	**Suining**							
船山区	Chuanshan	23398	122658	31118	3337	27640	2103	244742
安居区	Anju	77127	395440	43276	8544	34355	1873	290925
蓬溪县	Pengxi	58583	319378	47127	8669	38189	1337	209950
射洪县	Shehong	72287	378493	44694	10885	33633	1070	195032
大英县	Daying	38460	204281	29067	2358	26544	3005	108213
内江市	**Neijiang**							
内江市中区	NeijiangDowntown	23087	118061	16742	4363	12379	194	211201
东兴区	Dongxing	66937	366829	42761	11732	31029	1475	776021
威远县	Weiyuan	62053	336032	37279	6542	30737	1545	874940
资中县	Zizhong	106891	559519	49381	14705	34676	61	643952
隆昌市	Longchang	50160	323550	23235	3724	19382	137	398022
乐山市	**Leshan**							
乐山市中区	LeshanDowntown	15773	106443	11230	2152	9060		263416
沙湾区	Shawan	9507	50774	2784	374	2394	2259	74082
五通桥区	Wutongqiao	12587	79533	3512	641	2871	473	117469

12-8 续表7 Continued

县(市、区)	Counties (Municipalities, Districts)	粮食 播种面积（公顷） Total Sown Area (hectares)	粮食 产量（吨） Output of Grain (ton)	油料 产量（吨） Yield of Oil Bearing Crops (ton)	#花生 Peanut	#油菜籽 Rapeseeds	中草药材 产量（吨） Yield of Oil Medicinal Herbs (ton)	蔬菜及食用菌 产量（吨） Output of Vegetables and Edible Fungus (ton)
金口河区	Jinkouhe	5112	19752	227	130	97	3127	9678
犍为县	Qianwei	43160	269475	12179	3191	8988	10032	204413
井研县	Jingyan	41927	236790	14239	449	13790	1982	97088
夹江县	Jiajiang	16953	112111	13747	750	12997	1395	110527
沐川县	Muchuan	20085	98982	6295	862	5433	24126	86975
峨边县	Ebian	12613	51030	1709	376	1217	593	26531
马边县	Mabian	22700	92860	2698	637	1999	1238	20584
峨眉山市	Emeishan	17747	98126	13026	255	12770	2069	160048
南充市	**Nanchong**							
顺庆区	Shunqing	25940	143903	15665	6261	9404	183	294046
高坪区	Gaoping	36133	207527	21938	5706	16232	6	437055
嘉陵区	Jialing	66811	349307	38535	11930	26401	1484	190456
南部县	Nanbu	95623	508123	72629	24119	48074	611	646329
营山县	Yingshan	69060	392136	49259	14290	34777	449	340714
蓬安县	Pengan	53687	300107	45481	14490	30889	961	321441
仪陇县	Yilong	75661	424342	65120	15062	50025	627	359668
西充县	Xichong	55035	307949	39822	8190	31615	241	417821
阆中市	Langzhong	83445	430690	44135	10157	33954	15765	451089
眉山市	**Meishan**							
东坡区	Dongpo	37667	293167	44920	1803	41857	487	652252
彭山区	Pengshan	12260	90657	40049	5299	34672	217	436037
仁寿县	Renshou	114489	643495	10461	509	9932	6202	40238
洪雅县	Hongya	13693	92678	10861	71	10772	404	66832
丹棱县	Danling	7833	52461	7475	248	7227		26526
青神县	Qingshen	9225	60358	7353	841	6512		71662
宜宾市	**Yibin**							
翠屏区	Cuiping	35151	232705	18160	8899	8892	416	274681
南溪区	Nanxi	27267	187891	10012	3050	6441	2529	523624
宜宾县	Yibin	116480	672144	49844	27244	21645	1950	292249
江安县	Jiangan	37827	254941	10613	1521	8699	168	235374
长宁县	Changning	34639	221899	17288	3261	13956	401	155228
高县	Gaoxian	46129	260862	15463	7487	7809	128	164096
珙县	Gongxian	35201	188511	12654	6111	6505	743	260961
筠连县	Junlian	33984	175315	3905	1353	2458	58	128924
兴文县	Xingwen	40195	240265	6437	2371	3937	115	378178
屏山县	Pingshan	16460	93532	9742	1421	8074	959	89397
广安市	**Guangan**							
广安区	Guanganqu	54177	328118	24930	4891	20034	471	395357
前锋区	Qianfeng	15853	106042	10194	2087	7817	434	229292
岳池县	Yuechi	71565	480135	23295	4019	19186	355	686144
武胜县	Wusheng	49853	320635	16646	3477	12886	37	332059

12-8 续表8 Continued

县(市、区)	Counties (Municipalities, Districts)	粮食 播种面积(公顷) Total Sown Area (hectares)	粮食 产量(吨) Output of Grain (ton)	油料 产量(吨) Yield of Oil Bearing Crops (ton)	#花生 Peanut	#油菜籽 Rapeseeds	中草药材 产量(吨) Yield of Oil Medicinal Herbs (ton)	蔬菜及食用菌 产量(吨) Output of Vegetables and Edible Fungus (ton)
邻水县	Linshui	77440	455957	27576	9626	17584	2632	534943
华蓥市	Huaying	17273	102263	1766	499	1187	770	132221
达州市	**Dazhou**							
通川区	Tongchuan	31360	181636	18739	2318	16159	928	286478
达川区	Dachuan	89008	538352	59023	4030	54991	1455	458406
宣汉县	Xuanhan	96891	588419	90536	5819	82423	954	482487
开江县	Kaijiang	51964	302737	39778	6935	32841	695	373529
大竹县	Dazhu	111277	606940	45857	5692	39637	371	478140
渠县	Quxian	118183	648392	61982	22692	39273	5280	554210
万源市	Wanyuan	60662	321548	29143	6639	21557	10297	155874
雅安市	**Yaan**							
雨城区	Yucheng	9747	48886	1646		1646	422	199033
名山区	Mingshan	10937	68660	4092		4092	2	56047
荥经县	Yingjing	6193	35863	2850	87	2763	1355	41474
汉源县	Hanyuan	18993	89544	721	214	485	3691	187548
石棉县	Shimian	4573	20973	1195	273	922	1801	68728
天全县	Tianquan	8193	44248	2168	3	2165	2304	55455
芦山县	Lushan	5027	26261	1569	83	1486	6100	50009
宝兴县	Baoxing	5627	24245	264		264	7297	19294
巴中市	**Bazhong**							
巴州区	Bazhou	60043	332075	22910	3377	19491	9353	296282
恩阳区	Enyang	60373	334196	22355	3084	19234	9054	304062
通江县	Tongjiang	81842	456832	40574	2702	37407	1833	228972
南江县	Nanjiang	69416	385286	27830	2155	25380	4162	285558
平昌县	Pingchang	67679	385380	47468	5019	42300	16121	253759
资阳市	**Ziyang**							
雁江区	Yanjiang	111773	517538	75392	17375	58017	2149	510675
安岳县	Anyue	144184	732436	96133	15083	81050	2865	787753
乐至县	Lezhi	81753	404231	73225	11693	61532	2149	197197
阿坝州	**Aba**							
马尔康市	Maerkang	3467	10299	516		516	389	38546
汶川县	Wenchuan	3240	12787	17		15	13	90769
理县	Lixian	1240	5969	620		611	399	215669
茂县	Maoxian	6360	23376	127		127	613	84346
松潘县	Songpan	3827	12595	174	3	171	862	11338
九寨沟县	Jiuzhaigou	2533	9367	140		130	101	37172
金川县	Jinchuan	5273	21296	432		425	94	66025
小金县	Xiaojin	6040	20838				251	30492
黑水县	Heishui	6573	18500	131	5	126	60	30208
壤塘县	Rangtang	1647	4060	133		133	27	2548

12-8 续表9 Continued

县(市、区)	Counties (Municipalities, Districts)	粮食 播种面积(公顷) Total Sown Area (hectares)	粮食 产量(吨) Output of Grain (ton)	油料 产量(吨) Yield of Oil Bearing Crops (ton)	#花生 Peanut	#油菜籽 Rapeseeds	中草药材 产量(吨) Yield of Oil Medicinal Herbs (ton)	蔬菜及食用菌 产量(吨) Output of Vegetables and Edible Fungus (ton)
阿坝县	Abaxian	5367	9898	863		856	11	7421
若尔盖县	Ruoergai	2407	6271	1045		1044	744	9651
红原县	Hongyuan							12832
甘孜州	**Ganzi**							
康定市	Kangding	6793	20438	103		99	92	50003
泸定县	Luding	4717	14491	1225	54	1143	304	84946
丹巴县	Danba	3497	13485	695		679	126	20665
九龙县	Jiulong	4100	20399	164		164	121	33024
雅江县	Yajiang	2759	8754	76		76		13940
道孚县	Daofu	5447	14781	1570		1570		13889
炉霍县	Luhuo	3567	9622	351		351		3977
甘孜县	Ganzixian	9547	27882	1164		1164		12170
新龙县	Xinlong	3393	10181	749		732	4	5973
德格县	Dege	2413	6049				141	4852
白玉县	Baiyu	3653	10627	335		335	145	4158
石渠县	Shiqu	2513	6500	213		213		1885
色达县	Seda	933	2687	13		13		2168
理塘县	Litang	4020	14197	678		663	798	6204
巴塘县	Batang	4236	15931	430		430	78	6495
乡城县	Xiangcheng	2473	8934	339		339		8968
稻城县	Daocheng	2680	8979	913		893	95	7335
得荣县	Derong	2631	11409	242	129	113		4830
凉山州	**Liangshan**							
西昌市	Xichang	40713	235799	2275	282	1982		583126
木里县	Muli	17820	70420	121		121	171	44520
盐源县	Yanyuan	48705	212983	265	70	120	589	210016
德昌县	Dechang	17913	97707	745	85	660		231919
会理县	Huili	67407	334649	2571	638	1926		429330
会东县	Huidong	55389	253685	12436	1294	10858	4645	494603
宁南县	Ningnan	26085	111708	1030	946	84		342526
普格县	Puge	18320	79260	221	17	204	31	44144
布拖县	Butuo	23835	98267	107	107		1481	24384
金阳县	Jinyang	15120	65536	202	202			40455
昭觉县	Zhaojue	28073	121080					49700
喜德县	Xide	20957	84339	166		166		23036
冕宁县	Mianning	43627	215083	2827	125	2679	84	285801
越西县	Yuexi	31657	132306	5021		4956		85906
甘洛县	Ganluo	24929	108847	1117	45	1056	432	50406
美姑县	Meigu	22935	92381	22	9	13	1	14228
雷波县	Leibo	19574	91923	1519	324	1193	310	58208

12-8 续表10 Continued

县(市、区)	Counties (Municipalities, Districts)	茶叶产量(吨) Yield of Tea (ton)	水果产量(吨) Output of Fruits (ton)	肉猪出栏头数(头) Slaughtered Fattened Hogs (head)	猪年末存栏头数(头) Hogs at the Year-end (head)	肉牛出栏头数(头) Slaughtered Fattened Cattle and Buffaloes (head)	羊出栏只数(只) Slaughtered Fattened Sheep and Goats (head)	家禽出栏只数(只) Slaughtered Poultry (head)
成都市	**Chengdu**							
锦江区	Jinjiang							
青羊区	Qingyang							
金牛区	Jinniu							
武侯区	Wuhou							
成华区	Chenghua		139					
龙泉驿区	Longquanyi		218833	56100	34720	203	10957	504505
青白江区	Qingbaijiang		26470	64210	41200	1007	7514	1335111
新都区	Xindu		16473	69280	44300	412	701	4084643
温江区	Wenjiang		19	12259	8507			276137
双流区	Shuangliu		257114	250420	155780	859	31069	4324101
郫都区	Pidu		197798	31044	19820	451		588681
金堂县	Jintang		8818	602000	393200	15004	165351	7162152
大邑县	Dayi	194	31918	632800	398500	1955	21314	7700473
蒲江县	Pujiang	8946	397216	613000	422000	406	8273	3814239
新津县	Xinjin		26513	259120	178946	333	4199	9975201
都江堰市	Dujiangyan	2268	36844	257111	160556	1534	9092	7331517
彭州市	Pengzhou	53	17377	443000	285000	4468	14040	9421794
邛崃市	Qionglai	7804	69506	1175000	780900	5447	31576	9151043
崇州市	Chongzhou	390	17874	565000	399300	4036	15882	7994335
简阳市	Jianyang		148224	1055000	700500	4006	724451	9163059
自贡市	**Zigong**							
自流井区	Ziliujing		5938	54508	34145	561	8580	1202267
贡井区	Gongjing	48	19764	175317	108080	720	52233	3534177
大安区	Daan		8504	143093	87653	7370	69057	3720259
沿滩区	Yantan		6159	156102	93029	672	45069	2792426
荣县	Rongxian	11492	154048	623725	393000	6123	304761	6399111
富顺县	Fushun	63	94237	581000	365200	9198	419626	8513115
攀枝花市	**Panzhihua**							
东区	East District	24	17808	17876	11341	145	2375	748034
西区	West District		4495	13892	9046	243	4234	579383
仁和区	Renhe	2	133575	143606	101189	8125	125342	1395560
米易县	Miyi		103031	159131	134857	14574	128026	514786
盐边县	Yanbian	95	84794	215380	158412	9941	207650	822355
泸州市	**Luzhou**							
江阳区	Jiangyang	2	23173	395664	253000	977	34521	2632303
纳溪区	Naxi	8308	21523	516000	334600	1276	26560	4144435
龙马潭区	Longmatan	2	8013	100500	65918	429	15670	4328099
泸县	Luxian	1218	74035	1052000	743900	2351	81170	13255449
合江县	Hejiang	840	48332	782000	517000	3773	174114	8530779
叙永县	Xuyong	1326	26182	567200	358500	28338	35840	1460638
古蔺县	Gulin	1295	15331	536000	341000	29438	141080	1041181

12-8 续表11 Continued

县(市、区)	Counties (Municipalities, Districts)	茶叶产量（吨）Yield of Tea (ton)	水果产量（吨）Output of Fruits (ton)	肉猪出栏头数（头）Slaughtered Fattened Hogs (head)	猪年末存栏头数（头）Hogs at the Year-end (head)	肉牛出栏头数（头）Slaughtered Fattened Cattle and Buffaloes (head)	羊出栏只数（只）Slaughtered Fattened Sheep and Goats (head)	家禽出栏只数（只）Slaughtered Poultry (head)
德阳市	**Deyang**							
旌阳区	Jinyang		17188	411000	268000	7138	10270	17607147
罗江区	Luojiang		47845	413138	270000	3179	7036	5115008
中江县	Zhongjiang		41979	1065000	677000	34527	173846	18505650
广汉市	Guanghan		24924	330500	209600	10421	6933	11807273
什邡市	Shifang	127	7095	328200	211453	2855	18766	4718963
绵竹市	Mianzhu	305	18068	488000	305000	4020	6356	5178202
绵阳市	**Mianyang**							
涪城区	Fucheng		13736	219000	159500	3070	3614	7174100
游仙区	Youxian		14549	256282	181102	5700	28345	6749100
安州区	Anzhou		53447	251500	187300	6366	14652	8486753
三台县	Santai		37094	1090000	682000	38360	154543	13816300
盐亭县	Yanting	474	13422	431000	272000	16697	227199	7496800
梓潼县	Zitong		37944	456000	288000	12571	225783	5859600
北川县	Beichuan	723	4838	198700	145200	6395	225700	1029022
平武县	Pingwu	1895	2032	124500	89400	8400	41993	566062
江油市	Jiangyou	47	38021	452000	322300	11958	65890	10037200
广元市	**Guangyuan**							
利州区	Lizhou	5	25458	210332	152435	7303	30800	1378700
昭化区	Zhaohua		16963	572000	386000	6499	55100	1856400
朝天区	Chaotian		5128	196322	145096	7141	65600	1830900
旺苍县	Wangcang	4590	25429	598000	376800	12071	97720	2085900
青川县	Qingchuan	5632	16057	188992	139100	10136	67954	1804000
剑阁县	Jiange	17	59800	931000	601000	13834	156924	6671300
苍溪县	Cangxi		194189	911800	615800	19948	89070	4282100
遂宁市	**Suining**							
船山区	Chuanshan	22	17150	594748	391644	3557	45819	2355409
安居区	Anju		19555	925500	588300	3060	44330	4726664
蓬溪县	Pengxi	98	19737	716000	477000	7765	133862	3705536
射洪县	Shehong		17290	913000	574000	14362	110739	6281043
大英县	Daying		10363	551000	363000	3028	37175	3684875
内江市	**Neijiang**							
内江市中区	NeijiangDowntown		9944	256010	157931	1692	17050	1817151
东兴区	Dongxing		30710	611800	397500	6571	122440	6028975
威远县	Weiyuan	2118	79627	496000	312000	2240	188100	4365583
资中县	Zizhong	144	246657	768000	482000	4016	161060	6112927
隆昌市	Longchang	366	26696	414000	260000	1320	30892	8058952
乐山市	**Leshan**							
乐山市中区	LeshanDowntown	473	15437	465890	306875	1424	6886	6773657
沙湾区	Shawan	267	3448	136240	87000	1289	7640	2572775
五通桥区	Wutongqiao	1567	24797	205106	136549	869	6480	3801233

12-8 续表12 Continued

县(市、区)	Counties (Municipalities, Districts)	茶叶产量(吨) Yield of Tea (ton)	水果产量(吨) Output of Fruits (ton)	肉猪出栏头数(头) Slaughtered Fattened Hogs (head)	猪年末存栏头数(头) Hogs at the Year-end (head)	肉牛出栏头数(头) Slaughtered Fattened Cattle and Buffaloes (head)	羊出栏只数(只) Slaughtered Fattened Sheep and Goats (head)	家禽出栏只数(只) Slaughtered Poultry (head)
金口河区	Jinkouhe	132	1312	31730	22765	1321	5446	108179
犍为县	Qianwei	1688	37308	621400	402300	6066	54478	7199402
井研县	Jingyan	651	23059	705000	456500	862	56570	4198723
夹江县	Jiajiang	7194	8135	246153	160245	1715	4045	5770060
沐川县	Muchuan	6852	9312	207341	132933	1012	35620	948469
峨边县	Ebian	294	416	83305	61454	5224	39079	269279
马边县	Mabian	10484	4190	119070	87496	6317	101075	527115
峨眉山市	Emeishan	8620	25034	202110	125030	2869	9847	3169598
南充市	**Nanchong**							
顺庆区	Shunqing		11346	242100	159200	6077	155860	4916373
高坪区	Gaoping		131815	528000	334000	3501	125360	6026333
嘉陵区	Jialing		27835	564000	365500	6078	323184	5850519
南部县	Nanbu		59272	845000	557900	12678	291740	8495703
营山县	Yingshan	16	38648	740000	522000	19711	359196	7163657
蓬安县	Pengan		93311	517000	344500	11368	175135	5620433
仪陇县	Yilong	4	22224	815000	565300	30494	215646	7677757
西充县	Xichong		37458	718300	512200	5527	100627	4873581
阆中市	Langzhong	15	86078	775000	506000	18623	179108	6543840
眉山市	**Meishan**							
东坡区	Dongpo	561	167243	602000	385000	3548	47600	9577711
彭山区	Pengshan		579834	165120	105200	799	20730	3375143
仁寿县	Renshou	26	61663	1144000	759000	5476	328757	10619356
洪雅县	Hongya	16180	5038	210900	139485	9234	41540	2667090
丹棱县	Danling	3041	166386	181840	125187	456	18331	1742015
青神县	Qingshen	675	65863	193489	138414	1376	7818	2354720
宜宾市	**Yibin**							
翠屏区	Cuiping	2741	66741	432500	275000	5340	20430	3604671
南溪区	Nanxi	162	40536	401000	255000	2452	51100	5648189
宜宾县	Yibin	5610	79261	951000	623500	5997	66900	7818436
江安县	Jiangan	2331	149802	489000	312000	3013	53200	5153951
长宁县	Changning	2275	66948	466000	296000	3602	10130	5714189
高县	Gaoxian	12615	9391	441500	315300	9513	26400	3908370
珙县	Gongxian	8254	7216	431000	295000	9400	10420	2043966
筠连县	Junlian	11500	16854	445000	305000	48000	8067	2328009
兴文县	Xingwen	1104	6621	491000	346100	22000	15031	4005000
屏山县	Pingshan	14000	71848	225721	136324	4187	157051	1224933
广安市	**Guangan**							
广安区	Guanganqu		12189	846000	545000	4442	16414	4829338
前锋区	Qianfeng	52	5977	116452	71870	1273	37780	1469476
岳池县	Yuechi		47185	851000	545000	5469	25900	6691539
武胜县	Wusheng	15	24268	965000	622000	2795	46956	6994612

12-8 续表13 Continued

县(市、区)	Counties (Municipalities, Districts)	茶叶产量（吨）Yield of Tea (ton)	水果产量（吨）Output of Fruits (ton)	肉猪出栏头数（头）Slaughtered Fattened Hogs (head)	猪年末存栏头数（头）Hogs at the Year-end (head)	肉牛出栏头数（头）Slaughtered Fattened Cattle and Buffaloes (head)	羊出栏只数（只）Slaughtered Fattened Sheep and Goats (head)	家禽出栏只数（只）Slaughtered Poultry (head)
邻水县	Linshui	365	73821	791600	523000	6573	56258	7084514
华蓥市	Huaying	125	13862	185749	115138	1468	22581	2091336
达州市	**Dazhou**							
通川区	Tongchuan	80	39646	303323	197139	16504	58523	2855917
达川区	Dachuan	192	46593	727000	519000	52126	166951	8604300
宣汉县	Xuanhan	3647	45864	761000	538000	87749	267516	7832087
开江县	Kaijiang	325	11467	343000	233200	11757	122289	10404905
大竹县	Dazhu	473	32427	761000	525000	38938	261890	15505789
渠县	Quxian	280	152208	918068	616100	47057	172509	11473976
万源市	Wanyuan	5475	8653	341000	232100	41904	147800	4021531
雅安市	**Yaan**							
雨城区	Yucheng	23196	11876	176343	127429	5430	42538	1908746
名山区	Mingshan	48720	6224	546000	389000	1519	24910	2024152
荥经县	Yingjing	3074	3204	65023	40485	5123	14708	284159
汉源县	Hanyuan	23	246675	175237	128822	14061	58380	465277
石棉县	Shimian	59	65171	51700	37565	6630	39730	410001
天全县	Tianquan	2043	2989	89602	58590	3285	16070	1768788
芦山县	Lushan	706	779	77357	54911	2323	5850	606448
宝兴县	Baoxing	658	1014	47731	34715	12343	20403	64588
巴中市	**Bazhong**							
巴州区	Bazhou	80	15465	573434	385954	22413	95900	1757526
恩阳区	Enyang	59	12539	501000	330000	21273	56414	1670441
通江县	Tongjiang	905	12840	803000	524000	50165	184650	2318810
南江县	Nanjiang	2158	23639	748000	519200	41381	550560	2585578
平昌县	Pingchang	3828	3901	810000	512000	48822	84840	2798657
资阳市	**Ziyang**							
雁江区	Yanjiang		182667	941000	644000	2597	314760	6791003
安岳县	Anyue		391094	1316000	871000	11169	349080	9581577
乐至县	Lezhi		13611	770000	488000	1752	610140	4842745
阿坝州	**Aba**							
马尔康市	Maerkang		548	34509	25270	31791	3817	26594
汶川县	Wenchuan	90	14152	43691	30956	3425	14831	197352
理县	Lixian		4365	16211	11587	7947	7041	56152
茂县	Maoxian		54568	67058	44826	9635	16132	40683
松潘县	Songpan		2159	25200	18509	38364	28617	24573
九寨沟县	Jiuzhaigou		4544	18688	13600	14209	5501	50385
金川县	Jinchuan		17856	67022	48400	13801	14794	116149
小金县	Xiaojin		42459	35794	27936	19130	24579	18656
黑水县	Heishui		1927	51710	37954	12618	6029	19439
壤塘县	Rangtang			300	100	41846	34642	3255

12-8 续表14 Continued

县(市、区)	Counties (Municipalities, Districts)	茶叶产量（吨）Yield of Tea (ton)	水果产量（吨）Output of Fruits (ton)	肉猪出栏头数（头）Slaughtered Fattened Hogs (head)	猪年末存栏头数（头）Hogs at the Year-end (head)	肉牛出栏头数（头）Slaughtered Fattened Cattle and Buffaloes (head)	羊出栏只数（只）Slaughtered Fattened Sheep and Goats (head)	家禽出栏只数（只）Slaughtered Poultry (head)
阿坝县	Abaxian			133	221	87057	32016	
若尔盖县	Ruoergai			12628	9072	113981	305424	
红原县	Hongyuan			611	384	101519	9921	
甘孜州	**Ganzi**							
康定市	Kangding		2198	13575	9981	31791	3240	11527
泸定县	Luding	3	3132	60287	39934	3105	15909	67917
丹巴县	Danba		1365	34377	26748	11333	12751	9857
九龙县	Jiulong	64	1618	33539	25301	17268	41608	53959
雅江县	Yajiang		302	9138	7614	18257	26200	592
道孚县	Daofu		450	4520	2904	21232	5140	
炉霍县	Luhuo		88	2164	1344	31510	43313	
甘孜县	Ganzixian			1034	682	33315	9547	
新龙县	Xinlong		210	1650	1180	28190	14717	
德格县	Dege		2	1108	818	56068	45720	
白玉县	Baiyu		51	720	529	40993	60627	
石渠县	Shiqu		17	1854	1358	61258	26470	
色达县	Seda			1078	761	67409	61580	
理塘县	Litang			4370	3204	49456	30170	
巴塘县	Batang		1304	12062	8865	17449	17617	4959
乡城县	Xiangcheng		3180	13998	12657	14026	1151	7989
稻城县	Daocheng		320	13656	9730	16767	3395	11960
得荣县	Derong		2109	28810	20920	7343	4108	28657
凉山州	**Liangshan**							
西昌市	Xichang		70818	535664	320243	19737	169388	4456696
木里县	Muli		9500	135119	100656	42713	226983	348115
盐源县	Yanyuan		459945	333979	252929	32888	423291	3021020
德昌县	Dechang		18885	254608	175992	11991	137158	1025374
会理县	Huili		605477	784034	575865	29619	501000	2668648
会东县	Huidong	6	140984	457009	304211	42992	673756	1139061
宁南县	Ningnan	34	12155	250195	195026	18409	150642	557427
普格县	Puge		3422	127830	94649	9558	152437	318466
布拖县	Butuo		358	157044	123599	17215	220340	292291
金阳县	Jinyang		4000	128238	101612	9951	158898	451975
昭觉县	Zhaojue		7000	258757	192324	25979	400784	401264
喜德县	Xide		13710	137136	92795	7376	143768	421923
冕宁县	Mianning	3	48761	431564	270237	24976	195510	850202
越西县	Yuexi		12484	249584	181156	13154	180446	401488
甘洛县	Ganluo	7	4160	191630	144243	18471	155817	526586
美姑县	Meigu		6944	252756	186898	22600	258392	908078
雷波县	Leibo	767	12194	166294	104627	6564	133953	396882

12-9 各县(市、区)规模以上工业经济情况(2017年)
Basic Statistics on Industrial Enterprises above Designated Size by Counties (Municipalities, Districts)(2017)

单位：万元 (10 000 yuan)

县(市、区)	Counties (Municipalities, Districts)	工业企业单位数(个) Number of Industrial Enterprises (unit)	工业总产值 Gross Industrial Output Value	主营业务收入 Revenue from Principal Business	利润总额 Total Profits
成都市	**Chengdu**				
锦江区	Jinjiang	12	225000	225992	34337
青羊区	Qingyang	26	816294	786322	127243
金牛区	Jinniu	45	955468	921098	139378
武侯区	Wuhou	64	1385262	1355643	160725
成华区	Chenghua	27	831986	858385	61956
龙泉驿区	Longquanyi	257	21967049	21277242	2002323
青白江区	Qingbaijiang	274	6743187	6038969	93536
新都区	Xindu	344	9123820	9049098	512620
温江区	Wenjiang	213	5107613	4995449	323854
双流区	Shuangliu	321	14107311	10937060	627612
郫都区	Pidu	344	7104076	6671448	435675
金堂县	Jintang	212	2357027	2084505	77404
大邑县	Dayi	139	2224319	1923226	99522
蒲江县	Pujiang	105	1386696	1048174	30953
新津县	Xinjin	162	6107506	5334565	232178
都江堰市	Dujiangyan	92	1751165	1570720	101673
彭州市	Pengzhou	165	6782262	6599415	582748
邛崃市	Qionglai	151	2141490	2170318	104510
崇州市	Chongzhou	166	3395583	3260564	175148
简阳市	Jianyang	190	7433617	7414711	447896
自贡市	**Zigong**				
自流井区	Ziliujing	38	1580158	1547940	50487
贡井区	Gongjing	74	2732640	2848923	63319
大安区	Daan	86	3984140	3940545	187254
沿滩区	Yantan	131	2997438	2660558	232955
荣县	Rongxian	90	1593602	1531341	53876
富顺县	Fushun	115	2866853	2685833	174222
攀枝花市	**Panzhihua**				
东区	East District	69	7502107	9071011	142604
西区	West District	54	2202052	2087445	523700
仁和区	Renhe	117	4327454	3045608	149837
米易县	Miyi	47	1946668	1796053	230150
盐边县	Yanbian	37	1587868	1370896	315477
泸州市	**Luzhou**				
江阳区	Jiangyang	127	2811331	2594241	423700
纳溪区	Naxi	101	2269418	2214358	127323
龙马潭区	Longmatan	127	4975378	4971920	298782
泸县	Luxian	128	3347126	3316382	190885
合江县	Hejiang	83	1481649	1412725	76380
叙永县	Xuyong	54	490551	506995	16523

12-9 续表1 Continued

单位：万元 (10 000 yuan)

县(市、区)	Counties (Municipalities, Districts)	工业企业单位数(个) Number of Industrial Enterprises (unit)	工业总产值 Gross Industrial Output Value	主营业务收入 Revenue from Principal Business	利润总额 Total Profits
古蔺县	Gulin	42	1298395	1023661	38988
德阳市	**Deyang**				
旌阳区	Jinyang	360	9757986	8314323	462930
罗江区	Luojiang	123	3180442	3020771	53380
中江县	Zhongjiang	206	4154590	4031649	230223
广汉市	Guanghan	312	9770058	9770026	1044607
什邡市	Shifang	233	3906991	3426181	204784
绵竹市	Mianzhu	140	5241859	4610581	500608
绵阳市	**Mianyang**				
涪城区	Fucheng	235	10194583	12560976	467822
游仙区	Youxian	147	4768604	4251092	312479
安州区	Anzhou	120	2648734	2436899	152723
三台县	Santai	94	952933	936378	91258
盐亭县	Yanting	23	119255	111218	3547
梓潼县	Zitong	45	1253635	1132839	54930
北川县	Beichuan	39	314567	288351	16245
平武县	Pingwu	33	282551	255960	6177
江油市	Jiangyou	235	5265169	5058011	295188
广元市	**Guangyuan**				
利州区	Lizhou	168	4192280	4198711	239443
昭化区	Zhaohua	40	940907	936702	37299
朝天区	Chaotian	33	640062	637991	92060
旺苍县	Wangcang	75	1019370	1005848	49121
青川县	Qingchuan	41	408493	403683	22998
剑阁县	Jiange	60	940805	910747	32371
苍溪县	Cangxi	48	746048	731972	118466
遂宁市	**Suining**				
船山区	Chuanshan	207	6296884	6248039	421506
安居区	Anju	46	688568	617532	115253
蓬溪县	Pengxi	67	1093578	1001199	79075
射洪县	Shehong	116	4938606	4558632	377625
大英县	Daying	86	2529020	2435152	112164
内江市	**Neijiang**				
内江市中区	NeijiangDowntown	79	1528519	1456141	64151
东兴区	Dongxing	29	520380	509461	39579
威远县	Weiyuan	76	5134301	5080917	59273
资中县	Zizhong	37	503312	521484	24165
隆昌市	Longchang	96	3291169	2936559	149211
乐山市	**Leshan**				
乐山市中区	LeshanDowntown	102	2456469	2225065	60207
沙湾区	Shawan	64	1206411	1165506	196117

12-9 续表2 Continued

单位：万元 (10 000 yuan)

县(市、区)	Counties (Municipalities, Districts)	工业企业单位数（个） Number of Industrial Enterprises (unit)	工业总产值 Gross Industrial Output Value	主营业务收入 Revenue from Principal Business	利润总额 Total Profits
五通桥区	Wutongqiao	65	1464016	1466122	191239
金口河区	Jinkouhe	10	544209	524109	19140
犍为县	Qianwei	71	1346107	1338810	50686
井研县	Jingyan	56	651311	638165	23524
夹江县	Jiajiang	98	2143831	1947875	26145
沐川县	Muchuan	26	427084	411345	19275
峨边县	Ebian	32	626637	605194	23690
马边县	Mabian	21	230831	177788	-5003
峨眉山市	Emeishan	80	3053749	3160924	293764
南充市	**Nanchong**				
顺庆区	Shunqing	99	5081344	5000857	507038
高坪区	Gaoping	93	3310801	3375346	133075
嘉陵区	Jialing	88	4260706	4214910	276517
南部县	Nanbu	111	4022765	4032935	403256
营山县	Yingshan	55	2320197	2301878	118725
蓬安县	Pengan	72	3344058	3315196	210207
仪陇县	Yilong	60	1180688	1112713	82125
西充县	Xichong	84	1799021	1778929	123463
阆中市	Langzhong	65	1743867	1729377	94993
眉山市	**Meishan**				
东坡区	Dongpo	187	5085128	4727228	295409
彭山区	Pengshan	115	2796495	2661788	126723
仁寿县	Renshou	163	3260945	3188078	261698
洪雅县	Hongya	34	357485	315289	15060
丹棱县	Danling	38	362335	354810	9702
青神县	Qingshen	47	855786	799236	23497
宜宾市	**Yibin**				
翠屏区	Cuiping	98	8668257	11784791	1470807
南溪区	Nanxi	78	2077019	1951261	104559
宜宾县	Yibin	122	4074011	3873690	489259
江安县	Jiangan	58	2185999	1850899	105603
长宁县	Changning	70	1634202	1487503	79774
高县	Gaoxian	57	2420430	2117380	81595
珙县	Gongxian	54	1050378	900238	125257
筠连县	Junlian	44	671984	653174	72468
兴文县	Xingwen	64	617712	578217	47908
屏山县	Pingshan	47	543220	388212	11236
广安市	**Guangan**				
广安区	Guanganqu	21	225189	245705	41773
前锋区	Qianfeng	118	3645123	2932304	176866
岳池县	Yuechi	77	2401193	2358505	84454

12-9 续表3 Continued

单位：万元 (10 000 yuan)

县(市、区)	Counties (Municipalities, Districts)	工业企业单位数(个) Number of Industrial Enterprises (unit)	工业总产值 Gross Industrial Output Value	主营业务收入 Revenue from Principal Business	利润总额 Total Profits
武胜县	Wusheng	93	3764130	3621462	144788
邻水县	Linshui	100	3059850	2951774	84231
华蓥市	Huaying	100	3931857	3763819	437328
达州市	**Dazhou**				
通川区	Tongchuan	62	2124745	2363027	60278
达川区	Dachuan	107	2297783	1870462	51644
宣汉县	Xuanhan	48	1345730	1066529	169392
开江县	Kaijiang	54	745103	659315	10510
大竹县	Dazhu	112	2509857	2397893	122138
渠县	Quxian	86	2113902	2002300	57193
万源市	Wanyuan	43	579332	429012	22202
雅安市	**Yaan**				
雨城区	Yucheng	37	862615	689581	33947
名山区	Mingshan	49	1261009	1053799	39350
荥经县	Yingjing	56	576437	528131	7825
汉源县	Hanyuan	28	894073	825886	63853
石棉县	Shimian	46	941401	954171	100695
天全县	Tianquan	31	333971	173794	-6729
芦山县	Lushan	47	541681	454948	7250
宝兴县	Baoxing	40	444355	326408	33688
巴中市	**Bazhong**				
巴州区	Bazhou	85	1686419	1661550	77079
恩阳区	Enyang	39	719920	701422	42967
通江县	Tongjiang	48	770559	691333	25026
南江县	Nanjiang	57	1077352	1001844	49059
平昌县	Pingchang	53	2054531	1945318	29356
资阳市	**Ziyang**				
雁江区	Yanjiang	156	6581350	6267745	207928
安岳县	Anyue	128	2337048	2204904	191161
乐至县	Lezhi	85	2235321	2137102	186915
阿坝州	**Aba**				
马尔康市	Maerkang	5	10257	11517	-6557
汶川县	Wenchuan	35	757827	682335	68526
理县	Lixian	12	170472	168514	997
茂县	Maoxian	17	601828	531743	3871
松潘县	Songpan	4	34058	27796	3016
九寨沟县	Jiuzhaigou	4	56457	49802	-7576
金川县	Jinchuan	1	2295	2177	-50
小金县	Xiaojin	8	73910	67335	792
黑水县	Heishui	10	117038	107047	-3958
壤塘县	Rangtang				

12-9 续表4 Continued

单位：万元 (10 000 yuan)

县(市、区)	Counties (Municipalities, Districts)	工业企业单位数(个) Number of Industrial Enterprises (unit)	工业总产值 Gross Industrial Output Value	主营业务收入 Revenue from Principal Business	利润总额 Total Profits
阿坝县	Abaxian	1	3319	3315	538
若尔盖县	Ruoergai	4	54956	26282	1509
红原县	Hongyuan	9	75974	51755	4300
甘孜州	**Ganzi**				
康定市	Kangding	17	472653	454971	78343
泸定县	Luding	8	86729	88957	-11398
丹巴县	Danba	6	56272	48546	-4818
九龙县	Jiulong	13	179685	180215	15876
雅江县	Yajiang	1	4608	4608	37
道孚县	Daofu				
炉霍县	Luhuo	1	6584	6545	1284
甘孜县	Ganzixian	1	6414	6414	4965
新龙县	Xinlong				
德格县	Dege				
白玉县	Baiyu	1	62473	35797	18351
石渠县	Shiqu				
色达县	Seda				
理塘县	Litang				
巴塘县	Batang	2	8211	8211	-3463
乡城县	Xiangcheng	3	24309	23475	-21972
稻城县	Daocheng				
得荣县	Derong	2	14838	14838	-2497
凉山州	**Liangshan**				
西昌市	Xichang	66	2657600	2813000	83700
木里县	Muli	5	178100	178100	21900
盐源县	Yanyuan	24	200700	195600	-1300
德昌县	Dechang	32	527900	475900	18700
会理县	Huili	52	1964000	1881800	56200
会东县	Huidong	22	607100	587400	71400
宁南县	Ningnan	9	117900	116200	10800
普格县	Puge	3	76500	66200	7100
布拖县	Butuo	5	69800	63900	13800
金阳县	Jinyang	2	8700	8000	400
昭觉县	Zhaojue	9	99300	99000	14700
喜德县	Xide	7	27200	49500	8900
冕宁县	Mianning	30	333700	328300	29500
越西县	Yuexi	10	67900	69600	6900
甘洛县	Ganluo	16	121900	121600	9400
美姑县	Meigu	3	34200	32900	2300
雷波县	Leibo	10	291100	282900	14300

12-10 各县(市、区)财政、金融和贸易情况(2017年)
Basic Statistics on Finance, Banking and Trade by Counties (Municipalities, Districts)(2017)

单位：万元 (10 000 yuan)

县(市、区)	Counties (Municipalities, Districts)	地方一般公共预算收入 Local Government Public-budgetary Revenue	一般公共预算支出 General Public Budget Expenditure	年末金融机构各项存款余额 Total Deposits Balances of Financial Institutions	年末金融机构各项贷款余额 Total Loans Balances of Financial Institutions	社会消费品零售总额 Total Retail Sales of Consumer Goods	出口总额(万美元) Total Exports (USD 10 000)
成都市	**Chengdu**						
锦江区	Jinjiang	583455	604563			9562852	398977
青羊区	Qingyang	559769	606548			8560335	
金牛区	Jinniu	567971	637445			8248759	516000
武侯区	Wuhou	652370	755669			8925051	623799
成华区	Chenghua	576495	758814			4736237	
龙泉驿区	Longquanyi	787309	975406	9563000	6335000	1415848	350051
青白江区	Qingbaijiang	228354	344224	3243539	1769518	793846	631367
新都区	Xindu	544334	676417	8668659	4247908	1760116	233694
温江区	Wenjiang	369055	512119	6428247	4154207	1099317	193843
双流区	Shuangliu	933113	1142256	14971548	8843271	2829182	
郫都区	Pidu	418810	640856	7326281	4731282	1149785	163859
金堂县	Jintang	306729	540133	4385893	2482429	796427	21364
大邑县	Dayi	123628	328152	3098661	1442820	601294	41759
蒲江县	Pujiang	70899	200816	1801948	896312	316204	54282
新津县	Xinjin	221012	339427	2876834	2151284	759889	
都江堰市	Dujiangyan	258442	444045	5115532	2628874	1350677	25242
彭州市	Pengzhou	272472	455714	5513225	2651341	893124	61500
邛崃市	Qionglai	181198	469598	3921805	1952675	820477	48941
崇州市	Chongzhou	205493	378592	4719499	1896385	862902	81600
简阳市	Jianyang	214368	508430	6431748	2619709	2099324	62768
自贡市	**Zigong**						
自流井区	Ziliujing	64426	153321			2112825	4785
贡井区	Gongjing	20113	174350			562971	2035
大安区	Daan	36277	179389			733025	14891
沿滩区	Yantan	31668	164218			702454	1152
荣县	Rongxian	60372	426383	2366660	1062463	896893	239
富顺县	Fushun	85191	468987	3205270	1551853	1232184	2704
攀枝花市	**Panzhihua**						
东区	East District	78812	172412	6067033	6090003	2148352	33700
西区	West District	14550	92879	951130	413927	403330	100
仁和区	Renhe	86181	165529	1314135	340324	416284	35000
米易县	Miyi	92963	180278	843333	592192	370461	43000
盐边县	Yanbian	51488	155346	638012	518931	185650	400
泸州市	**Luzhou**						
江阳区	Jiangyang	232358	454696			2109493	20017
纳溪区	Naxi	110129	282216			821996	4395
龙马潭区	Longmatan	152901	246168			710773	160474
泸县	Luxian	149002	529111	3250064	1283833	1185734	5469
合江县	Hejiang	107676	403757	2852554	1285551	983983	3768
叙永县	Xuyong	71049	427628	1448582	857662	703080	2207

12-10 续表1 Continued

单位：万元　　　　　　(10 000 yuan)

县(市、区)	Counties (Municipalities, Districts)	地方一般公共预算收入 Local Government Public-budgetary Revenue	一般公共预算支出 General Public Budget Expenditure	年末金融机构各项存款余额 Total Deposits Balances of Financial Institutions	年末金融机构各项贷款余额 Total Loans Balances of Financial Institutions	社会消费品零售总额 Total Retail Sales of Consumer Goods	出口总额(万美元) Total Exports (USD 10 000)
古蔺县	Gulin	163133	463658	1672280	1216328	705663	99
德阳市	**Deyang**						
旌阳区	Jinyang	201028	338432	9364148	5644684	2278865	21317
罗江区	Luojiang	35272	127883	948576	521898	295928	1815
中江县	Zhongjiang	100158	471122	3879722	1262468	1733632	6742
广汉市	Guanghan	172339	356945	4699590	2842357	1661181	12348
什邡市	Shifang	161087	285986	2573653	1422913	909484	20727
绵竹市	Mianzhu	161830	280085	3087700	1231114	1028738	41543
绵阳市	**Mianyang**						
涪城区	Fucheng	352673	480023	18670831	9903717	4586579	81316
游仙区	Youxian	84558	287678	2005615	1063854	959387	1776
安州区	Anzhou	56855	215162	1752983	1024627	731727	2456
三台县	Santai	91967	561578	3811221	1480231	1588517	2677
盐亭县	Yanting	33971	330917	1652337	674719	616767	504
梓潼县	Zitong	24001	223558	1145254	619613	431334	274
北川县	Beichuan	45065	228138	1194890	1016434	200684	4
平武县	Pingwu	26192	179468	782076	621113	165193	
江油市	Jiangyou	190670	441746	4869957	2242828	1844583	1752
广元市	**Guangyuan**						
利州区	Lizhou	62906	263539	5785246	3163975	1547339	1109
昭化区	Zhaohua	20001	203795	783422	412930	219024	12
朝天区	Chaotian	22108	174531	513684	378539	181727	103
旺苍县	Wangcang	44865	324218	1464470	595238	430771	
青川县	Qingchuan	18248	214680	911450	593493	198056	93
剑阁县	Jiange	44778	378610	1795387	800515	506068	
苍溪县	Cangxi	49128	447499	2931722	1298370	634914	611
遂宁市	**Suining**						
船山区	Chuanshan	169721	562059	6856590	4581204	1827552	15068
安居区	Anju	61717	318131	1673314	805592	633404	241
蓬溪县	Pengxi	50991	384634	1901546	951176	675847	142
射洪县	Shehong	110360	387498	3467206	1826092	1497059	2266
大英县	Daying	63006	227858	1649556	1063177	635800	2
内江市	**Neijiang**						
内江市中区	NeijiangDowntown	55123	251138			1464482	2275
东兴区	Dongxing	65268	343173			741619	3495
威远县	Weiyuan	74396	322111	2334177	1505649	956969	2673
资中县	Zizhong	88981	486883	3321781	1424224	959052	492
隆昌市	Longchang	82090	338170	2566050	1223630	996628	2381
乐山市	**Leshan**						
乐山市中区	LeshanDowntown	145328	238296	8574818	6816149	2154707	20320
沙湾区	Shawan	63072	110897	729972	904897	356971	15

12-10 续表2 Continued

单位：万元 (10 000 yuan)

县(市、区)	Counties (Municipalities, Districts)	地方一般公共预算收入 Local Government Public-budgetary Revenue	一般公共预算支出 General Public Budget Expenditure	年末金融机构各项存款余额 Total Deposits Balances of Financial Institutions	年末金融机构各项贷款余额 Total Loans Balances of Financial Institutions	社会消费品零售总额 Total Retail Sales of Consumer Goods	出口总额(万美元) Total Exports (USD 10 000)
五通桥区	Wutongqiao	45265	128842	1319575	642378	596640	37579
金口河区	Jinkouhe	20107	71482	62404	37453	96095	
犍为县	Qianwei	59258	295731	1842735	1102158	755644	1378
井研县	Jingyan	33993	171129	1341365	661333	445401	2182
夹江县	Jiajiang	79913	175975	1905529	900083	652306	1692
沐川县	Muchuan	30300	211836	661526	449305	270347	1768
峨边县	Ebian	30124	179751	534856	678845	167452	61
马边县	Mabian	37007	219878	489357	249221	194908	
峨眉山市	Emeishan	159003	296095	3401190	1902097	1362036	10754
南充市	**Nanchong**						
顺庆区	Shunqing	155418	347809	10877506	7026931	2282714	2336
高坪区	Gaoping	64317	332248	2126739	1254098	901976	1100
嘉陵区	Jialing	78032	370074	2037989	1314490	614512	20678
南部县	Nanbu	89862	508438	3525594	1378979	1105909	543
营山县	Yingshan	68339	584733	3345923	1190329	889023	539
蓬安县	Pengan	53996	355231	2142005	716438	586392	644
仪陇县	Yilong	70955	519570	3063922	1339008	872267	-45
西充县	Xichong	60077	352748	2047028	966593	619549	1412
阆中市	Langzhong	105376	417526	2994004	1656486	1010342	339
眉山市	**Meishan**						
东坡区	Dongpo	188389	390484	8069879	3573585	1691157	4985
彭山区	Pengshan	156755	253962	2139540	987951	539342	5433
仁寿县	Renshou	234200	681873	5923539	2433066	1694704	980
洪雅县	Hongya	90014	212834	1746246	895620	430574	3254
丹棱县	Danling	35850	132366	805624	292471	231882	1478
青神县	Qingshen	48881	139666	926592	460420	281689	1566
宜宾市	**Yibin**						
翠屏区	Cuiping	284663	445551	14353571	6500859	2939093	5664
南溪区	Nanxi	93013	260174	1183100	964935	696245	1878
宜宾县	Yibin	112829	425059	2725262	2158903	1072872	648
江安县	Jiangan	81048	231984	1601176	709257	734323	922
长宁县	Changning	61172	247416	1054512	731857	827891	1393
高县	Gaoxian	51666	251585	1271770	575525	569763	141
珙县	Gongxian	75925	237656	1173078	600808	644409	42
筠连县	Junlian	65349	249233	859098	500248	427676	100
兴文县	Xingwen	72457	286203	1181385	650028	532281	52
屏山县	Pingshan	70013	194200	1063412	513576	234584	28
广安市	**Guangan**						
广安区	Guanganqu	72684	361838	7681449	3030120	1685042	2483
前锋区	Qianfeng	46980	196884			223075	9493
岳池县	Yuechi	117648	519818	3406837	1176662	1141984	1734

12−10 续表3 Continued

单位：万元 (10 000 yuan)

县(市、区)	Counties (Municipalities, Districts)	地方一般公共预算收入 Local Government Public-budgetary Revenue	一般公共预算支出 General Public Budget Expenditure	年末金融机构各项存款余额 Total Deposits Balances of Financial Institutions	年末金融机构各项贷款余额 Total Loans Balances of Financial Institutions	社会消费品零售总额 Total Retail Sales of Consumer Goods	出口总额(万美元) Total Exports (USD 10 000)
武胜县	Wusheng	115641	393521	2774343	1153712	769774	3092
邻水县	Linshui	103612	527333	2704509	1071447	1031728	5348
华蓥市	Huaying	73709	239577	1731237	827310	398036	6031
达州市	**Dazhou**						
通川区	Tongchuan	76610	296984	10428159	4483230	1886305	492
达川区	Dachuan	131332	640636	3131905	2027467	1309943	2918
宣汉县	Xuanhan	170089	678750	3550086	1424111	1324248	618
开江县	Kaijiang	48975	281207	1857679	595212	643544	543
大竹县	Dazhu	130153	615743	3811073	1596966	1289500	994
渠县	Quxian	104652	567216	3691579	1583703	1457638	675
万源市	Wanyuan	39123	338283	1548848	926025	670046	187
雅安市	**Yaan**						
雨城区	Yucheng	23955	143926	4893098	2742794	874613	720
名山区	Mingshan	16503	129379	1316138	542640	317139	
荥经县	Yingjing	22802	129266	858170	365129	265599	11
汉源县	Hanyuan	44258	167725	1403253	661397	352997	5
石棉县	Shimian	45758	126782	720003	586952	227213	62
天全县	Tianquan	16880	106881	849904	549625	221844	7
芦山县	Lushan	15023	83327	604677	265095	126608	144
宝兴县	Baoxing	19618	85553	399876	234746	94673	499
巴中市	**Bazhong**						
巴州区	Bazhou	82395	428973	5759463	3339043	1091522	2565
恩阳区	Enyang	56183	427874	1501517	746687	227954	703
通江县	Tongjiang	46056	440550	1974700	825200	614987	850
南江县	Nanjiang	80893	499804	2341256	1065319	585542	905
平昌县	Pingchang	82693	549466	2333536	1184090	722264	3512
资阳市	**Ziyang**						
雁江区	Yanjiang	281517	965484	7383543	3449879	1333243	7670
安岳县	Anyue	130215	486845	3830337	1521608	1476158	1906
乐至县	Lezhi	85936	350694	2345819	1000030	847134	1357
阿坝州	**Aba**						
马尔康市	Maerkang	20101	129550	1918811	741342	94431	
汶川县	Wenchuan	31566	153933	693281	294444	117818	1688
理县	Lixian	11900	98686	300216	226867	47035	
茂县	Maoxian	16915	183433	445793	262865	88429	578
松潘县	Songpan	11596	164617	339240	117413	55131	
九寨沟县	Jiuzhaigou	13931	181487	520728	408141	122056	7
金川县	Jinchuan	6742	128318	289066	81262	50390	
小金县	Xiaojin	7050	127897	389268	200422	67221	51
黑水县	Heishui	9504	109551	285240	131678	46392	
壤塘县	Rangtang	2188	136475	166086	23648	24689	

12-10 续表4 Continued

单位：万元 (10 000 yuan)

县(市、区)	Counties (Municipalities, Districts)	地方一般公共预算收入 Local Government Public-budgetary Revenue	一般公共预算支出 General Public Budget Expenditure	年末金融机构各项存款余额 Total Deposits Balances of Financial Institutions	年末金融机构各项贷款余额 Total Loans Balances of Financial Institutions	社会消费品零售总额 Total Retail Sales of Consumer Goods	出口总额(万美元) Total Exports (USD 10 000)
阿坝县	Abaxian	4102	165544	223228	46088	54688	
若尔盖县	Ruoergai	6132	171310	227907	111245	54629	
红原县	Hongyuan	4661	128676	150309	51594	35162	
甘孜州	**Ganzi**						
康定市	Kangding	32960	195644	2343647	1544777	208503	121
泸定县	Luding	15961	143336	546611	312089	121318	2517
丹巴县	Danba	10005	132670	352014	351310	55284	
九龙县	Jiulong	20277	106904	202572	226274	31336	452
雅江县	Yajiang	19754	127901	234138	102927	36806	
道孚县	Daofu	6979	139137	212079	23664	26021	
炉霍县	Luhuo	5207	126659	168700	22877	34212	
甘孜县	Ganzixian	6612	171909	205085	32852	69696	435
新龙县	Xinlong	4950	136516	166691	23498	17369	
德格县	Dege	5544	173564	171153	20019	25457	
白玉县	Baiyu	12109	156474	213124	45485	30120	
石渠县	Shiqu	4711	241666	180566	41153	41201	
色达县	Seda	6850	182685	314238	19559	24804	
理塘县	Litang	9050	186653	259936	51693	64561	3985
巴塘县	Batang	8302	121951	232221	70584	52192	
乡城县	Xiangcheng	5195	98788	153400	100333	26957	254
稻城县	Daocheng	11678	115446	211943	79101	27889	
得荣县	Derong	4408	99153	145280	103563	14918	
凉山州	**Liangshan**						
西昌市	Xichang	410580	665101	6458629	3889365	2807829	1
木里县	Muli	59112	227026	487998	363914	79588	
盐源县	Yanyuan	75738	299328	719205	241814	236182	
德昌县	Dechang	50158	172177	736489	257568	292185	
会理县	Huili	86530	231699	1432345	730350	626097	
会东县	Huidong	94633	248600	919716	229982	543940	
宁南县	Ningnan	40117	153072	505440	112091	229207	
普格县	Puge	19598	173368	330151	87175	100388	3
布拖县	Butuo	10336	171514	276155	38411	51608	
金阳县	Jinyang	20688	186063	299503	75174	76172	
昭觉县	Zhaojue	12763	234452	457202	89792	81704	
喜德县	Xide	13069	186966	379161	104405	82732	
冕宁县	Mianning	72043	232663	916167	377471	457916	11
越西县	Yuexi	14858	215947	642068	205797	186476	
甘洛县	Ganluo	20056	203747	476496	106690	108843	
美姑县	Meigu	8270	196173	429903	95318	64126	
雷波县	Leibo	78466	299039	675892	147586	137793	

12-11 各县(市、区)公路里程、电话用户和利用外资情况(2017年)
Basic Statistics on Highway, Telephone Subscribers and Utilization of Foreign Capital by Counties (Municipalities, Districts)(2017)

县(市、区)	Counties (Municipalities, Districts)	公路里程 (公里) Length of Highway (km)	#等级公路 Express-way and Class I to IV Highways	固定电话用户 (户) Local Telephone Subscribers (year-end) (subscribers)	移动电话用户 (户) Number of Mobile Telephones Subscribers (year-end) (subscribers)	实际利用外资金额 (万美元) Foreign Capital Actually Used (USD 10 000)
成都市	**Chengdu**					
锦江区	Jinjiang					
青羊区	Qingyang	217	214			103374
金牛区	Jinniu					77342
武侯区	Wuhou					91535
成华区	Chenghua	69	61			97014
龙泉驿区	Longquanyi	1536	1469	139100	801865	77204
青白江区	Qingbaijiang	955	896	160222	582606	19987
新都区	Xindu	1095	1067	508017	1866398	19997
温江区	Wenjiang	804	774	244335	1107874	15337
双流区	Shuangliu			654200	2323848	23944
郫都区	Pidu	1259	1259	186655	634007	15421
金堂县	Jintang	4580	4579	72832	735136	10005
大邑县	Dayi	1541	1523	117545	586110	4631
蒲江县	Pujiang	1543	1543	92860	286971	6656
新津县	Xinjin	1004	971	84500	429000	23813
都江堰市	Dujiangyan	1504	1504	183208	861597	4630
彭州市	Pengzhou	1994	1950	149940	897332	9883
邛崃市	Qionglai	3340	3207	97962	561391	4696
崇州市	Chongzhou	2073	1553	150000	310000	9888
简阳市	Jianyang	2348	2191			1212
自贡市	**Zigong**					
自流井区	Ziliujing	338	294	232497	904930	280
贡井区	Gongjing	572	529	25657	188174	
大安区	Daan	810	762	25367	238243	220
沿滩区	Yantan	762	691	9432	209153	
荣县	Rongxian	1744	1653	82805	499730	
富顺县	Fushun	2313	1575	102254	659723	
攀枝花市	**Panzhihua**					
东区	East District	207	188	127055	803971	3400
西区	West District	149	144	60000	159358	9600
仁和区	Renhe	989	821	86872	159527	8686
米易县	Miyi	1431	939	40392	141580	4678
盐边县	Yanbian	1844	1500	25398	125529	2822
泸州市	**Luzhou**					
江阳区	Jiangyang	1019	915	198732	1017645	2330
纳溪区	Naxi	1249	1119	54618	391398	598
龙马潭区	Longmatan	751	667	99977	698049	6312
泸县	Luxian	2700	1928	104852	683197	589
合江县	Hejiang	2235	1828	98121	650856	623
叙永县	Xuyong	3106	2540	66353	505972	459

12-11 续表1 Continued

县(市、区)	Counties (Municipalities, Districts)	公路里程 (公里) Length of Highway (km)	#等级公路 Express-way and Class I to IV Highways	固定电话用户 (户) Local Telephone Subscribers (year-end) (subscribers)	移动电话用户 (户) Number of Mobile Telephones Subscribers (year-end) (subscribers)	实际利用外资金额 (万美元) Foreign Capital Actually Used (USD 10 000)
古蔺县	Gulin	2743	2011	69661	546261	1951
德阳市	**Deyang**					
旌阳区	Jinyang	798	773	221140	1257359	3594
罗江区	Luojiang	628	569	37418	228881	682
中江县	Zhongjiang	2811	2500	118047	860696	833
广汉市	Guanghan	1228	1172	144272	717150	1833
什邡市	Shifang	1260	984	77963	478791	
绵竹市	Mianzhu	1499	1467	85121	515388	1354
绵阳市	**Mianyang**					
涪城区	Fucheng	1274	1161	395372	1924703	6746
游仙区	Youxian	1937	1933	112385	643156	2574
安州区	Anzhou	2146	2146	76525	390198	
三台县	Santai	3227	1535	133787	861525	
盐亭县	Yanting	2399	1581	48881	321619	320
梓潼县	Zitong	2134	1768	45504	281199	690
北川县	Beichuan	2850	2302	34626	191941	
平武县	Pingwu	1551	1409	19997	146888	
江油市	Jiangyou	2655	1909	187256	933944	
广元市	**Guangyuan**					
利州区	Lizhou	2178	1581	173819	810618	1848
昭化区	Zhaohua	2421	1682	17895	130639	92
朝天区	Chaotian	2247	1369	21537	144370	1045
旺苍县	Wangcang	3018	2249	53763	326645	92
青川县	Qingchuan	2473	2117	24179	176541	92
剑阁县	Jiange	3711	3072	57514	379631	92
苍溪县	Cangxi	3902	3433	106753	511055	258
遂宁市	**Suining**					
船山区	Chuanshan	1079	1072	147151	918925	22559
安居区	Anju	1619	1546	24813	292159	1005
蓬溪县	Pengxi	1789	1745	36427	334878	1100
射洪县	Shehong	2649	1969	97695	611463	1850
大英县	Daying	1445	1418	36561	304173	1010
内江市	**Neijiang**					
内江市中区	NeijiangDowntown	1056	660	108488	524686	1000
东兴区	Dongxing	2321	1963	140396	679007	1728
威远县	Weiyuan	2571	1788	102107	493823	
资中县	Zizhong	3744	2376	159541	771599	
隆昌市	Longchang	1700	1220	127633	617279	
乐山市	**Leshan**					
乐山市中区	LeshanDowntown	813	743	221069	1150476	2710
沙湾区	Shawan	589	589	29317	167405	

12-11 续表2 Continued

县(市、区)	Counties (Municipalities, Districts)	公路里程 (公里) Length of Highway (km)	#等级公路 Express-way and Class I to IV Highways	固定电话用户 (户) Local Telephone Subscribers (year-end) (subscribers)	移动电话用户 (户) Number of Mobile Telephones Subscribers (year-end) (subscribers)	实际利用外资金额 (万美元) Foreign Capital Actually Used (USD 10 000)
五通桥区	Wutongqiao	682	523	53657	274387	
金口河区	Jinkouhe	327	319	6312	45967	
犍为县	Qianwei	1502	1422	62879	386544	
井研县	Jingyan	1088	936	38036	259044	
夹江县	Jiajiang	1126	1082	72020	362965	
沐川县	Muchuan	3174	3155	27162	198281	
峨边县	Ebian	1083	989	12929	106093	
马边县	Mabian	852	852	18211	161635	
峨眉山市	Emeishan	806	792	104938	500053	514
南充市	**Nanchong**					
顺庆区	Shunqing	947	946			1809
高坪区	Gaoping	1349	1248			29
嘉陵区	Jialing	2493	2292			2412
南部县	Nanbu	4204	4033			
营山县	Yingshan	2583	2545			
蓬安县	Pengan	2127	2114			
仪陇县	Yilong	3097	3097			221
西充县	Xichong	2266	2172			29
阆中市	Langzhong	3509	2756			2647
眉山市	**Meishan**					
东坡区	Dongpo	1462	1369	183800	1068400	349
彭山区	Pengshan	655	569	61600	335800	6180
仁寿县	Renshou	3215	2147	146800	1020700	1376
洪雅县	Hongya	1456	1272	51600	326500	149
丹棱县	Danling	493	478	28400	176200	200
青神县	Qingshen	540	540	31600	208700	
宜宾市	**Yibin**					
翠屏区	Cuiping	1561	1485	257425	1315343	3238
南溪区	Nanxi	1384	1367	48796	307663	13
宜宾县	Yibin	3810	3380	93792	668591	
江安县	Jiangan	2351	2351	52478	359856	
长宁县	Changning	1985	1080	55800	317787	
高县	Gaoxian	1651	1526	51638	367711	
珙县	Gongxian	2137	2019	53147	336045	
筠连县	Junlian	1445	1241	43078	295497	
兴文县	Xingwen	1417	1417	55803	336718	
屏山县	Pingshan	1625	1481	28251	226946	
广安市	**Guangan**					
广安区	Guanganqu	2229	1914	122843	701646	304
前锋区	Qianfeng	1122	937	18619	159433	1249
岳池县	Yuechi	2414	2414	88571	590243	405

12-11 续表3 Continued

县(市、区)	Counties (Municipalities, Districts)	公路里程 (公里) Length of Highway (km)	#等级公路 Express-way and Class I to IV Highways	固定电话用户 (户) Local Telephone Subscribers (year-end) (subscribers)	移动电话用户 (户) Number of Mobile Telephones Subscribers (year-end) (subscribers)	实际利用外资金额 (万美元) Foreign Capital Actually Used (USD 10 000)
武胜县	Wusheng	2043	1993	62374	446247	360
邻水县	Linshui	3659	3550	82953	554909	620
华蓥市	Huaying	922	894	45454	274088	1662
达州市	**Dazhou**					
通川区	Tongchuan	1529	1352	126251	777783	
达川区	Dachuan	2877	2816	139385	801777	
宣汉县	Xuanhan	4189	3814	108177	659464	9500
开江县	Kaijiang	1729	1522	41839	273671	
大竹县	Dazhu	3025	2561	92696	560715	
渠县	Quxian	2995	2720	97959	551643	
万源市	Wanyuan	3227	2863	55671	335571	
雅安市	**Yaan**					
雨城区	Yucheng	963	877	96457	485633	50
名山区	Mingshan	798	798	42089	264689	50
荥经县	Yingjing	581	538	22079	143210	50
汉源县	Hanyuan	1507	1491	43309	289219	50
石棉县	Shimian	867	835	22438	125853	152
天全县	Tianquan	769	709	22026	131609	50
芦山县	Lushan	503	460	19594	109119	50
宝兴县	Baoxing	641	536	11035	59624	50
巴中市	**Bazhong**					
巴州区	Bazhou	3248	3125	123425	1192205	250
恩阳区	Enyang	2632	2517	35540	228926	200
通江县	Tongjiang	4622	4622	100796	732683	226
南江县	Nanjiang	4268	4171	58893	482822	475
平昌县	Pingchang	6625	4952	53984	500723	266
资阳市	**Ziyang**					
雁江区	Yanjiang	3972	3576	182301	854032	10050
安岳县	Anyue	6109	5966	97749	723583	
乐至县	Lezhi	2258	1981	41318	358665	
阿坝州	**Aba**					
马尔康市	Maerkang	1156	1156	23466	78433	
汶川县	Wenchuan	719	719	21394	99912	
理县	Lixian	679	679	13397	42978	
茂县	Maoxian	1292	1292	22220	97411	
松潘县	Songpan	791	786	21663	60398	
九寨沟县	Jiuzhaigou	879	879	26205	68713	
金川县	Jinchuan	1305	1288	10349	52240	
小金县	Xiaojin	1284	1266	14410	65012	
黑水县	Heishui	1429	1301	8943	34282	
壤塘县	Rangtang	714	677	4504	25856	

12-11 续表4 Continued

县(市、区)	Counties (Municipalities, Districts)	公路里程 (公里) Length of Highway (km)	#等级公路 Express-way and Class I to IV Highways	固定电话用户 (户) Local Telephone Subscribers (year-end) (subscribers)	移动电话用户 (户) Number of Mobile Telephones Subscribers (year-end) (subscribers)	实际利用外资金额 (万美元) Foreign Capital Actually Used (USD 10 000)
阿坝县	Abaxian	1031	980	10924	60303	
若尔盖县	Ruoergai	1212	1201	10610	55772	
红原县	Hongyuan	963	802	8061	40670	
甘孜州	**Ganzi**					
康定市	Kangding	3141	3115	39326	118600	
泸定县	Luding	1317	1297	18795	49890	
丹巴县	Danba	1716	1700	8192	32628	
九龙县	Jiulong	1520	1441	6581	30708	
雅江县	Yajiang	2289	1739	6483	24266	
道孚县	Daofu	1651	1559	5184	18134	
炉霍县	Luhuo	2214	2086	5646	36219	
甘孜县	Ganzixian	2063	2063	6345	36299	
新龙县	Xinlong	1849	1700	2656	24861	
德格县	Dege	2508	2345	3615	62217	
白玉县	Baiyu	2273	2266	4831	26168	
石渠县	Shiqu	4770	4770	2942	38917	
色达县	Seda	1780	1674	5028	30637	
理塘县	Litang	2255	2177	6749	28986	
巴塘县	Batang	2905	2718	6043	31803	
乡城县	Xiangcheng	1313	886	4110	22310	
稻城县	Daocheng	1404	1404	9247	17054	
得荣县	Derong	1522	1477	2595	20477	
凉山州	**Liangshan**					
西昌市	Xichang	1476	1057	183847	1181981	538
木里县	Muli	2694	2003	6478	70618	
盐源县	Yanyuan	2809	2487	24089	235269	
德昌县	Dechang	845	801	25402	190906	169
会理县	Huili	2721	2100	61672	384546	405
会东县	Huidong	2045	1912	34070	282707	161
宁南县	Ningnan	1097	999	19971	150981	161
普格县	Puge	948	868	9349	92163	54
布拖县	Butuo	1115	847	4089	71424	
金阳县	Jinyang	1565	1438	6238	74922	54
昭觉县	Zhaojue	1325	1242	8738	110447	595
喜德县	Xide	1275	1224	7363	71538	54
冕宁县	Mianning	1416	1341	37734	289741	280
越西县	Yuexi	1081	1036	17684	166373	54
甘洛县	Ganluo	1139	990	13947	122427	369
美姑县	Meigu	1816	1426	7514	108370	
雷波县	Leibo	2031	1882	18217	155750	84

12-12 各县(市、区)教育情况(2017年)
Basic Statistics on Education of Counties (Municipalities, Districts)(2017)

县(市、区)	Counties (Municipalities, Districts)	小学学校数(个) Number of Primary Schools (unit)	小学在校学生(人) Students Enrollment of Primary Schools (person)	小学专任教师(人) Full-time Teachers in Primary Schools (person)	普通中学学校数(个) Number of Regular Secondary Schools (unit)	普通中学在校学生(人) Students Enrollment of Regular Secondary Schools (person)	普通中学专任教师(人) Full-time Teachers in Regular Secondary Schools (person)
成都市	**Chengdu**						
锦江区	Jinjiang	32	38457	1801	11	24259	2175
青羊区	Qingyang	32	49529	2525	15	22103	1775
金牛区	Jinniu	46	68564	3617	27	32793	2628
武侯区	Wuhou	40	66186	3510	31	28878	3226
成华区	Chenghua	26	52868	2759	20	24453	1976
龙泉驿区	Longquanyi	34	51976	3051	20	30895	2848
青白江区	Qingbaijiang	11	21792	1184	14	16822	1502
新都区	Xindu	31	73293	2997	39	37623	3727
温江区	Wenjiang	15	34258	1121	17	20024	2641
双流区	Shuangliu	39	77944	5082	50	50860	4936
郫都区	Pidu	13	51973	2157	38	28909	2454
金堂县	Jintang	49	47654	2837	27	32914	2609
大邑县	Dayi	16	23991	854	20	16321	2057
蒲江县	Pujiang	10	11473	872	13	9304	1028
新津县	Xinjin	15	15252	921	16	11582	1209
都江堰市	Dujiangyan	26	33201	2292	26	24003	2313
彭州市	Pengzhou	22	37567	2045	32	23192	2446
邛崃市	Qionglai	32	25913	1574	30	21996	1703
崇州市	Chongzhou	38	30227	2150	12	20362	1763
简阳市	Jianyang	26	67184	1700	85	46132	1950
自贡市	**Zigong**						
自流井区	Ziliujing	18	27795	1597	16	23275	1647
贡井区	Gongjing	15	14599	767	12	8057	601
大安区	Daan	15	20187	974	13	10861	695
沿滩区	Yantan	12	20673	1040	13	10055	616
荣县	Rongxian	25	30846	1781	28	21106	1644
富顺县	Fushun	34	63362	3281	56	48793	2968
攀枝花市	**Panzhihua**						
东区	East District	10	20356	1234	20	23070	1775
西区	West District	7	6916	589	9	10775	871
仁和区	Renhe	15	13377	995	11	10609	839
米易县	Miyi	13	14041	1121	6	10535	947
盐边县	Yanbian	16	14022	1085	7	8633	757
泸州市	**Luzhou**						
江阳区	Jiangyang	24	47313	2453	29	43346	3607
纳溪区	Naxi	15	32197	1673	14	22536	1428
龙马潭区	Longmatan	12	28435	1470	18	20694	1218
泸县	Luxian	36	71821	3533	55	65421	3724
合江县	Hejiang	75	71806	3482	25	47011	2856
叙永县	Xuyong	30	57709	3023	35	39262	2256

12-12 续表1 Continued

县(市、区)	Counties (Municipalities, Districts)	小学学校数(个) Number of Primary Schools (unit)	小学在校学生(人) Students Enrollment of Primary Schools (person)	小学专任教师(人) Full-time Teachers in Primary Schools (person)	普通中学学校数(个) Number of Regular Secondary Schools (unit)	普通中学在校学生(人) Students Enrollment of Regular Secondary Schools (person)	普通中学专任教师(人) Full-time Teachers in Regular Secondary Schools (person)
古蔺县	Gulin	31	71544	3571	40	43736	2804
德阳市	**Deyang**						
旌阳区	Jinyang	37	38713	2405	26	33413	2568
罗江区	Luojiang	22	10851	615	8	7502	693
中江县	Zhongjiang	191	68934	3633	57	43228	3200
广汉市	Guanghan	39	25660	1614	27	17656	1845
什邡市	Shifang	29	17400	1370	16	12709	1396
绵竹市	Mianzhu	30	18986	1391	13	12860	1115
绵阳市	**Mianyang**						
涪城区	Fucheng	43	69704	2173	40	91323	6997
游仙区	Youxian	31	28966	1269	19	26699	2206
安州区	Anzhou	20	21955	1074	17	14087	1353
三台县	Santai	109	62837	3156	72	41600	4151
盐亭县	Yanting	47	19620	1469	21	13387	1633
梓潼县	Zitong	34	14291	1009	9	8967	871
北川县	Beichuan	25	11448	711	11	8296	793
平武县	Pingwu	39	6794	727	8	4872	579
江油市	Jiangyou	61	35456	2099	22	26334	2564
广元市	**Guangyuan**						
利州区	Lizhou	37	37066	2369	28	35784	2825
昭化区	Zhaohua	25	6275	877	13	4681	613
朝天区	Chaotian	23	7784	758	9	6709	542
旺苍县	Wangcang	37	22046	1885	19	17657	1414
青川县	Qingchuan	27	9332	1154	21	7083	988
剑阁县	Jiange	63	29529	2080	22	19182	1805
苍溪县	Cangxi	55	39985	2569	40	26445	2245
遂宁市	**Suining**						
船山区	Chuanshan	36	49199	2956	31	39507	3132
安居区	Anju	43	28468	1969	27	22203	2017
蓬溪县	Pengxi	29	25726	2033	30	17432	1750
射洪县	Shehong	60	41841	3011	44	33029	3315
大英县	Daying	30	26973	1552	27	16228	1378
内江市	**Neijiang**						
内江市中区	NeijiangDowntown	31	32644	1656	26	33219	2478
东兴区	Dongxing	52	46023	2056	31	27152	2258
威远县	Weiyuan	53	36832	2069	36	26799	2686
资中县	Zizhong	81	62484	2385	53	48987	4196
隆昌市	Longchang	56	46087	2375	30	32652	2207
乐山市	**Leshan**						
乐山市中区	LeshanDowntown	29	34860	1707	36	27584	2426
沙湾区	Shawan	10	6799	389	16	5936	616

12-12 续表2 Continued

县(市、区)	Counties (Municipalities, Districts)	小学学校数(个) Number of Primary Schools (unit)	小学在校学生(人) Students Enrollment of Primary Schools (person)	小学专任教师(人) Full-time Teachers in Primary Schools (person)	普通中学学校数(个) Number of Regular Secondary Schools (unit)	普通中学在校学生(人) Students Enrollment of Regular Secondary Schools (person)	普通中学专任教师(人) Full-time Teachers in Regular Secondary Schools (person)
五通桥区	Wutongqiao	17	9977	675	15	6589	724
金口河区	Jinkouhe	8	2467	189	4	1387	156
犍为县	Qianwei	28	25481	1449	28	17833	1665
井研县	Jingyan	28	17854	1050	28	11671	1119
夹江县	Jiajiang	24	13043	832	22	9096	953
沐川县	Muchuan	17	15357	537	16	9756	722
峨边县	Ebian	16	11424	569	13	5203	479
马边县	Mabian	31	23221	1100	12	11514	573
峨眉山市	Emeishan	21	18479	1180	13	14544	1429
南充市	**Nanchong**						
顺庆区	Shunqing	31	41789	2383	34	47569	3016
高坪区	Gaoping	34	34583	2257	35	30230	2104
嘉陵区	Jialing	29	30995	2292	44	23298	2182
南部县	Nanbu	26	57971	3910	85	48412	3619
营山县	Yingshan	23	49141	2736	70	33299	2524
蓬安县	Pengan	36	31923	2087	41	22952	1954
仪陇县	Yilong	48	54884	3585	66	47615	3378
西充县	Xichong	11	22656	1687	44	18072	1848
阆中市	Langzhong	20	35478	2467	76	27520	2873
眉山市	**Meishan**						
东坡区	Dongpo	51	41552	2534	45	29991	2822
彭山区	Pengshan	15	13659	883	16	9348	840
仁寿县	Renshou	58	69099	4554	89	57434	4810
洪雅县	Hongya	21	14950	872	19	9980	884
丹棱县	Danling	12	6957	392	7	4086	402
青神县	Qingshen	12	6971	598	16	4964	461
宜宾市	**Yibin**						
翠屏区	Cuiping	30	66070	3459	40	50826	4207
南溪区	Nanxi	19	27969	1657	18	21517	1485
宜宾县	Yibin	58	64100	4084	52	47360	3605
江安县	Jiangan	48	32643	1847	28	22125	1552
长宁县	Changning	27	30152	1592	21	19020	1230
高县	Gaoxian	58	35259	1777	20	22336	1460
珙县	Gongxian	13	30719	1628	21	16461	1254
筠连县	Junlian	10	34699	1832	34	22589	1561
兴文县	Xingwen	32	36282	2143	27	28915	1882
屏山县	Pingshan	13	21503	1272	18	12408	1031
广安市	**Guangan**						
广安区	Guanganqu	25	46997	2757	52	51853	3793
前锋区	Qianfeng	15	17651	1142	21	12652	995
岳池县	Yuechi	58	58258	3769	67	43455	3511

12-12 续表3 Continued

县(市、区)	Counties (Municipalities, Districts)	小学学校数（个）Number of Primary Schools (unit)	小学在校学生（人）Students Enrollment of Primary Schools (person)	小学专任教师（人）Full-time Teachers in Primary Schools (person)	普通中学学校数（个）Number of Regular Secondary Schools (unit)	普通中学在校学生（人）Students Enrollment of Regular Secondary Schools (person)	普通中学专任教师（人）Full-time Teachers in Regular Secondary Schools (person)
武胜县	Wusheng	52	39183	2655	50	33038	2861
邻水县	Linshui	34	57260	2787	59	49095	3635
华蓥市	Huaying	14	22960	1330	22	16042	1321
达州市	**Dazhou**						
通川区	Tongchuan	158	48233	2483	34	34936	2212
达川区	Dachuan	188	68305	4281	74	63177	3889
宣汉县	Xuanhan	462	93045	4564	67	64305	3663
开江县	Kaijiang	146	35023	2116	27	26148	1746
大竹县	Dazhu	171	68249	3931	51	52235	3357
渠县	Quxian	157	56983	5420	97	49772	4452
万源市	Wanyuan	219	37290	2064	36	27586	1810
雅安市	**Yaan**						
雨城区	Yucheng	20	18967	1139	22	15909	1282
名山区	Mingshan	17	15592	756	15	9969	762
荥经县	Yingjing	25	8999	627	6	6637	477
汉源县	Hanyuan	32	18123	1196	12	13422	980
石棉县	Shimian	18	10583	626	6	5731	395
天全县	Tianquan	24	10017	728	8	6844	561
芦山县	Lushan	10	6298	531	13	5030	484
宝兴县	Baoxing	12	2863	366	5	1753	212
巴中市	**Bazhong**						
巴州区	Bazhou	24	44139	2342	45	33518	3768
恩阳区	Enyang	21	21378	1230	18	20723	1591
通江县	Tongjiang	74	39452	3117	30	37340	2751
南江县	Nanjiang	56	34602	2589	38	33393	2434
平昌县	Pingchang	25	51073	4299	60	44777	3599
资阳市	**Ziyang**						
雁江区	Yanjiang	80	63372	2733	63	44371	4000
安岳县	Anyue	43	86969	3044	91	64255	5320
乐至县	Lezhi	58	35381	1956	41	23640	2267
阿坝州	**Aba**						
马尔康市	Maerkang	18	3396	426	5	3567	381
汶川县	Wenchuan	14	5087	643	5	6366	640
理县	Lixian	12	2034	447	3	1442	212
茂县	Maoxian	23	6880	659	4	5340	533
松潘县	Songpan	22	4106	490	8	2425	288
九寨沟县	Jiuzhaigou	18	4609	509	3	3576	364
金川县	Jinchuan	23	3455	454	5	2161	317
小金县	Xiaojin	23	4131	555	5	3679	361
黑水县	Heishui	12	3024	360	2	1840	163
壤塘县	Rangtang	12	5178	356	4	1454	124

12-12 续表4 Continued

县(市、区)	Counties (Municipalities, Districts)	小学学校数(个) Number of Primary Schools (unit)	小学在校学生(人) Students Enrollment of Primary Schools (person)	小学专任教师(人) Full-time Teachers in Primary Schools (person)	普通中学学校数(个) Number of Regular Secondary Schools (unit)	普通中学在校学生(人) Students Enrollment of Regular Secondary Schools (person)	普通中学专任教师(人) Full-time Teachers in Regular Secondary Schools (person)
阿坝县	Abaxian	29	8162	599	2	2912	151
若尔盖县	Ruoergai	23	7769	544	7	5510	380
红原县	Hongyuan	14	5080	404	2	3062	202
甘孜州	**Ganzi**						
康定市	Kangding	25	8728	596	7	8587	640
泸定县	Luding	15	5974	585	7	6727	571
丹巴县	Danba	15	3435	453	4	3009	277
九龙县	Jiulong	33	6671	458	3	4128	219
雅江县	Yajiang	16	4718	337	2	2428	172
道孚县	Daofu	25	4720	346	2	1859	130
炉霍县	Luhuo	13	5562	375	3	2603	195
甘孜县	Ganzixian	25	6568	465	3	4305	274
新龙县	Xinlong	25	3801	369	1	1129	92
德格县	Dege	39	8878	495	2	1493	145
白玉县	Baiyu	17	5164	390	2	908	79
石渠县	Shiqu	26	9559	590	2	2239	158
色达县	Seda	18	6341	326	1	1314	95
理塘县	Litang	25	7718	557	3	2343	152
巴塘县	Batang	20	5381	459	2	4087	254
乡城县	Xiangcheng	15	2473	267	1	1273	101
稻城县	Daocheng	15	2749	304	2	1206	91
得荣县	Derong	13	1973	267	1	1002	99
凉山州	**Liangshan**						
西昌市	Xichang	116	81788	3788	36	54844	3724
木里县	Muli	26	12409	923	9	6865	464
盐源县	Yanyuan	47	38931	1818	14	21890	1372
德昌县	Dechang	23	20971	1061	5	12615	856
会理县	Huili	49	29332	1756	16	21069	1521
会东县	Huidong	49	38855	1871	16	23874	1419
宁南县	Ningnan	35	17304	958	4	10429	698
普格县	Puge	35	30832	1084	5	9851	557
布拖县	Butuo	28	33655	1208	5	5447	220
金阳县	Jinyang	38	29066	1218	8	7563	391
昭觉县	Zhaojue	62	41379	1630	12	12683	478
喜德县	Xide	47	28924	1328	10	9632	534
冕宁县	Mianning	43	41885	1931	12	18772	1130
越西县	Yuexi	51	48570	1862	9	15993	790
甘洛县	Ganluo	36	27110	1218	9	10274	593
美姑县	Meigu	54	39919	1569	6	9080	530
雷波县	Leibo	53	33120	1501	10	13816	895

13

AGRICULTURE

农 业

13-1 农林牧渔业总产值
Gross Output Value of Farming, Forestry, Animal Husbandry and Fishery

单位：亿元 (100 million yuan)

年份 Year	农林牧渔业总产值 Total	#第一产业 Primary Industry	农业 Farming	林业 Forestry	牧业 Animal Husbandry	渔业 Fishery
1980	136.92	136.92	98.07	4.21	34.07	0.57
1981	147.02	147.02	105.41	5.34	35.63	0.64
1982	177.53	177.53	133.84	5.81	37.07	0.81
1983	193.77	193.77	142.76	7.02	42.83	1.16
1984	211.93	211.93	151.54	12.21	46.79	1.39
1985	234.82	234.82	161.14	13.09	58.74	1.85
1986	254.33	254.33	168.46	13.18	69.74	2.95
1987	294.59	294.59	187.84	13.66	89.18	3.91
1988	361.11	361.11	213.69	15.99	126.02	5.41
1989	400.40	400.40	238.04	16.75	139.24	6.37
1990	484.31	484.31	301.46	18.51	157.04	7.30
1991	513.43	513.43	317.43	19.43	168.41	8.16
1992	565.62	565.62	344.52	22.23	189.41	9.46
1993	660.69	660.69	389.21	24.90	234.30	12.28
1994	930.80	930.80	521.00	28.48	365.33	15.99
1995	1113.96	1113.96	645.17	34.32	413.84	20.63
1996	1274.32	1274.32	750.07	38.58	461.32	24.35
1997	1395.43	1395.43	798.22	41.31	527.60	28.30
1998	1455.19	1455.19	823.72	45.87	554.15	31.45
1999	1444.86	1444.86	792.80	45.34	572.63	34.09
2000	1483.52	1483.52	785.37	49.13	611.76	37.26
2001	1534.90	1534.90	769.95	50.85	673.10	41.00
2002	1651.53	1651.53	807.43	54.60	743.91	45.59
2003	1784.49	1749.64	804.70	59.26	832.34	53.34
2004	2252.28	2213.72	987.70	62.65	1097.62	65.75
2005	2457.46	2415.81	1037.20	69.94	1230.18	78.49
2006	2602.10	2556.40	1075.08	76.75	1317.41	87.16
2007	3377.00	3317.00	1317.00	106.42	1807.58	86.00
2008	3903.00	3846.00	1608.00	153.21	1980.79	104.00
2009	3689.81	3634.35	1815.98	102.60	1596.72	119.05
2010	4081.81	4007.21	2059.33	160.06	1658.00	129.83
2011	4932.73	4850.72	2454.26	203.29	2046.00	147.16
2012	5433.12	5340.03	2764.90	234.34	2177.02	163.77
2013	5620.27	5510.97	2886.48	249.02	2197.97	177.49
2014	5888.09	5765.79	3068.61	268.54	2236.29	192.35
2015	6377.84	6237.43	3315.51	297.26	2414.15	210.52
2016	6816.92	6656.50	3701.64	329.31	2405.54	220.01
2017	6955.55	6785.64	4004.20	346.80	2199.72	234.92

注：①本表按当年价格计算；②从2013年起，农业核算执行国家统计局新的《国民经济行业分类》和《三次产业划分规定》；③根据第三次全国农业普查结果对2007年及以后的农林牧渔业总产值及增加值的全省数据进行了修订（13-1至13-8表）。

a) Data of this year are calculated at current prices. b) Since 2013, agricultural accounting has been based on the "Industrial Calssification for National Economic Activities" and "Rules of Clarification of Three Industries" which were newly promulgated by National Statistical Bureau. c) The data of the total output value and added value of agriculture, forestry, animal husbandry and fishery since 2007 have been revised according to the results of the third national agricultural census in Sichuan Province (13-1 to 13-8 tables).

13-2 农林牧渔业总产值指数
Indices of Gross Output Value of Farming, Forestry, Animal Husbandry and Fishery

(1952年=100) (1952=100)

年份 Year	农林牧渔业总产值 Total	农业 Farming	林业 Forestry	牧业 Animal Husbandry	渔业 Fishery	农林牧渔业服务业 Services
1980	242.2	201.9	373.4	482.9	400.0	
1985	332.7	251.1	933.0	756.5	1272.4	
1990	409.4	290.8	742.2	1104.3	2386.2	
1991	427.6	300.5	742.9	1179.3	2589.7	
1992	445.7	308.2	800.4	1255.7	2831.0	
1993	450.2	299.4	812.4	1341.1	3210.3	
1994	465.3	297.1	859.6	1461.1	3586.2	
1995	504.9	321.2	932.6	1584.8	4369.0	
1996	533.3	338.0	1004.6	1674.3	4893.1	
1997	559.4	351.8	1031.2	1772.2	5481.2	
1998	584.5	361.4	1061.6	1889.9	6126.0	
1999	605.8	368.7	1048.3	1997.8	6855.0	
2000	636.0	379.2	1080.7	2144.1	7717.7	
2001	651.3	369.0	1083.2	2318.2	8521.1	
2002	695.3	387.3	1145.4	2512.5	9551.7	100.0
2003	738.5	394.6	1257.0	2744.7	11309.2	108.0
2004	790.9	410.8	1303.5	3019.2	12756.8	113.9
2005	842.4	421.6	1422.0	3304.8	14382.0	122.1
2006	873.7	416.7	1525.5	3540.1	15689.3	132.2
2007	904.1	436.3	1604.8	3610.9	16944.4	141.7
2008	933.9	447.6	1652.9	3744.5	17961.1	147.7
2009	973.5	468.3	1743.8	3886.8	18889.8	149.7
2010	1017.3	492.2	1841.5	4022.8	19807.8	167.6
2011	1064.1	520.7	2020.1	4127.4	21134.9	183.7
2012	1112.0	545.2	2187.8	4284.2	22572.1	201.2
2013	1149.8	564.8	2378.1	4395.6	23926.4	219.1
2014	1195.8	586.8	2501.8	4567.0	25218.4	239.7
2015	1250.8	618.5	2772.2	4684.6	27502.1	257.9
2016	1300.4	648.6	2911.6	4782.4	28857.6	285.1
2017	1349.9	682.3	3067.9	4839.6	30371.1	315.7

注：本表按可比价格计算；2003年起按新口径计算；2004年起指数按可比价格缩减法计算。

a) Data in this table are calculated at comparable prices. Since 2003, calculation has been based on the new range. Data have been calculated at comparable prices by deflation approach since 2004.

13-3 各市(州)按产业分农林牧渔业总产值(2017年)
Gross Output Value of Farming, Forestry, Animal Husbandry and Fishery by Industry and Region(2017)

单位：亿元 (100 million yuan)

市(州)	Region	农林牧渔业总产值 Total	#第一产业 Primary Industry	农业 Farming	林业 Forestry	牧业 Animal Husbandry	渔业 Fishery
全　省	**Sichuan**	**6955.55**	**6785.64**	**4004.20**	**346.80**	**2199.72**	**234.92**
成都市	Chengdu	878.87	854.51	490.18	18.94	315.67	29.73
自贡市	Zigong	231.94	228.77	119.69	17.00	80.69	11.40
攀枝花市	Panzhihua	65.88	65.00	40.79	1.01	18.96	4.24
泸州市	Luzhou	305.22	300.28	163.22	13.24	112.28	11.54
德阳市	Deyang	402.07	388.43	179.12	8.53	191.19	9.59
绵阳市	Mianyang	509.16	497.08	264.66	19.77	193.73	18.93
广元市	Guangyuan	208.95	203.93	104.40	7.70	83.51	8.31
遂宁市	Suining	281.23	275.38	129.63	10.21	125.11	10.42
内江市	Neijiang	361.53	355.15	178.16	13.51	137.55	25.94
乐山市	Leshan	276.25	272.25	128.21	17.33	112.00	14.71
南充市	Nanchong	608.96	602.76	279.65	17.81	285.68	19.63
眉山市	Meishan	304.13	297.96	140.44	8.62	129.97	18.93
宜宾市	Yibin	402.82	395.94	190.57	18.57	170.90	15.90
广安市	Guangan	293.91	287.76	154.74	9.14	112.36	11.51
达州市	Dazhou	531.33	521.24	291.90	17.02	198.51	13.80
雅安市	Yaan	140.46	138.25	80.03	9.92	46.38	1.92
巴中市	Bazhong	176.29	172.08	82.73	6.36	73.43	9.56
资阳市	Ziyang	284.53	267.64	130.28	10.85	118.30	8.21
阿坝藏族羌族自治州	Aba	72.48	68.78	21.27	4.81	42.65	0.05
甘孜藏族自治州	Ganzi	82.84	81.87	34.17	4.05	43.59	0.06
凉山彝族自治州	Liangshan	513.02	504.50	277.25	23.12	197.72	6.41

注：本表按当年价格及新口径计算。

a) Data in this table are calculated at current prices and based on new the range.

13-4 各市(州)按产业分农林牧渔业总产值指数(2017年)
Indices of Gross Output Value of Farming, Forestry, Animal Husbandry and Fishery by Industry and Region(2017)

(上年=100) (preceding year=100)

市(州)	Region	农林牧渔业总产值 Total	#第一产业 Primary Industry	农业 Farming	林业 Forestry	牧业 Animal Husbandry	渔业 Fishery
全　省	**Sichuan**	**103.8**	**103.7**	**105.2**	**105.4**	**101.2**	**105.2**
成都市	Chengdu	103.8	103.8	105.9	109.3	100.4	110.3
自贡市	Zigong	104.2	104.1	105.3	105.2	102.0	107.0
攀枝花市	Panzhihua	104.4	104.4	107.3	105.1	101.6	93.6
泸州市	Luzhou	103.8	103.8	104.9	108.4	101.7	105.2
德阳市	Deyang	103.6	103.5	106.3	105.0	101.0	105.8
绵阳市	Mianyang	104.0	103.8	105.4	108.4	101.1	108.4
广元市	Guangyuan	104.2	103.9	105.2	115.2	101.0	109.8
遂宁市	Suining	103.5	103.3	104.5	104.8	101.7	106.6
内江市	Neijiang	102.9	102.9	106.1	106.8	98.5	109.5
乐山市	Leshan	103.7	103.7	104.6	109.6	101.6	107.1
南充市	Nanchong	103.8	103.7	105.7	110.7	101.4	111.2
眉山市	Meishan	103.9	103.9	105.5	107.1	101.5	107.7
宜宾市	Yibin	103.3	103.2	104.2	106.2	101.6	106.6
广安市	Guangan	103.4	103.3	104.9	108.2	100.6	106.8
达州市	Dazhou	103.9	103.5	104.9	105.3	101.5	105.6
雅安市	Yaan	104.0	103.9	104.7	108.3	101.8	107.9
巴中市	Bazhong	103.7	103.5	104.6	111.2	101.3	108.0
资阳市	Ziyang	103.8	103.5	105.7	108.8	100.8	106.0
阿坝藏族羌族自治州	Aba	103.3	103.1	103.9	105.7	102.5	95.2
甘孜藏族自治州	Ganzi	104.6	104.5	109.7	105.4	100.9	105.4
凉山彝族自治州	Liangshan	103.9	103.8	105.3	107.9	101.3	104.1

13−5 各市(州)农林牧渔业总产值
Gross Output Value of Farming, Forestry, Animal Husbandry and Fishery by Region

单位：亿元 (100 million yuan)

市(州)	Region	2010	2011	2012	2013	2014	2015	2016	2017
全　省	**Sichuan**	**4081.81**	**4932.73**	**5433.12**	**5620.27**	**5888.09**	**6377.84**	**6816.92**	**6955.55**
成都市	Chengdu	470.19	547.00	577.84	584.60	613.00	663.06	841.25	878.87
自贡市	Zigong	134.44	157.17	173.12	188.79	194.63	207.81	222.19	231.94
攀枝花市	Panzhihua	36.52	41.75	44.49	48.08	50.82	54.94	60.96	65.88
泸州市	Luzhou	178.72	208.79	232.42	251.96	263.02	280.77	298.62	305.22
德阳市	Deyang	244.74	285.52	307.89	323.66	340.14	377.83	388.35	402.07
绵阳市	Mianyang	273.22	328.94	362.01	394.97	416.83	446.01	483.02	509.16
广元市	Guangyuan	127.78	142.99	159.84	166.83	177.96	186.16	196.69	208.95
遂宁市	Suining	176.58	200.66	207.30	222.69	234.75	252.84	270.54	281.23
内江市	Neijiang	164.49	206.98	241.71	293.85	308.82	332.27	357.42	361.53
乐山市	Leshan	167.76	195.25	212.11	223.74	234.69	249.07	267.79	276.25
南充市	Nanchong	337.29	401.60	453.10	499.69	528.04	567.51	598.80	608.96
眉山市	Meishan	169.03	198.79	228.32	243.16	256.08	276.51	293.55	304.13
宜宾市	Yibin	222.85	274.71	305.15	328.65	347.02	373.99	399.01	402.82
广安市	Guangan	183.89	211.18	237.90	255.99	265.29	285.17	294.78	293.91
达州市	Dazhou	308.85	368.93	394.38	421.50	444.72	478.46	513.30	531.33
雅安市	Yaan	82.57	94.64	100.40	104.96	111.74	125.29	134.76	140.46
巴中市	Bazhong	115.77	122.98	132.40	139.56	146.54	158.70	170.66	176.29
资阳市	Ziyang	149.27	182.35	212.15	228.11	238.25	257.71	277.43	284.53
阿坝藏族羌族自治州	Aba	36.47	40.44	45.87	50.89	56.56	62.49	67.36	72.48
甘孜藏族自治州	Ganzi	37.25	48.42	55.62	61.80	67.39	71.95	79.09	82.84
凉山彝族自治州	Liangshan	282.79	323.74	362.80	387.82	416.82	447.48	482.94	513.02

注：本表按当年价格计算。

a) Data in this table are calculated at current prices and based on new the range.

13-6 各市(州)农林牧渔业总产值指数
Indices of Gross Output Value of Farming, Forestry, Animal Husbandry and Fishery by Region

(上年=100) (preceding year=100)

市(州)	Region	2010	2011	2012	2013	2014	2015	2016	2017
全　省	**Sichuan**	**104.5**	**104.6**	**104.5**	**103.4**	**104.0**	**104.6**	**104.0**	**103.8**
成都市	Chengdu	104.4	103.8	103.5	103.5	103.7	104.3	103.9	103.8
自贡市	Zigong	104.8	103.8	104.8	103.9	104.2	104.4	104.0	104.2
攀枝花市	Panzhihua	104.5	104.5	104.7	104.6	104.7	104.4	104.7	104.4
泸州市	Luzhou	104.4	103.4	105.0	104.4	104.2	104.4	103.8	103.8
德阳市	Deyang	103.1	103.9	104.7	103.7	104.2	104.4	103.9	103.6
绵阳市	Mianyang	104.1	103.9	104.0	103.6	105.5	104.5	104.0	104.0
广元市	Guangyuan	106.3	106.7	107.1	103.8	104.5	104.5	103.0	104.2
遂宁市	Suining	104.6	103.4	104.6	103.1	104.1	104.2	103.8	103.5
内江市	Neijiang	104.7	104.2	104.5	104.1	103.9	104.4	103.8	102.9
乐山市	Leshan	104.4	104.0	104.2	103.6	104.1	104.4	104.0	103.7
南充市	Nanchong	103.8	103.8	103.8	103.7	104.4	104.4	104.1	103.8
眉山市	Meishan	104.6	103.7	105.4	103.7	104.0	104.5	103.9	103.9
宜宾市	Yibin	105.0	103.5	104.8	103.7	103.8	104.4	103.5	103.3
广安市	Guangan	105.0	104.4	105.5	103.5	104.2	104.1	102.5	103.4
达州市	Dazhou	104.6	103.5	104.6	103.8	103.9	104.4	103.9	103.9
雅安市	Yaan	103.2	103.4	104.0	102.1	104.6	104.4	103.7	104.0
巴中市	Bazhong	104.4	104.0	103.7	103.4	103.8	104.2	103.7	103.7
资阳市	Ziyang	104.6	103.7	104.6	103.6	104.0	104.5	104.2	103.8
阿坝藏族羌族自治州	Aba	106.0	105.1	106.1	105.0	104.9	105.3	103.9	103.3
甘孜藏族自治州	Ganzi	104.1	106.2	104.6	104.1	104.8	104.6	105.1	104.6
凉山彝族自治州	Liangshan	104.5	104.4	104.6	104.9	104.7	104.6	103.7	103.9

13-7 各市(州)农林牧渔业增加值(2017年)
Value-added of Farming, Forestry, Animal Husbandry and Fishery by Region(2017)

单位：亿元 (100 million yuan)

市(州)	Region	农林牧渔业增加值 Total	#第一产业 Primary Industry	农业 Farming	林业 Forestry	牧业 Animal Husbandry	渔业 Fishery
全　省	**Sichuan**	**4365.11**	**4262.35**	**2813.13**	**220.67**	**1086.58**	**141.97**
成都市	Chengdu	519.01	500.87	320.36	14.75	149.79	15.97
自贡市	Zigong	144.74	142.94	82.85	12.05	40.11	7.92
攀枝花市	Panzhihua	37.63	37.16	25.47	0.49	8.85	2.35
泸州市	Luzhou	186.24	183.19	111.82	8.77	55.45	7.14
德阳市	Deyang	236.81	228.46	121.64	5.59	95.45	5.78
绵阳市	Mianyang	298.24	291.66	174.20	11.34	94.57	11.55
广元市	Guangyuan	116.83	113.17	59.59	4.92	43.76	4.90
遂宁市	Suining	164.55	160.41	88.89	7.26	57.19	7.06
内江市	Neijiang	213.32	209.60	119.03	8.70	65.43	16.44
乐山市	Leshan	161.01	158.80	78.46	11.42	59.64	9.28
南充市	Nanchong	368.77	363.68	180.72	11.82	158.26	12.89
眉山市	Meishan	180.02	176.62	95.62	5.78	62.98	12.24
宜宾市	Yibin	242.59	238.83	131.58	13.60	82.11	11.54
广安市	Guangan	173.48	169.81	97.94	5.61	59.32	6.94
达州市	Dazhou	328.45	322.13	206.43	11.00	96.00	8.71
雅安市	Yaan	82.15	80.85	53.15	6.43	20.09	1.18
巴中市	Bazhong	95.77	93.30	49.75	3.75	34.03	5.77
资阳市	Ziyang	171.12	160.35	92.50	7.37	55.31	5.17
阿坝藏族羌族自治州	Aba	48.17	46.44	14.15	3.16	29.09	0.04
甘孜藏族自治州	Ganzi	61.88	61.29	26.13	2.86	32.25	0.05
凉山彝族自治州	Liangshan	301.81	296.52	177.54	16.42	98.53	4.03

注：本表按当年价格及新口径计算。

a) Data in this table are calculated at current prices and based on new the range.

13-8 各市(州)农林牧渔业增加值指数(2017年)
Indices of Value-added of Farming, Forestry, Animal Husbandry and Fishery by Region(2017)

(上年=100) (preceding year=100)

市(州)	Region	农林牧渔业增加值 Total	#第一产业 Primary Industry	农业 Farming	林业 Forestry	牧业 Animal Husbandry	渔业 Fishery
全省	**Sichuan**	**103.9**	**103.8**	**105.0**	**105.3**	**101.0**	**105.2**
成都市	Chengdu	103.9	103.9	105.4	109.3	100.3	109.4
自贡市	Zigong	104.2	104.1	105.1	105.1	101.5	106.9
攀枝花市	Panzhihua	104.3	104.3	106.6	104.7	101.2	94.3
泸州市	Luzhou	104.0	103.9	104.7	108.9	101.5	105.0
德阳市	Deyang	104.0	103.9	106.2	105.0	101.0	106.0
绵阳市	Mianyang	104.1	104.0	105.3	107.8	101.0	107.9
广元市	Guangyuan	104.2	103.8	105.1	111.3	101.2	108.0
遂宁市	Suining	103.8	103.6	105.0	104.8	101.0	106.5
内江市	Neijiang	102.9	102.8	105.5	106.2	97.7	109.2
乐山市	Leshan	104.0	103.9	105.2	107.8	101.4	106.9
南充市	Nanchong	103.9	103.9	105.6	110.1	101.4	110.4
眉山市	Meishan	103.9	103.9	105.1	106.0	101.4	107.8
宜宾市	Yibin	103.6	103.5	104.6	106.4	101.3	106.6
广安市	Guangan	103.5	103.4	104.7	108.2	100.6	106.9
达州市	Dazhou	104.1	103.8	104.8	105.3	101.3	105.6
雅安市	Yaan	104.0	103.9	104.4	108.2	101.5	107.1
巴中市	Bazhong	103.9	103.7	104.5	111.2	101.3	107.6
资阳市	Ziyang	104.2	103.9	105.8	107.9	100.5	105.8
阿坝藏族羌族自治州	Aba	103.3	103.2	103.8	105.3	102.8	91.9
甘孜藏族自治州	Ganzi	104.4	104.3	109.8	102.5	100.6	108.8
凉山彝族自治州	Liangshan	103.9	103.8	104.8	107.5	101.5	105.3

13-9 主要农业机械拥有量
Number of Main Agricultural Machinery

(年底数) (year-end)

年份 Year	农业机械总动力(万千瓦) Total Power of Agricultural Machinery (10 000 kw)	农用大中型拖拉机 Large and Medium Agricultural Tractors		农用小型拖拉机 Mini Agricultural Tractors		农用排灌动力机械 Drainage and Irrigation Machinery	
		数量(台) Number (unit)	动力(万千瓦) Capacity (10 000 kw)	数量(万台) Number (10 000 units)	动力(万千瓦) Capacity (10 000 kw)	数量 Number (万台) (10 000 units)	动力 Capacity (万千瓦) (10 000 kw)
1978	350.21	14571	42.52	5.22	45.91	14.18	144.27
1979	434.74	17790	48.18	6.99	61.47	17.67	179.07
1980	500.34	19233	52.59	8.37	74.19	19.58	197.15
1981	548.37	20076	55.29	9.00	80.70	20.78	209.30
1982	575.65	20034	55.24	9.35	84.66	20.99	213.02
1983	609.82	19932	55.15	9.97	91.78	20.18	207.50
1984	649.40	19099	53.34	10.70	100.31	18.62	195.82
1985	700.42	18496	51.67	11.53	109.74	17.60	193.99
1986	772.77	18469	51.55	13.10	127.54	18.97	198.19
1987	828.98	17939	50.57	14.56	145.39	20.05	205.03
1988	887.72	16900	48.36	15.69	160.88	20.52	209.75
1989	918.92	15064	43.51	15.90	163.74	20.37	211.46
1990	956.00	12788	37.64	15.51	161.06	20.18	215.61
1991	1007.23	10553	31.62	15.17	159.81	20.85	220.83
1992	1035.60	8662	25.81	14.75	156.59	21.86	222.39
1993	1066.35	7545	23.28	14.47	154.38	21.13	221.63
1994	1165.11	6625	21.17	14.16	152.45	24.62	238.58
1995	1209.73	5632	18.05	13.78	149.09	23.47	233.12
1996	1263.26	4997	16.13	13.81	149.98	22.11	228.91
1997	1348.21	6644	18.16	13.84	151.56	23.93	237.21
1998	1468.33	10144	23.48	13.98	155.43	28.67	268.37
1999	1606.90	14833	37.58	14.26	159.14	32.96	296.15
2000	1679.65	29645	74.59	13.29	149.22	35.35	313.49
2001	1735.10	33606	86.87	13.06	148.74	37.55	320.25
2002	1803.68	42156	108.21	13.09	150.99	39.80	330.06
2003	1891.06	46882	128.02	12.25	141.09	39.97	328.37
2004	2006.78	51585	143.82	12.59	151.29	42.14	348.07
2005	2181.70	12728	35.18	12.48	155.94	46.04	372.18
2006	2344.87	15936	40.74	12.83	161.15	46.92	381.64
2007	2523.05	20151	49.81	13.35	171.61	50.30	400.12
2008	2687.55	55488	122.75	11.43	143.11	52.00	414.09
2009	2952.66	77809	179.10	11.84	147.96	56.05	424.13
2010	3155.14	91112	206.02	12.03	147.37	57.14	440.45
2011	3426.10	107484	246.51	12.47	147.99	64.29	463.20
2012	3694.03	115036	267.45	12.55	141.66	84.59	513.45
2013	3953.09	121753	291.65	11.91	134.40	89.55	532.16
2014	4160.12	126104	307.48	11.36	127.07	98.15	546.05
2015	4404.55	132242	331.40	10.45	115.52	92.73	548.32
2016	4261.40	134754	339.74	10.06	109.29	102.97	579.70
2017	4420.30	134088	348.24	9.69	104.40	110.58	610.85

注：从2016年起农业机械总动力不包括农用运输车。

a) Since 2016, total power of agricultural machinery does not include power of agricultural transporters.

13-10 各市(州)主要农业机械拥有量(2017年)
Number of Agricultural Machinery by Region(2017)

(年底数) (year-end)

市(州)	Region	农业机械总动力(万千瓦) Total Power of Agricultural Machinery (10 000 kw)	农用大中型拖拉机 Large and Medium Agricultural Tractors		农用小型拖拉机 Mini Agricultural Tractors		农用排灌动力机械 Drainage and Irrigation Machinery	
			数量(台) Number (unit)	动力(万千瓦) Capacity (10 000 kw)	数量(台) Number (unit)	动力(万千瓦) Capacity (10 000 kw)	数量(万台) Number (10 000 units)	动力(万千瓦) Capacity (10 000 kw)
全　省	**Sichuan**	**4420.30**	**134088**	**348.24**	**96941**	**104.40**	**110.58**	**610.85**
成都市	Chengdu	403.86	10845	41.87	22070	25.48	5.48	42.49
自贡市	Zigong	106.66	112	0.29	23	0.03	2.88	17.84
攀枝花市	Panzhihua	68.98	2489	5.46	1898	1.79	0.61	4.71
泸州市	Luzhou	227.08	80	0.28	8	0.01	6.65	39.53
德阳市	Deyang	186.85	15049	42.62	6695	7.70	2.47	28.81
绵阳市	Mianyang	334.87	12276	31.80	11633	11.94	2.25	33.94
广元市	Guangyuan	279.76	4336	10.99	2966	2.56	2.55	22.17
遂宁市	Suining	118.94	2245	8.76	738	0.74	4.73	24.95
内江市	Neijiang	149.85	100	0.29	574	0.60	5.01	30.98
乐山市	Leshan	250.87	2906	11.33	1477	1.49	4.41	31.48
南充市	Nanchong	290.22	1879	4.58	1057	1.21	6.78	68.72
眉山市	Meishan	210.23	3471	12.60	2721	3.55	6.53	28.46
宜宾市	Yibin	246.04	245	0.53	526	0.62	6.99	34.79
广安市	Guangan	238.93	455	1.69	533	0.71	5.14	28.72
达州市	Dazhou	267.37	1333	4.69	646	0.76	24.92	50.55
雅安市	Yaan	162.18	1855	3.76	1701	2.11	1.38	10.76
巴中市	Bazhong	183.69	3737	13.84	925	1.03	7.22	39.87
资阳市	Ziyang	163.85	509	1.44	1542	1.74	11.09	40.94
阿坝藏族羌族自治州	Aba	77.45	12701	23.10	16102	16.44	0.20	1.64
甘孜藏族自治州	Ganzi	100.80	26382	49.85	8565	9.21	0.42	1.47
凉山彝族自治州	Liangshan	351.79	31083	78.48	14541	14.69	2.86	28.05

13-11 化肥施用量和农村用电量
Consumption of Chemical Fertilizers and Electrification of Agriculture

年 份 Year	化肥施用量 (万吨) Consumption of Chemical Fertilizers (10 000 tons)	氮 肥 Nitrogenous Fertilizer	磷 肥 Phosphate Fertilizer	钾 肥 Potash Fertilizer	复合肥 Compound Fertilizer	农村用电量 (亿千瓦时) Electricity Consumed in Rural Area (100 million kwh)
1952	0.4	0.4				
1957	1.0	0.7	0.3			
1962	4.0	3.0	1.0			
1965	11.3	8.4	2.8	0.1		
1970	11.5	8.5	2.8	0.2		
1975	23.0	17.1	5.6	0.3		
1978	62.5	46.4	15.7	0.4		7.7
1980	80.4	52.6	24.0	1.0	1.1	9.4
1985	103.1	82.6	16.4	1.7	2.1	19.3
1990	143.9	101.4	28.2	2.6	11.7	33.0
1991	154.3	103.0	32.0	3.5	15.7	37.4
1992	154.0	100.2	32.2	4.3	17.2	40.6
1993	158.1	99.5	33.2	5.4	20.0	46.2
1994	170.0	104.9	35.1	6.2	23.7	53.8
1995	182.9	111.0	37.4	7.0	27.3	61.2
1996	192.8	117.8	38.4	7.4	29.2	64.1
1997	201.3	121.3	40.0	8.4	31.6	68.4
1998	205.3	123.7	40.3	8.8	32.5	73.5
1999	210.3	124.2	40.4	9.3	36.4	78.8
2000	212.6	123.0	42.0	10.0	37.5	82.8
2001	212.0	121.8	41.9	10.4	37.9	89.5
2002	209.6	118.5	42.3	11.0	37.8	93.0
2003	208.4	117.5	41.9	11.6	37.4	99.9
2004	214.7	120.2	42.9	12.2	39.3	107.8
2005	220.9	121.8	45.1	12.9	40.6	112.9
2006	228.2	124.7	46.6	13.7	43.0	117.7
2007	238.2	127.9	48.0	14.8	46.6	123.3
2008	242.8	128.6	48.9	15.8	48.0	128.2
2009	248.0	130.7	49.7	16.4	50.3	133.8
2010	248.0	129.6	49.2	16.4	51.1	141.7
2011	251.2	128.8	50.6	17.3	53.2	148.6
2012	252.8	127.9	50.7	17.5	55.0	156.0
2013	251.1	126.1	50.3	17.7	55.0	163.5
2014	250.2	125.7	49.9	17.7	56.9	169.6
2015	249.8	124.7	49.6	17.8	57.7	174.8
2016	249.0	121.9	48.9	17.9	60.2	183.1
2017	242.0	117.0	47.1	17.6	60.2	188.4

13-12 各市(州)化肥施用量和农村用电量(2017年)
Consumption of Chemical Fertilizers and Electrification of Agriculture by Region(2017)

市(州)	Region	化肥施用量(万吨) Consumption of Chemical Fertilizers (100 million tons)	氮 肥 Nitrogenous Fertilizer	磷 肥 Phosphate Fertilizer	钾 肥 Potash Fertilizer	复合肥 Compound Fertilizer	农村用电量(亿千瓦时) Electricity Consumed in Rural Area (100 million kwh)
全 省	**Sichuan**	**241.95**	**117.04**	**47.13**	**17.63**	**60.15**	**188.44**
成都市	Chengdu	18.36	7.05	3.59	1.97	5.75	36.65
自贡市	Zigong	9.17	4.00	2.46	1.04	1.67	5.24
攀枝花市	Panzhihua	2.87	1.02	0.32	0.33	1.20	2.24
泸州市	Luzhou	10.85	5.26	2.11	0.68	2.80	8.65
德阳市	Deyang	18.26	8.99	2.86	0.91	5.50	22.53
绵阳市	Mianyang	21.21	9.93	5.37	1.09	4.82	12.10
广元市	Guangyuan	10.74	4.87	2.23	0.96	2.67	4.85
遂宁市	Suining	13.59	6.80	2.79	1.03	2.96	3.72
内江市	Neijiang	11.98	7.69	2.64	0.35	1.29	10.17
乐山市	Leshan	9.67	5.02	1.52	0.52	2.61	11.03
南充市	Nanchong	22.24	11.26	5.34	1.06	4.57	6.84
眉山市	Meishan	13.64	4.39	1.74	1.75	5.76	8.29
宜宾市	Yibin	8.25	3.11	1.45	0.74	2.94	12.86
广安市	Guangan	10.62	6.62	2.30	0.73	0.97	5.43
达州市	Dazhou	21.89	12.56	3.66	1.64	4.03	8.71
雅安市	Yaan	5.04	2.43	0.65	0.56	1.40	4.91
巴中市	Bazhong	13.11	5.61	2.26	1.21	4.03	6.78
资阳市	Ziyang	5.18	3.63	1.06	0.04	0.46	5.54
阿坝藏族羌族自治州	Aba	1.20	0.52	0.26	0.09	0.33	2.40
甘孜藏族自治州	Ganzi	0.37	0.23	0.03	0.01	0.10	1.23
凉山彝族自治州	Liangshan	13.73	6.03	2.49	0.95	4.26	8.29

13-13 耕地面积、机耕面积、耕地灌溉面积和农作物总播种面积
Cultivated Area, Area Ploughed by Tractors, Irrigated Area of Cultivated Land and Total Sown Area of Farm Crops

单位：万公顷 (10 000 hectares)

年份 Year	年末实有耕地面积 Cultivated Area (year-end)	机耕面积 Area Ploughed by Tractors	耕地灌溉面积 Irrigated Area of Cultivated Land	农作物总播种面积 Total Sown Area	#粮食 Grain Crops
1952	547.85		53.70	827.66	686.30
1957	569.13	0.40	86.40	968.20	784.90
1962	510.07	2.60	106.90	805.65	676.70
1965	518.96	2.60	120.90	789.59	622.50
1970	510.66	4.60	139.30	819.65	674.80
1975	497.21	45.30	175.00	903.94	728.90
1978	490.91	86.50	198.90	885.91	744.10
1980	487.16	67.90	211.40	861.90	746.10
1985	474.12	51.70	215.40	855.80	663.60
1990	464.71	59.20	222.60	905.00	698.50
1991	463.23	64.30	224.10	920.70	704.80
1992	461.19	66.30	225.30	921.90	702.90
1993	459.38	65.40	226.50	915.20	705.00
1994	457.96	70.80	227.90	916.40	701.50
1995	456.04	71.60	230.10	930.24	705.50
1996	454.31	70.10	232.50	940.08	713.80
1997	451.99	84.40	239.10	949.75	721.10
1998	449.49	85.60	239.10	971.44	733.80
1999	445.47	98.30	242.80	971.77	729.70
2000	434.61	93.70	246.90	960.91	685.40
2001	428.44	95.05	248.70	949.17	662.69
2002	405.99	95.40	250.10	934.41	642.50
2003	390.37	98.10	250.30	908.50	608.80
2004	390.44	98.80	250.30	924.44	633.33
2005	390.60	107.50	249.50	941.69	650.16
2006	391.66	115.04	248.70	953.08	644.90
2007	394.59	121.10	250.00	925.24	643.46
2008	395.95	182.20	250.70	929.47	640.88
2009	397.61	196.53	252.40	915.78	621.30
2010	401.07	219.02	255.31	915.87	619.51
2011	398.34	275.50	260.10	921.54	619.67
2012	399.15	330.28	256.62	931.96	625.56
2013	399.38	409.47	261.65	937.17	626.99
2014	673.42	459.79	266.63	937.77	624.96
2015	673.61	485.51	273.51	945.11	628.61
2016	673.54	508.10	281.36	949.38	629.13
2017	672.59	531.93	287.31	957.51	629.20

注：①从2014年开始，耕地面积数据由四川省国土资源厅提供(后同)。②2007年及以后的农作物播种（种植）面积和产量数据根据第三次全国农业普查结果进行了修订（13-13至13-20表）。

a) Since 2014, data of cultivated area have been provided by Bureau of Land and Resources of Sichuan Province (the same as follows). b) Data of total sown area and yield in 2007 and after were revised according to the results of the Third National Agricultural Census (13-13 to 13-20 tables).

13-14 各市(州)耕地面积、设施农业用地、耕地灌溉面积和农作物总播种面积(2017年)

Cultivated Area, Area Used for Facility Agriculture, Irrigated Area of Cultivated Land and Total Sown of Farm Crops by Region(2017)

单位：千公顷 (1 000 hectares)

市(州)	Region	年末实有耕地面积 Cultivated Area (year-end)	设施农业用地面积 Facility Agriculture Area	耕地灌溉面 积 Irrigated Area of Cultivated Land	农作物总播种面积 Total Sown Area	#粮食 Grain Crops
全 省	**Sichuan**	**6725.94**	**153.20**	**2873.10**	**9575.05**	**6292.00**
成都市	Chengdu	417.00	17.30	369.51	730.99	385.76
自贡市	Zigong	216.66	10.66	98.72	362.65	229.76
攀枝花市	Panzhihua	75.00	3.74	39.62	70.21	45.05
泸州市	Luzhou	410.54	5.17	153.28	541.29	396.15
德阳市	Deyang	248.56	8.36	155.66	477.25	312.82
绵阳市	Mianyang	444.32	5.33	220.83	660.18	401.81
广元市	Guangyuan	352.81	3.64	89.99	495.44	312.82
遂宁市	Suining	270.27	5.40	128.59	387.71	269.86
内江市	Neijiang	274.00	8.73	131.95	476.73	309.13
乐山市	Leshan	272.28	8.92	140.65	338.55	218.16
南充市	Nanchong	534.15	18.25	221.12	885.32	561.39
眉山市	Meishan	241.41	8.86	171.72	313.40	195.14
宜宾市	Yibin	487.93	9.43	185.48	589.39	423.31
广安市	Guangan	307.78	6.13	103.35	406.71	286.16
达州市	Dazhou	550.85	16.15	175.95	809.52	557.83
雅安市	Yaan	100.86	1.78	53.34	115.61	69.39
巴中市	Bazhong	52.91	7.36	91.49	500.52	339.35
资阳市	Ziyang	428.49	1.39	120.34	516.39	337.71
阿坝藏族羌族自治州	Aba	83.55	0.26	24.11	69.77	47.98
甘孜藏族自治州	Ganzi	103.09	0.40	26.45	85.69	69.37
凉山彝族自治州	Liangshan	579.00	5.93	170.95	741.76	523.06

13−15 各市(州)农作物总播种面积
Sown Areas of Farm Crops by Region

单位：千公顷 (1 000 hectares)

市(州)	Region	2010	2011	2012	2013	2014	2015	2016	2017
全　省	**Sichuan**	**9158.73**	**9215.41**	**9319.58**	**9371.69**	**9377.69**	**9451.06**	**9493.82**	**9575.05**
成都市	Chengdu	823.97	806.83	792.89	778.72	753.26	740.23	728.48	730.99
自贡市	Zigong	303.57	309.49	316.81	323.93	332.52	342.53	352.49	362.65
攀枝花市	Panzhihua	63.37	65.10	66.34	67.51	67.97	69.17	70.81	70.21
泸州市	Luzhou	499.15	515.45	524.37	525.98	524.46	527.03	528.62	541.29
德阳市	Deyang	475.95	477.09	478.75	480.07	479.35	478.52	476.48	477.25
绵阳市	Mianyang	653.37	656.76	660.81	662.10	660.19	662.20	659.14	660.18
广元市	Guangyuan	433.95	444.94	457.28	469.32	477.02	486.49	493.08	495.44
遂宁市	Suining	404.82	402.49	402.26	398.75	396.66	395.03	387.62	387.71
内江市	Neijiang	413.79	416.98	429.47	438.82	444.06	455.93	464.66	476.73
乐山市	Leshan	317.28	321.49	325.11	327.13	328.80	331.75	335.87	338.55
南充市	Nanchong	872.59	878.49	886.86	886.29	883.35	883.86	882.12	885.32
眉山市	Meishan	340.45	331.81	325.25	320.88	316.82	314.31	310.51	313.40
宜宾市	Yibin	485.89	496.01	513.47	529.10	545.34	566.72	585.37	589.39
广安市	Guangan	397.19	396.99	399.36	400.44	400.29	402.54	405.29	406.71
达州市	Dazhou	773.36	776.89	787.57	794.62	795.59	802.54	807.23	809.52
雅安市	Yaan	121.13	117.40	118.40	118.32	117.46	115.90	115.74	115.61
巴中市	Bazhong	457.50	463.62	472.62	477.44	480.73	485.96	489.17	500.52
资阳市	Ziyang	519.38	520.52	523.91	522.21	518.18	516.99	513.65	516.39
阿坝藏族羌族自治州	Aba	66.32	67.00	67.13	68.28	66.89	68.35	69.76	69.77
甘孜藏族自治州	Ganzi	76.87	77.97	79.20	80.26	79.22	80.61	81.95	85.69
凉山彝族自治州	Liangshan	658.81	672.09	691.69	701.50	709.52	724.41	735.81	741.76

13-16 农作物播种面积和产量
Sown Areas of Farm Crops and Output of Major Farm Products

面积单位：万公顷 (area: 10 000 hectares)
产量单位：万吨 (yield and output: 10 000 tons)

年份 Year	粮食 Grain Crops		#谷物 Cereal		#稻谷 Rice		#小麦 Wheat		#玉米 Corn	
	播种面积 Sown Area	产量 Yield	播种面积 Sown Area	产量 Yield	播种面积 Sown Area	产量 Yield	播种面积 Sown Area	产量 Yield	播种面积 Sown Area	产量 Yield
1952	686.3	1170.1			253.1	769.2	79.4	65.3	93.4	91.8
1957	784.9	1531.0			280.6	939.6	104.6	123.5	103.9	157.5
1962	676.7	1054.7			203.1	572.8	114.5	94.7	81.3	95.1
1965	622.5	1489.4			241.0	869.2	93.5	113.1	84.4	150.7
1970	674.8	1756.1			233.7	937.7	107.3	187.6	95.4	196.4
1975	728.9	1976.8			264.8	1035.4	139.8	248.8	104.2	248.6
1978	744.1	2381.8			226.9	1086.4	165.4	368.6	117.1	360.6
1980	746.1	2599.7			225.5	1207.4	182.6	410.2	124.5	457.3
1985	663.6	2875.1			230.8	1463.3	151.6	506.7	107.2	418.7
1990	698.5	3269.2			230.0	1700.8	168.0	570.9	119.9	486.1
1991	704.8	3315.2			229.3	1663.6	171.6	619.2	122.8	487.1
1992	702.9	3371.3			229.8	1720.4	173.4	634.3	121.1	476.2
1993	705.0	3174.8			223.7	1586.8	177.9	569.3	120.0	456.8
1994	701.5	3098.1			218.4	1525.0	176.8	641.9	119.8	399.8
1995	705.5	3395.3	544.1	2887.8	220.3	1657.8	178.0	682.4	120.2	471.6
1996	713.8	3483.1	552.4	2986.2	221.8	1705.7	181.0	656.9	124.7	548.6
1997	721.1	3554.4	557.9	3076.1	219.6	1700.2	182.4	687.3	129.0	605.7
1998	733.8	3626.3	566.4	3096.7	216.8	1685.3	186.5	673.2	136.5	659.4
1999	729.7	3668.4	561.3	3115.7	217.6	1724.4	181.8	620.9	135.9	693.7
2000	685.4	3568.5	520.2	2996.7	212.4	1692.5	160.5	614.3	123.5	616.6
2001	662.7	3056.5	496.4	2530.0	203.7	1452.4	150.3	517.8	120.1	493.1
2002	642.5	3275.2	481.0	2714.3	202.0	1540.0	142.5	526.5	114.5	578.2
2003	608.8	3183.3	452.3	2625.3	193.0	1498.2	128.6	488.3	110.1	572.7
2004	633.3	3326.5	461.0	2709.8	197.1	1525.4	128.3	501.5	115.6	620.4
2005	650.2	3409.2	473.0	2769.5	199.5	1526.9	136.0	543.1	118.5	641.8
2006	644.9	2859.8	475.8	2371.1	204.9	1337.2	123.5	426.7	129.0	551.7
2007	643.5	3032.7	481.3	2541.4	202.4	1411.6	125.7	432.5	136.9	651.2
2008	640.9	3111.0	474.0	2597.7	201.2	1480.1	117.2	398.7	140.2	674.8
2009	621.3	3120.4	470.6	2604.3	199.1	1493.3	111.1	366.2	145.5	701.0
2010	619.5	3182.8	468.1	2633.0	196.7	1484.1	105.1	355.9	152.1	750.7
2011	619.7	3249.5	465.3	2675.6	194.3	1478.1	99.8	346.4	157.4	810.3
2012	625.6	3271.3	462.5	2689.4	193.0	1484.0	93.4	331.5	163.0	833.6
2013	627.0	3336.1	459.6	2754.3	190.5	1483.4	87.9	311.0	168.6	920.1
2014	625.0	3324.6	456.8	2734.7	189.2	1450.5	81.4	298.0	173.9	946.7
2015	628.6	3394.6	456.0	2779.6	187.9	1465.2	74.7	284.5	181.7	992.3
2016	629.1	3469.9	453.8	2822.1	187.4	1467.3	68.4	259.6	186.6	1058.0
2017	629.2	3488.9	450.8	2831.8	187.5	1473.7	65.3	251.6	186.4	1068.0

注：2006年粮食作物及分类为第二次全国农业普查国家统计局核定数据，2007年及以后为国家统计局核定的抽样调查数据。

a) Data of grain and the classification in 2006 were approved according to the National Bureau of Statistics in the second national agricultural census, in 2007 and later approved according to the National Bureau of Statistics in survey data.

13−16续表1 continued

面积单位：万公顷　　(area: 10 000 hectares)
产量单位：万吨　　(yield and output: 10 000 tons)

年份 Year	#豆类 Soybeans		#薯类 Tubers		油料 Oil-bearing Crops		#花生 Peanut		#油菜籽 Rapeseeds	
	播种面积 Sown Area	产量 Yield	播种面积 Sown Area	产量 Yield	播种面积 Sown Area	产量 Yield	播种面积 Sown Area	产量 Yield	播种面积 Sown Area	产量 Yield
1952	105.9	76.1	108.9	138.8	34.3	25.2	7.6	8.4	25.8	16.5
1957	114.9	96.5	125.3	220.5	40.3	35.1	9.8	11.4	29.5	23.4
1962	90.7	64.1	121.9	217.4	27.5	14.8	7.3	6.2	19.0	8.3
1965	92.7	93.3	102.5	214.1	38.8	35.4	10.2	10.7	27.1	24.3
1970	83.9	107.6	103.9	260.2	32.0	34.5	6.9	9.1	23.9	24.5
1975	70.8	86.9	105.3	289.8	36.2	39.9	7.3	10.8	28.2	28.7
1978	60.0	79.9	134.3	412.1	41.3	52.8	7.4	12.4	30.3	38.1
1980	55.0	77.3	117.1	349.4	47.0	68.4	8.4	11.8	39.5	56.4
1985	39.9	71.0	99.4	325.2	84.2	133.1	13.5	23.6	70.1	109.0
1990	34.3	63.4	113.6	279.6	79.7	133.5	12.6	23.7	66.9	109.5
1991	33.3	63.3	114.4	306.3	83.9	148.7	12.5	24.6	71.0	123.7
1992	37.7	70.8	113.3	388.4	81.9	136.6	12.8	25.1	68.6	111.1
1993	37.3	66.2	117.5	416.6	70.8	112.0	13.9	26.4	56.4	84.9
1994	39.1	69.4	121.7	390.2	75.2	119.6	15.2	20.8	59.8	98.4
1995	38.4	74.0	122.9	433.4	84.6	145.1	15.3	25.9	68.8	118.7
1996	37.9	74.8	123.5	422.1	82.2	133.2	15.2	28.1	66.4	104.6
1997	38.6	77.8	124.6	400.6	79.9	134.2	15.4	28.8	64.0	104.8
1998	38.9	76.9	128.5	452.7	83.6	146.4	16.6	33.3	66.4	112.6
1999	40.2	78.9	128.2	473.8	89.1	151.6	19.3	41.2	69.0	109.5
2000	44.5	98.0	120.7	473.8	102.6	193.0	24.0	54.3	77.7	137.5
2001	47.9	97.1	118.3	429.5	104.9	181.0	25.8	45.8	78.0	133.7
2002	48.1	107.1	113.4	453.8	104.9	201.5	26.4	55.4	77.3	144.8
2003	49.0	111.9	107.5	446.2	108.7	217.1	27.0	59.9	80.6	155.9
2004	50.7	119.2	121.7	497.5	108.9	226.3	26.3	59.8	81.4	165.0
2005	52.0	122.9	125.2	516.8	109.4	232.3	26.4	62.0	81.7	168.7
2006	45.2	91.6	123.9	397.1	107.0	217.3	26.1	47.1	79.7	169.0
2007	45.8	103.4	116.4	388.0	118.2	253.6	26.1	54.5	89.9	195.1
2008	45.4	101.8	121.5	411.5	126.7	276.2	25.9	58.0	98.9	213.9
2009	43.0	99.0	107.7	417.1	132.0	288.5	25.9	58.8	104.4	225.5
2010	43.0	98.0	108.4	451.9	133.7	296.1	26.1	59.9	106.0	232.0
2011	43.8	101.7	110.6	472.3	135.2	306.7	25.8	60.6	107.8	242.0
2012	44.4	103.9	118.6	478.0	136.9	315.9	25.6	60.7	109.8	251.1
2013	45.4	103.5	122.1	478.2	139.0	320.2	25.6	62.2	112.0	253.7
2014	45.8	106.1	122.3	483.8	141.4	332.0	25.7	63.1	114.4	264.8
2015	46.6	107.0	126.0	507.9	143.0	339.6	25.8	64.1	116.0	271.7
2016	49.6	113.0	125.7	534.8	144.0	346.2	26.0	64.8	116.7	277.0
2017	51.8	119.2	126.6	537.9	147.9	357.9	26.1	66.0	120.6	288.0

13-16续表2 continued

面积单位：万公顷 (area: 10 000 hectares)
产量单位：万吨 (yield and output: 10 000 tons)

年份 Year	棉花 Cotton		甘蔗 Sugarcane		生麻 Bast Fiber		烟叶(未加工) Tobacco		#烤烟 Fluecured Tobacco	
	播种面积 Sown Area	产量 Yield	播种面积 Sown Area	产量 Yield	播种面积 Sown Area	产量 Yield	播种面积 Sown Area	产量 Yield	播种面积 Sown Area	产量 Yield
1952	22.50	4.00	3.00	115.30	0.10	…	4.17	4.25	2.08	2.04
1957	30.70	6.60	3.84	164.40	…	0.10	4.00	4.38	1.97	2.12
1962	21.00	2.60	1.41	28.30	…	…	1.63	1.14	0.38	0.41
1965	26.50	10.60	3.61	133.25	0.20	0.10	3.25	3.45	0.75	1.29
1970	25.70	12.70	3.35	107.61	0.60	0.20	2.13	2.32	0.47	0.48
1975	25.70	12.30	4.50	139.63	0.80	0.80	3.65	3.98	1.07	1.49
1978	25.60	14.40	4.65	154.11	1.90	5.90	5.20	6.94	1.83	2.58
1980	24.60	9.40	3.70	141.77	2.40	10.30	4.19	5.73	1.35	1.81
1985	12.60	11.30	4.62	233.98	6.80	12.40	6.83	10.68	2.90	3.87
1990	12.30	11.50	4.24	218.15	4.20	8.20	8.35	13.26	4.91	4.32
1991	14.60	14.60	4.60	244.96	4.10	8.30	8.04	12.68	5.16	6.08
1992	15.90	15.00	4.11	211.67	3.70	7.70	9.52	15.83	5.19	8.00
1993	13.10	8.20	3.21	167.80	3.70	7.30	9.88	15.33	5.46	7.24
1994	13.00	6.70	3.19	155.55	3.20	4.30	6.31	8.67	3.15	3.57
1995	13.97	11.18	3.25	170.73	4.53	6.57	5.87	7.77	3.11	3.50
1996	15.31	12.29	3.11	164.16	4.38	6.49	6.97	12.93	3.90	7.48
1997	13.92	10.73	3.09	155.66	3.97	5.39	10.02	18.56	6.88	12.33
1998	13.96	10.16	2.96	161.48	3.11	4.28	7.24	10.67	4.62	5.89
1999	9.41	7.59	2.92	161.04	2.71	3.94	7.38	11.86	4.89	6.94
2000	7.01	5.89	3.06	166.68	2.56	4.02	8.22	15.61	5.46	9.37
2001	6.64	2.98	3.06	155.67	2.48	3.94	7.03	12.17	4.23	6.55
2002	3.30	2.36	3.19	171.21	2.99	4.47	7.01	14.09	4.68	8.85
2003	3.12	2.54	3.19	170.53	3.18	5.02	6.66	13.42	4.43	8.23
2004	3.58	3.31	2.88	146.10	3.50	6.09	6.64	14.41	4.59	9.38
2005	2.78	2.47	2.67	132.89	3.70	6.85	7.95	18.17	5.88	13.23
2006	2.45	1.57	2.64	124.61	4.00	6.58	8.88	20.01	6.86	15.39
2007	1.08	0.85	2.08	109.29	2.34	4.06	7.86	16.35	6.95	14.44
2008	0.94	0.80	1.87	98.53	2.28	3.97	9.34	18.84	8.50	17.07
2009	0.83	0.75	1.58	78.60	2.21	3.85	10.43	21.63	9.58	19.52
2010	0.82	0.72	1.56	78.13	2.08	3.75	9.12	20.24	8.17	18.01
2011	0.78	0.71	1.30	62.72	1.98	3.57	10.00	20.90	9.08	18.79
2012	0.71	0.64	1.13	48.77	1.85	3.35	10.48	23.11	9.62	21.28
2013	0.66	0.62	1.06	44.69	1.82	3.29	10.33	22.15	9.63	20.02
2014	0.64	0.60	1.02	43.29	1.76	3.20	8.94	19.97	8.31	17.94
2015	0.49	0.48	0.99	41.79	1.72	3.13	8.78	19.79	8.05	18.03
2016	0.45	0.50	0.91	35.56	1.69	3.05	8.87	19.52	8.34	18.02
2017	0.44	0.40	0.91	34.74	1.68	3.03	8.63	18.05	8.13	16.56

注：1994年及以前年份“生麻”统计口径为“黄红麻”。
a) Bast fiber includes only jute and ambary hemp before 1995.

13-16续表3 continued

面积单位：万公顷 (area: 10 000 hectares)
产量单位：万吨 (yield and output: 10 000 tons)

年份 Year	蔬菜及食用菌 Vegetables and Edible Fungus		蚕茧产量 Yield of Silkworm Cocoons	茶叶产量 Yield of Tea	水果产量 Total Fruits Yield					水产品产量 Output of Aquatic Products
	播种面积 Sown Area	产　量 Yield				#园林水果 Garden Fruits	#苹果 Yield of Apples	#柑桔 Yield of Citrus	#梨 Yield of Pears	
1952			0.98	0.79	10.30	10.30		0.40		0.81
1957			0.94	1.21	10.80	10.80		3.60		1.11
1962			0.77	0.70	8.60	8.60		1.80		1.10
1965			0.97	0.90	11.70	11.70		3.40		1.56
1970			1.84	1.01	7.90	7.90		2.40		1.66
1975			2.55	1.31	15.20	15.20		4.50		3.01
1978			3.66	1.90	17.80	17.80		5.90		3.06
1980			6.60	1.98	27.50	27.50	4.00	9.90	5.10	3.69
1985			7.39	3.71	57.00	57.00	4.60	37.70	6.30	9.27
1990			10.00	4.00	92.00	92.00	6.10	62.40	9.10	16.83
1991			11.70	4.20	106.50	106.50	6.50	71.90	10.20	18.31
1992			13.50	4.30	109.20	109.20	7.60	73.64	10.60	20.02
1993			15.00	4.40	131.90	131.90	7.80	89.00	11.40	22.40
1994			15.66	4.35	132.94	132.94	8.45	83.50	13.16	25.78
1995			15.16	4.35	155.76	155.76	12.26	93.33	17.26	29.86
1996			9.46	4.39	168.48	168.48	13.47	101.01	18.17	33.26
1997			8.53	4.52	185.13	185.13	16.12	106.89	20.04	37.20
1998	68.34	1888.41	9.28	5.09	273.95	212.92	17.74	117.84	24.97	42.29
1999	71.74	1942.15	8.10	5.29	297.25	234.53	18.68	116.22	27.27	46.57
2000	85.86	2312.56	8.73	5.45	321.63	252.57	20.23	132.75	34.45	51.31
2001	96.90	2440.79	9.22	5.84	361.93	272.90	19.40	149.77	39.48	57.13
2002	103.52	2684.94	9.30	6.28	425.93	306.69	20.69	166.18	46.97	64.84
2003	100.62	2639.60	9.29	7.21	464.93	348.21	22.54	186.16	54.77	76.40
2004	97.06	2623.87	9.74	8.65	484.83	385.45	24.05	198.78	62.03	86.15
2005	99.15	2714.29	9.80	9.79	527.16	415.76	24.29	213.74	68.46	98.25
2006	118.19	2971.23	9.83	11.29	535.32	423.81	24.80	205.78	74.60	81.30
2007	105.16	2863.99	10.68	13.73	580.05	469.18	29.54	229.79	76.89	91.05
2008	105.68	2927.13	10.19	14.22	625.17	513.59	38.62	255.43	78.00	95.20
2009	107.96	3087.00	10.15	15.74	679.12	564.81	40.61	275.23	80.11	100.13
2010	110.52	3206.45	10.33	17.20	707.74	594.08	42.61	289.97	82.44	105.06
2011	114.81	3403.84	10.27	18.97	752.94	637.13	44.45	315.36	85.36	112.15
2012	118.23	3569.18	10.26	21.03	791.42	676.84	47.50	334.53	88.42	116.23
2013	121.09	3705.10	9.99	21.97	822.03	709.84	51.11	340.85	90.36	123.21
2014	124.20	3838.35	9.82	23.47	862.87	747.06	57.53	357.60	90.26	129.65
2015	127.05	3988.38	9.55	24.61	912.14	793.65	60.68	375.82	90.97	135.56
2016	129.57	4118.12	8.95	26.51	960.05	838.67	61.85	397.91	92.84	142.16
2017	132.43	4252.27	9.08	27.78	1007.88	883.23	65.22	415.68	91.72	150.74

注：①1997年及以前年份的水果产量为园林水果产量。②2007年及以后的蚕茧产量根据第三次全国农业普查结果进行了修订。③水产品产量数据由四川省水产局提供；2012年及以后的全省水产品产量数据根据第三次全国农业普查结果进行了修订（13-16、13-19表）。

a) Total fruits yield in 1997 and before was known as garden fruits yeild. b) Data of silkworm cocoons yield in 2007 and later were revised according to the results of the Third National Agricultural Census. c) Data of aquatic products output were provided by Sichuan Fisheries Bureau, and provincial data in 2012 and after were revised according to the results of the Third National Agricultural Census (13-16 & 13-19 tables).

13-17 各市(州)粮食作物播种面积和产量(2017年)
Sown Areas of Farm Crops and Output of Major Farm Products by Region(2017)

面积单位：千公顷 (1 000 hectares)
产量单位：万吨 (10 000 tons)

市(州)	Region	粮食 Grain Crops		谷物 Cereal		#稻谷 Rice		豆类 Soybeans		薯类 Tubers	
		播种面积 Sown Area	产量 Yield	播种面积 Sown Area	产量 Yield	播种面积 Sown Area	产量 Yield	播种面积 Sown Area	产量 Yield	播种面积 Sown Area	产量 Yield
全省	**Sichuan**	**6292.0**	**3488.9**	**4507.7**	**2831.8**	**1874.9**	**1473.7**	**518.4**	**119.2**	**1265.9**	**537.9**
成都市	Chengdu	385.8	231.9	292.3	199.1	154.3	123.5	37.9	8.6	55.5	24.1
自贡市	Zigong	229.8	137.8	137.6	105.2	80.7	72.7	47.8	13.0	44.3	19.6
攀枝花市	Panzhihua	45.1	25.4	37.0	23.0	9.3	7.5	4.5	0.9	3.5	1.5
泸州市	Luzhou	396.2	229.2	276.2	184.0	134.4	109.2	22.8	5.1	97.2	40.2
德阳市	Deyang	312.8	195.2	265.4	178.4	119.8	99.7	20.8	5.1	26.7	11.8
绵阳市	Mianyang	401.8	230.6	354.2	213.4	118.0	93.1	17.3	4.4	30.3	12.8
广元市	Guangyuan	312.8	157.1	249.0	136.5	65.2	49.7	28.2	5.8	35.6	14.8
遂宁市	Suining	269.9	142.0	207.2	118.6	56.4	44.6	19.6	4.4	43.1	19.1
内江市	Neijiang	309.1	170.4	185.0	124.6	81.9	65.8	44.5	11.7	79.6	34.1
乐山市	Leshan	218.2	121.6	158.8	101.8	85.1	65.0	19.1	3.7	40.3	16.2
南充市	Nanchong	561.4	306.4	424.4	253.4	151.5	119.1	33.4	8.8	103.6	44.2
眉山市	Meishan	195.1	123.4	157.9	111.1	98.3	77.7	16.7	3.6	20.5	8.7
宜宾市	Yibin	423.3	252.8	298.2	204.4	153.5	122.8	29.5	7.9	95.6	40.5
广安市	Guangan	286.2	179.3	209.0	151.3	130.8	104.8	19.1	3.8	58.0	24.2
达州市	Dazhou	557.8	316.6	346.4	239.0	192.8	140.3	47.6	10.0	163.8	67.7
雅安市	Yaan	69.4	35.8	51.9	30.4	16.8	12.2	3.9	0.6	13.6	4.9
巴中市	Bazhong	339.4	189.4	239.6	149.6	96.0	69.7	15.8	3.6	84.0	36.2
资阳市	Ziyang	337.7	165.4	200.2	120.4	70.3	52.4	60.9	12.6	76.6	32.4
阿坝藏族羌族自治州	Aba	48.0	15.5	27.6	9.3			5.4	1.1	15.1	5.1
甘孜藏族自治州	Ganzi	69.4	22.5	51.0	16.1	0.2	0.1	2.4	0.5	16.0	5.8
凉山彝族自治州	Liangshan	523.1	240.6	338.9	162.4	59.7	43.9	21.3	4.2	162.9	74.0

13-18 各市(州)粮食总产量
Total Grain Output by Region

单位：万吨 (10 000 tons)

市(州)	Region	2010	2011	2012	2013	2014	2015	2016	2017
全 省	**Sichuan**	**3182.8**	**3249.5**	**3271.3**	**3336.1**	**3324.6**	**3394.6**	**3469.9**	**3488.9**
成都市	Chengdu	265.2	259.0	251.7	247.8	237.1	232.9	230.7	231.9
自贡市	Zigong	118.2	120.9	123.4	126.9	127.6	132.0	136.4	137.8
攀枝花市	Panzhihua	20.5	20.8	21.1	22.3	22.6	23.8	25.4	25.4
泸州市	Luzhou	203.2	213.9	216.9	221.9	222.2	224.6	229.4	229.2
德阳市	Deyang	181.5	184.2	185.7	188.2	187.4	189.6	193.9	195.2
绵阳市	Mianyang	212.1	216.4	217.0	221.1	221.7	225.7	229.0	230.6
广元市	Guangyuan	131.5	137.5	139.9	146.1	148.6	153.7	156.9	157.1
遂宁市	Suining	142.5	143.1	141.8	142.4	140.4	140.9	141.0	142.0
内江市	Neijiang	144.8	149.6	150.7	155.4	155.8	162.2	168.7	170.4
乐山市	Leshan	109.2	110.5	112.2	114.8	114.3	116.9	120.4	121.6
南充市	Nanchong	289.0	296.3	297.7	300.9	298.6	302.3	304.6	306.4
眉山市	Meishan	131.7	129.6	127.3	126.9	122.9	122.8	122.3	123.4
宜宾市	Yibin	198.3	205.7	211.2	220.9	227.5	239.7	252.2	252.8
广安市	Guangan	163.2	164.5	166.0	170.0	169.2	173.4	178.2	179.3
达州市	Dazhou	282.8	291.8	295.9	304.4	302.5	310.7	316.1	316.6
雅安市	Yaan	37.3	36.1	35.4	35.4	34.6	34.5	35.5	35.8
巴中市	Bazhong	169.3	173.8	176.5	180.5	179.8	184.2	188.1	189.4
资阳市	Ziyang	157.9	160.3	159.8	161.9	160.3	163.2	164.7	165.4
阿坝藏族羌族自治州	Aba	13.8	14.2	14.1	14.3	14.4	14.6	15.3	15.5
甘孜藏族自治州	Ganzi	20.5	21.4	21.6	21.8	21.6	22.1	22.4	22.5
凉山彝族自治州	Liangshan	190.4	199.9	205.4	212.1	215.7	224.7	238.5	240.6

13-19 各市(州)经济作物播种面积和产量(2017年)
Economic Crops Sown Areas and Output by Region(2017)

面积单位：公顷 (hectare)
产量单位：吨 (ton)

市(州)	Region	棉花 Cotton		油料 Oil bearing Crops		#花生 Peanut		#油菜籽 Rapeseeds		生麻 Bast Fiber	
		播种面积 Sown Area	产量 Yield	播种面积 Sown Area	产量 Yield	播种面积 Sown Area	产量 Yield	播种面积 Sown Area	产量 Yield	播种面积 Sown Area	产量 Yield
全省	**Sichuan**	**4400**	**4004**	**1478885**	**3578899**	**261124**	**659928**	**1206184**	**2880335**	**16822**	**30283**
成都市	Chengdu	68	85	149496	368852	16260	41871	132148	325195		
自贡市	Zigong			68204	149599	13394	32893	54588	116177	1	3
攀枝花市	Panzhihua			2694	4161	742	1136	1946	3010		
泸州市	Luzhou			51252	102395	5979	12106	43716	89401		
德阳市	Deyang	132	111	86853	246547	12697	38776	74017	207145		
绵阳市	Mianyang	46	41	166231	429641	22816	75453	143325	354068		
广元市	Guangyuan	27	66	95914	249597	12834	47116	80941	181442	1	1
遂宁市	Suining	3736	3381	71467	195282	13174	33793	57958	160361	7	5
内江市	Neijiang			78883	169398	19909	41066	58937	128203	47	50
乐山市	Leshan			46195	81646	4769	9817	41307	71616		
南充市	Nanchong	237	145	147955	392584	47785	110205	99074	281371	127	238
眉山市	Meishan	37	42	56344	121119	3399	8771	52787	110972	1	3
宜宾市	Yibin			73834	154118	25214	62718	47185	88416	54	92
广安市	Guangan			48002	104407	10173	24599	37556	78694	32	79
达州市	Dazhou			133688	345058	24542	54125	107615	286881	16529	29788
雅安市	Yaan			8001	14505	224	660	7764	13823		
巴中市	Bazhong			78915	161137	7375	16337	70559	143812	6	4
资阳市	Ziyang	117	133	93376	244750	17798	44151	75578	200599		
阿坝藏族羌族自治州	Aba			2491	4198	2	8	2466	4154		
甘孜藏族自治州	Ganzi			4224	9260	90	183	4077	8977	4	4
凉山彝族自治州	Liangshan			14866	30645	1948	4144	12640	26018	13	16

13−19续表1 continued

面积单位：公顷 (hectare)
产量单位：吨 (ton)

市(州)	Region	糖料 Sugar Crops 播种面积 Sown Area	产量 Yield	#甘蔗 Sugarcane 播种面积 Sown Area	产量 Yield	烟叶(未加工烟草) Tobacco (unmanufactured) 播种面积 Sown Area	产量 Yield	中草药材 Medicinal Herbs 播种面积 Sown Area	产量 Yield	蔬菜及食用菌 Vegetables and Edible Fungus 播种面积 Sown Area	产量 Yield
全　省	**Sichuan**	**9330**	**349215**	**9050**	**347401**	**86341**	**180489**	**108159**	**398614**	**1324247**	**42522660**
成都市	Chengdu	300	11423	300	11423	114	360	13174	58724	159666	5435841
自贡市	Zigong	1136	35882	1136	35882			930	4809	57374	2009984
攀枝花市	Panzhihua	254	29170	254	29170	4523	9656	556	1018	15019	781895
泸州市	Luzhou	1088	56416	1088	56416	6587	7848	2944	24004	73713	2639144
德阳市	Deyang	120	5310	120	5310	981	4006	7013	24806	62296	2228895
绵阳市	Mianyang	149	5033	149	5033	5	10	9274	31839	69542	1939227
广元市	Guangyuan	92	1281	88	1083	3654	7037	8533	49667	68537	2533194
遂宁市	Suining	169	6502	166	6377			1754	9388	34149	1048862
内江市	Neijiang	500	18739	500	18739	1	3	998	3412	74779	2904136
乐山市	Leshan	436	17048	436	17048	770	1294	11385	47294	48637	1170811
南充市	Nanchong	1087	24933	814	23442	67	269	7910	20327	144566	3458619
眉山市	Meishan	305	12151	305	12151	67	141	1887	7310	45537	1293547
宜宾市	Yibin	842	22855	842	22855	6468	13625	3544	7467	73139	2502712
广安市	Guangan	234	6244	234	6244	12	33	1596	4699	63345	2310016
达州市	Dazhou	928	23617	928	23617	1116	2933	6984	19980	84110	2789124
雅安市	Yaan	16	400	16	400			6659	22972	29732	677588
巴中市	Bazhong	765	18313	765	18313	90	267	16863	40523	58213	1368633
资阳市	Ziyang	484	16134	484	16134	4	4	1419	7163	59364	1495625
阿坝藏族羌族自治州	Aba							1747	3564	16290	637017
甘孜藏族自治州	Ganzi							1486	1904	10329	285482
凉山彝族自治州	Liangshan	425	37764	425	37764	61882	133003	1503	7744	75910	3012308

13-19续表2 continued

产量单位：吨 (ton)

市(州)	Region	蚕茧产量 Yield of Silkworm Cocoons	茶叶产量 Yield of Tea	水果产量 Yield of Fruits	#园林水果 Yield of Graden Fruits	苹果 Yield of Apples	柑桔 Yield of Citrus	梨 Yield of Pears	其他 Yield of Other Fruits	水产品产量 Output of Aquatic Products
全　省	**Sichuan**	**90750**	**277777**	**10078775**	**8832262**	**652206**	**4156786**	**917214**	**3106056**	**1507398**
成都市	Chengdu	1826	19655	1675837	1471136	4096	708264	106561	652215	148560
自贡市	Zigong	2387	11603	334765	288650		254204	15199	19247	73636
攀枝花市	Panzhihua	3583	121	374353	343703	38	2702	18364	322599	15095
泸州市	Luzhou	1658	12991	235284	216589	1262	94590	12376	108361	85388
德阳市	Deyang	2511	432	253390	157099	3093	58371	41610	54025	58847
绵阳市	Mianyang	7816	3139	357155	215083	2927	68050	32747	111359	113469
广元市	Guangyuan	1611	10244	355725	343024	18029	73128	139047	112820	50838
遂宁市	Suining	571	120	115683	84095	809	46668	13489	23129	53611
内江市	Neijiang	2529	2628	418998	393634	166	308204	24446	60818	114957
乐山市	Leshan	845	38222	169021	152448	1703	87628	8197	54920	116002
南充市	Nanchong	13132	35	623021	507987	2035	398499	46078	61375	111105
眉山市	Meishan	634	20483	1078425	1046027	34	739873	65256	240864	124324
宜宾市	Yibin	19726	60592	577577	515218	313	291397	93734	129774	103959
广安市	Guangan	1454	557	268243	177302	69	142795	13602	20836	64255
达州市	Dazhou	373	10472	453072	336858	3204	221634	25304	86716	95143
雅安市	Yaan	136	78479	347018	337932	71485	62109	100575	103763	10040
巴中市	Bazhong	441	7030	82370	68384	3382	26455	11465	27082	72992
资阳市	Ziyang	3980		718635	587372		538439	19571	29362	66386
阿坝藏族羌族自治州	Aba		90	143272	142578	53150		15178	74250	148
甘孜藏族自治州	Ganzi		67	17695	16346	8624	1030	1720	4972	147
凉山彝族自治州	Liangshan	25538	817	1479236	1430797	477787	32746	112695	807569	28496

13-20 各市(州)油料产量
Output of Oil-bearing Crops by Region

单位：万吨 (10 000 tons)

市(州)	Region	2010	2011	2012	2013	2014	2015	2016	2017
全　省	**Sichuan**	**296.1**	**306.7**	**315.9**	**320.2**	**332.0**	**339.6**	**346.2**	**357.9**
成都市	Chengdu	33.3	33.8	34.3	34.2	35.3	35.1	35.5	36.9
自贡市	Zigong	9.8	10.2	10.7	10.9	11.9	12.6	13.4	15.0
攀枝花市	Panzhihua	0.4	0.4	0.4	0.4	0.4	0.4	0.4	0.4
泸州市	Luzhou	6.0	6.4	6.6	6.7	7.1	7.4	7.7	10.2
德阳市	Deyang	22.1	22.6	23.4	24.2	24.5	24.7	24.7	24.7
绵阳市	Mianyang	37.0	38.5	39.3	39.6	40.9	42.2	42.5	43.0
广元市	Guangyuan	20.6	21.5	22.2	22.6	23.3	24.1	24.5	25.0
遂宁市	Suining	16.3	17.3	18.0	18.0	18.8	19.2	19.4	19.5
内江市	Neijiang	12.1	12.9	13.5	13.8	14.5	14.9	15.5	16.9
乐山市	Leshan	6.3	6.9	7.3	7.1	7.8	8.0	8.2	8.2
南充市	Nanchong	34.9	35.1	35.8	36.4	37.5	38.0	38.6	39.3
眉山市	Meishan	10.4	10.6	10.6	10.7	11.1	11.6	12.0	12.1
宜宾市	Yibin	10.6	10.9	12.0	12.5	13.3	14.0	14.8	15.4
广安市	Guangan	9.2	9.4	9.6	9.7	9.9	10.1	10.3	10.4
达州市	Dazhou	29.7	30.4	31.0	31.5	32.3	32.9	33.8	34.5
雅安市	Yaan	1.5	1.5	1.6	1.5	1.6	1.5	1.5	1.5
巴中市	Bazhong	13.6	14.2	14.5	14.7	14.9	15.4	15.8	16.1
资阳市	Ziyang	18.2	19.7	20.4	21.0	22.3	22.9	23.6	24.5
阿坝藏族羌族自治州	Aba	0.2	0.3	0.3	0.3	0.3	0.3	0.4	0.4
甘孜藏族自治州	Ganzi	0.5	0.6	0.6	0.7	0.7	0.7	0.8	0.9
凉山彝族自治州	Liangshan	3.5	3.7	3.7	3.8	3.6	3.7	2.9	3.1

13-21 牲畜饲养情况
Number of Livestock

单位：万头、万只 (10 000 heads)

年份 Year	肉猪出栏头数 Slaughtered Fattened Hogs	猪年末头数 Hogs (year-end)	肉牛出栏头数 Slaughtered Beef Cattle	大牲畜年末头数 Large Animals (year-end)	#牛 Cattle and Buffaloes	#马 Horses	肉羊出栏只数 Slaughtered Sheep	羊年末只数 Sheep and Goats (year-end)	家禽出栏只数 Slaughtered Poultry (year-end)	家禽年末只数 Poultry (year-end)
1952	393.00	943.00		500.00	474.00	23.00		262.00		
1957	733.00	1754.00		556.00	527.00	25.00		438.00		
1962	276.00	982.00		508.00	488.00	17.00		482.00		
1965	1130.00	1804.00		615.00	591.00	20.00		578.00		
1970	1195.00	2244.00		726.00	698.00	23.00		682.00		
1975	1314.00	2988.00		769.00	737.00	27.00		800.00		
1978	1614.00	3243.00		781.00	745.00	30.00		861.00		
1980	2264.00	3823.00	48.70	809.00	773.00	32.00	372.00	923.00		
1985	3223.00	4370.00	45.10	855.00	808.00	41.00	283.90	786.00		
1990	4507.00	4842.00	70.20	936.00	876.00	51.00	247.80	833.00		
1991	4699.00	4887.00	81.59	953.00	888.00	53.00	322.85	836.00		
1992	4887.00	4933.00	93.30	947.00	883.00	54.00	343.50	828.00		
1993	5010.00	4948.00	113.10	999.00	905.00	57.00	382.30	852.00	34212.50	
1994	5363.00	5107.00	139.40	1000.00	931.00	58.00	463.15	913.00	39552.35	
1995	5844.00	5284.00	143.15	1035.00	963.00	60.00	424.74	1000.00	46318.62	
1996	6068.00	5277.00	159.05	1049.00	976.00	61.00	552.39	1095.00	43202.82	
1997	6234.00	5280.00	179.34	1073.00	996.00	64.00	687.07	1178.00	49744.21	
1998	6402.00	5271.00	194.88	1092.00	1012.00	67.00	843.72	1282.00	55430.69	
1999	6439.00	5204.00	194.86	1113.00	1030.00	69.00	1012.42	1383.00	63782.96	28891.80
2000	6594.37	5229.23	220.92	1132.90	1046.66	71.29	1249.43	1516.93	72291.88	32724.80
2001	6778.21	5222.78	244.99	1151.99	1062.27	74.59	1459.61	1633.31	79915.99	34113.57
2002	7090.89	5339.69	276.01	1176.87	1082.81	78.09	1704.59	1745.54	89018.51	37987.85
2003	7490.28	5484.17	310.05	1208.73	1110.88	81.47	1984.24	1898.97	97886.23	41537.17
2004	8103.34	5717.31	337.87	1234.09	1131.51	84.79	2314.33	2040.89	107208.79	44949.57
2005	8817.32	5970.69	366.80	1253.75	1146.92	88.45	2546.22	2140.25	119283.77	47810.85
2006	6905.58	5100.24	248.91	1096.15	985.67	91.10	1477.57	1629.32	47508.00	41309.25
2007	6014.61	5127.39	246.98	1098.40	981.31	95.18	1543.02	1659.05	51370.10	43215.29
2008	6429.19	5143.91	249.42	1044.86	930.06	94.07	1558.69	1617.71	53933.92	39804.47
2009	6914.93	4906.95	240.98	1050.93	933.46	96.45	1576.80	1572.10	54565.33	39897.82
2010	7174.95	4917.49	242.47	1054.06	934.70	97.54	1609.48	1467.39	56423.74	39745.36
2011	7000.41	4705.02	235.32	1051.34	935.37	94.58	1550.84	1424.63	57942.73	37714.54
2012	7170.70	4718.45	238.25	965.31	857.24	87.19	1562.70	1390.85	61999.60	36245.82
2013	7314.10	4507.69	242.04	958.80	858.67	80.38	1583.60	1362.79	63774.70	36052.58
2014	7445.00	4510.22	251.61	966.88	869.88	77.29	1632.70	1369.74	64667.60	37353.45
2015	7236.54	4288.39	263.34	953.72	857.80	76.22	1698.00	1352.31	66154.91	39869.79
2016	6907.82	4078.80	268.58	922.38	831.18	74.75	1739.19	1296.03	68489.75	38754.07
2017	6579.10	4376.64	267.26	947.18	853.19	75.46	1780.38	1599.26	65259.81	36619.20

注：①2005年及以前年份为常规统计年报数据，2006年及以后年份数据为国家统计局核定的抽样调查推算数。②2007年及以后的牲畜饲养及畜产品产量数据根据第三次全国农业普查结果进行了修订（13-21至13-27表）。

a) Data in 2005 and before were those in statistical annual reports, and have been approved according to the National Bureau of Statistics in survey data since 2006. b) Data of livestock raising and livestock production in 2007 and after were revised according to the results of the Third National Agricultural Census (13-21 to 13-27 tables).

13-22 各市(州)牲畜饲养情况(2017年)
Number of Livestock by Region(2017)

单位：万头、万只 (10 000 heads)

市(州)	Region	肉猪出栏头数 Slaughtered Fattened Hogs	猪年末头数 Hogs (year-end)	肉牛出栏头数 Slaughtered Beef Cattle	大牲畜年末头数 Large Animals (year-end)	#牛 Cattle and Buffaloes	#马 Horses	肉羊出栏只数 Slaughtered Sheep	羊年末只数 Sheep and Goats (year-end)	家禽出栏只数 Slaughtered Poultry (year-end)	家禽年末只数 Poultry (year-end)
全　省	**Sichuan**	**6579.10**	**4376.64**	**267.26**	**947.18**	**853.19**	**75.46**	**1780.38**	**1599.26**	**65259.81**	**36619.20**
成都市	Chengdu	608.53	402.32	4.01	7.87	7.84	0.02	104.44	54.30	8282.70	3405.29
自贡市	Zigong	173.37	108.11	2.46	4.75	4.72	0.03	89.93	51.07	2616.14	1132.92
攀枝花市	Panzhihua	54.99	41.48	3.30	10.23	8.64	0.26	46.76	46.12	406.01	305.61
泸州市	Luzhou	394.94	261.39	6.66	18.59	17.70	0.58	50.90	41.48	3539.29	2221.03
德阳市	Deyang	303.58	194.11	6.21	11.31	11.31	0.00	22.32	19.62	6293.22	2882.07
绵阳市	Mianyang	347.90	232.68	10.95	23.48	23.00	0.48	98.77	81.22	6121.49	3099.55
广元市	Guangyuan	360.84	241.62	7.69	20.44	20.29	0.13	56.32	38.27	1990.93	1700.33
遂宁市	Suining	370.02	239.39	3.18	6.43	6.40	0.03	37.19	25.13	2075.35	1437.49
内江市	Neijiang	254.58	160.94	1.58	3.20	3.05	0.15	51.95	35.52	2638.36	1663.39
乐山市	Leshan	302.33	197.91	2.90	6.05	5.69	0.35	32.72	24.24	3533.85	1687.17
南充市	Nanchong	574.44	386.66	11.41	25.42	24.85	0.46	192.59	134.14	5716.82	4086.37
眉山市	Meishan	249.73	165.23	2.09	4.77	4.77	0.00	46.48	34.73	3033.60	1427.05
宜宾市	Yibin	477.37	315.92	11.35	24.72	24.14	0.57	41.87	30.87	4144.97	2207.40
广安市	Guangan	375.58	242.20	2.20	4.92	4.90	0.02	20.59	15.47	2916.08	2094.48
达州市	Dazhou	415.44	286.05	29.60	55.73	55.17	0.36	119.75	89.75	6069.85	2891.33
雅安市	Yaan	122.90	87.15	5.07	13.66	12.68	0.92	22.26	18.61	753.22	704.77
巴中市	Bazhong	343.54	227.12	18.41	35.98	35.96	0.01	97.24	76.68	1113.10	775.05
资阳市	Ziyang	302.70	200.30	1.55	3.34	3.25	0.09	127.40	76.07	2121.53	1426.11
阿坝藏族羌族自治州	Aba	37.36	26.88	49.53	248.22	238.28	9.46	50.33	98.09	55.32	54.89
甘孜藏族自治州	Ganzi	23.79	17.45	52.68	263.35	228.19	32.31	42.33	79.64	19.74	27.35
凉山彝族自治州	Liangshan	485.14	341.71	35.42	154.72	112.34	29.24	428.26	527.27	1818.55	1389.85

13–23 各市(州)猪年末头数
Number of Hogs by Region at Year-end

单位：万头 (10 000 heads)

市(州)	Region	2010	2011	2012	2013	2014	2015	2016	2017
全　省	**Sichuan**	**4917.49**	**4705.02**	**4718.45**	**4507.69**	**4510.22**	**4288.39**	**4078.80**	**4376.64**
成都市	Chengdu	557.38	524.41	536.39	488.81	482.23	442.37	377.67	402.32
自贡市	Zigong	145.55	138.31	142.74	139.17	136.01	121.95	101.67	108.11
攀枝花市	Panzhihua	43.08	41.44	44.36	41.30	41.97	41.31	40.64	41.48
泸州市	Luzhou	268.27	250.40	249.34	243.31	250.21	240.98	234.21	261.39
德阳市	Deyang	215.02	206.87	205.30	214.90	214.52	192.97	177.05	194.11
绵阳市	Mianyang	250.50	236.50	238.21	243.00	240.43	222.51	218.63	232.68
广元市	Guangyuan	242.37	222.58	223.49	230.64	229.09	222.01	219.56	241.62
遂宁市	Suining	232.64	224.19	222.79	230.85	237.21	224.88	209.19	239.39
内江市	Neijiang	231.43	220.32	213.60	187.11	188.21	171.45	149.88	160.94
乐山市	Leshan	209.03	202.91	204.75	220.63	204.79	202.73	184.84	197.91
南充市	Nanchong	411.11	405.04	399.88	369.35	375.20	355.00	365.17	386.66
眉山市	Meishan	207.84	198.80	196.18	176.09	179.74	173.22	154.94	165.23
宜宾市	Yibin	321.48	309.51	307.27	291.12	311.47	302.16	280.42	315.92
广安市	Guangan	315.42	297.99	295.81	269.12	266.61	254.98	221.40	242.20
达州市	Dazhou	354.83	342.49	339.76	292.29	287.13	278.66	276.75	286.05
雅安市	Yaan	86.91	82.98	82.63	80.36	87.23	86.03	83.92	87.15
巴中市	Bazhong	231.06	217.27	222.43	218.38	210.53	202.81	217.68	227.12
资阳市	Ziyang	203.66	197.76	205.89	201.97	196.90	192.17	180.74	200.30
阿坝藏族羌族自治州	Aba	22.07	22.27	25.45	26.06	27.50	27.42	27.04	26.88
甘孜藏族自治州	Ganzi	14.92	14.64	16.52	16.70	16.91	16.86	17.46	17.45
凉山彝族自治州	Liangshan	352.92	347.34	345.65	326.52	326.32	315.90	339.95	341.71

13-24 各市(州)大牲畜年末头数
Number of Large Animals by Region at Year-end

单位：万头 (10 000 heads)

市(州)	Region	2010	2011	2012	2013	2014	2015	2016	2017
全 省	**Sichuan**	**1054.06**	**1051.34**	**965.31**	**958.80**	**966.88**	**953.72**	**922.38**	**947.18**
成都市	Chengdu	12.66	11.59	10.87	11.23	11.65	11.68	7.98	7.87
自贡市	Zigong	5.78	5.60	5.43	5.95	6.40	5.80	3.85	4.75
攀枝花市	Panzhihua	9.92	10.47	10.00	9.64	9.60	9.67	9.41	10.23
泸州市	Luzhou	27.40	27.11	25.88	24.71	22.79	19.36	17.16	18.59
德阳市	Deyang	14.58	14.84	13.36	14.15	13.92	13.72	10.72	11.31
绵阳市	Mianyang	38.42	37.77	30.73	28.11	29.04	22.99	21.22	23.48
广元市	Guangyuan	22.98	23.07	20.67	20.36	20.04	20.06	20.07	20.44
遂宁市	Suining	9.42	8.89	8.47	8.41	7.92	7.07	6.30	6.43
内江市	Neijiang	6.77	6.18	5.53	5.02	5.10	3.65	2.94	3.20
乐山市	Leshan	10.01	9.63	8.84	8.79	7.98	6.55	5.63	6.05
南充市	Nanchong	31.84	32.09	29.80	28.29	29.18	26.12	25.10	25.42
眉山市	Meishan	11.15	10.70	9.23	8.06	7.50	5.63	4.50	4.77
宜宾市	Yibin	22.49	24.29	23.01	23.87	23.95	22.81	22.02	24.72
广安市	Guangan	12.10	12.12	9.52	8.23	8.01	5.61	4.75	4.92
达州市	Dazhou	65.78	66.98	62.01	61.68	62.26	58.25	53.73	55.73
雅安市	Yaan	14.52	14.63	13.67	14.07	14.05	13.98	13.03	13.66
巴中市	Bazhong	43.63	43.31	37.48	37.85	40.43	37.73	36.87	35.98
资阳市	Ziyang	5.36	5.03	4.71	4.19	3.81	3.45	3.16	3.34
阿坝藏族羌族自治州	Aba	216.35	221.80	216.19	226.73	234.42	236.15	244.24	248.22
甘孜藏族自治州	Ganzi	310.25	300.40	263.31	252.96	254.31	258.23	259.61	263.35
凉山彝族自治州	Liangshan	162.63	164.83	156.60	156.48	154.51	155.22	150.10	154.72

13-25 畜产品产量
Output of Livestock Products

年份 Year	肉类总产量 (万吨) Output of Meat (10 000 tons)						禽蛋产量 (万吨) Output of Poultry Eggs (10 000 tons)	奶类产量 (万吨) Output of Milk (10 000 tons)	蜂蜜产量 (吨) Output of Honey (ton)	绵羊毛产量 (吨) Output of Sheep Wool (ton)
		#猪肉 Pork	#牛肉 Beef	#羊肉 Mutton	#禽肉 Poultry	#兔肉 Rabbit				
1952	17.10	15.60								
1957	35.20	33.40								
1962	8.00	6.90								
1965	52.20	49.80								
1970	52.80	51.50								
1975	59.60	57.30								
1978	78.00	76.00						5.77		
1980	125.40	119.80	3.56	3.69				11.00		2602
1985	208.40	202.50	4.09	3.15				19.00	11584	2392
1990	301.00	292.30	6.86	3.74			35.00	22.00	14763	2729
1991	319.00	300.10	8.35	3.92			38.00	23.00	16044	2779
1992	333.00	321.90	9.50	4.30			43.00	23.00	15514	2866
1993	347.00	333.40	11.60	5.20			48.00	23.00	14702	3021
1994	373.00	355.60	14.87	6.33	64.55		54.00	23.00	15535	3008
1995	472.96	391.87	15.51	6.29	67.90		60.00	24.00	17922	3265
1996	501.64	408.71	17.07	8.09	63.35		67.00	24.00	18541	3269
1997	531.57	424.39	19.30	10.04	72.75		74.00	26.00	19403	3434
1998	568.11	447.10	21.33	12.74	81.35		80.00	27.00	21414	3760
1999	605.40	464.03	22.87	15.74	95.92		89.00	27.00	22829	3963
2000	641.25	478.59	25.27	19.19	109.68		99.70	28.92	22681	4108
2001	680.41	495.42	28.37	22.85	121.95	10.09	108.76	33.34	26567	4288
2002	735.84	522.19	33.01	27.88	139.02	11.98	121.11	39.32	29396	4800
2003	795.26	554.39	37.32	32.59	154.57	14.30	133.61	45.84	32944	5059
2004	870.62	601.37	41.55	38.53	170.44	16.77	145.21	53.00	32613	5375
2005	955.87	657.07	45.19	42.74	189.77	19.13	157.17	59.03	34704	5801
2006	622.67	481.42	28.34	21.36	68.07	21.39	140.69	62.71	38863	6047
2007	565.47	407.70	27.58	23.88	78.82	25.26	145.20	65.50	42753	6513
2008	587.53	434.46	27.69	24.06	80.76	18.92	142.96	66.61	43354	6548
2009	627.36	472.38	27.82	24.31	81.49	19.81	143.97	68.66	47370	6824
2010	651.53	492.25	27.94	24.80	84.11	20.74	144.81	70.31	46037	6892
2011	644.99	484.73	27.11	23.90	86.73	20.83	145.02	71.72	49890	6940
2012	663.16	496.40	27.24	24.00	93.00	20.81	146.40	72.23	52683	7098
2013	682.31	510.80	28.44	24.50	95.60	21.22	145.20	71.12	51107	5854
2014	704.10	527.20	30.15	25.30	97.40	22.30	145.30	71.30	53933	5939
2015	694.33	512.42	31.53	26.32	99.69	22.61	146.65	67.49	55862	6038
2016	680.36	492.32	32.44	26.78	103.10	23.98	149.68	62.77	55815	6046
2017	653.82	472.23	33.31	27.24	99.05	20.23	144.50	63.79	57668	5840

13-26 各市(州)畜产品产量(2017年)
Output of Livestock Products by Region(2017)

市(州)	Region	肉类总产量(万吨) Output of Meat (10 000 tons)	#猪肉 Pork	#牛肉 Beef	#羊肉 Mutton	#禽肉 Poultry	#兔肉 Rabbit
全　省	**Sichuan**	**653.82**	**472.23**	**33.31**	**27.24**	**99.05**	**20.23**
成都市	Chengdu	62.03	44.10	0.49	1.61	13.66	2.01
自贡市	Zigong	21.61	12.28	0.32	1.34	3.97	3.48
攀枝花市	Panzhihua	5.68	3.88	0.43	0.72	0.62	0.02
泸州市	Luzhou	36.40	28.33	0.82	0.78	5.28	1.15
德阳市	Deyang	34.14	21.42	0.69	0.33	9.62	2.03
绵阳市	Mianyang	37.79	24.69	1.25	1.51	9.20	1.10
广元市	Guangyuan	31.54	25.55	0.96	0.86	2.71	1.43
遂宁市	Suining	31.68	26.65	0.36	0.55	3.38	0.69
内江市	Neijiang	24.22	18.28	0.19	0.75	3.84	1.16
乐山市	Leshan	28.39	21.56	0.34	0.51	5.40	0.57
南充市	Nanchong	57.25	41.52	1.38	2.87	8.17	2.82
眉山市	Meishan	24.18	17.93	0.25	0.69	4.76	0.43
宜宾市	Yibin	44.95	35.98	1.37	0.54	5.82	1.23
广安市	Guangan	32.51	27.17	0.25	0.30	4.12	0.60
达州市	Dazhou	44.73	29.66	3.45	1.83	9.28	0.40
雅安市	Yaan	11.45	8.49	0.61	0.33	1.57	0.43
巴中市	Bazhong	30.13	24.72	2.12	1.45	1.68	0.15
资阳市	Ziyang	27.29	21.78	0.17	1.73	3.18	0.32
阿坝藏族羌族自治州	Aba	10.32	2.61	6.77	0.74	0.08	0.08
甘孜藏族自治州	Ganzi	9.00	1.62	6.63	0.72	0.03	0.00
凉山彝族自治州	Liangshan	48.53	34.01	4.46	7.01	2.68	0.11

13-26续表 continued

市(州)	Region	奶 类 (万吨) Milk (10 000 tons)	出栏家禽 (万只) Slaughtered Poultry (10 000 heads)	出栏肉兔 (万只) Slaughtered Rabbit (10 000 heads)	禽 蛋 (吨) Poultry Eggs (ton)	蜂 蜜 (吨) Honey (ton)	蚕 茧 (吨) Silkworm Cocoons (ton)
全 省	**Sichuan**	**63.79**	**65259.81**	**16373.67**	**1445000**	**57668**	**90750**
成都市	Chengdu	8.64	8282.70	1391.34	181604	5055	1826
自贡市	Zigong	1.58	2616.14	3116.67	47403	682	2387
攀枝花市	Panzhihua	0.02	406.01	13.64	9683	94	3583
泸州市	Luzhou	0.15	3539.29	948.79	41257	2792	1658
德阳市	Deyang	1.11	6293.22	1635.21	113184	5287	2511
绵阳市	Mianyang	2.02	6121.49	839.20	136238	6481	7816
广元市	Guangyuan		1990.93	1156.44	35597	1378	1611
遂宁市	Suining	0.14	2075.35	599.55	88032	1978	571
内江市	Neijiang	0.80	2638.36	967.62	44720	846	2529
乐山市	Leshan	0.21	3533.85	491.29	116503	603	845
南充市	Nanchong	2.47	5716.82	2104.72	190364	1402	13132
眉山市	Meishan	13.01	3033.60	338.31	52629	11817	634
宜宾市	Yibin	0.42	4144.97	1010.24	39387	1491	19726
广安市	Guangan	0.26	2916.08	487.72	67342	554	1454
达州市	Dazhou	1.61	6069.85	318.14	95134	10377	373
雅安市	Yaan	2.89	753.22	394.73	23412	627	136
巴中市	Bazhong		1113.10	113.20	61577	1237	441
资阳市	Ziyang	1.18	2121.53	305.76	72354	1318	3980
阿坝藏族羌族自治州	Aba	12.32	55.32	61.97	1642	955	
甘孜藏族自治州	Ganzi	9.85	19.74	1.01	376	86	
凉山彝族自治州	Liangshan	4.30	1818.55	78.13	26532	2606	25538

13−27 各市(州)肉类总产量
Output of Meat by Region

单位：万吨 (10 000 tons)

市(州)	Region	2010	2011	2012	2013	2014	2015	2016	2017
全　省	**Sichuan**	**651.53**	**644.99**	**663.16**	**682.31**	**704.10**	**694.33**	**680.36**	**653.82**
成都市	Chengdu	79.69	78.59	80.83	78.23	78.68	75.00	68.15	62.03
自贡市	Zigong	23.52	23.48	23.86	24.37	24.99	24.30	23.37	21.61
攀枝花市	Panzhihua	4.92	4.90	5.10	5.27	5.55	5.80	5.61	5.68
泸州市	Luzhou	31.46	30.95	31.89	34.79	36.62	36.55	37.06	36.40
德阳市	Deyang	34.71	34.48	35.69	37.18	36.95	36.45	35.59	34.14
绵阳市	Mianyang	38.36	37.96	39.04	41.40	41.55	40.68	38.95	37.79
广元市	Guangyuan	27.91	27.76	28.83	30.90	32.13	32.22	32.50	31.54
遂宁市	Suining	30.64	30.26	31.07	32.36	33.54	33.00	33.38	31.68
内江市	Neijiang	26.68	26.26	27.03	27.62	28.37	27.28	26.26	24.22
乐山市	Leshan	28.88	28.35	29.18	30.62	30.55	30.83	30.24	28.39
南充市	Nanchong	55.66	55.32	56.57	58.34	60.91	59.96	60.34	57.25
眉山市	Meishan	25.23	24.87	25.61	26.01	27.31	27.05	25.43	24.18
宜宾市	Yibin	39.02	38.48	39.51	42.11	45.25	44.37	44.17	44.95
广安市	Guangan	34.10	33.47	33.46	36.09	37.41	36.88	35.02	32.51
达州市	Dazhou	44.06	45.43	47.43	47.25	47.74	46.86	46.41	44.73
雅安市	Yaan	11.78	11.64	11.87	11.66	13.16	13.08	11.61	11.45
巴中市	Bazhong	30.53	29.71	30.36	30.12	30.85	30.52	30.24	30.13
资阳市	Ziyang	29.44	28.86	29.62	29.27	29.77	29.00	28.63	27.29
阿坝藏族羌族自治州	Aba	6.45	6.58	7.22	8.04	9.18	9.96	10.35	10.32
甘孜藏族自治州	Ganzi	6.05	6.13	6.26	6.64	7.40	7.99	8.98	9.00
凉山彝族自治州	Liangshan	42.43	41.54	42.73	44.02	46.18	46.53	48.18	48.53

13-28 林产品产量及造林面积
Output of Major Forest Products and Areas under Afforestation

年 份 Year	林产品产量 (吨) Output of Major Forest Products (ton)					造林面积 (万公顷) Area under Afforestation (10 000 hectares)
	生 漆 Lacquer	油桐籽 Tung-oil Seeds	油茶籽 Tea-oil Seeds	核 桃 Walnuts	竹笋干 Bamboo Shoots	
1952	85	94011	5643	2933	279	2.13
1957	128	80337	15276	8703	604	10.18
1962	43	36729	2793	3075	2046	12.72
1965	114	47777	2223	1750	604	11.57
1970	175	57101	1141	4162	976	15.41
1975	132	63946	3288	5474	1022	21.59
1978	160	114035	8439	9060	906	20.05
1980	313	61994	5282	9468	1119	20.29
1985	127	53921	2242	7222	1437	47.44
1990	507	49580	1878	15655	2946	26.50
1991	301	53539	1800	12736	3574	27.00
1992	300	61264	1960	13740	3236	27.40
1993	327	67628	1854	16284	3591	26.30
1994	565	70442	3049	21928	4563	25.10
1995	302	60726	4047	22928	5378	25.00
1996	377	54743	2922	24819	6146	25.60
1997	472	41498	3903	22059	5593	28.15
1998	549	40544	6479	28711	6100	38.51
1999	1274	39626	4273	23842	7886	40.46
2000	826	46534	4372	32095	8914	48.91
2001	611	37149	4278	32744	9925	51.66
2002	1091	53152	10228	70534	23722	69.46
2003	1319	50299	11854	77004	28250	72.32
2004	1091	39276	4037	56731	40696	37.01
2005	725	30314	2464	59272	62190	24.19
2006	1335	36748	3578	61112	48895	10.49
2007	909	31352	10272	76721	40434	33.23
2008	841	28277	3358	91170	62826	57.46
2009	819	24236	3426	123683	51349	48.78
2010	675	22041	4360	126109	78952	38.22
2011	663	23923	4649	176710	128841	25.19
2012	546	17281	4180	211944	42292	11.22
2013	583	15276	5361	245876	87855	12.62
2014	477	16363	13718	293750	109554	9.82
2015	489	17934	20708	458435	138195	31.82
2016	431	14490	17254	451486	135266	56.85
2017	458	6972	20852	537474	122376	65.84

注：林产品产量及造林面积由四川省省林业厅提供。

a) Data in this table are provided by Forestry Department of Sichuan Province.

13-29 受灾面积和成灾面积
Areas Covered and Affected by Natural Disaster

单位:万公顷 (10 000 hectares)

年份 Year	受灾面积 Area Covered by Natural Disaster	成灾面积 Area Affected by Natural Disaster	水灾 Flood		旱灾 Drought	
			受灾面积 Area Covered	成灾面积 Area Affected	受灾面积 Area Covered	成灾面积 Area Affected
1952	53.8	30.1	7.6	4.2	46.2	25.9
1957	28.8	16.3	2.6	1.5	25.0	14.2
1962	193.6	109.9	22.0	10.2	157.1	94.2
1965	80.6	45.5	11.1	6.3	55.9	37.9
1975	110.0	62.1	13.8	7.5	92.7	51.4
1978	302.7	273.5	7.0	4.0	273.4	185.8
1980	201.5	112.9	51.8	26.9	83.0	42.3
1985	299.3	168.2	30.5	18.4	137.5	83.3
1990	322.8	169.4	63.7	33.0	181.5	93.2
1991	320.2	166.5	90.1	50.3	124.8	65.7
1992	343.2	185.5	73.3	39.9	131.8	84.4
1993	412.6	247.2	82.0	42.7	224.3	142.9
1994	437.4	302.6	19.2	11.8	336.7	243.5
1995	288.1	185.7	89.3	51.7	163.0	92.8
1996	393.2	221.9	56.3	31.8	174.3	103.5
1997	311.5	174.9	47.2	22.3	194.9	117.5
1998	316.3	172.7	141.6	81.9	141.6	71.2
1999	297.3	163.3	81.6	45.3	117.2	63.7
2000	432.0	251.3	82.3	42.2	309.3	186.0
2001	444.9	299.9	93.5	59.0	325.4	224.5
2002	241.9	135.3	92.8	59.8	90.3	44.7
2003	259.2	203.2	94.2	78.6	124.1	95.8
2004	149.0	22.9	70.1	70.0	30.4	4.0
2005	294.3	119.8	87.6	46.4	31.7	15.7
2006	156.6	21.6	79.2	10.1	40.2	2.6
2007	260.1	22.0	89.8	11.0	138.1	8.2
2008	141.2	6.7	20.6	1.6	10.7	0.3
2009	245.9	46.9	110.5	20.3	128.8	26.4
2010	232.4	85.1	150.8	42.3	62.8	38.4
2011	206.3	112.1	72.4	37.8	98.7	56.3
2012	201.2	119.3	113.4	58.9	97.5	63.2
2013	244.2	125.8	88.2	51.2	135.4	63.1
2014	92.8	48.4	29.2	17.1	58.3	28.2
2015	40.9	22.2	25.6	12.7	9.6	5.4
2016	41.0	25.2	17.8	10.9	8.7	5.9
2017	18.6	11.9	13.7	8.7	3.2	2.2

注：受灾面积和成灾面积由四川省民政厅提供；2004年以后成灾面积实际为绝收面积。

a) Area covered and affected by natural disaster are provided by Civil Affairs Department of Sichuan Province and affected area actually bemame area affected absolutely after 2004.

13-30 农垦系统国营农场基本情况
Basic Statistics on State Farms of Land Reclamation

指　标	Item	2010	2014	2015	2016	2017
农垦企业个数 (个)	Number of State Farms of Land Reclamation (unit)	48	42	40	39	37
#农场	Number of Agricultural Farms	40	35	35	34	33
年末职工人数 (人)	Number of Staff and Workers (year-end) (person)	3496	7086	6258	6184	5854
年末耕地面积 (亩)	Cultivated Area(year-end) (mu)	12735	13472	13091	13091	11559
#当年开荒面积 (亩)	Newly Reclaimed Wasteland in the Year (mu)					
工农业总产值(当年价) (万元)	Gross Industrial and Agricultural Output Value (current price) (10 000 yuan)	43561	30997	34627	28563	27384
粮食产量 (吨)	Yield of Grain (ton)	7640	4333	4243	3804	3068
猪出栏头数 (头)	Number of Slaughtered Fattened Hogs (head)	7300	3020	3136	2127	2692
猪年末头数 (头)	Number of Hogs (year-end) (head)	5700	3224	3411	2835	3206
猪肉产量 (吨)	Output of Pork (ton)	605	245	264	182	244
牛年末头数 (万头)	Number of Cattle and Buffalos (year-end) (10 000 heads)	7	7	7	7	7
羊年末只数 (万只)	Number of Sheep and Goats (year-end) (10 000 heads)	2	3	3	3	3
牛奶产量 (吨)	Output of Milk (ton)	8425	7592	5232	4939	5248
羊毛产量 (吨)	Output of Wool (ton)	14	1	1	1	0
茶叶产量 (吨)	Output of Tea (ton)	785	1036	1028	1100	1074
水果产量 (吨)	Output of Fruits (ton)	3094	1903	1690	1397	1184
大中型拖拉机拥有量 (台)	Large and Medium Agricultural Tractors (set)					
手扶拖拉机拥有量 (台)	Mini and Walking Agricultural Tractors (set)	6	5	3	10	10

主要统计指标解释

农林牧渔业总产值 指以货币表现的农、林、牧、渔业全部产品和对农林牧渔业生产活动进行的各种支持性服务活动的价值总量，它反映一定时期内农林牧渔业生产总规模和总成果。农林牧渔业总产值的计算方法通常是按农、林、牧、渔业产品及其副产品的产量分别乘以各自单位产品价格求得；少数生产周期较长，当年没有产品或产品产量不易统计的，则采用间接方法匡算其产值；然后将四业产品产值及农林牧渔服务业产值相加即为农林牧渔业总产值。

粮食产量 指农业生产经营者日历年度内生产的全部粮食数量。按收获季节包括夏收粮食、早稻和秋收粮食，按作物品种包括谷物、薯类和豆类。其产量计算方法：谷物按脱粒后的原粮计算，豆类按去豆荚后的干豆计算；薯类(包括甘薯和马铃薯，不包括芋头和木薯)1963年以前按每4公斤鲜薯折1公斤粮食计算，从1964年开始改为按每5公斤鲜薯折1公斤粮食计算，2014年开始按鲜薯计算；城市郊区作为蔬菜的薯类(如马铃薯等)按鲜品计算，并且不作粮食统计。

棉花产量 指全社会的产量。包括春播棉和夏播棉。产量按皮棉计算。不包括木棉。

油料产量 指全部油料作物的生产量。包括花生、油菜籽、芝麻、向日葵籽、胡麻籽(亚麻籽)和其他油料。不包括大豆、木本油料和野生油料。花生以带壳干花生计算。

水产品产量 指渔业（捕捞和养殖）生产活动的最终有效成果，包括全部海水和淡水鱼类、甲壳类（虾、蟹）、贝类、头足类、藻类和其他类渔业产品的最终产量。

猪、牛、羊肉产量 指当年出栏并已屠宰、除去头蹄下水后带骨肉(即胴体重)的重量。包括全社会范围内的产量。

期初(末)畜禽存栏头(只)数 指报告期初(末)农村各种合作经济组织和国营农场、农民个人、机关、团体、学校、工矿企业、部队等单位以及城镇居民饲养的大牲畜、猪、羊、家禽等畜禽的数量。

耕地 指种植农作物的土地，包括熟地，新开发、复垦、整理地，休闲地（含轮歇地、轮作地）；以种植农作物（含蔬菜）为主，间有零星果树、桑树或其他树木的土地；平均每年能保证收获一季的已垦滩地和海涂。耕地中包括南方宽度＜1.0米，北方宽度＜2.0米固定的沟、渠、路和地坎（埂）；临时种植药材、草皮、花卉、苗木等的耕地，以及其他临时改变用途的耕地。

农作物播种面积 指农业生产经营者应在日历年度内收获农作物在全部土地（耕地或非耕地）上的播种或移植面积。凡是本年内收获的农作物，无论是本年还是上年播种，都算为播种面积，但不包括本年播种，下年收获的农作物面积。

耕地灌溉面积 指具有一定的水源，地块比较平整，灌溉工程或设备已经配套，在一般年景下能够进行正常灌溉的耕地面积。

农用化肥施用量 指本年内实际用于农业生产的化肥数量，包括氮肥、磷肥、钾肥和复合肥。化肥施用量要求按折纯量计算数量。折纯量是指把氮肥、磷肥、钾肥分别按含氮、含五氧化二磷、含氧化钾的百分之百成份进行折算后的数量。复合肥按其所含主要成分折算。

农业机械总动力 指全部农业机械动力的额定功率之和。农业机械是指用于种植业、畜牧业、渔业、农产品初加工、农用运输和农田基本建设等活动的机械及设备。农机总动力按使用能源不同分为以下四部分：

柴油发动机动力：指全部柴油发动机额定功率之和；

汽油发动机动力：指全部汽油发动机额定功率之和；

电动机动力：指全部电动机（含潜水电泵的电动机）额定功率之和；

其他机械动力：指采用柴油、汽油、电力之外的其他能源，如水力、风力、煤炭、太阳能等动力机械功率之和。

Explanatory Notes on Main Statistical Indicators

Gross Output Value of Farming, Forestry, Animal Husbandry and Fishery refers to the total value of products of agriculture, forestry, animal husbandry and fishery, and total value of services in support of agriculture, forestry, animal husbandry and fishery activities. It reflects the total scale and total result of agricultural production during a given period. Gross output value of agriculture is obtained by first multiplying the output of each product or by product by its price, resulting in the output value of each single item. For a small number of products, annual output of which is not available or difficult to get due to the long production or growing process involved, the output value is estimated through an indirect approach. The sum of output values of all products of agriculture, forestry, animal husbandry and fishery and services in support to those industries is then equal to the gross output value of agriculture.

Grain Output refers to the total output of grains produced by agricultural producers within a calendar year. It includes summer grain, early rice and autumn grain if classified by harvest seasons; it covers cereal, tubers and beans if classified by type of crops. Output of cereal should be limited to husked grain only. Output of beans refers to dry beans without pods. The output of tubers (sweet potatoes and potatoes, not including taros and cassava) are converted into that of grain at the ratio 4:1, i.e. 4 kilograms of fresh tubers were equivalent to 1 kilogram of grain up to 1963. Since 1964 the ratio for conversion has been 5:1, and starting from 2014, the ratio for conversion has been 1:1. Tubers supplied as vegetables (such as potatoes) in cities and suburbs are calculated as fresh vegetables and their output is not included in the output of grain.

Cotton Output refers to the cotton production in the whole country including cotton sown in spring and in autumn. Output is measured as the weight of ginned cotton, excluding ceiba.

Yield of Oil-bearing Crops refers to the total yield of oil bearing crops of various kinds, including peanuts, (dry, in shell) rape seeds, sesame, sunflower seeds, flax seeds, and other oil bearing crops. Soybeans, oil-bearing woody plants, and wild oil-bearing crops are not included.

Output of Aquatic Products refers to final output actually yielded from fishing production (fishery and breeding), including all output of marine and freshwater fish, crustaceans (shrimps, crabs), shellfish, cephalopod, seaweed and other fishery products.

Output of Pork, Beef, and Mutton refers to the meat of slaughtered hogs, cattle, sheep and goats with head, feet, and offal taken away. Data refers to the production of the whole country.

Number of Livestock or Poultry in Stock at Beginning (or End) of Period refers to the total number of large animals, pigs, sheep, fowls, etc. raised by rural cooperative organizations, state farms, rural individuals, government agencies, schools, industrial and mining enterprises, army, and urban residents at the beginning (or end) of the reference period.

Arable Land refers to the area of land mainly for the regular cultivation of farm crops (including vegetables), with some fruit trees, mulberry trees and others, covers cultivated land, newly-developed land, reclaimed land, consolidated land, fallow, beach land that can guarantee one harvest per year on average. It also covers fixed ditch, canal, road and sill (ridge) with width less than 1 meter in the South and 2 meters in the North, lands planted temporarily with herbs, grass, flowers and nursery stocks, and other cultivated land with temporary change of use.

Sown Area of Crops refers to area of all land (cultivated or non-cultivated area) sown or transplanted with crops that are harvested within the calendar year by agricultural producers. All crops harvested within the year are counted as sown area, regardless of being sown in this year or the previous year. Crops sown this year but will be harvested in the coming year are excluded.

Irrigated Area of Cultivated Land refers to area of land that are effectively irrigated, i.e. relatively level land, where there are water sources or complete sets of irrigation facilities to lift and move adequate water for irrigation purpose under normal conditions.

Consumption of Chemical Fertilizers in Agriculture refers to the quantity of chemical fertilizers applied in agriculture in the year, including nitrogenous fertilizer, phosphate fertilizer, potash fertilizer, and compound fertilizer. The consumption of chemical fertilizers is required in calculation to convert the gross weight into weight containing 100% effective component (e.g. 100% nitrogen content in nitrogenous fertilizer, 100% phosphorous pent oxide contents in phosphate fertilizer, 100% potassium oxide contents in potash fertilizer). Compound fertilizer is converted with its major component.

Total Power of Farm Machinery refers to the total rated capacity of all agricultural machinery. Agricultural machinery refers to the machineries and equipment which are used for activities of planting, animal husbandry, fishery, primary processing of agricultural products, agricultural transport and infrastructure construction of farmland. Total power of agricultural machinery is grouped into four parts according to the energy used:

Diesel engine power refers to the total rated capacity of all diesel engines.

Gasoline engine power refers to the total rated capacity of all gasoline engines.

Motor power refers to the total rated capacity of all motors (include submersible pump motors).

Other mechanical powers refer to the total mechanical capacity of the sources of energy besides diesel, gasoline and motor power, such as hydro power, wind power, coal and solar energy.

14

INDUSTRY

工 业

14-1 规模以上工业企业主要指标(2017年)
Main Indicators of Industrial Enterprises above Designated Size(2017)

分 类	Item	企业单位数(个) Number of Enterprises (unit)	资产总计(亿元) Total Assets (100 million yuan)	主营业务收入(亿元) Revenue From Principal Business (100 million yuan)	利润总额(亿元) Total Profits (100 million yuan)	全部从业人员年平均人数(万人) Annual Average Number of Employed Persons (10 000 persons)
总 计	**Total**	**13904**	**43253.61**	**41631.26**	**2824.26**	**318.97**
按轻重工业分	**Grouped by Light &Heavy Industries**					
轻工业	Light Industry	5562	9062.97	13525.70	976.41	115.02
重工业	Heavy Industry	8342	34190.65	28105.56	1847.85	203.95
按企业规模分	**Grouped by Size of Enterprises**					
大型企业	Large-sized Enterprises	308	19271.26	14214.82	1077.68	108.30
中型企业	Medium-sized Enterprises	1792	9381.43	10398.57	811.31	95.40
小型企业	Small-sized Enterprises	11804	14600.93	17017.87	935.27	115.27
按登记注册类型分	**Grouped by Status of Registration**					
内资企业	Domestic Funded Enterprises	13332	38722.06	35927.00	2273.09	288.90
国有企业	State-owned Enterprises	81	2683.65	1235.80	-4.34	13.31
集体企业	Collective-owned Enterprises	47	21.28	80.11	3.17	0.76
股份合作企业	Cooperative Share-holding Enterprises	43	26.77	61.11	2.20	0.63
联营企业	Joint-owned Enterprises	5	1.62	4.40	0.19	0.06
有限责任公司	Limited Liability Corporations	4673	22568.88	16368.99	1099.04	129.48
国有独资企业	Exclusively State-owned Enterprises	181	4340.16	2357.25	96.00	20.03
其他有限责任公司	Others	4492	18228.71	14011.74	1003.04	109.45
股份有限公司	Share-holding Corporations Limited	563	5409.78	3040.65	279.97	28.26
私营企业	Private Enterprises	7890	7999.86	15098.46	891.37	116.00
私营独资企业	Exclusively Private Enterprises	611	290.86	832.89	48.45	6.76
私营合伙企业	Private Partnership Enterprises	112	66.12	153.60	8.01	1.49
私营有限责任公司	Private Limited Liability Corporations	6771	6834.36	13053.32	754.88	98.40
私营股份有限公司	Private Share-holding Corporations Ltd.	396	808.52	1058.64	80.03	9.34
其他企业	Others	30	10.22	37.49	1.49	0.41
港、澳、台商投资企业	Enterprises with Funds from Hongkong, Macao and Taiwan	225	2233.08	2064.18	104.32	13.83
合资经营企业(港或澳、台资)	Joint-venture Enterprises	97	682.43	436.26	29.45	2.58
合作经营企业(港或澳、台资)	Cooperative Enterprises	6	18.70	86.22	8.51	0.12
港、澳、台商独资企业	Enterprises with Sole Investment	106	1466.87	1484.07	58.42	10.55
港、澳、台商股份有限公司	Share-holding Corporations Ltd.	10	47.12	34.38	2.67	0.35
外商投资企业	Foreign-funded Enterprises	347	2298.48	3640.07	446.84	16.24
中外合资经营企业	Joint-venture Enterprises	189	1241.48	1755.89	187.13	6.68
中外合作经营企业	Cooperative Enterprises	5	11.15	8.67	0.93	0.10
外资企业	Enterprises with Sole Funds	135	942.07	1784.66	251.35	8.66
外商投资股份有限公司	Share-holding Corporations Ltd.	10	72.63	48.77	3.18	0.58

14-2 按行业分规模以上工业企业主要指标(2017年)

单位：亿元

行　业	Sector	企业单位数(个) Number of Enterprises (unit)
总　计	**Total**	**13904**
煤炭开采和洗选业	Coal Mining and Dressing	373
石油和天然气开采业	Petroleum and Natural Gas Extraction	12
黑色金属矿采选业	Ferrous Metals Mining and Dressing	107
有色金属矿采选业	Nonferrous Metals Mining and Dressing	65
非金属矿采选业	Nonmetal Minerals Mining and Dressing	204
开采专业及辅助性活动	Mining and Support Activities	3
其他采矿业	Mining of Other Ores	1
农副食品加工业	Farm Byproducts Processing	1223
食品制造业	Manufacture of Foods	514
酒、饮料和精制茶制造业	Manufacture of Liquor, Beverages and Refined Tea	674
烟草制品业	Manufacture of Tobacco	3
纺织业	Manufacture of Textile	315
纺织服装、服饰业	Manufacture of Textile, Wearing Apparel and Accessories	164
皮革、毛皮、羽毛及其制品和制鞋业	Manufacture of Leather, Fur, Feather and Related Products and Footwear	145
木材加工和木、竹、藤、棕、草制品业	Timber Processing, Bamboo, Cane, Palm Fiber and Straw Products	244
家具制造业	Manufacture of Furniture	338
造纸和纸制品业	Manufacture of Paper and Paper Products	285
印刷和记录媒介复制业	Printing and Reproduction of Recording Media	268
文教、工美、体育和娱乐用品制造业	Manufacture of Articles for Culture, Education, Arts and Crafts, Sport and Entertainment Activities	64
石油、煤炭及其他燃料加工业	Processing of Petroleum, Coal and Other Fuel	62
化学原料和化学制品制造业	Manufacture of Raw Chemical Materials and Chemical Products	871
医药制造业	Manufacture of Medicines	455
化学纤维制造业	Manufacture of Chemical Fibres	23
橡胶和塑料制品业	Manufacture of Rubber and Plastics Products	541
非金属矿物制品业	Manufacture of Non-metallic Mineral Products	1757
黑色金属冶炼和压延加工业	Smelting and Pressing of Ferrous Metals	213
有色金属冶炼和压延加工业	Smelting and Pressing of Nonferrous Metals	183
金属制品业	Manufacture of Metal Products	715
通用设备制造业	Manufacture of General Purpose Machinery	829
专用设备制造业	Manufacture of Special Purpose Machinery	569
汽车制造业	Manufacture of Automobiles	521
铁路、船舶、航空航天和其他运输设备制造业	Manufacture of Railway, Ship, Aerospace and Other Transport Equipments	171
电气机械和器材制造业	Manufacture of Electrical Machinery and Apparatus	617
计算机、通信和其他电子设备制造业	Manufacture of Computers, Communication and Other Electronic Equipments	480
仪器仪表制造业	Manufacture of Measuring Instruments and Machinery	94
其他制造业	Other Manufactures	29
废弃资源综合利用业	Utilization of Waste Resources	46
金属制品、机械和设备修理业	Repair Service of Metal Products, Machinery and Equipment	4
电力、热力生产和供应业	Production and Supply of Electric and Heat Power	400
燃气生产和供应业	Production and Supply of Gas	203
水的生产和供应业	Production and Supply of Water	119

Main Indicators of Industrial Enterprises above Designated Size by Industrial Sector(2017)

(100 million yuan)

资产总计 Total Assets	流动资产合计 Total Current Assets	固定资产原价 Original Value of Fixed Assets	负债合计 Total Liabilities	流动负债合计 Total Current Liabilities	所有者权益 Owners' Equities
43253.61	**18472.38**	**27148.14**	**25120.16**	**16893.84**	**18033.84**
788.34	277.49	457.65	549.08	354.69	229.80
1680.55	316.01	2145.28	549.90	262.10	1130.65
493.01	225.86	194.39	277.49	222.49	215.51
302.04	96.33	129.17	147.31	96.78	154.46
238.01	92.33	127.26	129.96	85.33	107.93
426.93	268.60	235.23	160.61	153.05	266.32
1.26	0.20	0.05	0.89	0.66	0.36
1048.36	570.14	624.08	532.15	401.18	512.69
637.62	263.25	351.75	252.56	183.49	380.64
2650.48	1712.87	939.86	962.24	836.63	1687.03
233.06	186.32	86.57	72.95	72.90	160.11
390.26	166.65	258.92	166.49	115.09	220.70
152.92	70.11	70.63	63.63	37.54	84.85
126.57	78.65	75.68	66.09	56.08	59.08
236.07	98.85	130.65	108.43	72.97	126.58
367.92	154.77	205.14	176.36	132.02	188.28
338.80	139.03	210.95	214.47	169.76	122.47
265.13	135.02	168.77	117.80	95.61	146.45
56.88	33.99	26.27	32.31	27.37	24.27
557.43	142.04	492.80	259.46	216.65	297.97
2408.37	982.32	1408.55	1289.96	913.18	1111.21
1329.12	798.79	473.39	639.67	425.44	687.18
229.52	118.09	133.30	182.25	147.78	47.06
550.67	290.54	254.79	263.71	208.20	285.04
2227.44	1009.78	1473.75	1158.58	929.83	1062.40
2183.37	842.05	1930.49	1828.09	1371.94	355.03
594.37	327.27	201.23	288.41	244.59	299.96
840.57	463.29	392.07	431.78	352.31	406.38
1711.69	1156.46	627.56	1034.45	883.87	676.14
1128.18	718.08	451.38	642.29	530.94	480.31
2112.35	1258.09	884.59	1296.61	1122.96	805.65
1051.76	643.39	340.11	615.66	521.99	435.43
1211.69	798.42	442.71	766.75	652.09	443.36
4016.17	2675.69	1008.65	2412.20	2088.73	1602.89
189.27	129.76	49.33	103.58	95.94	85.41
282.11	146.86	135.23	239.57	130.08	41.76
65.44	35.96	25.08	43.32	33.73	22.12
66.08	42.68	21.92	28.58	20.57	37.50
8706.03	583.07	9429.03	6244.16	2165.82	2445.39
529.24	166.60	222.53	305.63	196.70	223.60
828.55	256.71	311.33	464.71	264.76	363.85

14-2 续表

单位：亿元

行　业	Sector	主营业务收入 Revenue from Principal Business
总　计	**Total**	**41631.26**
煤炭开采和洗选业	Coal Mining and Dressing	640.24
石油和天然气开采业	Petroleum and Natural Gas Extraction	562.83
黑色金属矿采选业	Ferrous Metals Mining and Dressing	406.37
有色金属矿采选业	Nonferrous Metals Mining and Dressing	195.29
非金属矿采选业	Nonmetal Minerals Mining and Dressing	291.46
开采专业及辅助性活动	Mining and Support Activities	277.09
其他采矿业	Mining of Other Ores	0.20
农副食品加工业	Farm Byproducts Processing	2649.98
食品制造业	Manufacture of Foods	1084.67
酒、饮料和精制茶制造业	Manufacture of Liquor, Beverages and Refined Tea	2910.43
烟草制品业	Manufacture of Tobacco	201.54
纺织业	Manufacture of Textile	836.06
纺织服装、服饰业	Manufacture of Textile, Wearing Apparel and Accessories	267.44
皮革、毛皮、羽毛及其制品和制鞋业	Manufacture of Leather, Fur, Feather and Related Products and Footwear	267.66
木材加工和木、竹、藤、棕、草制品业	Timber Processing, Bamboo, Cane, Palm Fiber and Straw Products	376.42
家具制造业	Manufacture of Furniture	586.13
造纸和纸制品业	Manufacture of Paper and Paper Products	485.03
印刷和记录媒介复制业	Printing and Reproduction of Recording Media	426.09
文教、工美、体育和娱乐用品制造业	Manufacture of Articles for Culture, Education, Arts and Crafts, Sport and Entertainment Activities	135.11
石油、煤炭及其他燃料加工业	Processing of Petroleum, Coal and Other Fuel	910.19
化学原料和化学制品制造业	Manufacture of Raw Chemical Materials and Chemical Products	2442.33
医药制造业	Manufacture of Medicines	1351.29
化学纤维制造业	Manufacture of Chemical Fibres	259.14
橡胶和塑料制品业	Manufacture of Rubber and Plastics Products	1011.87
非金属矿物制品业	Manufacture of Non-metallic Mineral Products	3064.99
黑色金属冶炼和压延加工业	Smelting and Pressing of Ferrous Metals	2082.97
有色金属冶炼和压延加工业	Smelting and Pressing of Nonferrous Metals	682.54
金属制品业	Manufacture of Metal Products	1398.96
通用设备制造业	Manufacture of General Purpose Machinery	1944.90
专用设备制造业	Manufacture of Special Purpose Machinery	1220.08
汽车制造业	Manufacture of Automobiles	2887.80
铁路、船舶、航空航天和其他运输设备制造业	Manufacture of Railway, Ship, Aerospace and Other Transport Equipments	750.21
电气机械和器材制造业	Manufacture of Electrical Machinery and Apparatus	1475.88
计算机、通信和其他电子设备制造业	Manufacture of Computers, Communication and Other Electronic Equipments	4613.25
仪器仪表制造业	Manufacture of Measuring Instruments and Machinery	153.87
其他制造业	Other Manufactures	87.41
废弃资源综合利用业	Utilization of Waste Resources	173.44
金属制品、机械和设备修理业	Repair Service of Metal Products, Machinery and Equipment	25.94
电力、热力生产和供应业	Production and Supply of Electric and Heat Power	1977.73
燃气生产和供应业	Production and Supply of Gas	366.36
水的生产和供应业	Production and Supply of Water	150.05

continued

(100 million yuan)

主营业务成本 Cost of Principal Business	利润总额 Total Profits	销售费用 Selling Expenses	管理费用 Administrative Expenses	财务费用 Finacial Expenses	全部从业人员年平均人数（万人）Annual Average Employed Persons (10 000 persons)
34660.03	**2824.26**	**1313.40**	**1718.32**	**565.54**	**318.97**
539.77	34.29	13.12	37.59	14.85	13.61
384.08	44.67	2.87	79.88	10.94	3.44
339.27	28.47	12.36	16.46	7.15	2.35
155.58	20.85	2.78	9.83	3.57	2.02
235.97	17.75	12.20	15.29	3.61	3.06
270.78	-6.48	0.12	5.39	-0.42	4.35
0.10	0.05	0.01	0.01	0.03	0.01
2331.00	126.50	78.83	83.86	15.97	16.61
886.69	80.46	61.57	42.93	7.81	9.53
2110.81	324.22	216.75	125.51	7.23	19.23
71.33	2.22	5.00	14.49	-0.27	0.54
752.58	45.37	11.00	16.47	7.02	8.39
226.15	13.72	11.93	12.14	1.56	3.43
232.32	13.60	7.28	9.82	3.01	4.92
325.91	18.31	11.47	13.32	4.18	3.34
469.62	30.48	38.92	34.53	5.53	9.57
424.18	25.32	12.34	16.07	6.99	4.71
360.90	25.69	12.23	20.19	3.37	4.08
112.30	7.03	8.98	4.49	1.03	1.08
708.91	44.70	7.86	16.51	5.44	1.32
2058.44	157.96	76.34	111.48	31.61	17.89
941.74	156.53	159.90	91.91	14.63	12.24
239.22	6.45	4.64	5.55	6.09	1.61
865.86	61.49	34.85	37.63	9.27	8.17
2601.42	189.18	96.98	113.74	37.84	25.14
1911.59	29.96	31.87	73.95	50.93	10.58
600.15	51.83	6.94	17.17	4.52	3.45
1203.28	79.48	36.87	51.26	13.72	10.49
1626.67	100.15	62.35	112.01	19.18	14.26
1007.63	94.81	37.36	69.09	12.64	10.50
2438.34	231.05	46.13	88.74	12.23	15.73
640.99	32.94	15.92	48.99	4.44	6.79
1244.73	82.41	44.48	75.73	11.05	12.27
4023.57	347.70	98.79	149.47	15.57	29.58
119.23	16.29	5.31	12.91	0.81	1.63
71.49	12.94	0.89	4.94	1.03	1.04
152.55	13.11	0.94	3.44	1.82	0.74
22.69	8.99	0.50	3.40	0.17	0.48
1556.05	189.08	3.99	35.51	200.47	15.98
289.43	40.83	15.87	21.93	3.74	2.48
106.68	23.87	4.87	14.68	5.21	2.33

14-3 按行业分国有控股工业企业主要指标(2017年)

单位：亿元

行　业	Sector	企业单位数(个) Number of Enterprises (unit)
总　计	**Total**	**970**
煤炭开采和洗选业	Coal Mining and Dressing	15
石油和天然气开采业	Petroleum and Natural Gas Extraction	12
黑色金属矿采选业	Ferrous Metals Mining and Dressing	6
有色金属矿采选业	Nonferrous Metals Mining and Dressing	13
非金属矿采选业	Nonmetal Minerals Mining and Dressing	12
开采专业及辅助性活动	Mining and Support Activities	1
其他采矿业	Mining of Other Ores	
农副食品加工业	Farm Byproducts Processing	32
食品制造业	Manufacture of Foods	9
酒、饮料和精制茶制造业	Manufacture of Liquor, Beverages and Refined Tea	15
烟草制品业	Manufacture of Tobacco	2
纺织业	Manufacture of Textile	8
纺织服装、服饰业	Manufacture of Textile, Wearing Apparel and Accessories	10
皮革、毛皮、羽毛及其制品和制鞋业	Manufacture of Leather, Fur, Feather and Related Products and Footwear	
木材加工和木、竹、藤、棕、草制品业	Timber Processing, Bamboo, Cane, Palm Fiber and Straw Products	3
家具制造业	Manufacture of Furniture	
造纸和纸制品业	Manufacture of Paper and Paper Products	4
印刷和记录媒介复制业	Printing and Reproduction of Recording Media	6
文教、工美、体育和娱乐用品制造业	Manufacture of Articles for Culture, Education, Arts and Crafts, Sport and Entertainment Activities	2
石油、煤炭及其他燃料加工业	Processing of Petroleum, Coal and Other Fuel	8
化学原料和化学制品制造业	Manufacture of Raw Chemical Materials and Chemical Products	51
医药制造业	Manufacture of Medicines	20
化学纤维制造业	Manufacture of Chemical Fibres	4
橡胶和塑料制品业	Manufacture of Rubber and Plastics Products	7
非金属矿物制品业	Manufacture of Non-metallic Mineral Products	88
黑色金属冶炼和压延加工业	Smelting and Pressing of Ferrous Metals	10
有色金属冶炼和压延加工业	Smelting and Pressing of Nonferrous Metals	15
金属制品业	Manufacture of Metal Products	25
通用设备制造业	Manufacture of General Purpose Machinery	32
专用设备制造业	Manufacture of Special Purpose Machinery	25
汽车制造业	Manufacture of Automobiles	41
铁路、船舶、航空航天和其他运输设备制造业	Manufacture of Railway, Ship, Aerospace and Other Transport Equipments	29
电气机械和器材制造业	Manufacture of Electrical Machinery and Apparatus	37
计算机、通信和其他电子设备制造业	Manufacture of Computers, Communication and Other Electronic Equipments	54
仪器仪表制造业	Manufacture of Measuring Instruments and Machinery	9
其他制造业	Other Manufactures	3
废弃资源综合利用业	Utilization of Waste Resources	4
金属制品、机械和设备修理业	Repair Service of Metal Products, Machinery and Equipment	2
电力、热力生产和供应业	Production and Supply of Electric and Heat Power	223
燃气生产和供应业	Production and Supply of Gas	59
水的生产和供应业	Production and Supply of Water	74

Main Indicators of State-holding Industrial Enterprises by Industrial Sector(2017)

(100 million yuan)

资产总计 Total Assets	流动资产合计 Total Current Assets	固定资产原价 Original Value of Fixed Assets	负债合计 Total Liabilities	流动负债合计 Total Current Liabilities	所有者权益 Owners' Equities
20947.40	**6869.82**	**15983.97**	**13195.98**	**7615.47**	**7738.08**
415.39	128.75	235.15	344.44	213.51	70.95
1680.55	316.01	2145.28	549.90	262.10	1130.65
95.28	25.30	49.78	37.45	30.06	57.83
148.64	31.88	74.03	62.60	41.99	86.04
44.50	15.58	14.27	23.28	6.58	21.23
423.97	267.77	231.86	159.78	152.76	264.19
31.75	19.65	12.38	24.12	22.32	7.63
13.29	7.86	7.07	8.03	7.18	5.25
1312.04	1008.15	317.91	361.82	341.37	950.23
232.92	186.19	86.49	72.82	72.76	160.10
17.49	10.51	8.70	6.85	5.96	10.64
40.14	18.83	11.47	18.65	11.42	21.49
5.22	4.28	6.05	4.71	3.45	0.51
47.01	7.52	34.13	47.97	40.91	-0.96
47.25	26.98	44.84	9.61	7.16	37.64
20.74	18.26	2.88	15.53	15.44	5.21
386.09	63.92	379.85	138.02	123.25	248.07
663.73	263.91	435.30	407.93	260.39	255.80
98.79	45.29	33.98	39.96	28.75	58.83
195.40	103.60	107.41	162.98	131.82	32.42
30.21	15.08	16.25	17.49	15.18	12.72
380.69	145.77	272.03	241.44	209.41	139.24
1261.67	402.49	1014.03	1027.95	676.24	233.73
56.41	22.88	54.31	33.30	22.58	23.12
120.18	64.15	68.79	63.53	56.20	56.65
613.37	495.39	146.72	462.13	437.07	151.24
282.20	179.76	146.03	224.67	191.35	57.52
706.85	420.91	317.26	451.11	396.28	255.75
710.61	469.95	236.29	483.38	419.78	227.23
345.39	274.71	110.20	348.17	298.68	1.02
1496.02	873.05	273.58	952.52	720.54	542.84
70.82	49.00	16.26	38.62	37.01	32.20
264.42	135.51	130.79	233.21	125.29	31.21
9.34	5.49	3.05	6.30	3.90	3.04
56.48	35.72	20.78	26.12	20.38	30.36
7796.14	449.90	8581.11	5642.06	1953.22	2137.60
305.80	84.46	94.92	188.13	113.59	117.68
520.63	175.35	242.72	259.43	139.59	261.20

14-3 续表

单位：亿元

行　业	Sector	主营业务收入 Revenue from Principal Business
总　计	**Total**	**10299.10**
煤炭开采和洗选业	Coal Mining and Dressing	92.09
石油和天然气开采业	Petroleum and Natural Gas Extraction	562.83
黑色金属矿采选业	Ferrous Metals Mining and Dressing	51.98
有色金属矿采选业	Nonferrous Metals Mining and Dressing	107.72
非金属矿采选业	Nonmetal Minerals Mining and Dressing	13.05
开采专业及辅助性活动	Mining and Support Activities	274.26
其他采矿业	Mining of Other Ores	
农副食品加工业	Farm Byproducts Processing	115.00
食品制造业	Manufacture of Foods	19.54
酒、饮料和精制茶制造业	Manufacture of Liquor, Beverages and Refined Tea	998.81
烟草制品业	Manufacture of Tobacco	200.81
纺织业	Manufacture of Textile	32.41
纺织服装、服饰业	Manufacture of Textile, Wearing Apparel and Accessories	16.93
皮革、毛皮、羽毛及其制品和制鞋业	Manufacture of Leather, Fur, Feather and Related Products and Footwear	
木材加工和木、竹、藤、棕、草制品业	Timber Processing, Bamboo, Cane, Palm Fiber and Straw Products	11.26
家具制造业	Manufacture of Furniture	
造纸和纸制品业	Manufacture of Paper and Paper Products	17.01
印刷和记录媒介复制业	Printing and Reproduction of Recording Media	25.05
文教、工美、体育和娱乐用品制造业	Manufacture of Articles for Culture, Education, Arts and Crafts, Sport and Entertainment Activities	38.25
石油、煤炭及其他燃料加工业	Processing of Petroleum, Coal and Other Fuel	583.30
化学原料和化学制品制造业	Manufacture of Raw Chemical Materials and Chemical Products	508.67
医药制造业	Manufacture of Medicines	66.21
化学纤维制造业	Manufacture of Chemical Fibres	193.04
橡胶和塑料制品业	Manufacture of Rubber and Plastics Products	45.61
非金属矿物制品业	Manufacture of Non-metallic Mineral Products	266.50
黑色金属冶炼和压延加工业	Smelting and Pressing of Ferrous Metals	739.16
有色金属冶炼和压延加工业	Smelting and Pressing of Nonferrous Metals	55.06
金属制品业	Manufacture of Metal Products	104.53
通用设备制造业	Manufacture of General Purpose Machinery	294.42
专用设备制造业	Manufacture of Special Purpose Machinery	100.42
汽车制造业	Manufacture of Automobiles	927.84
铁路、船舶、航空航天和其他运输设备制造业	Manufacture of Railway, Ship, Aerospace and Other Transport Equipments	396.65
电气机械和器材制造业	Manufacture of Electrical Machinery and Apparatus	183.82
计算机、通信和其他电子设备制造业	Manufacture of Computers, Communication and Other Electronic Equipments	1069.55
仪器仪表制造业	Manufacture of Measuring Instruments and Machinery	32.83
其他制造业	Other Manufactures	59.79
废弃资源综合利用业	Utilization of Waste Resources	5.88
金属制品、机械和设备修理业	Repair Service of Metal Products, Machinery and Equipment	24.04
电力、热力生产和供应业	Production and Supply of Electric and Heat Power	1802.86
燃气生产和供应业	Production and Supply of Gas	163.59
水的生产和供应业	Production and Supply of Water	98.33

continued

(100 million yuan)

主营业务成本 Cost of Principal Business	利润总额 Total Profits	销售费用 Selling Expenses	管理费用 Administrative Expenses	财务费用 Finacial Expenses	全部从业人员年平均人数（万人） Annual Average Employed Persons (10 000 persons)
8263.04	**713.81**	**282.30**	**515.03**	**267.65**	**76.11**
65.66	7.02	1.82	11.98	9.37	4.44
384.08	44.67	2.87	79.88	10.94	3.44
34.28	3.83	4.68	6.11	1.92	0.54
85.50	12.56	1.13	4.82	1.75	0.76
10.50	-0.53	0.86	1.66	0.03	0.54
268.93	-6.72	0.10	4.66	-0.42	4.34
104.75	5.86	3.61	2.56	0.17	0.36
14.95	1.53	1.67	1.27	0.06	0.28
652.49	178.75	88.22	41.44	-11.06	5.33
70.67	2.22	5.00	14.42	-0.27	0.53
29.60	1.10	0.46	1.24	0.17	0.44
12.84	0.21	0.49	2.94	0.16	0.49
10.73	0.16	0.08	0.14	0.03	0.06
15.43	0.08	0.61	0.97	1.88	0.25
17.06	4.06	0.44	4.36	-0.26	0.35
30.15	2.11	5.77	0.62	0.18	0.12
439.03	32.91	3.96	11.67	3.03	0.58
431.08	21.54	15.53	29.14	10.62	3.93
38.71	13.17	8.50	5.04	0.57	0.63
181.27	2.47	3.09	3.45	5.59	1.17
40.36	1.03	2.05	1.82	0.49	0.38
211.97	20.25	9.67	15.53	7.82	2.74
679.25	-1.76	15.50	41.75	30.08	4.65
49.96	1.78	0.80	3.27	0.68	0.49
92.57	2.01	3.46	6.54	0.94	1.07
243.67	7.26	7.80	28.30	-1.50	2.15
85.84	5.76	2.63	9.34	2.81	1.29
791.09	87.15	8.39	17.12	1.27	3.55
354.33	2.50	5.04	31.03	1.71	3.82
150.90	6.01	7.01	19.41	-0.19	1.67
928.35	23.71	55.41	57.25	9.24	6.52
24.55	2.90	0.77	4.78	0.02	0.48
49.25	10.06	0.15	3.52	0.86	0.65
4.50	0.79	0.08	0.32	0.17	0.07
21.28	8.82	0.47	3.27	0.07	0.47
1435.06	172.24	2.78	24.91	175.77	14.66
132.22	18.44	7.68	8.91	0.94	1.13
70.21	17.87	3.71	9.58	2.02	1.75

14-4 按行业分大中型工业企业主要指标(2017年)

单位：亿元

行　业	Sector	企业单位数(个) Number of Enterprises (unit)
总　计	**Total**	**2100**
煤炭开采和洗选业	Coal Mining and Dressing	113
石油和天然气开采业	Petroleum and Natural Gas Extraction	6
黑色金属矿采选业	Ferrous Metals Mining and Dressing	18
有色金属矿采选业	Nonferrous Metals Mining and Dressing	20
非金属矿采选业	Nonmetal Minerals Mining and Dressing	21
开采专业及辅助性活动	Mining and Support Activities	1
其他采矿业	Mining of Other Ores	
农副食品加工业	Farm Byproducts Processing	109
食品制造业	Manufacture of Foods	89
酒、饮料和精制茶制造业	Manufacture of Liquor, Beverages and Refined Tea	102
烟草制品业	Manufacture of Tobacco	1
纺织业	Manufacture of Textile	85
纺织服装、服饰业	Manufacture of Textile, Wearing Apparel and Accessories	31
皮革、毛皮、羽毛及其制品和制鞋业	Manufacture of Leather, Fur, Feather and Related Products and Footwear	37
木材加工和木、竹、藤、棕、草制品业	Timber Processing, Bamboo, Cane, Palm Fiber and Straw Products	20
家具制造业	Manufacture of Furniture	73
造纸和纸制品业	Manufacture of Paper and Paper Products	46
印刷和记录媒介复制业	Printing and Reproduction of Recording Media	26
文教、工美、体育和娱乐用品制造业	Manufacture of Articles for Culture, Education, Arts and Crafts, Sport and Entertainment Activities	9
石油、煤炭及其他燃料加工业	Processing of Petroleum, Coal and Other Fuel	12
化学原料和化学制品制造业	Manufacture of Raw Chemical Materials and Chemical Products	126
医药制造业	Manufacture of Medicines	101
化学纤维制造业	Manufacture of Chemical Fibres	8
橡胶和塑料制品业	Manufacture of Rubber and Plastics Products	55
非金属矿物制品业	Manufacture of Non-metallic Mineral Products	182
黑色金属冶炼和压延加工业	Smelting and Pressing of Ferrous Metals	39
有色金属冶炼和压延加工业	Smelting and Pressing of Nonferrous Metals	23
金属制品业	Manufacture of Metal Products	78
通用设备制造业	Manufacture of General Purpose Machinery	96
专用设备制造业	Manufacture of Special Purpose Machinery	73
汽车制造业	Manufacture of Automobiles	129
铁路、船舶、航空航天和其他运输设备制造业	Manufacture of Railway, Ship, Aerospace and Other Transport Equipments	42
电气机械和器材制造业	Manufacture of Electrical Machinery and Apparatus	83
计算机、通信和其他电子设备制造业	Manufacture of Computers, Communication and Other Electronic Equipments	132
仪器仪表制造业	Manufacture of Measuring Instruments and Machinery	13
其他制造业	Other Manufactures	5
废弃资源综合利用业	Utilization of Waste Resources	6
金属制品、机械和设备修理业	Repair Service of Metal Products, Machinery and Equipment	2
电力、热力生产和供应业	Production and Supply of Electric and Heat Power	53
燃气生产和供应业	Production and Supply of Gas	16
水的生产和供应业	Production and Supply of Water	19

Main Indicators of Large and Medium-sized Industrial Enterprises by Industrial Sector(2017)

(100 million yuan)

资产总计 Total Assets	流动资产合计 Total Current Assets	固定资产原价 Original Value of Fixed Assets	负债合计 Total Liabilities	流动负债合计 Total Current Liabilities	所有者权益 Owners' Equities
28652.69	**12821.14**	**18183.64**	**16348.27**	**11891.39**	**12304.42**
605.87	202.62	334.20	454.79	282.63	151.08
1535.61	251.25	2004.37	524.87	244.52	1010.74
329.87	139.97	140.69	169.10	146.69	160.78
199.60	46.47	97.57	86.86	61.76	112.74
77.26	32.86	41.06	47.60	30.14	29.67
423.97	267.77	231.86	159.78	152.76	264.19
351.39	199.82	270.17	175.71	130.98	175.68
326.68	134.42	202.72	128.59	96.19	198.10
2187.43	1492.37	723.72	771.52	692.75	1415.91
214.73	169.06	84.32	58.82	58.77	155.90
256.29	97.82	191.39	102.83	68.26	153.46
96.47	40.54	48.54	41.03	24.09	55.44
71.01	48.92	31.04	39.51	35.52	31.51
89.49	27.52	53.63	35.39	20.08	54.10
225.03	84.19	139.01	111.06	83.78	113.97
211.03	74.28	144.31	139.64	105.15	71.39
112.40	61.11	92.23	39.90	34.80	72.49
30.86	20.66	14.30	20.17	18.41	10.69
502.91	117.86	462.86	230.11	196.44	272.80
1574.95	585.94	983.46	819.20	562.99	755.75
899.10	546.50	298.33	414.81	269.07	484.29
212.67	111.85	122.99	171.82	140.43	40.84
255.58	132.62	110.16	125.91	95.49	129.67
962.50	395.94	750.50	440.36	358.82	522.13
1987.25	727.65	1823.49	1699.90	1262.80	287.35
372.84	178.72	146.28	137.36	113.81	235.48
389.11	214.13	205.44	192.24	156.63	196.87
1103.74	802.75	343.68	725.05	631.10	378.69
648.27	422.23	272.62	395.94	337.21	252.33
1679.37	1034.92	736.90	1050.55	919.70	628.82
849.06	519.74	283.79	514.40	445.76	334.66
724.66	502.59	262.02	422.38	373.65	302.28
3615.63	2414.33	897.53	2204.82	1909.13	1410.81
120.69	87.59	29.51	65.14	63.12	55.55
271.68	141.91	130.92	235.61	127.39	36.07
32.60	16.94	12.25	22.53	17.74	10.07
56.48	35.72	20.78	26.12	20.38	30.36
4349.31	218.40	5205.97	2976.23	1361.63	1373.08
111.56	46.36	61.16	61.81	45.66	49.75
587.73	174.82	177.87	308.83	195.13	278.90

14-4 续表

单位：亿元

行　业	Sector	主营业务收入 Revenue from Principal Business
总　计	**Total**	**24613.39**
煤炭开采和洗选业	Coal Mining and Dressing	288.37
石油和天然气开采业	Petroleum and Natural Gas Extraction	522.25
黑色金属矿采选业	Ferrous Metals Mining and Dressing	228.12
有色金属矿采选业	Nonferrous Metals Mining and Dressing	152.29
非金属矿采选业	Nonmetal Minerals Mining and Dressing	70.07
开采专业及辅助性活动	Mining and Support Activities	274.26
其他采矿业	Mining of Other Ores	
农副食品加工业	Farm Byproducts Processing	832.46
食品制造业	Manufacture of Foods	539.86
酒、饮料和精制茶制造业	Manufacture of Liquor, Beverages and Refined Tea	2000.45
烟草制品业	Manufacture of Tobacco	194.52
纺织业	Manufacture of Textile	539.59
纺织服装、服饰业	Manufacture of Textile, Wearing Apparel and Accessories	129.49
皮革、毛皮、羽毛及其制品和制鞋业	Manufacture of Leather, Fur, Feather and Related Products and Footwear	113.48
木材加工和木、竹、藤、棕、草制品业	Timber Processing, Bamboo, Cane, Palm Fiber and Straw Products	114.83
家具制造业	Manufacture of Furniture	340.98
造纸和纸制品业	Manufacture of Paper and Paper Products	238.45
印刷和记录媒介复制业	Printing and Reproduction of Recording Media	119.78
文教、工美、体育和娱乐用品制造业	Manufacture of Articles for Culture, Education, Arts and Crafts, Sport and Entertainment Activities	75.58
石油、煤炭及其他燃料加工业	Processing of Petroleum, Coal and Other Fuel	783.84
化学原料和化学制品制造业	Manufacture of Raw Chemical Materials and Chemical Products	1306.84
医药制造业	Manufacture of Medicines	776.76
化学纤维制造业	Manufacture of Chemical Fibres	237.17
橡胶和塑料制品业	Manufacture of Rubber and Plastics Products	387.76
非金属矿物制品业	Manufacture of Non-metallic Mineral Products	990.32
黑色金属冶炼和压延加工业	Smelting and Pressing of Ferrous Metals	1741.45
有色金属冶炼和压延加工业	Smelting and Pressing of Nonferrous Metals	283.45
金属制品业	Manufacture of Metal Products	539.70
通用设备制造业	Manufacture of General Purpose Machinery	797.53
专用设备制造业	Manufacture of Special Purpose Machinery	474.44
汽车制造业	Manufacture of Automobiles	2252.07
铁路、船舶、航空航天和其他运输设备制造业	Manufacture of Railway, Ship, Aerospace and Other Transport Equipments	477.65
电气机械和器材制造业	Manufacture of Electrical Machinery and Apparatus	705.53
计算机、通信和其他电子设备制造业	Manufacture of Computers, Communication and Other Electronic Equipments	4105.19
仪器仪表制造业	Manufacture of Measuring Instruments and Machinery	81.59
其他制造业	Other Manufactures	66.83
废弃资源综合利用业	Utilization of Waste Resources	129.43
金属制品、机械和设备修理业	Repair Service of Metal Products, Machinery and Equipment	24.04
电力、热力生产和供应业	Production and Supply of Electric and Heat Power	1502.74
燃气生产和供应业	Production and Supply of Gas	95.04
水的生产和供应业	Production and Supply of Water	79.18

continued

(100 million yuan)

主营业务成本 Cost of Principal Business	利润总额 Total Profits	销售费用 Selling Expenses	管理费用 Administrative Expenses	财务费用 Finacial Expenses	全部从业人员年平均人数（万人） Annual Average Employed Persons (10 000 persons)
20169.60	**1888.99**	**803.30**	**1059.00**	**304.29**	**203.70**
228.32	17.98	6.89	26.84	11.89	9.77
356.95	31.33	2.40	76.77	10.97	3.36
181.03	23.83	6.10	11.26	4.66	1.49
121.05	17.56	2.31	6.92	2.49	1.43
55.70	3.19	2.78	3.83	1.21	1.69
268.93	-6.72	0.10	4.66	-0.42	4.34
724.55	38.32	26.93	34.66	4.77	7.04
428.33	51.12	36.85	21.55	2.29	5.44
1374.69	260.73	181.01	95.77	0.40	13.85
65.56	1.59	4.94	13.95	-0.26	0.51
483.52	32.28	6.91	9.88	4.74	5.76
106.20	7.11	8.10	6.36	0.93	1.84
99.96	5.78	2.49	3.78	1.24	3.40
99.72	6.56	3.53	3.81	1.13	1.03
266.04	18.12	27.14	23.05	3.25	6.84
205.47	14.38	6.83	7.97	4.74	2.32
97.43	10.91	2.52	7.48	1.05	1.63
59.49	4.84	7.64	2.48	0.76	0.56
594.69	39.93	6.25	14.14	4.65	1.00
1080.50	107.79	40.41	64.39	19.37	10.94
481.75	106.88	121.91	62.41	10.99	8.36
219.41	6.46	4.30	4.14	5.69	1.46
326.22	25.39	16.95	14.82	3.89	3.71
821.73	79.88	31.95	39.64	13.47	10.85
1601.14	20.42	24.57	63.66	48.08	8.99
229.39	36.86	3.36	9.40	2.66	1.92
453.46	39.35	17.17	23.37	6.07	4.68
659.68	41.29	24.07	59.44	2.84	7.04
370.91	53.51	15.71	35.62	7.23	5.45
1883.55	198.82	31.57	62.90	6.58	11.13
410.90	19.68	9.74	33.94	3.14	5.28
584.38	44.19	20.95	41.84	4.00	6.99
3592.54	315.90	85.06	117.65	12.25	25.63
61.76	12.26	1.51	7.14	-0.20	0.91
54.31	11.67	0.34	3.90	0.91	0.89
115.00	10.73	0.24	1.41	1.13	0.46
21.28	8.82	0.47	3.27	0.07	0.47
1257.52	141.07	2.52	20.45	93.20	13.10
72.81	11.83	6.60	6.03	0.60	0.93
53.74	17.33	2.16	8.38	1.83	1.20

14-5 按行业分规模以上工业企业主要经济效益指标(2017年)
Main Indicators on Economic Benefits of Industrial Enterprises above Designated Size by Industrial Sector(2017)

单位：%　　　　(%)

行　业	Sector	总资产贡献率 Ratio of Profits, Taxes and Interests to Average Assets	资产负债率 Ratio of Debts to Assets	工业成本费用利润率 Ratio of Profits to Industrial Costs	产品销售率 Products Sales Rate
总　计	**Total**	**12.08**	**58.08**	**7.29**	**97.88**
煤炭开采和洗选业	Coal Mining and Dressing	11.16	69.65	5.60	98.87
石油和天然气开采业	Petroleum and Natural Gas Extraction	6.67	32.72	8.30	99.58
黑色金属矿采选业	Ferrous Metals Mining and Dressing	10.75	56.29	7.57	95.53
有色金属矿采选业	Nonferrous Metals Mining and Dressing	11.99	48.77	12.04	92.33
非金属矿采选业	Nonmetal Minerals Mining and Dressing	14.24	54.60	6.56	96.92
开采专业及辅助性活动	Mining and Support Activities	-0.71	37.62	-2.25	99.14
其他采矿业	Mining of Other Ores	6.21	71.15	32.57	100.00
农副食品加工业	Farm Byproducts Processing	18.14	50.76	5.01	97.81
食品制造业	Manufacture of Foods	19.57	39.61	8.01	98.81
酒、饮料和精制茶制造业	Manufacture of Liquor, Beverages and Refined Tea	22.50	36.30	13.10	95.51
烟草制品业	Manufacture of Tobacco	57.33	31.30	2.29	98.94
纺织业	Manufacture of Textile	18.23	42.66	5.75	99.00
纺织服装、服饰业	Manufacture of Textile, Wearing Apparel and Accessories	14.95	41.61	5.42	98.95
皮革、毛皮、羽毛及其制品和制鞋业	Manufacture of Leather, Fur, Feather and Related Products and Footwear	16.89	52.22	5.38	97.69
木材加工和木、竹、藤、棕、草制品业	Timber Processing, Bamboo, Cane, Palm Fiber and Straw Products	13.64	45.93	5.15	97.75
家具制造业	Manufacture of Furniture	15.97	47.94	5.54	96.44
造纸和纸制品业	Manufacture of Paper and Paper Products	13.54	63.30	5.48	96.25
印刷和记录媒介复制业	Printing and Reproduction of Recording Media	17.05	44.43	6.46	96.99
文教、工美、体育和娱乐用品制造业	Manufacture of Articles for Culture, Education, Arts and Crafts, Sport and Entertainment Activities	21.09	56.79	5.52	98.46
石油、煤炭及其他燃料加工业	Processing of Petroleum, Coal and Other Fuel	33.32	46.55	6.04	98.46
化学原料和化学制品制造业	Manufacture of Raw Chemical Materials and Chemical Products	10.72	53.56	6.87	95.79
医药制造业	Manufacture of Medicines	17.88	48.13	12.79	95.51
化学纤维制造业	Manufacture of Chemical Fibres	6.94	79.40	2.48	96.06
橡胶和塑料制品业	Manufacture of Rubber and Plastics Products	17.55	47.89	6.43	97.04
非金属矿物制品业	Manufacture of Non-metallic Mineral Products	14.71	52.01	6.61	97.54
黑色金属冶炼和压延加工业	Smelting and Pressing of Ferrous Metals	5.83	83.73	1.40	98.18
有色金属冶炼和压延加工业	Smelting and Pressing of Nonferrous Metals	11.66	48.52	7.99	96.74
金属制品业	Manufacture of Metal Products	16.32	51.37	6.05	97.65
通用设备制造业	Manufacture of General Purpose Machinery	11.35	60.43	5.48	97.77
专用设备制造业	Manufacture of Special Purpose Machinery	13.40	56.93	8.35	97.07
汽车制造业	Manufacture of Automobiles	19.37	61.38	8.75	97.99
铁路、船舶、航空航天和其他运输设备制造业	Manufacture of Railway, Ship, Aerospace and Other Transport Equipments	5.58	58.54	4.60	97.88
电气机械和器材制造业	Manufacture of Electrical Machinery and Apparatus	11.33	63.28	5.81	96.78
计算机、通信和其他电子设备制造业	Manufacture of Computers, Communication and Other Electronic Equipments	10.79	60.06	8.08	101.08
仪器仪表制造业	Manufacture of Measuring Instruments and Machinery	11.77	54.73	11.70	97.79
其他制造业	Other Manufactures	6.18	84.92	16.22	96.73
废弃资源综合利用业	Utilization of Waste Resources	44.97	66.20	8.25	97.08
金属制品、机械和设备修理业	Repair Service of Metal Products, Machinery and Equipment	16.00	43.25	32.91	99.96
电力、热力生产和供应业	Production and Supply of Electric and Heat Power	6.18	71.72	10.44	101.28
燃气生产和供应业	Production and Supply of Gas	10.37	57.75	11.91	96.92
水的生产和供应业	Production and Supply of Water	4.43	56.09	17.41	98.68

14-6 按行业分国有控股工业企业主要经济效益指标(2017年)

Main Indicators on Economic Benefits of State-holding Industrial Enterprises by Industrial Sector(2017)

单位：% (%)

行业	Sector	总资产贡献率 Ratio of Profits, Taxes and Interests to Average Assets	资产负债率 Ratio of Debts to Assets	工业成本费用利润率 Ratio of Profits to Industrial Costs	产品销售率 Products Sales Rate
总计	**Total**	**8.35**	**63.00**	**7.47**	**101.09**
煤炭开采和洗选业	Coal Mining and Dressing	7.78	82.92	7.40	97.59
石油和天然气开采业	Petroleum and Natural Gas Extraction	6.67	32.72	8.30	99.58
黑色金属矿采选业	Ferrous Metals Mining and Dressing	10.87	39.31	8.02	91.16
有色金属矿采选业	Nonferrous Metals Mining and Dressing	14.48	42.11	13.28	91.94
非金属矿采选业	Nonmetal Minerals Mining and Dressing	0.05	52.31	-3.80	89.98
开采专业及辅助性活动	Mining and Support Activities	-0.81	37.69	-2.35	99.13
其他采矿业	Mining of Other Ores				
农副食品加工业	Farm Byproducts Processing	20.27	75.97	5.27	100.74
食品制造业	Manufacture of Foods	18.28	60.46	8.52	97.03
酒、饮料和精制茶制造业	Manufacture of Liquor, Beverages and Refined Tea	21.53	27.58	23.06	96.32
烟草制品业	Manufacture of Tobacco	57.35	31.26	2.30	98.91
纺织业	Manufacture of Textile	16.26	39.17	3.46	101.04
纺织服装、服饰业	Manufacture of Textile, Wearing Apparel and Accessories	4.89	46.46	1.20	106.32
皮革、毛皮、羽毛及其制品和制鞋业	Manufacture of Leather, Fur, Feather and Related Products and Footwear				
木材加工和木、竹、藤、棕、草制品业	Timber Processing, Bamboo, Cane, Palm Fiber and Straw Products	8.40	90.28	1.41	98.62
家具制造业	Manufacture of Furniture				
造纸和纸制品业	Manufacture of Paper and Paper Products	2.78	102.04	0.43	94.00
印刷和记录媒介复制业	Printing and Reproduction of Recording Media	13.83	20.35	18.44	92.64
文教、工美、体育和娱乐用品制造业	Manufacture of Articles for Culture, Education, Arts and Crafts, Sport and Entertainment Activities	16.17	74.89	5.66	104.21
石油、煤炭及其他燃料加工业	Processing of Petroleum, Coal and Other Fuel	33.40	35.75	7.18	98.39
化学原料和化学制品制造业	Manufacture of Raw Chemical Materials and Chemical Products	7.03	61.46	4.41	93.53
医药制造业	Manufacture of Medicines	17.94	40.45	24.70	94.91
化学纤维制造业	Manufacture of Chemical Fibres	5.18	83.41	1.26	95.09
橡胶和塑料制品业	Manufacture of Rubber and Plastics Products	6.83	57.90	2.23	98.13
非金属矿物制品业	Manufacture of Non-metallic Mineral Products	10.23	63.42	8.15	93.88
黑色金属冶炼和压延加工业	Smelting and Pressing of Ferrous Metals	3.79	81.47	-0.21	98.83
有色金属冶炼和压延加工业	Smelting and Pressing of Nonferrous Metals	6.44	59.02	3.18	99.49
金属制品业	Manufacture of Metal Products	4.48	52.86	1.93	97.29
通用设备制造业	Manufacture of General Purpose Machinery	3.69	75.34	2.58	99.21
专用设备制造业	Manufacture of Special Purpose Machinery	5.54	79.62	5.62	90.88
汽车制造业	Manufacture of Automobiles	21.00	63.82	10.54	98.30
铁路、船舶、航空航天和其他运输设备制造业	Manufacture of Railway, Ship, Aerospace and Other Transport Equipments	2.08	68.02	0.63	97.39
电气机械和器材制造业	Manufacture of Electrical Machinery and Apparatus	3.62	100.80	3.37	99.63
计算机、通信和其他电子设备制造业	Manufacture of Computers, Communication and Other Electronic Equipments	3.55	63.67	2.25	133.08
仪器仪表制造业	Manufacture of Measuring Instruments and Machinery	6.54	54.53	9.60	100.01
其他制造业	Other Manufactures	5.07	88.20	18.32	99.43
废弃资源综合利用业	Utilization of Waste Resources	16.32	67.44	15.52	89.90
金属制品、机械和设备修理业	Repair Service of Metal Products, Machinery and Equipment	17.99	46.24	34.42	99.95
电力、热力生产和供应业	Production and Supply of Electric and Heat Power	6.26	72.37	10.42	101.35
燃气生产和供应业	Production and Supply of Gas	7.74	61.52	11.79	97.81
水的生产和供应业	Production and Supply of Water	4.8	49.83	19.75	98.41

14-7 按行业分大中型工业企业主要经济效益指标(2017年)
Main Indicators on Economic Benefits of Large and Medium-sized Industrial Enterprises by Industrial Sector(2017)

单位：%　　(%)

行　业	Sector	总资产贡献率 Ratio of Profits, Taxes and Interests to Average Assets	资产负债率 Ratio of Debts to Assets	工业成本费用利润率 Ratio of Profits to Industrial Costs	产品销售率 Products Sales Rate
总　计	**Total**	**12.30**	**57.06**	**8.33**	**98.33**
煤炭开采和洗选业	Coal Mining and Dressing	9.45	75.06	6.42	99.03
石油和天然气开采业	Petroleum and Natural Gas Extraction	6.08	34.18	6.17	99.42
黑色金属矿采选业	Ferrous Metals Mining and Dressing	11.46	51.26	11.69	95.26
有色金属矿采选业	Nonferrous Metals Mining and Dressing	14.49	43.52	13.09	93.39
非金属矿采选业	Nonmetal Minerals Mining and Dressing	10.20	61.60	4.79	96.76
开采专业及辅助性活动	Mining and Support Activities	-0.81	37.69	-2.35	99.13
其他采矿业	Mining of Other Ores				
农副食品加工业	Farm Byproducts Processing	18.14	50.00	4.78	96.52
食品制造业	Manufacture of Foods	23.83	39.36	10.37	100.12
酒、饮料和精制茶制造业	Manufacture of Liquor, Beverages and Refined Tea	21.60	35.27	15.67	94.74
烟草制品业	Manufacture of Tobacco	61.78	27.39	1.76	98.86
纺织业	Manufacture of Textile	19.17	40.12	6.38	99.19
纺织服装、服饰业	Manufacture of Textile, Wearing Appare and Accessories	13.33	42.53	5.80	100.02
皮革、毛皮、羽毛及其制品和制鞋业	Manufacture of Leather, Fur, Feather and Related Products and Footwear	11.92	55.64	5.37	97.93
木材加工和木、竹、藤、棕、草制品业	Timber Processing, Bamboo, Cane, Palm Fiber and Straw Products	12.65	39.54	6.06	99.35
家具制造业	Manufacture of Furniture	16.65	49.35	5.65	95.88
造纸和纸制品业	Manufacture of Paper and Paper Products	12.31	66.17	6.36	96.05
印刷和记录媒介复制业	Printing and Reproduction of Recording Media	16.73	35.50	10.02	97.75
文教、工美、体育和娱乐用品制造业	Manufacture of Articles for Culture, Education, Arts and Crafts, Sport and Entertainment Activities	27.44	65.35	6.83	101.42
石油、煤炭及其他燃料加工业	Processing of Petroleum, Coal and Other Fuel	34.66	45.76	6.43	98.22
化学原料和化学制品制造业	Manufacture of Raw Chemical Materials and Chemical Products	10.88	52.01	8.88	96.16
医药制造业	Manufacture of Medicines	18.53	46.14	15.56	95.13
化学纤维制造业	Manufacture of Chemical Fibres	7.32	80.80	2.72	95.85
橡胶和塑料制品业	Manufacture of Rubber and Plastics Products	15.56	49.26	6.93	97.60
非金属矿物制品业	Manufacture of Non-metallic Mineral Products	13.75	45.75	8.77	97.61
黑色金属冶炼和压延加工业	Smelting and Pressing of Ferrous Metals	5.40	85.54	1.13	99.13
有色金属冶炼和压延加工业	Smelting and Pressing of Nonferrous Metals	12.45	36.84	14.01	97.27
金属制品业	Manufacture of Metal Products	16.56	49.40	7.85	98.56
通用设备制造业	Manufacture of General Purpose Machinery	7.01	65.69	5.50	98.75
专用设备制造业	Manufacture of Special Purpose Machinery	13.03	61.08	12.30	96.14
汽车制造业	Manufacture of Automobiles	21.04	62.56	9.85	98.29
铁路、船舶、航空航天和其他运输设备制造业	Manufacture of Railway, Ship, Aerospace and Other Transport Equipments	4.03	60.58	4.26	97.11
电气机械和器材制造业	Manufacture of Electrical Machinery and Apparatus	10.16	58.29	6.69	97.94
计算机、通信和其他电子设备制造业	Manufacture of Computers, Communication and Other Electronic Equipments	10.68	60.98	8.27	101.68
仪器仪表制造业	Manufacture of Measuring Instruments and Machinery	13.08	53.97	17.27	98.71
其他制造业	Other Manufactures	5.75	86.72	19.27	96.63
废弃资源综合利用业	Utilization of Waste Resources	75.57	69.11	9.10	97.58
金属制品、机械和设备修理业	Repair Service of Metal Products, Machinery and Equipment	17.99	46.24	34.42	99.95
电力、热力生产和供应业	Production and Supply of Electric and Heat Power	8.07	68.43	10.21	100.37
燃气生产和供应业	Production and Supply of Gas	14.09	55.41	12.95	99.62
水的生产和供应业	Production and Supply of Water	4.16	52.55	24.74	99.75

14-8 各市(州)规模以上工业企业主要指标
Main Indicators of Industrial Enterprises above Designated Size by Region

单位：亿元 (100 million yuan)

年　份 / 市(州)	Year / Region	企业单位数(个) Number of Enterprises (unit)	资产总计 Total Assets	流动资产合计 Total Current Assets	固定资产原价 Original Value of Fixed Assets	负债合计 Total Liabilities	流动负债合计 Total Current Liabilities	所有者权益合计 Owners' Equities
1998		4980	3901.41	1697.45	2333.82	2533.99	1674.19	1367.42
1999		4538	4468.41	1753.12	2915.58	2845.91	1701.77	1622.50
2000		4394	4586.11	1845.51	2917.04	2955.77	1773.71	1630.26
2001		4572	4862.54	1980.49	3115.87	3054.15	1919.52	1808.39
2002		4908	5245.63	2130.16	3204.04	3239.96	2054.99	2005.67
2003		5448	6024.49	2476.34	3658.81	3696.53	2418.37	2326.96
2004		7413	6817.78	2874.36	4346.45	4306.81	2970.85	2510.36
2005		7959	7908.62	3309.89	4845.07	4934.81	3354.28	2966.06
2006		8995	9182.08	3890.88	5289.43	5588.76	3766.54	3589.27
2007		10709	11690.21	4971.06	6769.68	6956.94	4792.47	4733.27
2008		13725	15589.47	6458.42	8042.60	9241.79	6228.80	6347.68
2009		13267	17986.99	7447.84	10073.14	10832.20	7126.69	7077.73
2010		13706	22564.76	9321.70	13695.10	13889.83	9502.58	8571.93
2011		12085	26113.61	11248.78	15442.86	15991.15	11119.10	10049.11
2012		12719	30362.89	13344.68	17035.75	18721.46	12768.70	11471.16
2013		12998	36239.56	14841.33	20574.50	22204.87	13935.65	13491.64
2014		13267	38359.92	15900.10	23620.98	23413.64	15559.93	14703.51
2015		13525	40401.38	16015.98	24412.86	24238.90	15127.72	16075.60
2016		13819	41514.58	17075.54	28317.19	24234.79	15879.88	17167.51
2017		13904	43253.61	18472.38	27148.14	25120.16	16893.84	18033.84
成都市	Chengdu	3630	12110.16	7163.31	4676.60	6632.52	5496.56	5468.42
自贡市	Zigong	534	975.54	595.95	467.71	551.27	446.36	424.26
攀枝花市	Panzhihua	324	2331.22	777.84	1321.85	1632.05	1209.89	699.17
泸州市	Luzhou	663	1222.20	580.27	620.21	619.04	509.69	601.16
德阳市	Deyang	1375	2527.93	1587.40	1002.27	1537.17	1339.01	986.00
绵阳市	Mianyang	973	2738.11	1412.37	1096.32	1725.38	1337.72	1011.48
广元市	Guangyuan	466	752.25	220.46	661.66	452.44	225.28	299.70
遂宁市	Suining	521	936.07	389.36	515.53	351.06	212.76	574.58
内江市	Neijiang	317	754.99	333.21	1061.69	538.15	475.72	215.94
乐山市	Leshan	624	2003.05	694.15	1414.82	1206.45	684.58	796.60
南充市	Nanchong	722	1392.33	499.81	961.50	556.67	242.72	814.51
眉山市	Meishan	586	896.13	402.90	534.08	453.09	298.40	423.36
宜宾市	Yibin	695	2797.60	1630.86	1350.47	1338.80	999.22	1458.01
广安市	Guangan	509	678.88	236.45	475.60	365.29	210.75	309.79
达州市	Dazhou	560	1038.74	326.23	932.71	606.83	394.80	431.21
雅安市	Yaan	315	1264.89	247.57	1122.42	890.32	318.35	352.71
巴中市	Bazhong	290	239.51	81.72	123.72	119.98	69.72	117.10
资阳市	Ziyang	323	511.65	266.94	239.30	296.42	220.64	215.23
阿坝藏族羌族自治州	Aba	110	606.66	114.43	536.89	431.83	185.65	174.83
甘孜藏族自治州	Ganzi	55	1081.35	72.92	977.71	847.36	174.47	233.99
凉山彝族自治州	Liangshan	307	2517.03	399.39	2138.28	1817.11	559.27	699.40

14-8 续表 continued

单位：亿元 (100 million yuan)

年 份 市(州)	Year Region	主营业务收入 Revenue from Principal Business	主营业务成本 Cost of Principal Business	利润总额 Total Profits	销售费用 Selling Expenses	管理费用 Administrative Expenses	财务费用 Finacial Expenses	全部从业人员年平均人数(万人) Annual Average Employed Persons (10 000 persons)
1998				39.70				252.79
1999				26.42				230.03
2000				71.32	108.44	176.02	83.66	208.00
2001				84.77	122.97	186.07	85.31	195.97
2002				122.60	142.26	201.11	87.73	191.62
2003				153.08	171.10	248.74	89.92	201.62
2004		4633.36	3766.65	188.51	193.15	331.01	94.23	209.77
2005		6008.12	4900.53	326.65	232.70	339.09	99.44	219.00
2006		7711.35	6296.60	448.07	273.72	403.63	125.36	233.53
2007		10611.52	8572.00	700.05	351.30	539.95	162.84	257.46
2008		14286.43	11748.93	844.56	454.09	720.06	237.69	297.54
2009		17486.41	14400.22	1123.48	535.53	845.01	216.60	311.38
2010		23062.82	19003.96	1661.85	699.15	1215.96	292.99	351.67
2011		29887.91	24721.71	2197.84	823.18	1334.58	403.76	380.48
2012		31427.16	25755.76	2333.76	906.74	1385.65	506.12	391.44
2013		35686.14	29660.84	2328.99	1006.62	1498.64	569.61	385.05
2014		38063.87	31963.29	2237.00	1102.91	1494.21	696.40	374.10
2015		38645.91	32514.83	2171.26	1157.77	1592.69	690.41	354.47
2016		41529.25	34935.31	2339.82	1296.99	1674.17	616.15	335.48
2017		41631.26	34660.03	2824.26	1313.40	1718.32	565.54	318.97
成都市	Chengdu	12488.88	10197.96	994.19	438.11	548.18	77.37	92.15
自贡市	Zigong	1521.51	1272.47	76.21	57.62	76.39	22.51	10.87
攀枝花市	Panzhihua	1737.10	1536.25	89.04	25.35	60.02	35.87	10.78
泸州市	Luzhou	1610.82	1287.66	118.17	85.18	57.25	15.05	11.16
德阳市	Deyang	3321.28	2780.14	250.10	103.72	128.17	19.76	22.25
绵阳市	Mianyang	2737.43	2347.61	141.94	101.86	111.51	31.69	20.40
广元市	Guangyuan	885.28	748.64	59.23	22.62	27.48	14.83	6.20
遂宁市	Suining	1487.89	1249.51	115.81	31.53	38.90	10.92	10.45
内江市	Neijiang	1050.46	948.08	33.64	20.01	30.55	16.64	9.84
乐山市	Leshan	1355.22	1134.46	84.09	39.26	55.37	31.89	13.33
南充市	Nanchong	2320.04	1889.07	165.75	92.55	105.25	36.00	20.02
眉山市	Meishan	1210.35	1042.69	73.46	37.12	42.79	10.78	10.58
宜宾市	Yibin	2562.54	2072.26	247.48	83.96	95.14	20.89	19.11
广安市	Guangan	1566.76	1403.67	67.11	30.09	37.44	9.15	8.72
达州市	Dazhou	1079.05	921.31	51.10	30.63	48.40	16.97	10.65
雅安市	Yaan	481.82	390.37	29.63	14.10	17.91	30.43	4.37
巴中市	Bazhong	587.79	477.26	22.53	40.92	34.02	4.28	4.53
资阳市	Ziyang	840.78	665.30	45.70	31.67	88.62	8.55	8.82
阿坝藏族羌族自治州	Aba	172.96	142.06	6.54	3.15	6.72	16.07	1.38
甘孜藏族自治州	Ganzi	87.26	50.74	7.47	0.65	3.01	18.52	0.76
凉山彝族自治州	Liangshan	866.93	653.18	94.64	21.78	34.58	66.83	6.59

14-9 各市(州)规模以上工业企业资产总计
Total Assets of Industial Enterprises above Designated Size by Region

单位：亿元 (100 million yuan)

市(州)	Region	2010	2011	2012	2013	2014	2015	2016	2017
全　省	**Sichuan**	**22564.76**	**26113.61**	**30362.89**	**36239.56**	**38359.92**	**40401.38**	**41514.58**	**43253.61**
成都市	Chengdu	5531.83	6597.29	10255.39	12606.49	10627.48	10952.40	11382.46	12110.16
自贡市	Zigong	675.84	786.14	910.50	1067.68	1099.62	1040.01	1051.47	975.54
攀枝花市	Panzhihua	1773.22	2206.33	2594.04	2099.09	2129.96	2273.42	2200.59	2331.22
泸州市	Luzhou	589.12	706.87	917.75	1117.77	1056.03	1059.23	1130.09	1222.20
德阳市	Deyang	2222.87	2103.38	2220.11	2356.22	2424.44	2330.88	2534.85	2527.93
绵阳市	Mianyang	1335.78	1659.14	1863.31	2163.59	2313.05	2364.58	2540.05	2738.11
广元市	Guangyuan	263.17	301.21	366.28	496.47	604.53	692.97	696.75	752.25
遂宁市	Suining	300.06	460.07	509.24	585.87	697.87	724.94	821.21	936.07
内江市	Neijiang	570.38	660.35	830.92	974.72	933.72	911.94	889.86	754.99
乐山市	Leshan	1277.76	1397.40	1592.99	1706.68	1785.78	1871.47	1999.56	2003.05
南充市	Nanchong	815.41	905.07	1028.00	1159.52	1225.44	1337.25	1502.81	1392.33
眉山市	Meishan	504.43	576.04	685.34	818.45	828.49	869.67	908.61	896.13
宜宾市	Yibin	1253.48	1552.22	1828.50	2759.05	2149.60	2678.36	2531.87	2797.60
广安市	Guangan	299.75	385.60	451.61	512.28	614.99	644.00	669.21	678.88
达州市	Dazhou	765.39	780.81	853.28	960.79	925.43	1445.50	1031.77	1038.74
雅安市	Yaan	771.62	773.22	881.52	948.93	952.92	1179.27	1207.52	1264.89
巴中市	Bazhong	63.78	87.74	94.95	120.81	173.64	201.35	219.96	239.51
资阳市	Ziyang	466.08	604.96	704.17	817.91	887.33	598.63	501.57	511.65
阿坝藏族羌族自治州	Aba	351.30	389.67	517.15	503.39	534.05	568.78	592.66	606.66
甘孜藏族自治州	Ganzi	197.76	278.35	303.68	354.88	372.28	764.21	826.89	1081.35
凉山彝族自治州	Liangshan	661.97	778.15	954.15	2108.97	2376.50	2924.62	2464.44	2517.03

14-10 各市(州)规模以上工业企业主营业务收入
Principal Business Revenue of Industial Enterprises above Designated Size by Region

单位：亿元 (100 million yuan)

市(州)	Region	2010	2011	2012	2013	2014	2015	2016	2017
全 省	**Sichuan**	**23062.82**	**29887.91**	**31427.16**	**35686.14**	**38063.87**	**38645.91**	**41529.25**	**41631.26**
成都市	Chengdu	5626.12	7214.33	9341.43	10783.98	10234.61	10726.37	11864.26	12488.88
自贡市	Zigong	1085.33	1288.07	1323.18	1513.11	1605.30	1664.04	1735.65	1521.51
攀枝花市	Panzhihua	1060.96	1228.72	1356.70	1627.64	1581.22	1495.90	1554.08	1737.10
泸州市	Luzhou	1020.49	1306.18	1140.27	1404.23	1365.02	1447.72	1604.04	1610.82
德阳市	Deyang	1488.66	1970.55	2128.80	2406.47	2658.70	2826.05	3267.50	3321.28
绵阳市	Mianyang	1275.97	1705.12	1811.13	1979.56	2115.45	2307.29	2450.81	2737.43
广元市	Guangyuan	320.47	458.95	566.69	618.27	688.20	732.28	815.11	885.28
遂宁市	Suining	640.75	1045.47	1040.53	1176.50	1297.66	1179.87	1305.63	1487.89
内江市	Neijiang	1286.38	1637.68	1434.36	1652.69	1632.91	1618.27	1733.46	1050.46
乐山市	Leshan	1168.93	1362.28	1346.71	1512.64	1576.94	1525.24	1702.21	1355.22
南充市	Nanchong	1129.95	1331.08	1551.26	1834.82	1940.42	2181.35	2460.74	2320.04
眉山市	Meishan	743.40	1022.45	833.87	1010.21	1183.61	1318.39	1480.72	1210.35
宜宾市	Yibin	1272.74	1789.29	1846.21	1860.20	1927.34	2078.77	2253.25	2562.54
广安市	Guangan	605.56	886.50	972.47	1136.35	1244.59	1383.33	1561.45	1566.76
达州市	Dazhou	882.08	1062.59	1005.78	1077.39	1129.35	1365.55	945.07	1079.05
雅安市	Yaan	288.81	381.35	375.27	378.16	409.16	417.10	462.93	481.82
巴中市	Bazhong	170.93	285.35	306.31	363.08	452.11	512.12	568.32	587.79
资阳市	Ziyang	1161.85	1563.82	1740.55	1911.51	1980.42	1169.82	997.99	840.78
阿坝藏族羌族自治州	Aba	78.89	104.54	135.44	138.87	169.20	186.26	201.42	172.96
甘孜藏族自治州	Ganzi	43.55	49.94	59.53	68.80	55.79	54.63	59.88	87.26
凉山彝族自治州	Liangshan	615.98	934.29	1110.66	1231.64	1222.13	1074.56	1062.30	866.93

14–11 各市(州)规模以上工业企业利润总额

Total Profits of Industial Enterprises above Designated Size by Region

单位：亿元 (100 million yuan)

市(州)	Region	2010	2011	2012	2013	2014	2015	2016	2017
全　省	**Sichuan**	**1661.85**	**2197.84**	**2333.76**	**2328.99**	**2237.00**	**2171.26**	**2339.82**	**2824.26**
成都市	Chengdu	391.64	501.64	643.67	672.15	718.76	510.98	845.01	994.19
自贡市	Zigong	65.00	86.54	81.37	77.93	75.61	76.08	71.50	76.21
攀枝花市	Panzhihua	49.89	74.58	38.59	60.29	45.57	19.44	-111.60	89.04
泸州市	Luzhou	92.11	135.05	140.15	122.36	87.65	103.42	119.93	118.17
德阳市	Deyang	120.84	154.79	154.85	152.77	84.67	180.57	235.64	250.10
绵阳市	Mianyang	93.93	122.22	106.51	99.15	102.60	101.00	125.16	141.94
广元市	Guangyuan	14.50	25.01	33.92	31.71	31.81	35.67	43.00	59.23
遂宁市	Suining	48.31	84.81	81.81	86.60	76.99	69.01	78.72	115.81
内江市	Neijiang	73.25	106.97	78.29	95.61	75.22	71.98	67.01	33.64
乐山市	Leshan	99.31	96.35	88.17	78.79	44.70	63.59	81.11	84.09
南充市	Nanchong	80.18	102.32	132.37	123.22	133.49	156.58	176.71	165.75
眉山市	Meishan	45.64	91.48	67.49	67.99	70.81	80.76	92.73	73.46
宜宾市	Yibin	148.41	209.36	240.62	221.60	177.25	207.92	198.08	247.48
广安市	Guangan	30.19	42.56	52.39	60.83	54.64	52.24	65.56	67.11
达州市	Dazhou	41.49	63.01	77.29	89.47	95.78	120.99	13.99	51.10
雅安市	Yaan	29.15	34.38	36.36	31.03	30.67	32.24	30.36	29.63
巴中市	Bazhong	3.00	10.76	7.32	9.58	13.84	16.95	20.19	22.53
资阳市	Ziyang	92.54	120.24	159.02	161.28	141.95	83.47	56.85	45.70
阿坝藏族羌族自治州	Aba	13.71	14.90	12.25	-0.28	7.55	7.88	9.66	6.54
甘孜藏族自治州	Ganzi	13.62	16.68	12.53	12.95	6.74	6.60	2.16	7.47
凉山彝族自治州	Liangshan	70.34	100.23	88.81	73.95	96.86	97.39	77.46	94.64

14-12 各市(州)国有控股工业企业主要指标
Main Indicators of State-holding Industrial Enterprises by Region

单位：亿元 (100 million yuan)

年 份 市(州)	Year Region	企业单位数(个) Number of Enterprises (unit)	资产总计 Total Assets	流动资产合计 Total Current Assets	固定资产原价 Original Value of Fixed Assets	负债合计 Total Liabilities	流动负债合计 Total Current Liabilities	所有者权益合计 Owners' Equities
1998		2372	3080.34	1314.34	1923.21	1994.47	1252.47	1085.87
1999		2065	3548.38	1328.96	2442.68	2258.93	1244.29	1289.45
2000		1699	3522.23	1347.30	2383.24	2299.29	1260.77	1222.86
2001		1485	3616.84	1392.49	2506.88	2315.25	1348.07	1301.58
2002		1324	3709.04	1409.16	2442.48	2347.13	1358.96	1361.91
2003		1065	3846.39	1455.26	2627.61	2450.16	1470.03	1396.23
2004		1057	3801.84	1405.99	2896.33	2529.36	1566.75	1271.88
2005		928	4473.03	1683.30	3260.59	2877.77	1795.29	1587.51
2006		933	5109.55	1943.60	3428.41	3232.76	1952.59	1872.75
2007		878	6325.71	2448.14	4366.82	4019.44	2453.22	2306.27
2008		1006	8515.93	3098.43	4606.00	5401.06	3214.03	3114.87
2009		971	9499.46	3572.94	5401.57	6137.14	3674.12	3347.13
2010		921	11429.22	4134.86	6655.41	7641.93	4772.31	3777.87
2011		851	13189.13	4918.31	7338.88	8752.85	5711.90	4414.98
2012		888	14797.73	5412.38	8398.72	9864.31	5976.14	4906.05
2013		914	17343.43	5635.05	9389.16	11568.57	6094.28	5486.79
2014		929	19021.19	6100.45	12137.96	12496.96	7169.81	6520.19
2015		978	20092.37	5901.10	13221.06	13318.05	6951.52	6762.66
2016		977	20086.48	6469.21	15716.10	13128.84	7461.16	6958.39
2017		970	20947.40	6869.82	15983.97	13195.98	7615.47	7738.08
成都市	Chengdu	262	3673.71	1790.52	1779.57	2110.30	1612.33	1562.75
自贡市	Zigong	23	345.03	234.15	117.71	207.47	189.42	137.56
攀枝花市	Panzhihua	28	1549.16	412.72	977.12	1095.13	785.40	454.03
泸州市	Luzhou	32	505.67	232.69	272.56	270.67	209.10	235.01
德阳市	Deyang	44	850.81	631.08	356.30	666.45	594.64	188.16
绵阳市	Mianyang	68	1413.49	795.85	538.37	982.14	767.60	431.34
广元市	Guangyuan	39	452.71	90.11	377.82	306.61	121.24	146.10
遂宁市	Suining	14	151.07	54.37	129.74	72.22	39.03	78.85
内江市	Neijiang	16	109.81	38.75	122.61	59.59	42.26	50.22
乐山市	Leshan	41	578.78	110.44	517.40	453.07	135.62	125.71
南充市	Nanchong	44	215.89	66.14	142.93	114.53	46.68	101.36
眉山市	Meishan	28	146.46	56.34	120.69	90.46	56.21	56.01
宜宾市	Yibin	68	2015.66	1291.71	749.31	930.28	722.60	1085.38
广安市	Guangan	23	246.70	49.38	263.01	151.32	68.64	95.38
达州市	Dazhou	30	525.48	155.35	530.85	273.92	147.23	251.56
雅安市	Yaan	36	865.25	99.23	916.16	664.71	176.90	184.07
巴中市	Bazhong	26	47.93	15.49	32.32	30.06	18.30	17.87
资阳市	Ziyang	11	69.16	38.65	31.61	54.86	44.54	14.30
阿坝藏族羌族自治州	Aba	22	356.25	36.67	356.16	265.34	78.25	90.91
甘孜藏族自治州	Ganzi	29	969.69	42.24	906.62	766.02	147.14	203.67
凉山彝族自治州	Liangshan	81	1981.37	189.11	1828.30	1479.92	330.09	501.45

14-12 续表 continued

单位：亿元 (100 million yuan)

年 份 Year / 市(州) Region		主营业务收入 Revenue from Principal Business	主营业务成本 Cost of Principal Business	利润总额 Total Profits	销售费用 Selling Expenses	管理费用 Administrative Expenses	财务费用 Finacial Expenses	全部从业人员年平均人数(万人) Annual Average Employed Persons (10 000 persons)
1998				23.27				179.70
1999				6.76				159.84
2000				37.79	59.06	127.13	59.91	132.09
2001				45.04	63.59	127.69	62.90	117.57
2002				63.32	66.96	130.07	62.50	101.76
2003				67.58	70.76	149.22	58.32	93.67
2004		1925.02	1507.99	97.70	56.97	158.71	49.84	79.11
2005		2506.44	1969.58	166.71	87.39	176.68	47.14	80.00
2006		3135.60	2471.32	216.68	100.48	201.13	66.56	82.44
2007		3926.09	3096.90	305.85	115.92	252.67	83.51	83.86
2008		4765.38	3874.58	198.13	130.93	317.73	117.20	87.08
2009		5296.72	4221.47	295.09	160.93	332.65	94.77	88.01
2010		6424.93	5132.85	478.18	180.37	385.65	116.79	90.16
2011		7895.50	6308.18	538.74	210.08	436.12	162.69	93.40
2012		8689.36	6962.15	589.29	227.66	470.30	210.67	97.05
2013		9545.34	7714.20	506.85	250.77	535.89	245.77	98.20
2014		9989.33	8099.70	484.94	257.91	495.14	339.84	97.64
2015		9746.25	7882.09	565.95	234.73	475.71	342.38	89.41
2016		9757.21	7872.16	460.69	276.22	494.39	294.98	81.97
2017		10299.10	8263.04	713.81	282.30	515.03	267.65	76.11
成都市	Chengdu	2585.29	1995.76	184.93	56.52	129.77	17.68	14.44
自贡市	Zigong	202.90	171.93	6.49	5.48	16.70	-0.52	1.60
攀枝花市	Panzhihua	706.53	620.96	32.17	9.11	35.14	22.49	5.39
泸州市	Luzhou	243.31	148.55	29.36	28.83	18.88	6.32	2.10
德阳市	Deyang	373.89	302.42	17.45	10.06	34.81	1.82	3.36
绵阳市	Mianyang	1134.34	988.31	27.64	56.93	52.40	15.38	7.51
广元市	Guangyuan	189.87	145.54	20.55	3.88	7.93	10.31	1.51
遂宁市	Suining	101.68	78.19	14.23	2.28	4.89	1.63	0.92
内江市	Neijiang	56.23	50.51	0.63	1.35	3.81	1.33	0.66
乐山市	Leshan	157.75	121.94	15.85	2.80	8.36	11.64	1.52
南充市	Nanchong	101.55	78.81	8.19	3.48	6.78	3.57	1.65
眉山市	Meishan	110.67	95.54	6.22	2.57	5.90	1.96	1.05
宜宾市	Yibin	1386.00	1089.03	173.22	52.85	49.27	2.75	8.72
广安市	Guangan	89.57	74.06	8.58	2.10	6.49	2.85	1.26
达州市	Dazhou	176.56	126.34	14.98	4.34	18.27	7.22	1.92
雅安市	Yaan	162.82	115.10	14.62	5.09	4.94	23.42	0.92
巴中市	Bazhong	132.42	92.72	3.43	19.74	11.12	0.70	0.71
资阳市	Ziyang	57.07	51.96	-2.53	2.23	5.17	1.05	0.95
阿坝藏族羌族自治州	Aba	64.46	48.85	4.31	0.21	1.75	10.85	0.40
甘孜藏族自治州	Ganzi	75.63	42.68	6.56	0.42	1.85	17.08	0.60
凉山彝族自治州	Liangshan	531.46	374.50	76.48	10.50	20.17	57.58	2.94

14-13 各市(州)大中型工业企业主要指标
Main Indicators of Large and Medium-Sized Industrial Enterprises by Region

单位：亿元 (100 million yuan)

年 份 / 市(州)	Year / Region	企业单位数(个) Number of Enterprises (unit)	资产总计 Total Assets	流动资产合计 Total Current Assets	固定资产原价 Original Value of Fixed Assets	负债合计 Total Liabilities	流动负债合计 Total Current Liabilities	所有者权益合计 Owners' Equities
1998		870	2938.50	1300.17	1778.60	1854.56	1179.64	1083.94
1999		836	3574.60	1379.53	2398.73	2225.70	1241.21	1348.91
2000		783	3607.02	1421.73	2374.75	2305.85	1285.79	1301.09
2001		884	3918.90	1572.97	2574.24	2438.89	1466.63	1480.01
2002		972	4231.06	1690.32	2641.97	2593.73	1585.30	1637.34
2003		843	4707.48	1943.03	2910.60	2886.08	1874.30	1821.40
2004		909	4879.50	2088.53	3314.60	3112.58	958.57	1766.31
2005		984	5689.02	2452.25	3700.42	3565.22	2464.06	2116.05
2006		1050	6557.26	2823.62	3821.43	3986.70	2762.09	2566.51
2007		1228	8427.97	3666.10	4949.00	5031.63	3496.33	3396.35
2008		1423	10881.79	4556.76	5376.74	6566.77	4462.80	4315.03
2009		1603	12490.71	5346.84	6630.78	7638.68	5156.30	4812.08
2010		1989	15940.79	6874.81	9124.91	9956.92	6872.76	5935.53
2011		2790	19695.11	8621.32	11471.96	12187.05	8752.14	7446.71
2012		2769	21074.33	9714.15	11876.04	13376.19	9429.04	7651.59
2013		2635	26044.06	10838.81	14662.95	15808.26	10227.38	9811.84
2014		2521	26729.05	11240.43	16652.47	16336.70	11425.02	10347.35
2015		2386	26696.01	10992.73	15942.04	16178.16	10825.60	10516.84
2016		2260	27213.60	11722.69	19123.53	15622.92	10906.63	11590.68
2017		2100	28652.69	12821.14	18183.64	16348.27	11891.39	12304.42
成都市	Chengdu	617	8390.05	5014.92	3358.99	4421.09	3737.26	3968.96
自贡市	Zigong	80	661.04	416.65	295.25	399.66	313.57	261.38
攀枝花市	Panzhihua	47	1889.13	602.80	1112.02	1360.97	1054.49	528.17
泸州市	Luzhou	75	822.05	391.94	419.95	433.92	354.50	388.14
德阳市	Deyang	125	1722.29	1142.36	602.77	1108.40	1003.92	613.89
绵阳市	Mianyang	105	1939.91	1051.87	655.19	1273.86	1029.23	666.05
广元市	Guangyuan	45	272.54	102.67	253.57	200.96	129.88	71.57
遂宁市	Suining	85	585.65	234.09	338.94	212.05	119.97	373.60
内江市	Neijiang	84	527.33	241.05	801.51	421.64	385.20	105.68
乐山市	Leshan	123	1194.88	469.43	737.85	649.49	419.17	545.38
南充市	Nanchong	201	789.08	291.24	564.96	291.98	130.23	497.10
眉山市	Meishan	86	385.99	175.97	266.99	190.49	132.85	195.50
宜宾市	Yibin	126	2293.85	1414.94	1088.94	1120.32	840.90	1173.53
广安市	Guangan	59	336.98	105.36	288.84	198.66	105.78	138.31
达州市	Dazhou	71	724.09	210.11	687.59	428.71	285.18	295.38
雅安市	Yaan	25	184.26	88.09	74.41	99.88	75.81	84.38
巴中市	Bazhong	26	65.04	22.20	40.68	30.54	17.35	34.50
资阳市	Ziyang	59	323.26	167.09	163.70	198.61	154.95	124.66
阿坝藏族羌族自治州	Aba	8	74.40	34.14	54.11	39.55	30.98	34.85
甘孜藏族自治州	Ganzi	5	41.94	8.96	35.79	12.27	8.22	29.67
凉山彝族自治州	Liangshan	43	1551.62	196.46	1424.78	1104.29	279.69	447.33

14—13 续表 continued

单位：亿元 (100 million yuan)

年 份 市(州)	Year Region	主营业务收入 Revenue from Principal Business	主营业务成本 Cost of Principal Business	利润总额 Total Profits	销售费用 Selling Expenses	管理费用 Administrative Expenses	财务费用 Finacial Expenses	全部从业人员年平均人数(万人) Annual Average Employed Persons (10 000 persons)
1998				46.47				160.77
1999				26.68				149.23
2000				57.64	74.82	127.11	62.28	126.57
2001				71.57	88.78	139.58	67.83	119.39
2002				99.72	107.39	150.95	70.37	115.18
2003				122.44	126.20	189.75	69.50	125.64
2004		3068.51	2437.99	154.96	131.77	242.95	65.04	119.10
2005		3934.89	3138.94	245.57	161.13	243.65	67.43	128.00
2006		4941.02	3962.09	332.77	184.95	276.91	84.80	134.79
2007		6511.90	5171.48	496.14	231.11	366.06	106.81	146.44
2008		8262.77	6761.45	483.25	279.92	466.74	145.15	159.86
2009		9964.93	8093.80	668.87	333.12	533.54	126.03	175.95
2010		13854.97	11240.86	1069.06	452.96	792.20	181.28	211.98
2011		19862.11	16271.38	1510.47	573.44	950.07	266.26	271.53
2012		19928.38	16161.68	1585.57	609.47	934.30	313.17	276.54
2013		23506.70	19418.54	1567.71	680.47	1040.34	359.40	267.16
2014		24438.81	20434.41	1447.05	723.44	989.94	423.11	255.76
2015		22900.94	19188.78	1208.28	718.71	1019.95	398.78	237.07
2016		24920.35	20798.76	1406.09	821.51	1059.12	334.84	218.68
2017		24613.39	20169.60	1888.99	803.30	1059.00	304.29	203.70
成都市	Chengdu	8454.95	6793.20	773.00	287.93	340.59	38.71	61.61
自贡市	Zigong	665.76	562.67	41.46	18.98	33.92	4.21	5.63
攀枝花市	Panzhihua	1185.46	1037.09	66.71	16.29	49.31	28.40	8.35
泸州市	Luzhou	678.13	491.14	60.46	60.10	30.98	9.62	5.90
德阳市	Deyang	1390.24	1077.09	145.67	71.10	82.82	9.31	12.60
绵阳市	Mianyang	1754.66	1505.11	82.91	72.83	74.94	18.67	13.50
广元市	Guangyuan	301.58	248.72	25.66	6.51	9.90	5.86	2.68
遂宁市	Suining	774.23	625.15	73.48	14.01	20.02	5.56	5.75
内江市	Neijiang	710.63	655.47	17.50	8.07	16.70	11.89	7.32
乐山市	Leshan	740.18	606.29	56.08	24.89	33.77	13.17	8.54
南充市	Nanchong	1229.85	999.37	89.18	51.44	56.69	18.07	12.14
眉山市	Meishan	425.57	360.22	27.70	15.39	17.14	4.19	5.24
宜宾市	Yibin	1996.12	1599.32	206.09	68.66	69.14	14.17	14.34
广安市	Guangan	555.66	500.35	28.64	8.32	11.99	4.16	4.00
达州市	Dazhou	477.08	398.64	25.78	11.07	25.23	11.03	5.20
雅安市	Yaan	160.01	139.59	6.11	6.29	7.47	1.65	1.76
巴中市	Bazhong	199.03	153.01	5.26	20.62	13.35	1.13	2.14
资阳市	Ziyang	562.21	438.56	26.05	22.11	68.87	6.69	6.05
阿坝藏族羌族自治州	Aba	72.93	69.21	1.43	0.98	1.77	1.03	0.52
甘孜藏族自治州	Ganzi	17.08	12.14	3.39	0.39	1.22	0.17	0.39
凉山彝族自治州	Liangshan	602.95	447.91	76.00	15.78	22.57	46.06	4.05

14-14 各市(州)规模以上工业企业主要经济效益指标(2017年) Main Indicators on Economic Benefits of Industrial Enterprises above Designated Size by Region(2017)

市(州)	Region	总资产贡献率 (%) Ratio of Profits, Taxes and Interests to Average Assets (%)	资产负债率 (%) Ratio of Debts to Assets (%)	工业成本费用利润率 (%) Ratio of Profits to Industrial Costs (%)	产品销售率 (%) Products Sales Rate (%)
全　省	**Sichuan**	**12.08**	**58.08**	**7.29**	**97.88**
成都市	Chengdu	14.26	54.77	8.72	96.60
自贡市	Zigong	15.82	56.51	5.31	98.74
攀枝花市	Panzhihua	7.99	70.01	5.21	97.05
泸州市	Luzhou	19.16	50.65	8.15	95.27
德阳市	Deyang	15.58	60.81	8.21	96.51
绵阳市	Mianyang	10.16	63.01	5.42	107.64
广元市	Guangyuan	12.57	60.15	7.26	99.18
遂宁市	Suining	22.74	37.50	8.65	97.51
内江市	Neijiang	9.45	71.28	3.30	97.17
乐山市	Leshan	7.65	60.23	6.58	97.83
南充市	Nanchong	20.32	39.98	7.78	98.35
眉山市	Meishan	13.70	50.56	6.24	99.33
宜宾市	Yibin	15.16	47.86	10.83	97.73
广安市	Guangan	15.32	53.81	4.52	98.43
达州市	Dazhou	10.10	58.42	4.99	97.76
雅安市	Yaan	6.60	70.39	6.35	94.58
巴中市	Bazhong	17.72	50.09	4.03	95.46
资阳市	Ziyang	14.02	57.93	5.71	97.40
阿坝藏族羌族自治州	Aba	5.03	71.18	3.87	93.91
甘孜藏族自治州	Ganzi	2.68	78.36	9.16	96.18
凉山彝族自治州	Liangshan	8.51	72.19	11.92	96.52

14-15 各市(州)国有控股工业企业主要经济效益指标(2017年)

Main Indicators on Economic Benefits of State-holding Industrial Enterprises by Region(2017)

市(州)	Region	总资产贡献率 (%) Ratio of Profits, Taxes and Interests to Average Assets (%)	资产负债率 (%) Ratio of Debts to Assets (%)	工业成本费用利润率 (%) Ratio of Profits to Industrial Costs (%)	产品销售率 (%) Products Sales Rate (%)
全 省	**Sichuan**	**8.35**	**63.00**	**7.47**	**101.09**
成都市	Chengdu	14.20	57.44	8.26	98.33
自贡市	Zigong	4.44	60.13	3.31	101.56
攀枝花市	Panzhihua	5.26	70.69	4.38	97.39
泸州市	Luzhou	13.01	53.53	14.31	83.33
德阳市	Deyang	4.92	78.33	4.91	95.07
绵阳市	Mianyang	5.12	69.48	2.48	129.68
广元市	Guangyuan	8.57	67.73	12.12	99.45
遂宁市	Suining	14.31	47.80	16.19	110.32
内江市	Neijiang	3.21	54.27	1.09	94.74
乐山市	Leshan	5.80	78.28	10.77	98.97
南充市	Nanchong	7.73	53.05	8.62	98.02
眉山市	Meishan	8.50	61.76	5.82	117.84
宜宾市	Yibin	13.82	46.15	14.39	98.40
广安市	Guangan	7.01	61.34	9.68	98.76
达州市	Dazhou	6.91	52.13	9.31	94.48
雅安市	Yaan	6.07	76.82	9.79	95.85
巴中市	Bazhong	23.10	62.72	2.75	98.51
资阳市	Ziyang	-0.48	79.32	-4.14	100.56
阿坝藏族羌族自治州	Aba	5.79	74.48	6.97	100.22
甘孜藏族自治州	Ganzi	2.78	79.00	9.34	96.70
凉山彝族自治州	Liangshan	8.74	74.69	16.02	97.70

14-16 各市(州)大中型工业企业主要经济效益指标(2017年)
Main Indicators on Economic Benefits of Large and Medium-sized Industrial Enterprises by Region(2017)

市(州)	Region	总资产贡献率 (%) Ratio of Profits, Taxes and Interests to Average Assets (%)	资产负债率 (%) Ratio of Debts to Assets (%)	工业成本费用利润率 (%) Ratio of Profits to Industrial Costs (%)	产品销售率 (%) Products Sales Rate (%)
全 省	**Sichuan**	**12.30**	**57.06**	**8.33**	**98.33**
成都市	Chengdu	16.12	52.69	10.23	96.79
自贡市	Zigong	10.84	60.46	6.64	99.51
攀枝花市	Panzhihua	7.41	72.04	5.65	97.83
泸州市	Luzhou	16.21	52.78	10.17	90.28
德阳市	Deyang	13.50	64.36	11.63	96.44
绵阳市	Mianyang	9.12	65.67	4.90	114.93
广元市	Guangyuan	14.50	73.74	9.40	99.60
遂宁市	Suining	24.11	36.21	11.03	97.89
内江市	Neijiang	7.59	79.96	2.52	96.94
乐山市	Leshan	7.90	54.36	8.12	97.79
南充市	Nanchong	18.80	37.00	7.89	98.18
眉山市	Meishan	11.91	49.35	6.89	97.53
宜宾市	Yibin	15.41	48.84	11.70	97.65
广安市	Guangan	13.37	58.95	5.43	99.04
达州市	Dazhou	8.12	59.21	5.72	98.22
雅安市	Yaan	7.52	54.20	3.64	95.25
巴中市	Bazhong	22.38	46.96	2.78	96.20
资阳市	Ziyang	13.66	61.44	4.82	96.84
阿坝藏族羌族自治州	Aba	6.34	53.16	1.96	96.16
甘孜藏族自治州	Ganzi	13.25	29.26	22.51	87.32
凉山彝族自治州	Liangshan	10.40	71.17	13.85	96.45

14-17 规模以上工业企业主要产品产量
Output of Major Products of Industrial Enterprises above Designated Size

产品名称		Item		2005	2010	2014	2015	2016	2017
化学纤维	(万吨)	Chemical Fiber	(10 000 tons)	26.56	51.22	110.30	118.10	118.06	126.50
纱	(万吨)	Yarn	(10 000 tons)	25.48	70.81	112.70	118.00	121.61	103.60
布	(亿米)	Cloth	(100 million m)	7.07	14.90	18.91	18.50	18.91	16.40
蚕丝及交织机织物	(万米)	Silk and Woven Fabric	(10 000 m)	11330	23042	24793	17247	20761	19864
服装	(万件)	Garments	(10 000 pcs)	2764	9933	18559	18780	20310	18775
机制纸及纸板	(万吨)	Machine-made Paper and Paperboard	(10 000 tons)	110.59	342.86	224.24	189.80	210.58	237.10
合成洗涤剂	(万吨)	Synthetic Detergents	(10 000 tons)	52.51	76.66	140.06	151.40	131.88	129.20
原电池	(万只)	Battery	(10 000 pcs)	5754	37980	71415	75000	107700	128000
原盐	(万吨)	Salt	(10 000 tons)	412.11	763.18	388.08	325.00	337.45	581.70
卷烟	(亿支)	Cigarettes	(100 million pieces)	685.05	914.24	1003.69	945.80	668.16	734.10
乳制品	(万吨)	Dairy Products	(10 000 tons)	15.04	58.00	102.71	104.90	123.42	146.00
白酒(商品量)	(万千升)	Liquor	(10 000 kiloliter)	57.83	229.80	349.97	370.90	402.67	372.40
啤酒	(万千升)	Beer	(10 000 kiloliter)	126.22	158.30	227.75	221.00	232.11	240.70
软饮料	(万千升)	Soft Drink	(10 000 kiloliter)	120.41	495.91	1275.36	1311.90	1372.06	1408.60
食用植物油	(万吨)	Vegetable Oil	(10 000 tons)	40.83	117.73	142.25	205.10	184.36	206.80
配、混合饲料	(万吨)	Mingled Feedstuff	(10 000 tons)	449.94	701.16	1247.84	1201.40	1568.45	1582.40
中成药	(万吨)	Traditional Chinese Medicine	(10 000 tons)	9.83	29.81	51.71	53.60	59.53	49.50
化学原料药	(万吨)	Chemical Medicine	(10 000 tons)	5.40	2.67	19.70	22.50	19.10	29.20
塑料制品	(万吨)	Plastics Goods	(10 000 tons)	47.17	254.29	384.13	415.50	486.30	492.10
家用电冰箱	(万台)	Household Refrigerators	(10 000 units)	23.00	81.22	80.22	73.60	85.59	83.20
房间空气调节器	(万台)	Air Conditioner	(10 000 units)	145.23	119.49	172.70	142.80	203.36	316.10
电视机	(万台)	Television Sets	(10 000 units)	781.61	1208.90	1027.72	1055.70	1111.01	1051.30
#彩色电视机	(万台)	Color Television Sets	(10 000 units)	781.61	1208.90	1027.72	1055.70	1111.01	1051.30
原油	(万吨)	Crude Oil	(10 000 tons)	13.92	15.12	19.20	15.43	10.78	8.67
柴油	(万吨)	Diesel Oil	(10 000 tons)	49.23	83.30	313.63	340.91	289.16	291.88

14-17 续表 continued

产品名称		Item		2005	2010	2014	2015	2016	2017
汽油	(万吨)	Gasoline	(10 000 tons)	28.16	57.76	194.80	217.44	256.58	280.34
天然气	(亿立方米)	Natural Gas	(100 million cu.m)	135.24	234.16	252.46	266.21	296.91	356.39
发电量	(亿千瓦小时)	Electricity	(100 million kwh)	958.03	1683.82	2930.74	2969.54	3141.62	3339.96
#水电	(亿千瓦小时)	Hydropower	(100 million kwh)	616.99	1103.37	2341.30	2508.44	2721.83	2909.89
焦炭	(万吨)	Coke	(10 000 tons)	827.94	1157.09	1353.98	1304.37	1275.38	1072.16
生铁	(万吨)	Pig Iron	(10 000 tons)	1060.50	1593.81	1931.40	1747.40	1733.20	1899.70
粗钢	(万吨)	Crude Steel	(10 000 tons)	1094.45	1580.99	2243.03	2110.40	2007.74	2026.30
成品钢材	(万吨)	Rolled Steel Products	(10 000 tons)	1172.72	1976.55	2935.21	2702.50	2837.21	2491.20
铁合金	(万吨)	Ferroalloy	(10 000 tons)	106.62	238.89	226.33	211.60	192.44	148.50
水泥	(万吨)	Cement	(10 000 tons)	4194.74	13227.55	14580.97	14040.60	14584.18	13810.00
平板玻璃	(万重量箱)	Plate Glass	(10 000 wt.cases)	1304.94	4275.94	3422.65	4073.60	5363.26	5568.50
硫酸	(万吨)	Sulfuric Acid	(10 000 tons)	324.85	388.22	695.33	642.50	645.52	631.90
浓硝酸	(万吨)	Concentrated Nitric Acid	(10 000 tons)	5.43	8.43	7.26	5.40	5.83	7.70
碳酸钠(纯碱)	(万吨)	Soda Ash	(10 000 tons)	106.51	169.78	129.60	106.90	120.56	124.20
氢氧化钠(烧碱)	(万吨)	Caustic Soda	(10 000 tons)	75.49	106.93	114.96	97.30	99.07	92.70
合成氨	(万吨)	Synthetic Ammonia	(10 000 tons)	374.47	403.34	373.24	388.40	329.17	293.90
农用氮、磷、钾化学肥料总计	(折纯)(万吨)	Chemical Fertilizers	(10 000 tons)	428.82	510.12	433.20	497.10	508.55	414.90
#氮肥	(万吨)	Nitrogen Fertilizers	(10 000 tons)	337.60	414.76	294.88	307.90	285.70	248.70
化学农药	(万吨)	Chemical Pesticide	(10 000 tons)	3.88	12.81	16.86	17.80	17.81	14.30
电石(折合量)	(万吨)	Calcium carbide	(10 000 tons)	65.76	75.98	80.74	68.30	72.34	61.80
初级形态塑料	(万吨)	Primary Form of Plastics	(10 000 tons)	61.52	104.37	190.86	208.40	231.01	228.30
轮胎外胎	(万条)	Tyres	(10 000 pcs)	615.33	1558.12	3411.84	3449.80	3836.10	4198.60
发电设备(500千瓦及以上)	(万千瓦)	Power Generating Equipment (each above 500kw)	(10000 kw)	2327.64	3781.54	3610.27	2905.90	3038.40	3074.90
变压器	(万千伏安)	Transformer	(10 000 kva)	846.77	1151.61	2132.73	1896.80	2014.14	2016.80
金属切削机床	(万台)	Metal-cutting Machine Tools	(10 000 units)	0.79	0.73	1.91	0.60	0.54	0.60
汽车	(万辆)	Motor Vehicles	(10 000 units)	5.66	10.29	96.28	105.10	131.06	150.80

主要统计指标解释

工业 指从事自然资源的开采，对采掘品和农产品进行加工和再加工的物质生产部门。具体包括：(1)对自然资源的开采，如采矿、晒盐等(但不包括禽兽捕猎和水产捕捞)；(2)对农副产品的加工、再加工，如粮油加工、食品加工、缫丝、纺织、制革等；(3)对采掘品的加工、再加工，如炼铁、炼钢、化工生产、石油加工、机器制造、木材加工等，以及电力、燃气及水的生产和供应等；(4)对工业品的修理、翻新，如机器设备的修理等。

工业统计调查单位为工业法人单位。

工业法人单位指从事工业生产经营活动的法人单位。工业法人单位应同时具备以下条件：①依法成立，有自己的名称、组织机构和场所，能够独立承担民事责任；②独立拥有（或授权）使用资产，承担负债，有权与其他单位签订合同；③具有包括资产负债表在内的帐户，或者能够根据需要编制帐户。

本篇资料中规模以上工业企业的统计范围：1998年至2006年为全部国有和年主营业务收入500万元及以上的非国有工业法人单位；2007至2010年为年主营业务收入500万元及以上工业法人单位；从2011年开始，为年主营业务收入2000万元及以上的工业法人单位。

国有控股企业 即原来的国有及国有控股企业，根据企业实收资本中国有经济成分的出资人的实际投资情况，或国有经济成分的出资人对企业资产的实际控制、支配程度进行分类。以下情况为国有控股：（1）在企业的全部实收资本中，国有经济成分的出资人拥有的实收资本（股本）所占企业全部实收资本（股本）的比例大于50%的国有绝对控股。（2）在企业的全部实收资本中，国有经济成分的出资人拥有的实收资本（股本）所占比例虽未大于50%，但相对大于其他任何一方经济成分的出资人所占比例的国有相对控股；或者虽不大于其他经济成分，但根据协议规定拥有企业实际控制权的国有协议控股。（3）投资双方各占50%，且未明确由谁绝对控股的企业，若其中一方为国有经济成分的，一律按国有控股处理。

本篇涉及的其他企业登记注册类型的解释详见综合篇

轻工业 指主要提供生活消费品和制作手工工具的工业。按其所使用的原料不同，可分为两大类：(1)以农产品为原料的轻工业，是指直接或间接以农产品为基本原料的轻工业。主要包括食品制造、饮料制造、烟草加工、纺织、缝纫、皮革和毛皮制作、造纸以及印刷等工业；(2)以非农产品为原料的轻工业，是指以工业品为原料的轻工业。主要包括文教体育用品、化学药品制造、合成纤维制造、日用化学制品、日用玻璃制品、日用金属制品、手工工具制造、医疗器械制造、文化和办公用机械制造等工业。

重工业 指为国民经济各部门提供物质技术基础的主要生产资料的工业。按其生产性质和产品用途，可以分为下列三类：(1)采掘(伐)工业，是指对自然资源的开采，包括石油开采、煤炭开采、金属矿开采、非金属矿开采等工业；(2)原材料工业，指向国民经济各部门提供基本材料、动力和燃料的工业。包括金属冶炼及加工、炼焦及焦炭、化学、化工原料、水泥、人造板以及电力、石油和煤炭加工等工业；(3)加工工业，是指对工业原材料进行再加工制造的工业。包括装备国民经济各部门的机械设备制造工业、金属结构、水泥制品等工业，以及为农业提供的生产资料如化肥、农药等工业。

根据上述划分原则，修理业中以重工业产品为修理作业对象的划为重工业，反之划为轻工业。

资产总计 指企业过去的交易或者事项形成的、由企业拥有或者控制的、预期会给企业带来经济利益的资源。资产一般按流动性分为流动资产和非流动资产。其中流动资产可分为货币资金、交易性金融资产、应收票据、应收账款、预付款项、其他应收款、存货等；非流动资产可分为长期股权投资、固定资产、无形资产及其他非流动资产等。来源于会计“资产负债表”中“资产总计”项目的期末余额数。

流动资产合计 资产满足以下条件之一应归为流动资产：（1）预计在一个正常营业周期中变现、出售或耗用，主要包括存货、应收账款等；（2）主要为交易目的而持有；（3）预计在资产负债表日起一年内（含一年）变现；（4）自资产负债日起一年内，交换其他资产或清偿负债的能力不受限制的现金或现金等价物。包括货币资金、应收票据、应收账款、存货等项目。来源于会计“资产负债表”中“流动资产合计”项目的期末余额数。

固定资产原价 指固定资产的成本，包括企业在购置、自行建造、安装、改建、扩建、技术改造某项固定资产时所发生的全部支出总额。根据会计“固定资产”科目的期末借方余额填报。

负债合计 指企业过去的交易或者事项形成的，预期会导致经济利益流出企业的现时义务。负债一般按偿还期长短分为流动负债和非流动负债。来源于会计“资产负债表”中“负债合计”项目的期末余额数。

所有者权益 指企业资产扣除负债后由所有者享有的剩余权益。公司的所有者权益又称股东权益。包括实收资本、资本公积、盈余公积、未分配利润等。来源于会计“资产负债表”中“所有者权益合计”项目的期末余额数。

主营业务收入 指企业确认的销售商品、提供劳务等主营业务的收入。来源于会计“主营业务收入”科目的期末贷方余额（结转前）。

主营业务成本 指企业经营主要业务所发生的成本总额。来源于会计“主营业务成本”科目的期末借方余额（结转前）。

销售费用 指企业在销售商品和材料、提供劳务的过程中发生的各种费用，包括保险费、包装费、展览费和广告费、商品维修费、预计产品质量保证损失、运输费、装卸费等以及为销售本企业商品而专设的销售机构（含销售网点、售后服务网点等）的职工薪酬、业务费、折旧费等经营费用。

管理费用 指企业为组织和管理企业生产经营所发生的费用，包括企业在筹建期间内发生的开办费、董事会和行政管理部门在企业经营管理中发生的，或者应当由企业统一负担的公司经费等。来源于会计“利润表”中“管理费用”项目的本期金额数。

财务费用 指企业为筹集生产经营所需资金等而发生的筹资费用，包括企业生产经营期间发生的利息支出（减利息收入）、汇兑损失（减汇兑收益）以及相关的手续费等。来源于会计“利润表”中“财务费用”项目的本期金额数。

利润总额 指企业在一定会计期间的经营成果，是生产经营过程中各种收入扣除各种耗费后的盈余，反映企业在报告期内实现的盈亏总额。来源于会计“利润表”中“利润总额”项目的本期金额数。

总资产贡献率 反映企业全部资产的获利能力，是企业经营业绩和管理水平的集中体现，是评价和考核企业盈利能力的核心指标。计算公式为：

$$总资产贡献率(\%)=\frac{利润总额+税金总额+利息支出}{平均资产总额}\times 100\%$$

公式中：税金总额为主营业务税金及附加与应交增值税之和；平均资产总额为期初期末资产之和的算术平均值。

资产负债率 该指标既反映企业经营风险的大小，也反映企业利用债权人提供的资金从事经营活动的能力。计算公式为：

$$资产负债率(\%)=\frac{负债总额}{资产总额}\times 100\%$$

成本费用利润率 反映企业投入的生产成本及费用的经济效益，同时也反映企业降低成本所取得的经济效益。计算公式为：

$$成本费用利润率(\%)=\frac{利润总额}{成本费用总额}\times 100\%$$

公式中：成本费用总额为主营业务成本、销售费用、管理费用、财务费用之和。

产品销售率 该指标反映工业产品已实现销售的程度，是分析工业产销衔接情况，研究工业产品满足社会需求程度的指标。计算公式为：

$$产品销售率(\%)=\frac{工业销售产值}{工业总产值}\times 100\%$$

Explanatory Notes on Main Statistical Indicators

Industry refers to the material production sector which is engaged in the extraction of natural resources and processing and reprocessing of minerals and agricultural products, including (1) extraction of natural resources, such as mining, salt production (but not including hunting and fishing); (2) processing and reprocessing of farm and sideline produces, such as grain and oil processing, food processing, silk reeling, spinning and weaving and leather making; (3) processing and reprocessing of mineral products, such as steel making, iron smelting, chemicals manufacturing, petroleum processing, machine building, timber processing, and production and supply of electricity, gas and water; (4) repairing and renovating of industrial products such as the machinery.

In industrial surveys, the units of enquiry are industrial corporate units.

Industrial corporate units refer to corporate units engaging in industrial production and operation activities, which meet the following requirements: (1) They are established legally, having their own names, organizations, location, and are able to take civil liability independently; (2) They possess (or are authorized to use) assets independently, assume liabilities and are entitled to sign contracts with other units; (3) They have accounts including the balance sheets or can compile the accounts according to the need.

The scopes of industrial enterprises above designated size were: all State-owned industrial enterprises and the non-State-owned industrial enterprises with revenue from principal business over 5 million yuan from 1998 to 2006; all industrial enterprises with revenue from principal business over 5 million yuan from 2007 to 2010; and all industrial enterprises with revenue from principal business above 20 million yuan since 2011.

State-holding Enterprises cover the original state-owned enterprises and state-holding enterprises. They are classified according to the actual investment made by the contributor of state-owned part in the paid-in capital of the enterprises, or the degree of control or dominance of the contributor on the assets of the enterprises. The following cases are regarded as state-holding: (1) Absolute state-holding in which the contributor of state-owned parts possess more than 50% of all the paid-in capital (stocks) of the enterprises; (2) Relative state-holding in which the contributor of state-owned parts possess no more than 50% of the paid-in capital (stocks) of the enterprises, but more than that of any other contributors; or Agreed state-holding in which the contributor of state-owned parts possess no more than other contributors but have actual control over the enterprises according to agreements; (3) In the case both contributors possess 50% and it is not clear which one is in absolute holding position, the enterprise is regarded as state-holding enterprise if one of the contributor has state-owned elements.

For explanation of types of registration covered in this chapter, please refer to General Survey.

Light Industry refers to the industry that produces consumer goods and hand tools. It consists of two categories, depending on the materials used:

(1) Industries using farm products as raw materials. These are branches of light industry which directly or indirectly use farm products as basic raw materials, including the manufacture of food and beverages, tobacco processing, textile, clothing, fur and leather manufacturing, paper making, printing, etc.

(2) Industries using non farm products as raw materials. These are branches of light industry which use manufactured goods as raw materials, including the manufacture of cultural, educational articles and sports goods, chemicals, synthetic fiber, chemical products for daily use, glass products for daily use, metal products for daily use, hand tools, medical apparatus and instruments, and the manufacture of cultural and clerical machinery.

Heavy Industry refers to the industry, which produces capital goods, and provides various sectors of the national economy with necessary material and technical basis. It consists of the following three branches according to the purpose of production or the use of products:

(1)Mining, quarrying and logging industry refers to the industry that extracts natural resources, including extraction of petroleum, coal, metal and non-metal ores and logging.

(2) Raw materials industry refers to the industry that provides various sectors of the national economy with raw materials, fuels and power. It includes smelting and processing of metals, coking and coke chemistry, chemical materials and building materials such as cement, plywood, and power, petroleum refining and coal dressing.

(3) Manufacturing industry refers to the industry that processes raw materials. It includes machine-building industry, which equips

sectors of the national economy, industries of metal structure and cement products, industries producing means of agricultural production, such as chemical fertilizers and pesticides.

According to the above principle of classification, the repairing trades which are engaged primarily in repairing products of heavy industry are classified into heavy industry while these engaged in repairing products of light industry are classified into light industry.

Total Assets refer to all resources that are owned or controlled by enterprises through previous trades or transactions with expectation of making economic profits. Classified by the degree of liquidity, total assets include current assets and non-current assets. Current assets can be classified into monetary capital, trading financial assets, notes receivable, accounts receivable, advanced payments, other receivables and inventories. Non-current assets can be divided into long-term equity investment, fixed assets, intangible assets and other non-current assets. Data on this indicator can be obtained from the year-end figures of total assets in the Balance Sheet of accounting records.

Total Current Assets refer to the assets that meet one of the following requirements: (1) expected to be cashed, sold or used in a normal operation cycle, mainly including inventory and accounts receivable; (2) be owned for trading purpose mainly; (3) expected to be cashed in one year (including one year) from the day of the Balance Sheet; (4) unlimited cash or cash equivalents that can be exchanged with other assets or being capable of settling debts during one year since the day of the Balance Sheet. Included are monetary capital, notes receivable, accounts receivable and inventories. Data on this indicator can be obtained from the year-end figures of total current assets in the Balance Sheet of accounting records.

Original Value of Fixed Assets refers to the cost of fixed assets, or the total expenditure of an enterprise spent on certain fixed assets, through purchase, construction, installation, transformation, expansion or technical upgrading. It is reported according to the year-end debit balance of fixed assets of accounting records.

Total Liabilities refer to payable liabilities of enterprises that accumulated from previous trades or transactions with expectation of economic profits leaking out. In terms of payment, it can be divided into liquid liabilities and long-term liabilities. Data on this indicator can be obtained from the year-end figures of total liabilities in the Balance Sheet of accounting records.

Total Owner's Equity refers to the residual ownership of enterprise investors by deducting total liabilities from the total assets, including the paid-in capital, accumulation of capital, operating surplus and non-distributed profits. Data can be obtained from the year-end figures of total equity in the Balance Sheet of accounting records.

Revenue from Principal Business refers to the income confirmed of an enterprise from the principal business of selling products and providing labor services. Data on this indicator can be obtained from the year-end credit balance of "revenue from principal business" in the accounting record of enterprise (before carryover).

Cost of Principal Business refers to the total cost occurred from the principal business of the enterprise. Data can be obtained from the year-end debit balance of "cost of principal business" in the accounting record of enterprise (before carryover).

Selling Expense refers to the cost during the sale of goods and materials, providing labour services, including insurance, packing, exhibition fees and advertising fees, merchandise maintenance costs, expected product quality guarantee loss, transportation fees, handling fees, and operating expenses for the sales of the company's products such as employee compensation, business expenses, depreciation costs for dedicated sales offices (including sales outlets, after-sales service outlets, etc.).

Administrative Expense refers to the expenses for the organization and management of enterprise operating, including the start-up costs during the construction of enterprises, funds occurred during enterprises operating by board of directors and executive management in the enterprise management, or burden by enterprises. It comes from current amount of management cost in income statement.

Financial Expenses refers to cost of raising fund for enterprises to raise funds for production and operation, including interest payments (a reduction in interest income), exchange loss (less exchange gains) and related fees during the period of production. It comes from current amount of financial expenses in income statement.

Total Profits refers to the operation results in a certain accounting period, and it is the balance of various incomes minus various spendings in the course of operation, reflecting the total profits and losses of enterprises in reference period. Data are obtained from the amount of total profits in the profit statement of the accounting record of enterprise.

Ratio of Profits, Taxes and Interests to Average Assets reflects the profit-making capability of all assets of the enterprise and is a key indicator manifesting the performance and management and evaluating the profit-making potential of the enterprise. It is calculated as follows:

$$\text{Ratio of profits,taxes and interests to average as sets (\%)} = \frac{\text{total profits} + \text{total taxes} + \text{interest payment}}{\text{average assets}} \times 100\%$$

In the above formula, total taxes is the sum of tax and extra charges from principal business and value-added tax payable; and average assets is the arithmetic mean of the sum of beginning assets and ending assets.

Ratio of Debts to Assets reflects both the operation risk and the capability of the enterprise in making use of the capital from the creditors. It is calculated as follows:

$$\text{Ratio of debts to assets (\%)} = \frac{\text{total debts}}{\text{total assets}} \times 100\%$$

Ratio of Profits to Total Industrial Costs refers to the ratio of profits realized in a given period to the total costs in the same period, which reflects the economic efficiency of input cost and is calculated as follows:

$$\text{Ratio of profits to total industrial cost (\%)} = \frac{\text{total profits}}{\text{total costs}} \times 100\%$$

Total costs in the above formula are the sum of cost of principal business, marketing cost, management cost and financial cost.

Ratio of Sales to Gross Output Value reflects the degree at which industrial products are sold. It helps to analyze the linkage between production and sales and the extent of the needs of the society that has been met by the supply of industrial products. It is calculated as follows:

$$\text{Ratio of Sales to Gross Output Value} = \frac{\text{Industrial sales}}{\text{Gross industrial output value}} \times 100\%$$

15

CONSTRUCTION

建筑业

15-1 建筑业企业个数、产值、人数及竣工面积
Number of Enterprises, Gross Output Value, Number of Persons Engaged and Floor Space of Buildings Completed of Construction

年 份 Year	企业个数 (个) Number of Enterprises (unit)	总产值 (亿元) Gross Output Value (100 million yuan)	就业人员数 (万人) Annual Average Persons Engaged (10 000 persons)	竣工房屋建筑面积 (万平方米) Floor Space of Buildings Completed (10 000 sq.m)
1952	41	0.63	3.54	20.21
1957	87	2.82	14.61	136.38
1962	133	1.58	12.14	48.01
1965	187	7.82	28.93	218.01
1970	222	9.16	43.12	238.60
1975	252	10.36	43.05	272.03
1978	276	13.17	42.38	556.56
1980	325	13.36	39.03	501.02
1985	555	31.85	49.45	835.24
1990	756	67.11	60.21	1060.60
1991	829	77.09	62.97	581.90
1992	871	93.37	70.66	705.20
1993	1090	181.79	80.10	1734.00
1994	1144	230.34	102.50	2068.00
1995	1144	279.10	89.70	2081.00
1996	2725	468.66	160.50	4537.00
1997	2779	520.64	154.24	5638.48
1998	3028	597.76	159.20	5017.25
1999	3050	649.52	160.13	5429.28
2000	3305	713.81	158.10	5839.32
2001	3125	822.87	171.85	7029.93
2002	3475	1078.25	200.42	8491.14
2003	3498	1235.04	212.68	8784.56
2004	4183	1321.22	173.84	8837.99
2005	4073	1480.88	181.80	8692.18
2006	3924	1768.87	188.50	9177.55
2007	3887	2130.17	204.71	9630.60
2008	4559	2624.96	235.78	9797.98
2009	4386	3374.06	265.24	11393.53
2010	4334	4200.86	335.53	12086.29
2011	4318	5305.89	249.46	13663.11
2012	4283	6292.67	230.23	15768.08
2013	4271	7277.41	262.65	18211.86
2014	3965	8148.52	241.79	19544.25
2015	3952	8847.59	244.23	20666.78
2016	4333	10044.16	291.82	20977.99
2017	5191	11996.22	377.99	22598.10

注：2003年建筑业统计数据仅包括当年有工作量的建筑业企业，2004年建筑业统计数据是普查数据。

a) The figure of construction enterprises of 2003 only include the enterprises which had taken in 2003.The figure of 2004 was obtained from surveys.

15-2 按登记注册类型分建筑业企业主要指标

指　标	Item	合　计 Total Enterprises 2016	合　计 Total Enterprises 2017	#国有企业 State-owned 2016	#国有企业 State-owned 2017
建筑业企业个数（个）	Number of Construction Enterprises	4333	5191	183	194
从业人员平均人数（万人）	Average Number of Persons Employed (10 000 persons)	234.46	420.44	25.58	45.96
自有固定资产原价（万元）	Fixed Assets Owned (original value) (10 000 yuan)	7022108	8721670	1117154	1463556
自有固定资产净价（万元）	Fixed Assets Owned (net value) (10 000 yuan)	3668803	4956387	524358	753063
自有机械设备净值（万元）	Machinery Equipment Owned (net value) (10 000 yuan)	2255341	2932201	228459	249824
自有机械设备台数（台）	Number of Machinery and Equipment Owned (set)	333360	539658	38424	40509
自有机械设备总功率（万千瓦）	Total Power of Machinery and Equipment Owned (10 000 kw)	1015.02	1085.86	152.61	138.32
建筑业总产值（万元）	Gross Output Value of Construction (10 000 yuan)	100441634	119962154	14232485	17431985
竣工产值（万元）	Output Value of Completed Projects (10 000 yuan)	49588297	59038133	6008699	7250120
房屋建筑施工面积（万平方米）	Floor Space of Buildings under Construction (10 000 sq.m)	54048	60593	11855	11237
房屋建筑竣工面积（万平方米）	Floor Space of Buildings Completed (10 000 sq.m)	20978	22598	2661	2580
利润总额（万元）	Total Profits (10 000 yuan)	2736161	3193749	318560	384322
税金总额（万元）	Total Tax (10 000 yuan)	2708916	3562820	286266	308936
利税总额（万元）	Total Pre-Tax Profits (10 000 yuan)	5445077	6756569	604826	693258
按总产值计算的劳动生产率（元/人）	Overall Labor Productivity (yuan/person)	301370	285324	341835	379307
技术装备率（元/人）	Value of Machinery per Labourer (yuan/person)	7729	6974	6312	5436
动力装备率（千瓦/人）	Power of Machinery per Labourer (kw/person)	3.48	2.58	4.22	3.01
房屋建筑面积竣工率（%）	Rate of Floor Space of Buildings Completed (%)	38.81	37.27	22.45	22.96
产值利润率（%）	Ratio of Profit to Gross Output Value (%)	2.72	2.66	2.24	2.2
产值利税率（%）	Ratio of Pre-tax Profit to Gross Output Value (%)	5.42	5.63	4.25	3.98

Main Indicators on Construction Enterprises by Registered Types

#集体企业 Collective-owned		#股份有限公司 Share-holding Corporations		#其他有限责任公司 Other Ltd.Company		#港澳台商投资 Funded by Entrepreneurs from Hong Kong, Macao and Taiwan		#外商投资 Foreign Funded	
2016	2017	2016	2017	2016	2017	2016	2017	2016	2017
156	135	187	203	1540	1729	8	7	3	3
12.44	14.68	16.63	21.72	85.92	163.19	0.18	0.76	0.01	0.03
187599	174399	400362	412732	3185579	4269964	21571	22076	373	1945
94320	90103	262300	273861	1567579	2468744	12975	12071	142	1466
65643	56478	305071	255663	832717	1422604	1038	1854	19	202
16182	14663	27345	27140	139044	306300	551	450	48	52
25.18	28.92	82.66	80.68	383.81	375.27	1.31	1.18		0.02
3816882	3908396	11556094	9350512	39925681	46696166	159754	198350	3909	28482
2451148	2403687	4678623	4067017	18330470	20969465	21679	30858	3009	450
1811	1600	6269	5713	17706	21055	6	7		
1114	1090	2342	1780	6976	7269	3	3		
96595	95771	152436	134031	1160430	1295475	3527	7765	1375	514
138354	154871	229246	196197	1049989	1426949	3601	2091	96	35
234949	250642	381682	330228	2210419	2722424	7128	9856	1471	549
176879	266200	524283	430413	330297	286150	761459	261675	209037	1035709
3892	3847	15198	11768	7838	8718	5206	2446	1016	7345
1.49	1.97	4.12	3.71	3.61	2.30	6.56	1.56	0.26	0.76
61.52	68.09	37.36	30.64	39.40	34.53	50.78	46.30		
2.53	2.45	1.32	1.43	2.91	2.77	2.21	3.91	35.18	1.80
6.16	6.41	3.30	3.53	5.54	5.83	4.46	4.97	37.63	1.93

15-3 各市(州)建筑业企业个数
Number of Construction Enterprises by Region

单位：个 (unit)

市(州)	Region	2010	2011	2012	2013	2014	2015	2016	2017
全　省	**Sichuan**	**4334**	**4318**	**4283**	**4271**	**3965**	**3952**	**4333**	**5191**
成都市	Chengdu	1524	1582	1551	1478	1200	1206	1408	1733
自贡市	Zigong	168	150	146	133	129	121	116	136
攀枝花市	Panzhihua	80	89	84	91	78	80	80	90
泸州市	Luzhou	188	187	186	164	159	175	199	257
德阳市	Deyang	243	245	244	255	242	240	235	256
绵阳市	Mianyang	272	273	268	386	411	402	404	426
广元市	Guangyuan	199	194	184	172	165	168	179	190
遂宁市	Suining	173	171	156	148	143	139	169	176
内江市	Neijiang	130	128	126	119	111	103	107	113
乐山市	Leshan	197	162	156	147	152	160	169	191
南充市	Nanchong	249	223	250	249	243	241	249	280
眉山市	Meishan	126	124	126	134	135	126	119	126
宜宾市	Yibin	231	216	218	213	197	188	211	300
广安市	Guangan	103	111	113	99	110	109	123	140
达州市	Dazhou	99	113	124	124	118	119	125	140
雅安市	Yaan	51	50	49	52	44	44	51	53
巴中市	Bazhong	101	99	98	97	133	139	139	181
资阳市	Ziyang	120	122	118	122	110	98	60	61
阿坝藏族羌族自治州	Aba	28	27	28	27	28	29	31	82
甘孜藏族自治州	Ganzi	22	22	22	26	22	24	26	32
凉山彝族自治州	Liangshan	30	30	36	35	35	41	133	228

15-4 各市(州)按登记注册类型分建筑业企业个数(2017年)
Number of Construction Enterprises by Region and Registered Types(2017)

市(州)及分组	Region and Group	企业个数(个) Number of Enterprises	国有企业 State-owned	中央企业 Central	地方企业 Local	集体企业 Collective-owned	其他企业 Others	#股份有限公司 Share-holding Corporations	#其他有限责任公司 Other Ltd. Company
全　省	**Sichuan**	**5191**	**194**	**20**	**174**	**135**	**4862**	**203**	**1729**
按市(州)分	**Grouped by Region**								
成都市	Chengdu	1733	67	13	54	25	1641	60	580
自贡市	Zigong	136	5		5	4	127	9	34
攀枝花市	Panzhihua	90	4	2	2	5	81		25
泸州市	Luzhou	257	4		4	15	238	5	59
德阳市	Deyang	256	8	3	5	8	240	4	77
绵阳市	Mianyang	426	19	1	18	2	405	14	157
广元市	Guangyuan	190	5		5	9	176	5	48
遂宁市	Suining	176	3		3	6	167	17	53
内江市	Neijiang	113	7	1	6	7	99	13	39
乐山市	Leshan	191	5		5		186	7	93
南充市	Nanchong	280	12		12	7	261	17	86
眉山市	Meishan	126	6		6	3	117	2	41
宜宾市	Yibin	300	8		8	6	286	12	69
广安市	Guangan	140	6		6	6	128	1	25
达州市	Dazhou	140	6		6	8	126	8	58
雅安市	Yaan	53	6		6	2	45	2	22
巴中市	Bazhong	181	15		15	7	159	7	66
资阳市	Ziyang	61	2		2	5	54	2	45
阿坝藏族羌族自治州	Aba	82	1		1	3	78	4	32
甘孜藏族自治州	Ganzi	32	1		1	4	27	4	15
凉山彝族自治州	Liangshan	228	4		4	3	221	10	105
按资质等级分	**Grouped by Qualification Grade**								
总承包企业	The General Contractor	3710	155	14	141	116	3439	160	1225
特级企业	The Special Grade	32	4	1	3		28	4	14
一级企业	The First Grade	385	39	10	29	4	342	22	147
二级企业	The Second Grade	1582	49	1	48	49	1484	66	518
三级企业	The Third Grade	1711	63	2	61	63	1585	68	546
专业承包企业	The Specialized Contractor	1140	36	6	30	17	1087	28	393
一级企业	The First Grade	128	4	3	1	1	123	4	61
二级企业	The Second Grade	486	14	3	11	6	466	14	155
三级企业及其他	The Third Grade & Others	526	18		18	10	498	10	177
劳务分包企业	The Subcontractor of Labour Services	341	3		3	2	336	15	111
一级企业	The First Grade	197	1		1	1	195	10	63
二级企业	The Second Grade	64				1	63	2	27
不分等级	Not Classified by Grade	80	2		2		78	3	21

15-5 各市(州)建筑业企业就业人员
Number of Staff and Workers in Construction Enterprises by Region

单位：万人 (10 000 persons)

市(州)	Region	2010	2011	2012	2013	2014	2015	2016	2017
全　省	**Sichuan**	**292.15**	**249.46**	**230.23**	**262.65**	**241.79**	**244.23**	**291.82**	**377.99**
成都市	Chengdu	130.05	93.42	84.45	90.10	72.91	69.93	94.29	112.91
自贡市	Zigong	6.72	8.24	8.49	9.44	8.98	9.59	8.56	10.44
攀枝花市	Panzhihua	7.00	5.22	3.41	7.65	4.26	4.22	3.97	7.30
泸州市	Luzhou	17.27	16.11	16.31	21.99	23.05	24.33	31.53	41.03
德阳市	Deyang	16.49	13.54	10.47	12.87	10.00	8.35	8.65	9.40
绵阳市	Mianyang	12.63	11.94	11.82	15.00	15.83	18.28	20.02	23.77
广元市	Guangyuan	4.24	5.40	4.53	5.09	4.83	5.24	6.08	7.82
遂宁市	Suining	8.35	8.52	7.47	8.90	8.74	8.51	10.45	11.29
内江市	Neijiang	11.68	9.91	8.03	8.48	8.47	9.40	9.24	10.90
乐山市	Leshan	5.80	6.01	5.36	5.42	5.79	6.05	6.39	8.10
南充市	Nanchong	17.31	18.41	15.03	15.44	15.02	14.28	18.73	23.14
眉山市	Meishan	6.98	6.36	7.28	8.31	8.39	8.59	10.55	11.93
宜宾市	Yibin	8.54	8.45	8.73	10.57	10.42	10.61	11.62	15.56
广安市	Guangan	11.59	11.03	10.97	11.54	12.20	11.79	12.81	13.79
达州市	Dazhou	12.51	9.44	9.73	10.94	10.72	10.32	10.56	12.20
雅安市	Yaan	1.13	1.14	1.19	1.22	1.54	1.68	1.82	2.98
巴中市	Bazhong	6.10	7.27	7.24	9.08	10.20	12.82	16.04	21.91
资阳市	Ziyang	5.82	7.43	7.19	7.68	7.74	7.45	6.21	6.84
阿坝藏族羌族自治州	Aba			0.78	0.67			0.67	0.79
甘孜藏族自治州	Ganzi					0.50	0.57	0.53	0.60
凉山彝族自治州	Liangshan	1.14	0.86	1.47	1.84	1.71	1.78	3.11	25.28

15-6 各市(州)按登记注册类型分建筑业企业就业人员(2017年)
Number of Persons Employed in Construction Enterprises by Region and Registered Types(2017)

单位：万人 (10 000 persons)

市(州)及分组	Region and Group	合计 Total	国有企业 State-owned	中央企业 Central	地方企业 Local	集体企业 Collective-owned	其他企业 Others	#股份有限公司 Share-holding Corporations	#其他股份有限公司 Other Ltd. Company
全　省	**Sichuan**	**377.99**	**45.96**	**6.41**	**39.54**	**14.68**	**359.99**	**21.81**	**163.15**
按市(州)分	**Grouped by Region**								
成都市	Chengdu	112.91	29.46	4.84	24.62	1.54	105.24	7.47	50.74
自贡市	Zigong	10.44	1.84		1.84	0.09	8.32	0.84	2.58
攀枝花市	Panzhihua	7.30	0.16	0.03	0.14	0.60	4.67		2.58
泸州市	Luzhou	41.03	2.18		2.18	4.11	37.47	0.09	11.13
德阳市	Deyang	9.40	0.87	0.40	0.47	0.35	11.45	0.26	5.88
绵阳市	Mianyang	23.77	2.32	0.93	1.39	0.05	21.66	0.68	10.51
广元市	Guangyuan	7.82	1.17		1.17	0.49	6.64	0.21	1.96
遂宁市	Suining	11.29	0.03		0.03	1.10	11.24	2.24	3.80
内江市	Neijiang	10.90	0.51	0.22	0.29	0.32	10.11	2.19	2.42
乐山市	Leshan	8.10	0.12		0.12		8.66	0.72	4.14
南充市	Nanchong	23.14	1.05		1.05	0.73	24.82	1.75	10.33
眉山市	Meishan	11.93	0.81		0.81	0.11	11.27	0.03	3.84
宜宾市	Yibin	15.56	0.40		0.40	0.52	14.91	2.03	4.29
广安市	Guangan	13.79	0.95		0.95	1.51	14.84	0.05	2.64
达州市	Dazhou	12.20	0.91		0.91	1.18	12.12	0.72	6.17
雅安市	Yaan	2.98	0.06		0.06	0.13	3.10	0.04	1.46
巴中市	Bazhong	21.91	2.45		2.45	1.24	21.26	2.08	10.31
资阳市	Ziyang	6.84	0.47		0.47	0.44	5.92	0.17	5.25
阿坝藏族羌族自治州	Aba	0.79	0.07		0.07	0.05	0.80	0.02	0.35
甘孜藏族自治州	Ganzi	0.60	0.01		0.01	0.05	0.67	0.02	0.31
凉山彝族自治州	Liangshan	25.28	0.11		0.11	0.09	24.84	0.20	22.48
按资质等级分	**Grouped by Qualification Grade**								
总承包企业	The General Contractor	325.97	43.10	5.23	37.87	14.17	308.69	20.68	128.95
特级企业	The Special Grade	11.69	10.26	0.06	10.20		8.88	2.82	3.78
一级企业	The First Grade	96.14	22.09	5.12	16.97	1.75	83.94	4.31	50.39
二级企业	The Second Grade	131.99	5.48	0.02	5.46	7.01	139.11	7.98	47.98
三级企业	The Third Grade	86.15	5.27	0.03	5.24	5.42	76.75	5.57	26.80
专业承包企业	The Specialized Contractor	43.60	2.79	1.19	1.61	0.45	42.99	0.75	31.60
一级企业	The First Grade	5.30	1.56	1.10	0.46	0.15	4.77	0.22	2.55
二级企业	The Second Grade	9.26	0.43	0.08	0.35	0.22	9.05	0.35	4.41
三级企业及其他	The Third Grade & Others	29.04	0.80		0.80	0.08	29.16	0.18	24.63
劳务分包企业	The Subcontractor of Labour Services	8.42	0.06		0.06	0.06	8.32	0.38	2.60
一级企业	The First Grade	5.82	0.00		0.00	0.05	5.77	0.36	1.47
二级企业	The Second Grade	0.94				0.01	0.93	0.00	0.25
不分等级	Not Classified by Grade	1.65	0.06		0.06		1.61	0.02	0.88

15-7 各市(州)建筑业企业施工、竣工房屋面积(2017年)
Floor Space of Buildings under Construction and Completed of Construction Enterprises by Region(2017)

市(州)及分组	Region and Group	房屋建筑施工面积(万平方米) Floor Space of Buildings under Construction (10 000 sq.m)	#本年新开工 Newly-started Buildings	房屋建筑竣工面积(万平方米) Floor Space of Buildings Completed (10 000 sq.m)	#住宅 Residential Housing	房屋面积竣工率(%) Rate of Floor Space Completed (%)
全　省	**Sichuan**	**60593.38**	**26260.59**	**22598.13**	**16715.18**	**37.29**
按市(州)分	**Grouped by Region**					
成都市	Chengdu	25294.66	8256.45	5837.73	4330.91	23.08
自贡市	Zigong	2462.64	964.85	870.07	670.90	35.33
攀枝花市	Panzhihua	543.15	273.53	161.63	103.49	29.76
泸州市	Luzhou	4923.93	2164.22	2372.83	1660.55	48.19
德阳市	Deyang	1970.44	856.96	737.00	586.28	37.40
绵阳市	Mianyang	3123.88	1265.40	1300.32	795.98	41.63
广元市	Guangyuan	1106.73	369.96	292.84	186.26	26.46
遂宁市	Suining	2022.84	1459.92	1201.15	886.32	59.38
内江市	Neijiang	1446.66	822.77	865.03	683.99	59.79
乐山市	Leshan	1513.57	739.50	595.52	469.08	39.35
南充市	Nanchong	3730.38	2265.54	2278.22	1936.13	61.07
眉山市	Meishan	1891.08	1018.40	866.09	676.27	45.80
宜宾市	Yibin	1849.88	1093.44	949.52	576.31	51.33
广安市	Guangan	1615.21	929.25	872.56	682.09	54.02
达州市	Dazhou	2337.79	1166.55	1131.75	903.95	48.41
雅安市	Yaan	478.77	265.68	181.95	127.90	38.00
巴中市	Bazhong	2602.17	1512.44	1504.32	1112.92	57.81
资阳市	Ziyang	860.17	424.44	215.99	163.67	25.11
阿坝藏族羌族自治州	Aba	95.24	45.44	58.30	20.67	61.21
甘孜藏族自治州	Ganzi	37.82	26.23	22.37	3.26	59.13
凉山彝族自治州	Liangshan	686.35	339.60	282.94	138.27	41.22
按资质等级分	**Grouped by Qualification Grade**					
总承包企业	The General Contractor	59419.93	25695.72	22015.31	16323.82	37.05
特级企业	The Special Grade	7296.48	2034.09	1071.24	877.85	14.68
一级企业	The First Grade	22180.42	6964.96	6327.74	4967.20	28.53
二级企业	The Second Grade	19351.18	10217.70	9073.06	6692.29	46.89
三级企业	The Third Grade	10591.85	6478.98	5543.27	3786.48	52.34
专业承包企业	The Specialized Contractor	1173.45	564.86	582.82	391.36	49.67
一级企业	The First Grade	251.32	65.55	53.02	1.74	21.10
二级企业	The Second Grade	515.66	231.00	271.37	175.65	52.63
三级企业及其他	The Third Grade & Others	406.48	268.31	258.43	213.97	63.58

15-8 各市(州)建筑业企业房屋施工面积
Floor Space under Construction by Regional Construction Enterprises

单位：万平方米 (10 000 sq.m)

市(州)	Region	2010	2011	2012	2013	2014	2015	2016	2017
全　省	**Sichuan**	**29440.82**	**34738.35**	**38550.93**	**47377.67**	**53362.63**	**52795.35**	**54048.32**	**60593.38**
成都市	Chengdu	12668.80	15945.53	17266.36	22115.29	22463.04	23852.51	23327.39	25294.66
自贡市	Zigong	859.29	1048.78	1033.49	1337.10	1689.31	1807.44	2030.35	2462.64
攀枝花市	Panzhihua	240.36	403.17	466.34	543.93	546.12	443.54	504.24	543.15
泸州市	Luzhou	1887.51	1953.20	2544.39	3652.50	4250.37	4063.63	4493.66	4923.93
德阳市	Deyang	1539.85	1923.51	1885.98	2124.82	2440.91	1979.12	1969.73	1970.44
绵阳市	Mianyang	1663.43	1758.37	1947.93	2149.56	2675.96	2788.66	2696.52	3123.88
广元市	Guangyuan	439.24	565.64	513.82	591.40	740.49	860.18	1085.02	1106.73
遂宁市	Suining	1017.56	1035.91	1025.61	1115.87	1293.20	1470.14	1608.21	2022.84
内江市	Neijiang	876.29	898.06	933.27	1041.99	1336.58	1372.57	1507.44	1446.66
乐山市	Leshan	781.46	779.86	751.20	897.37	829.18	1000.99	1128.86	1513.57
南充市	Nanchong	1971.89	2101.09	2538.98	2936.77	3123.15	3026.20	3110.31	3730.38
眉山市	Meishan	715.49	877.23	945.04	1154.33	1334.19	1447.88	1639.34	1891.08
宜宾市	Yibin	856.13	954.53	1075.23	1281.63	3255.42	1420.49	1524.87	1849.88
广安市	Guangan	939.08	844.44	1054.28	1373.97	1640.87	1467.11	1505.44	1615.21
达州市	Dazhou	1284.70	1434.92	1855.04	1925.55	2183.50	2158.90	2258.85	2337.79
雅安市	Yaan	111.51	111.44	138.80	133.09	179.48	211.84	269.22	478.77
巴中市	Bazhong	675.57	1072.34	1318.72	1693.16	1851.24	1798.07	2038.10	2602.17
资阳市	Ziyang	620.60	783.83	955.58	983.24	1100.23	1235.57	694.24	860.17
阿坝藏族羌族自治州	Aba	37.76	43.34	52.17	47.42	56.58	46.64	50.43	95.24
甘孜藏族自治州	Ganzi	27.34	26.58	28.64	37.99	34.95	28.50	36.73	37.82
凉山彝族自治州	Liangshan	226.97	176.58	220.09	240.71	337.88	135.36	569.37	686.35

15–9 各市(州)建筑业企业房屋竣工面积
Floor Space Completed by Regional Construction Enterprises

单位：万平方米 (10 000 sq.m)

市(州)	Region	2010	2011	2012	2013	2014	2015	2016	2017
全　省	**Sichuan**	**12086.29**	**13663.11**	**15768.08**	**18211.86**	**19544.25**	**20666.78**	**20977.99**	**22598.13**
成都市	Chengdu	3726.60	4864.35	5192.89	5787.99	5870.98	5985.54	6242.71	5837.73
自贡市	Zigong	393.53	450.27	466.31	460.45	563.04	608.37	609.66	870.07
攀枝花市	Panzhihua	90.85	71.46	95.85	277.10	175.66	94.59	185.45	161.63
泸州市	Luzhou	1086.28	1056.86	1337.94	1704.97	1964.55	2177.22	2262.69	2372.83
德阳市	Deyang	636.40	676.46	644.28	843.84	765.54	864.30	706.88	737.00
绵阳市	Mianyang	642.68	680.53	691.93	703.27	825.47	943.77	1018.21	1300.32
广元市	Guangyuan	175.70	211.32	224.05	203.92	247.81	225.87	283.04	292.84
遂宁市	Suining	572.45	560.36	592.61	707.89	793.49	889.56	906.57	1201.15
内江市	Neijiang	405.82	406.52	416.12	500.13	658.18	792.71	837.86	865.03
乐山市	Leshan	412.58	372.16	393.39	387.70	342.87	568.18	482.82	595.52
南充市	Nanchong	1028.98	1101.61	1651.03	1897.44	1925.93	2035.27	2030.84	2278.22
眉山市	Meishan	428.43	479.26	529.49	670.15	641.74	729.00	808.22	866.09
宜宾市	Yibin	441.97	523.40	619.89	675.72	776.92	805.03	818.39	949.52
广安市	Guangan	506.85	390.24	553.21	737.57	848.59	845.74	842.39	872.56
达州市	Dazhou	785.32	679.44	831.41	807.62	1106.82	1022.08	1039.44	1131.75
雅安市	Yaan	68.06	71.92	81.61	75.33	104.85	118.05	169.13	181.95
巴中市	Bazhong	274.21	469.82	745.97	1034.10	1233.37	1147.90	1153.05	1504.32
资阳市	Ziyang	296.09	457.93	522.69	545.93	528.08	581.06	279.48	215.99
阿坝藏族羌族自治州	Aba	27.29	30.58	31.50	31.21	41.76	38.24	34.71	58.30
甘孜藏族自治州	Ganzi	12.81	12.71	9.49	15.63	14.22	15.54	19.99	22.37
凉山彝族自治州	Liangshan	73.40	95.91	136.42	143.90	114.40	178.75	246.45	282.94

15-10 各市(州)建筑业企业动力装备情况(2017年)

Power of Machinery and Equipment Owned of Construction Enterprises by Region(2017)

市(州)及分组	Region and Group	自有机械设备总台数(台) Number of Machinery and Equipment Owned (unit)	自有机械设备总功率(万千瓦) Total Power of Machinery and Equipment Owned (10 000 kw)	自有机械设备净值(万元) Net Value of Machinery and Equipment Owned (10 000 yuan)	技术装备率(元/人) Value of Machinery per Laborer (yuan/person)	动力装备率(千瓦/人) Power of Machinery per Laborer (kw/person)
全　省	**Sichuan**	**539658**	**1085.86**	**2932201**	**6974**	**2.58**
按市(州)分	**Grouped by Region**					
成都市	Chengdu	127385	479.65	1597880	11740	3.52
自贡市	Zigong	9271	15.91	38249	3735	1.55
攀枝花市	Panzhihua	7861	31.10	60409	11115	5.72
泸州市	Luzhou	30645	74.22	250059	5713	1.70
德阳市	Deyang	9023	20.43	46355	3660	1.61
绵阳市	Mianyang	13687	31.20	104545	4356	1.30
广元市	Guangyuan	10777	24.12	63067	7606	2.91
遂宁市	Suining	11587	20.48	86929	7032	1.66
内江市	Neijiang	19129	23.92	48030	4366	2.17
乐山市	Leshan	13125	27.20	53714	6119	3.10
南充市	Nanchong	188243	68.40	116863	4408	2.58
眉山市	Meishan	9927	31.28	51687	4243	2.57
宜宾市	Yibin	12336	18.32	57293	3626	1.16
广安市	Guangan	27071	125.72	93555	5408	7.27
达州市	Dazhou	19735	22.12	61908	4360	1.56
雅安市	Yaan	3842	8.31	14916	4516	2.52
巴中市	Bazhong	13545	18.87	108388	4347	0.76
资阳市	Ziyang	4326	13.80	20923	3041	2.01
阿坝藏族羌族自治州	Aba	2952	8.30	13882	15206	9.10
甘孜藏族自治州	Ganzi	1028	3.01	8388	11492	4.13
凉山彝族自治州	Liangshan	4163	19.50	35160	1404	0.78
按资质等级分	**Grouped by Qualification Grade**					
总承包企业	The General Contractor	505699	1019.64	2746527	7505	2.79
特级企业	The Special Grade	32711	169.37	433690	22653	8.85
一级企业	The First Grade	106326	408.42	583240	5411	3.79
二级企业	The Second Grade	292474	285.18	635789	4194	1.88
三级企业及其他	The Third Grade & Others	74188	156.67	1093807	12511	1.79
专业承包企业	The Specialized Contractor	33851	65.90	183455	3968	1.43
一级企业	The First Grade	16444	31.60	75282	11625	4.88
二级企业	The Second Grade	8694	19.73	50016	5155	2.03
三级企业及其他	The Third Grade & Others	8713	14.57	58157	1935	0.48

15-11 各市(州)按登记注册类型和构成分建筑业企业总产值(2017年)

单位：万元

市(州)及分组	Region and Group	建筑业总产值 Total Output Value	国有企业 State-owned	中央企业 Central	地方企业 Local	集体企业 Collective-owned
全　省	**Sichuan**	**119962154**	**17431985**	**5799794**	**11632192**	**3908396**
按市(州)分	Grouped by Region					
成都市	Chengdu	49595545	12053054	5080226	6972828	426508
自贡市	Zigong	3112290	455865		455865	28497
攀枝花市	Panzhihua	2193364	62361	4829	57532	83598
泸州市	Luzhou	10261744	588878		588878	1100373
德阳市	Deyang	3617901	906231	131964	774267	57853
绵阳市	Mianyang	5686736	797840	452281	345559	10693
广元市	Guangyuan	1783979	77917		77917	125626
遂宁市	Suining	3308825	22641		22641	224960
内江市	Neijiang	2641133	223429	130494	92935	53190
乐山市	Leshan	2360367	18034		18034	
南充市	Nanchong	7663298	577211		577211	211248
眉山市	Meishan	3436698	181593		181593	27781
宜宾市	Yibin	3605742	104215		104215	151885
广安市	Guangan	5251317	285876		285876	541897
达州市	Dazhou	4027765	271403		271403	315337
雅安市	Yaan	454729	55029		55029	30859
巴中市	Bazhong	6441841	591875		591875	362777
资阳市	Ziyang	2219734	114309		114309	75865
阿坝藏族羌族自治州	Aba	193296	19684		19684	6632
甘孜藏族自治州	Ganzi	141019	1966		1966	11217
凉山彝族自治州	Liangshan	1964831	22575		22575	61599
按资质等级分	**Grouped by Qualification Grade**					
总承包企业	The General Contractor	110957982	16088737	4883981	11204756	3816971
特级企业	The Special Grade	14281777	3137322	104854	3032467	
一级企业	The First Grade	36945319	9961062	4767238	5193824	553377
二级企业	The Second Grade	38840985	1600430	7060	1593371	1927911
三级企业	The Third Grade	20889901	1389923	4829	1385095	1335683
专业承包企业	The Specialized Contractor	8010671	1282762	915813	366949	86800
一级企业	The First Grade	3262311	968150	904117	64033	28720
二级企业	The Second Grade	2384498	124358	11696	112662	35553
三级企业及其他	The Third Grade & Others	2363862	190255		190255	22527
劳务分包企业	The Subcontractor of Labour Services	993501	60486		60486	4625
一级企业	The First Grade	557544	42994		42994	3860
二级企业	The Second Grade	96018				765
不分等级	Not Classified by Grade	339939	17492		17492	

Gross Output Value of Construction Enterprises by Region, Registered Types and Composition(2017)

(10 000 yuan)

其他企业 Others	#股份有限公司 Share-holding Corporations	#其他有限责任公司 Other Ltd. Company	建筑工程产值 Output Value of Construction	安装工程产值 Output Value of Installation	其它产值 Other Output Value	房屋工程和土木工程 Output Value of Building & Civil Engineering
98621772	**9350512**	**46696166**	**103683672**	**10858458**	**5420024**	**113138896**
37115983	5578958	21635777	42993842	4052516	2549186	46349901
2627928	171966	1062667	2798494	221555	92241	2999597
2047405		1531919	1768216	319803	105346	2092170
8572494	19739	2573108	9024264	842639	394841	9709289
2653816	51092	1475977	3066711	435430	115759	3186313
4878203	164932	2197114	5062652	420560	203524	5288488
1580436	56736	495639	1557771	118401	107807	1695088
3061225	544127	1091986	2931312	198519	178995	3164270
2364515	537846	538241	2390995	190258	59880	2533259
2342333	147885	1345151	2127150	177605	55612	2240262
6874838	673857	2770761	6659972	648647	354679	7449778
3227324	930	1088888	3180312	181595	74790	3341769
3349642	383151	930298	3108804	307132	189805	3302203
4423545	13489	407540	3893894	1307453	49971	5116547
3441025	236533	1665524	3362513	349125	316127	3932976
368841	2118	252313	362258	57697	34775	396603
5487189	605631	2774423	5457472	686921	297448	6248706
2029560	83302	1556071	1956949	174057	88727	1981374
166979	4753	73836	163632	18954	10710	185216
127836	1358	67499	122827	3420	14773	140785
1880657	72112	1161434	1693634	146170	125027	1784305
91052273	9172016	42496170	97801826	8501175	4654981	107961330
11144455	4073198	6494134	13248195	818989	214593	14276158
26430880	1648379	15753140	32426576	2785415	1733328	35572437
35312643	1943137	13805519	33808843	3240057	1792085	37718513
18164295	1507302	6443377	18318212	1656714	914975	20394221
6641109	153646	3893233	5190263	2276730	543678	4508498
2265442	45733	1668416	2375514	757598	129199	1937064
2224587	72777	1137699	1342895	852356	189247	1159115
2151081	35136	1087118	1471854	666776	225232	1412320
928390	24850	306762	691583	80553	221365	669069
510690	22069	134838	379130	44604	133811	364560
95253	55	25141	65900	7529	22588	48398
322447	2726	146783	246553	28420	64966	256111

15−11 续表 continued

单位：万元 (10 000 yuan)

市(州)及分组	Region and Group	#房屋工程建筑业 Building	#土木工程建筑业 Civil Engineering	建筑安装业 Output Value of Installation	建筑装饰和其他建筑业 Output Value of Decoration and Other Construction	竣工产值 Output Value of Completed Construction
全　省	**Sichuan**	**81651183**	**31487713**	**4514090**	**2309168**	**59077830**
按市(州)分	Grouped by Region					
成都市	Chengdu	23702662	22647239	2380521	865124	19213737
自贡市	Zigong	2836206	163391	103643	9051	1739639
攀枝花市	Panzhihua	624726	1467444	53936	47258	997316
泸州市	Luzhou	9241272	468017	448979	103477	5498397
德阳市	Deyang	2540019	646294	347459	84129	1705246
绵阳市	Mianyang	4484988	803500	224907	173341	3018923
广元市	Guangyuan	1482175	212913	25317	63574	1032996
遂宁市	Suining	2969387	194883	24256	120299	2304790
内江市	Neijiang	2239579	293680	67322	40552	1922259
乐山市	Leshan	2076475	163787	80770	39334	1437504
南充市	Nanchong	6419434	1030344	124472	89048	4436044
眉山市	Meishan	3095218	246551	64588	30341	2115482
宜宾市	Yibin	2938082	364121	96313	207225	1941555
广安市	Guangan	3813118	1303429	118181	16590	3202837
达州市	Dazhou	3753712	179264	29404	65384	2533339
雅安市	Yaan	361429	35174	30728	27398	337277
巴中市	Bazhong	5676017	572689	19139	173996	3505476
资阳市	Ziyang	1765898	215476	149839	88521	883159
阿坝藏族羌族自治州	Aba	151493	33723	5966	2113	156894
甘孜藏族自治州	Ganzi	95934	44851		235	85443
凉山彝族自治州	Liangshan	1383360	400945	118349	62178	1009518
按资质等级分	**Grouped by Qualification Grade**					
总承包企业	The General Contractor	79607823	28353507	2663079	333574	54795185
特级企业	The Special Grade	5166368	9109790	5619		2989988
一级企业	The First Grade	24152353	11420084	1317267	55615	17220515
二级企业	The Second Grade	32426201	5292312	973269	149202	22452238
三级企业	The Third Grade	17862900	2531321	366923	128757	12132444
专业承包企业	The Specialized Contractor	1481810	3026688	1778078	1724095	4242949
一级企业	The First Grade	77954	1859110	726014	599234	1250812
二级企业	The Second Grade	666509	492606	563158	662225	1543465
三级企业及其他	The Third Grade & Others	737348	674972	488906	462636	1448673
劳务分包企业	The Subcontractor of Labour Services	561550	107519	72933	251499	39697
一级企业	The First Grade	337731	26829	29441	163544	
二级企业	The Second Grade	46589	1809	82	47538	
不分等级	Not Classified by Grade	177230	78881	43410	40418	39697

15−12 各市(州)建筑业企业总产值
Gross Output Value of Construction Enterprises by Region

单位：万元 (10 000 yuan)

市(州)	Region	2010	2011	2012	2013	2014	2015	2016	2017
全　省	**Sichuan**	**42008601**	**53058948**	**62926651**	**72774103**	**81485208**	**88475906**	**100441634**	**119962154**
成都市	Chengdu	20974379	27698033	33282864	36570771	38792821	40953808	44314587	49595545
自贡市	Zigong	851323	1061188	1242434	1604078	1782088	2033489	2432486	3112290
攀枝花市	Panzhihua	1257162	1680916	1644819	1821553	1632167	1752843	2001219	2193364
泸州市	Luzhou	1760209	2044170	2938168	4108709	5220235	5786230	7615767	10261744
德阳市	Deyang	2537597	2750077	2136726	2363317	2566878	2644426	3034254	3617901
绵阳市	Mianyang	1861597	2119381	2275935	2807690	3521134	3975714	4407795	5686736
广元市	Guangyuan	516101	703599	765481	911569	1074803	1255189	1458403	1783979
遂宁市	Suining	1051181	1175968	1305440	1556025	1825481	2105375	2481006	3308825
内江市	Neijiang	1053573	1192814	1255579	1440762	1878608	2074803	2559424	2641133
乐山市	Leshan	775628	941508	1065775	1152511	1259091	1510509	1795349	2360367
南充市	Nanchong	2150544	2777366	3557634	4339852	4965352	5312236	6028991	7663298
眉山市	Meishan	1087767	895088	1232023	1552882	1996535	2407274	3037935	3436698
宜宾市	Yibin	964233	1202530	1458229	1829460	1948325	2231710	2673171	3605742
广安市	Guangan	1559555	1890294	2253959	2687220	3322882	3705093	4439155	5251317
达州市	Dazhou	1349893	1754006	2000019	2457807	2760362	2895431	3466774	4027765
雅安市	Yaan	114596	132618	158650	168340	244349	281120	337592	454729
巴中市	Bazhong	1131555	1698644	2384845	2921030	3791359	4194525	4815169	6441841
资阳市	Ziyang	687698	925593	1300978	1580879	1891727	2173625	1875901	2219734
阿坝藏族羌族自治州	Aba	74796	61822	76018	86027	93986	111016	122475	193296
甘孜藏族自治州	Ganzi	35605	41067	40029	74473	96289	89581	94817	141019
凉山彝族自治州	Liangshan	210607	312266	551046	739148	820736	981910	1449368	1964831

15-13 各市(州)建筑业企业主要财务指标(2017年)
Major Financial Indicators of Construction Enterprises by Region(2017)

单位：万元 (10 000 yuan)

市(州)及分组	Region and Group	资产合计 Total Assets	负债合计 Total Liabilities	所有者权益合计 Total Owners' Equities	利润总额 Total Profits	税金总额 Total Tax	利税总额 Total Pre-tax Profits
全　省	**Sichuan**	**121458147**	**72831542**	**48671561**	**3193749**	**3562820**	**6756569**
按市(州)分	**Grouped by Region**						
成都市	Chengdu	65019856	48209829	16854984	1161421	1229531	2390952
自贡市	Zigong	1827416	1284408	543008	72789	73146	145935
攀枝花市	Panzhihua	2929034	2338996	590038	52763	50533	103296
泸州市	Luzhou	3517174	2124396	1392779	233157	308826	541983
德阳市	Deyang	2771367	2014810	756558	32691	64446	97137
绵阳市	Mianyang	4636433	3047632	1588801	180275	162415	342690
广元市	Guangyuan	1308009	705434	602575	57936	89952	147888
遂宁市	Suining	2322445	1188558	1133886	158611	139208	297819
内江市	Neijiang	1206643	696511	510132	63148	95583	158731
乐山市	Leshan	2569769	1132851	1436919	73706	89422	163128
南充市	Nanchong	3671992	1510032	2161960	189153	294096	483249
眉山市	Meishan	1598610	822472	776137	169315	127514	296829
宜宾市	Yibin	2286882	1348957	937925	91922	125603	217524
广安市	Guangan	2065428	1093011	972417	210194	173844	384038
达州市	Dazhou	1263006	528429	734577	146999	183457	330456
雅安市	Yaan	342774	183204	159570	12484	16491	28975
巴中市	Bazhong	19694768	3212910	16481859	171304	215703	387008
资阳市	Ziyang	794797	495520	299277	49487	57486	106973
阿坝藏族羌族自治州	Aba	297798	142292	155507	2618	12297	14915
甘孜藏族自治州	Ganzi	154118	77458	76659	12298	8794	21093
凉山彝族自治州	Liangshan	1179828	673833	505994	51479	44472	95951
按资质等级分	**Grouped by Qualification Grade**						
总承包企业	The General Contractor	113451440	67634597	45818619	2905573	3277688	6183262
特级企业	The Special Grade	25834939	20655073	5179866	391691	276436	668127
一级企业	The First Grade	34445531	25467114	8980194	754579	886985	1641564
二级企业	The Second Grade	23447012	13827962	9619050	1037818	1320810	2358628
三级企业	The Third Grade	29723958	7684448	22039510	721485	793457	1514942
专业承包企业	The Specialized Contractor	7501697	4882164	2662712	261761	240439	502200
一级企业	The First Grade	3123949	2472476	694653	70127	68014	138141
二级企业	The Second Grade	2377907	1341835	1036073	80237	80988	161224
三级企业及其他	The Third Grade & Others	1999841	1067854	931986	111397	91437	202834
劳务分包企业	The Subcontractor of Labour Services	505011	314781	190230	26415	44693	71108
一级企业	The First Grade	310488	209709	100779	14129	30842	44972
二级企业	The Second Grade	51788	33369	18419	2658	4042	6700
不分等级	Not Classified by Grade	142735	71703	71032	9627	9809	19436

15-14 各市(州)总承包和专业承包建筑业企业资产和负债(2017年)
Assets and Liabilities of General and Professional Contractor Construction Enterprises by Region(2017)

单位：万元 (10 000 yuan)

市(州)及分组	Region and Group	年末资产合计 Total Assets (year-end)	#流动资产 Current Assets	#固定资产 Fixed Assets	年末负债合计 Total Liabilities (year-end)	#流动负债 Current Liabilities	#长期负债 Long-term Liabilities
全　省	**Sichuan**	**120953136**	**84202800**	**6925323**	**72516762**	**63464523**	**5981439**
按市(州)分	**Grouped by Region**						
成都市	Chengdu	64957863	54144583	3141124	48164039	43676936	3787144
自贡市	Zigong	1813613	1614277	86246	1274409	1234030	21230
攀枝花市	Panzhihua	2920406	2433277	165218	2333793	2199241	121203
泸州市	Luzhou	3503571	2742559	337690	2113551	1790581	165053
德阳市	Deyang	2722975	2282417	135553	1977054	1781297	102980
绵阳市	Mianyang	4571273	3786998	345698	3001274	2294138	582332
广元市	Guangyuan	1280821	1009021	187026	694513	627725	10748
遂宁市	Suining	2321686	1779942	340349	1188541	823170	174895
内江市	Neijiang	1156780	937500	101313	650912	573293	13688
乐山市	Leshan	2566664	1463322	200404	1131314	904289	147881
南充市	Nanchong	3617246	2837041	407706	1486615	1128010	74711
眉山市	Meishan	1589971	1252202	172420	816256	599450	158555
宜宾市	Yibin	2203345	1755624	207726	1310324	1175003	38035
广安市	Guangan	2055585	1463923	288895	1090341	892674	62919
达州市	Dazhou	1256651	888834	159933	526839	429943	46718
雅安市	Yaan	339824	232713	39191	182784	167276	7447
巴中市	Bazhong	19661106	1760829	316631	3192938	1936512	433739
资阳市	Ziyang	783937	627688	80169	489136	452495	480
阿坝藏族羌族自治州	Aba	297298	178109	50154	142292	118879	6832
甘孜藏族自治州	Ganzi	152695	120162	26920	76004	59082	450
凉山彝族自治州	Liangshan	1179828	891778	134958	673833	600497	24402
按资质等级分	**Grouped by Qualification Grade**						
总承包企业	The General Contractor	113451440	78156308	6259188	67634597	59059551	5725316
特级企业	The Special Grade	25834939	20355910	1435690	20655073	18486081	2124537
一级企业	The First Grade	34445531	28716307	1439168	25467114	22574557	1824961
二级企业	The Second Grade	23447012	19333880	1967218	13827962	11761205	1054159
三级企业	The Third Grade	29723958	9750211	1417113	7684448	6237708	721659
专业承包企业	The Specialized Contractor	7501697	6046492	666135	4882164	4404972	256123
一级企业	The First Grade	3123949	2794064	183949	2472476	2375273	50205
二级企业	The Second Grade	2377907	1864176	249599	1341835	1209530	74749
三级企业及其他	The Third Grade & Others	1999841	1388252	232588	1067854	820169	131168

15-15 各市(州)总承包和专业承包建筑业企业所有者权益和利税(2017年)
Owners' Equities and Pre-tax Profits of Construction Enterprises of General Constractors and Professional Constractors by Region(2017)

单位：万元 (10 000 yuan)

市(州)及分组	Region and Group	所有者权益 Owners' Equities	利税总额 Total Pre-tax Profits	利润总额 Total Profits	税金总额 Total Taxes	#工程结算税金及附加 Taxes and Extra Charges on Project Settlement Accounts
全　省	**Sichuan**	**48481331**	**6685461**	**3167334**	**3518127**	**1438996**
按市(州)分	**Grouped by Region**					
成都市	Chengdu	16838781	2381331	1158190	1223141	388718
自贡市	Zigong	539204	144845	72431	72414	28940
攀枝花市	Panzhihua	586613	102209	52335	49874	13381
泸州市	Luzhou	1390020	541725	233018	308708	137904
德阳市	Deyang	745921	92460	31965	60495	12830
绵阳市	Mianyang	1569999	335180	177651	157529	67562
广元市	Guangyuan	586307	141625	55924	85701	34750
遂宁市	Suining	1133145	297720	158512	139208	72653
内江市	Neijiang	505868	156061	62688	93374	49556
乐山市	Leshan	1435350	162673	73643	89030	27141
南充市	Nanchong	2130630	466119	183468	282651	132677
眉山市	Meishan	773715	296406	169003	127403	60906
宜宾市	Yibin	893022	207058	86372	120687	68307
广安市	Guangan	965244	383024	209544	173479	91475
达州市	Dazhou	729812	327373	144957	182417	86927
雅安市	Yaan	157040	28967	12484	16483	7267
巴中市	Bazhong	16468169	383075	169480	213596	114183
资阳市	Ziyang	294801	105679	49274	56405	27195
阿坝藏族羌族自治州	Aba	155007	14865	2588	12278	3906
甘孜藏族自治州	Ganzi	76691	21120	12335	8786	2277
凉山彝族自治州	Liangshan	505994	95947	51475	44472	10442
按资质等级分	**Grouped by Qualification Grade**					
总承包企业	The General Contractor	45818619	6183262	2905573	3277688	1355871
特级企业	The Special Grade	5179866	668127	391691	276436	54133
一级企业	The First Grade	8980194	1641564	754579	886985	251095
二级企业	The Second Grade	9619050	2358628	1037818	1320810	608472
三级企业	The Third Grade	22039510	1514942	721485	793457	442171
专业承包企业	The Specialized Contractor	2662712	502200	261761	240439	83124
一级企业	The First Grade	694653	138141	70127	68014	12546
二级企业	The Second Grade	1036073	161224	80237	80988	37155
三级企业及其他	The Third Grade & Others	931986	202834	111397	91437	33424

15-16 各市(州)按登记注册类型分建筑业企业劳动生产率(2017年)
Labor Productivity of Construction Enterprises by Region and Registered Types(2017)

单位：元/人 (yuan/person)

市(州)及分组	Region and Group	按总产值计算的劳动生产率 Overall Labor Productivity in Terms of Total Output Value	国有企业 State -owned	中央企业 Central	地方企业 Local	集体企业 Colle-ctive owned	其他企业 Others	#股份有限公司 Share-holding Corporations	#其他有限责任公司 Other Ltd. Company
全　省	**Sichuan**	**285324**	**379307**	**904183**	**294165**	**266200**	**274100**	**430413**	**286150**
按市(州)分	**Grouped by Region**								
成都市	Chengdu	364398	409188	1049807	283255	277223	353122	747109	426270
自贡市	Zigong	303935	247095		247095	330592	316279	204648	412654
攀枝花市	Panzhihua	403570	380946	188613	416600	138914	438473		593928
泸州市	Luzhou	234448	269707		269707	267828	228735	210216	231062
德阳市	Deyang	285630	1043084	332738	1639702	165674	231807	206099	253113
绵阳市	Mianyang	236950	344030	484968	249231	216899	225516	260473	208629
广元市	Guangyuan	215150	66624		66624	254974	238391	265741	253835
遂宁市	Suining	267663	791633		791633	205068	272441	242513	287728
内江市	Neijiang	240068	437667	592077	320355	166218	232474	245088	219323
乐山市	Leshan	268868	144503		144503		270662	205338	324618
南充市	Nanchong	289039	549463		549463	290495	277936	385678	268152
眉山市	Meishan	282122	224911		224911	261102	286420	31419	283816
宜宾市	Yibin	228185	257511		257511	292988	225130	191269	218904
广安市	Guangan	303546	300795		300795	360040	297994	298423	154576
达州市	Dazhou	283665	298442		298442	266467	284237	328883	270346
雅安市	Yaan	137680	859823		859823	228758	118831	48253	173019
巴中市	Bazhong	258345	241977		241977	292657	258228	291435	269176
资阳市	Ziyang	322664	244302		244302	173723	339687	502422	292891
阿坝藏族羌族自治州	Aba	211738	299155		299155	145443	208333	219032	209109
甘孜藏族自治州	Ganzi	193204	168034		168034	223454	191371	76287	220368
凉山彝族自治州	Liangshan	78472	204483		204483	673216	75721	363832	51668
按资质等级分	**Grouped by Qualification Grade**								
总承包企业	The General Contractor	303199	373281	934000	295860	269345	294967	443553	329559
特级企业	The Special Grade	745972	305737	1804723	297202		1254484	1443424	1718025
一级企业	The First Grade	342774	450917	930901	306066	316632	314860	382614	312644
二级企业	The Second Grade	256202	291921	290527	291928	275082	253843	243559	287741
三级企业	The Third Grade	238941	263928	188613	264296	246659	236682	270596	240400
专业承包企业	The Specialized Contractor	173278	459294	772642	228259	192162	154496	204943	123213
一级企业	The First Grade	503770	619616	818428	139871	195239	475314	208921	653282
二级企业	The Second Grade	245759	291373	145108	325425	160655	245689	208292	257929
三级企业及其他	The Third Grade & Others	78660	236753		236753	270432	73756	193693	44133
劳务分包企业	The Subcontractor of Labour Services	120381	949548		949548	78125	114192	83869	116123
一级企业	The First Grade	96443	17197680		17197680	77200	89147	80048	85563
二级企业	The Second Grade	120007				83152	120436	30722	103122
不分等级	Not Classified by Grade	203337	285817		285817		200203	144995	178568

主要统计指标解释

建筑业统计单位 指从事房屋、构筑物建造和设备安装活动的法人企业。建筑业法人企业应具有建筑业资质并能够独立核算，同时还应具备以下条件：①依法成立，有自己的名称、组织机构和场所，能够承担民事责任；②独立拥有和使用资产，承担负债，有权与其他单位签订合同；③独立核算盈亏，能够编制资产负债表。

建筑业总产值 是以货币形式表现的建筑业企业在一定时期内生产的建筑业产品和提供服务的总和。建筑业总产值包括：

(1)建筑工程产值：指列入建筑工程预算内的各种工程价值。

(2)安装工程产值：指设备安装工程价值，不包括被安装设备本身的价值。

(3)其他产值：指建筑业总产值中除建筑工程、安装工程以外的产值。包括房屋构筑物修理产值、非标准设备制造产值、总包企业向分包企业收取的管理费以及不能明确划分的施工活动所完成的产值。

建筑业增加值 指建筑业企业在报告期内以货币形式表现的建筑业生产经营活动的最终成果。

房屋施工面积 指在报告期内施工的全部房屋建筑面积，包括本期新开工的房屋建筑面积、上期跨入本期继续施工的房屋建筑面积、上期停缓建在本期恢复施工的房屋建筑面积、本期竣工的房屋建筑面积及本期施工后又停缓建的房屋建筑面积。

房屋竣工面积 指报告期内房屋建筑按照设计要求已全部完工，达到住人和使用条件，经验收鉴定合格或达到竣工验收标准，可正式移交使用的各栋房屋建筑面积的总和。

Explanatory Notes on Main Statistical Indicators

Statistical Unit in Construction refers to a corporate enterprise engaged in the construction of buildings and structures and in the installation of equipment. A corporate construction enterprise should have qualification certificates with independent accounting system, and should meet the following 3 requirements: a) being set up in line with relevant legal basis, having its full name, organization and location, and capable of taking civil liabilities; b) independently possessing and using its assets and assuming its liabilities, and entitled to sign contracts with other institutions; and c) making independent accounts of its profits and losses, and capable of compiling its own balance sheet.

Gross Output Value of Construction refers to total of construction products, expressed in money terms, completed by construction and installation enterprises during a given period of time. It includes:

(1) Output value of construction projects, that is the value of projects covered by the project budgets;

(2) Output value of installation projects, that is the value of the installation of equipment, (excluding the value of the equipment to be installed);

(3) Output value of others, that is the output value of construction industry excluding that of construction projects and installation projects. It includes: output value of repair of buildings and structures; output value of non-standard equipment manufacturing; overhead expenses received by contracted enterprises to the sub-contracted enterprises and the completed output value of construction activities that have no clear definition.

Value-added of Construction refers to the final result of the activities of production and management of construction industry in monetary terms in the reference period.

Floor Space of Buildings refers to floor space of buildings under construction in the reference period, including the space of buildings for which construction has newly started; buildings for which construction has started earlier and is continuing during the reference period; and buildings for which construction has been suspended earlier but has restarted during the reference period; buildings completed during the reference period; and buildings under construction but construction has subsequently been during the reference period.

Floor Space of Buildings Completed refers to the total floor space of each building that has been completed in the reference period in accordance with the requirements of the design, up to the standard for being resided in and put into use, or has been checked and accepted by departments concerned as qualified ones or up to the standard of buildings completed and can be handed over for putting into use.

16

TRANSPORTATION,
Post and Telecommunications Services
交通运输、邮电和通讯

四川统计年鉴
SICHUAN STATISTICAL YEARBOOK

16-1 交通运输业基本情况
Basic Conditions of Transport

指 标	Item	2010	2014	2015	2016	2017
运输线路长度 （万公里）	**Length of Transport Routes (10 000 km)**					
铁路总里程	Railways in Operation	0.4	0.4	0.4	0.5	0.5
公路	Highways	26.6	31.0	31.5	32.4	33.0
内河	Navigable Inland Waterways	1.1	1.2	1.1	1.1	1.1
民用航空	Civil Aviation	56.1	85.1	97.2	112.4	125.6
客运量总计 （万人）	**Total Passenger Traffic (10 000 persons)**	**242732**	**141899**	**140044**	**128220**	**113937**
铁路	Railways	6829	8778	9078	11321	12499
公路	Highways	230988	126691	124014	109716	94098
水运	Waterways	2733	2677	2748	2574	2364
民用航空	Civil Aviation	2182	3752	4204	4609	4976
旅客周转量总计 （亿人公里）	**Total Passenger-Kilometers (100 million passenger-km)**	**1392**	**1532**	**1663**	**1686**	**1697**
铁路	Railways	221	272	272	302	318
公路	Highways	802	630	672	598	521
水运	Waterways	2	3	3	2	2
民用航空	Civil Aviation	366	628	717	784	856
货运量总计 （万吨）	**Total Freight Traffic (10 000 tons)**	**133364**	**157703**	**153523**	**159856**	**171376**
铁路	Railways	7093	7165	6146	5619	5375
公路	Highways	121017	142132	138622	146046	158190
水运	Waterways	5218	8361	8688	8131	7750
民用航空	Civil Aviation	36	45	67	60	61
货物周转量总计 （亿吨公里）	**Total Freight Ton-kilometers (100 million ton-km)**	**1711**	**2215**	**2282**	**2399**	**2575**
铁路	Railways	643	677	606	598	628
公路	Highways	985	1511	1481	1565	1677
水运	Waterways	75	154	183	223	256
民用航空	Civil Aviation	8	11	12	13	14
民用汽车拥有量 （万辆）	Possession of Civil Motor Vehicles (10 000 units)	357.9	668.2	768.5	882.4	991.8
#私人汽车 （万辆）	Private Vehicles (10 000 units)	281.0	577.2	677.3	787.5	886.3
载客汽车拥有量 （万辆）	Possession of Buses and Cars (10 000 units)	281.6	572.3	674.0	785.3	890.6
载货汽车拥有量 （万辆）	Possession of Trucks (10 000 units)	70.4	91.0	89.6	91.9	96.0
其他机动车拥有量 （万辆）	Possession of Other Motor Vehicles (10 000 units)	5.9	4.9	5.0	5.2	5.2
公路部门营运车辆 （万辆）	Number of Motor Vehicles Owned by Highway Departments (10 000 units)	62.0	65.3	57.1	57.7	69.9
民用运输船舶拥有量 （艘）	Possession of Civil Transport Vessels (unit)	8414	7642	7489	7265	6466
机动船 （艘）	Motor Vessels (unit)	7350	6564	6435	6216	5524
驳船 （艘）	Barges (unit)	1064	1078	1054	1049	941

注：①从2014年开始，公路货运量和货物周转量由抽样调查改变为根据高速公路计重收费数据推算，公路客运量和旅客周转量中的出租车和公交车统计范围作了较大调整，故2014年相关数据与往年不可比；②2015年起，航空货运量及货物周转量由双流机场提供改变为由航空公司提供，故数据与往年不可比；③公路数据由四川省交通运输厅道路运输管理局提供，铁路数据由成都铁路局提供，水运数据由四川省交通运输厅航务管理局提供，航空数据由四川航空公司、国航西南分公司、东航四川分公司、成都航空公司提供。

a) Beginning in 2014, freight traffic and ton-kilometers of highways are changed from the sample survey to highway toll collection data, statistics range of taxi and bus in highway passenger traffic and passenger-kilometers made a big adjustment, so data of 2014 are not comparable with previous years. b)Data of air cargo volume and cargo turnover, which was provided by Sichuan Airlines, have been provided by Shuangliu Airport since 2015. Therefore, the data cannot be compared with previous years. c)Highway data are provided by Road Transport Administration of Sichuan Provincial Transportation Bureau, railway data are provided by Chengdu Railway Bureau, waterway data are provided by the Shipping Administration of Sichuan Provincial Communications Department, air data are provided by Sichuan Airlines, Air China Southwest branch, Sichuan branch of China Eastern Airlines and Chengdu airlines.

16-2 各市(州)公路运输情况(2017年)
Main Indicators of Highway Transportation by Region(2017)

市(州)	Region	公路总里程(公里) Total Length of Highways (km)	#等级公路里程 Expressway and Class I to IV Highways	#高速公路 Expressway	民用汽车拥有量(万辆) Possession of Civil Motor Vehicles (10 000 units)	#私人汽车 Private Vehicles	公路旅客周转量(万人公里) Passenger-kilometers of Highways (10 000 passenger-km)	公路货物周转量(万吨公里) Freight Ton-kilometers of Highways (10 000 ton-kilometers)
全　省	**Sichuan**	**329950**	**294809**	**6821**	**991.8**	**886.3**	**5212904**	**16768098**
成都市	Chengdu	26292	25370	956	451.5	398.2	947910	2670095
自贡市	Zigong	6537	5503	234	22.4	20.3	136021	607982
攀枝花市	Panzhihua	4815	3788	195	16.7	14.9	58314	574457
泸州市	Luzhou	13825	11033	479	35.2	31.2	453492	1386206
德阳市	Deyang	8221	7460	201	45.9	42.5	240466	604375
绵阳市	Mianyang	20171	15743	318	58.4	54.6	244577	771749
广元市	Guangyuan	19949	15502	391	21.6	20.1	121826	714376
遂宁市	Suining	8942	8112	359	22.1	20.6	149361	514041
内江市	Neijiang	11393	8008	307	21.8	19.8	467631	380882
乐山市	Leshan	12042	11403	259	34.9	31.1	159958	1208598
南充市	Nanchong	22572	21401	513	45.7	40.4	381742	1007462
眉山市	Meishan	7847	6374	403	30.5	27.7	135922	599540
宜宾市	Yibin	19306	17288	247	32.2	29.4	224271	619484
广安市	Guangan	12757	12070	368	20.8	19.0	125134	277246
达州市	Dazhou	19578	17683	424	30.9	27.2	281468	1325971
雅安市	Yaan	6620	6235	329	16.5	14.5	78284	693280
巴中市	Bazhong	17191	17014	296	20.2	18.5	194323	433544
资阳市	Ziyang	12338	11522	277	15.6	13.9	142145	355229
阿坝藏族羌族自治州	Aba	13454	13020	51	10.6	9.4	204597	600954
甘孜藏族自治州	Ganzi	38489	36416		8.4	7.5	144765	206948
凉山彝族自治州	Liangshan	27610	23864	213	27.8	25.3	320698	1215681

16-3 邮电业务基本情况
Basic Conditions of Postal and Telecommunication Services

指　标		Item		2014	2015	2016	2017
邮电业务总量	**(亿元)**	**Business Volume of Postal and Telecommunication Services**	**(100 million yuan)**	**1027.1**	**1281.1**	**1870.5**	**1509.9**
邮政业务总量	(亿元)	Business Volume of Postal Services	(100 million yuan)	117.4	138.6	199.0	269.2
电信业务总量	(亿元)	Business Volume of Telecommunication Services	(100 million yuan)	909.7	1142.5	1671.5	1240.7
邮政业务		**Postal Services**					
营业网点	(处)	Number of Offices	(unit)	5880	6117	6108	6109
邮路长度	(万公里,单程)	Length of Postal Routes	(10 000 km,one way)	10.00	10.15	11.96	13.55
邮运汽车	(辆)	Postal Cars	(unit)	732	739	792	899
函件	(万件)	Number of Letters	(10 000 pcs)	10510	6335	3755	3265
包裹	(万件)	Number of Parcels	(10 000 pcs)	231	170	103	95
报刊期发数	(万份)	Issue of Newspapers and Magazines	(10 000 copies)	660	698	661	675
特快专递	(万件)	Pieces of Express Mail Services	(10 000 pcs)	37942	48797	80148	110796
电信业务		**Telecommunication Services**					
年末固定电话用户	(万户)	Number of Fixed Telephone Subscribers at Year-end	(10 000 subscribers)	1294	1353	1490	1636
城市固定电话	(万户)	Urban Fixed Telephone Subscribers	(10 000 subscribers)	917	939	981	1028
农村固定电话	(万户)	Rural Fixed Telephone Subscribers	(10 000 subscribers)	377	414	509	608
年末移动电话用户	(万户)	Number of Mobile Telephone Subscribers at Year-end	(10 000 subscribers)	6609	6872	7295	7694
互联网宽带接入用户数	(万户)	Number of Broad Band Subscribers of Internet	(10 000 subscribers)	883	1026	1851	2168
长途交换机容量	(万路端)	Capacity of Long-distance Telephone Exchanges	(10 000 lines)	37.4	37.4	37.4	37.4

注：①2010年起邮路长度不含邮政速递公司自营邮路；特快专递包括邮政公司和其他快递公司数据。②邮政业务数据由四川省邮政管理局、中国邮政集团四川省分公司提供；电信业务数据由四川省通信管理局提供。

a) Postal routes exclude express delivery company's own length postman since 2010. The data of pieces of express mail services comes from the post offices and other express delivery companies. b)Data of the postal service are provided by the Sichuan Provincial Post Office and China Post Group's Sichuan branch. Data from the telecommunication services are provided by the Sichuan Provincial Communications Administration Bureau.

主要统计指标解释

铁路营业里程 又称营业长度，指投入客货运输营业或临时营业的线路长度。

公路里程 指报告期末公路的实际长度。统计范围：包括城间、城乡间、乡（村）间能行驶汽车的公共道路，公路通过城镇街道的里程，公路桥梁长度、隧道长度、渡口宽度。不包括城市街道里程，断头路里程，农（林）业生产用道路里程，工（矿）企业等内部道路里程。统计原则：按已竣工验收或交付使用的实际里程计算；两条或多条公路共同经由同一路段的重复里程，只计算一次。

内河航道里程 指在一定时期内，能通航运输船舶及排筏的天然河流、湖泊水库、运河及通航渠道的长度。包括全年季节性通航累计三个月以上的航道，不包括仅供零散流放竹、木排的河道。两省以河为界的航道里程，双方均按一半计算，以免重复。

定期航班航线里程 指定期航班营运里程的总长度，以万公里为计算单位。航线里程的统计分为按重复距离计算和按不重复距离计算两种形式。“按重复距离计算”是指不同航线的相同航段距离可以重复累加；“按不重复距离计算”则不同航线相同航段只统计一次。

货(客)运量 指在一定时期内，各种运输工具实际运送的货物重量(旅客数量)。货运按吨计算，客运按人计算。货物不论运输距离长短、货物类别，均按实际重量统计。旅客不论行程远近或票价多少，均按一人一次客运量统计；半价票、小孩票也按一人统计。

货物(旅客)周转量 指在一定时期内，由各种运输工具运送的货物(旅客)数量与其相应运输距离的乘积之总和。该指标反映运输业生产的总成果，也是编制和检查运输生产计划，计算运输效率、劳动生产率以及核算运输单位成本的主要基础资料。计算货物周转量通常按发出站与到达站之间的最短距离，也就是计费距离计算。计算公式为：

$$货物(旅客)周转量=\Sigma〔货物(旅客)运输量\times运输距离〕$$

民用汽车拥有量 指报告期末，在公安交通管理部门按照《机动车注册登记工作规范》，已注册登记领有民用车辆牌照的全部汽车数量。汽车拥有量统计的主要分类：根据汽车结构分为载客汽车、载货汽车及其他汽车；根据汽车所有者不同分为个人(私人)汽车、单位汽车；根据汽车的使用性质分为营运汽车、非营运汽车；根据汽车大小规格不同，载客汽车分为大型、中型、小型和微型，载货汽车分为重型、中型、轻型和微型。

邮电业务总量 指以货币形式表示的邮电通信企业为社会提供各类邮电通信服务的总数量。计算方法为各类业务的实物量分别乘以相应的不变单价，求出各类业务的货币量加总求得。分别按邮政业务总量和电信业务总量统计。

移动电话用户 指在电信运营企业营业网点办理开户登记手续，通过移动电话交换机进入移动电话网，占用移动电话号码的各类电话用户。包括各类签约用户、智能网预付费用户、无线上网卡用户。

固定电话用户 指在电信企业营业网点办理开户登记手续并已接入固定电话网上的全部电话用户。包括普通电话用户、无线市话用户、公用电话用户、窄带综合业务数字网（N—ISDN）用户、智能网专用接入终端用户等。

城市电话用户 指按行政区划属于中央直辖市、省辖市、地级市、县级市的市区、市郊区及县城区范围内的电话用户数。包括分布在农村地区但以县团级以上建制的独立工矿区、林区、驻军的电话用户。

农村电话用户 指按行政区划属于城市范围以外的乡（镇）、村电话用户。

住宅电话用户 指私人付费或安装在居民住宅并按照私人或住宅电话用户登记注册和收费的各类电话用户。

Explanatory Notes on Main Statistical Indicators

Length of Railways in Operation refers to the total length of the trunk line for passenger and freight transportation in full operation or temporary operation.

Length of Highways refers to the actual length of highways at the end of reference period. It covers public roads running vehicles among cities, city and rural areas, township (villages), highways passing through streets at small cities and towns, length of bridges and tunnels, width of ferry piers. It does not include the length of streets in cities, dead end highways, the length of streets built for agricultural (forest) production and inside factories (mines). It can only be calculated with the actual mileage having been completed, checked and accepted or put into operation. If two or more highways go the same section of the way, the length of the section is only calculated for once.

Length of Navigable Inland Waterways refers to the length of natural rivers, lakes, reservoirs and canals that are open to navigation for ships and rafts during a given period. It includes the channels with annual seasonal navigation for more than three months other than the waterways only for scattered bamboo and wooden rafts. If two provinces share one river as the border, the length of waterways will be half divided for each province to avoid duplication.

Length of Routes with Scheduled Flights refers to the total length of all routes for scheduled flights, which is calculated using million kilometres as the unit. There are usually two ways to calculate the route length: duplicated calculation and non-duplicated calculation. Duplicated calculation means that the same segment of different routes can be added duplicately, while the non-duplicated calculation allows the same segment of different routes be counted once only.

Freight (Passenger) Traffic refers to the weight of freight (number of passenger) transported with various means within a specific period of time. Freight transport is calculated in tons and passenger traffic is calculated in terms of number of persons. Freight transport is calculated in terms of the actual weight of the goods and takes no account of the type of freight and distance of travel. Passenger traffic is calculated by the principle that one person can be counted only once in one trip and takes no account of the travelling distance and ticket price. The passengers who travel with a half price ticket or a child's ticket is also calculated as one person.

Freight Ton-kilometers (Passenger-kilometers) refer to the sum of the products of the volume of transported cargo (passengers) multiplying by the transport distance. It is an important indicator to reflect the achievement of transportation industry. Normally, the shortest distance between the departure station and the destination station (i.e., the payable distance) is the basis to calculate the freight ton-kilometers. This is an important indicator to show the total results of the transport industry, to prepare and examine the transport plan and to measure the efficiency, the labor productivity and the unit cost of transport. The formula is as follows:

Freight Ton-kilometers (Passenger-kilometers) =$\sum${Freight (Passenger) Traffic x Distance of Transportation}

Measuring unit: ton-kilometer (person-kilometer)

Possession of Civil Motor Vehicles refer to the total numbers of vehicles that are registered and received vehicles license tags according to the Work Standard for Motor Vehicles Registration formulated by the Transport Management Office under the department of public security at the end of the reference period. They are divided into categories. According to the structure of motor vehicles, they are divided into passenger vehicles, trucks and others; according to ownership into private vehicles and vehicles for the unit's use; according to kind of usage into working vehicles and non-working vehicles; and according to size of vehicles into large passenger vehicles, medium-sized passenger vehicles, small passenger vehicles and mini passenger vehicles, heavy trucks, light-heavy trucks, light trucks and mini-trucks.

Business Volume of Post and Telecommunications refers to the total amount of postal and telecommunication services, expressed in value terms, provided by the post and telecommunications departments for society. Business volume of post and telecommunications is the sum of each service in kind multiplying with its correspondent unit price (constant price).

Mobile Telephone Subscribers refer to persons who have gone through registration procedures in the operation points of enterprises engaged in telecommunications and are hence connected with the mobile telephone communication network through the mobile telephone switchboards and occupy mobile phone numbers. Included are various types of subscriber, prepaid users for intelligent network and wireless network card users.

Local Telephone Subscribers refer to all subscribers who have gone through registration procedures in the operation points of enterprises engaged in telecommunications and are hence connected to the local telecommunications service provider through fixed line network. Included are general subscribers, wireless local telephone subscribers, public telephones subscribers, N-ISDN subscribers and intelligent network terminal subscribers.

Urban Telephone Subscribers refer to the number of telephone subscribers, located at the municipalities directly under the Central Government, cities under the jurisdiction of province, cities at prefecture level, downtown and suburb of city at county level town and county towns according to the administrative division, including subscribers in rural mineral area, forest area, military area that are at or above county level.

Rural Telephone Subscribers refer to telephone subscribers, located at the towns and villages outside the coverage of urban areas according to the administrative division.

Household Telephone Subscribers refer to all kinds of subscribers with telephone sets paid privately or installed in the dwelling units of residents, and registered as private subscribers or residence subscribers for payment.

17

DOMESTIC TRADE

国内贸易

四川统计年鉴

SICHUAN STATISTICAL YEARBOOK

17-1 社会消费品零售总额
Total Retail Sales of Consumer Goods

单位：亿元 (100 million yuan)

年份 Year	社会消费品零售总额 Total Retail Sales of Consumer Goods	年份 Year	社会消费品零售总额 Total Retail Sales of Consumer Goods
1990	348.60	2004	2615.24
1991	399.85	2005	3003.49
1992	470.63	2006	3472.61
1993	572.18	2007	4105.61
1994	742.17	2008	4944.82
1995	958.98	2009	5779.89
1996	1137.34	2010	6884.84
1997	1292.50	2011	8290.84
1998	1409.39	2012	9622.00
1999	1516.65	2013	11001.00
2000	1671.43	2014	12459.99
2001	1880.24	2015	13961.40
2002	2070.14	2016	15601.87
2003	2293.72	2017	17480.53

17-2 按各项分组的社会消费品零售总额
Total Retail Sales of Consumer Goods by the Grouping

单位：万元 (10 000 yuan)

指　标	Item	2012	2013	2014	2015	2016	2017
全　省	**Sichuan**	**96219957**	**110010000**	**124599878**	**139614039**	**156018675**	**174805305**
按销售单位所在地分	Grouped by Location of Retailers						
城镇	Retail Sales in Town	77827312	88806253	100523024	112353161	125353584	140441299
乡村	Retail Sales in Rural	18392645	21203747	24076855	27260878	30665091	34364006
按消费形态分	Grouped by Consumption Patterns						
餐饮收入	Catering Revenue	14124591	15895439	107174346	120053695	133878322	149927245
商品零售	Retail Sale	82095366	94114561	17425532	19560345	22140353	24878060
按行业分	Grouped by Industry of Retailers						
批发业	Wholesale Trade	8063497	9806160	11208135	12636121	14132570	15774491
零售业	Retail Trade	73825201	84083290	95931052	107136995	119410241	133832218
住宿业	Lodge Trade	980679	1005950	1057944	1172542	1318049	1439093
餐饮业	Catering Trade	13350581	15114600	16402747	18668381	21157815	23759504

17-3 各市(州)社会消费品零售总额
Total Retail Sales of Consumer Goods by Region

单位：万元 (10 000 yuan)

市(州)	Region	2010	2011	2012	2013	2014	2015	2016	2017
全　省	**Sichuan**	**68848429**	**82908366**	**96219957**	**110010000**	**124599878**	**139614039**	**156018675**	**174805305**
成都市	Chengdu	24934379	30197889	35087160	39911842	45318319	50251993	57423661	64035285
自贡市	Zigong	2505517	3007572	3476849	3979292	4476763	5016314	5558073	6240353
攀枝花市	Panzhihua	1434435	1723640	1996790	2286067	2560949	2861953	3169046	3524076
泸州市	Luzhou	2665362	3216359	3749188	4321029	4913963	5596624	6371529	7220721
德阳市	Deyang	3014577	3610694	4190912	4817544	5448356	6159572	6988068	7907827
绵阳市	Mianyang	4333278	5211136	6047567	6885157	7782856	8791555	9884783	11124769
广元市	Guangyuan	1494330	1777164	2050950	2345748	2642250	2966232	3310685	3717899
遂宁市	Suining	2032614	2426599	2809061	3229511	3664807	4154086	4703892	5269662
内江市	Neijiang	2012745	2423564	2807571	3227264	3636429	4085847	4605438	5118750
乐山市	Leshan	2784017	3287558	3772877	4333646	4873825	5520094	6242618	7052509
南充市	Nanchong	3421459	4116787	4778015	5502990	6242112	6988210	7856249	8882684
眉山市	Meishan	1916985	2303242	2673399	3059866	3454790	3887558	4380662	4869349
宜宾市	Yibin	3285181	3977228	4627980	5311215	6044421	6806618	7683995	8679138
广安市	Guangan	2148443	2457018	2822286	3244311	3670594	4135312	4687869	5249640
达州市	Dazhou	3210238	3881178	4530071	5216404	5926020	6724721	7617181	8603660
雅安市	Yaan	1029859	1222858	1409247	1569382	1777624	2001515	2231816	2480685
巴中市	Bazhong	1233687	1488566	1729804	1986735	2241153	2544679	2874218	3242269
资阳市	Ziyang	2140442	2675872	3123841	3594078	4071420	4646532	3260373	3656535
阿坝藏族羌族自治州	Aba	363218	438949	522128	600245	680678	760132	838777	858069
甘孜藏族自治州	Ganzi	391742	470671	542898	617617	694327	742038	815920	908642
凉山彝族自治州	Liangshan	2495920	2993824	3471364	3970056	4478224	4972454	5513824	6162785

17-4 限额以上批发和零售业法人企业基本情况
Basic Conditions of Enterprises above Designated Size in Wholesale and Retail Trades

指 标	Item	2010	2011	2012	2013	2014	2015	2016	2017
批发和零售业	**Wholesale and Retail Trades**								
法人企业数 (个)	Number of Corperation Units (unit)	3001	4435	5252	6039	6600	6537	6819	6637
年末从业人数 (人)	Persons Engaged (person)	302200	366573	397758	449177	485604	477833	479270	452861
商品购进额 (亿元)	Total Purchases (100 million yuan)	4729.6	6423.0	8946.5	10036.6	11450.0	10895.7	11883.4	12218.5
商品销售额 (亿元)	Total Sales (100 million yuan)	5563.7	7897.9	9697.1	11038.5	12358.9	12185.8	13313.8	13702.9
期末商品库存额 (亿元)	Total Stock at Year-end (100 million yuan)	440.1	768.4	899.8	826.8	913.3	893.8	851.8	885.7
批发业	**Wholesale Trade**								
法人企业数 (个)	Number of Corperation Units (unit)	1134	1732	1949	2201	2421	2292	2330	2305
年末从业人数 (人)	Persons Engaged (person)	101525	130141	134176	144586	159482	154078	151524	150874
商品购进额 (亿元)	Total Purchases (100 million yuan)	2846.8	4027.6	5574.2	6012.7	6663.6	6057.4	6694.2	7345.0
商品销售额 (亿元)	Total Sales (100 million yuan)	3348.4	4841.8	6003.8	6676.3	7287.2	6789.8	7437.9	8211.4
期末商品库存额 (亿元)	Total Stock at Year-end (100 million yuan)	275.8	489.9	488.3	492.7	531.9	459.1	458.4	473.3
零售业	**Retail Trade**								
法人企业数 (个)	Number of Corperation Units (unit)	1867	2703	3303	3838	4179	4245	4489	4332
年末从业人数 (人)	Persons Engaged (person)	200675	236432	263582	304591	326122	323755	327746	301987
商品购进额 (亿元)	Total Purchases (100 million yuan)	1882.8	2395.4	3372.3	4023.9	4786.4	4838.3	5189.3	4873.5
商品销售额 (亿元)	Total Sales (100 million yuan)	2215.3	3056.1	3693.3	4362.1	5071.7	5396.0	5875.9	5491.5
期末商品库存额 (亿元)	Total Stock at Year-end (100 million yuan)	164.3	278.5	411.5	334.1	381.4	434.7	393.3	412.4

17-5 限额以上批发零售贸易、住宿餐饮业基本情况(2017年)
Basic Conditions of Enterprises above Designated Size in Wholesale and Retail Trades, Hotels and Catering Services (2017)

指　标	Item	法人企业(个) Number of Corporation Units	产业活动单位和个体数(个) Number of Individual and Active Units	从业人数(人) Persons Engaged (person)
总　计	**Total**	**9185**	**4589**	**736483**
一、批发业合计	**Wholesale Trades**	**2305**	**103**	**150883**
内资企业	Domestic-Funded Enterprises	2284	3	145693
国有企业	State-owned Enterprises	71	2	16066
集体企业	Collective-owned Enterprises	13		1186
股份合作企业	Cooperative Enterprises	2		159
联营企业	Joint Ownership Enterprises			
有限责任公司	Limited Liability Corporations	789	1	63736
股份有限公司	Share-holding Corporations Ltd.	55		9609
私营企业	Private Enterprises	1326		53455
其他企业	Others	28		1482
港、澳、台商投资企业	Enterprises with Investment from Hong Kong, Macao and Taiwan	9		1104
外商投资企业	Enterprises with Foreign Investment	12	2	2497
二、零售业合计	**Retail Trades**	**4332**	**2123**	**333350**
内资企业	Domestic-Funded Enterprises	4243	26	266753
国有企业	State-owned Enterprises	38	3	2218
集体企业	Collective-owned Enterprises	23		431
股份合作企业	Cooperative Enterprises	12	1	273
联营企业	Joint Ownership Enterprises	6		115
有限责任公司	Limited Liability Corporations	1365	8	117916
股份有限公司	Share-holding Corporations Ltd.	104	1	33722
私营企业	Private Enterprises	2664	10	110682
其他企业	Others	31	3	1396
港、澳、台商投资企业	Enterprises with Investment from Hong Kong, Macao and Taiwan	48		14988
外商投资企业	Enterprises with Foreign Investment	41	4	19753
三、住宿餐饮业合计	**Lodging and Catering Trades**	**2548**	**2363**	**252250**
内资企业	Domestic-Funded Enterprises	2508	128	168281
国有企业	State-owned Enterprises	40	15	6670
集体企业	Collective-owned Enterprises	8	2	682
股份合作企业	Cooperative Enterprises	5	2	1725
联营企业	Joint Ownership Enterprises		1	15
有限责任公司	Limited Liability Corporations	784	46	66346
股份有限公司	Share-holding Corporations Ltd.	61	6	6189
私营企业	Private Enterprises	1586	47	85171
其他企业	Others	24	9	1483
港、澳、台商投资企业	Enterprises with Investment from Hong Kong, Macao and Taiwan	22	5	9362
外商投资企业	Enterprises with Foreign Investment	18	2	15431

注：产业活动单位指非批发零售业法人企业附营的批发零售业产业活动单位。

a) Active units refer to the wholesale and retail trades activie units of the legal entity of the non wholesale and retail units.

17-6 各市(州)限额以上批发零售贸易、住宿餐饮业法人企业基本情况(2017年)

Basic Conditions of Incorporated Enterprises above Designated Size in Wholesale and Retail Trades, Hotels and Catering Services by Region(2017)

单位：个、人 (unit,person)

市(州)	Region	合计 Total 企业数 Number of Corporations	合计 Total 从业人数 Persons Engaged	批发业 Whlesale Trade 企业数 Number of Corporations	批发业 Whlesale Trade 从业人数 Persons Engaged	零售业 Retail Trade 企业数 Number of Corporations	零售业 Retail Trade 从业人数 Persons Engaged	住宿业 Lodging Trade 企业数 Number of Corporations	住宿业 Lodging Trade 从业人数 Persons Engaged	餐饮业 Catering Trade 企业数 Number of Corporations	餐饮业 Catering Trade 从业人数 Persons Engaged
全　省	**Sichuan**	**9185**	**621214**	**2305**	**147257**	**4332**	**299322**	**1070**	**77995**	**1478**	**96640**
成都市	Chengdu	2380	296024	837	61166	739	151180	335	30593	469	53085
自贡市	Zigong	283	12908	65	3288	140	5607	21	1968	57	2045
攀枝花市	Panzhihua	225	12547	89	4367	86	5238	25	2140	25	802
泸州市	Luzhou	702	32586	289	16885	295	10686	39	2256	79	2759
德阳市	Deyang	405	21575	130	7393	179	7706	33	2472	63	4004
绵阳市	Mianyang	631	34883	135	10578	317	14488	57	4783	122	5034
广元市	Guangyuan	222	10685	35	2879	124	4039	48	3227	15	540
遂宁市	Suining	321	17387	71	5714	180	7775	18	1129	52	2769
内江市	Neijiang	378	14711	59	2788	190	6837	27	1304	102	3782
乐山市	Leshan	343	18148	49	2502	224	11414	39	2484	31	1748
南充市	Nanchong	537	23491	63	3286	344	12386	43	2751	87	5068
眉山市	Meishan	248	12493	47	1601	137	6529	27	2391	37	1972
宜宾市	Yibin	512	19315	127	4945	285	10104	48	2855	52	1411
广安市	Guangan	352	13207	54	2346	217	6837	25	1915	56	2109
达州市	Dazhou	398	24659	48	2356	258	15906	39	3493	53	2904
雅安市	Yaan	129	6416	17	943	66	3422	36	1903	10	148
巴中市	Bazhong	433	16146	49	2677	258	7974	36	2476	90	3019
资阳市	Ziyang	198	12253	68	5418	93	4361	14	832	23	1642
阿坝藏族羌族自治州	Aba	133	4640	2	511	51	1731	69	2063	11	335
甘孜藏族自治州	Ganzi	81	3358	5	681	36	943	33	1562	7	172
凉山彝族自治州	Liangshan	274	13782	66	4933	113	4159	58	3398	37	1292

17-7 分行业限额以上批发零售贸易法人企业商品购、销、存总额(2017年)

Total Purchases, Sales and Inventory of Enterprises above Designated Size in Wholesale and Retail Trades by Sector(2017)

单位：万元　　　　(10 000 yuan)

指　标	Item	购进总额 Total Purchases	销售总额 Total Sales	年末库存总额 Inventory (year-end)
总　计	**Total**	**122184851**	**137028727**	**8856723**
一、批发企业合计	**Wholesale Trades**	**73449988**	**82115244**	**4732689**
食品、饮料、烟草批发业	Food, Beverages and Tobaccos	12700891	17199436	1831540
#米、面制品及食用油批发	Grains and Edible Oil	1009196	1076842	86880
烟草制品批发	Tobaccos	5482855	8995095	750549
纺织、服装及家庭用品批发	Textiles, Garments, Shoes and Hats	2224450	2465257	227074
#服装批发	Garments	552707	601674	43264
文化、体育用品及器材批发业	Cultural and Sports Goods and Appliances	1605027	1169526	98466
医药及医疗器材批发业	Medicines and Medical Appliances	9221599	10536500	944731
矿产品、建材及化工产品批发	Mineral Products	37057072	39325358	849828
#煤炭及制品批发业	Coal and Related Products	1813813	1905006	41622
石油及制品批发业	Petroleum and Related Products	13753727	14504873	183071
金属及金属矿批发业	Metal Materials and Mineral	11452415	12231789	310639
建材批发业	Building Materials	4525711	4760610	99663
化肥批发业	Chemical Fertilizers	1237542	1491186	82083
机械设备、五金产品及电子产品批发	Machinery, Hardware and Electronic Equipment	8945022	9561186	612396
#汽车、摩托车及零配件批发	Motor Vehicles, Motorcycles and Parts	1622609	1736801	167058
电气设备批发	Electrical Equipment	304773	330021	18214
计算机、软件及辅助设备	Computers, Software and Assistant Equipment	3651419	3809985	180857
其他批发业	Others not Classified	500496	539923	30466
二、零售企业合计	**Retail Trades**	**48734863**	**54913483**	**4124034**
综合零售业	General Retail	7510708	9026781	673338
#百货零售业	Daily Consumer Goods	3710327	4745784	246015
超级市场零售业	Super Market	3494766	3923704	398861
食品、饮料及烟草制品专门零售	Food, Beverages and Tobaccos	1432485	1706995	203241
纺织、服装及日用品专门零售业	Textiles, Garments, Shoes and Hats	877720	1244841	240285
#服装零售业	Garments	381936	539596	105891
文化、体育用品及器材专门零售	Cultural and Sports Goods and Appliances	1098766	1188983	218823
医药及医疗器材专门零售业	Medicines and Medical Appliances	1289057	1479881	218071
汽车、摩托车燃料及零配件	Motor Vehicles, Motorcycles and Parts	27646134	29981871	2206076
#汽车零售业	Motor Vehicles	18415554	19421915	1806012
机动车燃料零售业	Mobile Fuel	8898084	10197825	371711
家用电器及电子产品专门零售	Household Appliance and Electronic Product	3441127	3825530	260113
五金、家具室内装饰材料专门零售	Hardware, Furniture and Domestic Decoration Material	852348	966446	45564
货摊、无店铺及其他零售业	Without Shop and Other Retail Trades	4586519	5492155	58523

17-8 各市(州)限额以上批发零售贸易法人企业商品购、销、存总额(2017年)
Total Purchases, Sales and Inventory of Enterprises above Designated Size in Wholesale and Retail Trades by Region(2017)

单位：万元 (10 000 yuan)

市(州)	Region	购进总额 Total Purchases	销售总额 Total Sales	批发 Wholesale Trade	零售 Retail Trade	年末库存总额 Inventory (year-end)
全　省	**Sichuan**	**122184851**	**137028727**	**81574943**	**55453784**	**8856723**
成都市	Chengdu	74032909	80691542	51165809	29525733	4875611
自贡市	Zigong	2837392	3011417	2145019	866398	104677
攀枝花市	Panzhihua	2540149	2707848	2141350	566498	203556
泸州市	Luzhou	7411213	8411927	4719005	3692922	633582
德阳市	Deyang	2825313	3219971	1719869	1500102	272346
绵阳市	Mianyang	7122994	7862873	5251472	2611401	562252
广元市	Guangyuan	1172320	1498073	682191	815882	85671
遂宁市	Suining	2036226	2313146	1264817	1048328	120549
内江市	Neijiang	1749702	2076717	1095687	981030	103474
乐山市	Leshan	2461968	3043994	1542017	1501977	210488
南充市	Nanchong	3056866	3605391	928004	2677387	216893
眉山市	Meishan	1877344	2076815	1089367	987448	157305
宜宾市	Yibin	2775227	3683651	1918242	1765410	416718
广安市	Guangan	1225727	1411350	682302	729048	84664
达州市	Dazhou	3553006	4115676	1119871	2995805	218304
雅安市	Yaan	615275	728631	372894	355737	43749
巴中市	Bazhong	1420766	1784383	598057	1186326	109009
资阳市	Ziyang	1103865	1214970	668379	546591	142793
阿坝藏族羌族自治州	Aba	281702	331051	181935	149115	20482
甘孜藏族自治州	Ganzi	271916	358669	233995	124674	22222
凉山彝族自治州	Liangshan	1812975	2880633	2054661	825973	252380

17-9 限额以上批发零售贸易法人企业主要商品分类销售额(2017年)

Total Sales of Enterprises above Designated Size in Wholesale and Retail Trades by Category of Main Commodities(2017)

单位：万元 (10 000 yuan)

指 标	Item	合计 Total	批发 Wholesale	零售 Retail Trade
粮油、食品类	Food	11679454	4878207	6801247
#肉禽蛋类	Meat, Poultry and Eggs	1720566	430091	1290475
饮料类	Beverages	1705930	517727	1188204
烟酒类	Tobacco and Liquor	17309937	14496838	2813099
服装、鞋帽类	Garments, Footwear and Hats	5472513	542458	4930055
针、纺织品类	Knitwear and Textiles	982412	303317	679096
化妆品类	Cosmetics	1299426	176260	1123165
金银珠宝类	Gold, Silver and Jewelry	1506759	773419	733340
日用品类	Articles for Daily Use	3379082	632370	2746712
#儿童玩具类	Toy for children Articles	152189	2059	150130
五金、电料类	Hardware and Electrical Materials	415280	138235	277045
体育、娱乐用品类	Sports and Recreation Articles	311085	6744	304341
书报杂志类	Newspapers and Magazines	872998	140074	732924
电子出版物及音像制品类	E-journal and Video Products	18599		18599
家用电器和音像器材类	Household Appliances and Video Appliances	7302681	1162258	6140423
中西药品类	Traditional Chinese and Western Medicines	10232689	8502222	1730466
文化办公用品类	Cultural and Official Goods	5983613	4649233	1334381
家具类	Furniture	1413044	5034	1408010
通讯器材类	Communication Appliances	3044304	1585293	1459010
煤炭及制品类	Coal and Related Product	1658014	1650912	7101
木材及制品类	Wood and Wooden Product	126788	125466	1322
石油及制品类	Petroleum and Related Product	26039979	13870020	12169959
化工材料及制品类	Raw Chemical Materials	7766572	7646200	120372
金属材料类	Metals	12741413	12737879	3534
建筑及装潢材料类	Building and Decoration Materials	3185678	1976063	1209615
机电产品设备类	Mechanical and Electrical Products	2529428	1999857	529570
#农机类	Agricultural Machinery	412802	411674	1128
汽车类	Automobile	21825499	1155745	20669753
种子饲料类	Seed and Feedstuff	357527	356870	657
棉麻类	Cotton, Hemp and Local livestock	271102	266668	4433
其他类	Others	3302020	2751623	550397

17-10 限额以上批发零售贸易法人企业主要财务指标(2017年)
Main Financial Indicators of Incorporated Enterprises above Designated Size in Wholesale and Retail Trades(2017)

单位：万元 (10 000 yuan)

指 标	Item	资产合计 Total Assets	#流动资产 Current Assets	#固定资产 Fixed Assets	负债合计 Total Liabilities	所有者权益 Total Owners' Equities	#实收资本 Paid-up Capital
总 计	**Total**	**58135578**	**44642438**	**5157882**	**41362112**	**16773466**	**8800476**
一、批发企业合计	**Wholesale Trades**	**35291321**	**29392071**	**1953228**	**26186910**	**9104410**	**4065360**
#国有及国有控股	State-owned & State-holding Majority Shares	13200098	10406720	1053206	8725536	4474563	1607218
按登记注册类型分	Grouped by Registration						
内资企业	Domestic-funded	34080159	28406055	1902476	24901050	9179109	3971447
国有企业	State-owned	3498089	2878445	464341	768836	2729253	176038
集体企业	Collective-owned	590847	430280	41386	452499	138348	46914
股份合作企业	Cooperative	12812	11966	365	12376	436	653
联营企业	Joint-owned						
有限责任公司	Limited Liability	18255662	14928694	740334	14873721	3381941	2372789
股份有限公司	Share-holding	2443543	1928572	185500	1893809	549735	234030
私营企业	Private	9231801	8199674	460944	6888424	2343377	1119941
其他企业	Others	47404	28424	9606	11384	36020	21082
港澳台商投资企业	Funded by Hongkong, Macao and Taiwan	714800	680664	16547	570817	143983	54592
外商投资企业	Foreign-funded	496362	305353	34204	715044	-218682	39322
二、零售企业合计	**Retail Trades**	**22844257**	**15250367**	**3204654**	**15175202**	**7669055**	**4735116**
#国有及国有控股	State-owned & State-holding Majority Shares	4981522	2589888	937382	2552744	2428778	1235766
按登记注册类型分	Grouped by Registration						
内资企业	Domestic-funded	20547856	13836367	2826231	13723602	6824254	4051762
国有企业	State-owned	191128	127087	21335	113615	77513	27848
集体企业	Collective-owned	19103	13600	3435	7214	11889	3598
股份合作企业	Cooperative	9423	5000	2350	5089	4334	1835
联营企业	Joint-owned	4042	2177	1668	1100	2942	1063
有限责任公司	Limited Liability	9457425	7278059	948650	7187062	2270363	1487776
股份有限公司	Share-holding	4503204	1704716	1089385	2136469	2366735	1217175
私营企业	Private	6328186	4684764	749705	4258931	2069254	1296322
其他企业	Others	35346	20964	9704	14123	21223	16144
港澳台商投资企业	Funded by Hongkong, Macao and Taiwan	1084008	705506	164370	739164	344844	280351
外商投资企业	Foreign-funded	1212393	708493	214053	712436	499957	403003

17-10 续表 continued

单位：万元 (10 000 yuan)

指　标	Item	主营业务收入 Revenue from Principal Business	主营业务成本 Cost of Principal Business	主营业务税金及附加 Tax and Extra Charges from Principal Business	管理费用 Cost of Management	财务费用 Cost of Finance	营业利润 Business Profits	利润总额 Total Profits
总　计	**Total**	**120173330**	**108205749**	**1275577**	**2152760**	**544519**	**2441057**	**2656734**
一、批发企业合计	**Wholesale Trades**	**71030079**	**64485724**	**1093251**	**928533**	**285246**	**1306174**	**1500862**
#国有及国有控股	State-owned & State-holding Majority Shares	31170039	27885959	977031	434135	68887	328957	605635
按登记注册类型分	Grouped by Registration							
内资企业	Domestic-funded	66325344	59963522	1088701	1022450	260196	1098871	1371443
国有企业	State-owned	7980019	5676612	913903	322147	-31154	653531	915431
集体企业	Collective-owned	716375	675128	447	12885	7958	15784	5448
股份合作企业	Cooperative	17780	15873	33	148	31	38	-49
联营企业	Joint-owned							
有限责任公司	Limited Liability	35342684	33438247	96266	326348	194304	-135521	-125697
股份有限公司	Share-holding	3746680	3336414	7772	30508	15353	66310	67762
私营企业	Private	18421451	16737366	69716	327994	73268	491384	501180
其他企业	Others	100356	83883	564	2422	435	7344	7369
港澳台商投资企业	Funded by Hongkong, Macao and Taiwan	3853752	3804481	1959	11097	8969	11927	13074
外商投资企业	Foreign-funded	850982	717721	2591	-105015	16082	195376	116345
二、零售企业合计	**Retail Trades**	**49143251**	**43720025**	**182326**	**1224227**	**259272**	**1134884**	**1155872**
#国有及国有控股	State-owned & State-holding Majority Shares	9662803	8698895	13164	166911	6051	332570	292598
按登记注册类型分	Grouped by Registration							
内资企业	Domestic-funded	44580934	39973671	154804	1048123	244589	963346	980796
国有企业	State-owned	396408	357808	923	9841	816	6679	-3078
集体企业	Collective-owned	72527	62913	648	3737	102	3705	3259
股份合作企业	Cooperative	39785	32788	626	1527	85	2420	2408
联营企业	Joint-owned	13701	11557	144	339	11	1244	1255
有限责任公司	Limited Liability	21751780	19560361	63722	475702	108311	396785	384852
股份有限公司	Share-holding	7614353	6824493	17691	176513	32317	199484	201560
私营企业	Private	14507607	12965431	69503	373927	102582	343362	381192
其他企业	Others	184773	158321	1549	6537	366	9667	9348
港澳台商投资企业	Funded by Hongkong, Macao and Taiwan	1877586	1561058	11167	85439	9075	54515	58062
外商投资企业	Foreign-funded	2684732	2185296	16355	90666	5608	117023	117013

17-11 各市(州)限额以上批发零售贸易法人企业主要财务指标(2017年)
Main Financial Indicators of Incorporated Enterprises above Designated Size in Wholesale and Retail Trades by Region(2017)

单位：万元 (10 000 yuan)

市(州)	Region	资产合计 Total Assets	负债合计 Total Liabilities	主营业务收入 Revenue from Principal Business	主营业务成本 Cost of Principal Business	销售费用 Cost of Saling	主营业务税金及附加 Tax and Extra Charges from Principal Business	营业利润 Business Profits
全　省	**Sichuan**	**58135578**	**41362112**	**120173330**	**108205749**	**5506146**	**1275577**	**2441057**
成都市	Chengdu	35792164	27222385	69604005	63685774	3176693	413557	965146
自贡市	Zigong	748669	493307	2605681	2438416	54922	33605	35442
攀枝花市	Panzhihua	1139738	813625	2413371	2228296	91292	19648	31338
泸州市	Luzhou	4452127	3417036	7623890	6604494	526531	103185	287833
德阳市	Deyang	2127023	1395915	2830303	2430453	164924	50946	90057
绵阳市	Mianyang	2791194	1922241	7073109	6513843	241861	65124	167851
广元市	Guangyuan	469339	247545	1318355	1172353	52122	30336	27927
遂宁市	Suining	908809	520192	2054316	1778821	118575	33810	75066
内江市	Neijiang	674348	367955	1885277	1673039	56144	44910	61872
乐山市	Leshan	1205316	851523	2634721	2374666	95345	45316	51702
南充市	Nanchong	978641	571601	3453729	3090768	109210	65820	104264
眉山市	Meishan	737148	386992	1902698	1683721	81790	42910	69463
宜宾市	Yibin	1814513	889239	3237531	2709129	200584	66942	160122
广安市	Guangan	484511	269872	1282886	1115196	55992	33174	40863
达州市	Dazhou	803755	463506	3816398	3358495	165721	60981	94241
雅安市	Yaan	280159	159359	633821	553751	32240	17598	18021
巴中市	Bazhong	596450	323594	1618769	1385029	75900	39644	70965
资阳市	Ziyang	435457	225320	1066947	902900	67667	24473	34190
阿坝藏族羌族自治州	Aba	184573	113881	287046	236046	14684	12393	16494
甘孜藏族自治州	Ganzi	129133	47332	309089	255294	18548	12441	11077
凉山彝族自治州	Liangshan	1382512	659694	2521387	2015270	105403	58767	27124

17-12 限额以上住宿餐饮法人企业主要财务指标(2017年)
Main Financial Indicators of Incorporated Enterprises above Designated Size in Hotels and Catering Services(2017)

单位：万元 (10 000 yuan)

指标	Item	资产合计 Total Assets	#流动资产 Current Assets	#固定资产 Fixed Assets	负债合计 Total Liabilities	主营业务收入 Business Revenue
总计	**Total**	**7171135**	**2987619**	**2660898**	**5330319**	**3357891**
#国有及国有控股	State-owned & State-holding Majority Shares	780624	256292	396929	431312	233163
按登记注册类型分	Grouped by Registration					
内资企业	Domestic-funded	6651050	2822105	2405270	4996192	2904472
国有企业	State-owned	192901	65261	76626	116556	63667
集体企业	Collective-owned	10880	6135	1066	9242	10256
股份合作企业	Cooperative	66062	45325	17207	39795	24021
联营企业	Joint-owned					
有限责任公司	Limited Liability	3131585	1455491	1061675	2424882	1103026
股份有限公司	Share-holding	256407	74274	130178	191639	75392
私营企业	Private	2959882	1169159	1104780	2206530	1600326
其他企业	Others	33334	6459	13739	7548	27785
港澳台商投资企业	Funded by Hongkong,Macao and Taiwan	188673	88155	45699	233260	198591
外商投资企业	Foreign-funded	331413	77359	209930	100867	254828

17-12 续表 continued

单位：万元 (10 000 yuan)

指标	Item	主营业务成本 Cost of Principal Business	管理费用 Cost of Management	主营业务税金及附加 Tax and Extra Charges from Principal Business	营业利润 Business Profits	利润总额 Total Profits
总计	**Total**	**1722155**	**555836**	**55213**	**107757**	**106130**
#国有及国有控股	State-owned & State-holding Majority Shares	91957	69084	4073	-17981	-15557
按登记注册类型分	Grouped by Registration					
内资企业	Domestic-funded	1528998	496132	53372	48571	44810
国有企业	State-owned	25404	19313	1118	-5238	-4878
集体企业	Collective-owned	3491	2418	175	421	589
股份合作企业	Cooperative	12974	3991	169	2076	2625
联营企业	Joint-owned					
有限责任公司	Limited Liability	532489	212265	21460	-2733	2605
股份有限公司	Share-holding	37894	16151	1601	-6313	-6017
私营企业	Private	897859	239849	28217	57679	47590
其他企业	Others	18887	2145	633	2678	2297
港澳台商投资企业	Funded by Hongkong,Macao and Taiwan	55577	17633	1025	31442	30331
外商投资企业	Foreign-funded	137580	42071	815	27745	30989

17-13 各市(州)限额以上住宿餐饮法人企业主要财务指标(2017年)
Main Financial Indicators of Incorporated Enterprises above Designated Size in Hotels and Catering Services by Region(2017)

单位：万元 (10 000 yuan)

市(州)	Region	资产合计 Total Assets	负债合计 Total Liabilities	主营业务收入 Revenue from Principal Business	主营业务成本 Cost of Principal Business	销售费用 Cost of Saling	主营业务税金及附加 Tax and Extra Charges from Principal Business	营业利润 Business Profits
全　省	**Sichuan**	**7171135**	**5330319**	**3357891**	**1722155**	**844440**	**55213**	**107757**
成都市	Chengdu	3081368	2473941	1601131	685418	535911	18621	57826
自贡市	Zigong	136814	104689	48542	25193	10811	599	1842
攀枝花市	Panzhihua	176190	150431	33015	17472	10294	522	-9682
泸州市	Luzhou	313673	255279	146412	84631	20304	3350	11991
德阳市	Deyang	225705	139158	107090	54717	25596	1679	300
绵阳市	Mianyang	328992	177661	163709	88212	40916	3137	1993
广元市	Guangyuan	146169	118787	56320	32314	11413	1301	45
遂宁市	Suining	303736	208471	66651	41758	6144	1344	3992
内江市	Neijiang	108434	73235	113233	76440	12068	2105	12849
乐山市	Leshan	197690	131601	87091	54237	16540	935	-260
南充市	Nanchong	356822	302209	197991	121055	27539	4957	4377
眉山市	Meishan	183358	104440	61739	29534	15503	1387	2922
宜宾市	Yibin	187791	152812	113665	65367	20927	3079	-1227
广安市	Guangan	220637	187006	68408	42148	12172	1104	687
达州市	Dazhou	206799	137715	155751	103841	20973	3277	7564
雅安市	Yaan	148470	110936	22385	11356	7523	362	-3106
巴中市	Bazhong	186184	105507	113382	75762	12390	3507	12136
资阳市	Ziyang	89780	68152	37321	20616	7215	779	469
阿坝藏族羌族自治州	Aba	198564	117825	34236	15548	7717	1105	146
甘孜藏族自治州	Ganzi	111974	56255	29102	14061	4894	482	2282
凉山彝族自治州	Liangshan	261988	154209	100721	62477	17591	1581	613

主要统计指标解释

社会消费品零售总额 指企业（单位、个体户）通过交易直接售给个人、社会集团非生产、非经营用的实物商品金额，以及提供餐饮服务所取得的收入金额。个人包括城乡居民和入境人员，社会集团包括机关、社会团体、部队、学校、企事业单位、居委会或村委会等。

批发业 指向其他批发或零售单位（含个体经营者）及其他企事业单位、机关团体等批量销售生活用品、生产资料的活动，以及从事进出口贸易和贸易经纪与代理的活动，包括拥有货物所有权，并以本单位(公司)的名义进行交易活动,也包括不拥有货物的所有权，收取佣金的商品代理、商品代售活动；还包括各类商品批发市场中固定摊位的批发活动，以及以销售为目的的收购活动。

零售业 指百货商店、超级市场、专门零售商店、品牌专卖店、售货摊等主要面向最终消费者（如居民等）的销售活动，以互联网、邮政、电话、售货机等方式的销售活动，还包括在同一地点，后面加工生产，前面销售的店铺（如面包房）；谷物、种子、饲料、牲畜、矿产品、生产用原料、化工原料、农用化工产品、机械设备（乘用车、计算机及通信设备除外）等生产资料的销售不作为零售活动；多数零售商对其销售的货物拥有所有权，但有些则是充当委托人的代理人，进行委托销售或以收取佣金的方式进行销售。

批发和零售业商品购进、销售、库存额 指各种登记注册类型的批发和零售业企业(单位)以本企业(单位)为总体的，从国内、国外市场购进的商品总量、销售和出口的商品总量、库存的商品总量等情况。

商品购进额 指从本企业以外的单位和个人购进(包括从国外直接进口)作为转卖或加工后转卖的商品金额（含增值税）。

商品销售额 指对本企业以外的单位和个人出售的商品金额（包括售给本单位消费用的商品，含增值税）。

商品库存额 对于批发和零售业法人单位和个体经营户，是指报告期末取得所有权的全部商品金额（含增值税）；对于批发和零售业产业活动单位，是指报告期末实际在库且归属法人具有所有权的全部商品金额（含增值税）。

住宿业 指为旅行者提供短期留宿场所的活动，有些单位只提供住宿，也有些单位提供住宿、饮食、商务、娱乐一体的服务，不包括主要按月或按年长期出租房屋住所的活动。

餐饮业 指通过即时制作加工、商业销售和服务性劳动等，向消费者提供食品和消费场所及设施的服务。

住宿和餐饮业营业额 指住宿和餐饮业单位在经营活动中因提供服务或销售商品等取得的收入（含增值税）。包括：客房收入、餐费收入、商品销售额（含增值税）和其他收入。其中，客房收入指住宿和餐饮业单位在经营活动中因提供住宿服务取得的收入。餐费收入指本单位为顾客提供就餐服务取得的收入，包括：经烹饪、调制加工后出售的各种食品，如主食、炒菜、凉拌菜等的收入。

限额以上批发和零售业统计单位 指年主营业务收入2000万元及以上的批发业和年主营业务收入500万元及以上的零售业。

限额以上住宿和餐饮业统计单位 指年主营业务收入200万元及以上的住宿和餐饮业。

Explanatory Notes on Main Statistical Indicators

Total Retail Sales of Consumer refer to the amount obtained by enterprises (units, self-employed individuals) through direct sales of non-production and non-business physical commodity to individuals, social institutions, and revenue from providing catering services. Individuals include rural and urban households, population from abroad, social institutions include government agencies, social organizations, military units, schools, institutions, neighbourhood (village) committees.

Wholesale Trade refers to the activities of selling wholesale commodities for daily use and capital goods to enterprises of wholesale and retail trades (including self-employed individuals) and other enterprises, institutions and government organs and organizations, and the activities of engaging in import and export and acting as a trade agent. The wholesaler may have the ownership of the commodities for wholesale and trade in the name of its own (a company), and the wholesaler can act as commission agent or commodity broker without the ownership of commodities. Also included are the wholesale activities at the fixed stalls in wholesale market and the acquisition for sales purpose.

Retail Trade refers to the activities of department store, supermarket, franchised store, brand store, retail stall and on-the-spot-making-selling store selling commodities to the final consumers (residents) by any means including internet, post, telephone, sales machine. It also includes shops with sales and production localted in the same places (such as bakeries). Retail trade excludes the activities of sales of capital goods such as grain, seed, feed, livestock, mineral products, raw material for production, industrial chemicals, chemical products for agricultural use, machine and equipment (excluding vehicles, computers and communication equipment). Most retailers have the ownership of commodities to sell, but some are acting as agents or brokers to make transactions for a commission.

Purchase, Sales and Stock of Commodities by Wholesale and Retail Trade refer to the total volume of commodities purchased, total volume of sales and exports , and the stock of commodities by wholesale and retail enterprises (establishments) of different status of registration from domestic and overseas markets.

Total Purchases of Commodities refer to the total value of purchases of commodities by the enterprises (establishments) from other establishments or individuals (including direct import from abroad) for the purpose of re-selling, either with or without further processing of the commodities purchased.

Total Sales of Commodities refer to value of commodities sold by the establishments to other establishments and individuals (including goods sold for self consumption, including the value-added tax).

Total Stock of Commodities For the legal entities and self-employed individuals engaged in wholesale and retail trade, it refers to total value (including VAT) of commodities possessed at the end of the reference period; and for wholesale and retail establishments, it refers to the value (including VAT) of all commodities actually in stock and owned by their legal persons at the end of reference period.

Hotel Services refer to the accommodation services provided to visitors. Some units may provide only accommodation while others provide a combination of accommodation, meals, business services and/or recreational facilities. It excludes activities related to the provision of long-term primary residences in facilities such as apartments typically leased on a monthly or annual basis.

Catering Services refer to the activities of providing foods, serving locations and facilities to customers through instant processing, commercial sales and service-type labor.

Business Revenue of Hotels and Catering Services refers to total revenue (including VAT) of hotels and catering services received from providing services or selling commodities through business activities, including income from hotels, from catering services, from selling of commodities (including VAT) and from other services. Income from hotels refers to income of hotels and catering services by providing lodging services through business activities. Income from catering services refers to income from providing catering services, including selling of cooked or prepared foods, such as staple food, cooked dishes, or cold dishes.

Wholesale and Retail Trade Units above Designated Size refer to wholesale trade of which annual main business income are more than 20 million yuan(RMB) , and retail corporate units of which the main business income are more than 5 million yuan(RMB).

Accommodation and Catering Trade Units above Designated Size refer to accommodation and catering corporate units of which the main business income are more than 2 million yuan(RMB).

Explanatory Notes on Main Statistical Indicators

18

FOREIGN TRADE AND ECONOMIC COOPERATION AND INTERNATIONAL TOURISM

对外经济贸易和旅游

四川统计年鉴

SICHUAN STATISTICAL YEARBOOK

18-1 对外经济贸易
Foreign Trade and Economic Cooperation

单位：万美元 (USD 10 000)

指　标	Item	2005	2010	2014	2015	2016	2017
进出口总额	**Total Imports and Exports**	**790476**	**3270396**	**7020297**	**5118856**	**4934941**	**6810677**
出口总额	Total Exports	470089	1884064	4483913	3309290	2795498	3755394
进口总额	Total Imports	320387	1386332	2536384	1809566	2139443	3055283
进出口差额	Balance	149702	497732	1947529	1499724	656055	700111
进出口总额	**Total Imports and Exports**	**790476**	**3270396**	**7020297**	**5118856**	**4934941**	**6810677**
出口总额	Total Exports	470089	1884064	4483913	3309290	2795498	3755394
初级产品	Primary Goods			84486	85878	71820	80380
工业制成品	Manufactured Goods			4399427	3223412	2723678	3675014
进口总额	Total Imports	320387	1386332	2536384	1809566	2139443	3055283
初级产品	Primary Goods			183449	137945	126160	204725
工业制成品	Manufactured Goods			2352935	1671621	2013283	2850558
对外签订利用外资协议(合同)金额	**Total Amount of Foreign Capital to be Utilized in the Signed Agreements and Contracts**	**205576**	**621470**	**301965**	**363904**	**431879**	**623793**
外商直接投资	Foreign Direct Investment	200303	611651	294663	356592	425072	617751
外商其他投资	Other Foreign Investment	5273	9819	7302	7312	6807	6042
实际利用外资额	**Total Amount of Foreign Capital Actually Used**	**110206**	**701299**	**1065328**	**1043681**	**854381**	**869862**
对外借款	Foreign Loans	19505	35000	19672	17661	45117	46753
外商直接投资	Foreign Direct Investment	88686	602517	1028764	999607	797687	810135
外商其他投资	Other Foreign Investment	2015	9782	7215	7013	5438	5521
港澳援建资金	Reconstruction Funds from Hong Kong and Macao		54000	9677	19400	6139	7453
对外承包工程	**Foreign Contracted Projects**						
新签合同额	Value of Newly Signed Contracts	138397	684878	362002	453003	700000	791610
完成营业额	Completed Turnover	57274	399299	709398	546020	447400	393093

注：进出口统计资料由成都海关提供。

a) Import and export statistics are provided by Chengdu Customs.

18-2 出口商品分类金额
Exports Value by Category of Commodities

单位：万美元 (USD 10 000)

商品类别	Category of Commodities	2014	2015	2016	2017
总　额	**Total Value**	**4483913**	**3309290**	**2795498**	**3755394**
初级产品	**Primary Goods**	**84486**	**85878**	**71820**	**80380**
食品及活动物	Food and Live Animals	29568	24174	26761	29115
饮料及烟类	Beverages and Tobacco	8592	17861	16257	15801
非食用原料（燃料除外）	Nonedible Raw Materials(Except Fuels)	43515	28455	26442	26337
矿物燃料、润滑油及有关原料	Mineral Fuels,Lubricants and Related Materials	509	80	129	3920
动植物油、脂及蜡	Animal and Vegetable Oils,Fats and Waxes	2302	3206	2231	5207
工业制成品	**Manufactured Goods**	**4399427**	**3223412**	**2723678**	**3675014**
化学成品及有关产品	Chemicals and Related Procucts	304349	255292	223308	267795
按原料分类的制成品	Manufactured Goods Classified by Material	556817	444222	255456	282485
机械及运输设备	Machinery and Transport Equipment	2571964	1918757	1853546	2771439
杂项制品	Miscellaneous Products	774532	511869	299076	330687
未分类的商品	Products Not Clssified	191765	93272	92292	22608

18-3 进口商品分类金额
Imports Value by Category of Commodities

单位：万美元 (USD 10 000)

商品类别	Category of Commodities	2014	2015	2016	2017
总　额	**Total Value**	**2536384**	**1809566**	**2139443**	**3055283**
初级产品	**Primary Goods**	**183449**	**137945**	**126160**	**204725**
食品及活动物	Food and Live Animals	31580	19746	17408	30550
饮料及烟类	Beverages and Tobacco	1418	1255	1995	2359
非食用原料（燃料除外）	Nonedible Raw Materials(Except Fuels)	132245	115080	105114	163806
矿物燃料、润滑油及有关原料	Mineral Fuels,Lubricants and Related Materials	17504	1320	953	7347
动植物油、脂及蜡	Animal and Vegetable Oils,Fats and Waxes	702	544	690	663
工业制成品	**Manufactured Goods**	**2352935**	**1671621**	**2013283**	**2850558**
化学成品及有关产品	Chemicals and Related Procucts	203144	57374	54534	67747
按原料分类的制成品	Manufactured Goods Classified by Material	91420	89977	63777	79124
机械及运输设备	Machinery and Transport Equipment	1724475	1316895	1708665	2516806
杂项制品	Miscellaneous Products	145954	92641	96490	163404
未分类的商品	Products Not Clssified	187942	114734	89817	23477

18-4 各市(州)进出口总额
Total Imports and Exports by Region

单位：万美元 (USD 10 000)

市(州)	Region	2010	2011	2012	2013	2014	2015	2016	2017
全　省	**Sichuan**	**3270396**	**4772328**	**5914360**	**6457884**	**7020297**	**5118856**	**4934941**	**6810677**
成都市	Chengdu	2468476	3796119	4761327	5070576	5592156	3942361	4102173	5830149
自贡市	Zigong	54127	70447	87374	101373	67150	49015	39353	45378
攀枝花市	Panzhihua	25389	26586	26342	18714	30128	25643	20993	38706
泸州市	Luzhou	13331	15193	18608	22654	27563	31343	31331	205717
德阳市	Deyang	221420	288096	309231	339060	388352	305107	176354	153574
绵阳市	Mianyang	159755	185142	221323	280998	291780	262710	176907	169832
广元市	Guangyuan	20729	29692	33844	35019	42146	6953	2262	2522
遂宁市	Suining	28150	39681	46507	56505	62808	63078	41029	34830
内江市	Neijiang	16845	25696	31360	36298	31495	14115	13253	14204
乐山市	Leshan	97609	79841	94539	111963	111031	88223	88772	102967
南充市	Nanchong	30866	32794	41776	67249	28088	11044	16090	29065
眉山市	Meishan	9985	13580	19458	28843	33376	20517	20812	27580
宜宾市	Yibin	64936	81230	77648	81588	88989	95163	93128	84923
广安市	Guangan	29275	44618	75377	98938	110634	106776	50852	29648
达州市	Dazhou	7070	15298	18470	32106	32610	37078	15983	6909
雅安市	Yaan	1333	3261	4269	6887	7696	7907	4645	4428
巴中市	Bazhong	4863	2577	12475	14360	16680	19043	12151	3988
资阳市	Ziyang	9662	12394	23552	41683	43254	19068	19780	16909
阿坝藏族羌族自治州	Aba	1475	3853	3234	3927	4758	3600	3534	3337
甘孜藏族自治州	Ganzi	1305	646	911	1042	1334	1469	919	1193
凉山彝族自治州	Liangshan	3793	5582	6735	8098	8263	8642	4622	4817

18-5 各市(州)出口总额
Total Exports by Region

单位：万美元 (USD 10 000)

市(州)	Region	2010	2011	2012	2013	2014	2015	2016	2017
全 省	**Sichuan**	**1884064**	**2902697**	**3846907**	**4194906**	**4483913**	**3309290**	**2795498**	**3755394**
成都市	Chengdu	1392152	2300135	3042462	3198381	3390833	2390406	2193971	3055922
自贡市	Zigong	24869	34450	51746	61555	30902	26611	22496	25889
攀枝花市	Panzhihua	18760	17549	22006	12306	17032	21923	13806	16537
泸州市	Luzhou	10576	10335	15805	20459	25028	28422	27874	196438
德阳市	Deyang	94137	139341	182412	235255	310129	234883	134598	104493
绵阳市	Mianyang	82668	97375	137332	180331	207234	192082	103517	90760
广元市	Guangyuan	17380	26246	27266	30838	41635	6522	1865	1928
遂宁市	Suining	22703	33340	38368	41183	42014	43312	25257	17715
内江市	Neijiang	16757	23330	27012	31546	27778	11755	10173	11316
乐山市	Leshan	67581	49860	65871	82644	83959	68796	68273	75750
南充市	Nanchong	28195	31231	39787	65446	27541	9868	15574	27789
眉山市	Meishan	9048	11191	15639	19998	20865	17414	18861	22082
宜宾市	Yibin	44170	54635	54180	56247	60693	63571	55226	47176
广安市	Guangan	28011	42014	70245	98205	107457	106355	50512	28184
达州市	Dazhou	6327	7302	9424	13705	27439	33469	15738	6427
雅安市	Yaan	1226	1884	3787	6524	6982	7043	3670	3726
巴中市	Bazhong	4863	2577	12475	14360	16680	19026	12126	3969
资阳市	Ziyang	8693	11175	21351	14679	27459	15097	13807	10946
阿坝藏族羌族自治州	Aba	856	2521	2120	2277	2685	2655	2622	2352
甘孜藏族自治州	Ganzi	1299	646	911	1042	1332	1468	919	1193
凉山彝族自治州	Liangshan	3792	5559	6708	7924	8233	8610	4615	4802

18-6 各市(州)进口总额
Total Imports by Region

单位：万美元 (USD 10 000)

市(州)	Region	2010	2011	2012	2013	2014	2015	2016	2017
全　省	**Sichuan**	**1386332**	**1869631**	**2067453**	**2262978**	**2536384**	**1809566**	**2139443**	**3055283**
成都市	Chengdu	1076324	1495984	1718865	1872195	2201323	1551955	1908202	2774227
自贡市	Zigong	29258	35997	35628	39818	36248	22404	16857	19489
攀枝花市	Panzhihua	6629	9037	4336	6408	13096	3720	7187	22169
泸州市	Luzhou	2755	4858	2803	2195	2535	2921	3457	9279
德阳市	Deyang	127283	148755	126819	103805	78223	70224	41756	49081
绵阳市	Mianyang	77087	87767	83991	100667	84546	70628	73390	79072
广元市	Guangyuan	3349	3446	6578	4181	511	431	397	594
遂宁市	Suining	5447	6341	8139	15322	20794	19766	15772	17115
内江市	Neijiang	88	2366	4348	4752	3717	2360	3080	2888
乐山市	Leshan	30028	29981	28668	29319	27072	19427	20499	27217
南充市	Nanchong	2671	1563	1989	1803	547	1176	516	1276
眉山市	Meishan	937	2389	3819	8845	12511	3103	1951	5498
宜宾市	Yibin	20766	26595	23468	25341	28296	31592	37902	37747
广安市	Guangan	1264	2604	5132	733	3177	421	340	1464
达州市	Dazhou	743	7996	9046	18401	5171	3609	245	482
雅安市	Yaan	107	1377	482	363	714	864	975	702
巴中市	Bazhong						17	25	19
资阳市	Ziyang	969	1219	2201	27004	15795	3971	5973	5963
阿坝藏族羌族自治州	Aba	619	1332	1114	1650	2073	945	912	985
甘孜藏族自治州	Ganzi	6				2	1		
凉山彝族自治州	Liangshan	1	23	27	174	30	32	7	15

18-7 旅游发展情况
Development of Tourism

指　标	Item	2014	2015	2016	2017
旅行社数 （个）	**Number of Travel Agencies (unit)**	**845**	**910**	**988**	**965**
星级饭店数 （个）	**Number of Star-rated Hotels (unit)**	**481**	**449**	**427**	**398**
入境游客 （万人次）	**Number of Overseas Visitor Arrivals (10 000 person-times)**	**240.17**	**273.20**	**308.79**	**336.17**
外国人	Foreigners	169.66	193.44	219.23	241.29
港澳同胞	Chinese Compatriots From Hong Kong and Macao	39.00	43.49	48.48	51.83
台湾同胞	Chinese Compatriots From Taiwan Province	31.51	36.27	41.08	43.05
国内游客 （万人次）	**Number of Domestic Visitors (10 000 person-times)**	**53549.69**	**58500.63**	**63025.00**	**66924.00**
旅游收入 （亿元）	**Tourism Earnings (100 million yuan)**	**4891.04**	**6210.50**	**7705.54**	**8923.06**
国际旅游(外汇)收入（万美元）	Foreign Exchange Earnings from International Tourism (USD 10 000)	85768.11	118087.06	124596.98	144653.62
国内旅游收入 （亿元）	Earnings from Domestic Tourism (100 million yuan)	4838.34	6137.60	7600.52	8825.39

18-8 接待入境游客情况
Basic Conditions of Overseas Visitor Arrivals

单位：万人次 (10 000 person-times)

项　目	Item	2005	2010	2014	2015	2016	2017
总计	**Total**	**106.28**	**104.93**	**240.17**	**273.20**	**308.79**	**336.17**
外国人	**Foreigners**	**68.27**	**74.97**	**169.66**	**193.44**	**219.23**	**241.29**
亚洲	Asia	47.50	40.95	73.81	83.83	94.16	97.35
日本	Japan	15.45	20.23	16.98	17.18	20.29	21.20
马来西亚	Malaysia	6.80	3.18	8.98	12.62	14.65	16.12
新加坡	Singapore	7.39	3.62	12.05	12.37	13.97	15.18
泰国	Thailand	5.80	2.13	5.64	6.45	7.81	8.13
欧洲	Europe	9.50	17.44	46.46	53.30	61.70	71.11
英国	United Kingdom	1.86	5.24	15.16	17.41	20.46	23.16
德国	Germany	1.95	2.42	7.30	9.70	11.22	13.23
法国	France	1.77	2.80	7.05	7.47	8.73	10.13
意大利	Italy	0.80	0.72	2.94	2.72	3.07	3.48
北美洲	North America	8.49	11.93	35.31	39.83	45.76	52.21
加拿大	Canada	1.12	2.20	6.06	7.12	33.64	9.70
美国	United States	6.99	8.91	25.70	28.78	8.29	37.97
澳大利亚	Australia	1.02	2.31	8.56	8.95	10.29	11.87
非洲	Africa	0.29	0.40	1.16	2.29	2.44	2.92
其他	Others	1.18	1.09	2.53	2.73	2.32	2.86
港澳同胞	**Chinese Compatriots From Hong Kong and Macao**	**13.99**	**15.11**	**39.00**	**43.49**	**48.48**	**94.88**
台湾同胞	**Chinese Compatriots from Taiwan Province**	**24.02**	**14.85**	**31.51**	**36.27**	**41.08**	**43.05**

18-9 各市(州)旅游发展情况(2017年)
Development of Tourism by Region (2017)

市(州)	Region	星级饭店数 (个) Number of Star-rated Hotels (unit)	入境游客人数 (万人次) Number of Overseas Visitor Arrivals (10 000 person-times)	#外国人 Foreigners	国际旅游外汇收入 (万美元) Foreign Exchange Earnings from International Tourism (USD 10 000)	国内旅游人数 (万人次) Number of Domestic Visitors (10 000 person-times)	国内旅游收入 (亿元) Earnings from Domestic Tourism (100 million yuan)
全　省	**Sichuan**	**398**	**336.17**	**241.29**	**144653.62**	**66924.00**	**8825.39**
成都市	Chengdu	103	301.34	225.89	136498.80	20703.81	2946.24
自贡市	Zigong	8	0.15	0.10	48.34	4025.54	340.90
攀枝花市	Panzhihua	17	0.24	0.05	59.81	2317.44	279.28
泸州市	Luzhou	18	0.32	0.08	82.45	4934.58	441.82
德阳市	Deyang	12	0.44	0.27	231.12	3341.13	284.91
绵阳市	Mianyang	25	0.44	0.25	120.40	5292.32	533.14
广元市	Guangyuan	17	0.08	0.01	27.01	4514.47	334.56
遂宁市	Suining	20	0.04	0.03	11.28	4356.51	385.19
内江市	Neijiang	7	0.02	0.01	8.28	3898.55	263.35
乐山市	Leshan	27	21.24	8.02	4880.23	5100.80	765.72
南充市	Nanchong	19	0.15	0.02	40.33	4796.50	458.02
眉山市	Meishan	13	0.03	0.03	11.12	4356.60	356.65
宜宾市	Yibin	13	0.08	0.03	19.93	5218.36	538.71
广安市	Guangan	13	0.92	0.41	217.67	3879.23	350.71
达州市	Dazhou	8	0.01	0.01	2.89	2232.99	171.08
雅安市	Yaan	20	0.57	0.31	136.71	3192.25	255.05
巴中市	Bazhong	7	0.04	0.01	8.45	2630.00	209.88
资阳市	Ziyang	7	1.64	1.39	413.15	2243.85	161.89
阿坝藏族羌族自治州	Aba	18	5.31	2.33	1033.64	2904.29	234.63
甘孜藏族自治州	Ganzi	7	3.10	2.04	798.80	1651.42	164.31
凉山彝族自治州	Liangshan	19	0.00	0.00	3.21	4419.22	361.08

注：国内旅游人数全省合计对重复统计人数进行了剥离，国内旅游收入全省合计根据平均系数进行了调整，故各市州加总不等于全省合计。

a) The data of domestic visitors stripped the number of repeated statistics, and the data of earnings from domestic tourism was adjusted according to the average coefficient, so the sum number of cities and states is not equal to the total of the province.

主要统计指标解释

货物进出口总额 指实际进出我国国境的货物总金额。包括对外贸易实际进出口货物，来料加工装配进出口货物，国家间、联合国及国际组织无偿援助物资和赠送品，华侨、港澳台同胞和外籍华人捐赠品，租赁期满归承租人所有的租赁货物，进料加工进出口货物，边境地方贸易及边境地区小额贸易进出口货物，中外合资企业、中外合作经营企业、外商独资经营企业进出口货物和公用物品，到、离岸价格在规定限额以上的进出口货样和广告品(无商业价值、无使用价值和免费提供出口的除外)，从保税仓库提取在中国境内销售的进口货物，以及其他进出口货物。该指标可以观察一个国家在对外贸易方面的总规模。我国规定出口货物按离岸价格统计，进口货物按到岸价格统计。

利用外资 指各级政府、部门、企业和其他经济组织通过对外借款、吸收外商直接投资以及用其他方式筹措的境外现汇、设备、技术等。

对外借款 指通过对外正式签订借款协议，从境外筹措的资金，包括外国政府贷款、国际金融组织贷款、外国银行商业贷款、出口信贷以及对外发行债券等。

外商直接投资 是指外国投资者在我国境内通过设立外商投资企业、合伙企业、与中方投资者共同进行石油资源的合作勘探开发以及设立外国公司分支机构等方式进行投资。外国投资者可以用现金、实物、无形资产、股权等投资，还可以用从外商投资企业获得的利润进行再投资。

对外承包工程 根据《对外承包工程管理条例》，对外承包工程是指中国的企业或者其他单位承包境外建设工程项目的活动。

对外劳务合作 指组织劳务人员赴其他国家或地区为国外的企业或机构工作的经营性活动。

入境游客 指报告期内来中国（大陆）观光、度假、探亲访友、就医疗养、购物、参加会议或从事经济、文化、体育、宗教活动的外国人、港澳台同胞等游客（即入境旅游人数）。统计时，入境游客按每入境一次统计1人次。入境旅游人数包括入境过夜游客和入境一日游游客。

国内游客 指报告期内在中国（大陆）观光游览、度假、探亲访友、就医疗养、购物、参加会议或从事经济、文化、体育、宗教活动的中国（大陆）居民人数，其出游的目的不是通过所从事的活动谋取报酬。统计时，国内游客按每出游一次统计1人次。

国际旅游(外汇)收入 指入境游客在中国（大陆）境内旅行、游览过程中用于交通、参观游览、住宿、餐饮、购物、娱乐等全部花费。

国内旅游收入（旅游总花费） 指国内游客在国内旅行、游览过程中用于交通、参观游览、住宿、餐饮、购物、娱乐等全部花费。

Explanatory Notes on Main Statistical Indicators

Total Import and Export of Goods refer to the real value of commodities imported and exported across the border of China. They include the actual imports and exports through foreign trade, imported and exported goods under the processing and assembling trades and materials, supplies and gifts as aid given gratis between governments and by the United Nations and other international organizations, and contributions donated by overseas Chinese, compatriots in Hong Kong and Macao and Chinese with foreign citizenship, leasing commodities owned by tenant at the expiration of leasing period, the imported and exported commodities processed with imported materials, commodities trading in border areas, the imported and exported commodities and articles for public use of the Sino-foreign joint ventures, cooperative enterprises and ventures with sole foreign investment. Also included is import or export of samples and advertising goods for which CIF or FOB value are beyond the permitted ceiling (excluding goods of no trading or use value and free commodities for export), imported goods sold in China from bonded warehouses and other imported or exported goods. The indicator of the total imports and exports at customs can be used to observe the total size of external trade in a country. In accordance with the stipulation of the Chinese government, imports are calculated at CIF, while exports are calculated at FOB.

Utilization of Foreign Capital refers to remittance, equipment and technology financed from abroad, by loans, foreign direct investment and other forms undertaken by the governments at all levels, by various departments, enterprises and other economic units.

Foreign Borrowings refer to funds borrowed from abroad through formal signing of borrowing agreements with foreign institutions, including loans of foreign governments, loans of international financial institutions, commercial loans of foreign banks, export credit , and funds raised by Chinese bonds issued abroad.

Foreign Direct Investment refers to foreign investment in China through the establishment of foreign invested enterprises, cooperative exploration and development of petroleum resources with domestic investors and the establishment of branch organizations of foreign enterprises. Foreign investment can be made in forms of cash, physical investment, intangible assets and equity, in addition with reinvestment of the foreign enterprises with the profits gained from the investment.

Overseas Contracted Project refers to activities of contracting overseas construction projects by Chinese enterprises or any other units, which are stipulated in the Regulations on Administration of Foreign Contracted Project.

Overseas Labor Services refer to operational activities of organizing labor force to go abroad providing services to foreign enterprises or agencies.

International Visitor Arrivals refer to the number of tourists of foreigners, Chinese compatriots from Hong Kong, Macao and Taiwan who come to China (mainland) within thc reference period for sight-seeing, vacation, visiting relatives, medical treatment, shopping, attending conference, or to engage in economic, cultural, sports and religious activities (namely the number of overseas visitor arrivals). In compiling statistics, each arrival is counted as one person-time. The number of overseas visitor arrivals includes inbound overnight tourists and one-day tourists.

Number of Domestic Tourists refers to the number of Chinese (mainland) residents who travel within China (mainland) for sight-seeing, vacation, visiting relatives, medical treatment, shopping, attending conference, or to engage in economic, cultural, sports and religious activities. In compiling statistics, each time of travelling is counted as one person-time.

Foreign Exchange Earnings from International Tourism refer to the total expenditure of foreigners, overseas Chinese, Chinese compatriots from Hong Kong, Macao and Taiwan during their stay in the mainland of China on transportation, sighting, accommodation, food, shopping and entertainment.

Income from Domestic Tourism refer to expenditure of domestic tourists on transportation, sighting, accommodation, food, shopping and entertainment while they travel.

19

BANKING AND INSURANCE

金融和保险

四川统计年鉴

SICHUAN STATISTICAL YEARBOOK

19-1 金融机构(含外资)本外币信贷收支表(资金来源)

Balance Sheet of Local and Foreign Credit Funds of Financial Institutions (Funds Sources)

单位：亿元　　(100 million yuan)

项　　目	Item	2017	比年初增减数 amount over the beginning of the year
资金来源总计	**All Sources**	**74357.12**	**7579.62**
各项存款	Deposits	73079.41	6187.27
非金融企业存款	Deposits of Non-financial Enterprises	19311.39	1036.89
住户存款	Deposits of Households	35016.75	2830.16
#活期存款	Demand Deposits	11830.26	943.60
政府存款	Deposits of Government	14820.33	2276.25
非银行业金融机构存款	Deposits of Non-banking Financial Institutions	3780.15	-49.30
金融债券	Financial Bonds	314.79	55.00
卖出回购资产	Assets Sold for Repurchase	116.65	-174.81
借款及非银行业金融机构拆入	Borrowing and Non-banking Financial Institutions Borrowing	218.65	60.77
联行往来（净）	Inter-branche Exchange (net)		
应付及暂收款	Account Payable and Temporary Collection	1552.99	10.52
各项准备	Reserves	1669.62	180.26
所有者权益	Owners' Equities	2817.63	370.78
其他	Others	-5412.61	889.83

注：本表金融机构包括中国人民银行、中资全国性大型银行、中资全国性中小型银行、中资区域性中小型银行、城市信用社、农村信用社、财务公司、信托投资公司、租赁公司、外资金融机构和汽车金融公司(后同)。

a) Financial institution of balance sheet includes the People's Bank of China, large,small and medium-sized Chinese-funded national banks, small and medium-sized regional and Chinese-funded banks,urban and rural credit cooperative banks,finance companies,financial trust and investment companies, financial leasing companies,Foreign financial institutions and auto finance company (the same as the follows) .

19-2 金融机构(含外资)本外币信贷收支表(资金运用)

Balance Sheet of Local and Foreign Credit Funds of Financial Institutions (Funds Uses)

单位：亿元　　(100 million yuan)

项　　目	Item	2017	比年初增减数 amount over the beginning of the year
资金运用总计	**All Uses**	**74357.12**	**7579.62**
各项贷款	Loans	49144.09	5597.74
住户贷款	Loans of Households	15106.06	2004.03
短期贷款	Shot-term Loans	2222.92	150.90
中长期贷款	Medium-term & Long-term Loans	12883.14	1853.13
非金融企业及机关团体贷款	Loans of Non-financial Enterprises & Government Agencies and Organizations	33741.63	3513.99
短期贷款	Shot-term Loans	8193.65	-184.71
中长期贷款	Medium-term & Long-term Loans	24204.82	4135.72
票据融资	Bill Financing	1261.98	-453.06
各项垫款	Various Money Paid Back Later	42.19	-19.25
债券投资	Bond Investment	6030.12	525.59
股权及其他投资	Equity and Other Investment	4128.62	938.89
买入返售资产	Redemptory Capital for Sale	608.89	106.03
存放非银行业金融机构款项	Due from Non-banking Financial Institutions	30.18	5.57
联行往来（净）	Inter-branche Exchange (net)	13279.58	270.21
应收及预付款	Account Receivable and Advanced Payment	574.58	128.11
固定资产	Fixed Assets	557.90	7.71
外汇占款	Position for Foreign Purchase		
投资性房地产	Investment Property	3.17	-0.23

19-3 各市(州)金融机构各项存款和贷款(2017年底)
Deposits and Loans of Financial Institutions by Region at Year-end of 2017

单位：亿元 (100 million yuan)

市(州)	Region	本外币各项存款 RMB and Foreign Currency Deposits	人民币各项存款 RMB Deposits	#住户存款 Household Savings	本外币各项贷款 RMB and Foreign Currency Loans	人民币各项贷款 RMB Loans	#短期贷款 Short-term Loans	#中长期贷款 Medium and Long-term Loans
全　省	**Sichuan**	**73079.41**	**71591.42**	**34800.89**	**49144.09**	**48124.44**	**9862.00**	**36912.94**
成都市	Chengdu	35946.39	34581.17	11995.87	29851.04	28870.55	5160.82	23221.66
自贡市	Zigong	1726.53	1723.67	1033.62	826.87	825.98	325.69	492.75
攀枝花市	Panzhihua	983.45	981.36	575.92	798.12	795.54	284.31	374.36
泸州市	Luzhou	2479.29	2459.19	1475.96	1451.54	1451.30	339.88	1053.94
德阳市	Deyang	2484.21	2455.34	1531.40	1310.01	1292.54	420.99	735.18
绵阳市	Mianyang	3608.93	3588.52	2028.73	1867.03	1864.71	643.06	1093.34
广元市	Guangyuan	1418.32	1417.40	891.97	704.72	703.84	147.97	537.20
遂宁市	Suining	1557.59	1554.82	1005.90	922.89	922.72	212.81	702.16
内江市	Neijiang	1516.49	1512.92	1144.95	782.87	782.70	230.34	500.38
乐山市	Leshan	2086.33	2080.04	1407.65	1434.39	1431.65	388.29	985.41
南充市	Nanchong	3227.14	3216.07	2175.10	1689.71	1684.34	352.81	1309.96
眉山市	Meishan	1965.28	1961.14	1275.28	865.02	864.31	160.96	700.03
宜宾市	Yibin	2659.45	2646.64	1277.47	1394.49	1390.60	327.76	991.20
广安市	Guangan	1829.84	1828.89	1316.29	725.93	725.86	149.51	568.41
达州市	Dazhou	2803.85	2801.93	1917.50	1277.98	1277.93	173.98	1045.62
雅安市	Yaan	1105.77	1104.51	596.13	594.92	594.84	108.41	475.90
巴中市	Bazhong	1248.02	1247.67	828.99	641.40	641.40	77.82	560.60
资阳市	Ziyang	1357.09	1355.97	884.28	598.67	597.15	138.04	452.48
阿坝藏族羌族自治州	Aba	594.93	594.92	233.12	269.70	269.70	31.85	236.15
甘孜藏族自治州	Ganzi	631.34	631.30	226.66	317.18	317.17	12.04	297.68
凉山彝族自治州	Liangshan	1849.18	1847.95	978.10	819.62	819.60	174.66	578.54

19-4 各市(州)金融机构人民币各项存款(年底余额)
Deposits of Financial Institutions by Region at Year-end

单位：亿元 (100 million yuan)

市(州)	Region	2010	2011	2012	2013	2014	2015	2016	2017
全 省	**Sichuan**	**30299.67**	**34734.69**	**41130.79**	**47667.28**	**53282.03**	**59184.83**	**65638.43**	**71591.42**
成都市	Chengdu	15277.25	17098.02	20354.17	23662.21	26797.50	29474.92	31597.50	34581.17
自贡市	Zigong	559.32	676.80	821.51	974.97	1075.20	1319.76	1524.05	1723.67
攀枝花市	Panzhihua	570.72	661.26	765.69	784.18	802.87	856.81	938.59	981.36
泸州市	Luzhou	827.23	1000.48	1212.63	1409.46	1611.60	1829.88	2179.23	2459.19
德阳市	Deyang	1388.03	1509.93	1663.30	1793.35	1918.54	2066.30	2307.72	2455.34
绵阳市	Mianyang	1784.47	1932.66	2126.34	2410.27	2621.72	2882.91	3181.69	3588.52
广元市	Guangyuan	717.15	750.03	833.32	933.80	1005.82	1134.41	1302.22	1417.40
遂宁市	Suining	523.16	625.87	745.53	893.29	989.44	1187.12	1376.76	1554.82
内江市	Neijiang	599.86	727.13	888.65	1077.59	1134.36	1202.20	1366.90	1512.92
乐山市	Leshan	867.41	1033.20	1264.58	1524.56	1709.12	1723.96	1858.89	2080.04
南充市	Nanchong	1100.50	1362.36	1668.78	1916.56	2154.46	2561.43	3047.30	3216.07
眉山市	Meishan	615.24	761.90	931.07	1115.04	1253.85	1432.08	1670.36	1961.14
宜宾市	Yibin	945.60	1199.82	1464.38	1573.67	1685.23	1911.25	2322.47	2646.64
广安市	Guangan	638.85	769.69	937.31	1114.68	1265.03	1424.65	1662.73	1828.89
达州市	Dazhou	901.08	1098.82	1317.17	1588.05	1752.37	2086.42	2624.98	2801.93
雅安市	Yaan	454.34	516.81	592.57	842.89	974.25	1008.95	1042.06	1104.51
巴中市	Bazhong	354.91	468.16	568.61	678.61	777.13	921.73	1145.80	1247.67
资阳市	Ziyang	674.99	787.53	925.73	1083.87	1245.84	1377.85	1673.02	1355.97
阿坝藏族羌族自治州	Aba	425.96	419.70	424.51	435.15	473.60	535.36	568.00	594.92
甘孜藏族自治州	Ganzi	243.70	312.62	374.86	442.28	499.03	588.24	595.64	631.30
凉山彝族自治州	Liangshan	699.04	869.67	1078.02	1271.89	1386.67	1490.66	1652.53	1847.95

19-5 各市(州)金融机构人民币住户存款(年底余额)
Household Deposits of Financial Institutions by Region at Year-end

单位：亿元 (100 million yuan)

市(州)	Region	2010	2011	2012	2013	2014	2015	2016	2017
全　省	**Sichuan**	**13650.83**	**16189.15**	**19567.57**	**22956.68**	**25731.62**	**28575.90**	**31950.42**	**34800.89**
成都市	Chengdu	5071.37	5980.01	7157.04	8408.79	9280.25	9922.18	10831.38	11995.87
自贡市	Zigong	383.69	444.57	543.29	639.49	718.51	819.38	923.57	1033.62
攀枝花市	Panzhihua	281.42	312.14	368.02	411.91	431.79	462.44	522.97	575.92
泸州市	Luzhou	517.19	617.39	758.32	880.83	1000.65	1140.17	1313.47	1475.96
德阳市	Deyang	685.49	784.38	931.33	1074.21	1188.39	1292.47	1425.36	1531.40
绵阳市	Mianyang	803.22	932.87	1125.95	1328.09	1479.82	1640.86	1838.25	2028.73
广元市	Guangyuan	323.74	387.25	474.09	557.47	641.05	733.00	811.44	891.97
遂宁市	Suining	358.61	423.50	508.96	577.96	649.28	788.08	910.44	1005.90
内江市	Neijiang	437.78	524.17	641.20	749.61	836.39	935.67	1045.62	1144.95
乐山市	Leshan	522.37	634.06	773.08	931.54	1057.43	1161.20	1277.37	1407.65
南充市	Nanchong	753.62	905.92	1122.38	1306.68	1467.24	1723.13	2009.68	2175.10
眉山市	Meishan	427.95	521.78	649.59	778.44	907.67	1020.38	1156.75	1275.28
宜宾市	Yibin	466.25	560.26	674.28	770.04	886.63	1010.17	1150.62	1277.47
广安市	Guangan	480.51	560.58	682.02	795.90	902.15	1061.78	1198.60	1316.29
达州市	Dazhou	665.75	800.36	952.50	1139.67	1304.62	1505.90	1739.52	1917.50
雅安市	Yaan	221.19	258.35	310.31	379.84	447.05	505.29	543.35	596.13
巴中市	Bazhong	241.45	312.52	404.08	482.26	557.00	634.06	741.94	828.99
资阳市	Ziyang	467.71	566.11	691.67	806.05	938.20	1060.43	1211.38	884.28
阿坝藏族羌族自治州	Aba	97.44	113.94	132.92	148.26	164.64	186.67	215.71	233.12
甘孜藏族自治州	Ganzi	74.93	95.71	117.74	139.72	163.93	186.06	209.67	226.66
凉山彝族自治州	Liangshan	351.04	435.11	528.48	627.81	687.43	764.83	873.33	978.10

19–6 各市(州)金融机构人民币各项贷款(年底余额)
Loans of Financial Institutions by Region at Year-end

单位：亿元 (100 million yuan)

市(州)	Region	2010	2011	2012	2013	2014	2015	2016	2017
全　省	**Sichuan**	**19129.79**	**22033.21**	**25560.36**	**29542.74**	**33884.06**	**38011.83**	**42828.13**	**48124.44**
成都市	Chengdu	12139.43	13766.85	15630.39	17617.51	19778.93	21970.64	25522.23	28870.55
自贡市	Zigong	248.24	303.33	371.19	449.33	520.81	614.57	708.35	825.98
攀枝花市	Panzhihua	380.31	445.72	532.19	608.93	658.19	697.15	738.63	795.54
泸州市	Luzhou	406.72	507.85	629.59	766.70	919.42	1092.70	1281.64	1451.30
德阳市	Deyang	592.39	717.98	849.28	956.40	1065.81	1075.92	1190.04	1292.54
绵阳市	Mianyang	858.31	968.98	1086.78	1252.78	1398.50	1532.85	1667.43	1864.71
广元市	Guangyuan	236.21	280.65	331.81	406.87	472.32	531.18	610.20	703.84
遂宁市	Suining	276.37	329.47	399.92	499.02	615.01	740.81	820.20	922.72
内江市	Neijiang	266.90	313.69	406.08	514.11	608.07	688.15	731.65	782.70
乐山市	Leshan	585.87	695.04	807.45	931.75	1086.79	1230.91	1308.83	1431.65
南充市	Nanchong	424.82	519.63	653.62	824.66	1038.07	1293.89	1479.68	1684.34
眉山市	Meishan	281.58	344.17	427.63	531.99	625.17	683.76	747.19	864.31
宜宾市	Yibin	447.67	523.08	625.43	760.64	900.79	1054.48	1223.82	1390.60
广安市	Guangan	251.60	286.99	341.19	424.53	514.94	582.13	639.09	725.86
达州市	Dazhou	363.46	439.79	531.89	655.58	801.71	929.32	1077.62	1277.93
雅安市	Yaan	238.90	279.69	330.68	412.44	474.98	510.09	527.85	594.84
巴中市	Bazhong	129.22	155.95	203.60	264.93	345.03	457.83	542.50	641.40
资阳市	Ziyang	281.77	333.82	414.77	525.02	642.08	716.90	735.29	597.15
阿坝藏族羌族自治州	Aba	136.87	151.70	165.89	186.44	205.68	221.63	252.47	269.70
甘孜藏族自治州	Ganzi	111.61	131.33	149.80	167.60	194.05	230.49	273.62	317.17
凉山彝族自治州	Liangshan	345.31	409.74	499.90	575.47	655.43	700.41	749.78	819.60

19-7 金融机构存款基准利率
Official Interest Rates of Deposits of Financial Institutions

单位：年利率% (Annual Interest Rate %)

项 目	Item	2010 .10.20 Oct.20 2010	2010 .12.26 Dec.26 2010	2011 .02.09 Feb.9 2011	2011 .04.06 Apr.6 2011	2011 .07.07 July.7 2011	2012 .06.08 June.8 2012	2012 .07.06 July.6 2012	2014 .11.22 Nov.22 2014	2015 .03.01 Mar.1 2015	2015 .05.11 May.11 2015	2015 .06.28 June.28 2015	2015 .08.26 Aug.26 2015	2015 10.24 Oct.24 2015
个人人民币储蓄存款	**Household Deposits**													
活期	Demand Deposits	0.36	0.36	0.40	0.50	0.50	0.40	0.35	0.35	0.35	0.35	0.35	0.35	0.35
定期	Time Deposits													
三个月	3 Months	1.91	2.25	2.60	2.85	3.10	2.85	2.60	2.35	2.10	1.85	1.60	1.35	1.10
半年	6 Months	2.20	2.50	2.80	3.05	3.30	3.05	2.80	2.55	2.30	2.05	1.80	1.55	1.30
一年	1 Year	2.50	2.75	3.00	3.25	3.50	3.25	3.00	2.75	2.50	2.25	2.00	1.75	1.50
二年	2 Years	3.25	3.55	3.90	4.15	4.40	4.10	3.75	3.35	3.10	2.85	2.60	2.35	2.10
三年	3 Years	3.85	4.15	4.50	4.75	5.00	4.65	4.25	4.00	3.75	3.50	3.25	3.00	2.75
五年	5 Years	4.20	4.55	5.00	5.25	5.50	5.10	4.75						

注：2014年11月22日之后，人民银行对存贷款基准利率期限档次进行了简并，存款利率不再公布人民币五年期定期存款基准利率。

a) Since November 22,2014,The People's Bank of China has simplified and merged the term classes of deposit and loan interest rates and RMB 5-year-term deposit interest base rate would not be published.

19-8 金融机构贷款利率
Official Interest Rates of Loans of Financial Institutions

单位：年利率% (Annual Interest Rate %)

项 目	Item	2010 .10.20 Oct.20 2010	2010 .12.26 Dec.26 2010	2011 .02.09 Feb.9 2011	2011 .04.06 Apr.6 2011	2011 .07.07 July.7 2011	2012 .06.08 June.8 2012	2012 .07.06 July.6 2012	2014 .11.22 Nov.22 2014	2015 .03.01 Mar.1 2015	2015 .05.11 May.11 2015	2015 .06.28 June.28 2015	2015 .08.26 Aug.26 2015	2015 10.24 Oct.24 2015
短期贷款	**Short-term Loans**													
六个月以内(含六个月)	6 Months Or Less	5.10	5.35	5.60	5.85	6.10	5.85	5.60	5.60	5.35	5.10	4.85	4.60	4.35
六个月至一年(含一年)	12 Months Or Less	5.56	5.81	6.06	6.31	6.56	6.31	6.00	5.60	5.35	5.10	4.85	4.60	4.35
中长期贷款	**Mediun-term & Long-time Loans**													
一至三年(含三年)	Three Years Or Less	5.60	5.85	6.10	6.40	6.65	6.40	6.15	6.00	5.75	5.50	5.25	5.00	4.75
三至五年(含五年)	5 Years Or Less	5.96	6.22	6.45	6.65	6.90	6.65	6.40	6.00	5.75	5.50	5.25	5.00	4.75
五年以上	Above 5 Years	6.14	6.40	6.60	6.80	7.05	6.80	6.55	6.15	5.90	5.65	5.40	5.15	4.90
个人住房公积金贷款	**Loans For Public Accumulation Funds Of Housing**													
五年以下(含五年)	5 Year Or Less	3.50	3.75	4.00	4.20	4.45	4.20	4.00	3.75	3.50	3.25	3.00	2.75	2.75
五年以上	Above 5 Years	4.05	4.30	4.50	4.70	4.90	4.70	4.50	4.25	4.00	3.75	3.50	3.25	3.25

注：2014年11月22日之后，人民银行对存贷款基准利率期限档次进行了简并，贷款基准利率期限档次简并为一年以内(含一年)、一至五年(含五年)和五年以上三个档次。

a) Since November 22,2014,The People's Bank of China has simplified and merged the term classes of deposit and loan interest rates.The classes of loan interest base rates were turned to 3 grades of "less than 1 year (including 1 year)", "1 to 5 years (including 5 years)" and "more than 5 years".

19-9 人民币汇率（年平均价）
RMB Exchange Rate (Annual Average)

单位：人民币元　　(RMB yuan)

年　份 Year	100美元 $100	100日元 100 yen	100港元 HK $ 100	100欧元 € 100
1981	170.50	0.7735	30.41	
1982	189.25	0.7607	31.15	
1983	197.57	0.8318	27.36	
1984	232.70	0.9780	29.71	
1985	293.67	1.2457	37.57	
1986	345.28	2.0694	44.22	
1987	372.21	2.5799	47.74	
1988	372.21	2.9082	47.70	
1989	376.51	2.7360	48.28	
1990	478.32	3.3233	61.39	
1991	532.33	3.9602	68.45	
1992	551.46	4.3608	71.24	
1993	576.20	5.2020	74.41	
1994	861.87	8.4370	111.53	
1995	835.10	8.9225	107.96	
1996	831.42	7.6352	107.51	
1997	828.98	6.8600	107.09	
1998	827.91	6.3488	106.88	
1999	827.83	7.2932	106.66	
2000	827.84	7.6864	106.18	
2001	827.70	6.8075	106.08	
2002	827.70	6.6237	106.07	800.58
2003	827.70	7.1466	106.24	936.13
2004	827.68	7.6552	106.23	1029.00
2005	819.17	7.4484	105.30	1019.53
2006	797.18	6.8570	102.62	1001.90
2007	760.40	6.4632	97.46	1041.75
2008	694.51	6.7427	89.19	1022.27
2009	683.10	7.2986	88.12	952.70
2010	676.95	7.7279	87.13	897.25
2011	645.88	8.1050	82.97	900.11
2012	631.25	7.9037	81.38	810.67
2013	619.32	6.3323	79.85	822.19
2014	614.28	5.8196	79.22	816.51
2015	622.84	5.1543	80.34	691.41
2016	664.23	6.1243	85.58	734.26
2017	675.18	6.0244	86.64	763.03

19-10 保险业务经济技术指标
Economic and Technical Indicators of Insurance Business

单位：万元 (10 000 yuan)

项 目	Item	2012	2013	2014	2015	2016	2017
保费收入合计	**Premium Income Total**	**8195283**	**9146769**	**10606332**	**12673045**	**17120774**	**19393937**
财产保险	**Property Insurance**	**2715083**	**3151222**	**3717618**	**4214379**	**4572146**	**4963608**
企业财产保险	Enterprise Property Insurance	106404	120850	127969	125462	130541	124654
机动车辆保险	Automobile Insurance	2074196	2497479	3007648	3462691	3749762	3923080
货物运输保险	Cargo Transportation Insurance	21602	22542	20954	15524	13333	13923
责任保险	Liability Insurance	96021	113555	138383	169309	186878	218753
信用保证保险	Credit and Guarantee Insurance	114434	27888	12277	14686	19332	32972
其他财产保险	Others	302426	368907	410387	426706	472301	650227
人身保险	**Life Insurance**	**5480200**	**5995547**	**6888714**	**8458666**	**12548628**	**14430329**
人寿保险	Life Insurance Business						
非分红产品	Non-participating	436911	610129	2401216	3601751	6476327	7480289
分红产品	Participating	4362089	4564934	3398221	3268583	3393194	4090501
投资连接产品	Unit-link	743	725	705	611	561	543
万能产品	Universal	30976	34062	35944	37380	42944	44849
健康险	Health Insurance						
短期健康险	Short-term Health Insurance	200859	254462	363569	451923	526781	744711
长期健康险	Long-term Health Insurance	218114	264200	391329	769516	1730729	1603716
意外伤害险	Personal Accident Insurance	230508	267034	297730	328902	378093	465720
赔款给付支出合计	**Claim Total**	**2329022**	**3146178**	**3739403**	**4540817**	**5543581**	**5833192**
财产保险	**Property Insurance**	**1413139**	**1671196**	**1958958**	**2188599**	**2168841**	**2411127**
企业财产保险	Enterprise Property Insurance	64607	70007	74235	51575	46160	50036
机动车辆保险	Automobile Insurance	1181073	1390131	1635895	1833642	1801011	1973086
货物运输保险	Cargo Transportation Insurance	7585	7468	8061	6618	4995	6850
责任保险	Liability Insurance	38783	45265	54204	60195	72068	82785
信用保证保险	Credit and Guarantee Insurance	5962	7898	5678	8985	18747	16584
其他财产保险	Others	115129	150427	180885	227585	225860	281785
人身保险	**Life Insurance**	**915883**	**1474982**	**1780445**	**2352218**	**3374740**	**3422065**
人寿保险	Life Insurance Business						
非分红产品	Non-participating	154918	144543	141833	208261	335344	566454
分红产品	Participating	529592	1054397	1250732	1652058	2469916	2129803
投资连接产品	Unit-link	221	76	84	368	612	125
万能产品	Universal	7054	8248	7936	9349	10211	10418
健康险	Health Insurance						
短期健康险	Short-term Health Insurance	114435	145212	232140	312715	356824	459970
长期健康险	Long-term Health Insurance	33215	36132	53349	67861	91049	132634
意外伤害险	Personal Accident Insurance	76448	86374	94373	101606	110784	122660

19-11 各财产保险公司和人身保险公司四川省分公司保费收入
Premium Income of Property Insurance Companies (Sichuan Branch) and Life Insurance Companies (Sichuan Branch)

单位：万元 (10 000 yuan)

公司名称	Company Name	2016	2017
合　计	**Total**	**17120774**	**19393937**
财产保险公司	**Property Insurance Companies**	**4876394**	**5339943**
中国人民财产保险股份有限公司	PICC Property & Casualty Insurance Company Limited	1731456	1870204
中国太平洋财产保险股份有限公司	China Pacific Insurance (Group) Co.,Ltd	317800	359378
中国平安财产保险股份有限公司	Ping An Insurance (Group) Company of China , Ltd.	1143236	1339502
永安财产保险股份有限公司	Yong An Insurance Co,.Ltd.	72117	60195
华泰财产保险股份有限公司	Huatai Insurance Co., Ltd.	51681	54674
中华联合财产保险股份有限公司	China United Property Insurance Company	250217	252477
天安财产保险股份有限公司	Tanan Property Insurance Co., Ltd.	52197	49889
太平保险有限公司	TaiPing Insurance Company Ltd.	173240	182049
中国大地财产保险股份有限公司	China Continent Property & Casualty Insurance Company	127960	120640
华安财产保险股份有限公司	Sinosafe Insurance	46764	48734
中航安盟财产保险有限公司	Groupama-Avic Property Insurance Co.,Ltd	72759	78933
中国出口信用保险公司	China Export & Credit Insurance Corporation (SINOSURE)	16781	29909
安邦财产保险股份有限公司	Anbang Property & Casualty Insurance Co.,Ltd	12702	15914
永诚财产保险股份有限公司	Alltrust Insurance Company of China ,Co., Ltd	75342	74527
安盛天平财产保险股份有限公司	AXA Tianping P&C Insurance Co., Ltd.	31794	28021
阳光财产保险股份有限公司	Sunshine Property & Casualty Insurance Company of China ,Co.,Ltd.	109537	113970
都邦财产保险股份有限公司	Dubang Property & Casualty Insurance Company of China ,Co.,Ltd.	16251	17579
渤海财产保险股份有限公司	Bohai Property & Casualty Insurance Company of China ,Co.,Ltd.	8187	9464
中银保险有限公司	China Bank Property & Casualty Insurance Company of China ,Co.,Ltd.	27489	30065
华农财产保险股份有限公司	Huanong Property & Casualty Insurance Co.,Ltd.	3852	5216
安诚财产保险股份有限公司	Ancheng Property & Casualty Insurance Co.,Ltd.	16949	19691
亚太财产保险有限公司	Asia Pacific Property Insurance Company Limited	14098	15360
浙商财产保险股份有限公司	Zheshang Property & Casualty Insurance Co.,Ltd.	19569	14343
鼎和财产保险股份有限公司	Dinghe Property & Casualty Insurance Company of China ,Co.,Ltd.	11801	12949
英大泰和财产保险股份有限公司	Yingda Taihe Property & Casualty Insurance Co.,Ltd.	54880	43208
锦泰财产保险股份有限公司	JinTai Property Insurance Co.,Ltd.	126262	138418
紫金财产保险股份有限公司	Zijin Property and Casualty Insurance Co.,Ltd.	12262	12988
中国人寿财产保险股份有限公司	China Life Property & Casualty Insurance Co.,Ltd.	195380	214116
信达财产保险股份有限公司	Cinda Property Insurance Co.,Ltd.	6434	4029
国泰财产保险有限责任公司	Cathay Insurance Co., Ltd.	447	677
富德财产保险股份有限公司	Fund Property&Casualty Insurance Co.,Ltd.	27460	29609
安华农业保险股份有限公司	Anhua Agricultural Insurance Co.,Ltd	6608	4803
中意财产保险有限公司	Generali China Insurance Co., Ltd.	4184	7311
鑫安汽车保险股份有限公司	Sanguard Automobile Insurance Co., Ltd.	6377	8293
利宝保险有限公司	Liberty Insurance Co., Ltd.	2606	7699
诚泰财产保险份有限公司	Cheng Tai Property Insurance Company Limited	8416	8548
富邦财产保险有限公司	Fubon Property Insurance Co., Ltd.	5877	4806
珠峰财产保险股份有限公司	Everest Property Insurance Co., Ltd.		14731
中煤财产保险股份有限公司	China Coal Property Insurance Co., Ltd.		5995
长江财产保险股份有限公司	Changjiang Property Insurance Co., Ltd.		1470
众安在线财产保险股份有限公司	Zhongan Online Property Insurance Co., Ltd.	10790	18965
中国铁路财产保险自保有限公司	China Railway Property Insurance Holding Co., Ltd.	4569	2913
阳光渝融信用保证保险股份有限公司	Sunshine Yurong Credit and Guarantee Insurance Co., Ltd.	5	8
泰康在线财产保险股份有限公司	Taikang Online Property Insurance Co., Ltd.	43	7651
易安财产保险股份有限公司	Yi An Property Insurance Co., Ltd.	11	1
安心财产保险有限责任公司	Answern Property & Casualty Insurance Co.,Ltd.	2	21
人身保险公司	**Life Insurance Companies**	**12244380**	**14053994**
中国人寿保险股份有限公司	China Life Insurance(Group) Company	2089319	2491147

19-11 续表 continued

单位：万元 (10 000 yuan)

公司名称	Company Name	2016	2017
中国太平洋人寿保险股份有限公司	China Pacific Insurance(group)Co.,Ltd	413960	528159
中国平安人寿保险股份有限公司	Ping An Insurance (Group) Company of China , Ltd.	935745	1238697
新华人寿保险股份有限公司	New China Insurance Co., Ltd.	499460	393210
泰康人寿保险股份有限公司	Taikang Life Insurance Company	645907	869013
太平人寿保险有限公司	Taiping Life Insurance Co.,Ltd.	1019608	1186923
民生人寿保险股份有限公司	Minsheng Life Insurance Co.,Ltd.	129382	68676
中英人寿保险有限公司	Aviva Cofco Life Insurance Co.,Ltd.	145304	169753
富德生命人寿保险股份有限公司	Sino Life Insurance Co.,Ltd.	513008	360571
北大方正人寿保险有限公司	Founder Meiji Yasuda Life Insurance Co.,Ltd	26985	33431
长城人寿保险股份公司	Great Wall Life Insurance Co.,Ltd.	86806	60272
中宏人寿保险股份公司	Manulife-Sinochem Insurance Co.,Ltd.	40446	62293
中德安联人寿保险有限公司	Allianz China Life Insurance Co.,Ltd.	23601	28145
农银人寿保险股份有限公司	ABC Life Insurance Co., Ltd	172519	169940
中国人民人寿保险股份有限公司	PICC Life Insurance Co.,Ltd.	671142	701070
华泰人寿保险有限公司	Huatai Life Insurance Co.,Ltd.	27881	37588
人保健康保险有限公司	PICC Health Insurance Co.,Ltd.	75977	47645
恒安标准人寿保险有限公司	Heng'an Standard Life Co.,ltd.	7705	9440
招商信诺保险有限公司	CIGNA&CMC Insurance Co.,Ltd.	32259	37412
合众人寿保险有限公司	Union Life Insurance Co.,Ltd.	99866	118061
阳光人寿保险有限公司	Sunshine Life Insurance Co.,Ltd.	185222	179800
中意人寿保险有限公司	General China Insurance Co.,Ltd.	44324	46305
华夏人寿保险有限公司	Huaxia China Insurance Co.,Ltd.	338363	670831
中国平安养老保险股份有限公司	Ping An Insurance (Group) Company of China , Ltd.	52616	62354
太平养老保险股份有限公司	TaiPing Pension Company Limited	9426	15270
恒大人寿保险有限公司	Evergrande Life Insurance Company Limited	71339	469721
中邮人寿保险有限公司	China Post Lift Insurance Co.,Ltd.	191158	268989
幸福人寿保险有限公司	Happy Life Insurance Co.,Ltd.	36449	126386
中美联泰大都会人寿保险有限公司	Sino-US United Metlife Insurance Co.,Ltd.	21728	27990
国华人寿保险股份有限公司	Guohua Life Insurance Co.,Ltd.	247938	272526
和谐健康保险股份有限公司	Harmony Health Insurance Company Limited	891885	381402
安邦人寿保险股份有限公司	Anbang Life Insurance Co.,Ltd.	1103976	919616
光大永明人寿保险有限公司	Sun Life Everbright Life Insurance Co.,Ltd.	13191	53795
工银安盛人寿保险有限公司	ICBC-AXA Assurance Co., Ltd.	219489	202936
百年人寿保险股份有限公司	Aeon Life Insurance Co.,Ltd.	92521	157624
中融人寿保险股份有限公司	Zhongrong Life Insurance Co.,Ltd.	—	42541
英大泰和人寿保险股份有限公司	Yngda Taihe Life Insurance Co.,Ltd.	5070	5529
中银三星人寿保险有限公司	BOC Samsung Life Insurance Company Limited	46577	53615
建信人寿保险有限公司	CCB Life Insurance Company Limited	394855	212966
泰康养老保险股份有限公司	Taikang Pension Insurance Co.,Ltd.	11062	16920
同方全球人寿保险有限公司	Aegon THTF Life Insurance Co.,Ltd.	4051	9545
天安人寿保险股份有限公司	Tianan Life Insurance Company Limited of China Co.,Ltd.	347010	567686
东吴人寿保险股份有限公司	SooChow Life Insurance Company Limited Co.,Ltd.	18534	65258
利安人寿保险股份有限公司	Lian Life Insurance Co.,Ltd.	19956	26612
交银康联人寿保险有限公司	Bocomm Life Insurance Co.,Ltd.	25970	47158
前海人寿保险股份有限公司	Foresea Life Insurance Co.,Ltd.	187799	466846
长生人寿保险有限公司	Great Wall Changsheng Life Insurance Co.,Ltd.	5956	42875
安邦养老保险股份有限公司	Ampang Pension Insurance Co.,Ltd.		19660
陆家嘴国泰人寿保险有限责任公司	Cathay Lujiazui Life Insurance Company Limited	1037	8493
太保安联健康保险股份有限公司	CPIC Allianz Health Insurance Co., Ltd.		14
中国人寿养老保险股份有限公司	China Life Pension Company Limited		
平安健康保险股份有限公司	Ping An Health Insurance Company of China, Ltd.		919
中信保诚人寿保险有限公司	CITIC Prudential Life Insurance Company Limited		368

主要统计指标解释

信贷资金 指金融机构以信用方式积聚和分配的货币资金。金融机构信贷资金的来源有各项存款、金融债券、对国际金融机构负债、流通中现金、其他项目等；信贷资金的运用有各项贷款、有价证券及投资、黄金占款、外汇买卖、财政借款及在国际金融机构中的资产等。

存款 指企业、机关、团体或居民根据资金必须收回的原则，把货币资金存入银行或其他信贷机构保管并取得一定利息的一种信用活动形式。根据存款对象或性质的不同可划分为住户存款、非金融企业存款、政府存款、非银行业金融机构存款等科目。它是银行信贷资金的主要来源。

贷款 指银行或其他信贷机构根据资金必须归还的原则，按一定利率，为企业、个人等提供资金的一种信用活动形式。我国银行贷款分为短期贷款、中长期贷款、融资租赁、票据融资、各项垫款、境外贷款等。

保险公司 在中国境内的、经过保险监督管理部门批准设立，并依法登记注册的各类商业保险公司。

保险金额 指保险人承担赔偿或者给付保险金责任的最高限额。

保费 指投保人为取得保险人在约定范围内所承担赔偿责任而支付给保险人的费用。

赔款 指保险人根据保险合同的规定，向被保险人支付的赔偿保险责任损失的金额。

给付 包括死伤医疗给付和满期给付。死伤医疗给付是指保险人根据人寿保险及长期健康保险合同的规定，因被保险人在保险期内发生保险责任范围内的保险事故支付给被保险人(或受益人)的金额。满期给付是指被保险人生存期满，保险人按人寿保险合同规定支付给被保险人的满期保险金额。

Explanatory Notes on Main Statistical Indicators

Credit Funds refer to the monetary funds accumulated and distributed in the means of credit by the financial institutions. The sources of credit funds include various deposits, financial bonds, liabilities to international financial institutions, currency in circulation, other items. The uses of credit funds include loans, securities and investment, position for bullion purchase, foreign exchange trading, advances to treasury, and assets with international financial institutions.

Deposit is a form of credit by which enterprises, institutions, organizations or households can put money into banks and other credit institutions for safekeeping and interest earning under the principle of free withdrawal. According to different depositors, deposits are divided into household deposits, non financial enterprise deposits, government deposits, non banking financial institutions deposits. Deposits are major sources of the credit funds of banks.

Loan is a form of credit by which banks and other credit institutions provide funds at certain interest rate to enterprises and individuals in the light of the principle of unconditional repayment. Loans from Chinese banks include short-term loan, medium-term and long-term loans, financial lease, bill financing, various money advanced, foreign loans.

Insurance Companies refer to commercial insurance companies of various forms registered by law and established in China with the approval of insurance regulatory agencies.

Amount Insured refers to the maximum that the insurant will get for the claim of the case insured.

Premium is the fee paid by the insurant to the insurer to obtain the obligation of compensation from the insurance within the agreed terms.

Settled Claim is the compensation paid by the insurer to the insurant in accordance with the insurance contract.

Payment including payment for death, injury or medical treatment and mature payment. Payment for death, injury or medical treatment refers to the money paid to the insurant (or the beneficiary) in accordance with the life or health insurance contract when the insurant encounters accidents within the insured period covered in the contract. Mature payment refers to the mature payment to the insurant in accordance with the life insurance contract at the end of the insured period.

20

EDUCATION, SCIENCE, TECHNOLOGY AND PATENTS
教育、科技和专利

20-1 各类学校数
Number of Schools by Type

单位：所 (unit)

年份 Year	普通高等学校 Regular Institutions of Higher Education	中等职业学校 Secondary Vocational Schools	普通中学 Regular Secondary Schools	小 学 Primary Schools	幼儿园 Kindergartens	特殊教育学校 Special Education Schools
1952	10		306	35373	609	
1957	13		488	43665	612	
1962	17		866	44683	305	
1965	20		3693	108974	1349	5
1970	18		2769	70263	687	3
1975	17		3287	86254	2397	3
1978	28		4605	72563	35306	3
1980	29		4524	67659	24814	3
1985	39		4017	61953	13280	9
1990	40		4332	55047	13831	22
1991	40		4433	53792	10478	27
1992	40		4460	53011	11148	45
1993	41		4545	52280	10216	52
1994	42		4572	51498	12079	52
1995	42		4578	55799	12485	53
1996	42		4506	48911	11602	59
1997	42		4420	46917	11223	55
1998	43		4448	46092	11385	62
1999	43		4375	45133	12016	63
2000	42		4321	43326	12780	63
2001	49		5154	31447	7875	69
2002	59		5093	25972	7935	68
2003	62		5000	24573	8388	70
2004	68		4965	21935	7602	73
2005	72		4995	19305	8875	83
2006	76		5181	17372	8596	88
2007	76		5093	15834	8580	88
2008	78		4937	13993	8425	93
2009	92		4809	12437	8562	95
2010	93	679	4738	9282	9483	100
2011	94	656	4704	8847	10162	107
2012	99	630	4643	8586	10794	113
2013	103	595	4630	7257	11759	119
2014	107	568	4633	6959	12111	122
2015	109	550	4590	6487	12365	124
2016	109	526	4555	5981	12903	125
2017	109	520	4476	5721	13243	127

注：中等职业学校中包括技工学校。各类学校基本情况由四川省教育厅提供(后同）。

a) Secondary vocational schools include Technical Schools.The basic statistics of schools is provided by the Provincial Department of Education (the same as follows).

20-2 各类学校专任教师数
Number of Full-time Teachers of Schools by Level and Type

单位：人 (person)

年份 Year	普通高等学校 Regular Institutions of Higher Education	中等职业学校 Secondary Vocational Schools	普通中学 Regular Secondary Schools	小学 Primary Schools	幼儿园 Kindergartens	特殊教育学校 Special Education Schools
1952	1228		5953	111229	1556	
1957	3238		11873	132141	4679	
1962	5675		18597	146639	4523	
1965	6125		29097	225914	4720	35
1970	6414		55788	213151	3992	53
1975	7487		92015	334794	1858	20
1978	9047		167540	342661	39245	25
1980	10562		152660	343175	39028	44
1985	14577		145715	340164	32284	115
1990	16058		176179	321087	43573	322
1991	16056		180737	314747	45528	416
1992	15767		185790	312380	49970	565
1993	16216		183492	313597	49873	610
1994	16208		186224	320196	54504	647
1995	16439		190184	320923	55420	728
1996	16799		193942	323713	56052	730
1997	16786		196636	330212	56107	837
1998	17228		199357	334999	57738	987
1999	17891		207305	336356	58165	1148
2000	18418		217039	331551	58128	1113
2001	21984		227035	325123	30956	942
2002	26852		237425	321193	30591	973
2003	31372		247098	316029	32515	994
2004	39306		253358	307940	33997	1068
2005	44854		258924	307113	36654	1174
2006	52211		265540	306886	37530	1318
2007	55903		269967	306149	39337	1407
2008	59174		273559	307687	41827	1478
2009	61772		279414	306528	45136	1572
2010	64991	44051	284962	305741	51909	1711
2011	67448	48873	285755	305508	57528	1784
2012	73137	48186	290366	304899	65403	1941
2013	76795	45952	292629	305619	77336	2055
2014	81404	46767	292967	304909	86414	2211
2015	84430	46869	293165	308059	96885	2355
2016	85832	46621	294676	314406	105592	2503
2017	83949	46314	298805	325016	117052	2798

20－3 各类学校在校学生数
Number of Enrollments of Formal Education by Level and Type

单位：人　　　　(person)

年份 Year	普通高等学校 Regular Institutions of Higher Education	中等职业学校 Secondary Vocational Schools	普通中学 Regular Secondary Schools	小　学 Primary Schools	幼儿园 Kindergartens	特殊教育学校 Special Education Schools
1952	9104		155252	3807776		
1957	19565		320254	4574044		
1962	36587		324216	3962046		
1965	28236		669901	7859341	127921	398
1970			1481952	6341703	95325	503
1975	21203		2085366	11013460	199412	345
1978	35715		3838846	10745859	1389229	339
1980	48497		2974390	11441551	957632	347
1985	72812		2516824	10418664	833754	623
1990	91866		2892023	6873322	1062885	1422
1991	91365		2853499	6500936	1375654	1846
1992	96678		2724618	6424068	1572526	3133
1993	113465		2481484	6662850	1576287	3261
1994	125944		2561995	7020619	1689081	3972
1995	126280		2705466	7350179	1777728	509
1996	131459		2765730	7797611	1793653	7400
1997	140451		2748214	8270885	1779648	9444
1998	151905		2908894	8438446	1860762	10104
1999	180256		3364576	8270859	1923949	10771
2000	235470		3919813	8026506	1892626	8224
2001	316701		4282666	7948490	1658864	14616
2002	412357		4568419	7785414	1595534	13390
2003	512663		4810712	7554308	1588575	15839
2004	637340		4909216	7365754	1527298	17354
2005	775436		4855390	7145093	1526827	24788
2006	860640		5014951	7217750	1562466	28621
2007	918438		5054691	6965306	1560935	39900
2008	991072		5026261	6488221	1597919	41739
2009	1035934		4990033	6170471	1707263	41767
2010	1086215	1399557	4900896	5921080	1887545	41839
2011	1139316	1407636	4778133	5798017	2110148	40898
2012	1223680	1398563	4558398	5607407	2192890	44287
2013	1270818	1302260	4233225	5259536	2314907	43731
2014	1328329	1195396	4073109	5313193	2407717	42289
2015	1387889	1107828	3934438	5417353	2481681	43251
2016	1446559	1019183	3895408	5495234	2593131	47780
2017	1499715	973974	3904323	5518361	2625168	53461

注：普通高等学校学生数为普通本专科学生数；特殊教育在校生数含随班就读人数(后同)。

a) Number of students in regular institutions of higher education is the number of ordinary college students. Number of students in special education schools includes the number of students enrolled in the class. (the same as follows)

20-4 各类学校招生数
Number of Entrants of Formal Education by Type

单位：人 (person)

年份 Year	普通高等学校 Regular Institutions of Higher Education	中等职业学校 Secondary Vocational Schools	普通中学 Regular Secondary Schools	小学 Primary Schools	特殊教育学校 Special Education Schools
1952	2353		81221		
1957	4823		116364	128678	
1962	4895		121261	1544971	
1965	6570		316756	2302127	
1970			747057	1899719	
1975	7569		1200679	2800872	33
1978	14916		1609352	2649457	34
1980	11610		1106948	2519225	87
1985	26069		943009	1455993	281
1990	26962		1019786	999538	485
1991	26919		971091	994759	536
1992	33613		947724	1179830	1047
1993	42058		883979	1364953	671
1994	40259		981989	1459974	992
1995	41714		1041585	1479126	1423
1996	43774		948623	1412690	1210
1997	46196		964969	1397645	1386
1998	49035		1176141	1293404	1232
1999	65481		1427007	1240217	1163
2000	95565		1527602	1256880	1182
2001	119470		1595486	1338908	2676
2002	152754		1717062	1320396	2157
2003	180308		1746751	1223734	2550
2004	215243		1696131	1169163	2726
2005	267198		1684360	1092214	3916
2006	266491		1767927	1151856	4503
2007	297566		1758759	1083015	6169
2008	328341		1754692	1006479	6333
2009	307127		1692325	945131	6483
2010	337892	575964	1641724	1231433	6684
2011	351846	575321	1593466	996827	6767
2012	381519	543472	1510249	1009618	8398
2013	376806	531212	1390078	950346	8230
2014	408941	482493	1332203	929667	8014
2015	436467	441280	1297254	934786	8096
2016	439286	414212	1322169	930103	9579
2017	460776	395511	1335486	911391	10361

20-5 各类学校毕业生数
Number of Graduates of Formal Education by Type

单位：人 (person)

年份 Year	普通高等学校 Regular Institutions of Higher Education	中等职业学校 Secondary Vocational Schools	普通中学 Regular Secondary Schools	小 学 Primary Schools	特殊教育学校 Special Education Schools
1952	2742				
1957	1773		75254	739606	
1962	5317		80499	303087	
1965	8489		104984	399595	
1970	4796		142279	829050	
1975	5701		626880	1279795	35
1978	5884		1268232	1782504	35
1980	7130		934730	1603760	82
1985	13592		728872	1446826	57
1990	27672		746250	1408170	66
1991	27041		763298	1187057	8
1992	28348		813783	1074324	148
1993	26088		793429	940854	212
1994	28826		707196	999601	229
1995	40915		644932	1018463	336
1996	37872		719950	897863	445
1997	35658		818628	875741	552
1998	36672		868089	1069005	1036
1999	35465		804529	1327862	943
2000	40104		818595	1397579	1190
2001	44602		992309	1347390	1824
2002	52405		1224114	1361854	1677
2003	74307		1299710	1324117	2090
2004	100998		1385780	1221872	2131
2005	139328		1510287	1187842	2160
2006	173287		1527428	1221708	2953
2007	228028		1554082	1247914	4565
2008	247707		1575017	1253417	5312
2009	252214		1571659	1166577	5933
2010	278577	357279	1587603	1113444	5817
2011	289165	387422	1606332	1042069	5486
2012	286756	405599	1571830	1001656	7969
2013	318407	447222	1512136	886816	9191
2014	338643	498424	1422928	830744	9004
2015	361510	452593	1379237	803044	8634
2016	362127	433944	1329596	842414	8192
2017	386145	386220	1293825	869517	9557

20-6 普通高等学校基本情况(2017年)
Basic Statistics on Regular Institutions of Higher Education(2017)

单位：人 (person)

项 目	Item	学校数(所) Number of Institutions (unit)	毕业生数 Graduates	招生数 Entrants	在校学生数 Enrollment	教职工数 Staff and Workers	#校本部 Main Campus
合 计	**Total**	**110**	**386145**	**460776**	**1499715**	**121894**	**116446**
#女	Female		213032	245593	801108	58636	56334
一、普通高等学校	Regular Institutions of Higher Education	109	385975	460776	1499481	121894	116446
综合大学	Comprehensive University	35	129024	150691	476964	38367	35793
理工院校	Science and Engineering College	34	124771	147495	483362	41382	40031
农业院校	Agriculture College	2	12043	13948	48197	4116	3403
医药院校	Medicine College	7	20378	27516	92869	7632	7534
师范院校	Teacher Training College	11	50737	58256	188091	13000	12493
财经院校	Economics and Finance College	7	16282	20722	65842	5801	5763
政法院校	Politics and Law College	2	3375	2778	9614	726	716
体育院校	Physical Culture College	1	2163	2239	9413	811	805
艺术院校	Art Institues	6	13370	19664	63266	6228	6106
民族院校	College of Nationalities	2	8918	9308	36600	2432	2403
语文院校	Chinese College	2	4914	8159	25263	1399	1399
二、成人高等学校	Adult Institutions of Higher Education	1	170		234		

注：毕业生数、招生数、在校学生数合计中含成人高等学校普通本、专科学生的情况。

a) The sum of graduates,entrants and enrollment includes the data of students in regular college course and specialized subjects of adult institutions of higher education.

20-6 续表 continued

单位：人 (person)

项 目	Item	专任教师数 Full-time Teachers	正高级 Senior	副高级 Sub-senior	中级 Middle	初级 Junior	未定职称 No Rank
合 计	**Total**	**83949**	**9011**	**22568**	**32077**	**14684**	**5609**
#女	Female	40966	2531	9999	16778	8705	2953
综合大学	Comprehensive University	26363	2810	7119	9957	4523	1954
理工院校	Science and Engineering College	27276	2939	7625	10703	4542	1467
农业院校	Agriculture College	2967	368	745	1130	452	272
医药院校	Medicine College	5716	661	1489	2360	969	237
师范院校	Teacher Training College	9618	1164	2705	3651	1652	446
财经院校	Economics and Finance College	3768	376	989	1335	621	447
政法院校	Politics and Law College	525	44	129	168	78	106
体育院校	Physical Culture College	622	63	164	161	191	43
艺术院校	Art Institues	4113	322	872	1196	1241	482
民族院校	College of Nationalities	1895	229	600	896	110	60
语文院校	Chinese College	1086	35	131	520	305	95

20-7 普通本科分学科学生数(2017年)
Number of Regular Students for Normal Courses in Higher Education Institutions by Discipline(2017)

单位：人 (person)

项　目	Item	毕业生数 Graduates	招生数 Entrants	在校学生数 Enrollment
合　计	**Total**	**184269**	**236458**	**865109**
#女	Female	100568	128978	464329
哲　学	Philosophy	29	37	122
经济学	Economics	7435	8927	34039
法　学	Law	6023	7163	26644
教育学	Education	7354	10884	37904
文　学	Literature	17217	23400	82156
历史学	History	843	1116	4158
理　学	Science	12341	15940	57183
工　学	Engineering	57877	75806	281377
农　学	Agriculture	2976	3255	11288
医　学	Medicine	12082	15297	64731
管理学	Management	35087	43533	155140
艺术学	Art	25005	31100	110367

20-8 分学科研究生数(2017年)
Number of Postgraduates by Academic Field(2017)

单位：人 (person)

项　目	Item	毕业生数 Graduates	#攻读博士学位 Study in Doctor Degree	招生数 Entrants	#攻读博士学位 Study in Doctor Degree	在校学生数 Enrollment	#攻读博士学位 Study in Doctor Degree
合　计	**Total**	**25776**	**2226**	**36776**	**3320**	**101535**	**15562**
#女	Female	12402	827	18275	1268	48927	5488
哲　学	Philosophy	195	14	198	23	664	123
经济学	Economics	1602	120	1984	189	5392	1010
法　学	Law	1522	97	2018	126	5381	609
教育学	Education	1390	2	1915	30	4792	96
文　学	Literature	1320	69	1447	100	4439	528
历史学	History	258	44	254	42	898	255
理　学	Science	2125	314	2510	416	7616	1688
工　学	Engineering	9797	834	14383	1390	40916	7327
农　学	Agriculture	809	84	1856	113	4382	457
医　学	Medicine	2816	519	3702	638	10141	2067
军事学	Strategics	13		6		16	
管理学	Management	3163	121	5511	223	13904	1292
艺术学	Art	766	8	992	30	2994	110
专业学位	**Professional Degree**	9844	145	18894	214	42398	646

20-9 中等职业学校基本情况(2017年)
Basic Statistics on Secondary Vocational Schools(2017)

单位：人 (person)

项 目	Item	毕业生数 Graduates	招生数 Entrants	在校学生数 Enrollment	专任教师数 Full-time Teachers
合 计	**Total**	**353490**	**349331**	**860013**	**38340**
#女	Female	175154	163178	417361	19253
#专业课	Speciality Course				20408
农林牧渔类	Farming,Forestry,Animal Husbandry and Fishery	18876	15790	33197	783
资源环境类	Resouces and Environment	217	167	834	28
能源与新能源类	Energy and New Energy	879	643	1726	83
土木水利类	Civil Engineering and Water Conservancy	18644	12681	31059	921
加工制造类	Machining and Manufacture	52423	45743	106662	2802
石油化工类	Petroleum Chemical	821	677	1922	94
轻纺食品类	Textile Food	3104	2474	5680	212
交通运输类	Transportation	44860	54837	141660	2127
信息技术类	Information Technology	72435	72227	153725	3805
医药卫生类	Medicine and Sanitation	41233	32588	110056	1641
休闲保健类	Leisure Care	1209	1325	2246	51
财经商贸类	Fanancial Business	25085	23812	64059	1671
旅游服务类	Tourism Service	23672	26539	59531	1520
文化艺术类	Culture and Art	9411	10602	22912	1213
体育与健身	Sports and Fitness	864	1096	2910	310
教育类	Education	34495	39846	106551	2325
司法服务类	Judicial Service	289	600	1191	15
公共管理与服务类	Public Management and Service	4854	7409	13739	391
其他	Others	119	275	353	416
文化基础课	Basic Courses				16205
实习指导课	Practice Guidance Section				1727

注：专任教师中含文化基础课和实习指导课教师，以上数据不包含技工学校。

a) Full-time teachers include basic cultural courses and practical guidance section teachers,but exclude teachers in technical schools.

20-10 技工学校基本情况
Basic Statistics on Technical Schools

单位：人 (person)

年份 Year	学校数(所) Schools (unit)	毕业生数 Graduates	招生数 Entrants	在校学生数 Enrollment	教职工数 Staff and Teachers	培训社会人员数 Number of Training for Social Personnel	#失业人数 Unemployed	#农村劳动者 Rural Laborers
1990	387	37673	46334	119125	25778	23049		
1995	407	60392	54438	130896	26504			
2000	186	20177	16753	40147	9843	54335	6830	
2005	121	28326	47042	101037	8992	141836	14470	36156
2006	122	37684	53857	120462	9821	129603	19098	36935
2007	112	40946	65242	136395	9671	131459	18164	49701
2008	120	40816	68771	144608	10080	153200	16114	53324
2009	121	43214	64335	162614	10404	227563	18741	66781
2010	116	46910	52019	141407	10136	181246	12921	57617
2011	115	46500	42362	136347	9368	204035	19838	58244
2012	92	33009	41243	107175	8064	181758	9923	63233
2013	87	30804	39157	113406	8354	180313	14542	39216
2014	85	30337	38651	116168	8324	132163	9752	33996
2015	83	29507	40500	120337	9589	130328	11112	29498
2016	81	30136	39632	106669	10480	117333	14350	36776
2017	84	32730	46180	113961	10775	127922	7561	29794

注：①本表由四川省人力资源和社会保障厅提供。②1996年以前的数据包括重庆部分。③2009年开始，原指标"培训社会人员结业数"调整为"培训社会人员数"。

a) Data of the table are provided by the Sichuan Provincial Office for Human Resources and Social Security.

b) Since 2009,indicator "number of training personnel exit" is adjusted to indicator "number of training for social personnel".

20-11 成人教育基本情况(2017年)
Basic Statistics on Adult Education(2017)

单位：人 (person)

项 目	Item	学校数(所) Schools (unit)	毕(结)业生数 Graduates	招生数 Entrants	在校学生数 Enrollment	教职工数 Teachers and Staff	#专任教师 Full-time Teachers
成人高等教育	**Adult Education Schools**	**94**	**157659**	**116241**	**308360**	**2069**	**1157**
职工高等学校	Schools of Higher Education for Staff and Workers	12	5209	3268	9062	1478	847
管理干部学院	Colleges for Management Cadres						
教育学院	Pedagogical Colleges						
广播电视大学	Radio and TV Universities	2	5739	4040	15279	591	310
普通高校成人教育	Adult Higher Education	80	146711	108933	284019		
成人中学	**Secondary Schools for Adults**						
农民中学(初中)	Secondary Schools for Peasants						
成人技术培训学校	**Technical Training Schools for Adults**	**4486**	**2490832**		**2448347**	**17800**	**11509**
职工技术培训学校	Technical Training Schools for Staff and Workers	133	294766		319986	5748	4310
农村成人文化技术培训学校（机构）	Technical Training Schools for Peasants	4021	2041531		1993205	8541	4732
教育部门办	Sponsored by Education Department	3935	2013334		1967968	8091	4369
其他部门办	Sponsored by other Department	36	23897		20937	50	43
民办	Sponsored by Private	50	4300		4300	400	320
其他培训机构	Other Training Schools for Adults	332	154535		135156	3511	2467
教育部门办	Sponsored by Education Department	33	81534		71075	1086	809
其他部门办	Sponsored by other Department	67	13335		2552	579	137
民办	Sponsored by Private	232	59666		61529	1846	1521

注：成人技术培训学校数据中含其它培训机构数据。

a) Data of adult technical training schools include data of other training institutions.

20-12 各类学校女学生和女教师数
Number of Female Students and Teachers of School by Type

单位：人 (person)

指 标	Item	2005	2010	2013	2014	2015	2016	2017
女学生	**Number of Female Students**							
普通高等学校	Regular Institutions of Higher Education	355423	543727	664566	701944	740606	773424	801108
中等职业学校	Secondary Vocational Schools		674900	612327	547630	495967	454105	417361
普通中学	Regular Secondary Schools	2281980	2371942	2074412	1992167	1924574	1907230	1915578
高中	Senior	630230	724940	772875	760445	749832	738709	724463
初中	Junior	1651750	1647002	1301537	1231722	1174742	1168521	1191115
小学	Primary Schools	3384956	2799856	2504884	2530725	2586309	2628154	2648104
特殊教育	Special Schools	8865	14002	15656	15451	15894	17957	20171
女教师	**Number of Female Teachers**							
普通高等学校	Regular Institutions of Higher Education	18197	29297	35473	38056	39740	41121	40966
中等职业学校	Secondary Vocational Schools		15680	18765	19075	19085	19069	19253
普通中学	Regular Secondary Schools	98860	120391	130296	133632	136332	140003	145893
高中	Senior	26232	32636	38945	40884	42558	44096	45644
初中	Junior	72628	87755	91351	92748	93774	95907	100249
小学	Primary Schools	147943	158241	166311	172094	179892	189238	202473
特殊教育	Special Schools	770	1166	1423	1558	1679	1795	2042

注：中等职业学校中不包括技工学校。

a) Female teachers in secondary vocational schools don't include technical schools.

20-13 各市(州)普通高等学校基本情况(2017年)
Basic Statistics on Regular Institutions of Higher Education by Region(2017)

单位：人 (person)

市(州)	Region	学校数（所）Number of Schools (unit)	毕业生数 Graduates	招生数 Entrants	在校学生数 Enrollment	专任教师数 Full-time Teachers
全　省	**Sichuan**	**109**	**386145**	**460776**	**1499715**	**83949**
成都市	Chengdu	56	206954	245756	817432	48449
自贡市	Zigong	2	9190	11035	36227	1906
攀枝花市	Panzhihua	2	6644	8019	26018	1155
泸州市	Luzhou	5	13036	13954	47325	2345
德阳市	Deyang	6	21822	24390	76772	3853
绵阳市	Mianyang	10	34774	42523	134368	7195
广元市	Guangyuan	2	4434	5298	13869	607
遂宁市	Suining	1	4447	4811	13683	635
内江市	Neijiang	3	7743	11003	32155	1659
乐山市	Leshan	3	10684	13901	44613	2407
南充市	Nanchong	4	20354	23527	76126	3891
眉山市	Meishan	2	6232	7287	24356	1076
宜宾市	Yibin	2	7322	8493	26645	1421
广安市	Guangan	1	2856	3890	10136	528
达州市	Dazhou	2	6763	7796	24549	1255
雅安市	Yaan	2	13032	14669	49589	3115
巴中市	Bazhong	1	549	2040	5049	255
资阳市	Ziyang	1	1185	801	4223	208
阿坝藏族羌族自治州	Aba	1	1903	3010	8085	389
甘孜藏族自治州	Ganzi	1	2286	2398	8827	408
凉山彝族自治州	Liangshan	2	3935	6175	19668	1192

20-14 各市(州)中等职业教育基本情况(2017年)
Basic Statistics on Secondary Vocational Schools by Region(2017)

单位：人 (person)

市(州)	Region	学校数（所）Number of Schools (unit)	毕业生数 Graduates	招生数 Entrants	在校学生数 Enrollment	教职工数 Teacher and Staff	#专任教师 Full-time Teachers
全 省	**Sichuan**	**436**	**353490**	**349331**	**860013**	**48804**	**38340**
成都市	Chengdu	88	77182	70786	219074	13080	9556
自贡市	Zigong	19	10663	11584	23828	1493	1193
攀枝花市	Panzhihua	4	4095	3787	11465	710	555
泸州市	Luzhou	19	25715	29973	71188	2660	2259
德阳市	Deyang	18	11678	10892	26589	1845	1269
绵阳市	Mianyang	23	21814	20989	45988	1941	1640
广元市	Guangyuan	12	10946	9735	19891	1266	1126
遂宁市	Suining	14	13171	10860	22579	1630	1435
内江市	Neijiang	25	15453	14451	31224	2053	1514
乐山市	Leshan	23	10964	11012	34291	2104	1512
南充市	Nanchong	37	25241	25917	60342	3699	2822
眉山市	Meishan	16	16284	12637	27491	1873	1260
宜宾市	Yibin	22	25518	28222	63821	3017	2682
广安市	Guangan	22	18929	17471	39111	1715	1449
达州市	Dazhou	34	25304	28026	61470	3982	3417
雅安市	Yaan	8	4532	4815	12059	521	414
巴中市	Bazhong	22	13142	13746	29572	1592	1253
资阳市	Ziyang	7	12239	9620	19942	998	855
阿坝藏族羌族自治州	Aba	4	1014	1330	3516	482	384
甘孜藏族自治州	Ganzi	3	1997	1811	5734	354	299
凉山彝族自治州	Liangshan	16	7609	11667	30838	1789	1446

注：以上数据不含技工学校。

a) Data in this table exclude technical schools.

20–15 各市(州)普通高中基本情况(2017年)
Basic Statistics on Regular Senior Secondary Schools by Region(2017)

单位：人 (person)

市(州)	Region	学校数（所）Number of Schools (unit)	毕业生数 Graduates	招生数 Entrants	在校学生数 Enrollment	专任教师数 Full-time Teachers
全　省	**Sichuan**	**754**	**490317**	**464671**	**1412959**	**97461**
成都市	Chengdu	143	70531	66342	203769	18402
自贡市	Zigong	21	13284	14008	41121	2685
攀枝花市	Panzhihua	8	8894	7472	24566	1619
泸州市	Luzhou	26	26176	28640	80761	4979
德阳市	Deyang	22	18542	16103	50233	3490
绵阳市	Mianyang	36	39494	34202	105647	7389
广元市	Guangyuan	26	21177	16729	54004	4035
遂宁市	Suining	28	19308	18423	56612	4255
内江市	Neijiang	38	18396	18892	56637	3339
乐山市	Leshan	25	15933	13274	41047	3563
南充市	Nanchong	68	46602	40144	128000	7611
眉山市	Meishan	29	16219	15008	48271	3382
宜宾市	Yibin	32	27338	27650	81794	5862
广安市	Guangan	40	32602	26599	82171	5179
达州市	Dazhou	45	34194	36560	106719	5703
雅安市	Yaan	14	6917	7602	21728	1481
巴中市	Bazhong	47	28229	27305	85946	5214
资阳市	Ziyang	28	13651	14300	41524	2561
阿坝藏族羌族自治州	Aba	18	5598	5260	16118	1421
甘孜藏族自治州	Ganzi	20	3912	5166	15047	987
凉山彝族自治州	Liangshan	40	23320	24992	71244	4304

20-16 各市(州)普通初中基本情况(2017年)
Basic Statistics on Regular Junior Secondary Schools by Region(2017)

单位：人 (person)

市(州)	Region	学校数（所） Number of Schools (unit)	毕业生数 Graduates	招生数 Entrants	在校学生数 Enrollment	专任教师数 Full-time Teachers
全　省	**Sichuan**	**3722**	**803508**	**870815**	**2491364**	**201344**
成都市	Chengdu	458	123397	132295	380606	32709
自贡市	Zigong	117	24321	29329	81026	5486
攀枝花市	Panzhihua	45	14176	13053	39056	3570
泸州市	Luzhou	190	57883	76263	201245	11851
德阳市	Deyang	125	25053	26098	77135	7327
绵阳市	Mianyang	183	43604	43983	129918	11396
广元市	Guangyuan	126	22819	21253	63537	6397
遂宁市	Suining	131	26153	24240	71787	7337
内江市	Neijiang	138	33283	41211	112172	8112
乐山市	Leshan	178	23521	27821	80066	7299
南充市	Nanchong	425	56512	58372	170923	15887
眉山市	Meishan	163	22341	22338	67532	6837
宜宾市	Yibin	247	57022	63233	181763	13405
广安市	Guangan	231	44302	40402	123964	10937
达州市	Dazhou	341	70701	71775	211440	15426
雅安市	Yaan	73	13771	15137	43567	3672
巴中市	Bazhong	170	42274	33352	107366	9574
资阳市	Ziyang	167	24950	34412	90742	6683
阿坝藏族羌族自治州	Aba	37	9463	8866	27216	2695
甘孜藏族自治州	Ganzi	31	11111	12844	36850	2876
凉山彝族自治州	Liangshan	146	56851	74538	193453	11868

20-17 各市(州)普通小学基本情况(2017年)
Basic Statistics on Primary Schools by Region(2017)

单位：人 (person)

市(州)	Region	学校数（所）Number of Schools (unit)	毕业生数 Graduates	招生数 Entrants	在校学生数 Enrollment	专任教师数 Full-time Teachers
全　省	**Sichuan**	**5721**	**869517**	**911391**	**5518361**	**325016**
成都市	Chengdu	569	132026	167815	941774	51118
自贡市	Zigong	119	29111	26713	177462	9440
攀枝花市	Panzhihua	61	12981	10818	68712	5024
泸州市	Luzhou	223	75149	50524	380825	19139
德阳市	Deyang	203	25650	31331	180544	11028
绵阳市	Mianyang	409	39183	46939	271071	16049
广元市	Guangyuan	267	22271	26714	152017	11692
遂宁市	Suining	198	23660	30026	172207	11521
内江市	Neijiang	273	40684	32860	224070	12915
乐山市	Leshan	229	27991	30038	178962	11251
南充市	Nanchong	258	57318	57912	359420	23404
眉山市	Meishan	169	22145	27644	153188	9833
宜宾市	Yibin	308	62421	60642	379396	21291
广安市	Guangan	198	40547	38782	242309	14440
达州市	Dazhou	280	69721	62594	406424	24728
雅安市	Yaan	158	15742	14097	91442	5969
巴中市	Bazhong	203	32746	32541	195442	15289
资阳市	Ziyang	181	33919	26062	185722	10076
阿坝藏族羌族自治州	Aba	243	9783	11423	62911	6446
甘孜藏族自治州	Ganzi	380	14833	19925	100413	7639
凉山彝族自治州	Liangshan	792	81636	105991	594050	26724

20−18 各市(州)幼儿园基本情况(2017年)
Basic Statistics on Kindergartens by Region(2017)

市(州)	Region	园数（所）Number of Kindergartens (unit)	班数（个）Number of Classes (unit)	幼儿数（人）Children Enrollment (person)	教职工数（人）Teachers and Staff (person)	#教师 Teachers
全　省	**Sichuan**	**13243**	**86054**	**2625168**	**202955**	**117052**
成都市	Chengdu	2366	17477	543564	72864	36466
自贡市	Zigong	427	2329	70097	5150	2960
攀枝花市	Panzhihua	199	1134	32101	3638	1820
泸州市	Luzhou	727	4696	146171	8594	5415
德阳市	Deyang	325	2769	92446	6508	3661
绵阳市	Mianyang	744	5094	145561	13284	7065
广元市	Guangyuan	300	2475	70941	4041	2591
遂宁市	Suining	489	3113	94586	7225	4803
内江市	Neijiang	675	3078	96162	6873	4079
乐山市	Leshan	698	3386	93769	8275	5037
南充市	Nanchong	831	5412	171263	9019	6114
眉山市	Meishan	466	2925	91997	6571	3730
宜宾市	Yibin	889	4868	151219	10653	6793
广安市	Guangan	713	3701	116685	6890	4535
达州市	Dazhou	752	6555	191816	9896	6152
雅安市	Yaan	253	1440	42384	2941	1978
巴中市	Bazhong	259	3476	90790	3541	2433
资阳市	Ziyang	849	2671	77027	4972	3366
阿坝藏族羌族自治州	Aba	312	1081	29633	1522	1228
甘孜藏族自治州	Ganzi	396	996	31268	1668	1300
凉山彝族自治州	Liangshan	573	7378	245688	8830	5526

20-19 研究与实验发展(R&D)经费构成情况
Basic Statistics on Research and Development Activities

指　标	Item	2005	2010	2014	2015	2016	2017
研究与实验发展(R&D)经费 (万元)	Funds for R&D (10 000 yuan)	962450	2706452	4493285	5028761	5614193	6378500
地区生产总值(GDP)(亿元)	GDP (100 million yuan)	7385.10	17185.48	28536.66	30053.10	32934.54	36980.20
R&D经费占地区生产总值(GDP)比例 (%)	R&D Funds as Percentage of GDP (%)	1.30	1.57	1.57	1.67	1.72	1.72
R&D经费按执行部门分组	**Grouped by Executive Departments**						
科研机构 (万元)	Scientific Research Institutions (10 000 yuan)	384195	1239870	1887479	2116421	2173686	2211427
高等院校 (万元)	Institutions of Higher Education (10 000 yuan)	145941	363509	439285	465250	478284	558042
企业 (万元)	Enterprises (10 000 yuan)	422936	1061086	2121910	2402691	2915165	3558715
#工业企业 (万元)	Industrial Enterprises (10 000 yuan)	397645	879858	1960112	2238051	2572607	3010846
其他 (万元)	Others (10 000 yuan)	9378	41987	44611	44399	47058	50316
R&D经费按资金来源分组	**Grouped by Funding Sources**						
政府资金 (万元)	Government Appropriation Funds (10 000 yuan)	438399	1512528	1932330	2302223	2404210	2455639
企业资金 (万元)	Funds Raised by Enterprises (10 000 yuan)	456173	1136088	2217779	2439994	2930224	3602613
境外资金 (万元)	Foreign Funds (10 000 yuan)	3966	5958	13838	12915	10611	5505
其他资金 (万元)	Other Funds (10 000 yuan)	63912	51878	329338	273629	269147	314742

20-20 研究与实验发展(R&D)情况
Basic Statistics on Research and Development

年份	R&D人员折合全时人员 (人年) Full-time Equivalent of R&D Personnel (man-year)	#研究人员 Researchers	R&D经费内部支出 (万元) Internal Expenditure on R&D (10 000 yuan)	#日常性支出 Routine Expenses
2001	48180	35325	574712	506285
2002	61312	44957	619233	571565
2003	57867	43995	794211	736462
2004	60201	46373	780066	713398
2005	65747	51403	962450	894850
2006	67932	53552	1075659	984546
2007	78452	62595	1391130	1273338
2008	87557	63130	1622607	1537790
2009	85921	48786	2144590	1755258
2010	83506	45205	2706452	2031519
2011	82485	44005	2941010	2371221
2012	98010	52059	3508589	2747195
2013	109708	57956	3999702	3133297
2014	119676	62756	4493285	3577596
2015	116842	67516	5028761	4274116
2016	124614	70834	5614193	4857028
2017	144821	77241	6378500	5546985

注：R&D人员折合全时人员中的研究人员，在2009年及以前为科学家和工程师。

a) Indicator of researchers in the full-time equivalent of R&D personnel is the indicator of scientists and engineers before 2009.

20−21 各市(州)研究与实验发展(R&D)情况(2017年)
Basic Statistics on Research and Development by Region(2017)

市(州)	Region	R&D人员折合全时人员(人年) Full-time Equivalent of R&D Personnel (man-year)	#研究人员 Researchers	R&D经费内部支出(万元) Internal Expenditure on R&D (10 000 yuan)	#日常性支出 Routine Expenses
全　省	**Sichuan**	**144821**	**77241**	**6378500**	**5546985**
成都市	Chengdu	79351	44912	3312620	2942320
自贡市	Zigong	3161	1408	95514	85857
攀枝花市	Panzhihua	4003	1233	131004	125185
泸州市	Luzhou	2850	1497	97045	72210
德阳市	Deyang	9308	4419	528337	465068
绵阳市	Mianyang	26820	15654	1355883	1158897
广元市	Guangyuan	1054	393	33634	27922
遂宁市	Suining	1284	438	57886	37620
内江市	Neijiang	1653	880	71389	35146
乐山市	Leshan	2474	858	128399	103445
南充市	Nanchong	2302	1325	87424	68617
眉山市	Meishan	1134	342	43059	36834
宜宾市	Yibin	4011	1460	218720	193425
广安市	Guangan	537	208	22672	18138
达州市	Dazhou	1947	620	60752	52607
雅安市	Yaan	885	566	56901	53793
巴中市	Bazhong	288	103	14598	11573
资阳市	Ziyang	731	314	16110	12901
阿坝藏族羌族自治州	Aba	213	140	4501	4105
甘孜藏族自治州	Ganzi	197	132	2892	2719
凉山彝族自治州	Liangshan	618	339	39160	38606

20－22 各市(州)县级以上政府部门属研究与开发机构及情报文献机构数、人员数(2017年)

Number and Personnel of State-owned Research and Development Institutions and Information and Literature Institutions at and above County Level by Region(2017)

市(州)	Region	合 计 Total Number		自然科学技术领域 Field of Natural Sciences and Technology			社会、人文科学技术领域 Field of Social Sciences and Humanities			科技情报和文献机构 Scientific-Technical Information and Literature Institutions		
		机构(个) Institutions (unit)	从业人员(人) Employees (person)	机构(个) Institutions (unit)	从业人员(人) Employees (person)	#科技活动人员 S & T Personnel	机构(个) Institutions (unit)	从业人员(人) Employees (person)	#科技活动人员 S & T Personnel	机构(个) Institutions (unit)	从业人员(人) Employees (person)	#科技活动人员 S & T Personnel
全 省	**Sichuan**	**152**	**16386**	**108**	**14478**	**10569**	**18**	**1069**	**868**	**26**	**839**	**763**
成都市	Chengdu	79	13142	59	11683	8328	11	913	729	9	546	480
自贡市	Zigong	7	415	5	358	309	1	30	27	1	27	25
攀枝花市	Panzhihua	4	217	3	195	136				1	22	23
泸州市	Luzhou	3	76	2	55	37				1	21	21
德阳市	Deyang	3	166	1	125	102	1	26	20	1	15	15
绵阳市	Mianyang	3	144	2	119	109				1	25	23
广元市	Guangyuan	5	126	4	110	75				1	16	14
遂宁市	Suining	2	32							2	32	32
内江市	Neijiang	3	282	2	266	264				1	16	15
乐山市	Leshan	2	91	2	91	56						
南充市	Nanchong	6	425	5	408	256				1	17	17
眉山市	Meishan											
宜宾市	Yibin	6	252	5	238	193				1	14	12
广安市	Guangan	1	17				1	17	15			
达州市	Dazhou	5	181	3	138	115	1	26	25	1	17	15
雅安市	Yaan	2	59	1	32	31				1	27	27
巴中市	Bazhong	1	5							1	5	5
资阳市	Ziyang	1	45	1	45	45						
阿坝藏族羌族自治州	Aba	8	220	5	177	158	2	34	29	1	9	9
甘孜藏族自治州	Ganzi	5	218	4	203	166				1	15	15
凉山彝族自治州	Liangshan	6	273	4	235	189	1	23	23	1	15	15

注：县级以上政府部门属研究与开发机构及情报文献机构资料由省科技厅提供。

a) Information of research and development institutions and the literature of intelligence agencies in government departments above the county level are provided by Sichuan Provincial Science and Technology Department.

20-23 各市(州)县级以上政府部门属研究与开发机构及情报文献机构经费收入总额(2017年)

Total Funds of State-owned Research and Development Institutions and Information and Literature Institutions at and above County Level by Region(2017)

单位：千元 (1 000 yuan)

市(州)	Region	合 计 Total	自然科学技术领域 Field of Natural Sciences and Technology	#政府拨款 Government Appropriations	社会、人文科学技术领域 Field of Social Sciences and Humanities	#政府拨款 Government Appropriations	科技情报和文献机构 Scientific-Technical Information and Literature Institutions	#政府拨款 Government Appropriations
全 省	**Sichuan**	**7342956**	**6645211**	**3766279**	**474589**	**255373**	**223156**	**178520**
成都市	Chengdu	6536599	5948825	3166268	422314	209987	165460	122008
自贡市	Zigong	77871	65540	51322	7824	7824	4507	4504
攀枝花市	Panzhihua	65705	61616	59763			4089	4088
泸州市	Luzhou	13706	9678	4550			4028	3595
德阳市	Deyang	77732	64001	57428	10593	7007	3138	3138
绵阳市	Mianyang	52518	44481	32357			8037	8037
广元市	Guangyuan	13427	11867	11789			1560	1560
遂宁市	Suining	5610					5610	5610
内江市	Neijiang	58932	55715	51861			3217	3217
乐山市	Leshan	17133	17133	14676				
南充市	Nanchong	113641	109670	84756			3971	3504
眉山市	Meishan							
宜宾市	Yibin	58044	55932	49761			2112	2108
广安市	Guangan	2600			2600	2600		
达州市	Dazhou	39683	29595	27395	6964	3662	3124	3124
雅安市	Yaan	8812	4312	3887			4500	4500
巴中市	Bazhong	980					980	980
资阳市	Ziyang	8365	8365	8365				
阿坝藏族羌族自治州	Aba	74420	59419	47013	12687	12686	2314	2314
甘孜藏族自治州	Ganzi	52355	48817	44843			3538	3538
凉山彝族自治州	Liangshan	64823	50245	50245	11607	11607	2971	2695

20–24 各市(州)县级以上政府部门属研究与开发机构及情报文献机构经费支出总额(2017年)

Total Expenditures of State-owned Research and Development Institutions and Information and Literature Institutions at and above County Level by Region(2017)

单位：千元 (1 000 yuan)

市(州)	Region	合 计 Total	自然科学技术领域 Field of Natural Sciences and Technology	#科技经费支出 Scientific-Technical Expenditures	社会、人文科学技术领域 Field of Social Sciences and Humanities	#科技经费支出 Scientific-Technical Expenditures	科技情报和文献机构 Scientific-Technical Information and Literature Institutions	#科技经费支出 Scientific-Technical Expenditures
全 省	**Sichuan**	**7005955**	**6378860**	**4363607**	**400393**	**304054**	**226702**	**198754**
成都市	Chengdu	6239308	5714069	3802807	353029	262293	172210	148814
自贡市	Zigong	80332	67678	57720	7824	4881	4830	4519
攀枝花市	Panzhihua	65561	61607	61489			3954	3423
泸州市	Luzhou	12545	8790	7182			3755	3322
德阳市	Deyang	61351	47622	45300	10593	9789	3136	2675
绵阳市	Mianyang	49961	42476	25953			7485	6830
广元市	Guangyuan	13652	12142	10956			1510	1460
遂宁市	Suining	5546					5546	5085
内江市	Neijiang	53651	50389	44298			3262	2945
乐山市	Leshan	16588	16588	13441				
南充市	Nanchong	110169	106606	83379			3563	3018
眉山市	Meishan							
宜宾市	Yibin	65420	63565	51190			1855	1851
广安市	Guangan	2838			2838	2838		
达州市	Dazhou	34045	24611	21543	6662	6662	2772	2772
雅安市	Yaan	7509	4348	4141			3161	3150
巴中市	Bazhong	980					980	880
资阳市	Ziyang	10972	10972	8365				
阿坝藏族羌族自治州	Aba	70350	58452	43038	9575	7719	2323	1968
甘孜藏族自治州	Ganzi	46484	42559	40821			3925	3883
凉山彝族自治州	Liangshan	58693	46386	41984	9872	9872	2435	2159

20−25 高等学校科技人力资源和研究机构情况(2017年)
Basic Statistics on Human Resources for Scientific and Technological Activities and Research Institution of Higher Education(2017)

项 目 市(州)	Item Region	科技活动人员(人) S&T Personnel (person)	#大学本科及以上学历 Bachelor's Degree and above (person)	研究机构数(个) Number of Research Institutions (unit)	R&D人员(人) R&D Personnel (person)	#博士毕业 Doctor's Degree (person)	#硕士毕业 Master's Degree (person)	R&D经费内部支出(万元) Expenditure on R&D (10 000 yuan)
合 计	**Total**	**85694**	**79193**	**562**	**8034**	**3906**	**2771**	**80278.4**
理 科	Science	52036	46329	381	5360	2944	1512	76283.1
文 科	Liberal arts	33658	32864	181	2674	962	1259	3995.3
成都市	Chengdu	49094	46021	338	5614	3098	1756	69751
自贡市	Zigong	1886	1808	17	404	105	187	2191
攀枝花市	Panzhihua	1422	1380	32	40	9	5	163
泸州市	Luzhou	7829	6173	29	359	70	208	593
德阳市	Deyang	3900	3142	5	71	5	35	1172
绵阳市	Mianyang	6131	5869	42	229	46	67	1046
广元市	Guangyuan	533	517	1	6		6	0
遂宁市	Suining	649	617					
内江市	Neijiang	1624	1530	6	40	18	13	58
乐山市	Leshan	1906	1823	13	162	38	94	112
南充市	Nanchong	3135	3078	39	567	264	221	2268
眉山市	Meishan	732	723					
宜宾市	Yibin	886	872	14	202	52	106	132
广安市	Guangan	480	463					
达州市	Dazhou	999	956	4	29	5	20	29
雅安市	Yaan	2211	2112	8	241	193	18	2670
巴中市	Bazhong	224	214					
资阳市	Ziyang	182	182					
阿坝藏族羌族自治州	Aba	461	423	1	4		1	3
甘孜藏族自治州	Ganzi	418	363	1	5		3	25
凉山彝族自治州	Liangshan	992	927	12	61	3	31	66

20-26 科技成果水平及应用情况(2017年)
Level and Utility of Achievement in Scientific and Technical Research(2017)

单位：项 (item)

指 标	Item	合计 Total	科研机构 Research Institutions	大专院校 Universities and Colleges	企业 Enterprises	其他 Others
基本情况	**Basic Condition**					
登记项目数	Number of Projects Registered	3329	377	709	2096	147
鉴定项目数	Number of Projects Appraised	256	50	21	165	20
奖励项目数	Number of Projects Praised	281	90	56	110	22
成果计划	**Achievements Plan**					
国家计划项目	Projects of Country Plans	174	40	86	31	17
部门计划项目	Projects of Department	64	22	16	8	18
地方计划项目	Projects of Local Government	143	68	25	36	14
部门基金项目	Projects of Department Foundation	11		5	2	4
地方基金项目	Projects of Local Government Foundation	16	3	5	4	4
其他	Others	2921	244	572	2015	90
成果类别	**Achievements Type**					
基础理论	Basic Theory	45	14	27		4
应用技术	Applied Technology	3261	360	669	2094	138
软科学	Soft Science	23	3	13	2	5
成果水平	**Achievements Level**					
国际领先	International Original	81	20	18	36	7
国际先进	International Advanced	246	47	60	120	19
国内领先	Domestic Original	343	55	35	217	36
国内先进	Domestic Advanced	182	36	14	107	25
应用项目	**Projects Applied**					
农、林、牧、渔业	Farming, Forestry, Animal Husbandry and Fishery	366	136	106	101	23
工业	Industry	2313	163	448	1672	30
建筑业	Construction	83	1	5	76	1
交通运输、邮电通讯业	Transportation, Postal and Telecommunication Services	86	3	11	72	
信息传输、计算机服务和软件业	Information Transmission, Computer Services and Software	141	6	50	83	2
批发和零售业	Wholesale and Retail Trades	4	2		2	
住宿和餐饮业	Hotels and Catering Services	11		4	6	1
金融、保险业	Banking and Insurance	3			3	
房地产业	Real Estate	2			2	
租赁和商务服务业	Leasing And Business Services	3			3	
科学研究、技术服务和地质勘查业	Scientific Research,Technic Services and Geological Prospecting	65	26	13	22	4
水利、环境和公共设施管理业	Management of Water Conservancy. Environment and Public Facilities	31	12	4	15	
居民服务和其他服务业	Residental Service And Others	3			3	
教育	Education	2			2	
卫生、社会保障和社会福利业	Health Care, Social Security and Social Welfare	133	5	27	25	76
文化、体育和娱乐业	Culture, Sports and Entertainment					
公共管理和社会组织	Public Management and Social Organizations	15	6	1	7	1
其他行业	Others					
未应用项目	**Projects not Applied**	14	6	3	1	4

注：科技成果水平及应用资料由四川省科技厅提供。

a)Data of achievement and application of information technology are provided by Provincial Science and Technology Department.

20-27 专利申请量及授权量
Patent Applications Accepted and Granted

单位：项 (item)

项　目	Item	2012	2013	2014	2015	2016	2017
全省专利申请量合计	**Total Applications Examined**	**66312**	**82453**	**91167**	**110746**	**142522**	**167484**
1. 发明	I. Creations and Inventions	16368	23510	29926	40437	54277	64642
实用新型	Utility Models	26732	33488	32085	41859	58088	73789
外观设计	Designs	23212	25455	29156	28450	30157	29053
2. 个人	II.Individuals	21368	21994	22664	25599	30468	28334
大专院校	Universities and Colleges	4514	6144	6593	8991	14333	18782
科研单位	Research Institutions	1795	1997	2436	3565	4052	3975
工矿企业	Industrial and Mineral Enterprises	37742	51429	58770	71181	91647	113103
机关团体	Government Agencies and Organizations	893	889	704	1410	2022	3290
全省专利授权量合计	**Total Applications Granted**	**42220**	**46171**	**47120**	**64953**	**62445**	**64006**
1. 发明	I. Creations and Inventions	4455	4566	5682	9105	10350	11367
实用新型	Utility Models	19663	24730	24060	31420	31813	33613
外观设计	Designs	18102	16875	17378	24428	20282	19026
2. 个人	II.Individuals	14095	13699	8124	12750	12097	11274
大专院校	Universities and Colleges	2075	2539	3060	4693	6297	8165
科研单位	Research Institutions	1408	1093	1173	1469	1854	2133
工矿企业	Industrial and Mineral Enterprises	24183	28334	34153	45042	41064	41097
机关团体	Government Agencies and Organizations	459	506	610	999	1133	1337

注：专利资料由四川省知识产权局提供。

a) Data of patent information are provided by Sichuan Provincial Intellectual Property Department.

20-28 各类技术合同签定及执行情况
Concluded and Fulfilled Technical Contracts

市(州)	Region	合同数 (项) Number of Contracts (item)		合同成交额 (万元) Value of Contracts (10 000 yuan)		技术交易额 (万元) Technology Business Value (10 000 yuan)	
		2016	2017	2016	2017	2016	2017
全　省	**Sichuan**	**11609**	**12853**	**3048850**	**4196804**	**2500531**	**3399348**
技术开发	Technical Development	6633	8414	1032916	1577033	980921	1420739
技术转让	Technical Transfer	418	488	379643	337271	345826	206606
技术咨询	Technical Consultation	565	368	122115	150595	120948	149790
技术服务	Technical Services	3993	3583	1514175	2131905	1052835	1622213

注：各类技术合同签定及执行情况由四川省科技厅提供。

a) Data of various types of technology and the implementation of the contract signed are provided by Provincial Science and Technology Department.

主要统计指标解释

普通高等学校 指通过国家普通高等教育招生考试，招收高中毕业生为主要培养对象，实施高等学历教育的全日制大学、独立设置的学院、独立学院和高等专科学校、高等职业学校及其他机构。

大学、独立设置的学院主要实施本科及本科层次以上的教育。独立学院主要实施本科层次的教育。高等专科学校、高等职业学校实施专科层次的教育。其他机构是指承担国家普通招生计划任务不计校数的机构，包括普通高等学校分校、大专班等。

成人高等学校 指通过国家成人高等教育招生考试，招收具有高中毕业或同等学力的人员为主要培养对象，利用函授、业余、脱产等多种形式，对其实施高等学历教育的学校。包括：职工高等学校、农民高等学校、管理干部学院、教育学院、独立函授学院、广播电视大学、其他机构。其他机构是指承担国家成人招生计划任务不计校数的机构。

科技活动 指在自然科学、农业科学、医药科学、工程与技术科学、人文与社会科学领域(简称科学技术领域)中，与科技知识的产生、发展、传播和应用密切相关的有组织的活动。可分为研究与试验发展(R&D)、研究与试验发展成果应用及相关的科技服务三类活动。该定义是联合国教科文组织考虑成员国特别是发展中国家开展科技统计工作的需要，而对科技活动所作的统计界定。

科技活动人员 指直接从事科技活动、以及专门从事科技活动管理和为科技活动提供直接服务，累计的实际工作时间占全年制度工作时间10%及以上的人员。(1)直接从事科技活动的人员包括：在独立核算的科学研究与技术开发机构、高等学校、各类企业及其他事业单位内设的研究室、实验室、技术开发中心及中试车间(基地)等机构中从事科技活动的研究人员、工程技术人员、技术工人及其它人员；虽不在上述机构工作，但编入科技活动项目(课题)组的人员；科技信息与文献机构中的专业技术人员；从事论文设计的研究生等。(2)专门从事科技活动管理和为科技活动提供直接服务的人员，包括：独立核算的科学研究与技术开发机构、科技信息与文献机构、高等学校、各类企业及其他事业单位主管科技工作的负责人，专门从事科技活动的计划、行政、人事、财务、物资供应、设备维护、图书资料管理等工作的各类人员，但不包括保卫、医疗保健人员、司机、食堂人员、茶炉工、水暖工、清洁工等为科技活动提供间接服务的人员。该指标用来反映投入科技活动人力的规模。

研究与试验发展(R&D) 指在科学技术领域，为增加知识总量，以及运用这些知识去创造新的应用进行的系统的创造性的活动，包括基础研究、应用研究、试验发展三类活动。国际上通常采用R&D 活动的规模和强度指标反映一国的科技实力和核心竞争力。

R&D人员 指参与研究与试验发展项目研究、管理和辅助工作的人员，包括项目(课题)组人员，企业科技行政管理人员和直接为项目(课题)活动提供服务的辅助人员。反映投入从事拥有自主知识产权的研究开发活动的人力规模。

R&D经费支出合计 指调查单位用于内部开展R&D活动（基础研究、应用研究和试验发展）的实际支出。包括用于R&D项目（课题）活动的直接支出，以及间接用于R&D活动的管理费、服务费、与R&D有关的基本建设支出以及外协加工费等。不包括生产性活动支出、归还贷款支出以及与外单位合作或委托外单位进行R&D活动而转拨给对方的经费支出。

专利 是专利权的简称，是对发明人的发明创造经审查合格后，由专利局依据专利法授予发明人和设计人对该项发明创造享有的专有权。包括发明、实用新型和外观设计。反映拥有自主知识产权的科技和设计成果情况。

发明(专利) 指对产品、方法或者其改进所提出的新的技术方案。是国际通行的反映拥有自主知识产权技术的核心指标。

实用新型(专利) 指对产品的形状、构造或者其结合所提出的适于实用的新的技术方案。反映具有一定技术含量的技术成果情况。

外观设计(专利) 指对产品的形状、图案、色彩或者其结合所作出的富有美感并适于工业上应用的新设计。反映拥有自主知识产权的外观设计成果情况。

Explanatory Notes on Main Statistical Indicators

Regular Institutions of Higher Education refer to educational establishments recruiting graduates from senior secondary schools as the main target through National Matriculation TEST. They include full-time universities, independently established colleges, colleges, and institutions of higher professional education, institutions of higher vocational education and others.

Universities and independently established colleges primarily provide undergraduate and above courses; colleges mainly impart undergraduate courses, institutions of higher professional education and institutions of higher vocational education primarily provide professional trainings; and others refer to educational establishments, which are responsible for enrolling higher education students under the State Plan but not enumerated in the total number of schools, including: branch schools of universities and colleges and junior colleges.

Institutions of Higher Education for Adults refer to educational establishments, enrolling personnel with senior secondary school or equivalent education through National Matriculation TEST for Adult, and providing higher education courses in forms of correspondence, spare time, or full time for adults. Institutions of higher learning for adults include schools of higher education for staff and workers, schools of higher education for peasants, colleges for management cadres, pedagogical colleges, independent correspondence colleges, radio and television universities and other educational establishments. Other educational establishments refer to undertaking adult students enrolment but not enumerated in the number of schools under the State Plan.

Scientific and Technological Activities (S&T Activities) refer to organized activities which are closely related with the creation, development, dissemination and application of the scientific and technical knowledge in the fields of natural sciences, agricultural science, medical science, engineering and technological science, humanities and social sciences (referred to as scientific and technological fields). S&T activities can be classified in to 3 categories: research and development (R&D) activities, application of R&D results, and related S&T services. This statistical definition is made by UNICHIEF for scientific and technological activities to meet the need of carrying out statistical work in this field for its member countries in particular those developing countries.

Personnel Engaged in S&T Activities refer to personnel directly engaged in S&T activities, in the management of S&T activities, and in providing direct service to S&T activities, who spend over 10% of the total working hours in a year in S&T activities. (1) Personnel directly engaged in S&T activities include researchers, engineers, technicians and other related personnel engaged in S&T activities in independent-accounting R&D institutions, institutions of higher learning, and in research institutes, laboratories, technology development centers and central experiment workshops under enterprises and institutions. Also included are people working in S&T research project teams, professional and technical personnel working in S&T information archiving institutes, and graduate students working on the design of their thesis. (2) Personnel engaged in the management of S&T activities and in providing direct service to S&T activities include senior management people responsible for S&T activities in independent -accounting R&D institutions, S&T information archiving institutes, institutions of higher learning, and in enterprises and institutions where S&T activities are undertaken. Also included are people responsible for the planning, administration, personnel management, financial management, logistics supply, equipment maintenance, information and library management that are related with S&T activities. People providing indirect services are excluded, such as security, medical service, drivers, plumbers, cleaners and those providing catering and related service. This indicator reflects the size of personnel engaged in S&T activities.

Research and Development (R&D) refers to systematic and creative activities in the field of science and technology aiming at increasing the knowledge and using the knowledge for new application. R&D includes 3 categories of activities: basic research, applied research and experiments and development. The scale and intensity of R&D are widely used internationally to reflect the strength of S&T and the core competitiveness of a country in the world.

R&D Personnel refer to persons engaged in research, management and supporting activities of R & D, including persons in the project teams, persons engaged in the management of S&T activities of enterprises and supporting staff providing direct service to the research projects. This indicator reflects the size of personnel engaged in R&D activities with independent intellectual property.

Total Expenditure of Funds on R&D refers to the real expenditure of surveyed units on their own R&D activities (basic research, application study, test and development) including direct expenditure on R&D activities, indirect expenditure of management and services on R&D activities, expenditure on capital construction and material processing by others. Excluding the expenditure on production activities, return of loan, and fees transferred to cooperated and entrusted agencies on R&D activities.

Patent is an abbreviation for the patent right and refers to the exclusive right of ownership by the inventors or designers for the creation or inventions, given from the patent offices after due process of assessment and approval in accordance with the Patent Law. Patents are granted for inventions, utility models and designs. This indicator reflects the achievements of S&T and design with independent intellectual property.

Patented Inventions refer to the new technical proposals to the products or methods or their modifications. This is universal core indicator reflecting the technologies with independent intellectual property.

Patented Utility Models refer to the practical and new technical proposals on the shape and structure of the product or the combination of both. This indicator reflects the condition of technological results with certain technical content.

Designs refer to the aesthetics and industrially applicable new designs for the shape, pattern and color of the product, or their combinations. This indicator reflects the appearance design achievements with independent intellectual property.

21

CULTURE, SPORTS AND PUBLIC HEALTH

文化、体育和卫生

21-1 文化艺术、文物事业机构数
Number of Institutions for Culture, Art and Cultural Relics

单位：个 (unit)

年份 Year	艺术表演团体 Art Performance Troupes	公共图书馆 Public Libraries	文化馆 Cultural Centers	文化站 Cultural Stations	博物馆 Museums
1952	126	4	148	146	1
1957	148	21	163	115	2
1962	205	36	161	76	11
1965	198	36	167	31	13
1970	169	36	171	16	13
1975	190	36	178	13	13
1978	193	57	178	8	12
1980	183	71	177	656	11
1985	148	82	172	5196	24
1990	109	109	168	4957	34
1991	106	112	168	4973	37
1992	105	117	169	4329	37
1993	103	117	169	3745	37
1994	101	118	170	3634	42
1995	101	123	171	3613	42
1996	101	125	172	3384	44
1997	101	127	170	3574	44
1998	100	129	170	3689	47
1999	99	129	171	3666	47
2000	98	129	171	3667	50
2001	89	129	174	3720	51
2002	89	131	173	3525	51
2003	89	132	181	3722	51
2004	84	137	180	3701	54
2005	85	141	180	4515	54
2006	81	146	202	3600	59
2007	84	151	202	3795	62
2008	83	154	203	3873	85
2009	84	156	203	4019	89
2010	82	161	204	4448	108
2011	75	169	205	4593	144
2012	63	188	205	4595	152
2013	52	197	207	4595	188
2014	51	198	207	4601	206
2015	52	203	207	4578	225
2016	50	203	207	4574	239
2017	52	204	207	4578	255

注：文化艺术、图书馆、博物馆等资料由四川省文化厅提供。

a) Data of culture and art, libraries, museums and other information are provided by the Provincial Department of Culture.

21-2 各市(州)文化艺术和文物事业机构和人员数(2017年)
Institutions and Personnel of Culture, Art and Cultural Relics by Region(2017)

市(州)	Region	艺术表演团体 Art Performance Troupes		公共图书馆 Public Libraries			文化馆 Cultural Centers		博物馆 Museums	
		机构数(个) Institutions (unit)	从业人员(人) Employed Persons (person)	机构数(个) Institutions (unit)	从业人员(人) Employed Persons (person)	藏书量(千册) Collections (1 000 volumes)	机构数(个) Institutions (unit)	从业人员(人) Employed Persons (person)	机构数(个) Institutions (unit)	从业人员(人) Employed Persons (person)
全 省	**Sichuan**	**52**	**3253**	**204**	**2413**	**37929**	**207**	**3035**	**255**	**6688**
成都市	Chengdu	12	1292	23	854	15498	23	579	108	2872
自贡市	Zigong	6	304	7	64	556	7	79	4	267
攀枝花市	Panzhihua	2	149	6	52	846	6	81	3	86
泸州市	Luzhou	1	14	9	78	1494	8	120	11	114
德阳市	Deyang	1	17	7	84	1156	7	119	10	441
绵阳市	Mianyang	3	132	10	100	2075	10	117	14	435
广元市	Guangyuan	2	43	8	77	1277	9	87	13	284
遂宁市	Suining	1	54	6	58	855	6	79	5	140
内江市	Neijiang	5	185	4	77	703	6	119	4	61
乐山市	Leshan	3	150	12	87	1284	12	106	9	204
南充市	Nanchong	4	204	10	97	1848	10	130	8	259
眉山市	Meishan	1	45	7	56	503	7	68	6	125
宜宾市	Yibin	1	106	10	82	1337	11	175	9	94
广安市	Guangan			7	96	2091	7	134	4	313
达州市	Dazhou	2	193	8	115	1407	8	225	6	100
雅安市	Yaan			9	65	868	9	87	9	126
巴中市	Bazhong	2	46	6	69	1069	6	116	11	341
资阳市	Ziyang	1	16	4	51	492	4	62	1	118
阿坝藏族羌族自治州	Aba	1	88	14	74	735	14	106	8	136
甘孜藏族自治州	Ganzi	2	87	19	73	641	19	211	5	63
凉山彝族自治州	Liangshan	2	128	18	104	1192	18	235	7	109

注:全省合计中含省直属单位数。

a) The provincal data includes those of unites directly under the province.

21-3 各市(州)文化站基本情况(2017年)
Basic Statistics on Cultural Stations by Region(2017)

市(州)	Region	文化站(个) Cultural Stations (unit)	#乡镇文化站 Township Cultural Stations	从业人员(人) Employed Persons (person)	举办展览(个) Number of Exhibitions (unit)	组织文艺活动次数(次) Art Performances & Cultural Sessions (time)	藏书量(千册) Collections (1 000 copies)
全　省	**Sichuan**	**4578**	**4267**	**8320**	**10581**	**58837**	**17348**
成都市	Chengdu	372	246	1343	1597	15481	2546
自贡市	Zigong	108	96	168	138	1696	193
攀枝花市	Panzhihua	59	44	113	113	1179	209
泸州市	Luzhou	143	127	232	327	1210	609
德阳市	Deyang	127	119	213	282	1652	1047
绵阳市	Mianyang	292	277	594	680	3091	1740
广元市	Guangyuan	238	230	345	663	1624	843
遂宁市	Suining	113	105	202	207	1665	384
内江市	Neijiang	121	107	248	287	1031	519
乐山市	Leshan	218	211	662	534	2278	627
南充市	Nanchong	424	393	552	1073	3971	936
眉山市	Meishan	131	127	221	262	1629	263
宜宾市	Yibin	185	172	339	399	2212	802
广安市	Guangan	179	170	372	224	1198	483
达州市	Dazhou	312	310	474	977	1674	1332
雅安市	Yaan	142	138	293	367	1860	460
巴中市	Bazhong	200	187	370	1067	2940	1199
资阳市	Ziyang	120	116	307	247	1468	522
阿坝藏族羌族自治州	Aba	219	219	270	193	1266	338
甘孜藏族自治州	Ganzi	325	325	344	75	6800	448
凉山彝族自治州	Liangshan	550	548	658	869	2912	1849

21-4 群众艺术馆、文化馆(站)业务活动及经费情况(2017年)
Basic Statistics on Activities and Expenditures of Mass Art Centers and Cultural Centers (Stations)(2017)

项　目		Item		总计 Total	群众艺术馆(文化馆) Mass Art Centers Cultural Centers	文化站 Cultural Stations
单位数	(个)	Number of Units	(unit)	4785	207	4578
举办展览	(个)	Number of Exhibitions	(unit)	12248	1667	10581
组织文艺活动	(次)	Art Performances and Cultural Sessions	(time)	73199	14362	58837
举办训练班		Training Courses				
班次	(次)	Number of Classes	(time)	53473	25,660	27813
培训人次	(万人次)	Number of Persons Completing Courses	(10 000 person-times)	207	60	147
群众业余演出团(队)	(个)	Part-time Art Groups	(unit)	24342	3758	20584
总支出	(万元)	Total Expenses	(10 000 yuan)	143356	68412	74945
#基本支出	(万元)	Basic Expenses	(10 000 yuan)	76092	39944	36148

注：本表各项指标仅指文化部门系统内的。

a) Data in this table only refers to those under the administration of cultural departments.

21-5 公共图书馆业务活动及经费情况(2017年)
Business Activities and Expenditures of Public Libraries(2017)

项　目		Item		总计 Total	省级公共图书馆 Public Libraries at Provincial Level	市(州)级公共图书馆 Public Libraries at Prefecture Level	县级公共图书馆 Public Libraries at County Level
总藏量	(千册、件)	Total Collections	(1 000 volumes)	37929	5385	12034	20510
书架总长度	(千米)	Total Length of Bookshelves	(km)	1625	40	988	597
有效借书证个数	(千个)	Number of Library Cards Distributed	(1 000 units)	1811	33	688	1089
书刊外借情况		Condition of Books Borrowed by the Readers					
人次	(千人次)	Total Number of Circulation	(1 000 person-times)	10880	162	3885	6834
册次	(千册次)	Number of Books Borrowed by the Readers	(1 000 volume-times)	18452	371	6698	11383
为读者举办各种活动		Service Activities Provided for Readers					
次数	(次、个)	Number of Activities	(time,unit)	6309	126	1338	4845
参加人数	(千人次)	Number of Readers Involved	(1 000 person-times)	4611	556	943	3112
总支出	(万元)	Total Expenditures	(10 000 yuan)	55065	9350	17639	28076
基本支出	(万元)	Basic Expenses	(10 000 yuan)	28067	3486	8525	16056
#新增藏量购置费	(万元)	Purchase of New Reserves	(10 000 yuan)	5128	530	1533	3065
本年新增藏量	(万册)	New Reserves this Year	(10 000 volumes)	257	8	41	208
阅览室座席	(千个)	Seating Capacity of Reading Rooms	(1 000 seats)	55	3	13	40

注：总藏量从2013年起不包括电子图书。
a) Total collections don't include electronic books since 2013.

21-6 博物馆、文物机构业务活动及经费情况(2017年)
Business Activities and Expenditures of Museums and Cultural Relic Agencies(2017)

项　目		Item		博物馆 Museums	文物保护管理机构 Cultural Relic Agencies
藏品	(件)	Number of Collections	(piece)	4058627	162982
#一级品	(件)	Grade One	(piece)	4580	891
本年支出	(万元)	Total Expenses	(10 000 yuan)	143600	65439
#基本支出	(万元)	Basic Expense	(10 000 yuan)	47921	12637
#商品和服务支出	(万元)	Goods and Sevices Expenses	(10 000 yuan)	58343	25526

21-7 图书、杂志和报纸出版情况
Number of Books, Magazines and Newspapers Published

年份 Year	图书 Books Published				杂志 Magazines Published				报纸 Newspapers Published			
	种数 (种) Number of Publi-cations (kind)	#新出版 New Publi-cations	总印数 (万册) Total Printed Copies (10 000 copies)	总印张数 (万印张) Total Printed Sheets (10 000 sheets)	种数 (种) Number of Publi-cations (kind)	每期平均印数 (万册) Average Printed Copies per Issue (10 000 copies)	总印数 (万册) Total Printed Copies (10 000 copies)	总印张数 (万印张) Total Printed Sheets (10 000 sheets)	种数 (种) Number of News-paper Publi-shed (kind)	每期平均印数 (万份) Average Printed Copies per Issue (10 000 copies)	总印数 (万份) Total Printed Copies (10 000 copies)	总印张数 (万印张) Total Printed Sheets (10 000 sheets)
1952	53	20	1481	3195	25	45	565	540	14	34	6799	5150
1957	52		909	1783					15	35	8109	6005
1962	86		2484	5256								
1965	65		6280	15006								
1970	24		4225	10677								
1975	292	233	17184	48499								
1978	277	241	24993	83916	13	57	562	1173	15	170	51889	43758
1980	549	502	31370	119063	71	341	3036	8699	22	214	50627	42305
1985	1273	1151	28023	99516	224	690	5532	17810	69	859	92878	64138
1990	2676	1896	21152	82360	226	324	3257	9149	66	818	94657	64642
1991	2769	1730	16634	71891	234	362	3192	9443	70	869	101753	68660
1992	3022	2063	22903	99185	249	404	4030	11697	75	818	97368	72598
1993	2459	1795	17666	72266	256	456	4674	12491	80	823	104000	73974
1994	3840	2818	21650	105849	275	412	4067	11865	91	885	102319	72532
1995	3017	1876	15438	83894	287	487	4993	14898	93	710	100500	122632
1996	3833	2256	27975	138772	289	409	4339	12025	95	680	109084	138292
1997	4510	2005	33272	153193	289	405	4336	12484	95	763	126818	227065
1998	4436	2369	31491	151112	284	403	4508	13211	100	757	124922	235944
1999	4306	2254	29852	147862	287	419	4754	14944	100	782	127708	240359
2000	3855	2134	27315	157672	275	451	4950	16238	91	711	133590	366840
2001	3820	2104	26032	158031	334	362	4172	16233	84	671	136737	394553
2002	3895	2244	25932	165312	256	440	5572	20688	92	654	135163	319004
2003	4131	2315	25889	170470	267	352	4767	21421	93	634	139266	357423
2004	4059	1911	21690	154980	225	293	5269	32515	107	651	155972	498494
2005	4836	2975	23643	193903	330	459	7502	60933	130	659	155865	671830
2006	4873	3070	19643	149609	335	509	8215	59996	136	618	155800	685570
2007	5150	3287	19591	146591	335	496	9514	74788	136	660	168638	656104
2008	5021	2885	19490	142562	336	475	8237	53222	136	670	164273	737694
2009	6719	3878	17492	127321	336	494	8303	52759	136	613	155286	797707
2010	6645	3396	19493	147325	340	498	10593	74892	136	687	170176	999545
2011	8081	3951	24787	179489	343	471	9293	67424	136	670	174021	1019233
2012	7794	4235	23587	176618	343	470	9066	63236	136	661	172573	865664
2013	8554	4946	23416	186771	346	417	7499	54658	137	687	170457	833132
2014	9095	5252	19623	156848	349	376	6382	44033	136	653	167699	752920
2015	10097	6074	24805	193337	352	330	5655	35616	134	642	162781	647618
2016	10878	6332	24264	196767	354	316	5045	29000	132	636	162153	646976
2017	13329	8287	29195	224165	355	282	5129	28702	130	551	141828	368846

注：图书、杂志、报纸、音像制品出版资料由四川省新闻出版广电局提供。

a) Data of books, magazines, newspapers, audio-visual products published are provided by Sichuan Provincial Radio and TV broadcast Bureau.

21–8 录像制品出版情况
Publication of Video Products

年份 Year	录像制品合计 Total 种数(种) Kind	录像制品合计 Total 数量(万盒、万张) Volume (10 000 pieces)	录像带 Audio-tapes 种数(种) Kind	录像带 Audio-tapes 数量(万盒) Volume (10 000 cassettes)	数码激光视盘 VCD 种数(种) Kind	数码激光视盘 VCD 数量(万张) Volume (10 000 pieces)	高密度激光视盘 DVD-V 种数(种) Kind	高密度激光视盘 DVD-V 数量(万张) Volume (10 000 pieces)
2000	172	97.72			172	97.72		
2001	260	391.98	48	24.60	210	365.38	2	2.00
2002	446	501.51	18	64.25	401	424.61	27	12.65
2003	490	310.23	57	34.00	380	205.63	53	25.60
2004	241	198.36			216	184.54	25	13.82
2005	294	171.80			240	147.94	54	23.87
2006	542	240.82	3	1.10	243	122.99	296	116.73
2007	491	164.01	1	0.30	288	99.38	202	64.33
2008	343	153.23	1	0.80	163	83.37	179	69.06
2009	250	124.30			106	53.26	144	72.04
2010	191	108.46			58	24.01	133	84.45
2011	96	73.13	1	0.25	22	10.58	73	62.30
2012	91	80.35			6	1.70	85	78.65
2013	77	45.54			10	3.03	67	42.51
2014	54	47.85			5	0.70	49	47.15
2015	48	67.45			2	0.30	46	67.15
2016	73	54.52			8	2.35	65	52.17
2017	53	61.25					53	61.25

21–9 录音制品出版情况
Publication of Audio Products

年份 Year	录音制品合计 Audio Products 种数(种) Kind	录音制品合计 Audio Products 数量(万盒、万张) Volume (10 000 pieces)	盒式音带 Cassettes Audio-tapes 种数(种) Kind	盒式音带 Cassettes Audio-tapes 数量(万盒) Volume (10 000 cassettes)	激光唱片 CD 种数(种) Kind	激光唱片 CD 数量(万张) Volume (10 000 pieces)
1998	85	123.53	56	96.83	29	26.70
1999	178	89.31	80	56.74	98	32.57
2000	92	64.03	40	37.73	52	26.30
2001	114	93.53	61	42.27	53	51.26
2002	210	95.39	117	53.44	93	41.95
2003	158	127.27	56	38.52	102	88.75
2004	42	61.96	1	0.40	41	36.52
2005	177	88.20	69	33.70	108	54.50
2006	139	70.45	44	15.60	95	54.85
2007	164	71.73	48	13.74	114	55.99
2008	72	25.40	13	8.05	59	16.99
2009	75	40.58	12	15.30	63	25.28
2010	47	28.38	15	14.28	32	14.09
2011	32	25.77	4	4.00	28	21.77
2012	12	5.03	3	2.50	9	4.78
2013	35	19.70	1	0.20	34	19.50
2014	38	17.34	3	6.00	35	11.34
2015	15	8.65	2	4.00	13	4.65
2016	14	1.77			14	1.77
2017	17	3.80			17	3.80

21－10 广播电视事业发展情况
Basic Statistics on Development of Broadcasting and Television

年份 Year	广播电台（座）Broadcas-ting Stations (set)	中短波发射台及转播台（座）Transmission Stations and Relaying Stations of Medium and Short Wave (set)	中短波发射机功率（部/千瓦）Power of Transmitters of Medium and Short Wave (unit / kw)	电视台（座）Television Stations (set)	调频、电视发射台及转播台（座）FM, TV Transmitting and Relay Stations (set)	电视发射机功率（部/千瓦）Power of Television Transmission (unit / kw)	广播综合人口覆盖率(%) Comprehensive Population Coverage Rate of Broadcasting (%)	电视综合人口覆盖率(%) Comprehensive Population Coverage Rate of Television (%)	广播电视台(站)（个）Broadcasting and Television Stations of County Level (set)
1952	3	2	2 / 2				20.06		
1957	1	1	2 / 2				20.06		80
1962	3	4	3 / 23.8	1	1	1 / 1	30.18	3.87	129
1965	3	4	3 / 123.8	1	1	1 / 1	30.09	3.87	141
1970	3	4	5 / 260.6	1	1	1 / 1	35.28	5.29	150
1975	3	9	10 / 327.6	1	14	15 / 5.50	43.13	18.73	157
1978	3	9	11 / 413.3	1	82	76 / 6.74	46.91	38.60	165
1980	3	11	15 / 488.0	1	208	235 / 21.39	49.91	45.69	168
1985	5	13	20 / 442.5	3	865	921 / 73.05	52.37	58.70	169
1990	14	18	29 / 453.0	15	2100	2577 / 183.38	64.46	71.46	166
1991	13	19	30 / 462.0	16	2244	2775 / 186.89	64.75	71.78	171
1992	15	19	32 / 514.0	21	2438	3106 / 199.05	64.84	71.88	169
1993	19	20	35 / 533.1	23	2518	3289 / 194.78	70.21	76.12	165
1994	25	20	34 / 632.0	27	2950	3757 / 202.80	75.40	80.50	150
1995	52	27	43 / 515.1	31	3114	4036 / 218.38	80.40	85.50	134
1996	58	27	40 / 521.1	32	3303	3952 / 207.09	84.47	83.57	161
1997	67	27	48 / 556.1	34	3227	3959 / 230.62	86.34	87.37	162
1998	17	29	48 / 556.1	23	3264	4009 / 235.94	88.90	88.97	44
1999	18	30	47 / 654.2	23	2626	3244 / 185.04	91.05	91.98	46
2000	19	28	52 / 673.1	23	4779	5636 / 266.82	92.85	93.61	42
2001	20	35	68 / 482.5	20	4839	5598 / 267.37	93.66	94.46	42
2002	20	34	69 / 558.0	22	4428	5353 / 260.53	94.07	95.08	110
2003	20	34	69 / 558.0	22	4385	5696 / 263.36	94.83	95.54	111
2004	20	34	69 / 558.0	22	4308	4546 / 250.77	95.34	96.39	111
2005	20	35	96 / 658.0	21	3849	5044 / 262.29	95.41	96.74	113
2006	20	35	96 / 658.0	21	2471	5524 / 280.14	95.70	96.77	113
2007	20	37	112 / 711.0	21	2469	5757 / 376.57	95.92	97.05	114
2008	16	37	114 / 710.0	16	4434	5644 / 505.59	95.97	97.10	119
2009	15	37	96 / 680.0	15	3944	5323 / 600.38	96.19	97.27	152
2010	10	37	101 / 687.0	10	3482	4810 / 587.11	96.22	97.33	156
2011	8	37	102 / 787.0	8	3001	4121 / 628.24	96.60	97.69	158
2012	7	36	96 / 747.0	7	3056	4173 / 644.52	96.78	97.75	159
2013	1	36	96 / 747.0	1	2187	2906 / 661.39	96.98	97.89	165
2014	1	40	104 / 701.5	1	566	944 / 638.77	97.04	98.07	165
2015	1	36	95 / 659.2	1	403	942 / 1260.95	97.14	98.24	165
2016	1	36	104 / 774.0	1	338	934 / 978.76	97.19	98.29	165
2017	1	39	108 / 645.0	1	345	1059 / 656.74	97.42	98.54	165

注：广播电视资料由四川省新闻出版广电局提供。

a) Data of radio and TV broadcast information are provided by Sichuan Provincial Radio and TV broadcast Bureau.

21－11 广播电视播放情况(2017年)
Basic Statistics on Broadcasting and Television(2017)

项 目	Item	节目套数(套) Number of Programs (set)	公共广播(电视)节目播出时间(小时) Broadcasting Hours of Public Broadcasting (Television) (hour)	新闻资讯类节目 News and Referrence Programs	专题服务类节目 Special Subject and Services Programs	综艺类节目 Omnibus Enter-tainment Programs	广播(影视)剧类节目 Broadcast Movies And TV	广告类节目 Advertis-ement	其他类节目 Others
广播播出合计	**All Radio Broadcasting**	**146**	**724040**	**167678**	**158233**	**159813**	**38779**	**48782**	**150753**
省级广播电台	Provincial Level	9	67583	13549	17502	25967	35	6907	3622
市(州)级广播电台	Prefecture Level	44	265874	55823	67427	57584	11311	21807	51920
县级广播电视台	County Level	93	390582	98304	73304	76261	27433	20067	95211
电视播出合计	**All Television Broadcasting**	**213**	**1158211**	**166041**	**119347**	**75862**	**536992**	**112680**	**147287**
省级电视台	Provincial Level	10	82376	10218	9844	11611	29305	12130	9265
市(州)级电视台	Prefecture Level	48	315876	49043	47130	18942	112239	48380	40140
县级广播电视台	County Level	155	759958	106779	62372	45308	395446	52169	97881

21－12 各市(州)有线广播电视基本情况(2017年)
Basic Statistics on Cable Broadcasting and Television by Region(2017)

单位：户、公里 (unit:door,kilometer)

市(州)	Region	有线广播电视用户 Cable Broadcasting and Television Users	#数字电视用户 Digital Television Users	#付费数字电视用户 Pay Digital Television Users	有线广播电视传输网络干线总长 Total Length of Main Link of Cable Broadcasting and Television Transmission
全 省	**Sichuan**	**10884262**	**10063963**	**6375027**	**28212.84**
省本级	**Shengbenji**				
成都市	Chengdu	3859725	3678020	2621200	10568.71
自贡市	Zigong	402918	384645	163274	355.11
攀枝花市	Panzhihua	84811	80023	58792	319.82
泸州市	Luzhou	285898	244150	125362	619.97
德阳市	Deyang	488122	467645	242017	330.10
绵阳市	Mianyang	665182	569230	431919	826.00
广元市	Guangyuan	449254	419317	172097	735.00
遂宁市	Suining	495090	495090	299179	333.20
内江市	Neijiang	415241	397239	176975	320.00
乐山市	Leshan	453859	394993	221546	674.40
南充市	Nanchong	653451	622728	356132	514.00
眉山市	Meishan	345768	304172	169169	395.00
宜宾市	Yibin	347731	314744	212400	536.60
广安市	Guangan	326856	301304	226602	433.07
达州市	Dazhou	609170	438966	328795	673.00
雅安市	Yaan	238740	224864	145765	1104.50
巴中市	Bazhong	279045	279045	234575	513.00
资阳市	Ziyang	182033	179648	87331	222.00
阿坝藏族羌族自治州	Aba	65330	65330	36576	3764.66
甘孜藏族自治州	Ganzi	41692	34341	2680	1087.20
凉山彝族自治州	Liangshan	194346	168469	62641	3887.50

21-13 各市(州)农村广播电视有线传输情况(2017年)
Basic Statistics on Rural Radio and Television Cable Transmission by Region(2017)

市(州)	Region	农村有线广播电视用户数 (户) Rural Cable radio and Television Users (households)	农村有线广播电视入户率 (%) Rural Households on Cable TV Rate (%)	农村广播覆盖率 (%) Rural Radio Coverage (%)	农村电视覆盖率 (%) Rural Television Coverage (%)
全　省	**Sichuan**	**3632336**	**17.88**	**96.73**	**98.18**
成都市	Chengdu	638447	31.12	99.99	99.99
自贡市	Zigong	165966	27.29	99.60	99.48
攀枝花市	Panzhihua	8640	5.76	98.07	98.51
泸州市	Luzhou	91332	7.95	98.44	99.42
德阳市	Deyang	254050	26.64	99.25	98.93
绵阳市	Mianyang	345192	23.50	99.52	99.52
广元市	Guangyuan	256822	35.48	98.31	98.66
遂宁市	Suining	268672	30.37	99.40	99.05
内江市	Neijiang	190281	16.15	96.70	97.95
乐山市	Leshan	100029	13.74	98.87	98.84
南充市	Nanchong	267530	14.62	96.41	98.73
眉山市	Meishan	149133	17.61	99.90	99.90
宜宾市	Yibin	94555	9.30	94.16	95.70
广安市	Guangan	91738	7.63	99.58	99.71
达州市	Dazhou	243266	14.90	96.27	95.54
雅安市	Yaan	118535	36.13	94.28	98.35
巴中市	Bazhong	143335	15.86	97.95	98.96
资阳市	Ziyang	109724	10.68	95.66	98.24
阿坝藏族羌族自治州	Aba	25511	11.38	91.61	98.03
甘孜藏族自治州	Ganzi	7913	3.20	96.18	96.00
凉山彝族自治州	Liangshan	61665	5.33	82.31	93.67

21-14 体育事业情况（2017年）
Basic Conditions of Sports Cause(2017)

项　目		Item		2017
国家级体育传统项目学校	(所)	Traditional Sports Events Schools of National Level	(unit)	21
省级体育传统项目示范学校	(所)	Traditional Sports Events Schools of Provincial Level	(unit)	314
#本年度新命名	(所)	Newly Named at the Current Year	(unit)	12
国家级青少年体育俱乐部	(所)	Youth Sports Clubs of National Level	(unit)	265
#本年度新命名	(所)	Newly Named at the Current Year	(unit)	
国家级高水平体育后备人才基地	(个)	National High Level Sports Talented Reserve Bases	(unit)	18
四川省高水平体育后备人才基地	(个)	Provincial High Level Sports Talented Reserve Bases	(unit)	27
四川省县级业余训练重点单位	(个)	County-level Key Units of Amateur Training	(unit)	28
四川省幼儿体育基地	(个)	Provincial Children's Sports Bases	(unit)	50
城市街道体育组织累计	(个)	Sports Organizations in the Urban Streets	(unit)	2420
#本年度新增	(个)	Newly Added at the Current Year	(unit)	98
农村乡镇体育组织累计	(个)	Sports Organizations in the Rural Villages and Towns	(unit)	3729
#本年度新增	(个)	Newly Added at the Current Year	(unit)	143
健身站(点)累计	(个)	Fitness Stations (points)	(unit)	16493
#本年度新增	(个)	Newly Added at the Current Year	(unit)	532
社区体育健身俱乐部累计	(个)	Community Sports Fitness Clubs	(unit)	1510
#本年度新增	(个)	Newly Added at the Current Year	(unit)	128
行政村农民体育健康工程累计	(个)	Farmer Sports Health Projects in Administrative Village	(unit)	27120
#本年度新建	(个)	Newly Added at the Current Year	(unit)	2050
乡镇农民体育健身工程累计	(个)	Farmer Sports Fitness Projects in Villages and Towns	(unit)	1591
#本年度新建	(个)	Newly Added at the Current Year	(unit)	39
本年底国民体质测试站(点)累计	(个)	National Physical Fitness Test Station (points) at the End of This Year	(unit)	164
#本年度新增	(个)	Newly Added at the Current Year	(unit)	11
本年度接受国民体质监测人数	(人)	Number of People Receiving National Physical Fitness Monitoring	(person)	237534
本年度举办全民健身科学知识宣传讲座次数	(次)	Number of Lectures on Scientific Knowledge of National Fitness	(time)	437
本年度编印科学健身知识书籍册数	(册)	Copies of Books Published Scientific Knowledge of Fitness	(volume)	310333
审批社会体育指导员人数累计	(人)	Approval of the Number of Social Sports Instructors	(unit)	175801
#本年度审批人数	(人)	Number of Annual Examination and Approval	(unit)	14346
本年度培训社会体育指导员人数	(人)	Number of People Receiving Social Sports Instructor Training	(unit)	18597
世界级比赛获得奖牌数	(枚)	Number of Medals Won in the World Competition	(piece)	16
#金牌	(枚)	Gold Medals	(piece)	8
亚洲级比赛获得奖牌数	(枚)	Number of Medals Won in Asian Games	(piece)	12
#金牌	(枚)	Gold Medals	(piece)	8
全国比赛获得奖牌数	(枚)	Number of Medals Won in the National Competition	(piece)	61
#金牌	(枚)	Gold Medals	(piece)	17

注:体育事业情况由四川省体育局提供。

a) Data in thie table are provided by the Sports Bureau of Sichuan Province.

21-15 各市(州)体育彩票发行情况(2017年)
Sports Lottery Distribution by Region(2017)

单位：万元 (10 000 yuan)

市(州)	Region	当年体育彩票发行额 Sports Lottery Issuance in Current Year	#足彩 Soccer Betting	#竞彩 Race Lottery	#即开型 Open-Type	当年提取公益金 Public Welfare Fund Drawn from Sports Lottery (year-end)
全　省	**Sichuan**	**471639.00**	**34103.45**	**148213.70**	**28069.43**	**130470.13**
成都市	Chengdu	214415.23	17822.71	69033.94	10958.71	58980.87
自贡市	Zigong	11438.99	729.66	3172.98	681.77	3234.28
攀枝花市	Panzhihua	10030.74	545.53	1760.44	657.02	2961.35
泸州市	Luzhou	14197.77	1193.17	5907.84	342.40	3781.31
德阳市	Deyang	18871.45	1004.30	5020.17	1098.19	5413.72
绵阳市	Mianyang	26640.46	1670.86	11264.34	1617.26	6960.98
广元市	Guangyuan	9090.62	956.20	2732.39	557.06	2513.39
遂宁市	Suining	10187.10	307.81	2703.13	942.62	2914.56
内江市	Neijiang	8977.73	799.70	1991.25	472.52	2633.68
乐山市	Leshan	21044.75	1249.67	5903.17	1780.74	5915.66
南充市	Nanchong	27831.35	1618.24	15033.89	966.17	6845.13
眉山市	Meishan	13139.28	1143.59	3377.33	1148.76	3709.57
宜宾市	Yibin	16050.66	809.36	4971.44	822.15	4474.13
广安市	Guangan	9939.73	691.92	4980.13	427.62	2464.64
达州市	Dazhou	16589.89	1387.70	4720.19	599.62	4726.33
雅安市	Yaan	7148.67	544.17	1408.35	825.24	2046.82
巴中市	Bazhong	8767.68	422.98	868.48	947.94	2717.45
资阳市	Ziyang	6397.62	531.10	1734.08	424.84	1808.21
阿坝藏族羌族自治州	Aba	3573.69	166.90	168.80	706.54	1081.43
甘孜藏族自治州	Ganzi	3786.35	137.13	145.98	451.86	1161.02
凉山彝族自治州	Liangshan	13519.25	370.78	1315.38	1640.40	4125.60

注：当年提取公益金合计中含中央、省级提取数据。
a) Pubic welfare funds drawn from sport lottery include state and provincial data.

21-16 卫生机构基本情况(2017年)
Basic Statistics on Health Institutions(2017)

机构类别	Item	机构数(个) Health Institutions (unit)	实有床位数(张) Beds (unit)	人员合计(人) Personnel (person)	#卫生技术人员 Medical Technical Personnel	#管理人员 Administrative Personnel
全　省	**Total**	**80480**	**563419**	**710787**	**530935**	**32747**
医院合计	Total Number of Hospitals	2219	411911	412759	333787	22482
城市	Hospitals at Prefecture Level	1060	217768	238289	191524	13950
农村	Hospitals at County Level	1159	194143	174470	142263	8532
综合医院	General Hospitals	1444	272076	287011	234556	15589
中医医院	Hospitals of Chinese Medicine	222	56721	57683	48584	2514
中西医结合医院	Hospital Combining Traditional Chinese and Western Medicine	29	8035	8119	6857	393
民族医院	Minority Nationality Hospital	32	1372	1318	1058	74
专科医院	Specialized	490	73597	58523	42678	3904
#口腔	Stomatological	42	840	2623	2014	213
眼科	Ophthalmological	36	2463	3127	1867	321
耳鼻喉	Otoraryngology	15	924	1005	651	70
肿瘤	Oncological	10	3053	3195	2631	119
心血管病	Cardiovascular System Diseases	4	777	575	477	18
胸科	Chest Hospital	1	60	48	39	1
妇产(科)	Gynaecological and Obstetrical	39	1987	5004	3173	390
儿童	Paediatrics	4	299	407	321	18
精神病	Psychiatrical	75	38336	14849	11395	908
传染病	Epidemiological	9	1892	2163	1764	122
皮肤病	Dermatology	14	561	568	445	41
麻风病	Leprological	3	226	72	42	10
职业病	Occupational disease	2	378	573	432	82

注：卫生机构资料由四川省卫生和计划生育委员会提供。

a) Data of health agencies are provided by the provincial Commission of Health and Family Planing.

21-16 续表 continued

机构类别	Item	机构数(个) Health Institutions (unit)	实有床位数(张) Beds (unit)	人员合计(人) Personnel (person)	#卫生技术人员 Medical Technical Personnel	#管理人员 Administrative Personnel
骨科	Orthopaedics	57	5804	4951	3872	260
康复	Recuperation	38	3712	2088	1534	171
整形外科医院	Orthopetic Survey	3	64	206	115	11
美容医院	Beauty Hospital	18	371	2656	953	301
其它专科	Other Specialized Hospital	120	11850	14413	10953	848
护理院	Nursing Home	2	110	105	54	8
疗养院	Nurse Hospital					
社区卫生服务中心	Community Health Care Centre	417	10135	18699	15640	870
社区卫生服务站	Community Health Service Stations	523	1447	3564	3052	290
卫生院	Sanitation Station	4476	127419	109238	89779	5485
门诊部	Outpatient Department	410	394	5984	4430	348
诊所	Clinics	14573		33153	32616	
卫生所、医务室	Healthy Centre	872		2268	2162	
村卫生室	Village Clinics	56213		78628	13862	
急救中心(站)	First-aid Centre	18		419	276	44
采供血机构	Blood Collection and Supply Institution	34		2300	1685	190
妇幼保健院(所、站)	Maternity and Child Care Centre	203	11794	24678	20179	1222
专科疾病防治院(所、站)	Specialized Prevention Station	25	319	582	443	33
疾病预防控制中心(防疫站)	Epidemic Prevention and Control Centre	206		12697	9316	1045
卫生监督所	Sanitary Supervision Station	202		3172	2467	292
医学科学研究机构	Research Institution of Medical Sciences	7		648	276	99
医学在职培训机构	Medical On the Job Training Institution	13		256	65	32
健康教育所(站、中心)	Healthy Education Centre	11		79	27	23
其他卫生机构	Other Health Care Institutions	58		1663	873	292

21-17 卫生机构数
Number of Health Institutions

年 份 市(州)	Year Region	机构数(个) Number of Health Care Institutions	#医院 Hospitals	#社区卫生服务中心 Community Health Care Centres	#卫生院 Sanitation Stations	#疾病预防控制中心 Epidemic Prevention and Control Centres	#妇幼保健院(所、站) Maternity and Child Care Centres
2002		72768	1173	44	6280	214	200
2003		72810	1164	50	6048	208	198
2004		70944	1144	63	5369	209	196
2005		72399	1155	68	5179	207	197
2006		75262	1178	213	5012	207	202
2007		72862	1162	214	4845	208	201
2008		71195	1143	234	4817	208	201
2009		72907	1187	257	4745	207	202
2010		74311	1260	306	4688	207	203
2011		75814	1393	344	4619	206	203
2012		76555	1542	361	4607	204	200
2013		80039	1716	379	4595	207	202
2014		81081	1822	397	4575	207	202
2015		80114	1942	397	4511	206	202
2016		79516	2067	412	4493	206	202
2017		80480	2219	417	4476	206	203
成都市	Chengdu	10183	596	123	292	23	22
自贡市	Zigong	2333	68	15	96	7	7
攀枝花市	Panzhihua	1064	33	21	43	6	6
泸州市	Luzhou	4628	140	15	130	8	8
德阳市	Deyang	2738	85	16	132	7	6
绵阳市	Mianyang	4449	90	23	276	11	10
广元市	Guangyuan	3557	73	14	257	8	7
遂宁市	Suining	3822	72	15	104	6	6
内江市	Neijiang	3259	72	15	109	6	6
乐山市	Leshan	3206	97	16	207	12	12
南充市	Nanchong	8696	155	35	441	10	10
眉山市	Meishan	2068	91	11	130	7	7
宜宾市	Yibin	5062	123	14	177	11	11
广安市	Guangan	3446	67	12	174	7	7
达州市	Dazhou	4191	95	13	303	7	8
雅安市	Yaan	1426	44	4	144	9	9
巴中市	Bazhong	3218	75	27	230	6	6
资阳市	Ziyang	3460	43	8	117	4	4
阿坝藏族羌族自治州	Aba	1656	36	6	221	14	14
甘孜藏族自治州	Ganzi	2719	42	2	332	19	19
凉山彝族自治州	Liangshan	5299	122	12	561	18	18

21−18 各市(州)卫生机构数
Number of Health Institutions by Region

单位：个 (unit)

市(州)	Region	2010	2011	2012	2013	2014	2015	2016	2017
全　省	**Total**	**74311**	**75814**	**76555**	**80039**	**81081**	**80114**	**79516**	**80480**
成都市	Chengdu	7194	7401	7605	7976	8190	8481	9853	10183
自贡市	Zigong	2125	2346	2377	2460	2409	2346	2274	2333
攀枝花市	Panzhihua	1020	1025	1024	1044	1079	1064	1060	1064
泸州市	Luzhou	4733	4778	4351	4633	4619	4566	4560	4628
德阳市	Deyang	2732	2816	2765	2795	2774	2717	2708	2738
绵阳市	Mianyang	3976	4173	4325	4436	4494	4417	4371	4449
广元市	Guangyuan	3371	3285	3313	3531	3554	3545	3460	3557
遂宁市	Suining	3713	3724	3750	3798	3762	3735	3846	3822
内江市	Neijiang	2971	3126	3119	3246	3228	3195	3096	3259
乐山市	Leshan	2957	3026	3062	3286	3277	3098	3100	3206
南充市	Nanchong	8040	8269	8399	8856	8780	8712	8703	8696
眉山市	Meishan	2064	1989	1919	2059	2107	2057	2044	2068
宜宾市	Yibin	4158	4137	4180	4389	5136	4963	5025	5062
广安市	Guangan	3072	3347	3362	3561	3561	3500	3447	3446
达州市	Dazhou	4068	4063	4172	4406	4397	4413	4172	4191
雅安市	Yaan	1279	1367	1369	1520	1518	1494	1334	1426
巴中市	Bazhong	3053	3062	3086	3305	3299	3164	3234	3218
资阳市	Ziyang	5004	4912	4829	4969	4956	4902	3485	3460
阿坝藏族羌族自治州	Aba	1557	1562	1570	1624	1683	1649	1642	1656
甘孜藏族自治州	Ganzi	2292	2359	2701	2722	2776	2725	2706	2719
凉山彝族自治州	Liangshan	4932	5047	5277	5423	5482	5371	5396	5299

21-19 卫生机构床位数
Number of Beds in Health Institutions

单位：张 (unit)

年份 市(州)	Year Region	床位数 Number of Beds in Health Care Centre	#医院 Hospitals	#社区卫生服务中心 Community Health Care Centres	#卫生院 Sanitation Stations	#妇幼保健院(所、站) Maternity and Child Care Centres
2002		187179	119976	206	56467	4289
2003		187741	120173	144	56671	4501
2004		191523	123995	304	56945	4786
2005		194940	127129	1053	57460	5016
2006		201854	130677	2270	59707	5301
2007		214329	136757	3149	66063	5838
2008		244119	149289	4526	80697	6390
2009		275555	167271	5170	92403	7050
2010		302061	185459	6812	98252	7843
2011		335151	212282	8299	102544	7892
2012		390122	257333	8636	111550	8759
2013		426378	289022	9003	114412	9682
2014		459588	319155	9046	117090	10152
2015		488719	345791	8995	119156	10681
2016		519149	375708	9388	120387	11122
2017		563419	411911	10135	127419	11794
成都市	Chengdu	134507	110480	3971	16965	2962
自贡市	Zigong	20064	15197	314	3780	510
攀枝花市	Panzhihua	10004	9005	58	650	238
泸州市	Luzhou	29256	20052	522	7362	494
德阳市	Deyang	22570	15571	188	6067	588
绵阳市	Mianyang	36322	23645	450	11487	713
广元市	Guangyuan	21233	15312	364	4926	560
遂宁市	Suining	19543	13655	413	5173	291
内江市	Neijiang	22605	16080	105	6160	235
乐山市	Leshan	22390	16111	641	4822	678
南充市	Nanchong	40193	29686	688	8734	976
眉山市	Meishan	19170	12663	328	5481	640
宜宾市	Yibin	32122	24117	462	7129	408
广安市	Guangan	18186	12566	395	4954	256
达州市	Dazhou	29915	18807	444	10041	525
雅安市	Yaan	12382	10460	75	1759	84
巴中市	Bazhong	19174	12019	459	6268	358
资阳市	Ziyang	17815	10984	35	6372	341
阿坝藏族羌族自治州	Aba	4551	3308	21	1068	136
甘孜藏族自治州	Ganzi	4955	3339		1397	219
凉山彝族自治州	Liangshan	26462	18854	202	6824	582

21-20 各市(州)卫生机构床位数
Number of Beds in Health Institutions by Region

单位：张 (unit)

市(州)	Region	2010	2011	2012	2013	2014	2015	2016	2017
全　省	**Total**	**302061**	**335151**	**390122**	**426378**	**459588**	**488719**	**519149**	**563419**
成都市	Chengdu	69459	79780	92062	100957	108031	114726	128058	134507
自贡市	Zigong	10533	11757	14304	15249	16396	17644	18832	20064
攀枝花市	Panzhihua	7321	7972	8578	9254	9599	10097	9867	10004
泸州市	Luzhou	13321	15277	20451	21897	22666	24548	26612	29256
德阳市	Deyang	14144	15725	16895	17785	19118	19968	21190	22570
绵阳市	Mianyang	20046	22236	25913	28755	30756	32110	33708	36322
广元市	Guangyuan	11853	12392	14292	15567	16753	18211	19778	21233
遂宁市	Suining	10277	11468	13421	14110	15825	17197	18174	19543
内江市	Neijiang	12615	13744	17153	18399	19825	20326	20769	22605
乐山市	Leshan	13703	14764	15807	17282	18979	19290	20553	22390
南充市	Nanchong	19810	21883	24522	26779	29670	32634	36222	40193
眉山市	Meishan	9393	10462	12429	14376	15830	16296	16687	19170
宜宾市	Yibin	17123	18006	21070	23611	25061	26408	29437	32122
广安市	Guangan	9349	9828	11033	12080	13213	14729	15940	18186
达州市	Dazhou	15247	16913	20277	22225	22495	23998	25447	29915
雅安市	Yaan	7181	8027	8649	9738	10812	11759	11861	12382
巴中市	Bazhong	9338	9868	12160	13459	14608	15546	16767	19174
资阳市	Ziyang	13037	15067	18423	19553	20847	22269	16302	17815
阿坝藏族羌族自治州	Aba	3026	3292	3700	3883	4272	4435	4447	4551
甘孜藏族自治州	Ganzi	2909	3280	3681	4136	5063	4918	5054	4955
凉山彝族自治州	Liangshan	12376	13410	15302	17283	19769	21610	23444	26462

21-21 卫生机构人员数
Number of Persons Engaged in Health Institutions

年份 Year 市(州) Region		人员合计(人) Total (person)	#卫生技术人员 Medical Technical Personnel	#执业医师 Licensed Doctor	#执业助理医师 Licensed Assistant Doctor	#注册护士 Licensed Nurse	#管理人员 Administrative Personnel
2002		378830	248470	86978	33378	60098	20070
2003		373628	245326	86101	34124	59494	17960
2004		363179	242255	84785	34531	60871	17392
2005		362014	244367	86205	35832	61237	15825
2006		378374	255140	87944	41446	63730	15903
2007		388644	264206	91273	34848	73485	19467
2008		400248	277112	96460	25324	78062	18500
2009		437758	303050	109090	29594	91164	18456
2010		467774	323915	114734	29843	104930	23288
2011		505113	353561	122525	31489	121319	25632
2012		549866	389001	130106	33272	139811	26850
2013		595645	426597	139037	34805	157459	29675
2014		627159	451747	145026	34494	175522	32091
2015		647577	472816	149101	33110	190643	30778
2016		671305	496343	153859	32171	207691	31480
2017		710787	530935	162995	32590	228608	32747
成都市	Chengdu	200739	158002	52992	5167	72395	9848
自贡市	Zigong	23899	18548	5504	1222	8236	1390
攀枝花市	Panzhihua	12901	10375	3606	360	4663	676
泸州市	Luzhou	34524	25462	7415	1822	11752	1599
德阳市	Deyang	29404	22306	7297	1600	9333	1054
绵阳市	Mianyang	39971	30868	9429	2309	13037	1594
广元市	Guangyuan	22924	16738	4896	990	6839	1123
遂宁市	Suining	22718	16795	5519	1026	6881	1026
内江市	Neijiang	25305	18772	5772	1645	8019	1466
乐山市	Leshan	25762	19630	5959	1578	8716	1024
南充市	Nanchong	47840	32791	11236	1841	12638	2654
眉山市	Meishan	22705	16855	4818	1345	7332	821
宜宾市	Yibin	36343	27010	7012	2010	12096	1261
广安市	Guangan	22295	15064	4447	927	6054	1163
达州市	Dazhou	36205	24834	7016	2034	10485	1234
雅安市	Yaan	13983	11172	3152	789	4760	754
巴中市	Bazhong	22523	15708	4501	2106	5937	905
资阳市	Ziyang	19138	13811	4027	1118	5558	887
阿坝藏族羌族自治州	Aba	8774	6316	1578	514	1992	361
甘孜藏族自治州	Ganzi	9622	6409	1279	409	1840	488
凉山彝族自治州	Liangshan	33212	23469	5540	1778	10045	1419

21-21 续表 continued

年 份 市(州)	Year Region	人员合计(人) Total (person)	#医院 Hospitals	#社区卫生服务中心 Community Health Care Centres	#卫生院 Sanitation Stations	#疾病预防控制中心 Epidemic Prevention and Control Centres	#妇幼保健院(所、站) Maternity and Child Care Centres
2002		378830	144086	556	79247	11219	10053
2003		373628	142945	509	77447	10944	8672
2004		363179	142017	709	72939	10518	8674
2005		362014	142955	1487	70403	10410	8648
2006		378374	147122	2672	69172	10491	8856
2007		388644	167432	5918	73729	10450	10588
2008		400248	175472	7813	76405	10444	11188
2009		437758	195099	9370	82778	10352	11950
2010		467774	215902	11658	84200	10431	13153
2011		505113	243520	13773	88075	10638	14297
2012		549866	277344	14393	93287	11035	15656
2013		595645	309129	15091	95886	11307	16950
2014		627159	336694	15532	97671	11552	18096
2015		647577	359411	16003	100127	11593	20071
2016		671305	383958	17788	104809	12307	22440
2017		710787	412759	18699	109238	12697	24678
成都市	Chengdu	200739	139448	9358	14242	2935	6857
自贡市	Zigong	23899	14138	409	3645	487	1311
攀枝花市	Panzhihua	12901	8484	575	957	258	493
泸州市	Luzhou	34524	18973	577	5734	450	946
德阳市	Deyang	29404	16326	509	5236	488	1062
绵阳市	Mianyang	39971	22926	689	7956	606	1383
广元市	Guangyuan	22924	12483	472	4457	376	982
遂宁市	Suining	22718	11912	427	3882	313	543
内江市	Neijiang	25305	14231	189	4658	427	458
乐山市	Leshan	25762	14066	721	4231	600	1215
南充市	Nanchong	47840	26002	922	7017	570	1563
眉山市	Meishan	22705	12040	579	4779	441	1164
宜宾市	Yibin	36343	20329	665	6158	583	1095
广安市	Guangan	22295	11120	527	4863	445	644
达州市	Dazhou	36205	17157	746	8136	658	976
雅安市	Yaan	13983	9273	147	2225	380	311
巴中市	Bazhong	22523	9744	512	5031	343	911
资阳市	Ziyang	19138	9318	227	4569	323	583
阿坝藏族羌族自治州	Aba	8774	4073	88	1890	550	479
甘孜藏族自治州	Ganzi	9622	3668	16	2457	429	494
凉山彝族自治州	Liangshan	33212	17048	344	7115	1035	1208

21−22 各市(州)卫生机构人员数
Number of Persons Engaged in Health Institutions by Region

单位：人 (unit)

市(州)	Region	2010	2011	2012	2013	2014	2015	2016	2017
全　省	**Total**	**467774**	**505113**	**549866**	**595645**	**627159**	**647577**	**671305**	**710787**
成都市	Chengdu	117401	130490	143410	153962	164273	173167	190236	200739
自贡市	Zigong	16565	17485	19114	20598	21570	22318	22799	23899
攀枝花市	Panzhihua	10482	11272	11283	12035	12683	12689	12776	12901
泸州市	Luzhou	21062	22940	25008	27965	29513	30722	31196	34524
德阳市	Deyang	19834	22030	23187	24803	25826	27038	28024	29404
绵阳市	Mianyang	27662	29964	32803	35932	37303	37180	38265	39971
广元市	Guangyuan	16882	17356	18689	20155	21006	21733	21979	22924
遂宁市	Suining	16675	17245	18452	19195	19830	20634	21174	22718
内江市	Neijiang	18343	19350	21431	23030	23486	23495	24017	25305
乐山市	Leshan	18446	20093	21295	22671	23516	23790	24523	25762
南充市	Nanchong	30741	33008	36264	39455	41401	42864	44833	47840
眉山市	Meishan	15055	15805	17866	18784	20432	20077	20639	22705
宜宾市	Yibin	22387	24507	26230	29572	31183	31702	33793	36343
广安市	Guangan	14800	15575	16394	17459	18917	19835	20942	22295
达州市	Dazhou	26555	27917	29878	32888	33415	33814	33435	36205
雅安市	Yaan	8568	9092	10086	11435	12470	12758	13269	13983
巴中市	Bazhong	15319	16297	18289	20502	21328	20891	21820	22523
资阳市	Ziyang	19466	21204	23050	24593	25470	26113	18478	19138
阿坝藏族羌族自治州	Aba	5466	5670	6306	7164	7736	8030	8498	8774
甘孜藏族自治州	Ganzi	6977	7617	8151	8482	8711	9064	9387	9622
凉山彝族自治州	Liangshan	19088	20196	22680	24965	27090	29663	31222	33212

21−23 前十大类病伤死亡原因及构成(2017年)
Death Rate of 10 Major Diseases Categories(2017)

顺位 No.	病伤死亡原因	Cause of Death	死亡率(1/10万) Death Rate (per 100 000 persons)	构成(%) As % of Total Deaths
1	循环系统	Diseases of the Circulatory System	217.87	34.96
2	肿瘤	Tumour	156.60	25.13
3	呼吸系统	Diseases of the Respiratory System	131.69	21.13
4	损伤和中毒	Trauma and Toxicosis	48.71	7.82
6	消化系统	Diseases of the Digestive System	18.83	3.02
7	内分泌、营养、代谢、免疫	Endocrine, Nutritional, Metabolic and Immune Diseases	15.46	2.48
5	传染病和寄生虫病	Infectious Disease and Verminosis	8.74	1.40
8	泌尿和生殖系统	Diseases of the Genitourinary System	7.04	1.13
9	神经系统疾病	Nervous System Diseases	7.03	1.13
10	精神障碍	Mental Disorders	2.65	0.42

21−24 前十位单病种死亡原因及构成(2017年)
Death Rate of 10 Single-species Major Diseases(2017)

顺位 No.	前十位单病种类目	10 Single-species Major Diseases	死亡率(1/10万) Death Rate (per 100 000 persons)	构成(%) As % of Total Deaths
1	脑血管病	Cerebrovascular Disease	116.63	18.72
2	慢性阻塞性肺病	Chronic Obstructive Pulmonary Disease	112.86	18.11
3	缺血性心脏病	Ischemic Heart Disease	72.58	11.65
4	肺癌	Malignant Tumour	44.13	7.08
6	肝癌	Malignant Liver Tumour	25.23	4.05
7	食管癌	Malignant Oesophagus Tumour	18.68	3.00
5	胃癌	Malignant Stomach Tumour	15.18	2.44
8	高血压性心脏病	Hypertensive Heart Disease	14.40	2.31
9	交通事故	Traffic	14.15	2.27
10	糖尿病	Diabetes mellitus	14.08	2.26

21−25 国家免疫规划疫苗基础免疫接种率(2017年)
Basis Inoculability Rate of National Immunization Vaccine Planning(2017)

种　类	Item	常规报告接种率(%) Inoculability Rate of Conventional Report (%)
卡介苗	Bcg Vaccine	99.71
脊灰疫苗	Poliomyelitis Vaccine	99.53
百白破三联	Chincough, Diphtheria and Tetanus Joint Vaccine	99.57
麻疹疫苗	Measles Vaccine	99.64
乙肝疫苗全程	Hepatitis-B Vaccine Full Process	99.58

21-26 法定报告传染病发病及死亡情况(2017年)
Incidence and Death from Infectious Diseases(2017)

病　种	Item	发病率(1/10万) Incidence Diseases Rate (per 100 000 persons)	死亡率(1/10万) Death Rate (per 100 000 persons)	病死率(%) Mortality Rate per 100 Infectous Disease Patients
甲乙丙合计	**Total of Category A, B and C**	**335.2746**	**3.1966**	**0.9534**
一.甲乙类合计	**I. Total of Category A and B**	**190.9719**	**3.1929**	**1.6719**
鼠疫	The Plague	-	-	-
霍乱	Cholera	0.0012	-	-
传染性非典型肺炎	SARS	-	-	-
艾滋病	AIDS	13.0441	2.8891	22.1490
H I V	HIV	22.7632	4.4263	19.4449
病毒性肝炎	Hepatitis	64.9116	0.0351	0.0541
甲肝	A	2.4292	-	-
乙肝	B	47.7947	0.0254	0.0532
丙肝	C	12.382	0.0097	0.0782
丁肝	D	0.0182	-	-
戊肝	E	1.4609	-	-
肝炎(未分型)	Hepatitis (Not Classified)	0.8267	-	-
脊髓灰质炎	Poliomyelitis	-	-	-
人感染高致病性禽流感	People Avian Flu	-	-	-
麻疹	Measles	1.3677	0.0012	0.0885
流行性出血热	Hemorrhage Fever	0.3147	0.0012	0.3846
狂犬病	Hydrophobia	0.0327	0.0303	92.5926
流行性乙型脑炎	Encephalitis B	0.2179	0.0048	2.2222
登革热	Dengue Fever	0.0387	-	-
炭疽	Anthrax	0.0484	-	-
细菌性和阿米巴性痢疾	Dysentery	6.7272	-	-
肺结核	Pulmonary Tuberculosis	63.1167	0.1997	0.3164
伤寒和副伤寒	Typhoild and Paratyphoid Fever	0.4563	0.0012	0.265251989
流行性脑脊髓膜炎	Epidemic Encephalitis	0.0097	0.0012	12.5
百日咳	Pertussis	0.5664	-	-
白喉	Diphtheria	-	-	-
新生儿破伤风 *	Newborn Baby Tetanus	0.006	-	-
猩红热	Scarlet Fever	2.4135	-	-
布鲁氏菌病	Brucellosis	0.0884	-	-
淋病	Gonorrhea	4.1745	-	-
梅毒	Syphilis	33.0852	0.0061	0.0183
钩端螺旋体病	Leptospirosis	0.0278	-	-
血吸虫病	Schistosomiasis	0.0206	-	-
疟疾	Malaria	0.2566	-	-
人感染H7N9禽流感	Human Infection with H7N9 Avian Influenza	0.046	0.023	50.0000
二.丙类合计	**Ⅱ. Total of Category C**	**144.3028**	**0.0036**	**0.0025**
流行性感冒	Influenza	8.5984	0.0024	0.0282
流行性腮腺炎	Epidemic Mumps	15.0508	-	-
风疹	Rubella	0.0726	-	-
急性出血性结膜炎	Acute Haemorrhagic Conjunctivitis	0.8424	-	-
麻风病	Leprosy	0.0436	-	-
流行性和地方性斑疹伤寒	Typhus Fever	0.121	-	-
黑热病	Kala-Azar	0.0254	-	-
包虫病	Echinococcosis	0.9392	-	-
丝虫病	Filariasis	-	-	-
其它感染性腹泻病	Other Infectious Diarrhoea	43.0888	-	-
手足口病	Hand-foot-mouth Disease	75.5204	0.0012	0.0016

注:新生儿破伤风发病率＝当年发病数÷当年0岁组人口数×1000‰;新生儿破伤风死亡率＝当年死亡数÷当年0岁组人口数×1000‰。

a) Incidence diseases rate of newborn baby tetanus=Number of incidence diseases in current year÷Number of population of 0 age group in current year ×1000‰.Death rate of newborn baby tetanus=Number of death in current year÷Number of population of 0 age group in current year×1000‰.

主要统计指标解释

艺术表演团体 指由文化部门主办或实行行业管理（经文化行政部门审批或已申报登记并领取相关许可证），专门从事表演艺术等活动的各类专业艺术表演团体，含民间职业剧团。不包括群众业余文艺表演团体。

广播/电视节目综合人口覆盖率 指根据原国家广电总局制定的《广播电视人口覆盖率统计技术标准和方法》进行统计调查的，在对象区内能接收到由中央、省、地市或县通过无线、有线或卫星等各种技术方式转播的各级广播/电视节目的人口数占全省总人口数的百分比。

医疗卫生机构 指从卫生（卫生计生）行政部门取得《医疗机构执业许可证》、《计划生育技术服务许可证》，或从民政、工商行政、机构编制管理部门取得法人单位登记证书，为社会提供医疗服务、公共卫生服务或从事医学科研和医学在职培训等工作的单位。医疗卫生机构包括医院、基层医疗卫生机构、专业公共卫生机构、其他医疗卫生机构。

医院 包括综合医院、中医医院、中西医结合医院、民族医院、各类专科医院和护理院，不包括专科疾病防治院、妇幼保健院和疗养院，包括医学院附属医院。

卫生人员 指在医院、基层医疗卫生机构、专业公共卫生机构及其他医疗卫生机构工作的职工，包括卫生技术人员、乡村医生和卫生员、其他技术人员、管理人员和工勤人员。一律按支付年底工资的在岗职工统计，包括各类聘任人员(含合同工)及返聘本单位半年以上人员，不包括临时工、离退休人员、退职人员、离开本单位仍保留劳动关系人员、本单位返聘和临聘不足半年人员。

卫生技术人员 包括执业医师、执业助理医师、注册护士、药师（士）、检验技师（士）、影像技师、卫生监督员和见习医（药、护、技）师（士）等卫生专业人员。不包括从事管理工作的卫生技术人员（如院长、副院长、党委书记等）。

甲乙类法定报告传染病发病率 指某年某地区每10万人口中甲、乙类法定报告传染病发病数。即：
甲乙类法定报告传染病发病率=甲、乙类法定报告传染病发病数/人口数×100000

甲乙类法定报告传染病死亡率 指某年某地区每10万人口中甲、乙类法定报告传染病死亡数。即：
甲乙类法定报告传染病死亡率=甲、乙类法定报告传染病死亡数/人口数×100000

甲乙类法定报告传染病病死率 指某年某地区甲、乙类法定报告传染病死亡数与发病数之比。即：
甲乙类法定报告传染病病死率=甲、乙类法定报告传染病死亡数/发病数×100%

Explanatory Notes on Main Statistical Indicators

Arts Performance Troupes refer to the various professional performing arts groups, which sponsored by the cultural sectors or guided by the cultural society (approved by the cultural administration authority, or registered and permitted with the relative certificate), including non-governmental troupes. The mass amateur arts performance troupes are not included.

The Population Coverage Rate of Radio/Television refers to the percentage of the provincial population who can receive radio/television programs transmitted by national, provincial, municipal or county stations through wireless, cable or satellite techniques, according to Statistical Standard and Method on Television and Radio Coverage of Population established by the former State Administration of Broadcasting, Film and Television.

Medical and Health Care Institutions refer to the units which have been qualified the Certification of Health Care Institution, certification of family planning technical service by the administration of public health (family planning), or qualified the Certification of Corporate Unit by the civil affairs, administration for industry and commerce, commission office for public sector reform, and engaging in medical health care services, public health services, or medicine research and on-job training, etc., including: hospitals, health care institutions at grass-root level, specialized public health institutions, and other medical and health care institutions.

Hospitals include general hospitals, hospitals specialized in traditional Chinese medicine, hospitals of integrated traditional Chinese and western medicine, ethnic hospitals, specialized hospitals and nursing hospitals, excluding specialized disease prevention and treatment institutes, maternal and child health care hospitals and convalescent hospitals, including affiliated hospital of medical college.

Health Care Employee refer to all employees engaged in the health care institutions, such as hospitals, health care institutions at grass-root level, specialized public health institutions, and other medical and health care institutions, including medical technical personnel, village doctors and assistants, other technical personnel, managerial and service staff. The data is based on the year end payroll, including personnel hired (including contract labour) and re-employed after retirement by the institution for over half a year and excluding temporary workers, retired personnel, resigned personnel, personnel who have left the institution but kept the contract relation and personnel who are re-employed after retirement or temporarily employed for less than half a year.

Medical Technical Personnel refer to the professional staff engaged in health care, including licensed doctors, licensed assistant doctors, registered nurses, pharmacists, laboratory technicians, imaging staff, health care supervisors and intern doctors, pharmacists, nurses, and technical personnel, excluding the medical technical personnel engaged in managerial job (e.g. president, vice president and secretary of the party committee, etc.).

Incidence Rate of A and B Type of Notifiable Infectious Diseases refer to the incidence cases notifiable class A and class B infectious diseases per 100 thousand population in the reference region in the reference year. The formula is:

$$\text{Incidence Rate of A and B Type of Notifiable Infectious Diseases} = \frac{\text{Incidence Cases Notifiable Class A and Class B Infectious Diseases}}{\text{Population}} * 10000$$

Death Rate of A and B Type of Notifiable Infectious Diseases refer to the death cases notifiable class A and class B infectious diseases per 100 thousand population in the reference region in the reference year. The formula is:

$$\text{Death Rate of A and B Type of Notifiable Infectious Diseases} = \frac{\text{Death Cases Notifiable Class A and Class B Infectious Diseases}}{\text{Population}} * 10000$$

Mortality Rate of A and B Type of Notifiable Infectious Diseases refer to the ratio of death cases notifiable class A and class B infectious diseases to the incidence cases in the reference region in the reference year. The formula is:

$$\text{Mortality Rate of A and B Type Notifiable Infectious Diseases} = \frac{\text{Death Cases Notifiable Class A and Class B Infectious Diseases}}{\text{Incidence Cases}} * 100\%$$

22 OTHER SOCIAL ACTIVITIES 其他社会活动

22-1 收养类单位基本情况
Basic Statistics on Adoption Units

项　目		Item		2017
单位数	(个)	Number of Units	(unit)	2955
工商部门登记	(个)	Registered in Business Administration	(unit)	109
编制部门登记	(个)	Registered in Establishment Departments	(unit)	2196
民政部门登记	(个)	Registered in Civil Administration	(unit)	472
未登记	(个)	Unregistered	(unit)	178
床位数	(张)	Number of Beds	(unit)	352244
工商部门登记	(张)	Registered in Business Administration	(unit)	17460
编制部门登记	(张)	Registered in Establishment Departments	(unit)	264818
民政部门登记	(张)	Registered in Civil Administration	(unit)	59332
未登记	(张)	Unregistered	(unit)	10634
工作人员	(人)	Persons Engaged	(person)	26356
工商部门登记	(人)	Registered in Business Administration	(person)	1363
编制部门登记	(人)	Registered in Establishment Departments	(person)	18019
民政部门登记	(人)	Registered in Civil Administration	(person)	5670
未登记	(人)	Unregistered	(person)	1304

注：收养类单位情况和婚姻登记情况由四川省民政厅提供。
a) Data of adoption units and marriage registration are provided by Sichuan Provincial Civil Affairs Department.

22-2 收养类单位床位数及收养人员数
Number of Beds and Persons Housed in Adoption Units

项　目	Item	床位数(张) Number of Beds (unit)		收养人数(人) Person Housed (person)	
		2016	2017	2016	2017
合　计	**Total**	**332945**	**325079**	**234977**	**213296**
优抚收养性单位	Units for Arranging the Family Members of Martyrs and Disabled Veterans	8250	8235	5021	5632
荣誉军人康复医院	Convalescent Homes for Honored Ex-servicemen	1110	1110	696	861
复员军人疗养院	Sanatoriums for Ex-servicemen	330	330	89	89
复退军人精神病院	Mental Hospitals for Ex-servicemen	3074	3378	2912	3320
光荣院	Homes for Disabled Veterans	3736	3417	1324	1362
福利收养性单位	Welfare Adoption Units	324695	316844	229956	207664
社会福利院	Social Welfare Homes	30375	28967	15596	14934
儿童福利院	Children Welfare Homes	6879	6456	2904	2818
社会福利医院	Psychopathy Welfare Homes	8561	10424	7897	9191
城镇养老服务机构	Urban Elderly Welfare Institutions	45342	52599	20741	22894
农村养老服务机构	Rural Pension Services	233538	218398	182818	157827

注：合计中包含其他收养性单位。
a) Total data include those of other adoption units .

22-3 社区服务机构基本情况
Basic Statistics on Community Service Organizations

项　目		Item		2017
社区服务机构单位数	(个)	Number of Community Service Organizations	(unit)	23457
#农村社区服务机构	(个)	Rural Community Service Organization	(unit)	11093
#可以为居民提供便民办事服务的机构	(个)	Institutions to Provide Convenience Services for Residents	(unit)	9054
#可以为居民提供活动场所的机构	(个)	Mechanism for Providing Active Sites for Residents	(unit)	1259
#可以为居民提供养老等服务的机构	(个)	Institutions to Provide Pension Services for Residents	(unit)	692
#农村	(个)	Countryside	(unit)	379
年末职工人数	(人)	Number of Employees at the end of this Year	(person)	73326
#女性	(人)	Female	(person)	25671
机构床位数	(张)	Number of Beds in Organizations	(unit)	204585
日间照料床位数	(张)	Day Care Beds	(unit)	74253
#农村	(张)	Countryside	(unit)	31766
住宿收养床位数	(张)	Accommodation & Adoption Beds	(unit)	130332
#农村	(张)	Countryside	(unit)	75056
年末收养人数	(人)	Number of Adoption at the End of this Year	(person)	56265
日间照料人数	(人)	Number of People under Day Care	(person)	10706
#农村	(人)	Countryside	(person)	6281
住宿收养人数	(个)	Number of Accommodation & Adoption	(unit)	45559
#农村	(人)	Countryside	(unit)	29764
社区服务志愿者组织数	(个)	Volunteer Organizations of Community Service	(unit)	685
注册社区志愿者人数	(人)	Registered Community Volunteers	(unit)	37823

22-4 婚姻登记和离婚情况
Basic Statistics on Marriages and Divorces

项　目		Item		2010	2014	2015	2016	2017
按居住地分		By Residence						
内地居民登记结婚	(对)	Registered Marriages of Mainland	(couple)	713263	774240	740186	725628	688133
涉外及华侨、港澳台居民登记结婚	(对)	Registered Marriages with Foreigner and the Citizen of Hongkong, Macao, Taiwan	(couple)	1580	1555	1340	1490	1397
按婚前状况分		By Premarital Situation						
初婚	(人)	First Marriages	(person)	1197122	1209165	1138435	1093585	1029904
再婚	(人)	Remarriages	(person)	232564	339315	344617	360651	349156
再婚中恢复结婚	(对)	Remarriages of Divorced Couple	(couple)	8594	27843	29669	33747	31898
内地居民离婚数	(对)	Registered Divorces of Mainland	(couple)	173824	229353	241133	254928	269070

22-5 各市(州)内地居民婚姻登记和离婚情况
Basic Statistics on Marriage and Divorces of Mainland by Region

单位：对 (couple)

市(州)	Region	内地居民登记结婚 Registered Marriages of Mainland					内地居民登记离婚 Registered Divorces of Mainland				
		2010	2014	2015	2016	2017	2010	2014	2015	2016	2017
全 省	**Sichuan**	**713263**	**774240**	**740186**	**725628**	**688133**	**173824**	**229572**	**241133**	**254928**	**269070**
成都市	Chengdu	119408	128441	125085	131802	131111	43236	50084	52726	60686	68820
自贡市	Zigong	24959	25769	24349	23000	21764	6369	8822	9259	9734	10321
攀枝花市	Panzhihua	9780	10729	10064	9437	8494	3946	4404	4344	4307	4247
泸州市	Luzhou	38260	32716	35798	37392	33839	8331	10646	11388	12070	12723
德阳市	Deyang	26303	32154	30978	29357	26701	10157	11951	12165	12554	12975
绵阳市	Mianyang	46778	46097	43988	41748	37679	13033	15082	15931	16475	16519
广元市	Guangyuan	19400	26090	23257	21321	19782	4462	6011	5735	6886	6743
遂宁市	Suining	25423	33761	31339	28931	25830	4552	8388	9395	9921	10470
内江市	Neijiang	36061	35297	32677	29955	26887	8898	13705	14161	14357	14258
乐山市	Leshan	27988	30277	29105	28322	25882	9547	11075	11438	11737	11787
南充市	Nanchong	60430	59663	57118	56934	44973	9612	14256	14884	16032	14050
眉山市	Meishan	37337	32142	30658	29716	28503	10337	10442	11454	11958	12522
宜宾市	Yibin	40138	45131	45466	43772	39396	10830	14500	15171	15836	16785
广安市	Guangan	33873	35948	34607	33772	31116	5533	9522	10169	10767	11370
达州市	Dazhou	55942	59884	56163	49864	45401	7964	12598	13322	14049	15136
雅安市	Yaan	12715	15060	13400	13406	12555	3731	5440	5371	5136	5494
巴中市	Bazhong	40540	35826	33497	33187	29705	2757	5040	5585	6058	6615
资阳市	Ziyang	37014	39462	35376	22739	22416	7502	12346	12479	8843	9341
阿坝藏族羌族自治州	Aba	6145	8411	7648	8691	7475	381	1201	1138	1504	1449
甘孜藏族自治州	Ganzi	3949	11131	12516	13416	13186	458	929	1171	1294	1556
凉山彝族自治州	Liangshan	10820	28696	27097	38866	55441	2188	2911	3847	4724	5889

注：离婚数不包括法院判决数。

a) The number of divorces mediated by the count are not included in that of divorces.Number of Sichuan registered divorces includes that of provincal level.

22-6 律师、公证、调解工作基本情况
Basic Statistics on Lawyers, Notarization and Mediation

项 目	Item	2005	2010	2013	2014	2015	2016	2017
律师工作	**Lawyers**							
律师事务所 (所)	Number of Law Offices (unit)	615	802	953	1032	1130	1233	1329
律师工作者 (人)	Number of Lawyers (person)	6331	9297	12435	13974	15526	16683	19505
#专职律师 (人)	Full-time Lawyers (person)	6025	8504	11514	13207	14519	15314	17794
担任法律顾问的单位 (家)	Number of Units with Permanent Legal Advisors (unit)	12704	15530	20787	31595	35510	36430	35260
民事诉讼代理 (件)	Agent of Civil Cases (case)	35310	49772	66113	80952	96880	98127	176024
刑事诉讼辩护及代理 (件)	Defender and Agent of Criminal Cases (case)	15852	33845	41004	46024	41613	35168	35635
非诉讼法律事务 (件)	Agent of Non-Litigious Legal Affairs (case)	44558	42463	22153	35794	39122	38530	32331
咨询和代写法律文书 (次)	Agent of Advise and Legal Documents Written for Others (copy)	283976	502229	315494	323666	315901	338018	353454
公证工作	**Notarization**							
公证处 (个)	Number of Notary Offices (unit)	207	205	207	208	208	208	209
公证人员 (人)	Notarial Personnel (person)	1165	1720	2381	2169	2221	2302	2356
#公证员 (人)	Notaries (person)	679	723	797	836	839	860	923
受理国内公证 (件)	Internal Notarization (case)	150854	732398	948754	901910	832457	963057	1026940
受理涉外公证 (件)	Foreign-related Notarization (case)	18322	65775	87062	110032	101597	110387	108434
受理涉台、港、澳公证 (件)	Notarization of Hong Kong Macao & Taiwan (case)	2366	6886	6933	5631	6087	6192	7922
出证 (件)	Number of Notarized Documents (copy)	170028	802173	1044415	1015655	943074	1022941	1143296
人民调解工作	**People's Mediation**							
专职司法助理员 (人)	Number of Full-time Judicial Assistants (person)	3712	3331	4601	4360	4536	4749	3862
人民调解委员会 (个)	Number of People's Mediation Committees (unit)	64879	63912	64915	63414	63587	63623	63370
调解员 (人)	Number of Mediators (person)	524428	429763	395463	37539	376748	375771	340030
基层法律服务所调解纠纷 (件)	Mediation of Grassroots Legal Service (case)	42060	39282	43290	38453	44755	52497	26381

注:律师、公证和调解资料由四川省司法厅提供。

a) Data of lawyers, notarization and mediation information are provided by the Provincial Department of Justice.

22-7 调解民间纠纷情况
Statistics on Mediation of Civil Disputes

项　目	Item	调解纠纷(件) Mediation of Disputes (case)		各类纠纷所占比重 (%) Percentage of Disputes (%)	
		2016	2017	2016	2017
合　计	**Total**	**453979**	**423099**	**100.0**	**100.0**
婚姻家庭纠纷	Marriage and Family Disputes	114461	101451	25.2	24.0
邻里纠纷	Neighbourhood Disputes	114262	115783	25.2	27.4
房屋宅基地纠纷	Homestead Housing Disputes	15525	13942	3.4	3.3
合同纠纷	Contracts Disputes	20749	17148	4.6	4.1
生产经营纠纷	Production and Management Disputes	10841	9982	2.4	2.4
损害赔偿	Damage Disputes	35397	32410	7.8	7.7
劳动争议	Labor Disputes	11574	9322	2.6	2.2
村务管理纠纷	Village Services ManagementDisputes				
山林土地纠纷	Forest Land Disputes	20013	19571	4.4	4.6
征地拆迁纠纷	Land Acquisition and Resettlement Disputes	9314	8425	2.1	2.0
计划生育纠纷	Family Planning Disputes				
环境保护	Environmental Protection	3270	3798	0.7	0.9
道路交通事故	Road Traffic Accidents	46649	44949	10.3	10.6
物业纠纷	Property Disputes	5743	4943	1.3	1.2
医疗纠纷	Medical Malpractice	3773	2845	0.8	0.7
其他纠纷	Other Disputes	42408	38530	9.3	9.1

22-8 检察机关直接立案侦查职务犯罪案件情况
Duty Crime Cases under Direct Investigation by Procurator's Offices

年　份 Year	受案件数(件) Cases Accepted (case)	立案件数(件) Cases Registered (case)	立案人数(人) Persons of Cases Registered (person)	结案件数(件) Cases Settled (case)	结案人数(人) Persons of Cases Settled (person)	挽回经济损失(万元) Retrieving Economic Losses (10 000 yuan)
1996	12090	4370	5107	4837	5715	32837.32
1997	11176	3217	3611	2908	3263	23571.87
1998	6791	1607	1881	1486	1757	11321.75
1999	5188	1966	2230	1734	1949	15178.21
2000	5994	2532	2853	2259	2537	17411.21
2001	5160	2306	2536	2207	2444	14794.34
2002	4949	2260	2476	2154	2364	14339.05
2003	3449	2108	2312	1939	2117	17489.11
2004	3577	2055	2462	1956	2299	27268.34
2005	3336	1855	2224	1755	2112	25430.53
2006	2790	1736	2080	1617	1939	18604.58
2007	2762	1731	2193	1691	2124	21095.90
2008	2508	1548	1975	1542	1980	23484.73
2009	2557	1504	2024	1475	1975	21432.00
2010	2153	1511	2066	1719	2302	24222.91
2011	1879	1493	2109	1440	2013	65269.71
2012	1798	1563	2144	1576	2170	39009.89
2013	1941	1797	2384	1708	2273	35597.50
2014	4219	1882	2457	1780	2358	52124.00
2015	4093	2008	2483	1998	2459	69886.93
2016	3198	1635	2214	1419	1909	30571.06
2017	2672	1789	2328	2062	2691	91287.54

22-9 各市(州)检察机关直接立案侦查职务犯罪案件情况
Duty Crime Cases under Direct Investigation by Procurator's Offices by Region

市(州)	Region	受案件数(件) Cases Accepted (case)			立案件数(件) Cases Registered (case)			立案人数(人) Persons of Cases Registered (person)		
		2015	2016	2017	2015	2016	2017	2015	2016	2017
合　计	**Sichuan**	**4093**	**3198**	**2672**	**2008**	**1635**	**1789**	**2483**	**2214**	**2328**
四川省人民检察院	Provincial Procuratorate	145	103	80	2			2		
成都市	Chengdu	596	513	391	294	235	274	397	398	420
自贡市	Zigong	188	166	118	96	85	84	109	114	109
攀枝花市	Panzhihua	128	89	76	68	56	75	77	64	85
泸州市	Luzhou	247	144	98	137	104	109	160	139	133
德阳市	Deyang	176	112	123	83	55	73	92	70	91
绵阳市	Mianyang	182	122	187	110	81	134	139	112	165
广元市	Guangyuan	207	185	162	95	84	76	111	106	101
遂宁市	Suining	112	89	82	60	54	56	87	80	63
内江市	Neijiang	134	81	102	61	57	53	101	94	84
乐山市	Leshan	233	155	189	76	55	70	93	79	96
南充市	Nanchong	255	262	144	141	129	124	168	145	148
眉山市	Meishan	145	115	66	50	39	45	73	61	82
宜宾市	Yibin	230	174	106	114	113	94	129	131	116
广安市	Guangan	120	125	106	65	73	78	93	99	93
达州市	Dazhou	233	165	157	118	92	107	147	123	144
雅安市	Yaan	117	97	70	74	60	56	80	71	67
巴中市	Bazhong	110	97	96	67	49	57	75	65	70
资阳市	Ziyang	88	83	81	75	71	66	95	98	75
阿坝藏族羌族自治州	Aba	155	109	43	46	39	26	50	44	32
甘孜藏族自治州	Ganzi	64	54	38	33	29	32	34	32	32
凉山彝族自治州	Liangshan	189	117	110	120	49	79	132	60	99
四川省人民检察院成都铁路运输分院	Procuratorate of Chengdu Railroad Bureau	39	41	47	23	26	21	39	29	23

注:人民检察院的办案情况由四川省检察院提供。

a) Data of cases of people's procuratorate are provided by Sichuan People's Procuratorate.

22-9 续表 continued

市(州)	Region	结案件数(件) Cases Settled (case)			结案人数(人) Persons of Case Settled (person)			挽回经济损失(万元) Retrieving Economic Losses (10 000 yuan)		
		2015	2016	2017	2015	2016	2017	2015	2016	2017
合　计	**Sichuan**	**1998**	**1419**	**2062**	**2459**	**1909**	**2691**	**69887**	**30571**	**91288**
四川省人民检察院	Provincial Procuratorate	3	1		3	1				
成都市	Chengdu	295	208	332	397	347	477	5469	3220	1663
自贡市	Zigong	103	75	87	118	99	118	3109	1164	509
攀枝花市	Panzhihua	52	60	93	58	70	104	1207	70	124
泸州市	Luzhou	136	69	136	156	99	165	271	635	548
德阳市	Deyang	74	39	102	79	54	125	783	551	1443
绵阳市	Mianyang	118	61	156	149	86	203	15539	502	45151
广元市	Guangyuan	95	70	86	111	89	116	3525	7734	6009
遂宁市	Suining	63	41	60	90	66	61	8920	2351	2943
内江市	Neijiang	62	46	71	103	76	107	4094	248	1431
乐山市	Leshan	84	48	85	100	65	122	5152	1380	567
南充市	Nanchong	141	119	134	165	138	163	518	773	599
眉山市	Meishan	46	27	54	67	39	96	547	400	1197
宜宾市	Yibin	111	103	114	126	111	143	5289	1808	9017
广安市	Guangan	72	67	83	102	92	104	319	2169	9607
达州市	Dazhou	118	80	123	147	105	166	7348	920	4457
雅安市	Yaan	77	63	56	84	73	70	532	447	285
巴中市	Bazhong	71	46	61	77	63	74	2104	621	1043
资阳市	Ziyang	85	57	62	106	81	75	1622	303	2226
阿坝藏族羌族自治州	Aba	33	39	31	35	44	40	430	2745	1471
甘孜藏族自治州	Ganzi	35	27	34	36	27	35	894	1054	592
凉山彝族自治州	Liangshan	100	53	83	110	61	105	405	507	271
四川省人民检察院成都铁路运输分院	Procuratorate of Chengdu Railroad Bureau	24	20	19	40	23	22	1810	968	133

22-10 各市(州)检察机关审查批准、决定逮捕犯罪嫌疑人和提起公诉被告人情况
Arrests of Criminal Suspects and Defendants under Public Prosecution Approved by People's Procuratorate by Region

案件分类 市(州)	Case Item Region	批捕、决定逮捕合计 Total of Approval and Arrest				决定起诉合计 Total of Pubilc Prosecutions			
		2016		2017		2016		2017	
		件 (case)	人 (person)	件 (case)	人 (person)	件 (case)	人 (person)	件 (case)	人 (person)
合 计	**Total**	**29244**	**39218**	**31508**	**42304**	**49297**	**67247**	**53999**	**72903**
公安、安全、监狱机关提请小计	**Sub-total of Requests by Departments of State and Public Security and Prisons**	**28713**	**38637**	**30884**	**41633**	**48286**	**65851**	**52632**	**70998**
危害国家安全、公共安全案	Offences Against State Security	1430	1564	1417	1541	13306	13714	14148	14473
破坏社会主义市场经济秩序案	Offences Against Socialist Economic Order	1239	1937	1401	2358	1739	3396	2053	3889
侵犯公民人身、民主权利案	Offences Against Citizens' Personal and Democratic Rights	3522	4331	3381	4201	5350	7131	17032	23611
妨害社会管理秩序案	Offences Against Social Management of Order	10397	14533	11290	15664	13092	20858	14418	22274
侵犯财产案	Offences Against Properties	12120	16261	13381	17850	14791	20743	4972	6738
危害国防利益案	Offences Against National Defense	5	5	14	19	8	9	9	13
检察机关直接立案侦查案件小计	**Sub-total of Cases Handled Directly by Procuratorate's Offices**	**531**	**581**	**624**	**671**	**1011**	**1396**	**1367**	**1905**
贪污贿赂案	Offences on Corruption and Bribery	502	549	585	625	892	1224	1215	1695
渎职侵权案	Offences on Abuse and Dereliction of Duty	29	32	39	46	119	172	152	210
按市(州)分	**Grouped by Region**								
四川省人民检察院	Provincial Procuratorate	72	79	90	91				
成都市	Chengdu	10283	13642	11764	15858	16273	21183	18084	23874
自贡市	Zigong	803	1073	892	1096	1395	1918	1568	2135
攀枝花市	Panzhihua	562	733	563	765	1323	1875	1449	1902
泸州市	Luzhou	1192	1533	1194	1528	2440	3193	2444	3160
德阳市	Deyang	977	1241	983	1205	1918	2425	2115	2655
绵阳市	Mianyang	1219	1650	1257	1643	2659	3710	2746	3878
广元市	Guangyuan	649	1042	630	919	1472	2301	1614	2281
遂宁市	Suining	837	1139	812	1069	1396	1911	1574	2149
内江市	Neijiang	914	1178	898	1175	1671	2210	1886	2607
乐山市	Leshan	940	1235	1008	1308	1546	2146	1686	2310
南充市	Nanchong	1515	2120	1619	2256	2269	3308	2642	3696
眉山市	Meishan	828	1094	965	1306	1702	2409	1810	2535
宜宾市	Yibin	1709	2329	1538	2003	2855	3779	2886	3787
广安市	Guangan	774	1052	779	1129	1406	2135	1473	2123
达州市	Dazhou	1095	1394	1155	1467	1454	2009	1774	2318
雅安市	Yaan	623	824	611	824	1051	1620	1079	1559
巴中市	Bazhong	498	692	593	856	1172	1600	1338	1792
资阳市	Ziyang	774	999	537	725	1618	2220	1218	1758
阿坝藏族羌族自治州	Aba	310	425	255	390	488	680	475	697
甘孜藏族自治州	Ganzi	361	519	377	544	379	590	416	596
凉山彝族自治州	Liangshan	2197	3083	2865	4003	2688	3858	3562	4892
四川省人民检察院成都铁路运输分院	Procuratorate of Chengdu Railroad Bureau	112	142	123	144	122	167	160	199

22-11 人民法院审理各类案件受理结案情况
Criminal Trial Cases Accepted and Settled by Courts

单位：件 (case)

项　目	Item	受　理 Cases Accepted		结　案 Cases Settled	
		2016	2017	2016	2017
合　计	**Total**	**955989**	**1117113**	**869429**	**1042776**
一审	**First Trial**	**585304**	**649522**	**529169**	**608999**
刑事	Criminal	54781	55948	52294	53940
民事	Civil	520499	582155	467939	544792
行政	Administrative	10024	11419	8936	10267
二审	**Second Trial**	**57176**	**71197**	**52084**	**66705**
刑事	Criminal	6562	6795	6115	6483
民事	Civil	45738	59282	41770	55682
行政	Administrative	4876	5120	4199	4540
审判监督	**Trial Oversight**	**1754**	**2172**	**1342**	**1622**
刑事	Criminal	119	119	91	87
民事	Civil	1566	1966	1206	1490
行政	Administrative	69	87	45	45
国家赔偿	**State Compensation**	**373**	**348**	**343**	**321**
执行案件	**Implementation Cases**	**262382**	**355798**	**239134**	**329941**
申诉申请再审	**Appeals for Retrial**	**8239**	**10937**	**6877**	**9146**
减刑假释	**Commutation of Sentence,Parole and Released**	**34436**	**14808**	**34436**	**14591**
其他案件	**Other Cases**	**6325**	**12331**	**6044**	**11451**

22-12 人民法院执行案件标的和减、免、缓诉讼费情况
Subjects Implemented and Litigation Costs Reduced,Exempted and Defered by Courts

项　目		Item		2016	2017
新收执行标的	(亿元)	Subjects Implemented Newly	(100 million yuan)	2657.05	2801.94
已执行标的	(亿元)	Subjects Implemented	(100 million yuan)	2214.13	478.73
减、免、缓诉讼费案件	(件)	Cases of Litigation Costs Reduced, Exempted and Defered	(case)	6977	20765
减、免、缓诉讼费	(万元)	Litigation Costs Reduced, Exempted and Defered	(10 000 yuan)	4134.86	12052.15
减交	(万元)	Reduction	(10 000 yuan)	152.34	267.99
免交	(万元)	Exemption	(10 000 yuan)	254.00	1068.73
缓交	(万元)	Deferral	(10 000 yuan)	3728.51	10715.43

注：人民法院审理案件等情况由四川省高级人民法院提供。
a) People's court cases are prepared and provided by Sichuan Provincial Higher People's Court.

22-13 公安机关受理查处治安案件情况(2017年)
Offense Cases Against Public Order Handled by Public Security Organs(2017)

单位：起 (case)

案件类别	Category of Cases	受理 Cases Accepted to be Treated	查处 Cases Investigated and Treated
合　计	**Total**	**476973**	**342653**
扰乱公共秩序	Disrupt Public Order	16653	13252
扰乱单位秩序	Disrupt Unit Order	2245	1818
扰乱公共场所秩序	Disrupt Public Place Order	2156	1730
扰乱公共交通工具秩序	Disrupt Public Transport Order	89	69
妨碍交通工具正常行驶	Impedes Normal Conditions of Transport	244	191
扰乱大型群众性活动秩序	Disrupt the order of large scale mass activities	24	19
妨害公共安全	Prejudice Public Safety	8361	7138
违反危险物质管理规定	Violation of Hazardous Material Regulations	1237	1131
非法携带枪支、弹药、管制刀	Illegal Possession of Firearms.Ammunition. Knife Control	2159	1975
盗窃、损毁公共设施	Theft. Damage to Public Facilities	759	390
侵犯他人人身权利、财产权利	Violations of the Personal Rights of Others.Property Rights	324161	202783
强迫他人劳动	Forced Labor		
侮辱、诽谤、诬告陷害	Insult. Libel. Calumniation	3194	2820
发送信息干扰正常生活	Send Information Interfered with the Normal Life	97	65
殴打他人	Assault	62437	50332
盗窃	Theft	119083	40679
妨害社会管理	Prejudice and Social Management	127798	119480
阻碍执行职务	Impeding the Implementation of Duties	1955	1773
违反旅馆业管理	Hotel Management Violation	3119	2951
卖淫、嫖娼	Prostitution. Whoring	5970	5894
毒品违法活动	Drug-related activities	56446	56078

注：治安情况、火灾事故和交通事故资料由四川省公安厅提供。
a) Data of law and order, fire and accident are provided by the Provincial Public Security Bureau.

22-14 各市(州)查处治安案件和刑事案件破案数

Number of Offense Cases Against Public Order Investigated and Prosecuted and Criminal Case Cracked by Region

单位：起 (case)

市(州)	Region	治安案件 Offense Cases Against Public Order				刑事案件破案 Criminal Case Cracked	
		发现 Discovered		查处 Investigated and Prosecuted			
		2016	2017	2016	2017	2016	2017
全　省	**Sichuan**	**463459**	**476973**	**322681**	**342653**	**96316**	**102316**
成都市	Chengdu	212234	241469	125480	158008	19881	23388
自贡市	Zigong	9810	9088	8296	7679	4624	5277
攀枝花市	Panzhihua	10140	6839	10079	6699	4370	2241
泸州市	Luzhou	15958	13516	14727	12516	5468	6040
德阳市	Deyang	22041	19405	15498	12796	6057	6217
绵阳市	Mianyang	16137	15267	11404	10799	3848	4143
广元市	Guangyuan	11340	9971	7143	5797	3181	2434
遂宁市	Suining	11058	12123	10203	9930	3429	5143
内江市	Neijiang	12371	10644	12159	10466	2838	3321
乐山市	Leshan	12756	15913	12756	15913	3962	3824
南充市	Nanchong	13910	12876	9004	8329	8194	9143
眉山市	Meishan	15152	15314	9465	11574	3092	3518
宜宾市	Yibin	28526	26847	10966	11056	5905	6535
广安市	Guangan	16438	15759	16302	15724	5817	4651
达州市	Dazhou	16949	17273	13916	13935	3606	3543
雅安市	Yaan	3340	3112	2561	2556	2020	1813
巴中市	Bazhong	8695	7491	8303	7098	3073	3345
资阳市	Ziyang	7108	6619	5891	4993	2525	1970
阿坝藏族羌族自治州	Aba	1682	1924	1645	1875	622	577
甘孜藏族自治州	Ganzi	1085	397	715	316	390	185
凉山彝族自治州	Liangshan	16729	15124	16168	14594	3414	5008

22-15 火灾事故情况
Basic Statistics on Fire Accidents

指 标	Item		合计 Total 2016	2017	特大事故 Extraordinarily 2016	2017	重大事故 Serious 2016	2017	一般事故 Ordinary 2016	2017
火灾事故发生起数 (起)	Number of Fires	(case)	19661	20541					19661	20538
死亡人数 (人)	Number of Deaths	(person)	98	84					98	74
受伤人数 (人)	Number of Injuries	(person)	66	73					66	73
损失折款 (万元)	Losses Converted into Cash	(10 000 yuan)	20278.2	14097.2					20278.2	14057.5
平均每起事故损失 (元)	Losses per Case	(yuan)	10314	6863					10314	6845

22-16 各市(州)火灾事故情况
Basic Statistics on Fire Accidents by Region

市(州)	Region	火灾事故(起) Number of Fire Accidents (case) 2016	2017	火灾伤亡人数(人) Number of Deaths (person) 2016	2017	火灾损失金额(万元) Losses Converted into Cash (10 000 yuan) 2016	2017
全 省	**Sichuan**	**19661**	**20541**	**164**	**157**	**20278.2**	**14097.2**
成都市	Chengdu	6623	6280	42	19	5383.8	3453.6
自贡市	Zigong	217	155	3	3	454.1	682.1
攀枝花市	Panzhihua	396	346	5		1164.0	144.7
泸州市	Luzhou	970	1539	5	11	273.5	775.3
德阳市	Deyang	1645	1318	13	4	406.0	856.3
绵阳市	Mianyang	437	264	9	13	458.1	605.9
广元市	Guangyuan	732	812	3	5	339.8	266.6
遂宁市	Suining	1522	1460	6	8	389.1	548.3
内江市	Neijiang	814	957	10	16	374.6	488.0
乐山市	Leshan	1021	1616	3	7	351.5	683.0
南充市	Nanchong	862	827	16	10	526.6	360.4
眉山市	Meishan	393	373	2		1210.4	1548.9
宜宾市	Yibin	782	948	5	12	1152.4	650.1
广安市	Guangan	513	914	7	5	1413.0	604.4
达州市	Dazhou	502	487	15	6	504.3	538.4
雅安市	Yaan	286	458	3	4	243.0	193.5
巴中市	Bazhong	1036	802	3	10	310.0	206.3
资阳市	Ziyang	514	556	2	5	243.5	66.8
阿坝藏族羌族自治州	Aba	30	30	1	1	396.2	400.0
甘孜藏族自治州	Ganzi	68	50	1	6	487.9	595.6
凉山彝族自治州	Liangshan	298	348	10	8	4196.5	429.0

22-17 交通事故情况(2017年)
Basic Statistics on Traffic Accidents(2017)

指 标	Item	合计 Total	特大事故 Extraordinarily Serious	重大事故 Serious	一般事故 Ordinary	其它 Others
发生数 (起)	Number of Traffic Accidents (case)	7774			41	7733
死亡人数 (人)	Number of Deaths (person)	2506			153	2353
受伤人数 (人)	Number of Injuries (person)	8328			50	8278
损失折款 (万元)	Losses Converted into Cash (10 000 yuan)	5520.0			611.0	4909.0
平均每起事故损失 (元)	Losses Converted per Case (yuan)	7100			149024	7085

22-18 各市(州)交通事故情况(2017年)
Basic Statistics on Traffic Accidents by Region(2017)

市(州)	Region	发生数 (起) Number of Traffic Accidents (case)	死亡人数 (人) Number of Deaths (person)	受伤人数 (人) Number of Injuries (person)	损失折款 (万元) Losses Converted into Cash (10 000 yuan)
全 省	**Sichuan**	**7503**	**2345**	**7908**	**3676.0**
成都市	Chengdu	1912	707	1520	621
自贡市	Zigong	361	99	417	54
攀枝花市	Panzhihua	153	42	178	32
泸州市	Luzhou	106	60	113	68
德阳市	Deyang	302	75	319	104
绵阳市	Mianyang	666	198	798	571
广元市	Guangyuan	220	77	268	183
遂宁市	Suining	121	56	105	82
内江市	Neijiang	290	52	338	41
乐山市	Leshan	579	159	698	385
南充市	Nanchong	231	98	253	83
眉山市	Meishan	151	63	147	45
宜宾市	Yibin	621	116	791	200
广安市	Guangan	112	55	110	38
达州市	Dazhou	129	86	85	65
雅安市	Yaan	526	87	750	299
巴中市	Bazhong	104	65	108	88
资阳市	Ziyang	250	108	266	61
阿坝藏族羌族自治州	Aba	115	59	149	188
甘孜藏族自治州	Ganzi	61	55	101	282
凉山彝族自治州	Liangshan	493	28	394	186

注：合计中不含高速公路交通事故的数据。

a) The data of Sichuan exclude the data of Traffic Accidents on Expressway.

主要统计指标解释

社区服务机构数 指报告期末设立的社区服务指导中心、社区服务中心、社区服务站、社区养老机构、社区互助型养老机构及其他社区服务机构的总和数。具有面向老人，残疾人，儿童及其家庭的商品递送、医疗保健、家庭保洁、日间照料、陪伴服务等为社区居家养老服务的设施和突出综合服务的职能。

公证人员 指在公证处工作的人员总称，包括公证处主任、副主任、公证员、公证员助理(助理公证员)和其他从事辅助性工作的人员。

人民检察院直接立案侦查案件 指按照管辖的规定，由人民检察院直接立案侦查的贪污贿赂犯罪、渎职犯罪、国家机关工作人员利用职权实施的侵犯公民人身权利和民主权利的犯罪以及经省级人民检察院决定立案侦查的国家机关工作人员利用职权实施的其他重大犯罪案件。

受理 是指人民法院对符合诉讼法规定立案条件，决定立案审理的案件。受理包括上期“旧存”和本期“新收”案件两部分。

结案 是指人民法院依照诉讼法规定审理案件，案件审理结束已作出处理决定的案件。

特大火灾 指造成30人以上死亡，或者100人以上重伤，或者1亿元以上直接财产损失的火灾。

重大火灾 指造成10人以上30人以下死亡，或者50人以上100人以下重伤，或者5000万元以上1亿元以下直接财产损失的火灾。

较大火灾 指造成3人以上10人以下死亡，或者10人以上50人以下重伤，或者1000万元以上5000万元以下直接财产损失的火灾。

一般火灾 指造成3人以下死亡，或者10人以下重伤，或者1000万元以下直接财产损失的火灾。

特大交通事故 指一次造成死亡3人以上，或者重伤11人以上，或者死亡1人，同时重伤8人以上，或者死亡2人，同时重伤5人以上，或者财产损失6万元以上的交通事故。

重大交通事故 指一次造成死亡1至2人，或者重伤3人以上10人以下，或者财产损失3万元以上不足6万元的交通事故。

Explanatory Notes on Main Statistical Indicators

Number of Service Institutions in Communities refer to the total number of community service guidance centers, community service centers, community service stations, community pension institutions, community mutual aid pension facilities and other community service institutions at the end of the reporting period. These institutions offer home keeping and elderly care services for the elderly, handicapped people, children and their families, like commodity delivery, health care, cleaning, adult day care, companion and others.

Notary Personnel refers to people working for notary offices including: directors, deputy director, notaries, assistant notaries, and other people providing assistance.

Cases Registered and Handled Directly by People's Procuratorate Offices refer to those serious criminal cases that, according to the functional jurisdiction, are registered and handled by the People's Procuratorate Offices, including the ones on bribery and corruption, the ones on abuse and dereliction of duty, offences against citizens' personal and democratic rights by government officials abusing their powers; and that are registered and handled by the provincial Procuratorate offices in relation to other major crimes committed by government officials by abusing their powers.

Acceptance of Case refers to People's Court decide to accept in accordance with the Provisions of Procedural law .The cases include two parts: cases turned over from previous year and cases accepted this year.

Settlement of Case refers to People's Court decide to accept the case and make decision in accordance with the Provisions of Procedural law.

Extraordinarily Serious Fire Case refers to a case which has caused over 30 deaths; or over 100 serious injuries; or a direct property loss over 100 million yuan(RMB).

Serious Fire Case refers to a case which has caused over 10 to 30 deaths; or over 50 to 100 serious injuries; or a direct property loss over 50 million to 100 million yuan(RMB).

Comparatively Serious Fire Case refers to a case which has caused over three to ten deaths; or over 10 to 50 serious injuries; or a direct property loss over 10 million to 50 million yuan(RMB).

Ordinary Fire Case refers to a case which has caused less than three deaths; or less than 10 serious injuries; or a direct property loss less than 10 million yuan(RMB).

Extraordinarily Serious Traffic Accident refers to an accident which has caused three or more deaths; or over 11 serious injuries; or one death and over 8 serious injuries; or two deaths and over 5 serious injuries; or a loss over 60 thousand yuan(RMB).

Serious Traffic Accident refers to an accident which has caused one or two deaths; or three to ten serious injuries; or a loss over 30 thousand yuan to 60 thousand yuan(RMB).

中国统计出版社最新图书简目

(仅供参考,以实际出版为准)

统计资料

中国统计年鉴　中国统计摘要　中国第三产业统计年鉴
中国第三次全国农业普查综合资料　国际统计年鉴　金砖国家联合统计手册
中国-东盟国家统计手册　中国农村统计年鉴　中国县域统计年鉴
中国农产品价格调查年鉴　中国城市统计年鉴　中国价格统计年鉴
中国贸易外经统计年鉴　中国零售和餐饮连锁企业统计年鉴　中国商品交易市场统计年鉴
大中型批发零售和住宿餐饮企业统计年　中国住户调查年鉴　中国工业统计年鉴
中国环境统计年鉴　中国能源统计年鉴　中国建筑业统计年鉴
中国房地产统计年鉴　中国固定资产投资统计年鉴　中国对外直接投资统计公报
中国人口和就业统计年鉴　中国劳动统计年鉴　中国社会统计年鉴
中国科技统计年鉴　中国高技术产业统计年鉴　全国企业创新调查年鉴
中国文化及相关产业统计年鉴　2018 年时间利用调查资料　中国妇女儿童状况统计资料
中国基本单位统计年鉴　中国教育统计年鉴　中国教育经费统计年鉴
中国民族统计年鉴　中国残疾人事业统计年鉴

省级综合统计年鉴系列

北京 天津 河北 山西 内蒙古 辽宁 吉林 黑龙江 上海 江苏 浙江 安徽 福建 江西 山东 河南 湖北 湖南
广东 广西 海南 重庆 四川 贵州 云南 西藏 陕西 甘肃 青海 宁夏 新疆 新疆生产建设兵团

市(县)级综合统计年鉴系列

滨海新区 石家庄 唐山 邯郸 保定 沧州 邢台 廊坊 承德 衡水 秦皇岛 张家口 太原 大同 阳泉 长治 晋城
朔州 晋中 运城 忻州 临汾 吕梁 呼和浩特 呼和浩特新城区 鄂尔多斯 包头 沈阳 大连 长春 吉林 延吉 四平
通化 松原 哈尔滨 齐齐哈尔 黑龙江垦区 上海浦东新区 南京 无锡 徐州 常州 苏州 南通 连云港 淮安 盐城
扬州 镇江 泰州 宿迁 江阴 丹阳 海门 杭州 宁波 温州 嘉兴 湖州 绍兴 金华 衢州 舟山 台州 丽水 合肥
安庆 马鞍山 福州 厦门 宁德 漳州 龙岩 南昌 九江 上饶 新余 抚州 萍乡 赣州 吉安 景德镇 济南 青岛 潍坊
枣庄 日照 滕州 郑州 洛阳 平顶山 三门峡 商丘 信阳 济源 汝州 武汉 十堰 荆州 宜昌 荆门 咸宁 长沙 广州
深圳 惠州 东莞 汕尾 南宁 柳州 桂林 梧州 来宾 河池 防城港 海口 三亚 成都 贵阳 黔南 毕节 昆明 西安
咸阳 延安 宝鸡 安康 铜川 汉中 榆林 兰州 庆阳 银川 乌鲁木齐 兵团一师 兵团十师

调查年鉴系列

天津 内蒙古 上海 浙江 福建 河南　湖北 湖南 广东 广西 重庆 四川　云南 甘肃 宁夏

统计方法应用/实用手册

实用 SAS 统计分析教程　Python 数据分析基础　统计公文知识问答　领导干部统计知识问答
乡镇统计人员岗位知识培训系列教材：辅助调查员岗位基础知识　乡镇统计人员岗位基础知识
县级统计人员岗位知识培训系列教材：Excel 在统计工作中的应用　简明统计分析
地市级统计人员岗位知识培训系列教材：统计报告与演示　中国国民经济核算体系（2016）基础知识
全国统计专业技术资格考试系列考试用书：统计业务知识（第四版）　统计业务知识学习指导与习题
全国统计专业技术资格考试系列考试用书：统计相关知识（第四版）　统计相关知识学习指导与习题

统计通俗读物/统计科普图书

我国 20 个统计指标的历史变迁　联合国工业发展组织：2016 年工业发展报告
中国古代统计发展史　理解国民账户

重点图书

波澜壮阔四十年　砥砺奋进铸就辉煌——改革开放 40 年与时俱进的中国统计
新编英汉汉英统计大词典　中国国民经济核算体系 2016　国民经济行业分类注释
挑大学选专业 2019—考研择校指南　挑大学选专业 2019—高考志愿填报指南　中华医学统计百科全书